국어문법연구 Ⅲ

—한국어 품사 연구—

국어문법연구 Ⅲ

한국어 품사 연구

이 광 정

도서출판 **역락**

:: 머리말

이 책의 기본이 된 논문은 필자의 학위논문인 「국어품사분류의 역사적 발전에 관한 연구」다. 제목이 길기도 하거니와 뒤에 후속하는 품사관련 논문을 담는 그릇으로 포괄적이지 못하기에 제목을 바꾸었다. 주 논문 외에 새로 6편을 수록하였다.

몇 가지 특징을 보면 "국어 어휘의 품사적 의미특성"은 의미적인 측면에서 품사론의 변천사를 밝힌 논문이다. "전통문법에서의 격 연구"는 한국어의 구조적 특성을 밝혀주는 주요 수단인 격의 문제를 살펴본 논문이다.

"북한문법의 품사론"은 제목 그대로 분단 이후 북한문법의 품사론을 밝힌 것이다. 이는 장차 남북한의 통일문법 마련을 겨냥한 선행 작업의 하나다. 남북한의 문법은 어느 땐가 다시 "남북한 학교문법통일안"으로 하나가 되는 날이 있을 것이다. 이에 대비하여 '토'의 문제, '이다'의 문제 등은 깊이 고구(考究)하여야 할 과제가 많다. 그 하나로 '이다'에 관한 논문을 수록하였다. '이다'는 단순히 남북한문법에서 처리를 달리한다는 입장에서가 아니라 본질적으로 특이한 문법적 범주를 가진 테마다. 이를 밝히려 1994년에 「주시경학보」 13집에서 특집 마련이 있었다. 그중의 하나가 이 논문이다.

품사론은 일견 낡은 논제 같으나 2,300여 년 동안을 언어 연구의 가장 중요한 과제로 21세기까지 이어왔다. 품사론은 이미 세계 공용어로 어느 나라에서나 통용되는 문법론이다. 우리 국어학연구에서도 100년 동안 중심과제가 되었던 테마다. 앞으로도 새롭게 계속 연구되어야 할 분야이다.

　본디 이 책의 원본이었던 책자는 3판을 발행하고 나서 당해 출판사의 폐업으로 발행처를 잃었었다. 역락출판사의 이대현 사장님께서 사업적 영리는 전혀 고려치 않고 출판을 허락해주셨다.

　그동안 여러 차례 빚을 졌다. 「국어문법연구 Ⅰ」과 「국어문법연구 Ⅱ」를 출간해 주시어 2005년 "대한민국 학술원 선정 우수학술도서"에 선정되는 영예도 안겨주었고, 필자의 회갑논문집을 비롯하여 「우리의 스승 李鐸 선생님」을 학술 진흥적 차원에서 출간해 주시어 고마운 마음 이를 데가 없었다. 이번에도 또 많은 어려움을 끼쳐드리게 되어 송구스럽다.

　이 책을 직접적으로 꾸며준 이태환 박사와 임준호 군에게, 그리고 평생을 갚아도 다하지 못할 만큼 나를 위해 늘 애써주는 박찬식 교수와 제자들에게 고마운 뜻을 전한다.

2008년 8월 1일
이　광　정

:: **차례**

제1장 **서 론**

1. 연구목적과 방법

언어에 대한 관심과 탐구는 종교적인 면에서의 실용적 필요와 순수한
학문적 동기의 두 가지 방향에서 출발되었다.[1] 이 가운데 학문적 연구는

---

1) 종교적인 측면에서의 언어 연구로 대표적인 것은 吠陀梵語(Vedic Sanskrit)를 연구한
   Pānini문법이다. 인도인들은 언어 자신을 하나의 신이라 생각하여 "Vac(소리 음성)"
   는 만물의 생성자, 신의 동반자, 만물의 지배자, 최고신 등의 별명을 가진다. 고로 언
   어의 올바른 사용은 신을 존중한다는 뜻이 있다. 이런 의미에서 Pānini의 문법서(BC
   3세기경)는 종교적인 의미를 가지는데 음운, 품사, 구절, 문장 연구 등을 경험적으로
   분석하여 기술한 약 4천 개의 규칙으로 집약한 문법서다. 이후에 나타난 그리스도교
   를 위한 라틴어의 연구, 유태인 성경의 히브리어 연구, 아랍인의 코란어 연구도 같은
   의미를 가진다(김방한 譯, 1982, 11~27, Bloomfield, 1933. 11. Carl Darling Buck,
   1933. 16).
   Pānini 문법에 대한 Bloomfield(1933)와 Carroll(1953)의 평을 살펴보면 "This grammar,
   which dates from somewhere round 350 to 250 BC, is one of the greatest monuments
   of human inetlligence. It describes, with the minutest detail, every inflection, derivation,
   and composition, and every syntactic usage of its author's speech. No other language, to
   this say, has been so perfectly described." *Language*, p.11).
   "Pānini's grammar is still regarded as one of the most comprehensive descriptive
   grammars of any language. It has only indirect influence on the development of
   Western linguistic until Sanskritist scholars raised it to a position of eminence in 19th
   century. (*The study of Language*, 1953. 16). 졸고(1986). "古代그리스·로마시대의 언어

일찍이 자유로운 분위기에서 학문에 전념할 수 있었던 그리스인의 연구를 대표적으로 꼽을 수 있다. 이들의 언어 연구는 언어 문제 자체에 대한 구명이기보다 물질세계 구성의 본질이 무엇인가에 대한 해결책으로, 우주구성에 대한 본격적인 사유를 하게 되었다. 이 사유작용과 관련하여 순수사변적인 입장의 언어 문제가 대두되었다. 이러한 배경 아래서 이루어진 그리스문법은 로마에 차용되어 라틴어문법을 형성하였고, 이것이 중세를 거쳐 근세에 이르는 동안 서구 각국에 보급·유포되는 과정에서 라틴전통문법이 확립되었다. 16세기 말기에는 서구 각국이 각기 특정방법을 갖게 되었다.[2]

이 서구의 전통문법은 19세기 중엽부터 프랑스, 미국, 캐나다, 독일 등의 선교사들을 통해 우리말에 유입·적용되었고, 또 한편 서구문법을 받아들인 일본 문법의 영향을 받으면서 국내학자들에 의하여 연구·적용되었다.

국어품사론 연구는 20세기 초 국내학자들에 의하여 본격적인 문법연구가 시작되면서부터 1963년 학교문법통일안이 이루어지기까지 문법연구의 주대상이 되어왔다. 외형적으로는 문법서의 대부분의 지면을 차지하는 불균형한 양상을 보이었고, 내용적으로는 더욱 다기(多岐)하여 품사 수에 있어서 5품사체계에서 13품사체계까지, 품사의 종류는 20여 개의 문법범주로 설정되었다. 같은 품사를 지칭하는 명칭도 용언어미의 경우는 20종, 체언토의 경우는 17종으로 불리는 등 혼란상을 보이고 있다.

학문의 다양성이라는 면에서 외견상으로 긍정될 수 있을 듯도 하나, 내용적으로 보면 동일한 대상을 보는데 따른 시각의 차이도 적지 않지만 대부분은 일관된 학문적 원리가 미확립된 데서 빚어진 난맥상이었으며 서구의 문법 체계에 우리말을 무리하게 적용시키는 과정에서 일어난 혼란상이

연구"「경원대 논문집」4.
2) 라틴어문법은 서구 각국에 전래되어 프랑스는 P. Pamus가 1562년에, 독일은 L. Albrecht가 1573년에, 영국은 W. Bulloker가 1586년에 그 나라 최초의 문법서를 내었다. (김민수 1986. "1세기 반에 걸친 韓國文法研究史"6)

었다.

물론 이 같은 현상은 국어문법학사에서만 나타나는 것은 아니고 라틴문법을 차용하던 과정에서 서구문법에서도 부분적으로 나타난 현상이었다.

본고는 국어문법학사 가운데서 연구의 주 대상이 되었던 품사론에 관하여 1898년 이후에 시작된 유길준 문법에서부터 문교부 관제에 의해 표면상의 품사 논쟁이 종식된 1963년까지 한하여 사적인 흐름을 고찰하고자 한다.

국어품사론연구사는 1832년 지볼트의 문법연구를 상한선으로 시작하여 현재까지를 대상 기간으로 하고, 연구 자료도 내국인의 것은 물론 외국인의 연구업적까지 포함시키는 것이 마땅할 것이다. 그러나 유길준 이전의 서양 선교사에 의한 국어품사연구는 국어를 대상으로 하기는 했으나 영어, 불어, 독일어 등 자국의 문법체계에 따른 문법 기술이어서 내용상 국어문법연구사의 일부를 이루기에 미흡한 점이 있고, 국내학자들에게 별다른 영향을 미치지 못했을 뿐 아니라 이광정(1987, 부론V)에서 다룬 바 있어 제외시켰다.

1963년 이후를 제외시킴은 학교문법통일안을 계기로 품사론 분야의 개인 연구도 실질적으로 종식되었고, 구조주의이론이 적용된 소수의 문법서가 있기는 하나 이들 또한 전통적 의미의 품사론과는 달리 해석해야 하고, 생성이론의 도입과 함께 구문 중심의 문법연구로 성격이 변모되었기 때문이다. 외국인의 연구도 국어품사론연구사 형성에 미미하므로 일단 제외시켰다.

이 기간 동안의 품사연구는 그 분류체계상의 특징과 내용적인 특성으로 보아 3기로 나누어 고찰함이 일반적이기도 하거니와 합리적이라 생각한다.[3]

---

3) 국어문법론사의 시대구분으로는
   김민수 : 제1기 John Ross, Corean Primer(1877)~. 제2기 최광옥 「대한문전」(1908)~.
   제3기 최현배 「우리말본」(1937). 제4기 정렬모 「신편고등국어문법」(1946).
   (1954, 34~46)
   구상적배태기(1877)~ 제1기 성립기(1908)~ 제2기 반성기(1930)~ 제3기 부흥기(1946)~ (1960, 20~31)

1. 도입·수용기(1900~1930)

유길준 문법에서부터 최현배(1930) 문법 이전까지 : 라틴문법의 차용 시대로 계열적 문법의 특성을 이루며 제Ⅰ유형의 분석적 품사론 시대.

2. 반성·모색기(1930~1946)

최현배 문법에서부터 정렬모(1946) 문법 이전까지 : 국어에 합당한 품사체계의 모색기로 제Ⅱ유형의 절충적 품사론 시대.

3. 정착·심화기(1946~1963)

정렬모 문법으로부터 학교문법통일안(1963)까지 : 개인 문법의 확립과 통사론적 품사구조를 중시한 제Ⅲ유형의 종합적 품사론이 주도된 시대.

이들 시대적 특성의 고찰과 더불어 문법가 개개인의 품사분류는 어떠한 양상을 드러내며 상호 어떠한 영향관계를 미치는가. 또 이들 개개인의 특성이 어떠한 품사 분류상의 흐름을 형성하는가를 주제로 하고, 구조-기술문법의 도입은 품사분류상에 어떠한 영향을 미치는가. 생성문법적 측면에서 어떠한 면들이 재조명되고 수용될 수 있는가의 문제도 살펴보고자 한다. 아울러 국어의 언어적 특성에 맞는 품사체계는 어떠한 것인가에 대한 간접적인 제시와 더불어 국어품사분류의 보편화 문제와 학교문법의 품사체계에 대한 검토가 결론이 될 것이다.

제1기 성립기(1900~30). 제2기 반성기(1930~46). 제3기 부흥기(1946~66). 제4기 혁신기(1966~현재). ("중고등학교국어문법지도지침", 1962, 문교부 및 1986) 참조

제1기 여명기(1832~1900). 제2기 성립기(1900~30). 제3기 반성기(1930~46). 제4기 부흥기(1946~66). 제5기 혁신기(1966~현재) (1986. 6)

강복수 : 문법명칭과 문법관에 따라 제1기 1908~1929 문법중심, 명칭난립기. 제2기 1930~1945 말본중심, 형성기. 제3기 1946~1961 새문법대두, 재검토기. (1972. 50~59)

남기심 : 제1기(1908. 최광옥 「대한문전」이후~). 1) 전반기(1908~30). 2) 중반기(1930~46). 3) 후반기(1946~). 제2기(1957~) 기술언어학적 방법적용. 제3기(1965~) 변형문법이론이 도입된 시기(「국어국문학」 58~60. 1972)

고영근 : 제1기(1987~1933), 언문수리를 위한 국어문법연구, 제2기(1934~63), 규범문법의 확립과 역사 문법의 연구. 제3기(1964~75), 본격적인 국어문법연구. (1983. 32~97)

이들 문제를 다루는 데 있어서 어떠한 사조성을 띤 특정이론을 바탕으로 문제를 해석·평가하기보다 역사적 흐름에서의 전통성을 중시하여 쟁점을 포괄적으로 수용하고자 한다. 그리고 이들 품사 문제가 국어를 대상으로 한 것이기는 하지만, 어떠한 언어에서나 다룰 수 있는 보편적인 문법 대상이며 서구 언어에서 시원하여 일반화되었다는 점을 감안하여 라틴 전통문법적 품사론과 그 보편성에 관심을 두고서 문제점을 수용하고자 한다.

이와 함께 국어문법학사에 나타나는 수많은 품사 분류 형태들을 유형화하는 작업은 개인의 품사체계를 대비적인 시각에서 밝혀주고 시대적인 흐름의 변화를 가늠하게 하는 기준척의 하나가 되리라 생각되어 연구방법의 일환으로 제기코자 한다.

품사분류의 유형 설정은 분류된 결과를 가지고 유추하는 방안과 또는 적극적으로 우리말의 특성에 따라 그 분류 모형을 제시·검토하는 방안이 있겠다. 본고에서는 사적인 고찰을 위주로 하는 것인 만큼 기존의 분류 결과를 가지고 그 유형을 살펴보고자 한다.

먼저 품사분류의 유형의 결정은 단어를 어떻게 설정하느냐에서부터 시작되고, 이들 단어들이 통사 구조 속에서 어떠한 부류의 어휘군을 형성하는가 즉 어떤 품사로 분류되었는가에 대한 여러 문법가의 연구결과를 유형화하는 작업임을 상기할 필요가 있다.

지금까지의 품사분류 유형에 대한 검토로 대표적이며 일반화된 이론은 김민수(1954)의 3가지 문법유형이다.

> 1) 토와 어미를 독립품사로 설정하는 문법유형 ·············· 제1유형
> 2) 토를 독립품사로 설정하는 문법유형(어미 제외) ·········· 제2유형
> 3) 토와 어미를 독립품사로 설정하지 않는 문법유형 ········ 제3유형

이는 기능어에 해당하는 허사인 토와 어미를 독립된 단어로 보느냐 않느냐에 따라 유형을 구분한 것으로 품사분류사의 시대적 특성과도 일치하는 것이다.

그러나 한편 이들 분류유형이 제시하는 내용은 포괄적이며 간결하고 또한 설명력이 있는 것이어서 이상적인 규칙의 발견이라 할 수 있으나 품사분류의 구체적 양상을 보이기에는 미흡한 점이 있다. 이러한 점을 보완하는 의미에서 이들 3개 유형의 기본 골격은 유지하면서 내용을 세분화하기로 한다.

이에 앞서 먼저 국어의 문장 구조에 따른 단어의 연결 관계부터 살펴 품사분류의 대상부터 살피기로 하고, 이들 구문 요소에 대한 품사유형을 알아보기로 한다.

국어문장의 기본구조는 핵문(carnal sentence)의 개념을 도입하거나 또는 이른바 기본문형에서 유추하든 간에

$$S \rightarrow (Det)\ NP\ +\ (adv)\ VP$$

의 구절구조 규칙을 유도할 수 있다.

이 규칙을 바탕으로 하여 명사문을 포함한 다양한 구문형식이 도출되니 결국 구문 요소는 Det, NP, adv, NP의 4가지로 집약될 수 있다. 이를 한 단계 구체화시키면

$$S \rightarrow (Det)\ +\ N\ +\ NM\ +\ (adv)\ +\ Vs\ +\ VE$$

로 바꿔 쓸 수 있다. 즉 국어의 문장은 1) 부체언(Det), 2) 체언(Noun), 3) 체언토(Non marker), 4) 부용언(Adv), 5) 용언어간(Verb Stem), 6) 용언토(Verb Ending)의 6개의 요소가 연결된 구조이며, 이들 구성체 상호간의 연쇄기능을 담당하고 있는 접속언과 문장 전체에 부가된 독립언이 덧붙여질 수 있다.

품사분류란 결국 이들 구문 요소를 어떠한 부류의 낱말들로 범주화하는가의 작업이다. 그러므로 단어를 어떻게 규정하는가는 분류 기준 및 결과에 큰 영향을 미친다.

국어품사분류사에 나타난 결과를 가지고 이들 요소를 유형화하면 다음

과 같은 현상을 찾아볼 수 있다.

   1. **체언**   1) 단일형 : 명사
                2) 이분형 : 명사 · 대명사
                3) 삼분형 : 명사 · 대명사 · 수사

   2. **용언**   1) 단일형 : 동사
                2) 이분형 : 동사 · 형용사
                3) 삼분형 : 동사 · 형용사 · 존재사(또는 지정사)

   3. **체언토** 1) 영형
                2) 단일형 : 조사(또는 토)
                3) 이분형 : 조사 · 접속사

   4. **용언토** 1) 영형
                2) 단일형 : 종지사(또는 토, 조동사)
                3) 이분형 : 종지사 · 접속사

   5. **부체언** 1) 영형
                2) 단일형 : 관형사

   6. **부용언** 1) 영형
                2) 단일형 : 부사

   7. **접속언** 1) 영형
                2) 단일형 : 접속사

   8. **독립언** 1) 영형
                2) 단일형 : 감탄사

이 가운데서 5 · 6 · 7 · 8항에 해당하는 것은 품사설정 유무에 의한 것이므로 구태여 유형화 여부가 필요치 않다. 1 · 2 · 3 · 4항에 대한 유형적 고찰은 문법가 개인의 분류상의 특징을 밝혀줄 뿐 아니라 시대적인 특징도 찾아볼 수 있는 이점이 있다. 체언, 용언의 경우는 위의 분류와 같이 "체언 : 단일형, 이분형, 삼분형, 용언 : 단일형, 이분형, 삼분형"으로 명명하여 살피기로 하고 "토와 어미"의 경우는 앞에서 제시한 김민수(1954)의 문법유형을 한 단계 구체화하기로 한다.

제Ⅰ유형 1) 체언+α, 용언+β : 제Ⅰ분리유형
            (체언토와 용언토를 각기 다른 품사로 설정한 경우)
          2) 체언+γ, 用言+γ : 제Ⅰ통합유형
            (체언토와 용언토를 동일한 품사로 설정한 경우)

제Ⅱ유형 1) 체언+α, 용언+ø : 제Ⅱ체언토유형
            (체언토만 독립품사로 설정한 경우)
          2) 체언+ø, 用言+β : 제Ⅱ용언토유형
            (용언토만 독립품사로 설정한 경우)

제Ⅲ유형 1) 체언+ø, 용언+ø : 토를 품사로 인정하지 않는 경우

이와 같이 한 단계 세분화함은 토[4]의 품사 내역을 밝히려는 것이나 체언토와 용언토가 각기 이분 또는 삼분되는 경우가 있으므로 이들 모두를 수용하기에는 이상적이지 못하다. 그러나 토의 처리방안에 대한 구체적 견해를 살필 수 있는 이점을 가지고 있다.

2. 연구사 개요

품사연구사에 관한 연구는 공시적인 품사론에 비하여 양적으로 빈약한 편이다.

김윤경 「조선문자급어학사」(1938)에서 처음으로 그간에 출판된 문법서 15종을 저자별로 요약 개관하였는데, 이 중 14종에 품사론 부분이 포함되어 있다. 부분적으로 품사에 대한 자신의 견해를 덧붙이고는 있으나 통시

---

4) 토(吐)란 전통적 의미에서 실사와 허사의 개념을 함께 가지고 있는 용어이어서 체언의 곡용어미와 용언의 활용어미를 표시하는 적절한 술어가 되지 못한다. 그러나 문법학사에 자주 등장하는 용어인 고로 편의상 문법기능을 담당한 허사의 의미로 사용하였다.

적인 면의 맥락은 결여되어 있다. 김두봉, 이규영, 김원우, 이규방, 강매·
김진호, 이상춘, 최현배를 주시경 후계학자로 보는 견해가 보일 뿐이다.

　김민수 "국어문법의 유형"(1954)은 토와 어미를 품사로 인정하느냐 않느
냐에 따라 최광옥(1908)에서부터 심의린(1949)까지의 단행본 44종, 문법가
28명의 품사분류를 적용·검토하였다. 이들 문법유형은 품사분류의 유형
적 특징을 밝혀줄 뿐만 아니라 시대적 특성과도 일치하는 것으로, 문법연
구사를 일관하여 볼 수 있는 원리의 발견이라는 데 큰 의의를 가진다. "국
어문법학사 논고(1955)"는 위의 문법유형에 의거하여 문법학사상 처음으로
시대구분을 하였다는 데 의의를 가지며 여기서 정한 시대구분의 기준점은
널리 보편화되었다. "국어문법론의 서설적 과제"(1960) 중 '국어문법연구의
발달'은 위 두 논문에서 제기된 이론을 토대로 하여 유길준 문법 이후
1960년까지의 문법서 64종에 나타난 품사분류의 실태를 문법유형과 품사
수에 따라 분류현황을 통계적 방법을 주로 하여 사적인 측면에서 고찰하
고 있다.

　품사연구사를 직접 다룬 논문은 아니나 김민수(1969)는 국어문법이 역사
적으로 어떠한 이론적 바탕 위에서 연구·발전되어 왔나를 추구한 연구로
국어 품사론의 이론적 배경을 살필 수 있다. "초기 국어문법과 일본양
학"(1978)에서는 일본문법에서 영향을 받은 국어 품사론의 일면을 살필 수
있다. "1세기 반에 걸친 한국문법 연구사"(1986)는 「역대한국문법대계 총색
인」(1986)에 수록된 해설적 성격의 논문임과 동시에 상기 연구를 총집약 결
산한 의미의 논문이다.

　강복수 「국어문법사연구」(1972)는 이미 발표되었던 다섯 편의 논문을 재
수록한 것이다. "국어문법연구의 사적 동향"은 '외국인이 지은 국어문법서'
와 '한국인이 지은 국어문법서'들로 구분하여 문법명칭과 언어관, 문법체
계 등을 기준으로 검토하고 있으나 품사론에 관한 것은 김민수의 문법유
형 적용에 그치고 있다.

　"외국문법에서 입은 영향"에서는 유길준, 김희상, 주시경, 최현배 문법

등이 일본문법에서 영향 받은 것을 추적하여 대비시킴으로 해서 그 구체적인 영향관계를 밝힌 공로가 크다고 하겠다. 이들 연구는 문법체계 전반에 대한 비교·고찰이지만 품사론 부분이 많은 비중을 차지하고 있다.

"국어문법학의 계보"편에서는 모색기·형성기·검토기로 나누어 유길준(1908)에서 김민수(1960)까지의 사적 동향을 살피고 있는데 품사론이 중심이 되어 검토되고 있다. 문법 내용의 소개에 많은 지면이 할애되어 전체적인 맥락의 추구는 미흡한 감이 있다. 그러나 각 시대에 나타난 품사적 특성을 살피고, 문법가 개개인의 품사적 특성과 일본문법과의 영향관계를 위시하여 상호 영향관계를 밝힌 면에서 공적이 된다. 그러나 부분적으로 이희승 문법의 일본문법과의 영향관계를 밝힘 등에서와 같이 오류를 범하고 있고 사료 검토의 미흡으로 잘못 기술된 곳도 보인다.

이희승 「국어학 개설」(1955) '문법론'에서는 최광옥(1908), 유길준(1909), 김희상(1909, 1911), 주시경(1910, 1911), 김두봉(1916, 1923), 최현배(1930, '34, '36, '37), 김원우(1923), 이규영(1922), 박승빈(1931, 1935), 이상춘(1925, 1946), 정렬모(1946), 홍기문(1947) 등 12명의 문법가의 품사분류 체계를 소개하면서 이들 분류상의 모순점을 국어의 언어적 특성과 관련시켜 비판을 가하고 있다. 이는 우리말 품사연구사에서 김윤경 이후 두 번째로서 한층 깊이를 더한 연구다. 또한 최광옥 이후 이희승까지의 29명 중 47종의 문법서에 나타난 품사분류를 통계적으로 보이며 그 혼란상을 지적하고 있다.

고영근 「국어문법의 연구」(1983)는 그간의 발표되었던 논문들을 보완하여 재수록한 것이다. 1장에서 "국어문법연구일세기"라는 제목 아래 외국인과 우리나라 사람에 의한 연구로 각각 구분하여 시대구분을 달리하고 있고, 시대구분의 기준도 언어관 및 문법 모형 등을 참조하여 분류하였다. 이는 종래 연구와는 다른 독자적인 견해를 보이는 것이다. 개인의 품사분류상의 핵심적인 특징을 지적하여 그 공과를 평가하였으며 영향관계도 밝히고 있다. 또한 해결되어야 할 문제점을 제시하는 등 품사론연구의 방향을 제시하고 있다.

"서양인의 한국어 연구"도 문법체계 전반에 걸친 것이며 개략적이나마 대부분의 문법가들의 품사체계를 살필 수 있는 연구다. 또한 이들이 연구가 국어품사론연구사의 일부로 수용되어야 한다는 과제를 제기한 논문이다.

이광정(1987)은 국어문법연구사의 태동기에 해당하는 1832년 지볼트로부터 유길준 문법 이전까지의 서양인의 문법연구 중에서 품사론만을 독립시켜 고찰하고 있는데 이는 외국인의 연구를 국어품사론사에 수용하여 내국인의 연구와 접맥시키려 했다는 데 의의를 갖는다. 이밖에 유창균·강신항(1961), 유창균(1969), 이숭녕(1975), 강신항(1979, 2), 김윤경(1963), 안병희(1967), 서병국(1973), 김석득(1975, 1983), 김민수(1981) 등의 여러 국어학사 관계 저술에서 품사연구에 대한 고찰이 보이나 대부분 단편적이고 전체적인 맥락의 연결이 결여되어 있다.

이상 살펴본 바와 같이 모든 연구가 문법학사의 일부로서 품사연구사가 제한되어 있고, 단편적인 기술로 그친 것이 대부분이어서 전체를 총괄·종합하고 앞에서 제기한 문제점을 해결하려는 의도에서 연구과제로 삼았다.

제2장 품사분류의 연원

1. 라틴문법 8품사의 성립

　본항에서는 국어품사론의 원천이 되는 라틴문법 8품사의 성립과정을 살펴어 국어품사분류론의 역사적 변천과 연계를 지어보고, 분류 이론의 논거와 그 통용 문제를 살피고자 하여 별도로 설정하였다. 이는 라틴문법 품사론의 성립이 2천년에 가까운 세대발생적(世代發生的) 의미를 지닌다면, 국어품사론은 90년이 못 미치는 동안 생성된 것으로 라틴문법에 대하여 개체발생적(個體發生的) 의미를 지녀, 그 유사성이 있으리라는 가설적 의미가 포함된다. 그러나 서구 이론의 본격적인 검토는 본 논문의 취지에 어긋나고, 이광정(1986)에서 살핀 바 있으므로,[5] 그리스·로마를 중심으로 하여 품사론의 성립을 개괄하기로 한다.

1) 그리스 시대

　그리스 시대의 언어연구 가운데서 품사론과 관련시킬 수 있는 것은 소

<hr>

5) 이 부분에 대한 자세한 내용은 Dinneen : 1967. 70~114와 이광정(1986), "고대 그리스·로마시대의 언어연구"「경원대논문집」4. 21~57. 이광정(1987),「부론VI」참조.

크라테스, 플라톤, 아리스토텔레스의 연구, 그리고 스토아학파와 알레산드리아학파의 연구에서 찾을 수 있다.

소크라테스에 의해 처음 사용된 onoma(명사 또는 주어)와 rhēma(동사 또는 서술어)란 언어단위는 플라톤에 와서 logos(문장 또는 구, 절)와 함께 한층 구체화되어 문법적인 술어로 접근된다. onoma는 "동작을 수행하는 사람의 명칭"이라 하고, rhēma는 "동작의 명칭"이라 하였으니 '명사'와 '동사'의 개념에 접근되어 있음을 알 수 있다.

플라톤은 이들 술어들을 형태론적으로는 구별하지 않고 의미론적 단위로만 관심을 가졌다. 또한 문법의 대상으로서가 아닌 논리학의 구성요소로 중시하였다(Dinneen : 1967, 78~79).

아리스토텔레스는 onoma(명사), rhēma(동사), syndesmoi(접속사), arthron(관사)의 네 가지 언어단위를 설정하였는데 이는 전통적 의미의 품사와 상통하는 것이다. 판별 기준은 의미적인 면이 강조되나 형태적, 기능적인 면의 고찰이 통사론적 바탕에서 이루어졌다. 그의 언어연구는 문법 자체가 아니라 플라톤과 마찬가지로 논리학적 관심의 대상이었다. 일찍이 품사론의 시작이 통사적의 바탕에서 시작되었음을 알 수 있다.

onoma와 rhēma에 대한 정의를 살펴보면 "onoma는 그 자체 내에 시간성이 없고, 단지 협약에 의하여 수립된 유의적 음성"이라 하여 그 일부를 분리해서는 의미가 성립되지 않는 단일어적인 성격을 가진 것이라 하였다. "rhēma는 특별한 의미를 전할 뿐만 아니라, 시간성을 가지는 음성"으로 부분만으로는 의미를 가지지 못한다고 하였다. 그리고 "항상 말하여지는 어떤 일"을 가리킨다고 하였다.

아리스토텔레스의 onoma와 rhēma에 대한 설명에서 우리는 국어품사론에 관한 몇 가지 시사를 받을 수 있다. 첫째, onoma와 rhēma는 분리되면 그 단위가 성립되지 않는다고 하였으니, 단어는 의미를 기준으로 성립되어야 한다는 것과 국어에서 기능어인 토를 단어로 분리시키는 것은 온당치 않다는 견해와 둘째 rhēma의 현재형만을 "real rhēma"라고 하였는데, 이는 우리말에서 동사 현재형으로 기본형을 삼을 수 있다는 견해와 상통하는 것이다.[6] 셋째 의미 전달 기능과 함께 "어떤 존재하는 형태를 의미"하기도 한다고 하였으니 정렬모 문법 등에서 동사 속에 형용사, 존재사 등을 포함시키는 분류법과 일치함을 알 수 있다.

아리스토텔레스의 품사 분류의 기준은 의미가 중시되었고 형태와 기능이 부분적으로 고려되었다. 그가 설정한 단어의 10가지 의미 범주는 후세 품사론의 하위분류에서 그대로 적용되고 있음을 살필 수 있다.[7]

Stoa학파(B.C. 308. 아테네)는 4품사, 5품사, 6품사의 세 단계로 달리 구분하고 있는데 아리스토텔레스 후학인 소요학파(逍遙學派)에 비하여 진정된 일면을 보이고 있다.

첫째, 논리학적 연구와 문법적인 연구를 구분한 것이고, 둘째, 언어연구에 있어 명확하고 전문적인 술어를 사용했던 것이다. 이들은 아리스토텔레스가 불완전한 lekta(발화)를 대상으로 한 것과는 달리 완전한 lekta를 대상으로 삼아 연구하였다. 이는 형태론적 연구보다 통사론적 연구가 중시되었음을 뜻한다.

품사에 대한 내용을 살펴보면

① **명사**(onoma) : 격변화를 하는 품사로 형태론적으로도 확인되고, 의미론적으로는 고유명사를 분류하였다. 격의 개념에 일정한 차례를 가져오게 했고, 의미와 형태 사이의 혼란을 정리하는 결과를 가져오게 했다.

② **동사**(rhēma) : "구성을 이루지 않고서도 어떤 일을 서술하는 품사"라고 하였다. 그리스어에서 명사 – 동사의 구성은 동심적(endocentric)이고 동

---

6) 김민수(1955), "용언의 기본형", 「한글」 통권 110호 참조.

7) 단어를 "물질(substance), 양(quantity), 질(quality), 관계(relation), 장소(place), 시간(time), 자세(posture), 상태(state), 동작(action), 성질" 등 10가지 의미 범주로 분류하고 있는데 Jespersen은 위의 분류를 참고로 하여 어류분석(語類分析)을 하고 있고, 국어품사론에서도 이들 범주 명칭이 하위분류에 적용됨을 알 수 있다. (Dinneen : 1967, 85. Jespersen(1933) : *Essential English Grammar*, 66~77)

사만으로도 "참"과 "거짓"을 진술할 수 있다는 어휘 특성을 밝혔다.

③ 접속사(syndesmos) : "품사들을 연결시키는 구실을 하며 격어미가 없는 품사"라고 하여 기능적, 형태적 분류를 하고 있다.

④ 관사(artheron) : "명사의 성과 수를 구분하는 격어미를 가진 문장의 요소로 ho, hē, to와 hoi, hai, ta 등"으로 정의하였다.

Alexandria학파(B.C. 300~150)의 법전적(法典的) 문법서는 Dionysios Thrax의 「문법술(文法術)」(Technē Grammatikē)인데 이는 Remmius Palaemon에 의하여 「Ars Grammatica」란 이름으로 라틴어로 번역되어 라틴전통문법을 이루는데 바탕이 되었다. 트락스의 문법서는 오늘날까지도 올바른 문법서로 평가되며 특히 품사론의 원형이 되는 저서다.

품사론 관계 부문을 요약하여 살펴보면

문장의 부분 [품사 : Parts of sentence] : 단어는 문장의 가장 작은 부분이다. 이들 단어들은 구성을 필요로 한다. 문장은 그 자체로서 완전한 의미를 가지고 있는 단어들의 구성이다. 여기에는 8개의 품사가 있으니 명사, 동사, 분사, 관사, 대명사, 전치사, 부사, 접속사를 이른다.

① 명사(onoma) : 격변화를 하며, 사람이나 사물을 의미하는 품사다. 다섯 가지의 동시적 특징(simultaneous feature) [문법적 일치 : grammatical accidents]으로 성(gender), 유형(type), 형태(form), 수(number), 그리고 격(case)을 가진다. 성에는 남성, 여성, 중성의 세 가지가 있고, 개중에는 통성을 가진 것이 있다. 유형에는 원형과 파생형이 있고, 파생형은 7가지가 있다. 수에는 단수, 양수, 복수의 세 가지가 있다. 격은 주격, 속격, 여격, 대격, 호격의 다섯 가지가 있다.

② 동사(rhēma) : 격변화는 없으나 시제·인칭·수·능동성·피동성 등에 민감한 품사다. 동시적 특성(문법적 일치)으로는 서법(moods), 종류(kinds), 유형(type), 형태(form), 수(number), 인칭(person), 시제(tense), 활용(conjugation)

등 8가지다. 서법은 직서법, 명령법, 기원법, 가정법, 부정법이 있고, 종류는 능동태, 중립태, 피동태가 있고, 유형은 원형과 파생형이 있다. 형태는 단순형, 복합형, 파생형이 있고, 수는 단수, 양수, 복수가 있다. 인칭은 1인칭, 2인칭, 3인칭이 있고, 시제는 현재, 과거, 미래의 세 가지가 있고, 과거는 반과거(半過去), 과거완료(過去完了), 대과거(大過去), 부정과거(不定過去)의 네 단계가 있다. 물론 세 가지는 서로 상관되어 있으니 현재는 반과거에, 완료는 대과거에, 미래는 부정과거에 연관되어 있다.

③ **분사**(metoche) : 동사와 명사의 특성을 공유하는 낱말 형태로 인칭과 서법을 제외하고는 명사, 동사와 동일한 동시적 특성을 가지고 있다.

④ **관사**(arthron) : 명사의 앞이나 뒤에 오면서 격변화를 시키는 품사다. 선행하는 것으로는 ho가 있고, 후행하는 것으로는 hos가 있다.

⑤ **대명사**(antonumea) : 명사를 대신하여 사용되는 품사이고, 한정된 사람을 지시하는 품사다. 동시적 특성으로는 인칭, 수, 성, 격, 형태 그리고 유형이 있다.

⑥ **전치사**(protesis) : 구문결합이나 구어상에 있어서 다른 모든 품사 앞에 놓인다.

⑦ **부사**(epirrema) : 어형변화가 없는 품사로, 동사에 대하여 어떤 일을 말하거나 다른 품사에 연결된다.

⑧ **접속사**(syndesmos) : 일정한 순서에 따라 우리들의 사상을 통합적으로 연결시키고 담화의 공백을 채우는 낱말의 한 종류다. 접속사는 계합접사(繫合接詞), 이접접사(異接接詞), 조건접사(條件接詞), 원인접사(原因接詞), 목적접사(目的接詞), 의문접사(疑問接詞), 추론접사(推論接詞), 부가접사(附加接詞)로 분류된다.

a. 계합접사 : "그리고, 또한, 그러나"의 예와 같이 계속적인 담화를 연결시킨다.

b. 이접접사 : 문장을 연결시키지만 "또는"의 예처럼 그들의 내용을 분리
   시킨다.
c. 조건접사 : "만약에, …라도, …지라도, 만약 그렇지 않으면"의 예와 같이
   비사실적인 결과를 지시한다.
d. 원인접사 : "…하므로, 따라서, 고로, …하기 위하여, …의 이유로"의 예와
   같이 사실적 결과를 표현한다.
e. 목적접사 : "…하도록, …하기 위하여, … 때문에"와 같이 목적을 표시하기
   위하여 사용된다.
f. 의문접사 : "…인지 어떤지, 아마도"의 예와 같이 의문스러움에 대하여 사
   용된다.
g. 추론접사 : "…따라서, 그러므로"의 예처럼 결론과 증거를 대기 위한 가정
   에 사용된다.
h. 부가접사 : "이거 참, 물론, 참으로, 당연히"의 예와 같이 습관적인 일로 운
   율적인 편의나 언어 수식을 위하여 사용된다.[8]

트락스 문법의 내용은 그리스어의 형태론적 구분과 규칙적으로 상관되
어 있는 수많은 의미범주다. 이들 의미범주는 형태적으로 다른, 각국어에
그대로 적용·논의되었으니 문법사에 있어 세계사적으로 문화사적으로 상
호 이해와 일체성을 가져오게 했다는 큰 의의를 갖는다. 교시적인 입장에
서 출발한 그의 방법론은 형태적인 면의 동일성과 이에 따른 의미적인 상
관을 해결하려 한 최초의 학자로 평가된다. 그의 문법에서 품사론은 중요
한 의미를 가지는데 품사의 차이로 인하여 그리스어의 의미 시차를 해결
하는 데 도움을 주었기 때문이다. "단어"는 통사론의 기초가 되며, 형태적
으로는 "문장의 최소"라는 정의에서 출발한 그의 품사론은 단어와 품사가
동일 단위임을 확인했고 품사는 통사론 구성의 단위임을 또한 제시했다.
그의 품사분류의 기준은 형태적인 것을 기준척으로 하여 이에 상관된 의
미 범주를 설정하는 것이나 부분적으로 문장 구조에서의 통사론인 기능을
고려하고 있다. 그러나 그의 문법의 통사론적 정보의 부족으로 언어의 내

---

8) 상세한 것은 Dinneen 1967, 98~101 및 이광정(1986), 37~45. 이광정(1987), 「부론Ⅵ」
   참조.

면구조를 보임에 있어서 미흡한 것으로 지적된다(Dinneen, 95~107). 트락스의 품사론은 우리에게 시사하는 바가 크다. 그의 문법이 20세기까지 개선되지 않을 만큼 훌륭하다는 평과 같이 우리의 품사체계도 그의 문법에서 기원한 것이다. 도입기의 국어품사론사에 나타난 대부분의 서구적 현상이 그의 문법에 연원하고 있음을 쉽게 알 수 있다. 국어품사론사에서 오랫동안 정립되지 않았던 품사의 개념이 이미 명확히 설정되어 있음도 알 수 있고, 국어문법에서 일부 부사로 처리하는 경향을 보이는 접속사가 중시됨을 알 수 있다.

2) 로마 시대

로마 시대를 대표하는 문법가로서 Varro와 Priscian을 꼽을 수 있다. Varro (B.C. 116~27)의 문법연구 가운데 품사론과 연관되는, 단어와 Declinato 등에 관하여 살펴보면

단어는 더 이상 분석할 수 없는 의미를 가진 최소의 기본적 형태이고, 모든 사람들이 그 상이한 형태를 동일한 방법으로 사용하는 것이라고 하였다. 그러나 그는 의미쪽보다는 형태에 치중하여 어형분석을 시도하였다. 그가 수립한 양면대립 체계는 1930년대 구조주의 언어학자들이 수립한 직소 분석과 의도는 다르나 동일한 내용이다. 그는 형태의미가 아닌 형태 자체에서 양면 대립을 추구했다는 데 특별한 의미를 가진다.

그는 라틴어의 단위분석을 위하여 세 가지 단계를 제시하였다.
① 언어는 변화사(變化辭, variable word)와 불변화사(不變化辭, invariable word)
   로 나뉜다.
② 변화사는 규칙적인 것과 불규칙적인 것이 있다.
③ 규칙적으로 변하는 것(Declinato)은 네 가지 유형으로 나뉜다. (a) 격만
   가지는 것, (b) 시제만 가지는 것, (c) 격과 시제를 함께 가지는 것,

(d) 격도 시제도 가지지 않는 것 등이다. (a)는 명사, (b)는 동사, (c)는 분사, (d)는 부사인데 불변화사가 아닌 부사다.

그는 어형 변화를 다시 '선택에 의한 변이형'(declinato voluntaria)과 '규칙적인 변이형'(declinato naturalis)로 구분하였다. 전자는 파생법과 부분적으로 일치하고, 후자는 굴절(inflection)의 개념과 일치한다. 이외에 명사류를 네 가지로 분류하였다.

① Provocabula : ques, quea ("who")와 같이 "다른 단어들을 위한 단어"로 관계사나 의문사에 해당하는 것
② Vocabula : 방패, 칼 등과 같은 일반명사, 이른바 보통명사에 해당하는 것
③ Nomina : 로무르스, 레무스 같은 사람들의 이름, 고유명사에 해당하는 것
④ Pronomina : 그는, 그 여자는, 이거, 저것 등과 같이 "명사를 대신하는 것"으로 대명사에 해당하는 것

Varro의 단어 분류체계는 트락스의 8품사체계와는 무관한 것으로 형태 변화 자체만을 가지고 어류를 분석했다는 데 특별한 의미를 가진다. 이러한 분류태도는 구조주의 언어학자들의 어류 분석과도 일치한다. 그는 어원론의 계층과 단어들의 유형을 구별했다는 것 외에 이른바 Saussure의 "langue"와 "parole"에 상응하는 추상언어(抽象言語)와 구상언어(具象言語)를 구별했다는 것도 언어학사상 의의를 가진다.

라틴어 문법의 8품사체계를 확립한 것은 Palamon인데 그는 트락스의 8품사체계를 라틴어에 적용시킬 때, 관사를 제외시키고 대신 감탄사를 추가시켜 라틴어 8품사체계의 기초를 마련했다.

Pariscian(A.D. 6세기)의 언어에 대한 논의는 의미론적 기준이고 형태론적 기준도 자주 사용되었다. 그는 품사 분류의 기준을 의미적인 데 두어야 한다고 역설했다. 아리스토텔레스의 전통에 따라 명사를 다른 품사의 우위에

두었다. 주격형을 명사가 곡용할 때 우위에 두었으나 이 원칙의 적용에 있어 일관성이 없다.

그는 언어의 요소로서 '음성·문자·음절·단어·문장'을 들고 있는데 이중에서 "단어는 복합적인 표현의 최소 부분이고 전체의 의미와 연관시켜 한 부분으로 이해된다."라고 하였다. 이는 품사의 통사론적 의미에 대한 중요성을 뜻한 것이다.

8품사에 대한 정의를 살펴보면

① **명사** : 주어나 본체, 또는 일반적 특질이나 고유한 특질을 가지는 사물에 해당하는 품사다.

② **동사** : 격은 없으나 시제와 서법을 가지는 품사로 행동이나 행동되어지는 것을 의미한다.

③ **분사** : 명확하게 정의되지는 않으나 원칙적으로 제3의 위치에 와야만 하는 것으로, 명사와 같은 격을 갖고, 동사처럼 태와 시제를 갖는다.

④ **대명사** : 어떠한 사람의 고유한 이름을 대신할 수 있고, 한정된 사람을 지시하는 품사다.

⑤ **전치사** : 다른 요소들 앞에 놓이거나 또는 다른 요소들과 합성체를 이루는 변하지 않는 품사다.

⑥ **부사** : 동사의 의미를 부가해 주는 품사다.

⑦ **감탄사** : 명확하게 정의되지는 않지만 부사와 구분된다. 그리스어에서는 부사와 동일시 되지만 감탄사가 보여주는 통사적 독립형과 감탄적 의미 때문에 부사와 구분이 된다.

⑧ **접속사** : 다른 품사들의 의미나 체계를 밝혀서 그들의 연결시키는 구실을 하는 품사로 그 자체로도 의미를 가지는 불변화사다.

Priscian은 "품사를 구분하는 방법은 그 개개의 특별한 의미를 참조하여 구분하는 방법보다 나은 것이 없다"고 하여 1차적으로 의미를, 2차적으로 형태를 기준으로 삼고 있는데 이는 트락스의 경우와는 적용 순위가 바뀐 결과다. 그의 문법은 언어학적인 측면에서 여러 가지로 비판된다. 특히 그의 문법은 의미 중심으로 기술이 되었고, 그가 사용한 의미의 개념이 단순한 지시의미이론(referential‒meaning theory)에 불과하다는 것이다. 이 때문에 그의 연구는 어휘 연구가 주가 되었고, 어휘 명명과 같은 낭비적인 일을 하게 되었다. 품사 분류에 있어서도 형태론적 구성의 특징과 통사론적 기능과를 관련시켜 정의하는 대신에 전반적으로 불충분한 '의미' 개념을 크게 신뢰하였으므로 품사 분류에 있어서의 혼란, 부사와 대명사의 지나치게 협의적인 정의, 부적당한 곡용의 처리 등을 가져왔다고 비판된다(Dinneen, 114~123). 이상 논의된 품사 분류상의 변화는 <표 1>로 정리 요약할 수 있다.9)

〈표 1〉

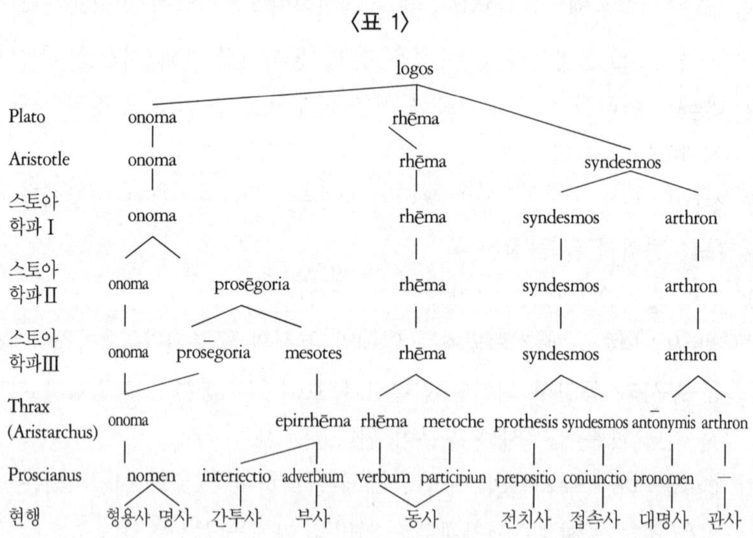

---

9) Robins, R. H.(1966) "The development of the word class system of the European grammatical tradition." in *Foundations of Language* 2. pp.3ff.

이 뒤를 이어 Priscian과 같은 시대 사람으로 Boethius와, 일반문법으로 발전시키는데 공헌이 컸던 Pater Helias, 의미 중시의 문법을 주장한 12세기의 Petrus Hispanus, 13~14세기 후반까지 융성하였던 양상론자(The modistae)들의 품사론이 있으나 라틴 문법은 Priscian에서 성립되고 이후 약간의 변모를 보일 뿐이다.

2. 품사의 개념규정

품사란 술어는 본디 그리스어에서 "문장 또는 구의 부분들"(morē tou logou : part of sentence, 또는 phrase)을 뜻하던 말인데 서구 각국어로 차용되는 과정에서 잘못 번역하여 "part of speech"(영), "parties de discours"(불), "Rede-teile"(독) 등으로 사용한 것으로 본다. 이를 다시 "사(詞)의 품류(品類)"란 뜻의 "품사"란 술어로, 일본에서 번역한 것을 한말·개화기에 도입·차용한 것으로 추정하고 있다.[10]

국어문법에서 "품사"에 해당하는 술어로는 일부 개념상의 차이를 보이는 가운데 '어토명목(語吐名目)'(리봉운, 1897), '언어(言語)'(유길준, 1898), '품사(品詞)'(최광옥, 1908), '자사(字詞)'(김규식, 1908), '어종(語種)'(유길준, 1909), '원사(元詞)'(안확, 1917), '단어(單語)'(이필수, 1923), '말'(강매·김진호, 1925), '감말'(정렬모, 1946) 등의 여러 가지 명칭으로 불려왔다.

품사의 개념을 살피기 위하여 먼저 국어품사론에 나타난 대표적인 정의를 살펴보기로 하자.

---

10) Dinneen, 1967. 2. 및 김민수, 1956. 3. 참조.

言語는 人의 思想을 聲音으로 發ᄒᆞ는 者라
　　　　　— 유길준, 1897경 1, 이하 인용문에서의 권점 및 띄어쓰기 필자

기(씨)는 낫말을 이르넌 것으로 씀이니 여러 가지 몬(物)이나 일을 따르어 이르는 말을 각각 부르는 이름으로 씀이라
　　　　　— 주시경, 1910(1911), 27

씨(낱말)는 말의 單位(낱덩이, Unit)이니, 따로따로 이러한 생각을 가지고 말함(話)과 글월(文)을 이루는, 直接의 材料가 되는 것이니라
　　　　　— 최현배, 1937, 148

言語의 構成要素가 되는 單語를 文法說明의 必要에 依하야 그 槪念의 共通點으로써, 分類한 것을 品詞라고 말하는데
　　　　　— 권영달, 1941, 110

品詞라는 것은 모든 單語 卽 語彙가 文法的 性質이나 機能에 依하여 어떻게 分類될 것인가 하는 統辭論(文章論 syntax) 範疇에 관한 述語다
　　　　　— 이희승, 1955, 197

單語는 品詞의 감(資料)이요, 單語의 職能 — 글월 속에서 行하는 任務 — 이 플러스 된 것이 品詞다.
　　　　　— 김진호, 1956, 2∼3

이상의 정의에서 살필 수 있듯이 품사의 개념이 대부분 정확하게 드러나지 않고 단어와 동일시되고 있고 단어의 개념도 정확하게 드러나지 않은 것이 초기 문법에서의 실태다. 안확(1923)에서 처음으로 단어를 "문법적 성질의 근사함"에 따라 나눈 것이란 비교적 타당한 견해가 제시되고, 권영달(1941), 장하일(1947)을 거쳐 이희승(1955), 김진호(1956) 등에서 구체화된다. "품사"란 말의 본디 어원인 "문장의 조각들"(morē tou logou : part of sentence)이란 어의 자체가 말해 주듯이, 품사란 개념은 문장을 전제로 해서만이 성립되는 것이다. 이는 정적인 상태의 단어(word)가 문장이란 유기체로서의 동적 구조 속에 참여했을 때 가지는 문법적 범주를 뜻하는 것이다.

이러한 의미에서

> 品詞란 單語가 統辭構造 속에 位置하였을 때에 文法的 範疇에 따라 分類한 單語의 名稱이다.

또는 간략히

> 品詞란 行用言語 속에서 차지하는 單語들의 文法的 分類

라는 정의가 가능하다.[11]

이때 문법적 범주(grammatical category)란 문장에서의 기능을 주로 하는 것이지만 형태적, 의미적 어휘범주(lexical category)를 포괄하는 개념이 되어야 한다. 그러나 품사를 규정하기에 앞서 선결되어야 할 것은 단어에 대한 언어 단위의 규정이다. 어떻게 단어를 규정하느냐에 따라 품사분류의 양상이 달라지기 때문이다.

국어문법연구사에서 단어에 대한 견해는 이른바 문법 유형이 대변하는 것인데

① 최소자립형식의 규정은 안정도가 있는 기본적 기준이다.

② 단어의 전후에는 순간적 휴지가 수반된다.

③ 문은 자립형식인데 대하여, 단어는 그 최소형식이다.

④ 문 중에서 여러 위치에 나타나고, 반복해서 명백히 나타난다.

⑤ 단어는 거의가 단독으로 문이 될 수 있고, 분할하면 반드시 잔여 부분이 생긴다.[12]

---

11) "지식 언어의 단위는 단어이나 행용 언어의 단위는 문장이라 할 것이다."란 Gardiner의 말을 원용하여 품사의 정의를 삼아 볼 수 있다(Alan H. Gardiner(1932). *The Theory of Speech and Language*. 88. Oxford).

12) R. H. Robins(1964) *General Linguistics*. 218.

는 것과 같은 견해를 타당한 것으로 받아들인다면 국어의 단어설정에서 토와 어미는 단어의 자격을 갖지 못하며 또한 품사로 인정되지 않는다.

3. 품사분류 기준의 적용 문제

품사분류의 기준은 언어관에 따라 달라지고 품사에 대한 개념 규정에 따라서도 그 적용 범위가 달라질 수 있다. 품사를 전통적인 의미의 문장단위로 놓고 생각할 때 품사분류의 기준은 일찍부터 의미(meaning), 형태(form), 기능(function)의 세 가지 범주였다. 전통문법적 견지에서는 이들 세 가지 기준을 다 적용하되 그 적용의 정도를 어떻게 달리하느냐에 차이가 있었을 뿐이었으나 구조주의적 언어관에서는 형태류 유취(類聚)에 주력하였고 여기에 기능적인 면이 나머지 일부를 담당하였으며 의미는 배제되었다.

전통문법에서의 이들 기준의 적용은 이미 살펴보았듯이 Aristotle과 그의 후계자들의 경우는 의미를 위주로 하였고 트락스 문법에서는 형태 분류에 따른 의미의 상관이었고, Varro의 문법에서는 철저하게 단어의 형태적 분석이었다. 그러나 Varro도 하위분류에서는 의미를 따르고 있다. 한편 Priscian은 이와 반대로 의미를 위주로 한 품사분류였다. 의미를 중시하는 전통은 그대로 이어져 Boetius를 거쳐 중세의 Peter Helias, Petrus Hispanus 등의 품사론에서는 물론 양태론자(樣態論者, The modistae)들에게까지 이어져 내려왔고 근세에까지 이르렀다.13)

이러한 의미 중시의 전통은 19세기까지 계속되다가 구조주의 언어학의 등장과 함께 이들 언어관에 따라서 종래의 연구에 대하여 비판을 가했고 품사론 부분에서도 반성이 일게 되었다. 두드러진 현상은 품사분류에 있어

---

13) Dinneen(1967), 125∼147 참조.

기능 중심적 주장이었다. 이들은 우선 의미를 배제함으로써 확고한 객관성을 얻으려 했고 품사분류는 굴절에 의해서, 굴절이 없을 때는 통사론적 기능에 의해 정의되어야 한다고 하기도 했다.14)

이러한 기능중심문법으로 해서 품사란 명칭 대신에 어류(語類) 또는 유어(類語, word class, class words, morphemes classes)란 명칭이 등장했다. 이러한 입장에서의 대표적인 것이 Fries의 4개의 유어(word class) 분류와 15개의 기능어(functional words)의 분류설정이다.15) 이들의 분류기준은 전적으로 대치(substitution)의 원리에 두고 있다. Harris는 형태류어(morphemes classes) 설정을 "이들 유(類, classes)는 한 유의 모든 형태소가 그 유내의 거의 모든 환경(environment)에서 상호대치 되는 방법으로 구성된다"고 하였다.16)

국어에서도 1960년을 전후하여 구조주의 언어학 이론의 적용으로 품사 대신에 '유어(類語)'란 용어를 사용하면서 새로운 단어의 분류가 시도되었으니 박창해(1964, 38)의 4類語, 김석득(1966, 2)의 5類語, 이길록(1971, 175)의 5類語, 강복수(1970, 125)의 4類語 등이다.

구조주의 언어학의 품사분류는 대치에 의한 변별틀(test frame)의 사용 등 기능중심의 새로운 방법론의 시도여서 통사론적 구조를 밝혀내고 형태류를 유취하였다는 공로는 있겠으나 의미를 배제한 문법이 가지는 본질적인 약점과 함께 대중의 전통적 지지 기반을 잃었다는 면에서 성공적이라고 할 수 없다.

변형생성문법에서 품사는 그 문법이론체계에서 설정되는 단위로 그 체계에서 기술상 필요한 수만큼의 품사, 혹은 하위구분이 인정되고 있다. 각 어류 규정은 결국 그 어류에 속해야 할 개개의 단어에 따라서 결정된다고 하는 태도를 취하므로, 품사설정이나 분류기준이 무엇인가 하는 문제는 정면으로 대두된 적이 없다.17)

---

14) 김선기 역(1963), 「言語分析論」 *Outline of Linguistic Analysis*. 문교부. 14.
15) C. C. Fries(1952), *The Structure of English*. New York Chapter V.
16) Z. S. Harris (1966), *Structural Linguistics*. seventh Impression Chicago Chapter 13.

결국 전통적인 의미의 품사분류의 기준은 '형태, 기능, 의미'로 귀결되고 이들의 적용에 대한 문제만이 남게 된다. 이들의 적용에 대해서는 많은 논란이 있어왔다.

종래의 비판에서 주된 논점은 품사분류라는 한 가지 작업에 세 가지의 다른 기준을 동시에 적용함으로 해서 서로 다른 결과와 혼란을 가져오게 한다는 것이었다. 그러므로 분류기준은 단일해야 한다는 것이었다. 이는 주로 구조주의 문법학자들의 주장으로 의미를 배제한 기능 중심의 분류를 꾀하는 입장이었다. 그러나 분류기준이 단일해야 한다는 데는 문제점이 뒤따른다.

첫째, "기능"만으로 분류의 척도를 삼았을 때 제기되는 문제점은 한 개의 단어는 한 가지 기능만으로 사용되어야 하는데 실제 그렇지 않다. 예를 들어 이른바 '명사'에 해당하는 '사람'이란 단어 하나를 놓고 볼 때 이는 구문 속에서 주어(사람이), 목적어(사람을), 보어(사람과), 서술어(사람이다), 부사어(사람에게), 관형어(사람의), 독립어(사람아) 등 그 문법적인 기능이 다양하다. '사람'이란 단일한 단어가 이와 같이 여러 가지 기능을 하게 되는 것은 「-이, -을, -과, -이다, -에게, -의, -아」 등 격조사라 지칭되는 부분의 형태소의 기능 때문이다. 이들을 기능어로 처리하는 방안이 가능하나 이들 형태소를 단어로 처리해야 한다는 문제점이 제기된다. 결과적으로 어떠한 단어가 문장 속에서 어떠한 기능을 하는가를 결정하는 것은 그 단어의 형태적 특성이고 나아가서 문장 속에서의 위치에 의한 것이므로 기능만으로는 단어의 품사적 지위를 확정지을 수 없다는 결론이 된다.

명사의 경우뿐만 아니라 동사의 경우를 살펴보아도 같은 결과가 된다. 예로 동사 "살다"라는 단어를 놓고 볼 때 "살다, 살고, 산, 살기, 살기가, 살기를" 등의 어형 변화에 따른 단어의 형태가 된다. 결국 기능(function)만으로 품사분류의 기준을 삼는다는 것은 단어 설정의 문제에서부터 품사

___

17) 이정민 · 배영남 (1982), 「언어학사전」 547, 한신출판사.

분류에까지 난점이 대두된다.

둘째, 형태(form)만을 기준으로 삼아 품사분류를 할 수 없음도 기능의 경우에서처럼 해결되지 않는 근본적인 문제를 안고 있다. 형태론적 단계에서의 수많은 어형(활용이나 곡용을 포함한)들을 독립적 상태에서 정적인 단어의 분류가 아니라 문장이란 구성 속에서 동적으로 움직이는 단어들의 분류이기 때문이다. 즉 통사구조를 전제로 하지 않은 품사론은 어휘형태론에서의 분류작업에 불과하기 때문이다.

형태만을 가지고 품사분류의 기준을 삼을 수 없는 또 하나의 근본적인 이유는 단일한 어형이 다양한 문법적 구실을 하는 경우가 있으므로 어형만으로는 문법적 기능에 대한 변별적 기능이 약하다. 동일한 어형이 문법적 기능을 달리하는 경우는 어느 언어에서나 쉽게 발견되는 예다. 그 대표적인 예는 독립어의 경우가 된다. 독립어의 경우 어순이 문법적 형태보다 더 많은 문법 기능을 나타내고 있음은 주지의 사실이다.

영어의 경우도 형태만을 고려한다면 명사의 격변화는 단지 두 개(기본형과 소유격 : child, child's)에 불과하나 3격, 4격, 5격 등 여러 가지로 구분함은 라틴문법의 전통적 인습에 따른 것이기도 하거니와 어순에 따른 의미적인 면에서의 격의 분류다.

첨가어인 터키어의 경우도 주격과 단수로 격변화할 때는 격어미가 없는 영형태가 되며 때로는 대격에 영형태(零形態)로 나타나기도 한다.[18]

격어미의 생략으로 다양한 문법 기능을 나타내는 것은 국어에서도 일반화된 현상이고 동일한 격어미가 상이한 문법기능을 나타내는 것도 쉽게 발견되는 사실이다.

　　노인이 간다.　(주격)
　　노인이 되었다. (보격)

---

18) Bernard Comrie(1981), *Language Universals and Linguistic Typology*, Basil Blockwell Oxford, 41.

형태만을 분류 기준으로 삼은 대표적인 예는 Varro의 문법이었음을 이미 살펴보았다.

이와 유사한 방법론적 태도로 국어의 품사분류를 토의 유무에 따라서 시도한 홍기문의 견해도 형태를 주로 한 방법이다.

> 一. 完全한 一個語를 이루지 못하고 他語를 補佐해서만 쓰는 것. 卽 토라고 하는 것.
> 二. 토의 補佐를 밧지 않고 쓰지 못하는 것. 즉 形容詞와 動詞.
> 三. 토의 補佐를 밧기도 하고 아니밧고 獨立해 쓰기로 하는 것. 名詞와 副詞.
> 四. 토와는 아조 沒關係한 것. 즉 感歎詞
>
> - 홍기문, 1927, 99

이러한 분류는 전통적 의미의 품사론의 영역에서 벗어나는 것이다.

셋째, 의미만을 기준으로 하여 품사를 분류한다는 것은 가능한 일도 아니나 배제할 일도 아니다. 문법이 추구 하는 바 목적이 언어의 구조적 특성을 파악하여 유한수의 법칙으로 규칙화하는 것을 이상으로 한다고 하더라도 궁극적으로 귀착하는 것은 의미문제가 된다. 의미를 배제한 문법은 언어의 내용적 실체를 외면한 형식논리에 불과하다. 일찍부터 의미를 고려한 품사 분류가 강력한 전통을 형성했지만 의미의 추상적 성격 때문에, 합리적인 분류나 설명의 어려움 때문에 특히 구조주의 언어학자에게 외면당하였다. Jespersen도 의미의 중요성을 강조하면서도 "가장 취급하기 곤란하다"고 하였다.[19]

이상 품사분류의 세 가지 기준인 기능·형태·의미가 단독으로는 전통적인 의미의 품사분류의 기준이 될 수 없음을 살펴보았다. 이들 세 가지 기준에 의하여 분류된 품사란 개념이 그 분류에 있어 문제점을 가지고 있

---

19) Otto. Jespersen(1924) : *The Philosophy of Grammar*. 60. Jespersen은 기능을 중심하여 일차어(primary), 이차어(secondry), 삼차어(tertiary)로 또는 주체어(principal), 부가어(adjunct), 종속어(subjunct)로 구분하였으나 종래의 품사 분류와는 다른 입장의 것이다. *A modern English Grammar*. p.2ff.

으면서도 중요한 문법 개념으로 오늘날까지도 유용함은 가장 광범위하고, 영향력 있고, 잘 이해되는 개념이며 또한 외국어 교육에 있어 성공적인 수단이 되어왔다는 점에서의 실용성도 있지만 보편문법의 실현이었다는 점에서도 의의가 크다고 하겠다.

결론적으로 품사 분류의 합리적인 방안은 무엇인가? 전통적인 의미의 품사론을 전제했을 때 그 기준은 기능·형태·의미의 세 기준이 상호보완적인 구실을 해야 한다고 본다.

먼저 모든 단어들이 문장 속에서 차지하는 통사론적 입장의 기능을 바탕으로 하여 형태적으로 각 단어들을 분류·유취하여 이들을 전통적으로 제기되어 온 의미범주에 따라 명명하는 것이 품사론의 과제라고 본다. 이때 의미는 기능이나 형태에 비하여 그 담당역할이 소극적이나 국어를 대상으로 했을 때 형용사, 대명사, 수사 등과 같이 적극적인 역할을 담당하기도 한다.

의미란, 품사라는 상위개념을 분류하는 데는 소극적이나 그 하위개념을 분류하는데 있어서는 모든 품사에나 공통적으로 절대적인 기준이 되어 왔을 만큼 중요한 것이다. 의미는 기능과 형태를 위주로 하여 분류된 단어군들의 의미적 시차를 보일 뿐 아니라 이들 분류가 도식적인 형태 분류임을 벗어나 단어의 통사론적 역할 및 의미를 유추하는 데 중요한 구실을 한다. 만일 의미만을 가지고 품사를 나눈다면 세계 모든 언어의 품사는 같아지고 말 것이란 경계의 말처럼 의미가 전적인 기준은 될 수 없으나 중요한 역할을 담당하고 있는 것이다.

제3장 품사분류의 수용
—도입·수용기(1900~1930) —

1894년 갑오경장 이후 서구 신문화의 도입과 함께 국어학 분야에서도 근대화에 따른 자아의식이 싹트게 되었다. 이 결과로 우리말 우리글에 대한 존중과 탐구로서의 국어관이 확립되기에 이르렀다. 종래의 관제에서 언문(諺文)이라 하던 것을 국문(國文)으로 고치고 공식적인 문서나 교과서, 신문(한성순보) 등에서 국주한종(國主漢從) 내지는 국한문(國漢文) 혼용의 시대를 맞게 되었다.[20] 이에 따라 점차 문명과 독립에 제일 긴요한 것이 국문이라고 보는 민족주의적 국어관이 확립을 보게 되었고 1895년 5월 개교한 한성 사범학교에서 국어국문을 가르치기 시작함으로써 점차 국어국문연구의 필요성이 팽배하게 되었다.[21] 이 학교 교육의 필요성에 부응하여 철자법 제정, 우리 글자에 대한 재발견과 탐구, 문법 연구 등이 주요 연구대상으

---

20) 李王職「高宗實錄」卷 32. 三十一年 十一月二十一日 : 勅令 第一號 公文式 第四十條에 "法令·勅令, 總以國文爲本, 或混用國漢文"이라 규정하였다. 이 규정의 첫 실시는 官報課(官報) 開國五百三年(1894) 十二月十二日 宗廟誓告文 과 十二月十三日 이른바 教育立國詔書로서 국문, 한문, 국한문 3종으로 되었다. 유길준의 「西遊見聞錄」(1895)은 서구 문물의 소개와 더불어 국한문혼용문장의 표본으로 널리 일반에 유포되었다.

21) 李王職「高宗實錄」卷 32.
官報課 官報 121(1895. 7. 24) 漢城師範學校 規則 第11條 學科 程度表에 "國文講讀, 作文 日用書類 記事文及論說文"으로 규정되었다. (김민수 : 1981, 203, 1986 「학교문법론」 참조)

로 등장하게 되었다. 같은 문법 연구라도 선교를 목적으로 우리말 습득을 위한 학습서로서 출발한 서구인들과는 다른 각도에서 시작된 연구였다. 우리말 체계를 연구함에 있어서 전통적인 방법이나 독창적인 견해를 갖지 못했던 당시 실정에서 대두하게 된 것이 라틴전통문법의 도입과 수용이었다. 그러나 이들을 받아들임에 있어서 서구어 및 서구 문법에 대한 이해가 부족하였던 관계로 이미 서구식 문법체계를 도입하여 자국의 문법체계를 확립한 일본문법체계를 받아들이게 됨은 당연한 귀결이었다. 또한 김희상 등과 같이 서양인 선교사들로부터 영어를 배우는 과정에서 영문법 체계를 접하게 되면서 우리 문법 체계를 수립하려는 욕구도 자연스러운 것이었다.

이러한 불비(不備)한 배경에서 연구된 문법연구였기 때문에 우리말 자체의 특성에 따른 문법체계의 수립이라기보다 서구문법체계에다 우리말을 접목시키는 작업에서부터 시작되었다. 그러나 과학적 태도와 논리적 바탕 위에선 현대적 의미의 학문연구의 출발이라는 점에서 의의가 크며, 다른 한편 점차 우리말 특성에 따른 독창적인 연구가 주시경 등 문법에서 이루어지기 시작한 것은 이 시대의 큰 성공이 된다.

이 시기는 국어품사연구의 발전사적 측면에서 보아 "도입·수용기"에 해당하는데, 성격상으로 다시 전후 2기로 구분하여 볼 수 있다.

- 전기(1900~1915) : 도입·수립기
- 후기(1916~1930) : 검토·비판기

'도입·수립기'라 함은 이른바 초기 문법 사가(四家)인 유길준, 주시경, 김규식, 김희상 등이 서구문법 체계를 도입하여 우리말의 품사분류 체계를 수립한 시기를 말한다.

품사분류에 있어서 6품사, 7품사, 8품사, 9품사 등으로 다양하게 시험되어지며, 각 품사의 범주 설정도 일정치 않아 중복되거나 누락되어있다.

이 시기 동안 이들 문법가는 자신의 문법서에 대하여 수차례 수정을 가하여 품사체계를 확정시킨다. 이들이 받은 영향은 일본문법에서 대부분 받은 것이며 상호간 영향과 비판은 거의 없으며 독자적인 문법체계를 가진다는 것도 특색이다.

이 기간 후기에 남궁억 문법(1913)이 등장하며 이규영의 품사체계(1911~1913)도 일부 보인다.

'검토·비판기'라 함은 새로 등장한 문법가들이 앞선 문법가의 이론을 검토·정리하면서 자신들의 견해를 덧붙여서 문법서를 저술한 시기다. 그러므로 대부분 독창적인 견해를 갖기보다 앞선 네 명의 이론을 추구한 것이 되며 문법의 상호교류라는 특징을 갖는다. 일본문법의 직접적인 영향에서도 벗어나게 된다.

품사분류는 7품사, 9품사, 10품사, 11품사, 13품사 등으로 나뉘며 분류유형은 종전과 같이 대체로 제Ⅰ유형의 특징을 갖는다.

종전 문법에 대하여 비판적인 견해를 강하게 보인 것으로는 안자산 문법(1917, 1922, 1925)을 들 수 있다. 비록 일본의 번역서들을 통한 것이긴 하나 서구 문법과의 직접적인 접맥에서 우리말 품사 분류의 새로운 비판의 장을 연 홍기문(1927)과 이병기(1929~1930) 문법도 대표적인 예가 된다.

1. 단어와 품사관

서론에서 간략히 언급한 바 있는 단어, 품사에 대한 견해를 살펴서 이 시대의 품사분류가 어떠한 이론적 바탕에서 이루어졌나를 살펴보기로 한다.

먼저 단어 및 품사에 대한 견해를 살펴보면 다음과 같다.

　言語는 人의 思想을 聲音으로 發ᄒᄂᆫ 者라. 言語는 八種으로 分ᄒ니 名詞 …

千言萬詞가 이상의 八種의 外에 出ㅎ는 者업느니라.
　　　　　　　　　— 유길준, 1898경, 권1집, 권점 및 띄어쓰기 필자, 이하 같음

單語라 함은 一句의 語가 完成한 全體의 組織된 一部分을 謂함 … 其種類를 九體로 分하니
　　　　　　　　　— 주시경, 1909경, 제2편, 2

기(씨)는 낫말을 이르는 것으로 씀이니 여러 가지 몬(物)이나 일을 따르어 이르는 말은 각각(저마다) 부르는 이름으로 씀이라.
　　　　　　　　　— 주시경, 1910(1911), 27

씨는 몬이나 일을 이르는 낟말을 이르는 이름이니라.
　　　　　　　　　— 주시경, 1914, '씨난의 틀'

字詞라 홈은 一個字나 幾個字로 成ㅎ야 一個 心象을 發表ㅎ되 意趣만 有ㅎ고 思想은 完全치 못ㅎ는 것을 云홈이니
　　　　　　　　　— 김규식, 1908, 9

(二)詞는 聲에 對ㅎ야 事物의 名義를 附ㅎ는 것이며, (三)句語는 詞의 集合ㅎ야 成ㅎ나느것이라.
　　　　　　　　　— 김희상, 1911, 1

句語는 詞와 吐의 集ㅎ야 完全흔 思想을 發表ㅎ는 것이라.
　　　　　　　　　— 위책, 104

일이나 몬(物)의 서로 다름을 딸아 따로따로 이르는 낱말(個語, 單語)을 말의 씨라 하나니라.
　　　　　　　　　— 김두봉, 1916, 55

朝鮮語는 現代 用하는 單語數가 凡 十萬에 達하는지라 이와갓티 語數가 多種이 되나 其性質이 文法의 近以함을 짜라 大別하면 十種이니… 等이 是라. 이를 가로되 元詞라 하나니
　　　　　　　　　— 안확, 1923, 18

單語라 하난 것은 一個文字로 單純한 意思를 表示하난 者니… 單語를 九種으로 分하야 九品詞라 하나니
　　　　　　　　　— 이필수, 1922, 40

詞라 하난 것은 一文中에서 一個의 文字로 單純한 意味를 表示하난 者니라
— 위책, 95

한 소리나 한 소리 以上으로 무슨 意思를 나타내는 낯으로 된 말을 씨라 함
— 이규영, 1920, 17

單語는 事物의 서로 다름을 딿아 한 소리나 또 여러 소리로 따로따로 니르는 낯말이니라
— 이상춘, 1925, 33

一種의 意味를 表하는 言語의 單位를 單語라 稱하고…
— 이완응, 1929, 15

말의 性質로 보아 單語를 그 品類대로 난을 수 있으니 그것을 이르되 品詞라 한다.
— 이병기, 1929~30, 55

16명의 문법가 가운데 11명만이 견해를 밝히고 있다. 인용문들에서 살필 수 있듯이 명확하게 단어와 품사에 대한 개념이 설정되지 않았다. 유길준 문법에서 "言語(언어)"는 "品詞(품사)"를 뜻하는 것인데 어떠한 문법적 의미 단위인가의 구분이 되지 않았고 김희상의 정의도 유길준과 같은 의미의 정의인데 단어와의 구분이 되지 않는다. 김희상의 경우 '詞(사)와 吐(토)'를 등위 개념으로 분류함으로 보아 '詞(사)'는 실사 '吐(토)'는 기능어인 허사를 지칭하는 것으로 보인다.

주시경, 김두봉 문법에서도 품사와 단어를 달리 지칭하고 있을 뿐 동일한 의미 단위로 다른 언어 단위와의 경계가 명시되지 않았다.

김규식의 경우도 문장의 일부라는 것을 유추해 낼 수 있을 뿐이다. 다른 문법가들에게서도 형태론적 언어 단위로서의 단어와 통사론적 구성을 이루고 있는 문법 단위로서의 개념 구분이 되지 않는다. 그러나 안확과 이병기의 정의에서 단어와 품사를 구분하려는 분명한 뜻이 보인다. 이병기는 '말의 성질'로 보아 단어를 분류한 것이라고만 하여 '말의 성질'이란 의미

내용이 모호하나 안확의 경우는 단어를 '문법적 성질의 근사함'에 따라 나눈 것이라 하여 품사에 대하여 타당한 정의를 내리고 있다.

품사의 명칭도 다양하게 쓰이어 유길준의 경우 '言語(언어), 品詞(품사), 語種(어종)'으로, 주시경의 경우 '言分(언분), 言語字(언어자), 體(체), 기, 씨' 등으로, 김희상은 '詞(사)'로 안확은 '元詞(원사)'로, 이필수는 '單語(단어)'로 부르는 등 모두 11개의 술어로 사용되고 있다.

즉 도입·수용기에는 품사에 대한 개념이 정립되지 않은 상태에서 단어와 혼용하면서 품사 분류가 이루어졌음을 살필 수 있다.

2. 분류 양상과 체계상의 특징

먼저 이 기간에 연구된 연구 자료를 살펴보면 다음과 같다.

유길준(1898~1904, 1904이전, 1905, 1906경, 1907a, b, 1909), 최광옥(1908), 주시경(1905, 1908경, 1909, 1910, 1911, 1913, 1914), 김규식(1908, 1912), 김희상(1909a, b, c, 1911, 1915, 1927), 이규영(1911~1913, 1913경, 1916~1919a, b), 남궁억(1913), 김두봉(1916, 1922), 안확(1917, 1922, 1923), 김원우(1922), 이필수(1922, 1923), 이규방(1922), 이상춘(1924), 강매·김진호(1925), 조선어학회(1930), 홍기문(1927), 이완응(1929), 이병기(1929~1930) 등이다.[22]

문법내용으로 살펴보면 최광옥의 「대한문전」(1908)이 유길준 문법의 일종이며 조선어학회 발행의 「정선조선어문법」(1930)이 강매의 소작이고 竹內錄之助가 발행인으로 되어있는 「조선어」(1915)는 김희상 문법이고 보면 이 시대에 실질적으로 활약한 문법가는 16명이 된다.[23]

---

22) <참고문헌> 가운데서 <자료 참고문헌>조 참조. 이 자료는 「역대한국문법대계」(김민수·하동호·고영근 공편, 1977~1985, 탑출판사 발행)의 자료를 중심으로 歷01 등과 같이 표시하였음.

연구 실적은 논문을 포함하여 모두 44편이 된다. 이들을 품사 분류의 체계에 따라서 문법가별로 살펴보면 아래와 같다.

1) 유길준 : 2체계	8종	10) 이필수 :	1체계 1종
2) 주시경 : 5체계	7종	11) 이규방 :	1체계 1종
3) 김규식 : 1체계	2종	12) 이상춘 :	1체계 1종
4) 김희상 : 1체계	6종	13) 강매·김진호 :	1체계 1종
5) 이규영 : 4체계	5종	14) 홍기문 :	1체계 1종
6) 남궁억 : 1체계	1종	15) 이완응 :	1체계 1종
7) 김두봉 : 1체계	1종	16) 이병기 :	1체계 1종
8) 안 확 : 1체계	1종	**16명**	**24체계 44종**
9) 김원우 : 1체계	1종		

이들 24종의 문법체계는 문법용어 면에서의 차이까지 고려한 것이고 품사 범주만을 고려한다면 품사체계 수는 이보다 줄어든다.

문법가 수에 비하여 품사체계 수가 더 많다고 하는 현상은 아직 품사론이 체계화된 학문 분야로서 정립되지 않았다는 도입·수용기로서의 시대적 성격을 반영하는 것이 된다. 또한 개인적인 입장에서 보아도 주시경의 경우 5체계, 이규영 4체계, 유길준은 2가지 체계 등의 복수 체계를 갖고 있는데 이는 발전적 의미의 새로운 품사체계의 모색이라는 해석과 함께 개인의 학설이 정립되지 않았다는 증거가 된다.

그러면 이들이 구체적으로 어떠한 명칭으로, 어떠한 문법 범주로 분류되는가를 품사 수를 중심으로 하여 살펴보자.

---

23) 김민수(1957) "「大韓文典」攷"에서 최광옥 문법은 유길준 문법임이 밝혀졌으므로 최광옥 문법은 유길준 문법에 포함시키었음. 김원우의 문법도 주시경 문법임이 김민수(1977, 1986C 재록)에서 밝혀졌으나 품사론 부분은 분류체계를 달리하므로 별도로 처리하였다.

<표 2>

구분 / 문법가	품사수	문법유형	체언			용언									체언토		용언토			수식언		상언	
			명사	대명사	수사	동사	형용사	존재사	지정사	형동사	조동사	금지사	부정사	호응사	조사	후치사	어미전체	종결어미	연결어미	관형사	부사	접속사	감탄사
(1) 주시경 (1980경)	6	Ⅰ-분	명사			동작	형용								인접			조성				간접	
(2) 주시경 (1914)	6	Ⅰ-분	임			움	엇								겻			굿				잇	
(3) 검돌 (1911~13)	6	Ⅰ-분	임			움	엇								금			만				돕	
(4) 주시경 (1905)	7	Ⅰ-분	명호			동작	형용								인접			조성				간접	경각
(5) 김희상 (1909, a, b, c, 1911, '15, '27)	7	Ⅰ-통	명사	대명사		동사	형용사								토		토				부사		감탄사
(6) 강매 (1925)	7	Ⅰ-통	이름말			움즉임말	꼴말								도움말		도움말				꾸밈말	잇음말	늑임말
(7) 강매 (1930)	7	Ⅰ-통	이름말(명사)			움즉임말(동사)	꼴말(형용사)								도움말(조사)		도움말(조사)				겻말(부사)	잇음말(접사)	늑임말(감사)
(8) 이병기 (1929~1930)	7	Ⅰ-통	명사			동사	형용사								조사		조사				부사	접속사	감탄사
(9) 유길준 (1898~1907) 6종	8	Ⅱ 체언토	명사	대명사		동사	형용사								후사						부사	접속사	감탄사
(10) 최광옥 (1908)	8	Ⅱ 체언토	명사	대명사		동사	형용사								후사						부사	접속사	감탄사
(11) 유길준 (1909)	8	Ⅰ-분	명사	대명사		동사	형용사								접속사		조동사				첨부사	접속사	감탄사
(12) 김규식 (1908,1913)	9	Ⅲ	명사	대명사		동사	형용사			형동사						후사						부사	접속사	감탄사
(13) 주시경 (1909)	9	Ⅰ-분	명호			동작	형용								관계			완구		형명	형동	접속	김덩
(14) 주시경 (1910, 1911, 1913)	9	Ⅰ-분	임			움	엇								겻			꿋		언	억	잇	놀
(15) 이규영 (1913)	9	Ⅰ-분	임			움	얻								겻			꿋		언	억	잇	놀
(16) 이규영 (1916~19a, b)	9	Ⅰ-분	임			움	얻								금			만		언	억	잇	놀
(17) 이규영 (1920)	9	Ⅰ-분	임씨(명사)			움씨(동사)	얻씨(형용사)								겻씨(조사)			맺씨(종지사)		언씨(관사)	억씨(부사)	잇씨(접속사)	늑씨(감탄사)
(18) 김두봉 (1916)	9	Ⅰ-분	임(명사)			음(동사)	얻(형용사)								겻			맺(종지사)		언(후치형관사)	억(부사)	잇(접속사)	늑(감동사)
(19) 남궁억 (1913)	9	Ⅱ 용언토	명사	대명사		동사	형용사									후치사	토				부사	접속사	감탄사
(20) 김원우 (1922)	9	Ⅰ-분	명사	대명사		동사	형용사								관계사			완결사			부사	접속사	감탄사

저자	수	유형	명사	대명사	수사	동사	형용사														부사	접속사	감탄사
(21) 이필수 (1922, 1923)	9	II 용언토	명사	대명사	수사	동사	형용사										조사				부사	접속사	감탄사
(22) 홍기문 (1927)	9	I-분	명사			동사	형용사								격사	후계사	종결사				부사	접속사	감탄사
(23) 안확 (1917, 1922, 1923)	10	I-통	명사	대명사	수사	동사	형용사			조동사				조사		조사				부사	접속사	감동사
(24) 이상춘 (1924)	10	I-분	명사	대명사		동사	형용사							조사			종지사		관사	부사	접속사	감탄사
(25) 이완응 (1929)	11	I-분	명사	대명사	수사	동사	형용사	존재사						조사		조용사				부사	접속사	감동사
(26) 이규방 (1923)	13	I-분	명사	대명사	수사	동사	형용사				금지사	부정사	호응사	助辭			조동사			부사	접속사	감탄사

<표 2>에 나타난 현상을 첫째 품사 수에 따른 분류 체계, 둘째 토의 처리에서 구분되는 분류 유형, 셋째 품사 명칭과 관련된 품사 범주의 특색 등으로 살펴보기로 한다.

1) 품사 수에 따른 분류 체계

이를 통계로 보이면 다음과 같다.

품사 수	문법체계수	문법책수	문법가
6품사	3종 12%	3권 7%	주시경(2) 이규영
7품사	4종 19%	10권 22%	주시경 김희상 강매(2) 이병기
8품사	2종 12%	8권 18%	유길준
9품사	11종 42%	17권 39%	주시경(2) 김규식 남궁억 이규영(3) 김원우 이필수 홍기문
10품사	2종 7%	4권 9%	안확 이상춘
11품사	1종 4%	1권 2%	이완응
13품사	1종 4%	1권 2%	이규방
7종	24종	44책	16명

품사 분류체계가 6품사, 7품사, 8품사, 9품사, 10품사, 11품사, 13품사의 7종으로 분류되고 있고, 이들 분류 체계는 내면적으로는 24종으로 문법가에 따라서 다양하게 전개된다. 품사 분류가 서양의 8품사체계에서 유래한 것임에도 불구하고 국어문법학사에서 8품사체계는 최광옥을 포함하여 유길준 문법에만 한하였다. 가장 다수이고 여러 문법가에게 지지를 받은 품사체계는 9품사체계이다. 품사 분류의 수가 7가지로 다양하게 등장함으로 보아서 서구문법의 8품사체계라는 원형과는 무관하게 독자적으로 이루어진 것임을 알 수 있다. 그러면 이들 품사 수에 따른 문법체계는 각각 어떠한 특징을 가지며 어떠한 품사 범주를 형성하였는가를 살펴보기로 한다.

(1) 6품사체계

6품사체계는 주시경(1908경, 1914)과 검돌 이규영(1911~1913)의 분류체계로 주시경의 경우는 초기와 마지막 분류에 해당하는 것이고 이규영의 경우는 초기 형태다.

이규영 문법의 완성을 「現今 朝鮮文典」(1920)의 9품사체계로 볼 때 6품사체계는 문법서라고 하기 어려운 비망록에 나타난 입론 단계에 불과하다. 그러나 이규영의 6품사와 내용적으로 유사한 주시경의 후기 6품사는 각별한 의미를 갖는다. 즉 주시경 문법은 처음 7품사체계에서 시작되었다가 전기 6품사체계로 변하고 그의 문법의 완성이라고 할 수 있는 「國語文法」(1910)에서는 9품사체계로 바뀐다. 그리고 다시 그의 마지막 저서인 「말의 소리」(1914)에서 6품사체계로 환원되므로 주시경 문법의 품사 분류는 6품사로 완결된다고 할 수 있다.

위의 세 가지 6품사체계는 두 가지의 상이한 체계다. 그 하나는 주시경(1908)의 한자 용어계이고, 다른 하나는 주시경(1914), 이규영(1911~1913)의 우리말 용어계다. 이는 다만 용어상의 차이가 아니고 내용적으로 차이가 있다.

① 한자계의 '名號(명호)'는 '명사, 대명사, 수사'의 개념을 내포하고 있는 '명사'인데 반하여 우리말계의 '임'은 위의 '명호'의 개념에다가 '놀, 언, 억'의 품사의 개념을 더한 것이다. 즉 '명사'와 '감탄사, 관형사, 부사'가 합쳐진 품사 개념이다.

② 한자계 '형용'은 단순한 '형용사'의 대응어가 아니라 형용사에 '形名(형명)'이라 한 '관형사'의 개념과 '形動(형동), 形形(형형)'이라 한 부사의 개념이 내포된 문법범주다.

초기 6품사에서 '형용사'의 범주 속에 관형사와 부사를 포함시켰다는 것은 관형사나 부사가 형용사처럼 수식어 기능을 가진다는 의미적인 고려라고 생각할 수 있으나 명사 속에 '부사, 관형사, 감탄사'를 포함시킨 것은 쉽게 설명이 되지 않는다. 다만

> 씨는 몸이나 일을 이르는 낫말을 이르는 이름이니라. 임, 엇, 움은 몸씨오, 겻, 잇, 긋은 토씨라
>
> —「말의 소리」 59, 띄어쓰기 필자

라는 구절로 미루어서 단어를 크게 실사와 허사로 이분하고서 실사 가운데서도 '문장의 근간요소가 되는 명사, 형용사, 동사를 주체로 삼고 여기에 수식적 기능을 가진 '관형사, 부사, 감탄사'를 명사 속에 포함시킨 결과다.[24]

③ '引接(인접), 겻, 금'은 조사에, '助成(조성), 긋 만'은 종지사에, '間接(간접), 잇, 듬'은 접속사에 대응시켜 볼 수 있는 것이나, 품사범주가 서

---

[24] 홍기문(1927)의 토와의 관계에 따른 품사분류법의 시론에서 토를 반드시 필요로 하는 품사는 동사와 형용사이고 그 나머지는 아주 관계 없거나(감탄사) 보조를 받기도 하고 안 받기도 하는 품사(명사, 부사)로 구분하고 있는데 이 설명법을 적용시키면 명사와 감탄사, 부사, 관형사를 한데 묶을 수 있다.

로 일치하는 것은 아니다.

주시경 문법 '말'에서 관계부에 해당하는 부분은 미완이고 「말의 소리」에서도 용례만이 제시되어 있어 자세한 것은 살피기 어려우나

> 引接 : 主物格이 되게 ᄒ는 것과 形成體가 되게 ᄒ는 것
> 間接 : 形成句節이 되게 ᄒ는 것과 名號句節이 되게 ᄒ는 것
> 助成 : 時間을 겸ᄒ여 陳·問·命·自 四句의 分別이 有ᄒ니라
>
> —"말", 29, 띄어쓰기 필자

라는 구절과 이에 대한 용례들로 미루어 성격이 규명된다.

"인접"은 격조사와 부사어가 뒤에 붙는 조사를 뜻하는 것으로 격조사에 해당하는 것을 格表引接(격표인접)이라 하여 1) 專制格(전제격)-(가, 이), 2) 專受格(전수격)-(를, 을), 3) 反格(반격)-(는, 은), 4) 同格(동격)-(도), 5) 不關格(불관격)-(던지, 이던지)으로 구분하였고, 부사격 조사에 해당하는 것을 形成引接(형성인접)이라 하였으나 구체적인 설명은 미완이어서 나타나 있지 않다.

"간접"은 "形成句節(형성구절)"과 "名號句節(명호구절)"이 되게 하는 것이란 정의에서 보듯 '句形成'(구형성, phrase 또는 clause formation)에 작용하는 형태로 접속사에 해당하는 것으로 생각할 수 있다. 「말의 소리」에서 '잇'의 용례를 보면 접속조사와 용언의 접속어미를 여기에 소속시키고 있다. 助成(조성)은 종지사를 뜻하는 것이다.

주시경의 6품사체계는 기능을 주로 하고 의미를 참조한 분류로 어휘형태로서의 일정한 범주를 형성하고 있으나 이규영 문법에서의 분류는 주시경의 분류체계를 바탕으로 하고 있으면서도 품사 상호간의 경계와 구분이 명확치 않다.

이규영 문법의 6품사체계의 내용을 간략히 살펴보면 다음과 같다.

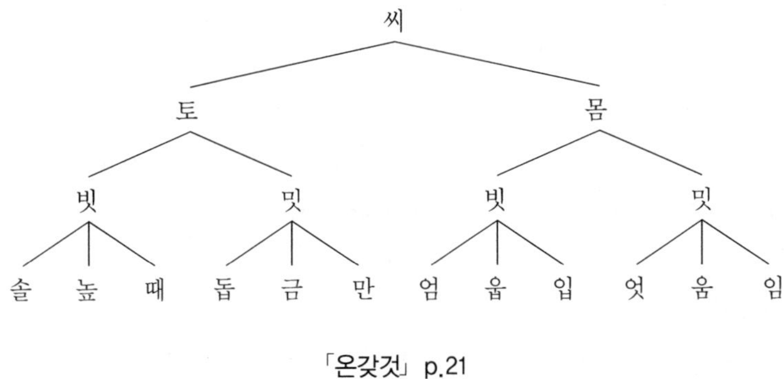

「온갖것」 p.21

- 임(名詞) : 명사, 대명사, 관형사, 부사, 감탄사를 포함한 품사.
- 움(動詞) : 자동, 타동, 사동, 피동의 뜻과 형태를 가진 동사 어간에 해당하는 품사.
- 엇(形容詞) : 성질과 모양을 뜻하는 품사로 형용사의 어간에 해당하는 품사.
- 만(助詞) : 격조사(이, 가, 게서, 아, 야, 시여, 에서, 서)에 해당하는 품사.
- 금(助詞, 語尾) : '의, ㄴ, 은, 이란, 에, 에서, 으로, 보다, 다가, 러, 게' 등 조사와 용언 어미를 포함하는 개념이나 그 범주가 명확하지 않다.
- 돕(接續詞) : 일부의 형태는 접속사에 연관시킬 수 있으나(고, 면서, 니매, 와, 과) 이외에 여러 가지 조사와 용언어미가 혼합된 개념으로 역시 그 품사 범주가 명확하지 않다.

이규영의 6품사체계는 장차 있을 그의 9품사체계에 바탕이 되는 것이다. 주시경의 분류 체계를 따르기는 했으나 그 문법 범주가 명확하지 않은 구분법이다.

(2) 7품사체계

이는 주시경 문법의 최초의 기록이자 「國語文法」(1910)의 유일한 傳本(전본)인 「國文文法」(1905)에서 시작되고, 김희상, 강매·김진호, 이병기의 문법이 이에 해당된다.

7품사는 대체적으로 "명사 동사 형용사 조사 부사 접속사 감탄사" 등으로 일치되며 주시경의 종지사(助成(조성))와 김희상의 대명사 설정이 다를 뿐이다. 시기적으로 보아도 주시경 문법을 제외하고는 1920년대 후반에 집중되어 있다.

김희상의 7품사가 1909년에 시작된 것이긴 하지만 그의 최종문법서 「울이글틀」(1927)에까지 이어지니 7품사체계는 도입기 후반의 품사체계의 특성이라고 할 수 있다. 분류체계로 보아서 가장 주류를 이루었던 9품사체계가 1910년대와 20년대 초반에 풍미했던 데 비하여 7품사체계가 20년대 후반에 주류를 이루었다는 의미는 일견 9품사체계에 대한 반성·정리라고도 생각할 수 있는 면이 있다. 그것은 대명사의 품사 설정은 우리말 자체의 특성에 따른 품사설정이기보다 서구문법의 전통에 따른 것임은 일찍이 서양인의 국어문법연구에서도 지적되는 바이다(졸고, 1987. 부론Ⅴ, 참조).

용언 어미를 독립품사인 종결사로 설정하지 않았다는 것은 문법유형상 새로운 유형을 보이는 것이다. 제1유형의 문법이 체언토와 용언토를 각각 독립품사로 설정했음에 비하여 이 새로운 유형은 이들은 합쳐서 단일 품사로 인정한 것이다. 이는 체언어미와 용언어미의 단어로서의 독립성 여부에 대한 논의와 함께 이들 이질적인 어미를 단일 품사로 설정할 수 있느냐의 문제는 가지고 있지만 기능어인 허사를 단일 영역 속에 통합시켰다고 하는 점과 분석적인 제1유형의 문법에서 종합적 태도를 취했다는 점에서 의미를 갖는다.

이 유형의 시작은 김희상 문법에서 시작되고 강매, 이병기 문법에 이어진다.

7품사체계의 특성의 다른 하나는 관형사를 독립품사로 설정하지 않았다는 것이다. 관형사는 주시경 문법에서 처음 설정되어 그의 후계자들에게 이어졌고 국어 품사체계의 확고한 자리를 굳힌 품사다. 관형사가 제외된 것은 주시경 문법의 참여가 없었다는 외형적인 설명이 된다.

각 문법가의 개괄적인 품사체계의 특성을 살펴보면

주시경 문법의 7품사는 완성된 품사체계이기보다 그의 문법의 품사분류의 첫 작업이라는 데 의의가 있고 장차 전개될 6품사, 9품사체계의 바탕이 된다는 데 의의가 있다. 품사체계의 특색은 전술한 6품사체계이다. '警覺 (경각, 감탄사)'이 추가된 형태다. 다른 문법가의 경우처럼 아직 관형사가 독립품사로 설정되지 않은 공통점이 있다.

김희상은 7품사체계의 대표적인 문법가로 그의 문법은 7품사로 일관되어 있다. 특히 체언어미와 용언어미를 통합시키어 '吐(토)'란 품사를 설정한 제Ⅰ통합유형 품사분류의 시작이 된다. 이는 우리말 한문 학습에 전래적으로 쓰던 허사의 개념인 '吐(토)'를 품사명칭을 그대로 사용한 것으로 "吏吐"에서 비롯된 것이라고 하였다. (「울이글틀」, 33)

吐(토)는 "他品詞下에 在ㅎ야 言縷를 完全케 ㅎ는 語"(「朝鮮語典」, 20)라 하여 조사, 종지사, 접속사를 포함하는 품사로 助吐(조토), 接續吐(접속토), 終止吐(종지토), 感嘆吐(감탄토), 變動吐(변동토) 등으로 구분하여 토의 기능에 따른 다양한 분류를 시도한 독창적인 문법체계다.

'대명사'를 독립품사로 설정함은 그의 문법서 저작의 동기가 영어문법을 학습하며 우리말로 번역하는 과정에서 우리 문법서를 가지고 싶다는 욕구에서 출발한 점으로 미루어 영어법체계를 그대로 따른 것이다. 서구 문법 체계를 따르면서도 서구 문법에서 중시되는 접속사를 독립품사로 인정하지 않는 결점을 보인다.

김희상의 품사분류는 서구 문법과 일본 문법의 영향을 받았다고 하나[25] 토의 처리 등에 있어 전통성과 우리말 자체의 특성에 중점을 두고 있다.

강매·김진호의 문법은 「잘뽑은조선말과글의본」(1925) 「정선조선어문법」 (1932) 등의 책이름에서 나타나듯이 독자적인 것이 아니다. 강매 문법의 품사론은 김두봉 문법과 이규방 문법 양쪽에서 뽑은 것이다.[26] 그러나, 분류

---

25) 강복수, 1982, 100~109 참조. 문법 용어 등에서 廣日本文法 이후의 일본 문법과 일치되는 것으로 보아 당시의 문법서를 참조한 것으로 추측된다.

26) 강매·김진호의 문법체계는 주시경 문법(1910)을 발전시킨 김두봉 문법(1916)에 바탕을 두고 있다고 하였다. (고영근 : 1983. 50~51) (강복수 : 1972. 187~189) 그러나

체계는 이규방의 13품사, 김두봉의 9품사와는 다른 7품사체계다. 이규방의 품사체계를 따랐으면서도 체제면에서는 다르다. 그 특색을 보면 첫째, '명사, 대명사, 수사'를 합쳐 '이름말'로 통합하였다. 이는 김두봉 문법의 명사와 같은 분류다.

둘째 특징은 김희상 문법에서의 '吐(토)'와 같은 품사범주로 '도움말'이란 품사를 설정하였다. 이른바, '제Ⅰ통합유형' 품사분류다. 그러나 김희상 문법과는 일부 차이가 나니 '잇음말(접속사)'을 설정하여 일부 조사와 용언 어미를 이에 포함시키고 있다.

> 언씨(冠詞)는 形容詞에 넣고 잇씨(接續詞) 맺씨(終止詞) 따위는 助詞에 넣어버리고
>
> —"朝鮮語文法講", 56

라고 하였다.

접속사의 경우 제시된 예들로 보아 어미나 조사의 예는 없고 순수 접속사에 해당하는 예들만 독립시켰다. 토의 처리에서는 김희상과 같은 제Ⅰ종합유형이다.

(3) 8품사체계

8품사체계는 전술한 바와 같이 유길준 문법에 국한되었다. 8품사체계는 라틴문법의 원형이며 또한 국문법의 母胎(모태)임을 생각할 때 국문법에서 품사체계가 보편화되지 않았다는 것은 품사 수효에 대하여 별다른 의식을 하지 않았던 것으로 생각된다.

유길준 문법의 8품사는 라틴문법의 체계를 받아들여 자국어의 체계에

강매의 문법 체계는 두 가지 문법서에 바탕을 두었으니 문장론은 그 첫머리에서 "김두봉짓음 조선말본에서 뽑음"(p.140)이란 말 그대로이나 품사론의 경우는 이규방 문법에서 뽑은 것이고 김두봉 문법의 품사론부분은 명사 항목 중 첫 부분에만 국한된다. 그 구체적인 증거는 후술한다.

맞춘 일본인 中根淑의 「일본문전」과 그대로 일치하는 것이다.[27]

이들 8품사체계는 내용상 큰 변동이 있는 것은 아니다.

그리스문법에서, 라틴어문법으로 변모될 때는 관사가 제외되고 감탄사가 추가되었으며 이것을 영문법에서 받아들일 때는 라틴어문법의 분사가 제외되고 전치사가 추가되었다. 이것은 비단 영문법에 한한 것이 아니고 서구 문법 전반에 일반화된 현상이다. 이를 받아들인 일본 中根淑의 문법은 전치사 대신 後詞(후사)를 설정한 것이고 유길준 문법도 같은 결과가 된다.

8품사체계의 내용적 변화를 보이면 아래와 같다.

그리스문법	명사	대명사	동사	형용사	분사	부사	접속사	—	관사
라틴어문법	명사	대명사	동사	형용사	분사	부사	접속사	감탄사	—
영 문 법	명사	대명사	동사	형용사	—	부사	접속사	감탄사	전치사
日人 中根淑(1987)	명사	대명사	동사	형용사	—	부사	접속사	감탄사	후사
大韓文典(1908)	명사	대명사	동사	형용사	—	부사	접속사	감탄사	후사
大韓文典(1909)	명사	대명사	동사	형용사	—	부사	접속사	감동사	조동사

유길준 문법의 변화를 보면 3단계로 나눌 수 있다.

1) 筆寫 「朝鮮文典」(1898이후) ~ 油印 「大韓文典」(1907)까지
2) 최광옥 「大韓文典」(1908)
3) 유길준 「大韓文典」(1909)

그러나 실제 문법내용이나 품사체계는 두 가지이니 1) 2)와 3)이 구분된다.

유길준 문법은 통상 제Ⅰ유형의 문법으로 분류하였으나 내용상으로는

---

27) 강복수, "국어문법에 미친 외국문법의 영향", 「한매 김영기선생 고희기념논문집」
(1971 대구, 형설출판사) 55~126. 김민수, "유길준 「대한문전」 해설, 「역대한국문법
대계」01~06(1979. 11. 탑출판사) 참고.

제Ⅰ유형과 제Ⅱ유형의 두 문법 체계다. 최광옥 「大韓文典」(1908)에서의 문법유형은 제Ⅱ유형에 해당하는 것이다. 그는 용언어미를 독립품사로 처리하지 않고 '조동사'라고만 하였다. 「大韓文典」(1909)에 가서는 용언어미를 독립품사 '조동사'로 설정하고 있다.

체언어미는 「대한문전」(1908)에서는 접속사로 처리하였고 「대한문전」(1909)에서는 후사라 하여 별도로 품사를 설정하였다. 유길준 문법 전기의 8품사체계에서는 조사와 용언의 어미를 처리함에 있어 불안정함을 보이고 있다. 조사를 접속사의 범주에 소속시킴도 불안정하거니와 용언어미를 조동사라는 문법범주로 분석 처리하는데 있어서 불확실한 태도를 보이고 있다. 또한 대명사와 접속사의 설정은 국어의 언어적 특성에 따른 것이기보다는 서구어 문법 전통을 그대로 따른 것이다.

후기(1909)의 8품사체계에서는 조사를 후사로, 용언어미를 조동사란 독립품사로 처리하였으나 대명사, 접속사의 처리는 전기에서와 같다.

(4) 9품사체계

9품사체계는 도입기에서뿐 아니라 품사론사 전체를 통하여 가장 대표적인 분류체계다.[28] 우리말계 문법용어를 쓴 주시경, 김두봉, 이규영의 문법

---

28) 영문법에서 Henry Sweet의 9품사체계가 일반와 되었으니 명사, 대명사, 형용사, 동사, 수사, 불변화사(부사, 접속사, 전치사, 間投詞(간투사))로 분류하고 있다. 독문법에서도 학교문법체계로 동사(Verb), 명사(Subsantiv), 형용사(Adjektiv), 관사(Artikel), 대명사(Pronomen), 불변화사 : 부사(Adverb), 접속사(Konjunktion), 전치사(Präposition), 감탄사(Interjecktion)로 나누고 있다. (Duden, "Grammatik." Bd. 4. 1923. Bibliographisches Institut Marheim Dudenverlag). 불문법에서도 전통적으로 9품사체계가 우세하다.
Les mots du français sont tradionnellement rangés en neuf catégories ou parties du discours : le nom, l'article, l'adjectif, le prénom, le verb, l'adverbe, la préposition, la conjonction, et l'interjection.
문법학자에 따라 분사와 동사를 구분하기도 하며, 관사를 형용사 속에 포함시키기도 한다.
변화사 : 명사, 관사, 형용사, 대명사, 동사.
불변화사 : 부사, 전치사, 접속사, 간투사로 구분하기도 한다.

과 한자계 용어를 쓴 김규식, 남궁억, 김원우, 이필수, 홍기문으로 나누어 볼 수 있다. 이중 김원우는 내용상으로 보아 주시경 문법에 속한다. 우리 말계 문법용어를 쓴 문법은 주시경 문법이라는 일관된 특성을 가지지만 한자용어계 문법은 학자마다 독자적인 문법체계를 보이고 있다.

9품사체계의 특색은

① 체언의 분류형태는 단일형(명사), 이분형(명사·대명사), 삼분형(명사·대명사·수사)의 3가지 유형이 모두 등장한다. 삼분형은 이필수 문법에 한한다. Ⅰ형에는 주시경계 문법가와 홍기문이 해당되고 Ⅱ형에는 홍기문을 제외한 한자계 문법가들이 이에 속한다.

② 용언은 동사와 형용사 이분형을 취하고 있으며 김규식은 '형동사(形動詞)'를 설정하여 삼분형이 된다.

③ 부사, 접속사, 감탄사를 독립품사로 설정하는 공통점을 가지고 있다.

④ 관형사의 품사설정 여부에 있어 주시경계는 독립품사로 인정하고 있으나 한자용어계 문법가는 형용사의 일부로 처리하는 특성을 가진다.

⑤ 체언토와 용언토의 처리는 크게 3가지 양상으로 보이는데, '문법유형'에서 자세히 살피기로 한다.

(5) 10품사체계

10품사체계는 안확(1917, 1923) 문법과 이상춘(1929) 문법이 해당된다.

자산문법의 특징을 보면 체언을 삼분하고 있는데 국어문법학사상 최초의 것이 된다. 그의 토의 처리는 제Ⅰ통합유형을 취하고 있다. 먼저 주시경 문법에 대한 비판을 살펴 보기로 하자. 그는 <周氏一派의 曲說>이라 하여 토의 처리에 대하여 다음과 같이 말하고 있다.

(*Maurice Grevisse*(초판 1936, 10판 1975) *Le bon Usage*. Editions J. Duculot S.A. Gembloux, Belgique, 69)

　　(二) 語法區別의 謬見, (1) 語性을 混動하다. 氏는 吐를 三分하야(이, 을, 에) 등은 放語라 하고 (와, 과, 며) 등은 接續詞라 하고 (이오, 이라) 등을 結語라 한지라 此는 單語 分析法이 안이오 綜合的 卽 文章論法으로 解한 것이라. 其語의 位置는 各異하나 其性質을 觀하면 三分할 理由가 업나니라. 쏘한(새, 어느, 무슨) 등 接頭語를 一種의 獨立性이 있는 元詞로 立한 것인대 此는 決코 元詞의 資格이 업는 것이니라. 此는 氏가 英語의 冠詞를 模하야 말한 것인 듯하나 朝鮮語에는 本來 冠詞가 업나니라.

— 安廓 「朝鮮語原論」, 231

　　주시경 문법의 토가 삼분됨을 비판하고는 조사라는 품사를 설정하여 이들을 종합하고 있다. 조사를 세분하여 1) 위격(位格), 2) 접속(接續), 3) 결료(結了), 4) 도량(度量)으로 나누었는데 위격은 격조사에 해당하는 것이고 결료는 종결형어미에 해당하는 것이고 도량은 '보다, 끼리, 까지, 만큼, 들, 뿐, 만, 식' 등 일부 조사와 접미사를 이에 포함시키고 있다. 안자산 문법의 10품사체계에서 독특한 품사는 '조동사(助動詞)'다.

　　助動詞라 하는 것은 助詞의 一種으로 語尾가 변화하는 것이오. 쏘한 動詞 形容詞 又는 他語에 附하야 其意義를 助役하는 것이니라.

—「朝鮮文法」, 90

라 하고 다음과 같은 예를 제시하고 있다.

　　깨트리다 흔들거리다 헤여지다 미워하다 망치다 정답다 잡스럽다 크게녁이다 눕고자하다 눕고십다 잡을번하다 가나보다 먹지못하다 안주다 가지말어라 니저버리다 먹을듯하다

　　위의 예들은 일정한 형태범주가 통일되어 있지 않았다. 선어말어미, 접미사의 어간, 보조동사의 어간 등 다양하고 형태소 분석 등에 문제를 보이고 있는 품사의 설정이다.

　　이상춘 문법의 10품사체계는 한자계 9품사에다가 관사란 명칭의 관형사를 하나 더 설정한 것이다.

(6) 11품사체계

11품사체계는 이완응 문법에 한한다. 그의 문법은 大槻文法 특히 이를 바탕으로 한 高橋亨의 「韓語文法」을 참작한 것으로 추정하고 있다. 국문법에서 처음으로 등장하는 존재사에 관한 설정도 高橋亨 문법에서 시사를 받은 것으로 보고 있다.[29]

토의 처리는 체언토는 조사로 처리하고 용언의 종결어미는 조용사(助用詞)로 처리하는 제 I 분리유형을 취하고 있다. 용언의 연결형어미는 활용으로 처리하고 있다.

(7) 13품사체계

이규방의 13품사체계는 10품사체계에다 용언을 의미에 따라 분류한 금지사(禁止詞), 부정사(否定詞), 호응사(呼應詞)를 더 추가한 것이다. 토의 처리에 있어 체언토는 조사로 설정하고, 용언의 종결어미는 조동사로 설정하고 있다. 연결어미의 대부분은 활용으로 처리하고 있다.

2) 품사분류의 유형

체언의 분류유형을 살펴보면 단일형 14체계(54%), 이분형 8체계(31%), 삼분형 4체계(15%)로 되어 있어 도입기 체언분류의 특색은 '명사' 한 가지로만 설정하는 단일형이 단연 으뜸이 됨을 알 수 있다. 이는 주로 우리말 계통 용어를 사용하던 주시경계 문법에 나타나는 현상이다. 삼분형은 안확(1917) 문법에서 시작되는데 차츰 보편화되는 경향을 보이고 있다.

용언의 경우는 김규식(1908), 이규방(1922), 이완응(1929)의 경우만을 제외

---

29) 강복수, "국어문법연구의 계보" 「국어국문학연구」 13, (1971), 강복수, 「국어문법사연구」(1972, 대구, 형설출판사) 165~295 재록, 김민수, "이완응 「중등교과조선어문전」 해설"(1986, 탑출판사).

하고는 모두 동사, 형용사의 이분형을 택하고 있다.

토의 처리에 따른 분류유형은 제Ⅰ, 제Ⅱ, 제Ⅲ유형이 등장하는데 자세히 살펴보면 다음과 같다.

		문법체계		문법서		문 법 가
제Ⅰ유형	분리형	16체계	67%	20종	45%	주시경(7) 이규영(5) 유길준 김두봉(2) 김원우 홍기문 이상춘 이완응 이규방
	통합형	4체계	17%	12종	27%	김희상(6) 강매(2) 이병기 안확(3)
제Ⅱ유형	체언형	1체계	4%	7종	16%	유길준(6) (최광옥)
	용언형	2체계	8%	3종	7%	남궁억 이필수(2)
제Ⅲ유형		1체계	4%	2종	4%	김규식(2)
		24체계		44종		16명

내용면에서 불비한 상태의 품사들이 일부 있기는 하지만, 국어문법학사에서 등장하는 모든 유형들이 나타나고 있는 것이 이 시대의 중요한 특징이 된다. 이들 문법유형을 결정하는 토의 처리문제는 어떤 이론적 근거나 배경에서 이루어졌다기보다는 주로 일본 문법을 통하여 서구 문법을 차용하는 과정에서 결과적으로 이루어진 현상이다. 이러한 현상은 특히 제Ⅱ유형과 제Ⅲ유형의 문법형태를 취한 경우가 더욱 불안정하다.

제Ⅰ유형 : 이 유형은 도입·수용기에 가장 대종을 이루는 품사체계로 품사체계 84%, 문법책 수 82%가 되고 문법가 수에 있어서도 대부분 제Ⅰ유형을 취하고 있다. 이를 다시 이분하여 분리유형과 통합유형으로 나누어 살필 수 있다.

제Ⅰ분리유형은 체언토와 용언토에 각각 품사의 자격을 부여하여 품사로서 설정한 것이나 내용적으로는 그렇게 단순하지 않다. 그러나 체언토의 경우는 1) 조사로 단일분류한 것 2) 조사·접속사로 이분한 것, 용언토의 경우는 1) 종지사 또는 조동사로 단일분류한 것 2) 종지사·접속사로 이분한 것이 가장 일반적이고 기본적이다. 이는 체언토와 용언토가 가지는 형태적, 기능적 시차를 중시하여 별개의 문법범주로 설정했다는 점에서 논리적 근거를 가진다. 이는 분석적인 주시경계 문법이 대표된다. 그러나 이 방법의 약점은 토가 단어로 성립될 수 있느냐의 근본적 문제점과 함께 분석 위주의 결과에다가 의미적인 측면을 강조하여 품사 설정을 하다 보니 각 품사의 문법적 범주가 명확하게 구분되지 않는 것이다. 주시경 등에서 접속사의 경우 "접속시킨다"는 의미적인 면을 중시하다 보니 체언토와 용언토의 양면에 걸치는 분류가 되었다. 접속사의 경우는 가장 혼란된 형태 범주를 보이는 예다. 체언토, 용언토, 그리고 최현배계 문법에서 접속부사라고 지칭하는 어류들이 서로 교차 분리되어 설정된다. 유길준 문법 초기에는 체언토 전부와 일부 접속어미를 접속사로 설정하는 현상을 보인다. 또한 체언토의 경우 격조사와 보조사를 각각 다른 품사로 설정하는 홍기문의 예가 있다. 용언토의 경우도 종결어미와 연결어미를 독립시켜 분류하는 주시경 계열이 있고, 일부 선어말어미만을 독립품사로 설정하는 등 다양한 양상을 보이고 있다. 이러한 혼란상을 보이는 주된 요인은 형태적 기능을 등한시 하고 의미를 위주로 한 분석주의 품사관의 결과라 하겠다. 이 형태의 가장 대표적인 분류법은 체언토는 '조사'로, 용언토 가운데 종결어미는 '종지사'로, 연결어미는 '접속사'로 분류하는 방법이다.

제Ⅰ통합유형은 체언토와 용언토를 동일한 문법단위로 해석한 분류법이다. 즉 허사이자 기능어(function words)라는 면의 공동기반을 중시한 것으로 제Ⅲ유형의 문법관과 일맥상통하는 것이다. 이 유형은 분리유형에 비하여 형태적 품사범주가 확정된다. 김희상, 강매·김진호, 이병기, 안확의 문법이 이에 해당한다. 김희상, 이병기의 경우는 체언토와 용언토를 단일품사로 분류하였고, 강매·김진호 문법에서는 '조사, 접속사'로 이분하고 있다. 안확의 문법에서는 일부 보조용언과 접미사의 어간을 독립시켜 조동사라 하여 '조사·접속사·조동사'의 삼분체계를 수립하고 있다. 이 유형에 속한 문법가의 접속사를 살펴보면 김희상의 경우는 접속사를 설정하지 않았고, 이병기는 접속조사나 접속어미가 제외된 '그러나, 그리고, 또는' 등과 같이 순수 접속사에만 국한시켰다. 강매·김진호와 안확은 체언토와 용언토에 걸친 일부 어류를 접속사로 설정하였다.

제Ⅲ 체언토유형은 전기의 유길준 문법에서 보이는 분류체계로 체언토는 '後詞(후사)'란 명칭으로 품사 설정을 하였고, 용언토는 '助動詞(조동사)'로 명명하고 있을 뿐 독립품사로 인정하지 않았다. 그러나 일부 체언토와 용언토를 접속사로 분류하고 있다. 그런데 「대한문전」(1909)에 가서는 토의 처리법이 달라져 주로 종결어미에 해당하는 어류를 '조동사'라는 품사로 독립시키고, 후사를 접속사의 일부로 처리하는 특이한 분류법을 취하였다. 이 유형은 최현배(1930) 문법에서 구체화되고 본격화되어 문법유형으로 자리를 잡는다.

제Ⅱ 용언토유형은 남궁억과 이필수 문법에서만 등장하는 체계로 체언토는 독립품사로 인정하지 않고 용언토만을 독립품사로 인정하고 있다. 남궁억의 경우 격조사에 해당하는 것을 '名詞(명사)의 體格(체격)'이라 하여 격어미를 처리하고 있고 어미에 해당하는 것은 '토'로 처리하고 있다. 일부 체언토를 격어미로, 용언토는 조사로, 일부 체언토와 용언토를 접속사로 처리한 것으로 보인다.

제Ⅲ유형에서 김규식 문법은 서구문법 체계에 따른 토의 처리이기는 하지만 체언토를 격어미로 용언토를 활용어미로 처리한 점에서 정렬모 문법에 앞서 제Ⅲ유형을 처음 시도한 문법가로 평가되어야 한다. 토의 일부를 후사로 설정하고 있는데 이는 조사와는 달리 이숭녕(1961) 문법의 후치사에 해당하는 품사다. 접속사는 일부 접속조사와 접속어미, 접속부사 등을 위주로 설정한 품사다.

3) 품사명칭과 범주

각 품사의 명칭을 전체적으로 고찰해 봄은 이 시대 전반을 통해 어떠한

품사들이 설정되었으며, 같은 품사라도 어떠한 양상으로 달리 구분되는가
와 함께 일부 문법적인 성격을 살펴볼 수 있다.

  품사명칭은 어원적인 측면에서 우리말 계통의 명칭을 만들어서 사용한
주시경계 학파와 문법 체계의 도입과 함께 서구 문법의 번역어인 한자계
명칭을 차용한 유길준 계통으로 양분할 수 있다. 물론 주시경 계열의 명칭
을 사용한 문법가는 국수주의적 민족주의 입장에서 한글전용론을 주장한
문법가들로 주시경 문법의 분석주의에 기초하고 있다. 한자계 명칭을 사용
한 대부분의 문법가들은 서구 문법적 전통을 중시한 문법가로 유길준, 김
희상, 김규식 계통의 문법이 이에 해당한다. 이러한 전통은 문법학사 전체
를 통하여 일관되는 현상이다. 도입·수용기인 이 시대에는 한자어계 명칭
이 대부분을 차지하고 있다.

고유어계	8체계(33%)	13종(30%)	주시경 강매 이규영 김두봉(33%)
한자어계	16체계(67%)	31종(70%)	유길준 외 31인(67%)

  이러한 외형적인 특징 말고도 이 시대에 나타나는 품사 수는 명사를 위
시하여 모두 20종의 품사가 설정되는데 이는 전시대를 통해 가장 많은 수
효가 된다. 이는 지정사만을 제외하고는 국어문법학사에 나타나는 모든 품
사에 해당한다. 이들 20개의 품사를 각 문법서에 나타난 24개 문법체계를
고려하여 그 품사범주를 계산한다면 기백개가 될 것이다. 이는 품사의 문
법범주가 확정되지 않았고, 문법가에 따라, 문법서에 따라 달라진다는 도
입·수용기의 분류 실태를 대변하는 것이다. 품사 명칭에 있어서 가장 많
은 혼란을 보이는 것은 용언토를 20가지로 지칭하는 것이고, 체언토를 17
종으로 부르는 것이다. 이것은 이들이 품사 분류에 있어서도 가장 많은 이
견을 보인 것이란 증거도 된다.

이들을 표로 보이면 다음과 같다.

	고유어계	한자어계
1. 명사	임, 이름말, 임씨	名號, 名詞
2. 대명사	—	代名詞
3. 수사	—	數詞
4. 동사	움, 움즉임말, 움씨	動詞
5. 형용사	엇, 언, 꼴말, 얻씨	形容詞
6. 존재사	—	存在詞
7. 지정사	—	—
8. 형동사	—	形動詞
9. 조동사	—	助動詞
10. 금지사	—	禁止詞
11. 부정사	—	否定詞
12. 호응사	—	呼應詞
13. 조사	겻, 금, 겻씨, 도움말토, 도움말	引接, 吐, 後詞, 接續詞, 關聯, 關聯詞, 助詞, 格詞
14. 후치사	—	後詞, 後置詞, 後系詞
15. 토 (어미 전부)	토, 도움말	助動詞, 助詞, 助用詞
16. 종지사 (종결어미)	끗, 만, 맺, 맺씨, 토, 긋	完結詞, 終止辭, 助成, 吐, 助詞, 助動詞, 完句, 終結詞, 助用詞
17. 조용사 (연결어미)	—	助用詞
18. 관형사	언, 언씨	形名, 冠詞
19. 부사	꾸밈말, 겻말, 억, 억씨	形動, 添附詞, 副詞
20. 접속사	잇, 잇씨, 돕, 잇음말	間接, 接續, 接續詞
21. 감탄사	놀, 늑, 늑씨, 늑임말	警覺, 感動詞, 感歎詞, 感動
계	38	48
총계	86	

3. 문법가별 분류상의 특징

1) 제1계열

(1) 兪吉濬, 「大韓文典」(1908, 1909) 외

① 문법 및 품사관

유길준 문법은 1898년 이후 1909년까지의 기간에 해당하는 것으로 지금까지 발견된 자료는 최광옥의 「대한문전」(1908)을 넣어 7종이 된다.

품사론적 입장에서 보았을 때, 유길준 문법의 품사체계는 크게 두 가지로 나누어지니 「대한문전」(1909)과 그 이전의 문법서의 체계다.[30]

품사론에 앞서 그의 언어·문법관을 살펴보기로 한다.

세계의 모든 언어는 음성을 공통 형식으로 하여 사상을 표현하고 있다고 전제하고 세계의 각 언어에는 개별적인 특정 문법이 존재함을 인식하고 있었다. 비록 차용 등으로 어휘체계상의 변화는 있지만 문법 체계는 쉽게 변화하지 않는다는 점을 이미 인식하고 있었다.

> 盖 聲音은 天然에 出ㅎ고 言語 及 文字는 人爲에 屬ㅎ니 聲音은 人物을 通ㅎ야
> 同ㅎ거니와 言語文字는 邦國種族을 隨ㅎ야 各異한 則 英吉利人은 英吉利의 言語文
> 字가 有ㅎ며… 言語가 旣有혼 以上은 自然 其文典이 有ㅎ거늘… 國語가 漢文의
> 影響을 受ㅎ야 言語의 獨立을 幾失ㅎ나 語法의 變化는 不起혼 故로…
>
> ─ 筆寫 「朝鮮文典」 曆 02 序, 띄어쓰기 필자

---

30) 유길준 문법의 고본을 연대순으로 적으면 (1) 筆寫本 「朝鮮文典」(1898년 이후) : 歷代
文法大系 01 (2) 筆寫本 「朝鮮文典」(1904 이전) : 歷 105 (3) 筆寫本 「朝鮮文典」(1905
이전) : 歷 2 (4) 油印本 「朝鮮文典」(1906 이전) : 歷 03 (5) 油印本 「大韓文典」(1907 이
전) : 歷 04 (6) 活版本 「大韓文典」(1908 刊行) : 歷 05 (7) 活版本 「大韓文典」(1909 刊
行) : 歷 06과 같다. (1)~(5)는 同一異本이고 (6)은 增補版이고 (7)은 改稿版의 관계에
있는 것으로 본다.
출전표시는 편의상 金敏洙·河東鎬·高永根 編 <歷代韓國文法大系> 塔出版社
(1977~1986)의 책자번호를 사용하였음. (金敏洙, "兪吉濬 油印 「大韓文典」 解說" 歷
04 및 "「大韓文典」攷"(1957) 참조)

그는 문법의 정의를 "文典은 人의 思想을 書出ᄒᆞᄂᆞᆫ 者"라고 하여 교시적 입장에서의 문법관과 필요성을 역설하고 있다. 영어와 불어 등은 서로 각기 다른 말이면서 서로 차용이 되었으나 독자적인 문전은 만들었던고로 독자적인 언어를 유지하였다는 취지를 말하고 국어가 과거에는 한문의 영향만 받았으나 이후는 天下列國(천하열국)과 교통할 것인즉 바르게 우리말을 표현하고 독자성을 지키기 위하여 문전의 제정이 필요하다고 하였다. 「대한문전」(1909) 서문에서 비슷한 내용을 주장하고 있는데 한층 민족주의적 입장에서 국어존중론을 펴고 있으며 규범문법으로서의 문법의 중요성을 강조하고 있다.

이상과 같이 비교적 온당한 언어·문법관을 인식하고 문법 기술에 임하고 있었으나 품사론적인 견지에서 볼 때, 그의 단어, 품사에 대한 개념이 바르게 확립된 것은 아니다.

단어와 품사의 개념으로 사용된 것을 찾아보면 다음과 같다.

> 言語는 人의 思想을 聲音으로 發ᄒᆞᄂᆞᆫ 者라
> 言語는 八種으로 分ᄒᆞ니 名詞… 千言萬語가 以上으로 八種의 外에 出ᄒᆞᄂᆞᆫ 者 업ᄂᆞ니라
>
> —筆寫「朝鮮文典」歷 02, 1905 이전, 1

> 句ᄂᆞᆫ 言語의 聚集ᄒᆞᆫ 者라도
> 名詞句라 홈은 言語가 相集ᄒᆞ야
>
> —위책, 22

> 接續詞ᄂᆞᆫ 語 或 句를 接續ᄒᆞᄂᆞᆫ 詞를 謂홈이니
>
> —위책, 18

> 聲音으로 發ᄒᆞᄂᆞᆫ 者를 語라 하고 文字로 表ᄒᆞᄂᆞᆫ 者를 文이라
> 言語와 文이 其類의 多홈과… 八種에 不過ᄒᆞ나니 卽 語種이라
>
> —「大韓文典」, 1909, 2

> 八種 言語로써
>
> —위책, 3

丹 言語는 個個히 分離ᄒ야 使用ᄒ는 者가 아니오… 多數의 單語가 相集ᄒ는
時에

— 위책, 12

文章은 人의 思想을 形像으로 發現ᄒ는 者니 其形像은 卽 文字라. 故로 文章
은 言語가 相集ᄒ야 一思想의 完結한 時는 其長短을 不拘ᄒ고 皆 一篇의 文章이
라 ᄒᄂ니라

—「朝鮮文典」 1898이후, 이상의 띄어쓰기 및 권점은 필자

인용구절에서 보듯 형태론적 입장에서의 언어 단위인 단어와 통사구조
속에서의 품사의 개념을 구분하지 못한 채 "言語, 語, 詞, 語種, 單語" 등
을 명확히 구분 없이 쓰고 있다. 품사에 해당하는 용어는 '言語, 語種, 詞'
로 사용하였음을 살필 수 있다.

② 품사분류의 특색

품사 분류체계는 라틴전통문법과 같이 8품사체계로 분류하였으나 이는
서구문법 체계를 직접 받아들였다기보다 영문법 체계를 차용한 일본문법
의 영향을 받은 것으로 보고 있다. 특히 초고 작성 당시는 그 내용으로 보
아 田中義廉의 「小學日本文典」(1874)과 中根淑의 「日本文典」(1876)을 직접
이입한 것으로 본다. 「日本文典」의 '言語論(언어론)'이란 용어에서부터 품사
수나 종류가 완전히 일치하기 때문이다.[31]

품사분류의 기준은 각 품사의 정의를 기준으로 하여 볼 때 의미와 기능
두 가지만을 근거로 삼고 있다. 즉 명사와 감탄사의 경우는 의미만을 기준
으로 삼았고 대명사, 동사, 형용사의 경우는 기능과 의미만을 중심으로 정
의하였다. 부사, 후사, 접속사의 경우는 기능만을 기준으로 정의하였다. 이
런 태도는 라틴 전통문법의 품사의 정의나 분류 기준에서 크게 동떨어진

---

31) 유길준 문법은 中根淑의 「日本文典」의 품사론과 田中義廉의 「小學日本文典」 품사론
    의 후사 처리 등을 모방한 것으로 풀이하며 품사의 하위 분류에서 1) 용어가 바뀐
    것 2) 종류 수의 가감 3) 분류 기준이 상이한 것 등을 국어의 실상을 감안한 검토로
    보고 있다. (김민수, "「大韓文典」攷."(1957) 및 강복수(1972) 79~87 참조)

것은 아니나 라틴문법에서 중시되던 형태 기준이 경시되고 있음을 지적할 수 있다. 그러나 하위분류에서나 각 품사의 특성에 대한 논의에서는 여러 모로 고려되고 있다.

먼저 품사분류체계를 살펴보면 아래와 같다.

전기(1898~1908)	후기(1909)
名詞(일흠말)	名　詞
代名詞(더신일흠ᄒᆞᄂᆞᆫ말)	代名詞
動詞(움직이는말)	動　詞
形容詞(형용ᄒᆞᄂᆞᆫ말)	形容詞
副詞(부치ᄂᆞᆫ말)	添附詞
後詞(토다ᄂᆞᆫ말)	助動詞
接續詞(연잇ᄂᆞᆫ말)	接續詞
感歎詞(감탄ᄒᆞᄂᆞᆫ말)	感動詞

1909년 「대한문전」에서는 '後詞(후사)'란 품사 대신에 '助動詞(조동사)'란 품사가 설정되었고, '副詞(부사)'란 명칭 대신에 '添附語(첨부어)'란 명칭이, 감탄사 대신에 '感動詞(감동사)'란 명칭을 사용하였다. 내용적으로도 후기 문법서는 전기에 비하여 체계화되고 구체화되었다. 이들 각 품사의 일반적인 특징을 살펴보면 체언은 명사와 대명사로 이분하고 있고 의미와 기능을 중심으로 품사 설정을 하고 있다. 체언의 특성이라 하여 격(case)과 수(number)의 형태적인 면과 의미적인 면의 고찰이 있으나 서구문법의 본격적인 적용으로는 미흡하고 초보적인 수의 개념이 언급되었다.

　　나븨가 꼿을 차져 단이오.
　　나븨가 꼿은 조와ᄒᆞ지만 열믜ᄂᆞᆫ 조와ᄒᆞ지 아니ᄒᆞ오

'나븨'를 주격, '꼿'은 빈격이라 하고 '가, ᄂᆞᆫ'은 주격에 뒤따르는 후사로, '을, 를, 은'은 빈격에 뒤따르는 후사리고 하였을 뿐 격의 개념이 정립

되지 않았다.「대한문전」(1909)에서는 격을 위격이라 하여

> 名詞의 位格이라 ᄒ는 者는 一事物이 他語와 關係ᄒ는 地位를 指示ᄒ는 者이
> 니 此에 主格 及 賓格의 區別이 有ᄒ니라
>
> — 위책, 19~22

라 하고 격조사에 해당하는 부분은 접속사로 분류하고 있다.

수는 단수 복수로 구분하고 복수에는 '들'이 첨가되는 것과 '군대'와 같은 집합명사의 예를 들고 있다.

서구문법에서 명사의 특성으로 중시되는 성(gender)이 제외된 것은 국어의 특성을 고려한 것이기 보다 서구문법의 이해에 미흡했던 것으로 보인다.

대명사 항목에서 관계대명사로

> 스롬이 귀ᄒ [바]는 : 意思關係
> 스롬이 귀ᄒ [거]는 : 形體關係
>
> — 위책, 19~20

라 하여 '바, 거'를 설정한 것이나「대한문전」(1909)에서

> (甲) 純全關係代名詞 : 바, 거
> (乙) 混成關係代名詞 : 이때, 그사람, 뎌긔, 그거
>
> — 위책, 30

라고 설정한 것은 국어의 언어사실을 외면한 것이다.

용언은 동사와 형용사로 이분하고 용언의 어미부분은 조동사라 하여 별개의 품사로 후기 품사론에서 독립시키고 있다.

"動詞라 ᄒ는 者는 名詞 及 代名詞의 作用 或 形態를 發現ᄒ는 語이라." 고 하여 서술적 의미기능을 중심으로 분류 설정한 품사다.「대한문전」(1908) 등에서 동사의 품사적 특성으로 '시제'와 '조동사'를 들고 있는데 조

동사는 용언의 특성인 활용(conjugation)의 개념을 적용한 것으로 풀이할 수
있다. 그러나 「대한문전」(1909)에서는 이를 종지사에 해당하는 독립품사로
인정하고 있다.

먼저 정의를 살펴보면 "動詞는 助動詞의 協附를 得ᄒ야 其活動ᄒᄂ 作
用을 現ᄒᄂ니 助動詞는 亦 動詞의 一種으로 一切 動詞의 意味不足한 處
를 補助ᄒ는 者"라고 하였다. 이들 조동사는 주로 어말어미를 지칭하는 것
이나 선어말어미까지도 포함하고 있다. 대표적인 몇 가지 예를 들어보기로
한다.

> 動詞와 連合 : 긋치웁[니다] ᄀ엿[다] 피엿[소] 우는[도다]
> 名詞와 連合 : 英雄[이라]
> 代名詞와 連合 : 그사람[이로다]
> 形容詞와 連合 : 풀으[다]
> 他動詞와 連合 : 왓[셧지오]

—「대한문전」, 1908, 35~36

"조동사ᄂ 活用ᄒᄂ 變化를 由ᄒ야 期節을 生ᄒ며, 階段을 成ᄒ며 意思
를 表ᄒ며 體裁를 定ᄒᄂ니" 하였으니 '기절'은 시제에 해당하는 용어이고
'계단'은 합속단, 연쇄단, 중지단, 종결단의 4가지를 들고 있는데 이는 어
미의 기능형태적 분류이며 '의사'는 어미의 의미적 분류이며 '체재'는 "一.
尊敬ᄒᄂ 意를 表ᄒᄂ 자. 二. 謙恭ᄒᄂ 意를 表ᄒᄂ 자"로 구분하였으니
존칭과 겸양에 관한 구분이다.

시제의 경우를 보면 4개의 기본시제(현재, 미래, 과거, 대과거). 9개의 분사
시제(현재분사, 미래분사, 과거분사, 과거의 현재분사, 미래의 현재분사, 과거의 과거분
사, 대과거의 현재분사, 대과거의 미래분사, 대과거의 과거분사)로 구분하고 있다.
이들 시제가 국어의 언어현상에 적합한 구분이냐 하는 것도 문제지만 시
제구분에 따른 형태분석에서부터 문제점을 안고 있다.

現在 : 개[오]   未來 : 갈[야]ㅎ오
過去 : 갓[다]ㅎ면   大過去 : 갓[셨]다

「대한문전」(1909)에서는 '갓섯다'에서 '섯', '갈'의 'ㄹ', '갓'의 'ㅅ' 등을 분석해내었으나 받침이라고만 했다. 또한 관형형어미에 해당하는 부분을 "動詞로서 形容詞의 體를 有홈"이란 분사의 개념을 도입하고 있는데 이 또한 국어의 문법현상과는 거리가 먼 것이다.

유길준 문법의 조동사는 비록 형태론적인 분석에 결함은 있지만 어미를 의미적으로 뿐만 아니라 기능형태적으로 세분하였다는 의의를 가진다.

형용사는 "名詞의 前 或 後에 在ㅎ야 其形狀 及 性質을 現ㅎ는 詞를 謂홈"(역이 26) "名詞의 形狀 及 性質을 發表ㅎ는 語"(「대한문전」, 1909, 65)라고 하였으니 기능을 위주로 하고 의미를 덧붙인 품사설정이다. 형용사를 기능에 따라서 原存形容詞(원존형용사)와 轉成形容詞(전성형용사)로 구분하고 있는데 이는 전기의 형용사 분류에 비하여 체계화된 것이긴 하나 전성형용사로 예시된 예들은 품사의 형태론적 기준을 무시하고 형용한다는 의미만을 취한데서 빚어진 오류다.

前置形容詞 : 其語가 名詞의 前에 在ㅎ야 其現相을 表出ㅎ는 者. '높흔 뫼.'
後置形容詞 : 其語가 名詞의 後에 在ㅎ야 其現相을 表出ㅎ는 者. '뫼가 높흐어'

原存形容詞 : 本然 成立흔 形容詞를 謂홈이라. '깁흔 물, 프른 풀, 너그러운 사람.'
轉成形容詞 : 名詞 或 動詞로서 變ㅎ야 形容詞를 成ㅎ는 者 '사람의 머리, 산의 꼿, 나무닙>나문닙, 담배대>담뱃대, 여름구름>여름구름, 動詞의 分詞 등

— 「大韓文典」, 1909, 66~74

형용사의 활용이라 하여 "기절"과 "변체"를 설명하고 있는데 "기절"은 동사에서와 같이 시제를 뜻하는 말로 6시제를 두고 있고, 변체라 함은 형용사가 다른 품사의 용법으로 사용되는 것으로 명사형어미 'ㅁ, 기'가 붙

는 것과 서술어로 쓰이는 형용사 즉 후치형용사를 동사로의 변체라고 하였으니 이 구절 자체만으로 보면 형용사의 경계를 명확히 구분하지 못한 데서 생긴 결과라고 하겠다.

부사는 동사, 형용사 또는 부사에 첨부하여 그 의미를 한정하는 품사라고 하여 기능적인 면을 중시하여 설정한 품사다. 부사의 종류로 정격과 변격의 두 가지로 구분하고 있는데 정격은 본래 부사로 "자못, 믄득, 모름직이" 등 불변화사를 뜻하는 것이어서 무리가 없으나 변격은 변화하는 부사라고 하여 4가지로 구분하고 있다. 예만을 보이면

'쌜히, 놉게, 째로, 집에, 말처럼, 소갓히, 븕으스름, 프른대로, 쮜는득히, 나는다시, 甚히, 甚ㅎ게' 등과 같다.

명사에 부사격어미가 첨부된 것이나 부동사형어미 '게'가 붙은 것을 부사로 처리함은 부사의 불변화사적 특성을 무시함도 되거니와 타 품사의 경우에서와 같이 품사의 형태론적 범주를 이탈한 결과다.

접속사의 경우 "言語의 中間에 揷入ᄒ야 前後承接ᄒ며 上下連續ᄒ야 其意를 相通ᄒ는 語"(「대한문전」, 1909, 78)라 하여 기능에 따른 정의를 내리고 있으나 하위분류에 가서는 의미에 따라 정체, 연체, 순체, 반체접속사로 나누고 있다.

유길준 문법의 접속사는 「대한문전」(1909)의 것과 그 이전의 것이 서로 다르다. 후기의 접속사는 전기문법의 접속사에다 후사를 합친 것이다. 즉 후기의 8품사체계에서는 조사에 해당하는 후사를 독립품사로 설정하지 않고 "定體接續詞(정체접속사)"라 하여 접속사에 포함시키는 특이한 분류법을 취하고 있다.

甲)定體接續詞 : 名詞의 下에 附ᄒ야 其體格을 定ᄒ는 語

  (一) 名詞의 賓格을 定ᄒ는 것

    主格 : 내가 간다. 사람이 온다. 나는 간다. 사람은 온다

    賓格 : 나롤 부른다. 사람울 부른다

  (二) 名詞의 體勢 롤 定흠

止勢 : 名詞의 體가　ᄒ야 他의 動올 不受ᄒ는 者
　　　/산에 구경가다, 강으루 고기잡이 가다./
動勢 : 其體가 動ᄒ야 他의 動올 受ᄒ는 者
　　　/소로 밧같다. /

—「대한문전」, 1909, 79～81

연체, 순체, 반체접속사는 '와, 과, 밋, 다못, 의, 갓튼, 마는, 니라, 그러ᄒ나, 즉, 고로, 면, 언정' 등 조사, 어미, 부사 등 다양한 문법범주를 포함하고 있는 불명확한 품사다.

유길준 문법의 품사체계는 비록 일본인의 영향을 받았지만, 내국인으로 최초의 국어품사분류를 하였다는 역사적 의의뿐만 아니라 그 나름대로 독자적인 품사체계를 수립하여 후학들에게 많은 영향을 미쳤고 국어품사론 및 문법론연구의 바탕을 쌓는 계기가 되었다.

(2) 安廓, 「修正 朝鮮文法」(1923)

안확 문법은 「조선문법」(1917)에서 처음 이루어졌으나 초판은 전하지 않고 「수정 조선문법」(1923)이 전해질 따름이다. 「조선문학사」부편(1922)에 "조동사와 후사"의 항목이 있고 <주시경 일파의 곡설>에서 문법에 대한 비판적 견해를 살필 수 있다.

본고에서는 「수정 조선문법」을 통하여 그의 품사체계를 살펴보기로 한다.

자산문법은 일본 明治時代의 大槻文法(1897)을 토대로 한 高橋亨의 「한어문법」과 藥師寺知曨의 「한어연구법」 등을 참조하여 저술한 것으로 추정된다.

10품사체계인 명사, 대명사, 수사, 동사, 형용사, 조동사, 부사, 접속사, 조사, 감동사의 명칭이 동일하고, 어미 아닌 조사와 조사 아닌 접속사의 설정이 영향을 받은 결과로 보고 있다.32)

---

32) 金敏洙, "安廓「修正朝鮮文法」 解說" 歷□25

먼저 그의 문법관 및 품사에 대한 견해를 살펴보면 그의 문법은 보편문법의 추구와 문법을 통한 언어통일을 목적으로 하고 있다. 「수정 조선문법」의 "저술요지"를 보면 당시의 학교문법은 개인의 의견이 중시되었고 또 現令行用(현령행용)하는 언어사실이 아닌 것을 다루므로 독단과 오류에 빠지기 쉬워 공중적 보편적으로 저술하였다고 하였다. 또한 京城言(경성언)의 발음과 아언(雅言)을 표준하여 문법을 기술함으로 언어통일을 목적으로 한다고 하였다.

그의 언어와 문법에 대한 견해를 살펴보면 "언어는 사상을 교환하는 매체로 민중전체에서 무의식적으로 성립된 약속에서 언어의 질서와 유별을 기술하는 것"이란 문법관을 가지고 있었다.

> 文法은 곳 이 無意識的으로 成立된 約束을 抽하야 言語上에 잇는 事實로써 그 秩序와 類別을 記述한 바 그 規則을 學하는 것이니라
> —「수정 조선문법」, p.1, 引用文 띄어쓰기 필자, 이하 같음

그는 품사를 元詞(원사)라고 하였으며 품사라는 것은 단어를 문법적인 유사성에 따라서 분류한 것이란 견해를 가지고 있었다.

> 朝鮮語는 現代 用하는 單語數가 凡 十萬에 達하는지라 이와갓티 語數가 多種이 되나 其性質이 文法의 近似함을 짜라 大別하면 十種이니 … 等이 是라. 이를 가로되 元詞라 하나니 吾人의 萬船思想을 十元詞로써 發表하나니라.
> — 위책, 18

품사분류의 기준은 부사, 접속사, 조사(토) 등은 기능을 중시하여 정의하고 있다. 그 외의 품사들은 의미를 중시하여 분류기준을 정하고 있다. 보다 구체적으로 분류상의 특징을 살펴보면 첫째 체언을 명사·대명사·수사로 3분하고 있다. 이들 3분체계는 문법적인 기능이나 형태상의 특징에

姜馥樹, "國語文法研究의 系譜", 「국어국문학연구」 13(1971. 9)
金敏洙, 「新國語學史」 全訂版, 1980, 213~226.

따른 구분이기보다 의미를 중시한 구분이 된다. 특히 수사를 독립품사로
설정함은 내국인으로서는 최초의 분류가 된다. 국어문법에서 수사를 독립
품사로 설정한 것은 서양인 선교사문법에서 시작되었고 일본인 高橋亨 문
법과 藥師寺 문법에서도 설정되었다.

명사를 '群頭目(군두목)'이라고도 하고, "타 문전에서 명사를 여러 종류로
분류하고 있는데 이는 이론뿐이고 문법에는 큰 관계가 없다"고 하여 폐한
다고 하였으니 그의 실용적이며 현실적인 언어사실을 중시한 일면을 찾아
볼 수 있다. 명사의 용법은 여러 가지 토나 접미어나 접두어를 합하여 그
성격을 표시한다고 하여 격은 토로, 수는 접미사 '들'로, 성(gender)은 접두
어 '암, 수'로 간략하게 설명하고 있다.

대명사에 존비의 구별이 있다고 한 것은 김희상 문법의 대우관계와 영향
관계를 생각할 수 있다. 특히 대명사는 명사를 대신하는 관계로 "일종의 記
號와 갓티 用하는지라"하고 "기호적 환용"이라 하여 설명함도 독자적인 설
명이다. 대명사는 명사와는 그 직장과 성질과 용법이 크게 다르다고 하여

> 近來 或者는 代名詞를 名詞의 一種으로 認定하여 名詞의 附屬으로 說明한 일
> 이 잇스나 그는 單語分析法을 不知함이니라
>
> — 위책, 30~31

이라 하였다. 「조선어원론」에서 "주씨 일파의 곡설"이라 한 비판과 맥락을
같이 하는 것으로 해석된다.

대명사 항목에서 특징적인 것은 종래의 여러 학자들이 서구문법의 관념
에 따라 설정해 온 관계대명사를 독립시키지 않고 접미어에 소속시키고
있는 점이다.

> 關係를 大稱하는 것이 잇스니 (바) (것) (수) 등이 是라. 然이나 比等은 다 獨
> 用치 못하는 것인고로 接尾語에 屬하니라
>
> — 위책, 29

수사는 여러 가지 사물의 수효와 차서를 이르는 것이라 하여 元數詞 : 한(一), 둘(二), 셋(三), 백(百). 序數詞 : 첫째(第一), 둘째(第二), 셋째, 넷째, 갑(甲), 을(乙). 助數詞 : 짐(負), 자(尺), 뭇(束), 리(里)로 나누었는데 이중 조수사는 원래 명사이었던 것이 그 본질을 잃은 것이라고 하였다.

용언은 동사와 형용사로 이분하고 있다. 특징적인 것은 활용체계에 대한 설명이다. 어미를 單體(단체), 延體(연체), 轉體(전체), 複體(복체) 등으로 구분하고 다시 어간말음의 자음, 모음의 성격에 따라 5가지의 격(原格(원격), 曲原格(곡원격), 持格(지격), 曲持格(곡지격), 變格(변격))으로 나누어 격과 어미와의 결합관계를 고찰하고 있다. 또한 동사의 성이라 하여 자동사와 타동사를 구분하고 있음도 특이하다. 활용의 특징으로 태(voice)와 시제(tense), 서법(mood)을 설명하고 있는데 이중 시제 중에서 분사가 나타내는 시제 – 分時(분시)는 유길준 문법 등에서의 개념과 같다. 활용체계의 설명에서 체언의 특성인 격(case)과 성(gender)의 개념을 적용시키고 있음은 명사와 동사를 형태의미 상 동일시하려 했던 견해로 보이나 타당성이 미흡하다. 용언의 어간말음에 따라 종류를 구분하고 있음은 김희상 문법에서 보이던 구분법이다.

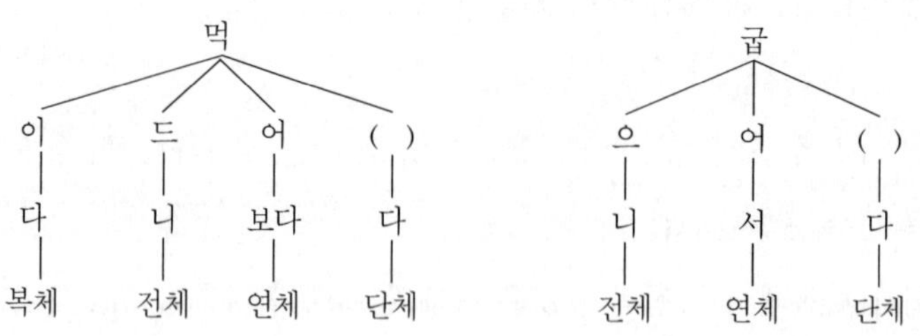

토의 처리는 제Ⅰ유형의 결합유형을 취하고 있는데 조사(토) 조동사 접속사가 이들을 담당하고 있다.

조사(토)는 김희상 문법에서의 토의 개념과 일치하는 것으로 체언토와 용언토를 합친 개념이다. 격조사에 해당하는 조사를 위격이라 하여 8격(주

격, 객격, 변격, 여격, 종격, 목적격, 호격)으로 나누고 접속과 완료, 도량의 세 가
지를 더 추가하여 모두 4가지로 분류하고 있다.

　조동사는 "助詞의 一種으로 語尾가 變化하는 것이오, 또한 動詞 形容詞
又는 他語에 附하야 其意義를 助役하는 것이니라"(p.90)라고 하여 '깨트리
다, 흔들거리다, 헤어지다, 상하다' 등을 예시하고 있다. 이는 유길준 문법
에서 뜻하는 용언의 활용어미인 조동사와는 다른 것이고 김규식 문법에서
보조용언인 조동사와도 다른 것이다. 제시된 용례들로 보아 대부분 용언에
붙는 접사들임을 알 수 있다. 예만을 살펴보면 아래와 같다.

　　거리, 치, 하, 답, 스럽, 넉이, 트리, 지, 고십, 번하, 보, 안, 못, 말, 버리, 듯하

　自山(자산) 문법에서 발견되는 약점의 하나는 각 품사의 어휘적인 형태범
주가 확정되지 않았다는 점이다. 예로 부사는 제한적인 성격을 띤 것이라
하여

　　가는드시 오너라 날도록 만들다 적게 주다 산에서 온다
　　아침에 먹었다 그대로 가거라 너갓티 어엿부다
　　천보다 만타

와 같은 예들을 모두 變體副詞(변체부사)라고 처리한 것은 품사의 형태론적
특성을 무시한 것이다. 같은 견지에서 접속사의 경우도 '밋(及), 또(又), 혹
은, 다못(與), 그러면(然則)' 등 예 외에

　　형은 갓스나 아우는 잇다. 비가 오더니 땅이 질다
　　눈이 오되 춥지 안하다

와 같은 예도 접속사로 처리되고 있다.

(3) 李完應, 「中等敎科 朝鮮文典」(1929)

이완응의 「중등교과 조선문전」은 최초의 검인정 교과서로서 널리 채택되었던 학교문법서다. 편찬 목적도 서언에서 밝히고 있듯이 문법서, 당시 일본문법과 영문법을 습득하는데 편의를 제공하기 위하여 만든 것이라 밝히고 있다. 그의 문법은 일본문법을 토대로 하여 이루어진 것으로 추정되는데 大槻文法(1897)을 따른 高橋亨의 「한어문법」(1909)을 참조하고 일본 山田 문법(1922)에서 존재사를 도입한 것으로 보고 있다.[33]

"단어는 일종의 의미를 표하는 언어의 단위"라 칭하고 품사는 단어를 각각 그 성질상으로 구분한 것이란 설명을 덧붙이고 11종으로 분류하고 있다.

명사, 수사, 대명사, 동사, 형용사, 존재사, 조용사, 조사, 부사, 접속사, 감탄사

품사분류의 기준은 의미적인 데 중점을 두고 있으니 체언의 삼분체계와 용언의 이분체계가 그렇다.

체언을 명사, 수사, 대명사로 구분함에 있어서 형태적인 고찰이나 통사적인 시차를 찾아보려는 시도가 없이 의미적인 차이가 따랐을 뿐이다. 체언의 특성으로 복수와 경어를 다루고 있다. 이들은 어휘특성일 뿐 문법범주가 되지 못함은 전술한 바와 같다.

용언에서 존재사를 설정함은 국어문법학사에서 처음 있는 것으로 '잇다, 없다, 계시다'의 3단어를 들고 있다. 이 견해는 후계 이희승 문법 등으로 이어진다. 존재사를 설정함에 있어서 단순히 의미적인 고려에서 설정된 것이 아니다. 이들이 동사와 또 형용사와 나름대로 독특한 활용형태를 가짐을 존재사 설정의 근거로 제시하고 있다. 동사, 형용사, 존재사의 구별이라고 하여 이들이 활용될 시에 형태적인 차이를 나타내고 있음을 자세히 대비하여 밝히고 있음은 동사와 형용사의 형태적 차이를 가장 잘 밝힌 예가

---

33) 金敏洙(1981), 257 및 "李完應 「中等敎科朝鮮語文典」 解說" 姜馥樹(1972) 참조.

된다.

이완응 문법에서 지적되는 약점은 여러 곳에서 나타나는 형태소 분석의 잘못이다. 그 대표적인 예의 하나로 "活用字(활용자)"라고 하는 것이다. 활용자라고 하는 것은 용언의 어간과 어미의 연결을 중간에서 이어주는 요소라고 하여 '아, 어, 여, 야'를 활용자라 지칭하였다.

> 動詞와 助用詞 又는 助詞의 間에 '아, 어, 여, 야'가 入하는 規則을 說明코자 하노라. 其 '아, 어, 여, 야'를 특히 命名하야 活用字라 稱하나니라
> 본디 보았소 보아라 보아야하오 보아도 보아서 보아요 보앗(던)든 보앗스면
> 먹는다 먹엇소 먹어라 먹어야하오 먹어도 먹어서 먹어요 먹엇던(든) 먹엇으면
> — 위책, 87~88

위의 예들에서 살필 수 있듯이 이들이 독립된 형태소로 분석되어 동일한 형태범주로 분류될 수 없는 것임을 쉽게 알 수 있다.

이완응 문법의 분류유형은 제 I 분리유형으로 체언토와 용언토를 독립품사로 설정하고 있다. 즉 조용사와 조사란 품사를 설정하고 있으나 이들이 체언토와 용언토에 일대일로 대응되는 것은 아니다. 조용사는 "動詞, 形容詞, 存在詞 등에 첨부되어 그 의미를 助하는 것을 助用詞(又는 助動詞)라 稱하나니라"(p.20) 하였으나 "敍述格語尾" "이다"도 같이 포함시키고 있다. 조사는 "各種의 品詞에 附하야 其語에 意義를 添하며 又는 他語와의 關係를 明確히 하는 것을 助詞라 稱하나니라"(p.21)하여 조사와 활용어미를 함께 포함시키고 있어 내용적으로는 제 I 결합유형의 형태를 가진다. 토의 처리에서 약점은 체언토와 용언토를 동일 형태류로 통합 처리하고 있는 점과 형태소 분석이 제대로 이루어지지 않은 점 등을 들 수 있다. 그러나 접속사에서 어미와 조사를 제외시키고 순수 접속사의 성격을 가진 것만을 다루고 있음은 정리된 일면이라 할 수 있다.

2) 제2계열

(1) 周時經, 「國語文法」(1910) 외

① 문법 및 품사관

주시경의 언어관 내지 국어관은 당시에 팽배하였던 애국계몽주의사상과 결부되며 언어를 사회형성의 기관으로 간주하고 특히 개별언어의 특수성을 강조한 것으로 나타난다. 그의 문법은 구문중심의 서술방식을 중시하였으니 "말듬을 알지 못하면 기난의 참뜻을 깨듯기가 어렵은지라" 하여 통사론을 품사론의 선결과제로 삼고 있다. 이는 "품사의 개념"에서 살펴보았듯이 품사론이 통사론을 바탕으로 이루어져야 함을 갈파한 것이다. 그는 문법의 보편성을 추구하면서도 개별문법으로서의 국어를 중시하는 바탕에서 문법을 기술하고 있으며 실용규범성을 목표로 하였다고 할 수 있다.[34]

> 이 글은 今世界에 두로 쓰이는 文法으로 웃듬을 삼아 꿈임이라. 그러하나 우리나라 말에 맞게 하노라 함이라
>
> —「국어문법」, 1910, 117

품사론이 통사론을 바탕으로 하여야 참뜻을 알 수 있다고는 하였으나 형태론의 단위로서의 단어(word)와 통사론의 기능단위 즉 행용언어로서의 단위인 품사(part of speech)를 구분하지 않고 동일시하고 있다.

> 單語라 함은 一句의 語가 完成한 全體의 組織된 一部分을 謂함… 其種類를 九體로 分하니…
>
> —「고등국어문전」, 1909경, 제2편, p.2

> 기 (씨) 는 낫말을 이르는 것으로 쏨이니 여러 가지 몬(物)이나 일을 따르어 이르는 말을 각각(저마다)부르는 이름으로 쏨이라
>
> —「국어문법」, 1910, 27, 괄호 속은 「조선어문법」, 28

---

34) 高永根(1983) 273~675 참조. 引用文에서의 띄어쓰기 및 방점은 필자.

씨는 몬이나 일을 이르는 낟말을 이르는 이름이니라

—「말의 소리」, 1914, 씨난의 틀

인용문 중에서 「고등국어문전」에 나오는 「단어」의 정의가 parts of speech (또는 sentence)란 품사의 어의와 일치됨을 알 수 있다. 품사의 개념으로 쓰인 말은 위의 인용문에 쓰인 것 외에 「言分」(「국문문법」), 「言語字」(橋本「말」), 「體」(「고등국어문전」) 등을 사용하고 있다.

言語字의 種類가 모두 六體에 分ᄒ엇는디…
言語字의 此三體(名號 形容 動作)는 言語의 原體이다.

—筆寫「말」, 1908경 29

② 품사분류의 특색

주시경의 품사분류체계는 앞에서도 살핀 바와 같이 7품사체계에서 시작되어 6품사체계로 되었다가, 9품사체계로 그의 문법기술이 완성되나 마지막 「말의 소리」에서 6품사체계로 변동된다. 먼저 이들의 변모된 모습을 대비표로 보이면 <표 3>과 같다.[35]

표에서 볼 수 있는 바와 같이 비록 5가지 체계로 변동은 있었으나 근본적으로는 9개의 품사를 어떻게 결합·분리하였느냐의 차이에 따라서 체계가 달라진 것이다.

〈표 3〉

「國語文法」(1905)	名號·形容(形名 形動 形形) 動作·引接·間接·助成·警覺	言分
稿本「말」(1908)	名號·形容(形名 形動) 動作·引接·間接·______	六體
「高等國語文典」(1909)	名號·形容·形名·形動 動作·關聯·接續·完句·感動	九體
「國語文法」(1910)	임·엇·언·역·움·겻·잇·끗·놀	9기
「말의 소리」(1914)	임(언, 억, 놀)엇·움·겻·잇·긋·______	6씨

---

35) 金敏洙, "周時經 油印「高等教育文典」解說". 09, 참조

「국어문법」에서의 7품사체계는 "관형사와 부사"를 독립품사로 인정하지 않고 형용사의 하위분류로 처리한 것이다. 즉 形容(형용사)의 하위분류로 '形名(관형사)'·'形動(부사)'·'形形(부사)'을 든 것은 기능 중심의 품사분류 태도로 해석할 수 있다. 그 이유는 관형사(형명 : 명호를 형용후는 것들)는 동사와 형용사를 수식 즉 형용한다고 하는 문법기능이 형용사(엇) 자체의 의미적인 문법기능과 일치하기 때문이다. 이러한 분류태도는 그의 마지막 저서인 「말의 소리」에서는 다른 입장을 취하고 있다.

「말」의 6품사체계는 7품사체계에서 警覺(감탄사)을 제외시킨 것이다. 이는 감탄사가 독립품사로서의 품사범주가 미흡함을 인식한 것으로 보인다. 그러나 9품사체계에서 다시 인정함은 앞의 문법관에서 본 바와 같이 보편문법의 추구로 보인다. 즉 그가 전형으로 삼은 서구문법 등 모든 문법에서 감탄사를 독립품사로 인정하는 추세에 따른 것으로 믿어진다.

그의 마지막 문법체계인 6품사체계는 명사(임)의 범주 속에 "관형사(언), 부사(억), 감탄사(놀)"를 포함시킨 것이 특징이다. 그 이유는 이미 살핀 바와 같이 첨가어로서의 우리말의 토(겻 : 조사, 잇 : 접속사, 긋 : 종지사)의 중요성을 감안하여 토와의 연결 관계의 특성에 비추어 명사 속에 포함시킨 것으로 해석해야만 이해가 된다.36) 즉 단어를 실사와 허사로 이분할 때 "겻, 잇, 긋"은 토 즉 허사에 해당한다. 실사 가운데 동사와 형용사 등의 품사는 토가 없어도 의미가 성립되므로 이들을 단일품사 임(名詞)으로 통합시킨 것으로 해석할 수밖에 없다.

그러면 9품사체계를 「말의 소리」에서 6품사체계로 바꾼 의도는 어떤 합리성을 즉, 이점을 추구한 것인가?

이는 분석적인 그의 문법연구 태도와 일치하고 또한 「기몸바꿈」이라 하여 장황하게 설명해야 하는 부분의 문제점을 해소시킬 방안으로 마련된 분류법이라 할 수 있다. 예를 들면 "가는"을 9품사체계에서는 동사에서 몸

---

36) 高永根은 "놀, 언 , 역"을 "임"에 통합시킨 것은 단어의 형태적 공통성에 기반을 둔 것으로 해석된다고 하였다(高永根 1983, 283).

바꿈한 "관형사"로 처리하였는데 「말의 소리」에서는 "가"는 "움"(동사)으로 "는"은 "겻"으로 처리하고 있다. 논란이 되어온 「나의 집」의 경우도 "나" ─임(명사), "의" ─ 겻(조사) 등으로 쉽게 해결된다.

부사의 경우도 관형사와 똑같은 입장에서 설명된다. 즉 품사전성에서 부사로 처리한 "곱게"는 "곱"은 형용사로 "게"는 조사로 처리하였다. 이는 세분화된 형태분석의 결과를 단순한 몇 개의 품사로 분류할 수 있다는 이점을 취한 것으로 본다.

「국어문법」 말미의 "이온글의 잡이"에서 "이 글은 今世界에 두루 쓰이는 文法으로 웃듬을 삼아 꿈임이라"한 보편문법의 추구로 이루어진 것이 그의 9품사체계이며 "그러하나 우리 나라 말에 맞게 하노라 함이라"의 개별문법의 추구로 하여 이루어진 것이 6품사체계라고 해석할 수 있다. 그러나 물론 9품사체계도 국어의 언어사실을 바탕으로 하여 서구문법을 독자적으로 수용한 것이다. 그 대표적인 예가 서구문법에 없는 관형사를 독립품사로 설정한 것이다.

주시경 문법의 품사분류의 기준은 기능, 형태, 의미의 세 기준을 고루 중시한 것이라고 해석하여야만 한다. 먼저 이들 기준을 살필 수 있는 근거의 하나로 9품사의 정의를 살펴보기로 한다.

> 임 : 여러 가지 몬과 일을 이름하는 기를 다 이름이라.
> 엇 : 여러 가지 엇던함을 이르는 기를 다 이름이라.
> 움 : 여러 가지 움즉임을 이르는 기를 다 이름이라.
> 겻 : 임기의 만이나 움기의 자리를 이르는 기를 다 이름이라.
> 잇 : 한 말이 한 말에 잇어지게 함을 이르는 여러 가지 기를 다 이름이라.
> 언 : 엇더한(임기)이라 이르는 여러 가지 기를 다 이름이라.
> 억 : 엇더하게(움)라 이르는 여러 가지 기를 다 이름이라.
> 놀 : 놀나거나 늣기어 나는 소리를 이르는 기를 다 이름이라.
> 끗 : 한 말을 다 맞게 함을 이르는 여러 가지 기를 이름이라.
>
> ─「국어문법」, 1910, 28

이들 정의를 위주로 분류기준을 살펴보면 겻(조사), 잇(접속사), 언(관형사), 억(부사), 끗(종지사) 등은 기능을 위주로 설정한 품사고, 그 외의 품사는 의미를 위주로 하여 설정한 품사분류다. 그러나 품사분류의 기준은 정의 부분에만 한정할 수 없고 전체의 체계를 고려해야 한다. 이미 문법관에서 살펴보았듯이 품사론은 구문론을 바탕으로 해야 참다운 이해가 된다는 태도에 따라 구문중심의 문법서술을 하고 있는 것 즉 "문장론-품사론"의 순서에 따른 기술은 그의 품사론에서 기능이 중시됨을 단적으로 증거하는 예가 된다. 형태적인 측면에서의 품사분류의 기준 제시는 표면상으로 언급하지 않고 있으나, 주시경 문법의 엄정한 형태분석의 태도는 품사론의 형태적 중시를 뜻하는 것으로 보아야 한다. 9품사체계에서 실사와 허사를 구분하여 제Ⅰ분리유형의 품사체계를 수립하고 있는 것도 형태중시의 것이라 할 수 있고 특히 「말의 소리」에서의 형태소(늣씨) 분석의 결과로 이루어진 6품사체계는 품사의 형태를 중요시하는 태도라고 할 수 있다.

다음은 각 품사의 두드러진 특색을 「국어문법」의 체계를 중심으로 살펴보기로 한다.

체언분류의 특징은 대명사와 수사를 독립품사로 설정하지 않는 단일분류법을 취하고 있다. 이는 대명사와 수사가 우리말에서는 독립된 문법기능 범주이기보다 어휘적 의미범주에 지나지 않음을 고려한 분류법이라 보인다. 대명사를 명사의 하위분류에 넣고 수사를 대명사의 하위분류에 넣은 것은 의미를 고려한 분류법이다. 수의 '어림'항목에서 「더러, 좀, 다, 얼마」 등 부사에 속해야 할 단어들을 수대명사라 분류한 태도는 단어의 형태기능적 특성을 무시하고 의미만을 취한 분류법이다.

명사 특성의 하나로 성(gender)을

① 수(陽性) : 아비, 오랍이

② 암(陰性) : 어미, 누의

③ 普通性 : 사람, 짐승, 소

④ 無別性 : 나무, 풀, 돌

등의 구분을 하고 있는데 이는 국어의 특성으로서의 기술이라기보다 서구 문법에 대한 보편성의 추구라고 해석할 수 있다.

용언은 관형사(엇)와 동사(움)의 2분형에다 용언토를 독립품사로 설정하고 있다. 이들의 설정기준은 의미에 따른 것이다. 특히 용언의 기능적 고찰이 경시되고 있는 이유는 용언의 문법기능은 조동사가 담당하고 있고 동사, 형용사는 그 어간부분에만 해당하기 때문이다.

조사(겻)는 접속사와 함께 기능만을 위주로 설정한 품사다. 조사의 구실은 "名詞의 자리를 限定하는 것"이라고 하여 職權(만이)조사와 限定(금이)조사로 양분하여 의미와 직분에 따라 23가지로 세분화하고 있다. 이는 유길준 문법에서의 主格(주격)과 賓格(빈격) 단 두 가지의 구분에 비하여 진전된 일면을 쉽게 알 수 있다.

접속사(잇)도 조사(겻), 종지사(끗)와 함께 문장 속에서 문법기능을 담당하는 요소로서 중요시되고 있다. 주시경 문법에서의 접속사는 유길준 문법에서 조사의 개념을 내포하고 있던 접속사의 비중 못지않게 중요한 위치를 차지하고 있다. 이들의 형태론적 특성을 보면 이른바 조사에 해당하는 것은 공동격조사 "와(과)" 하나뿐이고 나머지는 용언의 연결형어미들이다. 접속사는 주시경 문법의 의미를 기층구조로 삼은 구문이론을 살펴 볼 수 있는 좋은 자료가 된다.

「벼루와 먹이 잇소」의 구문구조는 「벼루가 잇소」, 「먹이 잇소」라는 두 문장이 연합된 것으로 「잇소」라는 동일용언이 삭제(Identical VP delation)되고 「벼루」와 「먹」이 「와」에 의해 접속된다는 견해로 풀이된다.[37]

「고기를 썰어 먹었다」란 문장의 경우도 「고기를 썰었다」, 「고기를 먹었다」의 두 문장이 접속된 것으로 풀이하고 있다. 이때도 생성이론에서처럼 동일명사구(Identical NP) 「고기를」이 삭제되고, 「썰었다」와 「먹었다」는 접속어미 「어」가 「었다」에 대치해 들어가 「썰어 먹었다」로 접속화되는 것으로

---

37) 「國語文法」(1910), 46~47 그림풀이 참조.

해석하고 있다.

「저 사람이 노래하면서 가오」라는 문장도 그 심층구조는 「저 사람이 노래하오」와 「저 사람이 가오」라는 두 문장인데 이들이 접속화된 것으로 보고 있다. 이 때 접속어의 선택은 앞 뒤 문장의 의미적 상관에 의하여 결정되는 것으로 풀이하고 있다.

주시경 문법은 형태분석에 있어서도 서구의 구조주의 문법학자들보다 선구적인 것과 같이 구문관에 있어서도 변형생성문법자들의 구문이론에 앞서는 것이다.[38] 그러나 품사론적 견지에서 보아 접속사로 선별한 어미들이 의미를 위주로 하여 취택된 것이기에 여타의 용언어미들과 형태적 또는 기능상 어떠한 변별적 기준을 제시할 수 있는가가 문제로 남는다. 관형사(언)와 부사(억)는 그 품사적 기능에 의하여 설정된 품사다. 특히 관형사를 독립품사로 설정한 것은 주시경 문법이 효시가 되며 이는 서구의 형용사의 개념과는 다른 국어의 독특한 품사체계를 발견한 것이 된다. 그러나 관형사 분류의 맹점은 단어의 고유한 형태적 특성이 무시된 채 명사를 꾸민다는 문법기능만을 중시하였다. 「좋은, 큰, 착한, 게으른, 먹은, 나의 집, 돌집…」 등을 변체(變體)라고 하여 관형사로 처리하고 있다. 이는 품사라는 형태론적 단어범주와 구문요소로서의 문장성분과의 구분이 명확하지 못한 때문이다. 이러한 오류는 부사에서도 되풀이되고 있는데 6품사체계를 설정함으로써 해결된 것으로 보아야 한다.

종지사(끗)는 용언의 종지어미만을 다룬 것으로 1) 이름(陳設), 2) 물음(問設), 3) 시김(命設), 4) 홀로(自說) 등 서법에 해당하는 것과 시제로 현재(이때), 과거(간때), 미래(올때)의 3시제를 두고 있다.

---

38) 金敏洙(1977) 「周時經研究」 중 Ⅳ "섬세한 分析 : 늣씨와 morpheme" 및 拙稿(1983) "周時經의 構文研究." 참조

(2) 김두봉, 「조선말본」(1916) 외

① 품사체계 및 분류의 특색

김두봉 문법의 품사관은 정의에 나타난 것만을 살피면 통사적인 고려가 없이 의미적인 면에서만 다룬 것으로 단어와 동일한 개념으로 사용하고 있다. 그러나 품사의 분류체계나 각 품사의 정의에 따르면 통사적인 기능이 중시되고 있다.

> 일이나 몬(物)의 서로 다름을 딸아 다 따로따로 이르는 낱말(個語, 單語)을 말의 씨라 하나니라
>
> —「조선말본」 55, 띄어쓰기 필자, 이하 동일함

그의 품사분류는 9품사체계로 되었는데 이는 주시경 문법을 가장 충실히 계승한 본보기로 알려졌다.[39]

먼저 분류체계를 살펴보면

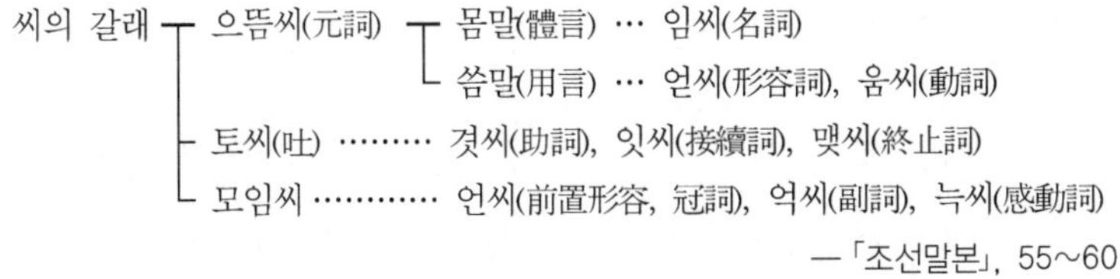

—「조선말본」, 55~60

이상의 9품사체계는 주시경 문법의 9품사와 동일한 것이고 품사에 대한 정의도 유사하다. 그러나 김두봉 문법은 주시경 문법의 품사분류보다 기능

---

39) 金敏洙. "金枓奉,「조선말본」解說" 歷 22, 김두봉 문법은 「조선말본」 외에 이의 修正增補版으로 「깁더 조선말본」이 있으나 品詞論 部分은 大同小異 하다. 약간의 명칭에 변동이 있고 (넛임→대임, 물음얼→모름얼) 漢字語로 명칭을 첨부한 것(언의 갈래에서 指示, 數分間, 未定")이 있고 가장 큰 변동은 '겻'의 下位分類가 달라진 점이다. 골격에 있어서는 큰 차이가 없으나 格助詞의 分類라 할 수 있는 統辭論的 고려가 두드러진다.

이 강조되어 있고 체계화되었다. 주시경 문법에서의 품사체계는 의미를 일차적으로 강조하여 原體部(몸씨 : 임(名), 얻(形), 움(動))와 關係部(토씨 : 겻(助), 잇(接), 긋(終))의 이분법으로 시작한데 대하여 김두봉은 기능을 강조하여 수식기능을 가진 모임씨(수식부 : 언(冠), 억(副), 늑(感))를 더 두어 3분체계로 나누고 있다. 또한 으뜸씨(元詞)를 몸말(體言)과 �씀말(用言)로 구분함도 통사적 기능에 따른 것이다. 각 품사들의 정의를 살펴보아도 감동사만이 의미를 주로 하였고, 다른 품사들은 문장에서 어떠한 기능을 하고 있는가의 구실이 명시되어 있다. 주시경 문법이 기능형태 위주의 분석적이었던 것과 같이 김두봉 문법도 이 같은 품사관을 가지고 있다.

제Ⅰ분리유형의 문법체계로 체언토와 용언토를 독립품사로 인정하여 그들의 문법적 의미기능에 따라 겻씨, 잇씨, 맺씨로 구분하였고 모임씨에 해당하는 세 품사의 경우도 기능이 중시된 것이다. 김두봉의 문법에서 통사적인 품사론이 중시되고 있음은 전술한 주시경의 문법전통을 이어받은 것으로 생각되지만 그대로 답습한 것은 아니고 독자적인 설명을 하고 있다. 각 품사를 설명하는데 「쓰임(用)」의 항목을 넣어서 통사적인 구실을 일일이 설명하고 있다. 예를 들어 名詞(임)와 形容詞(얻)의 예를 보이면 아래와 같다.

<pre>
              ┌─ 임자(主 格) : 어느 월(文)의 임자(主語) 되는 것
              ├─ 풀이(說明語) : 어느 월의 풀이 되는 것
임의 쓰임(用) ─┤
              ├─ 딸림(從屬語) : 임씨 우에 있어 이에 딸리어 쓰이는 말
              └─ 매임(關係語) : 움씨(動詞)나 언씨(形容詞) 우에 있어 이에
                               매이어 쓰이는 말
</pre>

— 위책, 74

<pre>
           ┌─ 풀이(說明語) : 월(文)의 풀이(說明語) 되는 것
얻의 쓰임 ─┤─ 딸림(從屬語) : 월(文)의 딸림(從屬語) 되는 것
           └─ 매임(關係語) : 월(文)의 매임(關係語) 되는 것
</pre>

— 위책, 85

각 품사의 개별적인 특징을 간략히 살펴보면

체언분류의 체계는 주시경의 분류체계와 동일하고 하위분류에서 약간의 차이가 있을 뿐이다. 대명사를 명사의 하위분류로 넣었고 수사는 대명사의 하위에 두었다. 명사의 특성으로 성의 문제를 다룸도 같다. 수의 문제를 거론하지 않음도 국어의 특성을 고려함이라 보인다. 대명사의 하위분류에서는 관계대명사(매임 임)의 항목을 두어 설명하고 있다. 이는 유길준, 김규식 문법에서의 영문법적인 개념이 아니라 오늘날의 문법개념과 같은 불완전명사 즉 매인이름씨의 개념이다. 이도 또한 주시경 문법의 언잇(冠接事代名詞 : 것, 바, 즐)을 이어받은 것으로 서구문법이 관계대명사의 개념을 국어의 문법체계에 맞게 해석한 공적이라 할 만하다.

용언의 분류체계도 주시경 문법과 대동소이하다. 다만 김두봉 문법에 와서 주시경 문법에서 약점으로 지적되는 품사전성－변체가 해결된 것으로 볼 수 있다. 물론 주시경의 「말의 소리」의 6품사가 변체를 해결한 실마리가 됨을 언급하였다.

주시경(1910)에서 「좋은, 큰, 착한, 게으른, 먹은, 나의 집, 돌 집…」 등은 관형사로, 「빠르게 뛰어, 나무에, 소에게, 뜻에 …」 등은 부사로 처리하여 형태론과 통사론의 한계가 불분명하였다. 김두봉 문법에서는 명확한 형태소 분석의 결과에 의하여 "적(형용사)＋은(토), 크(형용사)＋게(토)" 등과 같이 「말의 소리」에 나타난 형태중심의 분석적 방법을 취하고 있다. 이는 관형사와 부사가 불변화사임을 확정시킨 결과가 되며 또한 품사의 형태론적 경계를 수립한 공적이라 할 수 있다.

기능어(function word)인 체언토와 용언토의 처리는 기능을 중심으로 것(토), 잇(접속사), 맺(종지사)으로 구분하고 있어 이들 상호간의 형태적 구분이 불명확함을 지적할 수 있다. 체언토와 용언토를 형태적으로 구분하여 고찰함이 당연한데 '것'의 어휘범주는 체언에 붙인 조사와 용언의 활용어미 중에서 종지형을 제외한 대부분의 어미가 함께 포함되고 있다. 또한 접속사와의 형태적 한계도 명확한 것은 아니다.

것은 으뜸씨의 사이에 있어 우의 으뜸씨가 알의 으뜸씨의 임자되게 하거나
또는 붙음(附屬)이 되게 하는 씨(詞)니

─ 위책, 57

요컨대, 김두봉 문법은 주시경 문법을 가장 충실하게 받아 체계화한 것
이다.

(3) 李奎榮, 「現今 朝鮮文典」(1920)

이규영의 「현금 조선문전」은 김두봉의 「조선말본」을 정리한 것으로 저
자가 작고한 뒤에 초고를 권덕규가 엮은 것으로 보고 있다.[40]
품사체계가

임씨(名詞) 잇씨(形容詞) 움씨(動詞) … 몸씨
겻씨(助詞) 잇씨(接續詞) 맺씨(終止詞) … 토씨
언씨(冠詞) 억씨(副詞) 늑씨(感歎詞) … 모임씨

로 되어 있는 것은 주시경 문법을 정리한 김두봉의 「조선말본」에 있는 그
대로다. 품사 名論(명론)에 가서도 「조선말본」에 있는 정의, 용례, 설명법을
대부분 그대로 사용하고 있으며 부분적으로 자신의 견해가 덧붙여 있을
뿐이다. 이들 동일한 것과 차이점을 간략히 살펴보면 임씨(名詞)의 경우 동
일한 정의를 사용하고 있고 하위분류도 같고 용례도 같다. '명사의 쓰임'
의 예와 성은 제외시켰다. 언씨(형용사)의 경우도 6가지 하위분류, 전성은
물론 「익힘문제」까지도 그대로 옮겨 적었다. 움씨(동사)의 경우 정의 부분
에서 대폭 수정되었으나 하위분류는 김두봉 문법을 요약한 것이다. 겻씨(조
사)의 경우도 토 대신에 조사로 사용하고 있을 뿐 같은 내용이다. 잇씨(접속
사), 맺씨(종지사), 언씨(관사), 억씨(부사), 늑씨(감탄사) 들의 경우도 김두봉의

---

40) 河東鎬, "李奎榮 「現今朝鮮文典」 解說" 歷 27. 金敏洙, "李奎榮의 文法研究"「韓國學報」
   19輯(1980, 여름 ─志社)

「조선말본」을 요약 정리한 것이다. 그러나 '몸씨의 합성'이라 하여 명사, 형용사, 동사들끼리의 합성관계를 다루고 있는 것은 김두봉 문법에 없는 부분이고 '규칙없는 씀말'이라고 하여 불규칙 용언을 활용어미에 따라 검토하고 있는 것도 독자적인 견해다. 또한 자신의 품사분류 기준에 따라서 띄어쓰기를 하고 있는 것도 독자적인 것이다. 그러나 어디까지나 이규영 문법은 김두봉 문법 그대로일 뿐이다.

(4) 金元祐, 「朝鮮正音文典」(1922)

김원우 문법의 품사론은 「조선정음문전」의 第一篇 品詞, 第四篇 系學, 第五篇 變體에서 살필 수 있다. 김윤경은 김원우의 문법을 주시경의 후계 학설로 보았고 유창균은 유길준 문법의 영향을 받은 것으로 보고 있다.[41] 외형적으로 보아 김원우 문법은 유길준 문법과 유사하다. 최광옥 「대한문전」(1908)과 비교해서는 完結詞(완결사)가 하나 더 있고 유길준 「대한문전」(1909)과 비교해서는 關聯詞(관련사)가 하나 더 있다. 그러나 내면적으로는 주시경 문법과 더욱 밀접하다. 먼저 주시경의 「고등국어문전」(1909)과 품사 체계를 비교하면

「高等國語文典」	名號 ─ 動作・形容 形名・形動・關聯・接續・完結・感動
「朝鮮正音文典」	名詞・代名詞・動詞・形容詞 ─ 副詞・關聯詞・接續詞・完結詞・感動詞

와 같다. 주시경 문법의 특색인 체언을 명사 하나로 단일분류하지 않고 대명사를 두어서 이분법을 취하고 있다는 것과 또 하나의 특색인 관형사(形名)를 독립품사로 인정하지 않았다는 차이점은 있으나 내용적인 면에서는

---

41) 河東鎬, "金元祐 「朝鮮正音文典」 解說" 歷 28.
　　金敏洙, "油印 「高等國語文典」에 대하여" 「月岩朴晟義博士還曆記念論叢」(1979. 9. 30 高麗大學校國語國文學硏究會) 金元祐文法은 周時經文法 그대로임이 밝혀졌다. 品詞論 部分은 약간의 차이가 있음으로 밝혀 보았다.

유사한 점이 많다. 비록 「형명」을 독립시키지는 않았으나 형용사에 포함시키고 있고, 특히 「第五篇 變體」 부분은 주시경의 「말」의 "體言의 變法"을 그대로 옮겨 놓은 것이다. 품사 각론 부분에서 주시경 문법과 같은 점은 格學(격학)이라고 하여 명사의 성과 수량을 다루는데 있어서 성에 대한 분류와 설명 내용은 주시경 「국어문법」(1910, 94~95)과 「조선어문법」(1913, 106~107)의 것을 그대로 옮겨놓은 것이다. 형용사를 세 가지로 나누어 "形容, 形名, 形動"으로 구분한 것도 주시경 문법 초기 「국문문법」(1905), 稿本 「말」 (1908), 「고등국어문전」(1909)의 형용사 체계와 같은 것이다.

> 元形容 : 크, 푸르, 검, 굵, 단단하, 이르, 착하
> 形 名 : 높은, 힌, 연한, 늦은, 이, 저, 그, 엇더한
> 形 動 : 검게, 낮게, 정하게, 더듸게

— 위책, 11

더욱이 문장론 부분에 해당하는 「語體」를 다룬 곳에서는 특히 그림풀이 (句文圖解)의 내용과 예문이 주시경 문법의 것을 그대로 추종하고 있다. 그러나 그렇다고 하여 주시경 문법 일색으로 된 것은 아니고 유길준 문법적인 특징도 발견된다. 대명사의 하위분류를 "인대명사와 지시대명사"로 2분하고 있는데 이는 유길준 문법의 대명사에서 "문대명사와 관계대명사" 항목만을 제외하고는 용어에서부터 동일한 내용이다.

명사 항목에서 "數量을 表示하는 名詞가 有하니 此를 數詞이라 稱하나니" 하여 예를 든 것들은 안확 문법의 "元數詞(하나, 둘, 셋) 序數詞(첫째 : 第一, 둘째 : 第二) 助數詞(짐, 자, 뭇, 리)의 분류의 예와 일치하니 김원우 문법과의 또 다른 영향관계를 살필 수 있다. 토의 처리에 대한 그의 견해는 제Ⅰ분리유형을 취하여 관련사와 완결사의 3분체계로 나누고 있다. 관련사는 주시경 문법의 '겻'에 해당하는 품사로 "名詞, 代名詞, 數詞 등 各種語間入하여 上의 語句와 下의 語句의 關係를 定함이라" 하였는데 용례들을 보면 모두 체언토에 해당하는 조사의 예만을 들고 있어 주시경 문법의 「겻」

과는 일부 다른 특징을 발견할 수 있다.

접속사의 어휘범주도 주시경 문법과 유사한데 전통적으로 접속사로 다루어 온 「그리고, 및, 그러나, 또」 등 접속사들을 제외시키고 주로 접속어미들을 중심으로 품사를 설정했다는 것이다.

> 와, 과, 면, 으면, 나, 이나, 니, 으리, 다가, 는데, 어면서, 거든
>
> — 위책, 14

접속사의 종류로 전후관련된 문장의 의미에 따라 분류하고 있는 것은 주시경 문법 등의 방법과 같으나 "時와 序分"이라 하여 시제와 대우관계를 설명하고 있는 것은 독자적인 설명이다.

<pre>
        ┌ 1) 이때(現在) : 가니, 가는데, 먹으니
  때   ┤ 2) 간때(過去) : 가앗스니, 가앗는데, 먹엇으니
        └ 3) 올때(未來) : 가겟으니, 가겟는데, 먹겟는데

  序分 ┌ 1) 높음(尊稱) : 가시니
        └ 2) 같음(平稱) : 가니
</pre>

> — 위책, 76~78

완결사의 경우에서도 "用處"와 함께 "序分"과 "때"의 항목을 두어 설명하고 있다.

김원우 문법에서 토의 처리는 체언토인 조사의 경우는 관련사로, 용언의 접속어미는 접속사로, 종결어미는 종결사로 처리하는 비교적 정연한 품사의 범주를 설정하고 있다. 그러나 "語의 量"이라 하여 단일어를 單量(단량), 복합어를 複量(복량)이라 하는 등 생경한 해석도 보인다.

(5) 李奎昉, 「新撰 朝鮮語法」(1922)

이규방의 「신찬 조선어법」은 서문에서 밝혔듯이 주시경의 「조선문법」을 바탕으로 자신의 견해를 덧붙여 저술한 책이라 하였으나 유길준, 김규식

문법의 특질도 발견되는 품사체계다.[42]

품사분류는 名詞, 代名詞, 數詞, 動詞, 形容詞, 助動詞, 助詞, 副詞, 接續詞, 感歎詞의 10품사에다가 禁止詞, 否定詞, 呼應詞의 3종을 더하여 가장 많은 수의 품사분류를 한 문법가가 된다. 주시경 문법을 바탕으로 하였다고는 하나 주시경의 9품사체계와는 많은 차이가 발견된다. 체언의 삼분체계에서부터 관형사를 설정하지 않은 것 종지사 대신에 조동사를 설정한 것 등 세부체계에 들어가면 더욱 많은 차이가 있다.

품사분류의 기준은 금지사, 부정사, 호응사의 설정이 의미기준으로 이루어진 단적인 증거가 되듯이 대부분의 기준을 의미에 두고 있다는 약점을 지니고 있다.

체언을 3분하여 명사·대명사·수사로 구분하고 있는데 대명사와 수사의 품사설정이 문법적인 기능이나 형태보다는 의미에 중점을 두어 설정한 것임은 이미 언급하였다. 대명사 항 가운데 특별대명사라 하여 "陛下, 殿下, 閣下, 邸下, 朕, 寡人, 予, 卿, 子, 主人, 夫人, 妾, 先生, 弟子, 大監, 나오리, 아씨, 마님, 도령, 총각, 작은 아씨, 처녀" 등을 대명사로 분류한 것이나 "것, 바, 줄, 곳, 그, 듸, 리, 쪽, 편, 제, 째" 등 불완전명사들을 대명사로 분류한 것은, 명사와 대명사가 형태적, 기능적 차이에 기반을 둔 문법범주로서의 구분이 미약하다는 것을 인정하지 못한데서 빚어진 잘못이라고 할 수 있다. 즉 대명사는 명사와 동일한 문법적 기능을 가지며 형태적으로 명사와 유사하다. 다만 대명사와 수사는 명사에 비하여 수식을 받을 수 있는 말들이 제한적이라는 특징이 있을 뿐이다. 이는 비단 이규방 문법에만 한한 것은 아니고 국어문법학사 전반에 해당하는 문제로 논의되는

---

42) 筆者는 序文에서 文法書 著述이 辭典編纂 作業에 앞서 先行되어야 할 시급한 作業임을 力說하였고 그의 文法이 주시경 문법을 바탕으로 하고 있다고 밝히고 있다. "朝鮮語學者의 元祖되는 周時經氏에게 朝鮮語文法을 배운 후 數年만에 평양에서 敎鞭을 잡을 새 生徒의 글을 쓰는 법과 語文의 긇읏되는 것을 발으잡고자 하여 周先生의 著述한 朝鮮文法을 斟酌하고 다시 용렬한 意見을 더하여 이 글을 著述하였으니"(「朝鮮語法」序)

것이다.

명사에 대한 정의를 살펴보면 주시경 문법 쪽보다는 유길준 문법에 가까움을 알 수 있다.

> 名詞라 함은 有形 無形을 勿論하고 事物의 名稱을 云하는 詞라.
>
> —「신찬 조선어법」, 61

> 名詞라 ᄒ는 者는 有形, 無形ᄒ 一切 事物의 名을 稱ᄒ는 語이라.
>
> —유길준, 「대한문전」, 1909, 15

> 名詞라 홈은 有無形間에 物을 名目ᄒ는 詞이니,
>
> —김규식, 「대한문법」, 1910, 10 후면

명사의 특성으로 성을 다루고 있는데 이는 주시경, 김원우의 설명법과 같다. 連接名詞(연접명사)라 하여 본격적으로 복합명사를 설명한 것, 方位名詞(방위명사)라고 의미에 따라 분류 설명한 것은 타문법서에서 찾아볼 수 없는 것이다.

수사의 설명은 안확 문법의 분류와 같은 체계다.

용언의 품사구문은 동사와 형용사로 2분하여 어간부분만을 품사로 설정하는 제Ⅰ분리유형을 취하고 있다. 용언의 어미부분에 해당하는 형태를 조동사란 개별품사로 설정하고 있다. 특징적인 것은 선어말어미에 해당하는 형태류를 "助語"(기, 리, 이, 히, 이우)와 "時詞"(ㄴ, 는, 앗, 엇, 겠)라 하여 동사 속에 포함시키고 있다. 조동사의 범주 속에 서술격어미 「이다」를 포함한 체언토를 제외시키고 용언토만을 유취하고 있음은 체언토와 용언토의 문법적 형태로서의 차이점을 분명히 인식한 것으로 해석할 수 있다. 체언토를 조사로 설정하여 24종으로 의미 분석을 하고 있고, 조동사는 20종으로 구분하고 있는데, 이는 이규방 문법의 의미론적 성과라고 할 수 있다. 허사로서 문법기능을 담당한 또 다른 품사는 접속사다. 그의 정의는 유길준

문법의 것과 유사한 것으로 상하의 어를 접속한다는 기능에서 출발하여
설정한 품사다.

> 續詞라 함은 語句의 中間 又는 話頭에 入하여 上下, 前後의 語를 接合連續케
> 하는 詞라.
>
> ―「신찬 조선어법」, 189

> 접속사라 ᄒᆞ는 者는 中間에 挿入ᄒᆞ야 前後承接ᄒᆞ며 上下連接ᄒᆞ야 其意롤 相
> 通ᄒᆞ는 語이라
>
> ―유길준 歷, 03, 78

그의 접속사의 특징은 어구의 중간에 들어가는 접속어미나 조사 또는
시제를 표시하는 이른바 時詞(시사)를 넓은 의미의 접속사 속에 포함시켰으
나 본격적인 의미의 접속사는 말 첫머리에 오는 것들로 「및, 또, 또한, 혹
시, 그리하고, 그러니, 그런즉, 그런고로, 그러나, 그래도, 그런데」 등이다.
유길준, 주시경 문법 등에서 접속사란 의미적 기능을 중시한 나머지 그 품
사범주가 체언토, 용언토, 접속사 등에 걸쳐 있어서 일정한 문법범주로 정
립되지 못하였던 데 반하여 이규방 문법의 접속사는 비록 최현배 문법의
접속부사의 성격을 가진 일군의 어휘이지만 품사범주를 이룬 것이라 할
수 있다. 이규방 문법의 유길준 문법적인 요소는 부사와 감탄사의 정의 등
에서도 찾아볼 수 있다. 요컨대 이규방 문법은 비록 주시경 문법을 토대로
이루어진 것이란 자신의 피력이 있기는 하지만 그와는 다른 체계의 문법
으로 유길준 문법적인 특색이 오히려 강함을 알 수 있다. 그의 문법은 제
Ⅰ분리유형의 대표적인 체계로 허사의 처리가 체언토와 용언토로 명확
히 구분되었다. 의미를 분류기준의 바탕으로 삼았음을 특색으로 지적할
수 있다.

(6) 姜邁·金鎭浩, 「잘뽑은 조선말과 글의 본」(1925) 외

강매 문법은 「조선어문법제요」 상편(1921)에서 시작되나 이는 미완성이고, 그의 문법체계를 알 수 있는 것은 김진호와 공편으로 되어 있는 「잘뽑은 조선말과 글의 본」(1925)에서부터다. 이 뒤에 <조선어연구회> 편으로 간행된 「정선조선어문법」(1930)과 강매의 이름으로 발행한 「정선조선어문법」(1932)이 있다. 이는 「잘뽑은 조선말과 글의 본」에 약간의 첨삭을 가한 것이다. 품사체계도 약간의 변모가 있을 뿐 대동소이한 내용이다. 고영근(1983, 50~51)과 강복수(1972, 187~189)는 강매·김진호의 문법을 주시경(1910)을 발전시킨 김두봉 문법(1916)과 관련시키고 있으나 이는 문장론의 경우와 일부 품사론에 한한 것이다. 문장론 첫머리에서 "김두봉 짓음 조선말본에서 뽑음"(p.140)이라 밝히고 있으나 품사론의 경우나 이규방 문법에서 대부분 뽑은 것이다. 그러나 전체적인 품사체계는 김두봉의 9품사체계나 이규방의 13품사와는 다른 7품사체계를 이루고 있다.

"이름말 꼴말 움즉임말 꿈임말 도음말 잇음말 늑임말"의 품사체계는 주시경이나 김희상의 7품사체계와는 다른 독특한 것이다. 김두봉과 이규방 문법과의 관련연관을 중심으로 살펴보면,

첫째, 명사에 해당하는 "이름말"은 김두봉 문법의 '임'과 정의가 동일하며 하위분류도 같고 용례까지도 동일하므로 김두봉 문법에서 발췌한 증거가 된다. 그러나 수대명사 항목에서는 독자적으로 많은 예를 들어 세분화시키고 있다. 이는 이규방 문법의 수사와 내용상 유사하다.

처음에는 김두봉 문법에서 발췌를 하다가 이규방 문법에서 품사론을 뽑은 것으로 단정할 수 있으니 명사 이외의 다른 품사들은 이규방 문법을 그대로 옮겨 적고 있다.

간략하게 내용을 살펴보면

① 형용사인 "꼴말"은 이규방 문법의 형용사와 (1) 정의, (2) 하위분류,

(3) 예문이 동일하고, (4) "지시형용사", "형용사의 전성" 등에서는 표제용어만을 우리말로 바꾸어 쓰고 있을 뿐 용례까지도 동일하다.

② 동사인 "움즉임말"도 이규방 문법을 따른 것이다. (1) 정의, (2) 예문, (3) 하위분류, (4) 시제의 분류체계 및 용례, (5) 동사활용의 분류, (6) 품사전성 등 내용이 동일하다.

③ 부사인 "꿈임말"의 경우도 (1) 정의, (2) 용례, (3) 하위분류 등에서 동일하다.

④ 조사인 "도움말"도 정의가 같다. 조사를 15종으로 분류하고 있는데 이는 이규방의 "결의 분류"의 22개 항을 바탕으로 하여 명칭을 약간 바꾼 것이다.

⑤ 접속사인 "잇음말"의 경우는 이규방 문법과 동일한 것은 아니나 대체로 유사한 것이다.

⑥ 감탄사인 "늑임말"의 경우는 동일한 내용이다.

그러나 이규방의 13품사체계를 그대로 따르고 있는 것은 아니고 이규방의 품사체계를 통합하고 있는 것이 특색이다.

첫째, 이규방의 "명사, 대명사, 수사"를 "일음말" 하나로 통합하고 있다. 이는 주시경의 문법체계를 따른 것으로 보인다.

둘째, 이규방 문법의 조동사를 조사에 포함시키고 있다. 이는 체언의 격어미와 용언의 활용어미를 엄격하게 구분하여 개별의 품사로 설정하였던 견해를 통합하여 토로 설정한 것이다. 이는 허사인 형식어를 동일품사로 처리한다는 외형적인 의미는 가지나 이들 양자의 이질적인 성격으로 미루어 동일한 품사범주로 다루는데 난점이 따른다. 또한 이들 가운데서 접속사를 분리해 냄으로 하여 품사간의 경계가 불분명하게 되었다.

요컨대 강매의 품사론은 이규방의 품사론을 바탕으로 한 제Ⅰ통합유형의 문법이나 독자적인 성격이 미흡하다.

(7) 李常春, 「朝鮮語文法」(1925)

白夜(백야) 이상춘의 문법은 「조선어문법」(1925)의 10품사체계와 「국어문법」(1946)의 6품사체계인 두 가지가 된다. 여기에서는 1기에 해당하는 「조선어문법」의 품사체계를 중심으로만 살펴보기로 한다.

그는 먼저 단어라는 것이 사물의 서로 다름을 따라 이르는 낱말이라 정의하고 단어의 성질에 따라 분류한 것이 품사라고 하는 비교적 타당한 견해를 보이고 있다. 또한 그의 단어기준에 의거하여 띄어쓰기를 하고 있다.

　　單語는 事物의 서로 다름을 땋 아, 한 소리 나 또 여러 소리로 따로따로 니르는 낯말이 니라

— 위책, 33

그리하여 품사를 名詞, 代名詞, 動詞, 形容詞, 助詞, 接續詞, 終止詞, 冠詞, 副詞, 感歎詞의 10품사로 나누고 이들을 다시 "原語"(體言과 用言), "體語"(名詞와 代名詞), "用語"(動詞와 形容詞), "토"(助詞, 接續詞, 終止詞)로 재분류하고 있다. 이들 분류의 기준은 의미적인 데 중점을 두고 있으나 김두봉 문법에서 제기하였듯이 통사론적인 배려가 엿보인다.

이상춘 문법은 주시경의 문법으로 보고 있다.[43] 그러나 주시경 문법에서 받아들이기보다는 김두봉 문법에서 직접 인용한 곳이 많으며, 이필수 문법에서도 인용된 것이 보인다.

체언의 특성을 살펴보면 명사와 대명사로 2분하고 있다. 이는 주시경계 문법과 가장 차이가 나는 점이다. 명사에 대한 분류체계 및 설명은 대부분 이필수 문법을 따르고 있다. 명사의 특성으로 성과 수량에 대한 설명도 같다. 그러나 성에 대한 설명은 김두봉의 분류와 예문까지도 같다. 분류체계를 이필수와 비교하면 아래와 같다.

---

43) 金敏洙, "李常春 「朝鮮語文法」 解說" 歷 36.

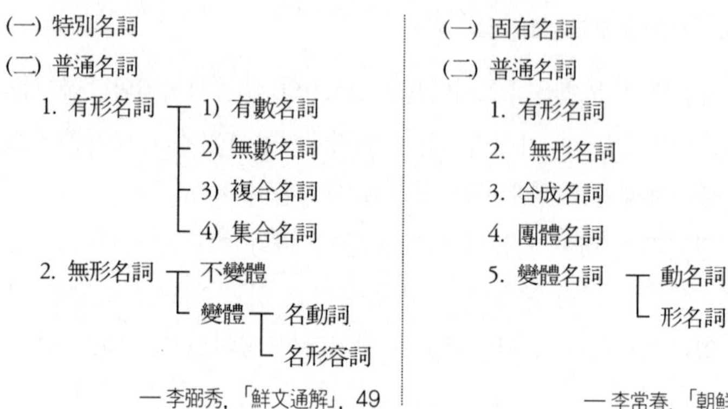

체계뿐만 아니라 내용적으로도 같으니 특히 변체명사의 "동명사, 형용사"는 이필수의 "명동사, 명형용사"와 동일한 내용이다. 체언의 특성으로 "성류, 수량, 칭호"를 들고 있는데 이는 국어에서 문법범주를 형성하지 못함을 누차 언급하였다. 그러나 '명사 용법'이라 하여 주어, 객어, 보어수식어(체언수식어, 용언수식어) 등의 고찰은 김두봉 문법적인 설명이다.

대명사의 분류는 유길준, 김규식의 분류에 수량대명사를 더한 것과 같은 체계인데, 수량대명사는 주시경 문법에서 시작되어 김두봉, 김희상 문법에서 나타나는 것이다. 전체적인 체계는 이필수와 같으나 내용적으로는 다르다. 특히 관계대명사는 종래의 학자들이 「바」, 「것」 두 개의 예에 국한시키는 것이 일반적이었는데 범위를 넓혀서 "이, 분, 것, 줄, 바, 대, 적" 등까지 범위를 넓히고 있다. 이는 서구문법의 관계대명사의 개념을 그대로 국어의 용례에 맞춘 것이라 생각된다.

용언은 동사와 형용사로 2분하고 있는데 골격은 이필수 문법과 유사하나 형용사의 하위분류는 주시경(1910)을 바탕으로 한 김두봉의 분류체계와 동일한 내용으로 이규영 문법과도 같다. 의미적인 분류기준을 사용하고 있지만 문장론과 연관시켜 용언의 특성을 살피고 있음은 진전된 일면이다. 특히 동사의 변화로 시간(時間, tense), 경용(敬用, polite), 동태(動態, voice) 등은 동사의 문법범주로 합당한 것이다. 그러나 형용사의 비교변화는 문법범주가 될 수 없는 부당한 것이다.

토의 처리는 제 I 분리유형을 취하여 조사, 접속사, 종지사의 3분법을 취하고 있다.

"助詞는 元語(體語과 用語)의 사이에 있어 위의 元語를 돕아 다른 元語와의 關係를 낱아내는 토이니라"(p.76)라고 하여 기능을 중시하고 있다. 조사의 분류에 있어서도 주시경 문법에서와 같은 통사의미에 따라 세분화된 의미적 분류가 아니라 통사적 기능에 따라 1) 주어조사, 2) 객어조사, 3) 보어조사, 4) 수식어조사, 5) 통용조사로 구분하고 있다. 이는 격조사의 분류와 궤도를 같이하는 것이다. 다만 조사 범주 속에 용언의 활용어미가 일부 포함되고 있어 그 어류(語類, class word)경계가 불확실하다. 접속사는 대부분의 용언의 접속어미를 포함하는 것인데 일부 체언토가 포함되는 등 역시 어류 간의 경계가 불명확하다. 서법(mood)를 나타내는 것에 불과한 종결형 용언어미를 종지사란 독립품사로 설정함에도 주시경계 학자들의 관례에 따른 것이다.

관사는 김두봉 문법의 분류내용을 그대로 옮긴 것으로 주시경, 김두봉, 이규영에 이어 4번째의 품사설정이 된다. 관형사의 설정은 대명사, 형용사, 수사 등의 범주에 혼란되던 일군의 어류를 독립품사로 확정시켰다는 의의를 가진다. 부사의 경우도 김두봉 문법에서와 같이 굴절어미 「-게」가 붙은 어형은 제외시켰다.

요컨대 백야 문법은 주시경계 문법을 대표하는 김두봉 문법을 바탕으로 한 것으로 이필수 문법을 참조하였다. 토의 처리 등에서 형태적 범주가 일정치 않은 결함을 지니고 있으나 통사론적인 고찰을 했다는 것은 장점이 된다.

(8) 李秉岐, 「朝鮮文法講話」(1929~1930)

이병기 문법은 「朝鮮講壇」과 그 改題 「大衆公論」誌에 5회 연재된 "조선문법강화"와 「카톨릭靑年」에 7회 연재된 "조선문법강화"에서 살필 수 있다.
품사론 부분의 내용은 "조선문법강화"에서 살필 수 있다.44)

가람의 문법관은 실용적인 편의를 추구하는 바탕에서 이루어지고 있다.
문법은 언어일반에 공통되는 보편문법이 있고 개별언어에 따른 개별적인
문법이 있는데 이 개별성의 추구에서 야기되는 학설의 불일치나 상반됨은
학문의 발전을 위하여 바람직하다는 입장이었다.

> 文法이란 것은 그나라말의 由來, 習慣, 組織의 엇떠함을 硏究하여 어긋난 것
> 을 바르게 흐린 것을 쪽쪽하게 어려운 것을쉽게 어수선한 것을 조촐하게 하자
> 는것이라.
>
> —「조선강단」, 1, 28

그는 단어는 간단히 말하면 말의 단위라고 하고 품사는 말의 성질로 보
아 단어를 그 품류대로 나눈 것이라 하여 7품사로 나누고 있다.

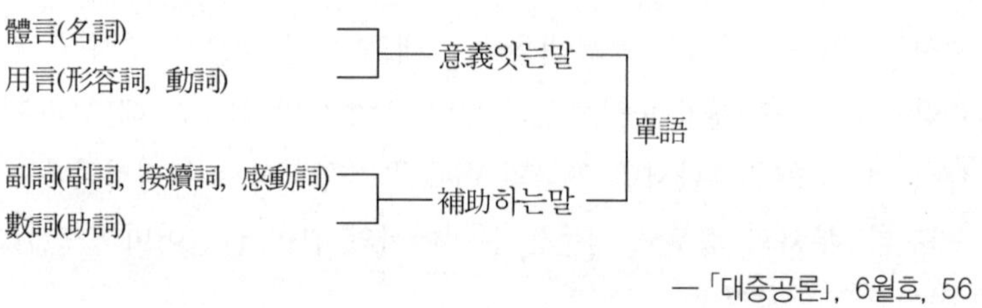

> —「대중공론」, 6월호, 56

분류상의 특징은 관형사를 형용사에 포함시켰고, 조사와 활용어미 모두
를 조사 속에 포함시키는 제Ⅰ통합유형의 분류법으로 되어 있다. 접속조사
와 접속어미들을 제외시키고 순수히 접속사에 해당하는 것만을 접속사로
독립시킨 것은 발전적이나 관형사의 처리는 퇴보적이다.

품사각론에 대한 설명은 명사에 그치고 있어서 그 외의 품사에 대하여
자세한 면모는 밝힐 수 없다. 종래 문법가들의 품사분류에 대한 태도를 외

---

44) 金敏洙, "李秉岐「"朝鮮文法講話"」解說" 歷 41, 金敏洙(1980) 참조.

국문법의 모방이라 하여 폄시하지 않고 수용하면서도 국어의 특성에 따른 품사론을 전개하고 있다. 예로 명사의 특성으로 대부분의 문법가에게서 논의되던 성(gender)의 문제에 대하여 다음과 같이 진술하고 있다.

> 名詞의 性質로 보아 陽性名詞, 陰性名詞, 中性名詞, 陽性名詞라 하여 區別할 必要도 없다. … 우리는 함부로 남의 나라의 문법이나 본받어 그다지 우리말에는 必要도 없는 것을 수다스러이 지어낼 것이 없다. 우리 文法에 정말 必要가 있는것이면야 남의 나라의 文法에야 있는것이든 없는것이든 압만이라도 지어낼 수 있음은 무론이다. 다시 말하면 우리文法은 우리말의 性質과 習慣을 딿어左右할 것이다.
>
> —「대중공론」, 1930. 9, 145

성의 문제뿐만이 아니라 하위분류도 구체명사, 상형명사, 단명사, 합명사, 유형명사, 무형명사 등의 구별이 필요치 않다고 했다. 그러나 보통명사, 고유명사는 구분이 필요할 수도 있다고 하였으니 이는 형태적으로 보아 보통명사에는 直屬形容詞(직속형용사)라 하여 "어느, 무슨, 새(新), 여러, 위" 등의 관형어가 올 수 있고 고유명사에는 이들 직속형용사가 올 수 없다는 형태적 특성으로 미루어 구분이 가능하다고 하였다. 품사구분은 형태적인 특성을 중시하고 있다.

명사를 판별하는 방법의 하나로 「가, 이, 는, 만, 이다」와 같은 토를 붙여 보는 방법이라고 하였다. 그렇다고 하여 문법적인 기능을 도외시하고 있는 것은 아니다. 명사의 쓰임은 주어, 술어, 종속어, 관계어로 된다고 하여 이들의 통사적 특성을 검토하고 있다.

요컨대 가람문법은 구체적인 전모가 밝혀지지 않았더라도 형태를 중시한 품사분류를 하고 있음을 알 수 있다. 단어의 분류에서 자립어에 해당하는 말을 '의의있는 말', 의존어에 해당하는 말을 '보조하는 말'이라고 양분한 것도 그 일례가 된다. 가람문법이 가지는 역사적 의의는 종래의 문법이 서구문법에 대한 도입과 수용의 범주를 벗어나지 못하였던 데 반하여 이들과는 달리 문법 및 품사분류에 있어 자국어의 언어특성에 맞추어 이들을 수용해야 한다는 새로운 입장에서의 반성기에 들어섰다는 것이다. 이와 같은 태도는 홍기문(1929) 문법에서도 찾아볼 수 있다. 라틴문법체계에 대한 역사적 고찰을 먼저하고 가람문법과 같은 입장에서 문법의 보편성을 인정하고 국어의 언어적 특성을 고려한 품사분류론을 시도하였다. 이들과 같은 태도에서 본격화된 품사론의 연구는 반성·모색기의 최현배 문법에서 새로운 변모를 가져오게 된다.

3) 제3계열

(1) 金奎植, 「大韓文法」(1908)

① 문법 및 품사관

"文法이라 흠은 思想을 言語로 發表ᄒ거나 文字로 記錄ᄒ는더 整齊ᄒ 規例를 定ᄒ야 論理ᄒ 것"이라고 하여 문법은 언어의 문란함을 막아주고 제반 문화의 발달에 진취케 하는 것이란 실용·규범적 문법관을 가지고 있다. 인류가 있은 뒤에 언어가 생겼으며 언어가 생긴 연후에 문법이 생겨났으며 언어는 변천 발달되는 것이므로 문법도 이에 따라 개혁되어야 한다는 진보주의적인 문법관을 가지고 있었다. 문법은 현행언어를 바탕으로 기록되어야 한다는 구조-기술문법적 언어관과 함께 일찍이 공시적 연구의 중요성을 주장하였다.

> 人類가 生ᄒ 以後에 其言語가 有ᄒ고 言語가 有ᄒ 後에 其言語에 應ᄒ야 文法을 整齊ᄒᄂ니…文法을 應從ᄒ기 爲ᄒ야 現行의 言語를 上古時文法에 추종케 ᄒᆯ 바 아니니라.
> 今에 此 大韓文法은 現時言語나 文章에 普通體勢에 依ᄒ야 法例를 定ᄒ 거시니라
>
> —「대한문법」, 1908, 3, 띄어쓰기 필자, 이하 같음

품사론에 해당하는 분야를 四字學(사자학)이라 하여 3가지 영역으로 나누고 있는데 어휘론적 성격을 띠고 있는 품사론이다.

<pre>
       ┌ 品詞學 : 詞字를 等級이나 種類로 區別ᄒ고 各樣의 作用됨을 學ᄒᄂ 것
四字學 ─┤ 變詞法 : 詞字가 作用에 入用될 時에 或 변개되ᄂ 것
       │   或「語尾變化法」이라 ᄒᄂ 것.
       └ 語源學 : 詞字의 原因과 來歷과 變體를 研究ᄒᄂ 것.
</pre>

— 위책, 10

품사인 "四字"의 정의를 살펴보면

詞字라 홈은 一個字나 幾個字로 成ᄒ야 一個 心象을 發表ᄒ되 意趣만 有ᄒ고 思想은 完全치 못ᄒᄂ 것을 云홈이니 其例를 示컨디 말, 집, 사람, 소…

— 위책, 9

이라 하여 품사란 완전한 사상 즉 문장이 되지 못하고 그 구성요소가 되는 단어들을 지칭하는 것이라고 하였다.

② 품사분류의 특색

김규식 문법의 품사체계는 9품사(名詞, 代名詞, 動詞, 形容詞, 形動詞, 副詞, 後詞, 接續語, 感歎詞)나 내면적으로는 영문법의 8품사체계의 변종으로 보고 있다. 서술형용사(predicative adjective)를 형동사로, 관형형용사(attributive adjective)를 형용사로 구분한 것은 타의 품사분류를 추종한 것이 아니고 우리말의 체질을 고려한 것으로 평가되고 있다.[45]

품사분류의 기준은 문장에서의 기능을 중요시하고 있음이 특징이다. "名詞라 홈은 有無形間에 物을 名目ᄒᄂ 詞"라 하고 문장의 제목어나 목적어가 된다고 했으며 "動詞는 其動作을 說明ᄒ거나 發表ᄒᄂ디 用ᄒᄂ 品詞이니 每樣 名詞나 代名詞를 題目語로 삼고 차제목이 如何바 說明ᄒ거나

---

45) 金敏洙(1977), "金奎植「大韓文法의 研究」", p.21(人文論集 22, 고려대 문과대).

其動作의 如何를 發表ᄒ는 詞이라"(p.17 후면)이라 하는 등 대부분 문장에서의 기능을 중시하고 있다. 대부분 의미적 측면에서의 품사설정에 그치는 감탄사의 경우도 "感歎詞라 홈은 喜怒哀樂 及 驚愕 등의 感覺을 表ᄒ는 詞"라 하고 "其句語 內에 他詞字와는 關係가 無ᄒ니라"하여 구문 내에서 독립어적 성격을 덧붙여 설명하고 있다. 김규식 문법에서의 두드러진 특색은 체언토를 독립품사로 인정하지 않았다는 것과 용어토를 독립품사로 인정하지 않는 이른바 제Ⅲ유형문법의 시작이라고 할 수 있다. 즉 체언토를 격어미로 처리하고 있다.

> 格의 變體라 홈은 名詞가 他詞字와 如何關係되는 資格을 示ᄒ 것이니
> 1) 主格語尾 : 이(히, 시), 가 은(흔, 슨)
> 2) 所有格語尾 : 의
> 3) 目的格語尾 : 을(슬, 흘, 를)
> 4) 指名格語尾 : 의게, 끠, 안테, 다려
> 5) 原因格語尾 : 로(으로, 스로, 흐로)
>
> — 위책, 47~48

후사에 해당하는 품사 중에는 일부 보조사에 해당하는 용례들이 포함되는 것으로 보아 체언토를 독립품사로 인정한 것으로 간주할 수 있을는지 모르나, 그의 후사는 자신이 역설하고 있듯이 Underwood의 후치사나 최광옥 「대한문전」의 후사와 다르다. 서구문법의 전치사에 상대되는 이른바 후치사(postposition)에 해당하는 것이다.

용언토의 경우도 일부 접속어미들이 접속사에 포함되어 있기도 하나 근본적인 태도는 활용으로 처리하고 있으므로 김규식 문법에서 토의 처리는 서양인 선교사들의 문법과 같이 제Ⅲ유형으로 처리해야 한다.

개별적인 품사의 특징을 간략히 살펴보기로 하자.

체언은 명사와 대명사로 이분하였고 수사는 인정하지 않았다. 명사를 서구에서와 같이 곡용(declension)하는 것으로 이해하여

名詞가 數와 格과 性 三條로 換易 或 變改가 되나니…

—「조선문법」, 10

```
語吐活用 ┬ 語端元吐 ┬ 布告句語吐 : 다, 나라, 더라, 도다, 고나, 구려, 더이다.
         │          ├ 問句語吐 : 가, 뇨.
         │          ├ 命令句語詞 : 라, 오, 시라, 니라, 지라, 지어다.
         │          └ 提意的語吐 : 자, 시다, 셰다, 지오.
         └ 層詞吐 ┬ 下待 : 다, 타, 라, 니, 냐, 쟈.
                  ├ 差待 : 하게, 네, 세, 게, 가.
                  ├ 平待 : 나오, 니요, 소, 셔.
                  └ 尊待 : 습ᄂ이다, 옵ᄂ이다, 이다, 니다, 외다.
```

—「조선문법」, 80~86

라고 하였다. 성은 "보통성, 남성, 여성, 중립성"의 4가지로 구분하고 있는
데 이는 주시경(1910)의 구분법과 동일하다. 명사의 정의는 유길준 문법과
유사하다.

名詞라 홈은 有無形間에 物을 名目ᄒᄂ 詞이니

—「대한문법」, 10

名詞라 ᄒᄂ 者ᄂ 有形·無形ᄒ 一切 事物의 名을 稱ᄒᄂ 語이라

—「대한문전」, 1909, 15

김규식 문법이 Underwood의 「한영문법」과 최광옥 「대한문전」(1908)을 참
조한 것은 주지의 사실이나[46] 위의 명사의 정의는 유길준 「대한문전」(1909)
의 정의와 유사할 뿐 아니라 대명사 하위분류에 있어서도 최광옥(1908)보다

---

46) 後詞에 대한 說明에서 언더우드의 문법이 직접 언급되었고 최광옥의 「大韓文典」에
    서 引用되고 있따. "後詞ᄂ 名詞에 附ᄒ야 其句語內 他詞字와 關係됨을 示한다" 하
    였고 且 "名詞의 資格에 대ᄒ야ᄂ 變詞法 無ᄒ다"(元社尤 牧師著 韓英文法) 「後詞ᄂ
    名詞의 後에 附ᄒ야 其上下詞의 關係를 示ᄒᄂ 者니 盖名詞가 後詞를 得치 못ᄒ 즉
    動치 못ᄒᄂ 故로 名詞 及 後詞ᄂ 相離치 못ᄒᄂ 關係가 有ᄒ니라」「 」표 부분의
    引用은 崔光玉 「大韓文典」에서 引用하고 있음.

는 유길준(1909) 문법에 가깝다. 즉 인칭대명사, 지시적대명사, 문적대명사, 관계대명사의 사분법은 최광옥(1908)에서 보통대명사를 뺀 유길준과 같은 것이다. 분류체계에서뿐 아니라 관계대명사의 설명에서

> 意思關係 : 바, 形本關係 : 거
>
> ― 최광옥, 19

> 意思關係 : 바, 形本關係 : 것, 쟈
>
> ― 김규식, 16

라 한 것은 최광옥(1908)과 같은 것이다. 위의 단편적인 사실과 유길준(1909)이 조사를 독립품사로 인정하지 않고 접속사 속에 포함시킨 것과 김규식 역시 조사를 독립품사로 설정하지 않고 후치사에 해당하는 후사를 설정했다는 것 등은 김규식 문법이 1909년 2월에 간행한 유길준(1909)도 참조했을 것이란 근거로 삼을 수 있다.

용언에 해당하는 품사로 동사, 형동사, 형용사의 삼분체계를 두었는데 이는 타문법가에 비해 특색 있는 분류다. 특히 형동사란 서술형용사(predicative adjective)에 해당하는 것으로 외형적으로는 유길준 문법의 "성질형용사" 또는 "후치형용사"와 일치하는 것이다.

> 形容詞라 홈은 其題目語를 說明홀 時에 同格動詞 「이다」와 形容詞를 竝用ㅎ야 描言ㅎ는 것을 云홈
>
> ― 위책, 28

「이집이 됴타」란 문장의 예를 보면 「됴타」의 구성은 "됴흔(형용사)＋이다(동격동사) → 됴타(형동사)"로 분석하고 있으며 내면적인 의미로

1) 이집이 됴흔 이다. (형용사＋동격동사)
3) 이집이 됴흔 집이다. (형용사＋명사＋동격동사)
2) 이집이 됴흔 것이다. (형용사＋대명사＋동격동사)

와 같은 것인데 형용사 「됴타」로 간략히 표현된 것이란 설명을 하고 있다. 「바다가 넓다」는 예문도 같은 성격으로 설명하나 「늙다」는 동사로 처리해야 한다고 하여 문법범주를 달리하고 있다. 문제점은 용언 전체에 일관되는 "동격동사" 「–이다」란 문법형태 설정에 관한 것이다. 동격동사라 함은 「拿披倫이 法皇이 되었소」 같은 이른바 보어문의 불완전용언을 지칭하는 말로서 가장 빈번한 예가 「이다」이고, 다음이 「되다」라고 하였다. 이는 국어문법에서 많은 논란의 대상이 되는 「이다」의 문법형태소를 발견했다는 점에서 의의가 있다. 또한 동사나 형용사에서 기본형을 두지 않았으나 동사에서는 종결어미 「–다」를 분석해 내지 않고 형용어미의 일부로 처리함에 대하여 형용사 즉 형동사에서만 「–다」를 독립문법형태소로 분석 처리함은 동사와 형용사의 형태 의미적 특성을 바르게 파악한 것으로 볼 수 있다. 즉 형용사의 경우는 「밝다, 붉다, 넓다, 좋다」 등의 어형이 성립하지만 동사는 어간에 직접 무시제의 어미 「–다」가 연결될 수 없기 때문이다.

형용사의 경우 "名詞의 前이나 後에 處在ᄒᆞ야…"라 하여 서술기능을 뜻하는 것으로 위의 형용사 어간부분만을 한정시키고 있는데 이는 동일한 품사를 두 가지 품사로 다루고 있다는 약점이 된다. 그의 형용사는 문법적 수식기능이란 의미해석에 지나치게 비중을 두어 단어 자체의 고유한 형태론적 품사 영역을 벗어나게 하고 있다. 형용사의 하위분류를 살펴보면 다음과 같다.

   Ⅰ. 代名詞的 形容詞
      1) 指示代名詞的 形容詞 : 이, 그녀, 그
      2) 問代名詞的 形容詞 : 어나, 무슴
      3) 關係代名詞的 形容詞 : 바, 어나, 무슴
   Ⅱ. 數量的 形容詞
      1) 積容的 : 만흔, 적은, 큰, 약간, 얼마
      2) 幾何的 : 여듧, 여러, 각(各), 두어(數), 모든
        ① 有限幾何的 : 一, 二, 三, 四, 五(基數),
                 第一, 第二, 第三(序數), 單, 雙, 호(一), 무(無)

  ② 無限幾何的 : 여러, 아모, 모든, 몇, 여러, 얼마
  ③ 分配幾何的 : 各 每, 他
 Ⅲ. 品質的 形容詞 : 무거운, 어진, 미련한, 넓은, 놉흔, 큰…

— 위책, 24~28

동사 변화의 조건으로

  動詞는 調와 法과 時와 人稱과 數의 五條로 變體되느니라

— 위책, 54

하였는데 이는 일찍이 트락스 문법에서 제시한 동사의 8가지 동시적 특성 중의 그 일부와 일치한다. 1) "調"는 kind, 2) "法"은 mood, 3) "時"는 tense, 4) "人稱"은 person, 5) "數"는 number이다. 이들 동사의 변체나 형용사의 범주설정 등은 그의 문법이 서구적문법인 기초 위에서 기술되었다는 단적인 증가가 된다.

 「내가 가 보겠소」에서 「가」를 원동사(元動詞), 「보겠소」를 조동사(助動詞)라 하여 원동사를 도와주는 것이라 하였는데 이 또한 영문법의 조동사와 개념이 일치하는 것이고 국문법의 조동사 체계를 처음으로 확립시킨 공적이 된다.

 김규식 문법의 특징이 되는 후사에 대해 부연하면

  後詞라 홈은 名詞나 名詞의 對遇에 附ㅎ야 其名師로 ㅎ여곰 副詞節을 成ㅎ는 것을 云홈

— 위책, 34

이라 하여 "부사절"에 해당하는 것에 한정시켰고 체언어미에 해당하는 용례만은 국한시킨 것이 아니고 실사도 포함된 이른바 후치사(postposition)임을 말하였다. 그는 자신의 후사가 Underwood의 후치사나 최광옥의 후사와 다른 점을 역설하고 있다. 예를 보이면 다음과 같다.

　單純後詞 : 의게, 안데, 드라, 로, 에셔, 에, 부터, 까지
　複合後詞 : 으로ᄒ여곰, 올인ᄒ야, 안에, 밧게, 건너, 너머, 어디셔, 여긔까지…
— 위책, 33∼34

이는 Ramstedt나 이숭녕의 후치사와 같은 계열의 품사가 된다.

(2) 金熙祥, 「朝鮮語典」(1911) 외

① 문법 및 품사관

「조선어전」 自序(자서)에 의하면 문법의 목적은 언어를 바르게 사용하고 언어를 통일된 가운데 사용할 수 있도록 한다고 하는 실용적인 목적에서 출발하였다. 그리하여 그의 문법은 말하고 쓰는 방법을 가르치는 교화적 규칙을 뜻하는 규범문법적인 성격을 띠고 있다.

　朝鮮語典은 朝鮮語롤 適當히 語ᄒ고 書홈을 數ᄒᄂ 바 規矩니라
— 위책, 1, 인용의 띄어쓰기 권점 등은 필자, 이하 같음

"言語ᄂ 人의 思想을 發表ᄒᄂ 것이니 比ᄂ 恒常히 聲, 詞, 句語로써 되나니"라 하였다. 성(聲)은 이른바 Saussure의 音記(signifiant)에 해당하는 것으로 적용시켜 볼 수 있다. 이 詞(사)가 모여서 句語(문장)가 되는 것이라 하였다. 그러나 이들 聲(성)과 詞(사)가 Saussure가 말한 언어의 형식과 내용이 그대로 일치하는 것은 아니다.

　(一) 聲은 吾人의 喉管으로 自ᄒ야 出ᄒᄂ 것이라. 何等意義를 不有ᄒᄂ 것이며
　(二) 詞ᄂ 聲에 對ᄒ야 事物의 名義를 附ᄒᄂ 것이며
　(三) 句語ᄂ 詞의 集合ᄒ야 成ᄒᄂ 것이라
— 위책, 1

그의 품사에 대한 견해는 의미의 기본단위였으며 문장구성의 일부분에

해당하는 요소들이다. 그러나 그는 단어와 품사에 대한 구분을 명확히 하지 않았고 또한 단어와 문장성분과도 혼동하여 사용하고 있다. 구어의 성분이란 정의도 그러하다.

句語의 成分이라 ᄒᄂ는 句語를 組織ᄒᄂ는 材料이니 比에 主語, 說明語, 客語 及, 修飾語의 四個成分이 有ᄒ니라

— 위책, 105

또한 詞(사)와 吐(토)의 관계가 일관되지 않았다. 詞(사)의 개념 속에 吐(토)를 포함시키기도 하고 독립시켜 별개의 양립개념으로도 사용하고 있다. 품사의 개념으로 사용할 때는 吐(토)를 허사 즉 형식어로 다루어 양립시키고 있다.

詞에난 名詞·代名詞·動詞·形容詞·副詞·感歎詞 及 吐의 七大 種別이 有ᄒ니라

— p.17, 띄어쓰기 및 권점 필자, 이하 같음.

句語는 詞와 吐의 集ᄒ야 完全ᄒᆫ 思想을 發表ᄒᄂ는 것이라.

— p.104

詞이라 하는 것은 솔애에 對하여 事物의 뜻을 붙친 것이니

— 「울이글틀」, 30

② 품사분류의 특색

김희상 문법의 품사분류체계는 「초등국어어전」(1909)의 7품사체계에서 시작되어 「조선어전」(1911)에서 구체화되었고 「울이글틀」(1927)에서 修正改稿(수정개고)되었으나 내용상 큰 변동은 없다. 「조선어」(1915)에서 토 대신 조사란 명칭상의 변동이 있었다.

그의 「조선어전」을 중심으로 품사분류상의 특징을 살펴보기로 하자.

품사설정의 기준은 대부분 의미를 중심으로 이루어지고 있다. 7개의 품

사 중에서 부사와 토를 제외하고는 모두 의미적인 면에서의 정의를 내리고 있다. 부사는 수식기능을 중시하여 정의를 내리고 있고, 토는 "他詞下에 在ㅎ야 言縷롤 完全케 ㅎ는 語롤 吐"(p.20)라 하여 기능어로서의 직능을 중시하고 있다. 품사를 크게 이분하여 실질어와 기능어로 양분하고 있다.

분류상의 두드러진 특색은 토의 처리방법이다. 즉 체언토와 용언토를 합하여 단일품사로 처리한 제Ⅰ통합유형의 분류방식을 취하고 있다. 이러한 분류방식은 전통적인 용어인 "토"란 말의 사용과 함께 그 개념을 그대로 받아들인 것이라 보인다.

> 묻어 한 學說에는 吐를 「토씨」 或 助詞이라 한다. 吐이라 일칼름은 元來 吏吐에서 비롯하야 온 말이다. … 薛聰이라 하는 큰 선배가 官衙文書에 使用하기 爲하야 그 때의 方言으로 짛은 文字를 吏讀이라 일칼르었고 또 吏吐이라도 하얏은 즉…
>
> —「울이글틀」, 33~34

그의 토에 대한 개념은 포괄적인 의미를 가진다. 체언토와 용언토를 포괄하는 형태적인 것에서부터 내용적으로도 다양하게 분류하고 있다.

토의 종류를 살펴보면 아래와 같다.

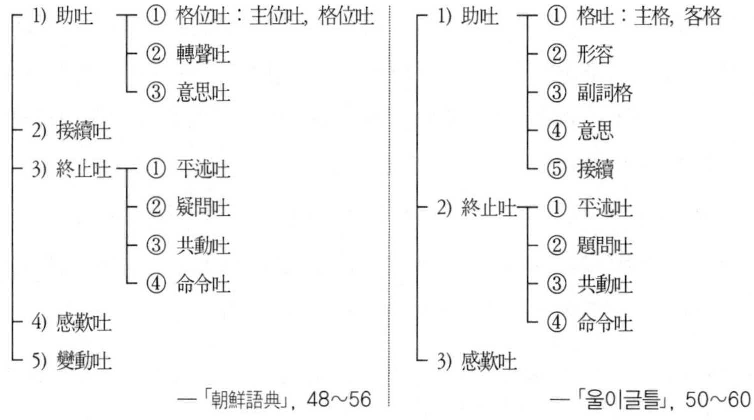

위의 분류에서 보듯 외형적으로는 허사인 토를 단일 품사로 묶고 있으나 내용면으로는 체언토와 용언토가 구분되었다. 특히 「울이글틀」에서는 체언토를 助吐(조토), 용언토를 終止吐(종지토)와 感歎吐(감탄토)로 단순화시키고 있다. 보다 근본적인 문제로 체언토와 용언토를 통합할 수 있느냐의 문제가 대두되는데 이는 모두 의미기능보다는 문법기능을 담당하고 있는 허사라는 점에서 가능하다. 그러나 실사와 분리성의 문제에서 체언토는 쉽게 분리되나 용언간은 긴밀하게 토와 연관되는 점에서는 문제점이 제기된다. 그러나 제Ⅲ유형의 문법이 그 문법적 입론이 타당한 것과 같이 제Ⅰ통합유형의 문법도 토의 처리문제에서 용인 가능하다. 더욱이 통시적으로 보아 용언토도 어간과의 분리가 자유스러웠던 용언의 원형적 성격을 감안한다면 더욱 가능하다.

김희상의 문법이 영문법과 일본문법의 영향을 받았고[47] 유길준, 주시경 등의 문법을 참조하였으면서도 이들 문법과 다른 독특한 체계를 이룬 것은 토의 처리에서 비롯된 것이다. 즉 서구문법에서나 국어문법에서 대부분 설정하고 있는 접속사가 접속토로 처리되고 있음이 그 한 가지 예이다. 제Ⅰ유형 문법의 조사와 종지사가 별개로 설정되지 않음이 또 한 가지 예이다.

체언은 명사와 대명사로 이분하고 있는데 특징적인 것은 명사와 대명사의 변화항목에서 '수'와 '성'외에 '대우'가 「울이글틀」에서 추가되었다는 것이다. 이는 서구문법에는 없는 국어적인 특징의 발견이란 점에서 의의를 가진다고 하겠다. 수와 성이 국어에서는 문법적인 특징이기보다 어휘적 특징인데 반하여 대우법이 문법적 특징이 된다는 점에서도 의의가 있다. 대우는 체언에서만 아니고 용언, 부사의 변화에서도 설명하고 있다.

용언의 특징으로 하위분류에서 "음별상 종류"라고 하여 어간말모음에 따라 분류하고 있는데 타문법서에는 보이지 않는 새로운 분류법이다. 그러

---

47) 金熙祥文法의 英文法과의 관계는 「울이글틀」 序文에서 言及되고 있고 日本文法과의 영향관계는 추정적일 따름이다. 姜馥樹, 1982, 100~109.

나 어간말자음 즉 받침을 무시하고 모음만을 기준으로 했다는데 일차적으로 형태분석적 측면에서 의의를 상실한 구분법이다.

부사 항목에서 지적되는 결함은 부동사형어미 「 - 게」를 가지고 있는 어형을 모두 부사로 처리했다는 점인데 이는 초기 문법서에서 흔히 발견되는 현상이다.

(3) 南宮檍, 「조선 문법」(筆寫 1913년)

남궁억의 문법은 학교문법으로 저술된 관계로[48] 규범 문법적 성격을 띠고 있으며 한편 慣行語法(관행어법)도 중요시한 것을 알 수 있다. 또한 그의 문법관은 현상에서 귀납되는 것이 아니고 선험적인 문법원리가 있어서 이 원리를 따라서 언어가 생성변화되는 것이라고 하였으며 문법의 기본단위는 품사가 된다는 견해를 밝히고 있다.

> 우리 말에 한마디 말을 두가지 법으로 쓰는 것이 간혹 잇스니, ―은 문법의 말이오, ―은 습관의 음이라. 가령 꽂이라 하면 문법의 말인데 습관에는 꼬시라 하나니, 이런 경우에는 먼저 문법을 좃차 쓰고, 그 엽해 습관의 음을 가늘게 썻노라
>
> —筆寫 「조선 문법」, 2, 띄어쓰기 필자, 아래도 같음

> 대저 말의 변화가 천백 가지로되 다 문법으로 좃차 나오고, 문법의 변화도 천백가지로되 다 사로 일우나니, 무릇 사는 아홉 종류가 잇는지라.(p.7)

그의 문법서는 라틴문법에 입각한 간결한 규범문법서로서 총론부분에서 「언문의 근원」, 「음성」에 대한 언급이 있을 뿐 품사론으로 일관되었다.

품사체계는 名詞·代名詞·動詞·吐·形容詞·副詞·接續詞·後置詞·感歎詞의 9품사체계다. 후치사와 감탄사 부분은 落張(낙장)이 되어 자세한 면모를 알 수 없다.

---

48) 金敏洙, "南宮檍 筆寫 「조선문법」 解說" 歷 24 金敏洙(1980), 222~223 참조

품사분류의 기준은 의미와 기능을 바탕으로 하여 이루어졌고 형태적인 면에서는 특별한 언급이 없다.

품사분류상의 특징적인 것은 특히 토, 접속사, 후치사의 설정이다. 토는 어미를 대상으로, 접속사는 토 아닌 말이며 후치사는 보조사로 설정했기 때문에 이 세 품사는 역사상 최초인 동시에 이 책의 두드러진 특징이라 평가되고 있다.

남궁억의 문법은 영어문법을 바탕으로 이루어진 것으로 그 이전의 문법가들의 영향을 받은 것으로 짐작할 수 있다.

「범례」부분에서

一, 대저 조선 문법은 조선 글로 말을 기록한 것이라, 무삼 설명함에던지 범례를 베풀 때마다 조선 글로 기록함이 맛당하거늘 근래 조선 문전이라 이전을 지은자가 흔히 한문을 석거 썻스니 이는 근본을 니져버린 루습이라 할만한지라.(p.1)

이라 하였다.

남궁억 이전의 문법가로 유길준, 주시경, 김규식, 김희상을 열거할 수 있는데 "문전"이란 명칭은 유길준 「대한문전」(1909), 최광옥 「대한문전」(1908)을 지칭하는 것으로 생각되고, "어전"이란 명칭은 김희상의 「초등국어어전」(1909), 「조선어전」(1911)을 지칭하는 것으로 보인다. 주시경 문법의 경우도 「고등국어문전」(1909경), 「국어문전음학」(1908) 등의 명칭을 사용하였으나 「국어문법」(1910), 「조선어문법」(1911)과 같이 "문법"이란 명칭이 일반화된 명칭이다.

형용사 등의 항목에서 유길준 문법의 영향이 보이며 "흔히 한문을 석거 썻스니 이는 근본을 니져버린 루습이라 할만한지라"와 같은 국어관은 주시경 문법의 영향이라 할 만하다.

품사적의 특색을 살펴보면

체언의 특징은 "명사의 체격"이라 하여 명사의 격을 1) 주격 : 이, 가, 2)

빈격 : 을, 를, 3) 사용격 : 로, 노, 4) 물주격 : 의, 5) 위치격 : 에, 6) 유출격 : 에서, 7) 귀착격 : 께, 8) 반대격 : 은, 는, 9) 호출격 : 아 등으로 구분하고 있다. 이들 격조사의 처리에 대하여 명확한 지시는 없으나 이들 모두를 격어미로 처리한 것으로 해석된다. 이는 김규식 문법에서와 같은 처리방법으로 제Ⅲ유형문법의 발아로 보인다.

영문법의 영향을 받았으면서도 성(gender)을 체언의 특성에서 제외시킨 것은 국어의 특성을 고려한 것으로 보인다.

동사의 특성으로 시제(tense)와 분사를 들고 있는데 유길준 문법 등에서의 구분법과 차이가 난다.

남궁억 문법의 토는 특징적인 것임을 간략히 언급하였다.

> 토란 것은 온갖 명사나 대명사나 형용사나 동사 아래 노아서 그 뜻을 완전히 일우게 하난 말이니, 어대던지 단독히는 서지 못하는지라.(p.21)

이라 하여 토의 문법적 기능과 허사적 성격을 설명하고 있다. 명사나 대명사 아래 오는 것이 토라 하여 일견 조사 전부를 뜻하는 듯이 보이나 실제의 용례에서 보면 서술격어미 「이다」의 경우만 한정되어 있고 그 외는 용언어미들이 이에 속한다.

예를 보이면 다음과 같다.

> **직설법** : 자전이오, 도라오시나냐, 뜰터이오
> **연접법** : 가다가, 갓스나, 가되, 가거든
> **가성법** : 가야하겠다, 건널만하지오, 갈가보다, <u>될즉하</u>
> **명령법** : 가자, 집어주게, 몹시오
> **욕정법** : 사고저, 먹고 십흐냐
> **시부법** : 내말이오, 필역하오, 안이오, 못하오, 안일세
> **감동법** : 들을지어다, 받을진저, 갓틈이여
> **의문법** : 무엇인대, 하나냐? 오나?
> **중지법** : 일으노니, 지나매, 꽃이요, 크고"

— pp.21~25, 권점은 밑줄을 대신한 것임

예문에 보이듯 의미적인 데만 주력하여 분류한 나머지 각개 단어의 형태적 특성이 무시되었고 형태소 분석에 있어서도 일관성이 없다. 서법의 개념에 해당하는 것을 적용한 것이 토의 분류다. 관형형어미는 분사로 처리하고 명사형은 변화명사로 다루고 있으나 어간과 어미의 구분이 제대로 되어 있지 않다.

후치사는 격조사를 제외한 보조사들이 해당하는 것으로 보이는데 접속사 항목에서도 보조사가 포함되어 있어 각 품사의 형태범주가 확정되지 않았음을 알 수 있다.

(4) 李弼秀, 「鮮文通解」(1922)

이필수 문법은 「선문통해」(1922)와 이의 한글판인 「정음문전」(1923)을 통하여 살필 수 있다. 문법체계는 주시경계 문법의 추종으로 보는 견해와 이와는 다른 계열의 문법으로 보는 견해가 있다.[49]

주시경 문법과의 영향관계는 문법체계상에서 구체적으로 드러나지 않으나 "自序"와 "文字"편에 나타난 국문, 국자에 대한 존중사상이 주시경 계 문법의 영향으로 추정되었으리라 보인다.

> 噫라 朝鮮文은 發音의 精妙함과 作文의 組織法이 宇宙에 特別하야 比扁할 者가 無커날…
>
> —「선문통해」, "自序"

> 現今 東西洋 各 文明國의 文字發音을 觀컨대 朝鮮文字로는 能히 다 쓸 수 있으나 朝鮮文字의 發音은 全世界 各國文字의 發音을 다 集合하야 가지고 쓴다 할지라도 될 수 없나니라. 偉大하며 壯嚴하다 우리 文字의 能力이여 將次 全世界

---

49) 兪昌均(「國語學史」 316)은 주시경계 문법으로 보는데 반하며 姜馥樹(「國語文法史硏究」 204~207)는 주시경 문법과는 다른 兪吉濬, 金熙祥, 安廓의 영향을 받은 것으로 보고 있고 金敏洙(「新國語學史」 256)도 品詞는 金熙祥, 文章은 金奎植文法의 영향을 받은 것으로 보고 있다.

人類의 文字를 凌駕할지니 換言하면 天上天下에 獨一無二한 靈精이니라.
— 「선문통해」, 4～5, 띄어쓰기 필자, 이하 같음

國字(국자)에 대하여 민족주의적인 문자관을 가지고 있었으며 문법은 청자와 화자사이에 의사소통을 원활하게 해주는 언어규칙이라는 문법관을 가지고 있었다.

단어와 품사에 대해서도 각기 정의를 내리고 있으나 본질에 접근된 정의는 아니다.

> 單語라 하난 것은 一個 文字로 單純한 意思를 表示하난 者니
> 單語를 九種으로 分하야 九品詞라 하나니(p.40)
> 詞라 하난 것은 一文中에서 一個의 文字로 單純한 意思를 表示하난 者니라
> (p.95)

그의 품사분류체계는 9품사체계로 名詞, 代名詞, 數詞, 動詞, 形容詞, 副詞, 接續詞, 感歎詞, 助詞로 되어 있고, 분류기준은 대부분 의미를 중심으로 설정하고 있다. 부사, 접속사, 조사의 경우 기능을 고려하여 정의를 내리고 있다.

이필수의 문법이 주시경 문법과는 다른 계열의 문법이 되는 이유는 주시경 문법의 특색이라고 할 수 있는 관형사를 독립품사로 설정하지 않고 형용사 속에 포함시켰으며 체언을 명사, 대명사, 수사의 삼분체계로 분리하고 있다는 것이다. 또한 조사를 주시경 문법의 종지사(끗)에 대비시켜 볼 수 있으나 내용적으로는 다른 점이 많고 주시경 문법의 "것"에 해당하는 품사도 없음으로 보아 다른 계열의 문법으로 보아야 한다.

각 품사의 내용상 특징을 다룬 문법과의 연관을 중심으로 살펴보면 명사의 경우 정의나 하위분류체계가 김희상 문법과 유사하다. 특히 '名動詞(명동사)'와 '名形容詞(명형용사)'는 김희상 문법의 '行動名詞(행동명사)', '形容名詞(형용명사)'와 일치하는 것이다.

名詞라 하난 것은 人類 禽獸 事物 地名 形色 情慾 等 諸般 名稱을 말하난 詞니,(p.40)

…等과 같이 人類나 事物이나 禽獸 及 處所의 名稱인 語룰 名詞라 稱ㅎ나니라.(p.17)

그러나 「정음문전」에서의 정의는 유길준, 김규식 문법의 정의와 흡사하다.

대명사의 경우도 김희상의 6분법에서 "형용대명사"에 해당하는 여럿, 몃, 하나, 둘 등을 수사로 처리한 것을 제외하고는 동일한 내용이다. 대명사의 변화로 수량과 대우가 변하여진다고 한 것도 동일하고 성의 네 가지 분류도 동일하다.

代名詞는 數量과 待遇에 말미암아 變하야 옴기어진다.
— 「조선어전」, 64

대명사는 세 종류로 변하니 數量, 待遇, 性質이니라
— 「정음문전」, 58

수사를 독립품사로 세움은 安自山 문법(1917)에 이어 두 번째가 된다. 自山 문법에서 助數詞(조수사)로 처리한 수량단위 불완전명사를 수사에 넣지 않았다.

이필수의 동사체계는 김희상 문법과 유사한 것으로 보기도 하나(강복수 1972, 205~206) 그 자체로 독특한 분류를 하고 있다. 종래의 모든 분류가 자동, 타동의 분류에서 시작한 데 대하여 자동, 수동으로 이분하고 있고 「정음문전」에서는 자동, 피동, 행동으로 삼분하고 자동사 속에 '옴김동사, 안옴김동사'라고 하여 자동사(intranstive)와 타동사(transtive)의 개념을 적용시키는 혼돈된 분류를 취하고 있다. 동사의 변체라고 하여 1) 名動詞(줌, 받음, 불기, 넣기), 2) 副動詞(가게, 오게, 앉게, (1923)에서는 "입어, 걷이 ,돌아" 등 포함), 3) 形

動詞(돈은 달, 돋난 달, 돈을 달)로 구분하고 있는데 이는 현대문법의 전성형어미의 개념과 일치하는 것이다.[50]

형용사에서, 명사 앞에 오는 관형사 "이, 그, 한, 저, 한, 두, 여러, 몇, 무슨, 엇던" 등을 형용사로 처리함은 서구문법의 형용사의 개념에 국어를 그대로 맞춘 것으로 김희상의 분류체계와 유사하다. 그러나 김희상 문법의 '行動形容詞'(오는, 가는, 본, 입은, 먹은)를 형동사로 처리한 것은 적절한 조치이며 다른 점이다.

부사의 경우도 김희상의 분류체계와 유사하다. 특히 "應對副詞(응대부사)"라 하여 대우에 따라 "예, 네, 응, 오, 오냐, 그래" 등을 분류한 것이 유사하다. 이는 뒤에 이규방 문법에서 呼應詞(호응사)라는 독립품사로 이어진다.

이필수 문법은 이른바 체언어미인 조사와 용언의 활용어미에 대한 품사처리에 있어서 독특한 분류법을 취하고 있으니 접속사, 조사, 격의 설정이다.

접속사는 용언의 연결어미를 지칭하는 것으로 볼 수 있는데 "네가 올째 달이 쩠다"에서 '째'를 접속사로 처리한 것도 있어 일정한 문법적 형태범주를 이루었다고 볼 수 없다.

"助詞라 하난 것은 說明語를 幫助하야 完全한 意思를 表示하난 詞니 名詞, 代名詞, 動詞, 形容詞에 다 使用되나니라."(p.43)고 하여 선어말어미 '었, 겠'과 관형형어미 "는(은)"은 有期助詞(유기조사)라 하고 종결어미—서술격조사 "이다"를 포함한 문말어미(sentence final ending)를 無期助詞(무기조사)라 하여 종래학자들의 종지사와는 또 다른 문법범주를 설정하고 있다.

체언토의 처리에 대해서는 전반적인 언급을 하지 않아 전모의 파악이 어려우나 문장론 부분에서 격을 분류하고 있음으로 보아 독립품사로 인정하지 않고 격어미로 처리하는 독특한 분류법을 사용하고 있다. 이는 문법유형으로 보아 제Ⅱ유형 중 용언토분리유형이 됨을 알 수 있다. 격의 분류

---

50) 李翊燮(1986), 「國語學槪說」, 102.

는 「선문통해」에서는 8격으로 하였다가 「정음문전」에서는 호격(아, 야, 이)
을 넣어 9격으로 고치고 있다.

> 主格 : 이, 가
> 領格 : 의, ㅅ
> 願格 : 을, 를
> 與格 : 에게
> 對格 : 에, 로, 으로
> 役格 : 으로 , 토
> 比格 : 만, 와, 과, 은, 는, 도, 나, 이나, 든지, 이든지
> 疑格 : 인지

— pp.96~101

이필수 문법에 대하여 "문법체계상으로 내용에 균형이 잡히지 않고, 어
형분석이나 어사분류에 있어서 일정한 기준이 없다. 특히 조사, 접속사, 격
의 처리에 있어서 그리하다"는 강복수(1972. 206)의 비판도 있으나 자체대로
독특한 체계를 가지고 있는 문법이다.

(5) 洪起文, 「朝鮮文典要解」(1927)

"조선문전요해"(1927)는 「현대평론」 권1호에서부터 1권 5호에 게재된 것
으로 홍기문 문법의 최초의 견해가 된다. 이 논문은 음성론과 품사론으로
되었는데 뒤에 이를 골격으로 하여 「조선문법연구」(1946)가 완성된다. 그러
나 이 논문 자체로도 체계를 갖춘 것이고 특히 품사론 부분은 중요한 의
미를 가진다. 본격적 의미의 '품사이론'을 전개하고 품사분류를 시도한 것
은 처음이기 때문이다. 타문법서의 경우도 단편적인 품사분류 방법이나 이
론이 전혀 없는 것은 아니다. 이들은 분류된 내용에 대한 설명에 지나지
않고 본격적인 이론의 전개는 없었다.

이들의 간략한 내용과 의의를 살펴보면

1) 품사분류의 기원에 대한 고찰이다. 비록 간략한 것이긴 하지만 품사

분류의 기원이 희랍의 아리스토텔레스의 명사, 동사에서 시작되어 알렉산드리아학파를 거처 라틴문법의 8품사체가 확립된 것과 이것이 영어, 프랑스어, 독일어, 러시아어 등에서 명사, 대명사, 동사, 형용사, 전치사, 부사, 접속사, 감탄사의 8품사로 채택되는 과정을 언급하고 있다. 이는 우리 문법학사에 있어서 품사분류의 연원에 대한 최초의 소개인 동시에 품사분류의 본말을 되돌아보는 계기가 된 역사적 의의를 가진다.

2) 품사분류라는 것이 언어 일반에 통하는 보편성의 추구에 바탕을 두어야 할지라도 각 언어의 개별적 성격에 입각하여야 함을 표명하고 있다. 그리고 종래 학자들의 품사분류가 우리말의 특성에 따라 분류하지 않고 외국문법에 대한 모방임에 대하여 강한 반론을 제기하고 있다. 언어 조직상의 동이를 살피지 않고 품사분류를 하는 것은 무모한 일이라고 하였다. 주시경을 위시하여 이전의 문법가들이 모두 서구문법이나 일본문법의 모방이고 국어적인 특성을 도외시한 것이냐에 대한 반론이 제기될 수 있으나 적어도 서구문법체계 일색의 품사분류 방법에 대하여 이론을 제기하고 반성을 촉구한 점에서 의의를 가진 것이다. 품사분류란 당해언어의 특성에 따라 분류되어야 한다는 전제 아래 두 가지 방법을 시도하고 있다.

첫째 우리말의 첨가어적 특성에 따라 주요부분(토를 제외한 나머지 어사)과 첨가부분(토)으로 먼저 구별하고 다시 그 상호관계를 고찰하여 분류를 시험하고자 하여 네 개의 품사별을 얻을 것이라고 하였다.

    (一) 完全한 一個語를 이루지 못하고 他語를 補佐해서만 쓰는 것, 即 토라고 하는 것.
       鐵嶺 노픈 峯에 쉬어 넘는 저 구름아
    (二) 토의 補佐를 밧지 안코 쓰지 못하는 것, 即 形容詞와 動詞
       사랑이 그 어쩌튼야 둥글든야 모지든야
    (三) 토의 補佐를 밧기도 하고 아니밧고 獨立해 쓰기도 하는 것, 即 名詞와 副詞
       閑山섬 달 발근 밤에 戌樓에 홀로 안저

> (四) 토와 아주 *沒關係한* 것, 卽 *感歎詞*
>   아차, 아뿔싸, 후유, 아이고
>
> — 위 논문, 99 띄어쓰기 필자, 이하 같음.

위와 같은 토와 타 품사와의 연관관계에 대한 고찰은 우리말의 토의 속성을 밝히는 것인 동시에 최현배 문법에서 본격화될 제Ⅱ유형문법의 근거가 됨을 알 수 있다. 즉 명사 뒤에 오는 토는 그 분리성이 강하나 용언 뒤에 오는 토는 분리되지 않는다는 것이다. 다시 말하면 명사는 독립적인 품사이나 용언의 어간은 자체로 독립되지 못한다는 뜻이 된다.

토와 다른 품사와의 연관에 따른 고찰은 국어문법 품사분류의 정곡을 찌른 고찰로 서구문법에서 변화사와 불변화사에 대한 구분과 비교하여 볼 수 있다(제2장 참조). 위의 분류 중에서 명사와 부사가 한 부문에 속하게 되는 것이 다소 미흡한 점이라 하더라도 우리말에 적당한 것 같다고 덧붙이고 있다(p.99). 전술한 바와 같이 우리는 주시경 문법에서 명사, 부사, 관형사, 감탄사를 한 어류로 분류한 데 대한 시사를 받을 수 있다.

두 번째 분류를 제2차 시험이라 하여 서양의 분류를 참고 가감한 것이라 하였으니.

名詞, 動詞, 形容詞, 副詞, 感歎詞, 格詞, 後系詞, 接續詞, 終結詞의 품사체계가 된다.

명사 속에 수사와 대명사를 포함하여 광의의 명사라 하고 서양에서는 명사와 대명사를 반드시 나누지만 우리말에서는 그다지 필요하지 않다고 하였다. 이는 주시경 문법과 같은 견해로 우리말 체언의 특성을 갈파한 것이다.

동사, 형용사, 부사, 감탄사, 접속사의 경우는 서양문법과 같다고 하였다. 이중에서 형용사가 서구문법의 체계와 같다고 한 것은 형용사의 수사기능(attributive function)을 중시하고 서술기능(predicative function)은 가벼이 다룬 태도에서 연유된 것이다.

격사와 후계사란 품사에 대하여는 서구문법에서 명사의 굴절성을 표시하는 격(case)에 해당하는 어사라고 하였다. 격조사에 해당하는 품사는 격사로 설정하였고, 일부의 특수조사 및 접미사에 해당하는 단어들은 후계사로 분류하고 있다. 이는 지은이 자신의 말로 서구어의 체계에 우리말을 적용시킨 예라 하였으나 서구어에서는 격어미일 따름이다.

종결사는 "句의 終結을 意味하여 因하야 語階와 語法(mood)을 表示한다."라고 하였는데 이도 서구문법적인 것이기보다 종래 학자들의 견해를 따른 것으로 볼 수 있다.

홍기문 문법의 품사분류의 기준은 의미적인 곳도 보이지만 형태와 기능을 중시하고 있다. 특히 통사론적인 배려로 "품사의 통용"이란 항목을 두어 각 낱말이 기본적인 품사적 특성을 밝히고 있고 문장에서의 구조에 따라 다른 품사로 전용됨을 설명하고 있다.

> 同一한 말이 이 品詞 저 品詞로 通用될 境遇가 있다. 이런 째는 文章構造上 그의 任務를 보살피어 분간할 수박게 업다(p.100)

대명사와 수사를 독립품사로 설정하지 않고 명사 속에 포함시킨 것도 형태와 기능을 중시한 태도이며 "動詞와 形容詞, 格詞와 後系詞를 난호아 둘 필요가 잇슬까? 업슬까?"(p.100)라고 자문자답 하는 것도 통사적 기능을 중시하고 있는 품사분류관으로 해석할 수 있다.

품사적 특성을 설명함에서도 서구어의 특성과 대비적으로 국어의 특성을 비교 설명하는 객관적 태도를 보이고 있다.

"비록 합당한 것은 아니나 예로 「時間的 表示」에서 국어에는 名詞, 形容詞, 動詞, 副詞에도 時制를 갖는다"고 설명하고 있다. 품사 각론에서 특징적인 몇 가지를 들어보면 명사의 항에서 재귀대명사의 개념을 도입하였고, '명사보조'라고 하여 종전까지 그 범주의 설정이 일정치 않았던 접미사와 불완전명사를 독립된 형태소군으로 구분함도 홍기문 문법의 공적이라 할 수 있다. 동사 항목 중에서 특기할 사항은 "動詞의 口氣"다. '口氣'란 용어에 대한 정의가 없어서 정확한 내용과 의도는 알 수 없으나 용례로 보아 선어말어미에 해당하는 것임을 알 수 있다. 이들 사동, 피동, 강세를 뜻하는 어미는 이미 서양인의 문법에서 분석된 내용이기는 하나 내국인으로는 이규방 문법의 '助語' 분석보다 한층 바르고 정밀한 구분이다.

> 能動的 口氣 : 이, 리, 기, 우, 히, 추
> 受動的 口氣 : 기, 히, 이, 리
> 可能的表現口氣 : "신이 닦어진다" 등의 '지'
> 猛烈, 强硬한 형세표현 : "날치다" 등의 '치'
>
> — pp.120~122

형용사의 경우 서구문법적인 개념을 국어에 적용시킨 나머지 불합리한 점을 나타내고 있다. 형용사를 이분하여 지시형용사와 설명형용사로 구분하고 있는데 관형사에 포함되어야 할 어류가 모두 지시형용사 속에 포함되어 있고 동사, 부사에 해당하는 것도 수식어의 구실을 하면 형용사로 분류하고 있다. 이는 굴절하지 않는 단어(uninflected word)와 굴절하는 단어(inflected word)를 같은 어류(word-class)로 취급한다는 모순점을 가진다.

격조사를 격사라 하여 독립품사로 설정하여 8가지로 분류하고 있는데 이 중 여격 「에게, 에, 게」의 구분에서는 동물명사 : 게, 에게, 부동물명사 : 에, 고유명사 : Ø 등으로 구분하였으니 이른바 생성의미론적인 의미자질과 같은 견해를 밝히는 진보적인 문법관을 가지고 있다.

> 近日에 이르러 「의」一字로 動物, 不動物, 格詞 全般에 通用하려는 경향이 보인다. 假令 「永遠의 夢想」「靑春의 愛」와 같은 말은 在來 우리 文法으로 보아서 確實히 破規다. … 벌써 破規 그것도 우리말의 한 文法이다.(p.178)

홍기문의 문법은 서구문법 8품사체계를 바탕으로 삼아 기술한 문법체계다. 그러나 김규식, 김희상 문법에서와 같이 서구문법을 그대로 이식하려

했던 것이 아니고 우리말의 특성에 따라 검토 수정하려 하였다는 점에 우선 장점을 가진다. 그러나 결과적으로 특별한 성과를 서둔 것이라고는 할 수 없는 제 I 분리유형의 문법이다. 그의 문법은 서구문법을 바탕으로 삼았으나 일어 또는 일본인 학자를 통한 것이고 국내학자의 문법서도 참조하였으나 특정문법가의 견해를 그대로 본받은 것이 아니고 참조한 것으로 보인다.

> 이 冊에 引用된 書籍을 明記치 못한 것이 遺憾이로되 大體로 西歐學者의 말로 全혀 日譯에 依하거나 日人學者의 紹介에 依한 것임을 率直히 告白하야 둔다.
>
> —"조선문법연구" 凡例

> 日本 어느 文學者에게 이러한 痛嘆을 드른 닐이 있다. 近日의 日本文典은 擧皆西洋의 品詞分類를 模倣하야 노흔 것이라고(p.98)

국내 여러 학자들의 문법서를 참조하였으리라 보는 근거는 이 논문이 국어연구에 뜻을 둔 1919년에서부터 탈고 시기인 1926년까지 긴 시일을 요하였다는 점과 아울러 이 글 마지막에 "在來文典研究家의 批評"은 후일을 기약한다는 점에서 확신할 수 있다.

4. 도입과 그 성과

도입·수용기의 배경적 특징은 문명과 독립의 요건으로서 국어관의 확립이다. 문명과 독립을 위해서 교육이 필요했고, 교육적 필요에서 국어연구를 했고, 국어 연구는 문법연구, 문법연구는 품사연구란 등식의 연구였다, 품사연구의 방안으로 도입된 것이 서구의 라틴전통문법이었다.

30년간에 해당하는 이 시대의 품사분류상의 특징은 몇 가지로 요약할 수 있다.

(1) 이 시대의 문법관은 대부분 교화적인 입장의 규범문법적 성격으로 일관되어 있다. 그러나 일찍부터 보편문법으로서의 서구문법의 모델과 개별문법으로서의 국어의 특성이 고려되어야 한다는 점을 인식하고 있었다. 이는 유길준 문법에서 시작되어 주시경 문법에서 강조되었으며 홍기문과 이병기 문법에서 반성과 함께 역설되었다.

(2) 품사의 개념이 정립되지 않은 상태에서의 품사론이었다. 품사의 명칭이 "언어, 기, 씨, 字詞, 元詞, 품사" 등의 명칭으로 다양하게 불러지고, 형태론적 단위로서의 단어와 통사론적 단위로서 품사가 구분되지 않은 채 동일시되었다. 그러나 안확 문법에서 "단어를 문법적 성질의 근사함에 따라 나눈 것"이란 견해가 보인다.

(3) 품사 분류기준은 의미, 형태, 기능의 세 기준을 다 적용하고 있으나 대체로 의미와 기능을 중시하고 있으며, 형태를 중시한 문법도 보인다.

① 의미와 기능중시 : 유길준, 주시경, 김희상, 남궁억, 안확, 이필수, 이상춘
② 형태와 기능중시 : 김두봉, 홍기문
③ 형태중시 : 이병기, 이완응
④ 의미중시 : 이규방
⑤ 기능중시 : 김규식

라틴전통문법에서 중시된 형태가 의미나 기능에 비하여 소홀히 다루어지고 있음은 서구문법의 체계를 차용하는 과정에서 개념을 먼저 도입하고 이에 상응하는 국어의 형태류를 유취하는 작업이 뒤따랐고, 이 형태류를 찾아내는 작업이 미흡했기 때문인 것으로 보인다. 유길준 문법 등에서와 같이 형태분석이 제대로 이루어지지 않은 상태에서의 문법과, 분석은 철저히 이루어졌다 하더라고 통사론과 형태론의 한계를 명확히 설정하지 않고 기능만 중시하여 품사의 변체로 다른 주시경 문법 등에서 예를 찾을 수 있다. 단적으로 품사의 의미범주와 형태범주가 상응되지 않는 결과를 가져

왔다.

(4) 문법가 수(16명)에 비하여 문법체계 수(24체계)가 많은 특징을 가지는데 이는 문법가 개인의 문법체계가 확립되지 않았다는 증거이며, 시대 전체로 보아서는 분류체계가 혼란된 양상을 보이는 것이다, 이는 개인의 수정판 문법서를 출간하는 결과를 가져왔다.

(5) 품사 수는 6품사체계에서부터 13품사체계까지 7종으로 다양하게 분류·시험되는데 가장 대표적인 분류체계는 9품사체계로 제Ⅰ분리유형과 상관되어 있다. 7품사체계는 제Ⅰ결합유형과 상관을 이루고 있다.

(6) 토의 처리에 따른 품사유형은 제Ⅰ, 제Ⅱ, 제Ⅲ류 등 국어문법학사에 등장하는 모든 유형이 나타난다. 주시경과 같은 제Ⅰ분리유형과 김희상과 같은 제Ⅰ결합유형이 대부분을 차지하고 있다. 유길준 문법 전기의 제Ⅱ유형은 본격적인 의미의 최현배 문법에서 보인 제Ⅱ유형이라기보다는 아직 품사체계가 확립되지 않은 상태의 분류체계이다. 남궁억, 이필수의 분류유형은 제Ⅱ유형과 제Ⅲ유형의 변이형이며, 김규식의 제Ⅲ유형은 서구문법의 곡용과 활용의 개념을 국어에 적용시킨 예이나 결과적으로 제Ⅲ유형의 효시가 된다.

(7) 품사의 명칭 상의 특징은 고유어계와 한자어계에 따라 문법관을 달리하며 품사적 성격도 차이가 난다. 이 시기에는 모두 20종류의 품사가 설정되는데 이들은 단일명칭으로 불러지는 것도 있으나, 용언토의 경우 20개, 체언토의 경우 17개의 명칭으로 불려진다. 20개의 품사가 모두 86개의 명칭으로 불리는 혼란상을 보이고 있다. 이는 명칭을 달리하였다는 외형적인 혼란 말고도 내용적으로는 더 한층 교차 혼란되어서, 일정한 품사범주가 설정되지 않는 상태다.

(8) 서구문법을 받아들임에 있어서 국어의 특성을 고려하지 않고 비판없이 받아들인 것과, 국어의 특성에 맞는 현상을 발견한 것 등을 살필 수 있다. 비판 없이 받아들인 것으로는 체언의 특성으로 수(number)와 성(gender)을 적용시킨 것으로, 유길준, 김규식, 주시경, 김원우, 김두봉, 김희상, 이상춘,

이규방 문법에서 발견되고 수만을 적용시킨 경우는 이필수, 이완응, 홍기문 문법에서 발견된다. 대부분의 문법가가 오류를 범하고 있음을 알 수 있다. 격에 대한 설명은 김규식, 유길준, 남궁억, 이필수 등 소수의 문법가에게서만 나타난다. 체언의 특성으로 '대우' 관계를 김희상, 이상춘, 이필수, 홍기문 등 문법에서 설명하고 있다. 이는 서구와 다른 국어의 독특한 현상이다. 통사구조를 변화시킨다는 측면에서 문법범주로 설명함도 가하나, 한편 일부 어휘에만 국한되어 있고 그 자체로서 굴절특성을 형성하지 못하므로 어휘범주로 처리함이 타당한 것으로 보인다.

용언의 특성으로 時制(tense), 數(number), 調(kind), 敍法(mood), 人稱(person), 態(voice), 待遇(polite) 등의 여러 항목에 걸쳐 언급하고 있는데 이 중 대우를 제외하고는 서구문법의 전통을 그대로 따른 것이고, 수, 인칭 등은 부적당한 것이다. 대우를 활용의 특성으로 설정한 유길준, 김원우 등의 문법은 의미 있는 것이다. 활용의 특성으로 분사(participe)를 설명한 유길준, 김규식, 남궁억, 안확의 문법이나 서구식의 관계대명사를 설정한 유길준, 김규식, 김두봉, 이상춘 등의 문법은 부적절한 것이다. 그러나 한편 주시경 문법에서의 관형사의 설정 등은 국어의 언어특성을 갈파한 적절한 품사 설정이다.

요컨대 도입·수용기의 품사연구는 위에서 지적한 바와 같이 여러 가지 약점을 지니고 있음에도 불구하고, 품사론의 도입·수용이라는 역사적인 의의 외에 자체 내에 독자적인 학문적 의의를 가진다. 이는 주시경 문법의 언어단위 분석과 체계수립이라는 것과 일찍이 통사구조 속에서 품사론을 파악하려 했던 주시경, 김규식 등의 방법론이 대표될 것이다. 나아가서 다음 시대의 품사연구의 바탕이 되고 있다는 점에서도 큰 의의를 갖는다.

(9) 이 시대의 문법가들의 영향관계를 살펴보면 유길준계, 주시경계, 김규식계의 세 가지 계열로 나눌 수 있다. 유길준계는 일본문법의 영향을 많이 받은 문법가들로 안확, 이완응을 들 수 있고 주시경계 문법가로는 김두봉을 필두로 하여 이규영, 김원우, 이규방, 이상춘, 강매, 이병기를 들 수 있다. 이들의 특징은 주시경 문법을 그대로 답습하였거나 그 아류를 형성

하는 것으로 우리말 자체의 언어특성에 입각한 품사체계 수립에 노력하였다. 김규식, 김희상, 남궁억, 이필수, 홍기문 등의 문법은 영문법의 영향을 많이 받은 품사체계다. 그렇다고 하여 이들의 영향관계는 단순한 것이 아니고 다른 계열에서도 영향을 많이 받고 있다. 예를 들면 유길준 문법의 영향은 이필수, 이완응을 위시하여 남궁억, 김규식, 김희상, 홍기문, 이병기, 이규방, 이상춘 등에서 발견된다. 한마디로 이 시대는 아직 개인문법 체계가 형성되지 않고 계열별 문법 다시 말하면 계열별 품사체계의 특징을 드러내는 시대다.

제4장 품사분류의 발전
—반성·모색기(1930~1946)—

도입·수용기의 문법이 서구문법 체계에 따라 국어문법 체계를 수립하던 시기라면 반성·모색기는 전시대 문법에 대한 반성과 함께 새로운 문법체계를 모색한 시대가 된다. 이 시대의 국어연구의 전반적인 특징은 학회의 창립을 통한 연구열의 고조였다.[51]

<조선어학회>의 1) 한글 맞춤법 통일안의 제정, 2) 표준어의 사정, 3) 외래어표기법의 제정, 4) 큰사전의 편찬 사업 등은 직접적인 문법연구는 아니었으나 규범문법으로서의 문법의 일반화에 기여하였다. <조선어학회>의 활동에 정면으로 대립하고 나선 <조선어학연구회>를 대표한 박승

---

51) 1921年 12月 2日 「任璟宰 崔斗善·李昇圭·張志暎·權悳奎·李常春·李奎昉·朴洵龍·申明均·金允經」 등 156名이 徽文高普에 모여 <朝鮮語硏究會>를 조직하여 한글의 普及과 宣傳에 힘썼고 기관지 「한글」을 發行하였다. 1931년 1月 10日 <朝鮮語學會>로 改稱하여 우리말 정리 및 수호에 앞장을 섰으니 "한글맞춤법 통일안"의 제정·공포와 조선어학회 사건의 발단이 된 사전편찬 사업이었다. <朝鮮語學會>와 對立되는 입장에서 1931년 12月 10日 朴勝彬을 中心으로 <朝鮮語學硏究會>가 組織되어 機關誌 「正音」을 隔月로 간행하여 "한글맞춤법통일안"에 대한 반대운동을 전개하였다. 1935年 4月 24日 中央基督會館에서 金尙鎔·金善琪·金億·金允經·朴勝彬·方鍾鉉·徐恒錫·孫景壽·梁柱東·李順鐸·李崇寧·李熙昇·異河潤·鄭寅燮·趙容萬·崔鉉培·成大勳 등 20여 명이 모여 창립한 <朝鮮音聲學會>는 國語學에서 음성학 분야의 연구에 박차를 가하는 계기가 되었다(兪昌均, 1979, 246~250).

빈의 문법도 이 시대를 대표하는 최현배 문법과 함께 한 가지 주류를 형성하였다.

최현배의 "조선어의 품사분류론"(1930)을 계기로 하여 토의 처리에 있어서 새로운 분류법이 시도되었으니 이른바 체언토는 독립품사로 인정하고 용언토는 활용어미로 처리하는 방안이다. 이러한 처리방안은 Underwood의 「한영문법」(1891)에서 시도되었고 유길준의 전기 문법체계에서 싹이 보이나 완성된 견해는 아니었다. 이러한 최현배 문법에 힘을 입어, 혼란스러웠던 전 시대 20개에 비하여 14개로 줄어들고 품사범주도 보편화되는 경향을 띠게 되었다. 특히 이 시대에 들어와서 특징적인 것은 전시대의 우리말 특성을 고려하지 않고 라틴문법체계에 따라 기술한 불합리한 문법적 기술이 대부분 제거되고, 우리말 체계에 맞는 품사체계를 모색하게 되었다는 것이다.

1. 단어와 품사관

도입·수용기 문법에서는 단어와 품사에 대한 개념이 정립되지 않은 상태에서 품사분류가 이루어졌던 관계로 분류상에 많은 문제점을 안고 있었다. 그 대표적인 것이 품사의 단위 설정에 대한 것과 통사론적 고찰의 미흡을 들 수 있다. 먼저 반성·모색기에 나타난 단어와 품사에 대한 설명 부분을 찾아보기로 하자.

> 씨란 것은 월의 成分의 單位이니, 그 以上은 더 가를 수 없는 소리의 한 덩어리이다.
>
> — 최현배, 1930, 54

씨는 말의 씨(語의 種)란 뜻이니, 곧 말을 分類하는 선자리(立場)에서 '낱말'을 이름이라.

— 최현배, 1937, 138

낱말은 말의 단위(單位 – 낱덩이, unit)이니, 따로따로 어떠한 생각을 가지고 말함(語)과 글월을 이루는, 직접의 재료가 되는 것이니라.

— 위책, 139

사람의 聲音으로서 意義가 있는 것의 單位를 單語(word)이라고 닐름.

— 박승빈, 1937, 24

單語의 種類를 品詞이라고 닐름. 朝鮮語의 單語는 十二品詞로 나호혀이슴.

— 위책, 24

單語는 곳 소리에 한낱의 뜻을 부친말이다.

— 박상준, 1930, 70

朝鮮語의 單語는 語法의 經緯에 딸아서 名詞……九種에 區分함이 適當한데 이 九種을 品詞(씨)라 이른다.

— 위책, 70

한 音節이나 或은 여러 音節로 한가지 뜻을 낱아내는 낱말을 씨라 하느니라.

— 장지영, 1932, 70

한 소리나 한 소리 이상으로 무슨 意思를 나타내는 낯으로 된 말을 單語이라 일컷나니.

— 신명균, 1933, 15

單語를 그 쓰이는 性質을 따라 나눈 것을 品詞라 일컷는다.

— 위책, 15

一種의 意味를 나타내는 言語의 單位, 卽 낱말을 單語라 한다.

— 심의린, 1935, 18

單語들 各各 그 性質上으로 보아 區分하면 名詞……의 十種으로 되나니, 이 것들을 品詞라 한다.

— 위책, 19

> 言語의 構成要素가 되는 單語들, 文法說明의 必要에 依하야 그 槪念의 共通點으로써, 分類한 것을 品詞이라고 말하는데
>
> — 권영달, 1941, 110

> 단어는 곧 낱말이니, 말의 단위다……단어 곧 낱말-옛말로는 씨라는 것이다.
>
> — 이상춘, 1946, 31~32

의견상으로 보아서도 전 시대에 11종으로 불리던 품사의 명칭이 "씨"와 "품사"로 통일됨으로 해서 이들 개념이 어느 정도 정립된 것을 알 수 있다. 대부분의 문법서에서 단어에 대한 견해와 아울러 품사에 정의가 언급되어 있다. 특히 최현배(1937)에서는 언어단위로서의 단어의 성격을 면밀하게 검토하고 있는데 이는 문법학사에서 처음 있는 일이다. 그러나 외솔문법에서도 단어와 품사에 대한 구분은 이루어지지 않고 있다. 정의를 간략히 검토하면 품사는 "월의 성분의 단위"라고 하였는데 "성분의 단위"란 뜻이 모호하며, 성분을 구문요소(constituent)라고 하였다면, "조사"를 독립품사로 설정함은 불가하다. 체언에 토가 첨부되어야만 구문요소로 성립되기 때문이다. "더 가를 수 없는 소리의 한 덩어리"란 "의미의 최소자립단위"라는 품사 즉 단어를 지칭한 것과는 거리가 멀다. 품사를 "말을 분류하는 입장에서의 낱말"이라 한 것도 마찬가지로 모호한 표현이다. "말의 분류"란 다의적이기 때문이다. 그러나 전기에 비하여 진전된 일면이 있다면 단어는 언어의 의미적 최소단위라는 성격을 어느 정도 나타내고 있다는 것이다. 최현배는 단어가 의미의 최소단위임을 분명히 밝히고 있고 박상준, 박종우, 장지영, 신명균, 심의린, 이상춘 등의 단어에 대한 정의도 의미의 최소단위임을 나타내는 것으로 해석할 수 있다. 그러나 다른 언어단위와의 대비적 구분이나 한계가 명시되어 있지 않은 약점을 지니고 있다.

품사의 개념은 아직도 정립되지 못하여 단어와 동일시되고 있다. 다만 "단어의 종류", "어문의 경위에 따라서 단어를 분류한 것", "단어를 성질상 구분한 것" 등 어의적인 설명을 붙임에 그치고 있다. 권영달의 "단어를 문

법 설명의 필요에 의하여 그 개념의 공통점으로써 분류한 것"이란 정의는
의미적인 면을 중시한 것이기는 하나 품사의 개념에 접근된 것이라고 할
수 있다.

2. 분류양상과 체계상의 특징

이 기간에 연구된 품사론연구 자료를 살펴보면

> 최현배(1930, 1934, 1937), 박승빈(1931, 1935, 1937), 박상준(1932), 강매(1932),
> 김윤경(1932), 장지영(1932), 신명균(1933), 심의린(1935), 권(幸田)영달(1941), 박종
> 우(1946), 이상춘(1946)

등으로 활약한 문법가는 모두 11명이고, 연구 자료는 15종에 불과하다. 전
시대에 등장한 강매의 문법내용이 동일한 것을 감안한다면 실질적으로 10
명의 문법가에 14종의 연구물이 있을 뿐이다. 이는 전 시대에 비하여 시간
적으로 절반밖에 되지 않는다는 요인도 있으나 양적으로 보아서 3분의 1
에 해당하는 적은 것이다. 그러나 내용적으로는 최현배 문법으로 인하여
한층 심화되고 체계화된 결과를 가져왔다.

〈표 4〉

구분 / 문법가	품사수	문법유형	체언			용언				체언토		용언토			수식언		상언	
			명사	대명사	수사	동사	형용사	존재사	지정사	조사	후치사	어미전체	종결어미	연결어미	관형사	부사	접속사	감탄사
(1) 권영달 (1941)	6	I-통	명사			동사	형용사			조사		조사				부사		감탄사
(2) 이상춘 (1946)	6	I-통	명사			동사	형용사			토(후치사)		토(후치사)				부사		감탄사
(3) 강매 (1932)	7	I-통	이름말(명사)			움말(동사)	끌말(형사)			도움말(조사)		도움말(조사)				겻말(부사)	닛말(접사)	늑김말(감사)
(4) 박상준 (1932)	9	II-체언토	명사	대명사	수사	동사	형용사			조사						부사	접속사	감탄사
(5) 김윤경 (1932)	9	I-분	임씨(명사)			움씨(동사)	엇씨(형용사)			겻씨(조사)			맷씨(종지사)		언씨(관사)	억씨(부사)	잇씨(접속사)	늑씨(감탄사)
(6) 장지영 (1932)	9	I-분	님씨(명사)			움씨(동사)	얻씨(형용사)			겻씨(조사)			맷씨(종지사)		언씨(관형사)	억씨(부사)	닛씨(접속사)	늑씨(감탄사)
(7) 신명균 (1933)	9	I-분	명사			동사	형용사			조사			종지사		관사	부사	접속사	감탄사
(8) 박종우 (1946)	9	II-체언토	명사(이름씨)	대명사(대이름씨)	수사(셈씨)	동사(움직씨)	형용사(어떻씨)			조사(토씨)					관형사(어떤씨)	부사(어찌씨)		감동사(느낌씨)
(9) 최현배 (1930, '34, '37)	10	II-체언토	이름씨	대이름씨	셈씨	움즉씨	어떻씨		잡음씨	토씨					매김씨	어찌씨		느낌씨
(10) 심의린 (1935)	10	I-분	명사	대명사		동사	형용사	존재사		조사		조동사				부사	접속사	감탄사
(11) 박승빈 (1931, '35, '37)	10	I-분	명사	대명사		동사	형용사	존재사	지정사	조사		조사		조용사	관형사	부사	접속사	감탄사

문법 체계 면에서도 전 시대에는 많은 경우 한 사람이 5가지 품사체계를 가지는 혼란상을 보였으나 이 시대에 와서는 1인 1체계라는 안정된 결과를 보이고 있다. 최현배, 박승빈의 경우 각각 3권의 문법서를 발간하고 있으나 품사체계에는 변동이 없고 다만 서술내용의 정도를 달리하고 있을 뿐이다.

1) 崔 鉉 培	1체계	3종	7) 沈 依 麟	1체계	1종
2) 朴 勝 彬	1체계	3종	8) 權 寧 達	1체계	1종
3) 朴 常 垓	1체계	1종	9) 朴 種 禹	1체계	1종
4) 金 允 經	1체계	1종	10) 李 常 春	1체계	1종
5) 張 志 暎	1체계	1종	11) 姜　邁	1체계	1종
6) 申 明 均	1체계	1종	11명	11체계	15종

그러면 이들이 구체적으로 어떠한 분류양상을 보이는가를 살펴보기로 하자.

앞면 <표 4>에 나타난 현상을 첫째 품사 수에 따른 분류체계, 둘째 품사분류유형, 셋째 품사명칭과 범주로 구분하여 살펴보기로 한다.

1) 품사 수에 따른 분류체계

품사 수에 따른 분류현황을 표로 정리하면 다음과 같다.

품사 수	품사체계수		문법책수		문법가
6	2	18%	2	13%	權(幸田)寧達, 李常春
7	1	9	1	7	姜 邁
9	5	45	5	33	朴相埈, 한결생, 張志暎, 申明均, 朴種禹
10	2	18	4	27	崔鉉培, 沈宜麟
12	1	9	3	20	朴勝彬
5종	11체계		15권		11명(崔鉉培 3. 朴勝彬 3)

이 시대에는 6품사, 7품사, 9품사, 10품사, 11품사의 5종이 나타나는데 이는 전 시대의 체계 중에서 8품사, 13품사의 2체계가 빠지고 새로이 박승빈 문법의 12품사체계가 등장한 것이다.

라틴문법체계의 전형이 되는 8품사체계는 등장조차 하지 않았고 9품사체계가 도입기 문법에서처럼 대표적인 분류체계가 되고 있어 9품사가 가장 보편적인 체계임을 보여주고 있다. 이들 각 체계의 특성을 살펴보면 아래와 같다.

(1) 6품사체계

도입·수용기의 주시경, 이규영의 문법에서와 마찬가지로 일반화된 품사분류체계는 아니다. 도입기의 6품사체계는 토와 어미를 각각 독립품사로 인정하는 제Ⅰ분리유형이 7품사체계와 상관을 이루던 분류법이었는데 반성기에서는 6품사체계와 밀착되고 있는 것이 특징이다.

　권영달과 이상춘의 6품사는 대체적으로 유사한 분류체계로 명칭과 품사 범주에서도 일치하는 것으로 볼 수 있다.

　먼저 분류체계를 살펴보기로 하자.

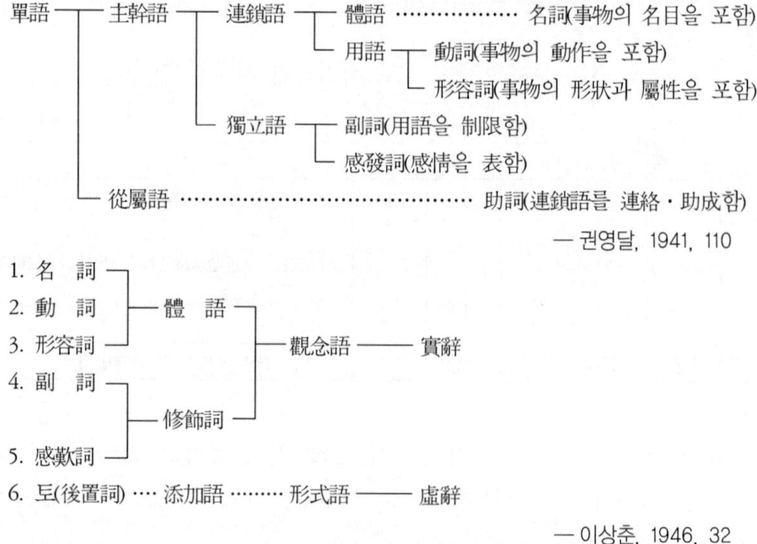

　권영달의 품사 각론은 구체적으로 명시되어 있지 않아 자세히 알 수 없으나 주시경과 박승빈 문법에 대한 비판을 통해서 알 수 있다. 권영달과 이상춘의 6품사체계는 품사 수에서만 일치하는 것이 아니고 전반적인 체계가 유사하다. 위의 두 분류표의 경우를 보면 권영달은 통사적 기능을 중시한 것이고 이상춘은 형태론적 의미를 중심으로 분류한 것이기는 하지만 토를 분리한 2분법에서 동일하고 토의 품사범주가 조사, 접속사, 종지사를 함께 포함해야 한다고 강조한 점에서 일치한다. 대명사를 명사에, 관형사를 형용사에 포함시키는 것 등도 그대로 일치된 견해다. 이러한 토의 처리방법은 김희상 문법의 예와 동일한 것이다.

(2) 7품사체계

강매의 7품사체계는 이미 언급한 도입기의 것과 동일한 것이므로 상론을 피한다. 다만 위의 6품사체계와 비교할 때 접속사가 더 있는 체계다. 접속사는 접속조사와 접속어미에 해당하는 것이므로 6품사체계의 토에서 접속사를 분리시킨 체계일 따름이다.

(3) 9품사체계

9품사체계는 도입기에서도 언급하였듯이 국어품사론사에서 가장 보편화된 문법체계다. 서구 전통문법에서도 다수를 차지하고 있다.

박상준, 김윤경, 장지영, 신명균, 박종우의 문법이 이에 해당된다. 이 시대의 9품사체계는 박상준과 박종우의 제Ⅱ유형과 김윤경, 장지영, 신명균 등의 제Ⅰ분리유형의 체계로 크게 나누어진다. 이는 비단 문법유형의 차이만이 아니라 품사내용 전반에서도 2가지로 양분되는 양상을 보이고 있다. 체언을 살펴보면 2가지 유형으로 나누어진다. 명사 한가지로 통합한 단일형과 명사 · 대명사 · 수사의 삼분형의 두 가지 유형이다. 후자의 삼분형은 제Ⅱ유형의 분류법을 취한 박상준, 박종우의 문법체계다. 용언을 동사 · 형용사로 이분한 것은 공통적이며 부사, 감탄사를 독립품사로 설정함도 모든 문법가에게 공통되는 사항이다. 관형사의 경우 박상준을 제외하고는 모두 품사로 인정을 하였고 접속사의 경우는 박종우를 제외하고는 모두 독립시키고 있다. 9품사체계에 해당하는 문법가는 주시경 계열의 문법이거나 영향을 받은 것으로 볼 수 있다. 김윤경, 장지영, 신명균의 문법은 주시경 계열이고 박상준, 박종우의 문법은 주시경계인 최현배 문법의 영향으로 볼 수 있다. 주시경계 문법의 특색인 관형사의 품사 설정이 단적인 증거가 되고 최현배의 문법체계인 제Ⅱ유형의 문법을 택한 것이 그 이유가 된다.

(4) 10품사체계

10품사체계는 최현배(1930, '34, '37)와 심의린(1935)의 품사체계로 품사의 수만이 같을 뿐 전혀 다른 체계다. 최현배 문법이 제Ⅱ유형의 문법으로 체언토를 "토씨"로 독립시킨 데 반하여 심의린은 조사와 조동사로 구분하여 설정한 제Ⅰ분리유형의 문법이다. 심의린의 조사와 조동사는 체언토와 용언토에 각각 대응되는 것은 아니다. 대략 조사는 서술격 어미「이다」를 제외한 모든 체언토와 대부분의 용언의 연결형어미를 포함하는 것이다. 조동사는 종결어미 전부와 일부 전성어미, 선어말어미 등을 포함하는 품사로 그 형태 및 기능 면에서 일관된 문법범주를 형성하지 못하고 있다. 또한 관형사를 접두어로 부당하게 처리하고 있다. 그러나 접속사의 경우 조어와 어미를 제외시킨 순수 접속사들만에 한정시키고 있어 비교적 정리된 일면을 보이고 있다.

최현배 문법의 10품사체계는 지정사(잡음씨)를 설정한 것을 제외하고는 일반적으로 9품사체계와 같은 것이다. 다만 토의 처리에 있어서 특색이 있을 뿐이다.

(5) 12품사체계

12품사체계는 국어품사분류사에 있어서 처음 등장하는 분류체계다. 체언을 이분하여 명사·대명사로 설정한 것은 일반적이나 용언을 동사·형용사·존재사·지정사로 4분하고 있는 것은 박승빈 문법에 한한 것이다.

「조선어학」(1935)에 의거 전체적인 분류체계를 보면 <표 5>와 같다.

토의 처리는 체언토와 용언토를 합하여 조사로 통합 처리한 제Ⅰ통합유형이다. 조용사는 선어말어미만을 지칭하는 것으로 단어로 성립될 수도 없거니와 품사설정이 불가한 문법범주다.

〈표 5〉

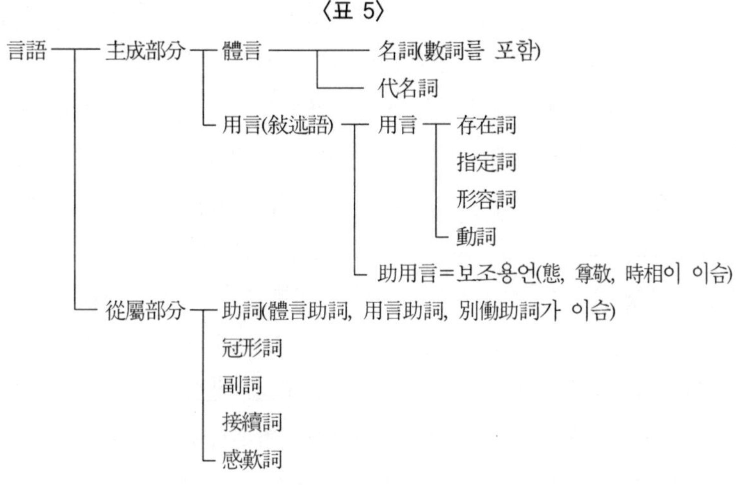

— 위책, 175

2) 품사분류의 유형

체언의 분류유형을 보면 단일형, 이분형, 삼분형의 세 체계가 모두 등장
하는데 체언을 명사 한 가지로 설정한 단일형이 5가지 체계가 되어 반수
에 해당한다. 이는 전 시대에 나타났던 경향과 같은 것이고 또한 주시경계
문법의 특색이다. 삼분형은 최현배의 박상준, 박종우의 분류체계로 제Ⅱ유
형문법과 상관되어 있다. 최현배, 문법서가 3권인 것을 감안한다면 수사의
품사적 지위는 전 시대에 비하여 증가된 것이다. 용언의 분류유형은 최현배,
심의린, 박승빈을 제외하고는 모두 동사, 형용사의 이분형을 취하고 있다.
토의 처리법에 따른 분류형을 살펴보면 다음과 같다.

제Ⅰ유형	분리형	4체계 36%	4권 27%	김윤경, 장지영, 신명균, 심의린	
	통합형	4 36	6 40	권영달, 이상춘, 박승빈, 강 매	
제Ⅱ유형	체언토	3 28	5 33	최현배, 박상준, 박종우	
	3종	11체계	15권	11명	

도입·수용기의 난립되었던 품사분류유형이 이 시대에 와서는 통일 정제된다. 토의 처리에 대한 견해가 크게는 제Ⅰ, 제Ⅱ유형의 두 가지로 되고 세분하여서는 세 가지로 나타난다. 제Ⅰ유형은 문법체계에서 72%, 문법책 수에서 67%가 되어 제Ⅱ유형에 비하여 월등하게 많은 세력을 유지하고 있으나 제Ⅱ유형의 출현으로 하여 차차 세력을 잃게 된다. 제Ⅰ유형 중에서 분리형은 김윤경, 장지영, 신명균, 심의린 등 네 문법가의 분류법인데 심의린의 분류법은 다른 문법가들과 구분된다. 김윤경, 장지영, 신명균은 토를 조사, 종지사, 접속사로 삼분하고 있는데 심의린은 조사·조동사로 이분하고 있다. 심의린도 접속사를 설정하고 있으나 토가 아닌 「또, 밋, 하물며, 더구나, 또는」 등 일반적인 의미의 접속사에 국한시키고 있다. 김윤경등의 토의 처리는 주시경, 김두봉과 동일한 것이다.

통합형인 권영달, 이상춘, 박승빈의 토의 처리는 약간씩 다르다. 이상춘의 경우는 주시경 문법에서의 접속사와 같이 「와, 과, 다가, 으며, 고, 면서, 니, 지언정, 거니」를 접속사로 독립시켰으나 박승빈의 접속사는 「밋, 또는, 글으하나」 등 일반적 의미의 접속사만 설정하고 있다.

제Ⅱ유형은 최현배 문법으로 대표되는 분류체계다. 이미 전술한 바 있거니와 유길준 문법에서도 이 같은 분류법이 보이기는 하나 그것은 어디까지나 미확립 상태에서 나타난 현상이고 오히려 Underwood의 구분법이 이에 해당한다. 박상준, 박종우의 경우도 최현배 문법의 처리법과 동일하다. 박상준의 경우 접속사를 설정하였으나 토와는 무관한 순수 접속사만을 다루었다. 접속사에 대한 고찰은 토의 처리법에 대한 시사와 함께 문법계통의 일부를 살필 수 있게 한다. 김윤경, 신명균, 장지영, 이상춘은 주시경과 같이 「와, 과, 다가, 으며, 고, 니」 등을 설정하였고, 심의린, 박상준, 권영달 등은 순수 접속사만을, 최현배, 박종우는 설정하지 않았다.

이 시대의 문법은 외형적으로는 제Ⅰ유형이 대다수를 차지하나 내용적으로 살필 때 김윤경, 장지영, 신명균의 문법이 주시경, 김두봉 문법을 그대로 따른 것이기에 전 시대인 도입·수용기의 문법에 해당하는 것이다.

이상춘의 문법도 같이 해석할 수 있다.

심의린의 문법도 이완응 문법을 그대로 추종한 것이므로 실제로 최현배, 박승빈, 권영달, 박상준, 박종우의 문법이 남게 되는데 박상준의 문법이 최현배 문법의 아류고 또 박종우는 박상준 문법을 바탕으로 하였다는 것을 고려한다면 세 사람의 문법가만이 남게 된다.

3) 품사명칭과 범주

전 시대에 살펴보았던 것과 같이 품사명칭을 통하여 이 시대의 품사분류의 특징의 일부를 알아보고 전시대와 비교해 보기로 한다.

품 사 ＼ 구 분	고 유 어 계	한 자 어 계
1) 名　　　詞	임씨, 님씨, 이름말	名　詞
2) 代　名　詞	대이름씨	代名詞
3) 數　　　詞	셈씨	數　詞
4) 動　　　詞	움씨, 움직임씨, 움즉씨, 움말	動　詞
5) 形　用　詞	엇씨, 얻씨, 어떻씨, 쓸말	形容詞
6) 存　在　詞	―	存在詞
7) 指　定　詞	잡음씨	指定詞
8) 助　　　詞	토, 겻씨, 토씨, 도움말	助　詞
9) 終　止　詞	맺씨, 토, 도움말	助詞, 終止詞, 助動詞
10) 助　用　詞	―	助用詞
11) 冠　形　詞	언씨, 매김씨	冠詞, 冠形詞
12) 副　　　詞	억씨, 어찌씨, 겻말	副　詞
13) 接　續　詞	잇씨, 닛씨, 닛말	接續詞
14) 感　歎　詞	늑씨, 느낌씨, 늑김말	感歎詞

11명의 문법가 중에서 김윤경, 장지영, 강매, 최현배의 경우만 고유어계통의 용어를 사용하였고 다른 학자들은 한자계 용어를 사용하여 전기와 같이 보편적인 용어는 한자어계가 됨을 알 수 있다.

이 시대에 설정된 품사 수는 모두 14종이 된다. 이는 전 시대에 비하여 금지사, 부정사, 호응사, 후치사, 조동사, 형동사 등 6종이 준 것이다. 품사의 종류뿐만 아니라 품사의 범주도 보편화되고 있는 현상을 살필 수 있다. 일부 체언토와 용언토에 해당하는 품사들과 접속사의 경우를 제외하고는 대부분의 품사범주가 일반화된다.

전 시대에는 20종 품사에 86개의 명칭이 사용되었던 데 비하여 14개 품사에 48개의 명칭이 사용되고 있어 명칭도 보편화되고 정리되었음을 알 수 있다. 한자어계 명칭은 종지사와 관형사만을 제외하고는 통일되었으며 고유어계통도 주시경과 김윤경·장지영과 최현배, 강매의 명칭 등 세 가지로 사용되고 있다. 가장 극심한 혼란을 보였던 종지사도 20개의 명칭에서 6개로 줄고 조사도 17개에서 5개로 줄고 있다. 이와 같이 명칭이 통일되고 품사 수도 줄어든 것은 도입·수용기의 문법에 대한 반성에서부터 연유된 것이고 보편화 경향을 나타내는 것이다.

3. 문법가별 분류상의 특징

1) 제1계열

(1) 朴勝彬, 「朝鮮語學」(1935) 외

學凡(학범) 박승빈의 문법은 1931년 「조선어학강의요지」, 1935년 「조선어학」, 1937년 「간이조선어문법」의 세 가지로 각각 초기안, 중기안, 말기안에 해당된다. 각 단계별로 수정을 가하여 확정된 것이다. 박승빈 문법은 자신이 밝힌 대로 영문법과 일문법의 영향을 받은 것으로 생각되는데 특히 1) 문법의 영역 단어, 文으로 잡은 것, 2) 존재사의 설정, 3) 조용사의 설정, 4) 용언의 어미활용, 5) 조사의 분류, 6) 접속사의 설정, 7) 文主의 설정 등으로 보아 大槻文彦, 山田孝雄, 松下大三郎 문법의 영향을 받았으리란 견해가 있다.[52]

著者는 英語의 文法과 日本語의 文法의 糟粕을 解得한 관계로 聯想的으로 朝
鮮語文法에 관한 思考가 두뇌의 일부분을 侵入하였음은 26년전의 일이다.

一序言, 3

「조선어학」(1935)을 중심으로 그의 품사분류의 특색을 살펴보기로 한다.
단어에 대한 정의를 "사람의 성음으로서 의의가 있는 것의 단위"라고만
하여 정확하게 단어의 본령을 설명하지 못하고 있다. 또한 품사를 단순히
"단어의 종류"라고만 하여 역시 명확한 품사관이 수립되어 있지 않음을
알 수 있다.

품사분류 체계는 앞에서도 살펴보았듯이 12품사체계로 되어 있다. 각
품사에 특징적인 것을 살펴보면 체언을 2분하여 명사, 대명사로 나누었는
데 수사를 명사의 하위분류로 처리하여 表數名詞(표수명사)라고 하고 있다.

명사의 격에 대한 설명으로 "文의 組織에 대한 名詞의 關係를 名詞의
格이라고 니씀"이라 하고 구문요소의 명칭에 준하여 주격, 목적격, 부서격,
소지격, 호격으로 나누고 있다. 이는 외솔문법의 격분류와 같은 것이다. 또
한 「ㅁ, 기」가 어간 뒤에 붙어서 파생되는 경우와 굴절되는 경우를 구분해
내고 있다.

박승빈 문법이 영문법과 일문법과를 대비 설명해 나가면서도 초기문법
에서 중시하던 체언의 성과 수 문제에 대해서 일체 언급하지 않은 것은
우리말에서 성과 수가 문법범주가 되지 못한 것을 인식한 것이라 보인다.

용언은 이분하여 다시 용언과 조용언으로 구분하고 있다. 조용언은 달
리 보조용언이라고도 호칭하고 있는데 태, 존경, 시상을 표시하는 선어말
어미를 지칭하는 것으로 이른바 서구문법의 조동사(auxiliary verb)의 개념과
흡사한 것이란 설명은 붙이고 있으나 실제로는 다른 것이다.

용언분류의 특색은 동사 형용사 외에 존재사와 지정사를 설정한 것이다.

---

52) 金敏洙, "朴勝彬「朝鮮語學講義要旨」解說" 歷 48, "「朝鮮語學」解說" 歷 50, "「易朝鮮
語文法」解說" 歷 49, 姜馥樹, 1972, 216~223 참조.

강복수(1972)는 '존재사'의 설정이 일본문법의 영향을 받았으리란 견해를
표명하였으나 "존재사가 영어와 일본어에는 동사중에 편입되야 이슴"(조선
어학, 191)이란 설명으로 보아 일본문법의 영향과는 무관한 것으로 해석하
여야 한다. 오히려 이완응 문법의 존재사에 그 맥락을 두어야 할 것이다.
그러나 이완응 문법에서 다룬 「계시다」의 경우는 제외시키고 이스(有, 存,
在), 업스(無, 不存, 不在)의 두 단어만을 존재사에서 언급하고 있다.

지정사에 대하여 "英語에는 動詞에 混入되야 이스며 日本語에는 그와
같은 用言이 업슴, 조선어에는 指定詞가 獨立한 한 品詞로 되야 이슴(위책,
294)"이라 하여 주장하고 있는데 이는 최현배 문법에 이어 두 번째 품사설
정이 된다. 그러나 외솔문법과는 달리 「이(是)」, 「안이(不是)」로 분절하는 차
이가 있다. 즉 「이」만을 본디 지정사로 지칭하고 "안(否定副詞)+이(是)→ 안
이(不是)"로 해석하였다.

용언의 활용에 대하여

元來 文法 硏究中 가장 重要한 部分은 用言의 活用이다. 그러할 쑨 아니라 著
者 專攻的으로 硏究한 것도 쏘한 그 部分에 관한 것인 故로 用言 活用에 관한
部分이 以下 論述中에 가장 重要한 眼目이 된 것임.

— 위책, 169, 緒論

이라 하여 활용을 중시하고는 있으나 그의 활용체계는 근본적으로 문제점
을 안고 있다.

첫째 언어분절이 잘못되었고, 둘째 술어 적용상의 잘못이다. 예로 용언
은 어간과 어미로 나누는데 어미는 한 단어의 마지막 음절을 뜻하는 것이
고 어간은 어미 앞부분이라고 하였다.

例	語 幹	語 尾
望 :	바	라-
高 :	노	프-
待 :	기다	리-

기본형의 설정부터가 잘못되었고 또한 음절 위치에 따라 어간과 어미를 구분하는 것은 음운론적으로도 형태론적으로도 무의미한 것이다. 또한 어미에는 原段(원단)과 變動段(변동단)이 있는데 원단은 용언의 원형(root)인 음이오 변동단은 원단으로부터 변동된 음으로 이 변동단을 활용형이라고 하고 다음과 같은 예를 들었다.

原 段 音：食 머그(며) 高 노프(며) 大 크(며) 消 스그(며) 勝 (이기)며
變動段音 : 머거(서) 노파(서) 커(서) 쩌(서) 이겨(서)

이 부분에서도 마찬가지로 어간과 어미의 용어 개념이 정립되어 있지 않으며 용언의 원형(root)을 잘못 잡고 있다. 즉 어간말음을 일본어의 문법 체계를 모방하여 「아, 여, 오, 우, 으, 이」 단으로 설정 분류하고 자음으로 끝난 것은 약음으로 처리하는 등 근본적인 모순을 내포하고 있다. 용언의 구성을 「어간+어미+조용사+조사」의 4단계로 보고 2단계의 「어미」 부분의 변화를 활용이라 하는 것부터가 잘못이다. 또한 어간의 변화를 활용이란 개념에 포함시키고 있는 잘못도 범하고 있다. 오히려 본격적인 의미의 활용은 '조용사, 조사' 부분의 변화가 되어야 함은 말할 나위가 없다. 용언의 활용은 국어의 경우 태(voice)와 서법(mood)과 시제(tense)와 존칭(polite)에 따른 어형변화－굴절이 되는데 결과적으로 시제와 존칭을 조용사에서 다루었고, 서법은 조사에서 다루었다.

박승빈 문법의 조사는 체언토와 용언토를 합친 제I 통합유형의 분류체계로 김희상, 이병기 문법의 토와 유형을 같이 한다. 그러나 박승빈의 조사의 분류는 (一) 체언조사(체언 뒤에 옴), (二) 용언조사(용언 뒤에 옴), (三) 별동조사(개별적 자격으로 체언, 용언 뒤에 첨가됨) 등 형태적으로 명확히 구분되었고 하위분류에서도 기능과 의미에 따라서 정연하게 분류되어 있다. 비록 제I 통합유형이란 초기의 분류 형태를 따른 것일지라도 토를 기능어 (functional word)란 입장에서 통합하고 그 하위분류에서 문법적 기능에 중점을 두고 있다는 것은 제III유형의 문법관과도 일맥상통하는 것이다. 그러나

허사 부분을 독립품사로 설정한 것은 문법적인 설명의 어려움을 스스로 느끼고 있다고 보인다. 접속사 항목에서 "그리고(그러하고), 그러나(그러하나), 요래서(요래하야서), 그러니까(그러하니까), 그래서(그리하여서)" 등을 독립한 단어가 아닌 접속사구로 처리해야 한다는데 대하여 장황하고 곤혹스런 설명을 덧붙이고 있다.

박승빈의 문법은 일본문법의 영향을 받았다는 견해가 대두되긴 하나 영문법체계와 함께 대비적인 입장에서 부분적으로 적용한 것이며 무비판적으로 모방한 것은 아니다. 선어말어미를 독립품사인 조용사로 설정한 것, 존재사와 지정사의 설정의 문제점, 어형분절의 잘못 등이 있기는 하나 전반적인 분류체계에 있어서 정제된 문법이다. 이는 반성기 문법의 2대조류인 정음파의 문법을 대변하는 것으로 외솔문법에 대립되었다는 역사적인 의의도 함께 지니는 문법체계다.53)

(2) 沈宜麟, 「中等學校 朝鮮語 文法」(1936)

서문에 밝힌 대로 1930년 2월에 개정된 언문철자법과 개정교과서 編纂趣意(편찬취의)에 준거하여 당시의 고등보통학교 초급학년 교과서로 만든 것이다. 따라서 문법상의 편찬지식을 익히기 위하여 실례를 주로 하고, 법칙과 이론을 간명히 서술한 것이다.54)

품사론 부분에서 단어는 일종의 의미를 나타내는 언어의 단위 즉 낱말이라 하고 단어를 성질상 구분하여 나눈 것이 품사라고 하였다. 명사, 대명사, 동사, 형용사, 존재사, 조동사, 조사, 부사, 접속사, 감탄사의 10품사로 분류하였는데 분류기준은 의미를 주로 하였고 기능과 형태는 보조적으로 사용하였다.

심의린 문법의 품사론은 이완응 문법에 바탕을 두고 있다. 전체의 분류체계에서 수사를 명사의 하위에 넣은 것을 제외하고는 이완응 문법과 동

---

53) 朴炳采 外(1982), 「日帝下의 文化運動史」, 446~496 참조.
54) 金敏洙, "沈宜麟, 「中等學校 朝鮮語 文法」 解說" 歷 59 참조.

일한 것이다. 관형사를 독립품사로 인정하지 않고 접두사로 처리한 것도 동일하다. 그러면 심의린 문법이 이완응 문법에 바탕을 두고 있음을 밝히기 위하여 같은 점을 찾아보기로 하자.

명사에 해당하는 부분을 찾아보면

沈宜麟	李完應
(一) 普通名詞와 固有名詞	普通名詞 • 本來名詞
(二) 本來名詞와 轉成名詞	• 轉成名詞
(三) 完全名詞와 不完全名詞	固有名詞
名詞의 複數 · 轉音 · 敬語	名詞의 複數 · 轉音及敬語

위와 같이 분류체계가 같을 뿐만 아니라 설명 내용도 같고, 예시된 단어 등이 같은 것도 여러 군데 보인다.

대명사의 경우는 더욱 유사하다. 분류체계가 인대명사와 물대명사(지시대명사)로 되어 있는데 「대명사의 4칭」이라는 제목에서부터 도표양식 및 내용까지 동일한 것이다.

이들을 대비하여 옮기면 다음과 같다.

沈 宜 麟

種類 ＼ 稱	自稱	對稱	他稱	不完稱
尊敬	저 (제) 나 (내)	당신 로형	이 어른 그 어른 저 어른	어느 어른
普通	나(내) 본인 · 이사람	당신 로형	이 · 그 · 저 양반 이 · 그 · 저분	누구(뉘) 어느 사람 어느 분
對等	나 (내) 본인 · 이사람	자네 · 자긔 그대	이 · 그 · 저이 이 · 그 · 저분 이 · 그 · 저사람	누구(뉘) 어느 사람 어느 분
對下	나 (내)	자네 · 자긔 너 (네)	이 · 그 · 저사람 저(제) · 자긔 이 · 그 · 저애	누구(뉘) 어느 사람

李 完 應

種類＼稱	自稱	對稱	他稱	不完稱
尊敬	저 (제) 나 (내)	당신 로형	이 어른 그 어른 저 어른	어느 어른
普通	나 (내)	당신 로형	이 량반 저 량반 그 량반	누구(뉘) 어느 사람
對等 又는 下等	나 (내)	자네 그대	이 이 그 이 저 이	누구(뉘) 어느 사람
對下	내 (내)	너 (네)	이 사람 그 사람 저 사람 저 (제)	누구(뉘) 어느 사람

대명사의 분류가 같은 것과 마찬가지로 물대명사의 경우도 부분적으로 구분을 달리하기는 했으나 동일한 내용이다.

대명사의 복수·경어도 이완응 문법의 내용을 축약한 것이다.

동사의 경우도 하나하나 구체적인 예를 열거할 필요가 없을 정도로 이완응 문법에서 그대로 옮겨 온 것으로 예조차도 동일한 순서로 나열하고 있다. 동사의 종류에서 「單音動詞와 複音動詞」라는 명칭을 「中聲動詞와 終聲動詞」라고 한 명칭의 차이가 보일 뿐 본래동사와 전성동사, 자동사와 타동사, 피동사와 사동사, 활용부분에서 「아, 어, 여, 야」를 활용자라고 칭하는 것 등 완전히 일치한다.

형용사 경우와 존재사의 경우도 동사의 경우에서처럼 이완응 문법을 축약하고 옮긴 것이고 "동사·형용사·존재사의 구별"이란 항목까지도 이완응에 있는 그대로다.

조동사의 경우도 이완응의 조용사 항목을 부분적으로 제거하고 정리한 것일 뿐 동일하고 조사의 경우도 종류와 용법 등이 동일한데 일부 순서가 바뀌고 부분적으로 삭제된 곳이 있을 뿐이다.

부사, 접속사, 감탄사에 대하여는 이완응 문법과의 비교가 강복수(1972. 22~23)에서 이루어졌다. 심의린 문법은 교과서로 저술되었다는 이유도 있기는 하나 자신의 독창적인 문법이 아니고 이완응의 「중등학교 조선어문법」(1929)을 그대로 축약하여 옮긴 것으로 약간의 용어와 범례들에서만 차이가 나는 것이다. 이는 비단 저작만 달리하였을 뿐 이완응 문법이라고 하여야 마땅하다. 이는 정도의 차이는 있으나 유길준 문법과 최광옥 문법, 김두봉 문법의 품사론을 옮긴 김윤경의 "조선말본"(1932)과 성격을 같이 한다고 보아야 한다.

(3) 權(幸田)寧達, 「朝鮮語文正體」(1941)

권영달의 품사분류는 분류체계에서도 살폈듯이 名詞, 動詞, 形容詞, 副詞, 感發詞, 助詞의 6품사체계로 吐의 처리에 있어 김희상과 같은 제 I 통합유형이다.

"言語(文)의 構成要素가 되는 單語를 文法說明의 필요에 의하야 그 槪念의 共通點으로써 分類한 것"을 품사라고 하였다. 분류기준은 개념 즉 의미가 중시되고 있음을 살필 수 있다. 각 품사의 정의에서도 의미적인 데 중점을 두어 설명하고 있다. 그러나 주시경 문법에 대한 비판에서는 "意義가 들어내는 槪念의 共通點에 依하야 品詞的 存在價値를 認定해야 하고 單純한 意義上 區分은 文法의 紊亂을 招來한다"고 하여 주시경의 조사, 접속사, 종지사가 개념이 아닌 의의에 구분의 바탕을 두고 있음을 비판하였다. 주시경의 관형사에 대한 비판은 그릇된 어원 분석의 단적인 예들을 보이는 것이다.

「새」: 名詞, 언(名詞)+의→어느, 몯(動詞)+은→모든, 믓(명사 '무엇'의 축약)+은→무슨 등과 같이 어원분석을 하고 있다. 이는 비단 관형사 항목에서만 그런 것이 아니고 다른 곳에서도 잘못을 보이고 있다(例 : 조쌀→좁쌀 등). 또한 「은, ㄴ」이 붙어 관형사-형용사가 된다는 설명으로 영어의 golden도 명사 뒤에 「은」음을 붙이며 형용사가 된 것이라는 등 초보적인 잘못을 범하고 있다.

박승빈 문법에 대한 비판으로는 대명사와 존재사 지정사 등에 걸쳐 있다. 국어에서 대명사 설정의 불필요성을 역설하여 서구어에서는 person, case, number, gender가 있으므로 명사와 구별된다고 하는 견해를 보이고 있다. 그러나 존재사에 대한 비판에서 존재사를 형용사로 처리함에는 무리가 없다. 그러나 국어와 영어와 일본어의 예를 비교하면서 민족의 우열을 따지는 등 역시 원초적인 잘못을 범하고 있다.

지정사 「이」에 대해서는 "名詞 밑에 붙이는 接尾辭로서 그 名詞와 함께 그 名詞의 뜻하는 事實을 肯定하는 形容詞가 된다."고 하였다. 「이」를 형용사화 접미사로 처리하는 독특한 견해를 보이고 있다. 이는 「답다」, 「스럽다」, 「롭다」 등 형용사화 접사의 부류에 넣어 문법적 설명이 가능한 것으로 보이나 실제 「꽃이다」 등은 관형어의 꾸밈을 받으나 「꽃답다」의 예는 부사어의 한정을 받게 되어 같은 부류의 접미사로 처리할 수 없음을 쉽게 알 수 있다. 「아니다」의 경우는 「아('아니'의 축약)+이」로 보아 사실의 부정으로 「이」의 반대개념으로 보았다.

```
사실의 眞否 ┬ 긍정 ┬ 것이(게), 내이, 끝이, 산이, 힘이
           │      └ 봄이, 집이, 붓이, 선생이
           └ 부정 …… 안이
```

— 위책, 121

박승빈 문법에서 조용사로 처리한 「이, 히, 아지, 시, 으서, 았, 었, 겠」들은 품사적인 존재가치를 가지지 못하고 용언 밑에 붙는 접미사에 불과하다고 한 것은 비록 선어말어미와 어말어미의 개념이 정립되어 있지는

않으나 정당한 비판이다.

품사전성의 한계를 정하는 규칙으로 「語勢의 不逆性」이란 규칙을 설명하고 있는데 이는 "아버지께서 보시었음이 분명하다"의 예에서 「보시었음」은 명사적 작용을 하고 있으나 아버지와의 관계에서 용언적 구실을 먼저 하고 있기 때문에 뒤에 나타난 명사적 구실이 선행한 작용을 변경시키지 못한다는 일종의 품사의 통사적 통어관계의 고찰로서 흥미로운 것이다. 그러나 구어체나 문어체를 구분해서 달라지는 등 일관성이 없는 설명이다.

권영달의 문법은 체언은 정적이고 공간적이며 용언은 동적이며 시간적이라는 시공개념으로 문법현상을 설명하는 특이한 방법을 도용하고 있으나 설득력이 없는 가설에 불과하다. 그러나 체언화와 용언화의 개념에 대한 구체적인 서술은 국어문법학사상 처음 제기된 설명이다.

2) 제2계열

(1) 崔鉉培, 「朝鮮語의 品詞分類論」(1930) 외

이 논문은 국어품사론사에서 각별히 중요한 의미를 가진다. 이는 국어품사론사에서 새로운 전환점을 뜻하고 새로운 문법체계를 마련해 주었기 때문이다. 종전까지의 품사론은 서구의 라틴문법체계를 국어에 적용하는 과정에서 근본적으로 몇 가지 오류와 약점을 지니고 있었다. 첫째 굴절어인 서구어 문법체계에다 첨가어인 국어의 언어적 특징을 고려하지 않고 무리하게 적용시키려 했기 때문에 불합리한 결과를 초래하였다. 둘째 우리말에 대한 형태적 분석이 제대로 이루어지지 않았고 또한 통사론적인 뒷받침의 부족으로 각 품사의 형태 및 문법범주가 확정되지 않았다. 셋째 언어학적인 이론이 뒷받침되지 않았고 또한 이해의 부족으로 이론문법으로서의 경지에까지 체계화되지 못하고 교화적인 규범문법에 그쳤음은 물론 언어학적인 오류를 범하고 있었다. 특히 단어관 내지는 품사관이 정립되지 못한 상태에서의 품사론 기술이었기 때문에 여러 가지 약점을 지니고 있었다. 그렇다고 해서 도입기의 문법이 약점과 오류만을 범하고 있었던 것은 아니다. 보편문법(universal grammar)을 이상으로 하고 개별문법(individual grammar)적 특색을 탐색하던 주시경, 홍기문, 이병기 등의 문법이 있었고 품사론에 선행하여 통사론이 연구되어야 한다는 측면에서의 주시경, 김두봉 등의 문법이 있었다.

종래의 품사론에 대한 반성과 새로운 시도가 홍기문, 이병기 문법에서 강력히 제기되었으나 충분히 이론화되지 못한 채 끝난 것이 도입기의 문법이었다. 독창적인 문법체계를 형성한 주시경 문법은 김두봉 등 많은 후계학자들에게 연계되었으나 주시경 문법의 근본정신에 대한 이론적 천착이나 계승이 제대로 되지 못하고 단편적인 분류법이나 한글 용어의 사용에 그친 감이 없지 않았다. 이러한 문법적 배경에서 등장한 최현배의 이 논문은 이른바 첨가어의 특성에 부합되는 제Ⅱ유형문법의 창시라는 외형적 성과 말고도 내용적으로도 본격적인 의미의 품사이론의 전개라는 점에서 중요한 의미를 가진다. 또한 국어전통문법서의 정점이 되는 「우리말본」의 바탕이 되었다는 점에서도 중요하다. 간략히 본문의 내용을 중심으로 그 의의 및 품사분류를 살펴보기로 한다.

먼저 Sweet의 단어의 정의를 인용하여 "Ultimate independent sence(궁극의 독립한 관념단위)"(p.53)라 하고 주시경의 견해와 같이 문장론이 품사론에 선행하여야 한다고 주장하였다.

> 씨란 것은 월의 成分의 單位이니, 그 以上은 더 가를 수 없는 소리의 한 덩어리이다.(p.54)

라고 품사를 정의하고 토는 품사가 되지만 어간과 어미는 월을 만드는 성분이 아니기 때문에 품사(씨)가 되지 못한다고 하였다. 정의 자체만을 놓고 볼 때 '월의 成分'이란 개념의 다의적 해석과 또한 이것이 토와 어간과 어

미를 구분하는 요건이 되지 못하므로 비판의 대상이 되고 있다.[55]

품사란 말의 유래와 어원을 밝히고 있음도 또한 성과가 되며[56] 홍기문 (1927)의 경우와 같이 라틴문법의 전통에 대한 고찰을 하고 있고 일본어의 품사론도 논의하는 비교문법적 태도를 취하고 있다.

이 논문의 국어품사론사에서 가지는 중요한 의의의 또 하나는 품사분류 의 기준을 처음으로 제시하였다는 것이다.

> 씨(品詞)의 가름(分類)은 그 말법에서의 구실(役目, 職能) 곧 씨 서로의 關係와 월(文)을 만드는 作用의 관계를 주장(主)으로 삼고, 그에 따르는 形成과 意義를 붙힘(從)으로 삼아서, 이 세 가지가 서로 관계하는 狀態를 標準으로 삼아 決定하 여야 한다. … 첫째는 말법에서의 구실을 보고, 담에는 그 구실에 對應하는 뜻 과 꼴을 보아 이것을 標準을 삼아서 씨가름(品詞分類)을 하는 것이 옳으니 라.(pp.60~61)

이들 분류기준은 서구어문법의 전통에 따른 것으로, 이후 국어 문법 품 사분류의 준거가 되었다.

이러한 견해에서 이루어진 분류체계는 아래와 같다.

---

55) 李熙昇, 「國語學槪說」, 1955. 197~198.
56) "品詞란 말은 parts of speech의 譯이니, 詞의 品類란 뜻이다. 우리가 쓰는 「씨」의 뜻 은 말의 씨(語種)란 것이니 돌아가신 周時經 스승님이 비로소 말법의 術語로 쓴 것 인데, 古典에서 보면 訓民正音에 씨란 말이 보이나니라"(p.56)하였다. 訓民正音諺解 의 "訓은 ᄀᆞᄅᆞ칠 씨오" 위의 "씨"는 전혀 다른 것이고, 訓民正音諺解에는 삐(種)의 뜻의 예가 보이지 않는다.

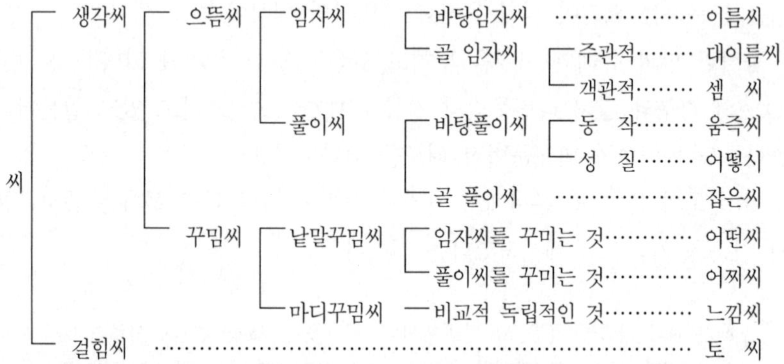

이들의 개별적인 특징을 간략히 살펴보기로 한다.

체언(임자씨)에 대한 정의로 "槪念을 들어내는 낱말이니, 월의 임자가 되는 힘을 가지며, 또 다른 자리를 차지하드라도 늘 월의 뼈다귀(骨格)를 일우나니라"(p.63)라고 하여 의미와 직능을 기준으로 품사설정을 하고 있다. "體言은 語形變化를 하지 않는 품사로 조사를 첨가하여 다른 말과의 관계를 나타내는데 이는 씨끝바꿈(活用, Konjugation)과 달리 꼴바꿈(形變, Deklination)"이라 하여 구분하고 있으니 바로 이것이 제Ⅱ유형 품사설정의 바탕이 되는 이론적 근거가 되는 것이다.

체언을 구분하여 "이름씨(名詞), 대이름씨(代名詞), 셈씨(數詞)"로 구분한 것은 무방한 일일 뿐만 아니라 다른 것들도 또한 이 모양으로 뜻으로 가르지 않을 수 없게 되는 때문이라고 하여 의미적인 기준을 중시하고 있다. 용언을 "일과 몬(物)을 풀이하는(說明하는) 힘(力)을 가진 씨를 이름이니 대개는 사물의 속성조차를 함께 들어 내나니라"(p.66) 하여 체언의 경우처럼 의미와 직능을 중시하고 있다. 용언의 특징으로 가장 요긴한 것은 진술작용(그 풀이의 일함)이고 또 다른 특징은 활용이라 하였으니 활용은 그 형태적 특성을 나타내는 말이다. 용언의 형태적 기능적 차이에 대한 세밀한 검토는 그의 활용체계가 이를 대변해 주고 있다.

최현배 문법은 제Ⅱ유형문법을 수립했다는 의미도 크지만 전 시대에 혼란되었던 용언의 활용체계를 정리했다는 것도 그에 못지않게 큰 의미를 가진다. 즉 종래 문법가들의 풀이법이 분석적임에 대하여 자신의 풀이법은 종합적라고 하여 종합적인 설명법을 취한 이유를 7가지로 들고 있다.[57]

주시경, 김두봉, 홍기문, 이규영, 박승빈 등 문법에서의 어미 처리에 대한 문제점을 지적하고 새로운 활용어미체계를 수립하였다.

1. 「붉다, 먹는다, 본다」는 풀이를 하여 월을 끝내고
2. 「붉게, 먹게, 보게」는 풀이를 하면서 다른 풀이씨에 이어서 그 말의 풀이씨를 꾸미고
3. 「붉은, 먹는, 보는」은 다른 임자씨 우에서 그를 꾸미는 일을 하며
4. 「붉음, 먹음, 보기」는 그 우에 잇는 임자씨를 풀이하면서, 그 전체의 句를 이름씨(名詞)같이 만들어서, 그 말에 임자씨에 붙는 토(임자토)를 붙이어 한 덩어리의 임자말이 되게 하는 것이며
5. 「붉고, 먹으면, 보지마는」은 그 우의 임자말을 풀이하야 월을 끝내지 아니하고 그 다암에 다른 句(마디)를 잇게 한다(p.68).

의 다섯 가지로 구분하고 이들을 다시

1) 마침법(終止法) : 「개었다, 맑다, 노래한다」
2) 이음법(接續法) : 「잘나면, 개니, 맑으면, 노래하거나, 웃거나」
3) 깜목법(資格法) : 「사랑함, 보게, 늙어감, 웃는, 가는, 비오기, 건너, 넘어」
  (pp.77~78)

로 구분하였는데 이는 현재의 활용체계 구분법과 그대로 일치하는 것이다. 또한 선어말어미를 도움줄기(補助語幹)라는 문법형태로 독립시킨 것도 어근,

____

57) (1) 말의 本姓에 더 맞추기 爲함이다. (2) 앞사람의 分析的 說明에는 그 자체 안에서 周到하지 못한 것이 있다. (3) 綜合的 說明法은 말의 理解에 더 便宜함이다. (4) 綜合的 說明은 말의 發達에 有理함이라. (5) 도움 움즉씨(補助動詞)를 풀이함에 綜合的 說明法이 퍽 有利하다. 등의 설명 외에 周時經, 金枓奉, 朴勝彬의 토의 처리에 대해 비판하고 있다(위 논문, 71~73).

어간, 어미, 접두사, 접미사의 개념 정립과 함께 큰 성과가 된다. 결과적으로 용언어미를 "종지사, 조사, 접속사, 조동사, 조용사, 토" 등으로 다기다 양하게 분류되던 제Ⅰ유형문법의 혼란상이 정리될 수 있는 기틀이 마련되었다.

용언의 품사분류를 보면 먼저 실질용언과 형식용언으로 나누고 실질용언은 동사와 형용사, 형식용언은 지정사로 분류하는 삼분법을 취하고 있다. 동사와 형용사의 구분은 서구문법과 일본문법의 경우 시제(tence)에 의해 구분되고 또 서구문법에서 형용사는 진술력(풀이힘)이 없는데 반하여 우리말 형용사는 때(tence)와 진술력을 가지고 있으므로 서구어의 adjective와 verb를 겸한 것이라 할 만하다고 하였다. 그러므로 우리말에서는 동사나 형용사가 풀이힘에서나 시제에서나 활용에서나 별로 다름이 없으므로 두 가지로 가를 필요가 없다고 할 만하지만 뜻으로 분류한 것이고 형태상으로 현재진행이 쓰이지 않음을 지적하였다. 이들은 이미 전 시대의 문법에서도 밝혀진 사실이지만 형용사에 활용의 개념을 도입함으로써 전치형용사, 후치형용사 등의 구차스런 구분법이 해결되었다.

지정사(잡음씨)의 독립품사 설정은 국어문법학사상 처음 등장한 것으로 「이다」의 예에 대해서만 설명하였고 「아니다」의 경우는 언급하지 않았다. 지정사는 다른 용언과 같이 풀이하는 힘을 가지고 있고 또한 시제를 가지고 있기 때문에 용언으로 보아야 한다고 주장하면서 「이다」, 「다」 어형 중에서 「이다」가 기본형이라 하였다. 지정사는 외솔문법의 특징처럼 인식되기도 하였고 후대에 많은 논란을 가져오게 된다.

수식언(꾸밈씨)은 활용이 없는 즉 불변화사라는 형태적 특성과 수식기능이라는 문법적 기능을 중심으로 설정된 품사로 관형사·부사·감탄사로 삼분하였다. 대부분의 문법가에 의하여 설정되었던 접속사를 부사 속에 포함시켜 버린 것은 접속사의 형태적 기능적 특성을 무시한 처리로 "지정사"란 독립품사를 설정한 것과 함께 외솔문법 최대의 결점이라고 할만하다.

조사에 대한 정의로

> 걸힘씨 또는 토씨(關係語 또는 助詞)는 낱말 곧 임자씨 풀이씨 더러는 꾸민씨
> 에 붙어서 그것들의 걸힘(關係)를 밝게 보이는 씨를 이름이라.(p.89)

라고 하였다. 토씨의 토가 예전부터 이르는 '吐'의 범위가 일치하지 않은 것임을 밝히고 있다. 토의 개념은 접미어, 어미, 조사 따위를 일컫는 것이기 때문이다.

기능어인 체언토와 용언토의 품사설정 여부는 국어문법학사의 품사설정에 있어서 가장 중요한 쟁점으로 다루어져 온 것이고 해결되지 않은 문제다. 외솔문법은 제Ⅱ유형문법을 수립하였다는 결과 말고도 이미 제Ⅲ유형의 문법에 대한 검토가 있었음을 아래의 글에서 찾아 볼 수 있고 또한 이는 최현배 개인의 견해에 한한 것이 아니라 당시의 문법연구가들 사이에 논점이 되고 있었음을 알 수 있다. 즉 제Ⅲ유형문법은 서구문법에서 시작되어 김규식 문법에 이어졌고 정렬모 문법에서 구체화되지만 그동안 논의되어 온 사실을 알 수 있다.

> 이왕이면 西洋文法을 딸아서 풀이씨의 씨끝바꿈(活用)을 말하야 맺씨, 잇씨
> 같은 토씨를 없여 버렸으면 – 남어지의 토씨까지도 임자씨나 또는 다른 씨에다
> 가 붙여서 說明하야서, 토씨란 것은 도모지 없여 버리는 것이 어떠할까?고 할
> 것이다.
> 　그러나 이것은 그렇지 아니하다. 왜그러냐 하면 나의 이러한 綜合的 品詞分類
> 가 결코 單純한 西洋文法의 模倣이 아님을 注意하여야 한다. 나도 十餘年前에
> 品詞分類의 硏究를 시작할 적에 一種의 模倣心理에서 임자씨(體言)에 붙는 모든
> 토씨를 다 그 우의 임자씨에다가 붙여서 說明하랴고 애써 본 일이 잇엇으나, 그
> 것이 本是 우리말 自體의 性質에서 나온 試驗이 아니매 畢竟 그 不可能함을 깨
> 치고 말았다. 近者에 와서 朝鮮語硏究者 가운데서 이러한 主唱 – 토씨를 도모지
> 없애자 하는 것 – 이 있음을 본다. 명사말에 붙는 토는 꼭 그 우에 명사에다가
> 붙여 써야만 될 줄로 생각하는 – 딸아서 그 토를 독립한 씨로 보지 않고 그 名
> 詞의 一種의 語尾變化로 푸는 것이 좋은 줄로 생각하는 이가 있을 듯하지마는
> 이것도 그렇지 아니하다.(pp.97~98)

이외에 존재사, 조동사 등 당시 논란의 대상이 된 문제들에 대해 언급하고 있다. 이들 이론은 「중등조선말본」(1934)을 거쳐 「우리말본」(1937)에서 완결된다.

「중등조선말본」(1934)

최현배의 「중등조선말본」(1934)은 "朝鮮語의 品詞分類論"(1930)의 내용을 중등학교 교재로 편찬한 것이다. 그러므로 이론적인 면에서 논의는 가볍게 취급하고 예문을 중심으로 서술한 학교문법서다. 앞에서 살핀 "朝鮮語의 品詞分類論"의 내용을 대부분 수용하고 있고 품사 각론에서 새로운 사항들을 첨가시키고 있다. 새로 첨가된 부분을 중심으로 간략히 살펴보기로 한다.

품사 분류체계는 10품사로 내용상의 변동이 전혀 없다. 명사를 보통명사(두루이름씨)와 고유명사로 하위분류하고 있고 명사의 특성으로 복수를 다루고 있다. 대명사도 명사처럼 하위분류를 하고 높임의 등분에 따라 인칭대명사를 나누고 數(number)를 다루고 있다.

동사에서는 활용체계를 세분화하여 마침법(終止法) 깜목법(資格法) 이음법(連結形)을 각각 하위분류하고 있고 변칙용언, 보조용언, 자동사, 타동사, 동사의 態(voice), 時制(tence) 등을 다루고 있다.

형용사, 지정사도 동사와 같은 절차로 기술하고 있으며 동사와 다른 활용 형태상의 차이점을 자세히 기술하고 있다. 지정사의 경우 상기 논문(1930)에서는 「이다」만을 다루고 있었는데 「아니다」까지 설명하고 있다.

종전의 안확, 이규방, 이필수 등의 문법에서 관형사와 수사의 구분이 이루어지지 않았던 것을 구분한 것도 외솔문법에서 시작된다. 그 외에 토씨를 '자리토씨, 도움토씨, 이음토씨, 느낌토씨' 등으로 분류하는 등 「중등조선말본」에서는 각 품사의 하위분류가 다 이루어지고 있다. 이들 문법 내용은 「우리말본」에서 이론화되고 구체화된다.

「우리말본」(1937)

　최현배의 「우리말본」은 그의 문법체계의 완성일 뿐 아니라 대표적인 전통문법서로서 국어문법연구사에 지대한 영향을 끼친 문법서다. 그의 문법은 주시경에게서 시작되었으나 스스로 독자적인 경지를 개척하였고 다만 일본의 山田文法의 비판을 통해 영향을 크게 받은 것으로 여겨진다는 견해가 있다.58)

　「우리말본」은 1930년의 "조선어의 품사분류론"의 내용과 1934년의 「중등조선말본」의 내용을 수용하고 있으며 앞에서 언급된 것과 중복을 피하면서 품사론의 특성을 살피기로 한다.

　먼저 낱말(單語)과 품사에 대한 정의를 보면

　83. 낱말은 말의 단위(單位 — 낱덩이, Unit)이니, 따로따로 어떠한 생각을 가지고 말함(話)과 글월을 이루는, 직접의 재료가 되는 것이니라.(p.139)
　1. 낱말은 소리의 단위가 아니다.
　2. 낱말은 생각의 낱덩이(單位)가 아니다.
　3. 낱말은 월(文)을 쪼갈라(分析해) 놓은 낱덩이(單位)이다.
　4. 낱말은 말의 단위(낱덩이)이니, 그것은 어떠한 뜻을 나타냄은 물론이거니와 그것이 월을 이룰 적에 항상 그 재료의 한 낱덩이(單位)의 성질을 해하지 아니하는 데까지에 있느니라.
　5. 낱말은 말의 낱덩이(單位)로서의 따로설만함(分立性)을 가진 것이다.
　"낱말이란 것은, 더 쪼가를 수 없는, 말의 낱덩이(單位)이니 : 반드시 어떠한 생각을 가지고, 따로 떨어져서, 말함과 글월을 이루는 직접의 거리(材料)가 되느니라" [註 1] Otto Jespersen : The Philosophy of Grammar. p.96.
　　　　　　　　　　　　　　　　　　　　　　　　　— 위책, 139〜141

　씨는 말의 씨(語의 種)란 뜻이니, 곧 말을 分類하는 선자리(立場)에서 "낱말"을 이름이다.(p.138)

---

58) 金敏洙, "최현배 「우리말본」 해설" 歷 47, 탑출판사.
　　姜馥樹(1972), pp.129〜164.
　　본 논문에서 대본으로 삼은 「우리말본」은 1971년 판임.

라고 하였다. 낱말에 대한 면밀한 정의는 국어문법학사에 처음 있는 일이
긴 하나 위의 인용문에서 살필 수 있듯이 단어(Word)와 품사(parts of speech)
의 개념이 구분되지 않는다. 즉 단어와 품사를 동일시하고 있다. 서론에서
살폈듯이 품사란 단어가 문장이라는 구조 속에 참여하였을 때에 문법적
범주의 유사성에 의하여 분류한 것이다. 위에서 보면 낱말 즉 단어는 "월
(文)을 쪼갈라(分析해)놓은 낱덩이(單位)"라고 하였으니 이는 오히려 품사의
설명에 해당하는 것이다.

　품사분류의 기준으로 기능과 형태와 의미의 세 가지 기준을 구체적으로
도입 설명한 것도 처음 있는 일임은 이미 살펴보았다. 이들 기준에 의거하
여 분류한 10품사의 특징적인 것만을 종전의 학자들의 설명과 비교적인
입장에서 살펴보기로 한다.

　체언을 삼분하여 명사·대명사·수사로 나눔은 의미를 기준으로 한 것
이란 견해도 살펴보았거니와 형태적인 특성으로 대명사의 전달관계를 들
고 있다.

> 대이름씨가 월의 임자 될 적에는, 그 풀이말의 높임이 그 임자말(대이름씨)의
> 높임과 서로 맞아야 하는 관계를 가지며(p.154)

라고 하였는데 이는 우리말에서 존칭이 단순한 의미범주가 아니라 문법범
주로서 용언을 굴절시키는 작용을 하고 있음을 지적한 것이다. 유길준, 김
희상, 이규방, 이필수 문법 등에서도 대우법에 의한 구분은 있었으나 설명
이 이에 미치지 못하였었다.

　명사부분에서 특징적인 것을 살펴보면 1) 명사의 하위분류로 고유명사
와 보통명사의 구분은 필요하나 영문법 체계에 따른 집합명사(collective noun)
물질명사(material noun) 추상명사(abstract noun) 구체명사(concrete noun)의 구분이
우리말에는 필요치 않고 유형명사, 무형명사의 구분도 필요치 않다고 하였
다. 이러한 분류는 특히 김규식 문법의 하위분류에서 보이는 것인데 이들

분류가 문법적 특성을 나타내는 것은 아니나 단어의 의미양상에 따른 어휘목록으로서의 의미가 있는 것이다. 2) 명사의 특성으로서 성(gender)과 수(number)를 가를 필요가 없다고 지적하고 있다. 즉 우리말에서 암수의 구분은 자연의 성이요 문법적 성이 아니며 타품사(관형사, 형용사 대명사)에 아무런 영향도 미치지 않는다고 하였다. 이러한 지적은 이미 이병기 문법에서 강조된 것이며("朝鮮文法講話" p.145) 보통명사와 고유명사의 구분에 대해서도 이병기 문법에서 언급되었음을 보아 가람문법과 외솔문법의 영향관계로 해석할 수 있다. 3) 이상춘 문법 등에서 관계대명사로 처리되어온 「이, 분, 것, 바, 줄, 대, 적」 등을 불완전명사라는 새로운 문법범주를 설정한 것이나, 數代名詞(수대명사) 또는 수사로 다루어온 자(尺), 치(寸), 푼(分), 섬, 말, 되, 양, 돈 등을 역시 불완전명사로 처리한 것은 외솔문법의 공적이다. 또한 수개념을 드러내는 것은 형태나 기능에 관계없이 모두 수사라고 처리하던 종래의 불합리한 분류법을 일신하여 형태와 기능에 따라서 관형사와 불완전명사로 분리해낸 것이나 날짜, 월수 등을 명사로 처리한 것도 적절한 것이다.

용언은 서술성(그 풀이의 일함)과 활용을 특성으로 삼아서 의미와 활용상의 차이에 따라서 동사·형용사·지정사로 삼분하고 있다.

동사 – "움직씨는 움직임을 나타내는 풀이씨를 이름이니라"(p.243)라고 의미를 중심으로 정의를 내리고 현재진행의 시제를 가지고 있음을 그 특징으로 보았다. 몇 가지 특징적인 것을 살펴보면 1) 보조동사(도움 움직씨)에 관한 설명이다. 보조용언은 주용언(主動詞, 主形容詞, 指定詞) 뒤에서 주용언을 도와 주는 용언의 일종이란 의미의 설명을 붙이고 박승빈 문법의 조용사에 대한 비판과 함께 의미에 따라 하위분류를 세분화하고 있다. 이는 국어 문법학사에서 보조용언의 개념을 정립시키고 분류체계를 이루어 놓았다는 공적임에는 틀림없다. 그러나 자신이 주장하고 있듯이 우리 문법학사에 처음 등장하는 것은 아니다.

우리 말본에서 도움 움직씨를 말하는 것은 처음하는 일이다. 이는 나의 오랫동안의 연구에 의하여 세운 것인데, 앞사람들이 아직껏 손대지 아니한 우리 말본의 한 조각을 확실히 개척하였다고 생각하는 바이다.(p.245)

'조동사'란 용언에 대한 설명은 일찍이 유길준 문법에서부터 등장하는 것이나 현대문법에서 뜻하는 보조동사(auxilary verb)와 같은 의미로 정립된 것은 아니다. 그러나 표면상의 정의는 현대문법에서의 정의와 같은 것이다. 이는 영문법에서 조동사의 정의만 그대로 받아들인 채 그 문법범주는 제대로 분석설정하지 못한 것으로 해석된다.

> 動詞는 助動詞의 協附를 得ᄒ야 其活動ᄒ는 作用을 現ᄒᄂ니 助動詞는 亦動詞의 一種으로 一切 動詞의 意味 不足ᄒ 處를 補助ᄒ는 者라.
> 말이 달니「오」. 바람이 그치옵「니다」.
> 비가 끼엿「다」. 복사꽂이 피엿「다」.
> 마얌이가 우는「도다」.
>
> — 최광옥(1908), 34, 유길준 筆寫本, 띄어쓰기 필자

그러나 곧 이어 등단한 김규식(1909) 문법에서 조동사의 개념은 정립된다.

> 助動詞라 홈은 某動作을 動詞一個로만 發表ᄒ는 거시 不完홈으로 兩個 動詞를 連接ᄒ야 用ᄒ는 時에 其連合된 兩個 動詞中 一은 元動作 思意를 發表ᄒ고 一은 元動作 思意를 協賛ᄒᄂ니 此協賛ᄒ는 動詞를 云홈이라
>
> 내가 <u>가</u> <u>보겠소</u>
> 元動詞 助動詞
>
> 助動詞가 元動詞와 連合된 時에는 其 兩個 動詞 二思義를 各各 發表ᄒ는 거시 아니오 一個 動詞實力으로 願ᄒ고 每樣 如此히 連合ᄒ야 願ᄒ는 時에는 其原意와 體式을 不失ᄒ고 도로혀 原動詞는 變體된 體式으로 但 元動作 思意만 發表ᄒ는 故로 助動詞가 外他動詞와만 連合되는 거시 아니오 往往히 外他動詞의 分體와도 連合 되느니라.
> 물 먹고 싶다→"먹고 싶다" 一個의 動詞 資格
>
> — 김규식, 1908, 20~21

라고 하여 이미 개념이 정립되었고 「알아 보겟소, 보아 주시오, 가려 ᄒᆞ오, 갈만 ᄒᆞ오, 보러 가오」 등의 예문 내용을 보더라도 비록 하위분류는 이루어지지 않았더라도 적절한 것이다. 그러므로 조동사에 대한 문법범주 설정은 최현배 문법에서가 아니라 이미 김규식 문법에서 정립되었음을 알 수 있다. 이는 외솔문법의 김규식 문법을 참조하지 않았다는 증거도 된다.

2) 용언의 활용어미를 ① 資格法(감목법) ② 接續法(이음법) ③ 終止法(마침법)으로 삼분하고 의미 및 직능에 따라 세분화한 하위분류체계는 중요한 의미를 가진다. 우리말의 활용어미체계를 정립시켰다는 표면적인 이유 외에도 자격법에 대한 규정은 굴절어미(inflectional ending)와 파생어미(derivational ending)를 구분 짓는 기준이 되어 주시경 문법 등에서 변체로 다루어지던 품사의 소속을 확실히 하게 되었다.

접속법에 대한 어미설정은 체언토의 용언토를 한계를 명확히 했을 뿐만 아니라 접속사의 범주설정을 이른바 접속부사에 한하도록 하였다. 종지법의 규정은 종래의 종지사란 품사가 용언의 서법에 불과하다는 것을 일깨우는 계기가 된 것으로 해석할 수 있다.

3) 선어말어미를 분석해내고 이들의 문법적 기능을 검토한 것은 이규방 문법 등에서도 행해진 일이지만 이들의 의미에 따라 세분화하고 이들의 형태론적 결합을 면밀히 연구 검토한 것 또한 외솔문법의 성과다. 선어말어미를 使動(사동), 被動(피동), 謙卑(겸비), 尊敬(존경), 可能(가능), 推量(추량), 確認(확인), 習慣(습관), 强勢(강세) 등 10가지로 구분하고 이들이 서로 결합할 때에 일정한 차례를 구분하고 있다.

> 204. 움직씨의 도움줄기들이 서로 어우를 적에는, 일정한 차례가 있어, 그 선후를 아무렇게나 바꾸지 못하나니, 이는 우리말에서 한 중요한 本이니라.(p.353)

즉 첫째, ① 사동(이, 리, 우, 기, 히) ② 강세(치, 뜨리, 트리) 둘째, 피동(히, 기) 셋째, 존칭((으)시) 넷째, 시제(는, ㄴ, 겠, 리, 았, 었) 다섯째, 추량(겠) 확인(것)

여섯째, 겸비((으)옵, (으)오, (으)ㅂ, 자옵, 자오, 잡사옵, 사오, 삽, 습) 일곱째, 회상
시제보조어간(더)의 순서로 분석하고 아래와 같은 예를 보이었다.

끌 리 히 시 었 겠 옵 더 이다.
　1　2　3　4　5　6　7
너도 보 았 것 다.
　　　　4　5

　이와 같이 문법규칙의 적용순서까지 마련한 것은 국어문법학사에 처음
있는 일로서 이들은 생성문법에서 말하는 변형규칙 내지는 생성음운론에
서의 음운규칙적용순서(ordering)와 방법을 같이 하는 것으로 선구적인 견해
라 할 수 있다. 또한 보조어간과 어미와의 연결관계에 대해서도 상술하고
있다.
　형용사의 분류나 설명체계는 동사와 같이 기술하고 있다. 형용사는 "월
의 풀이가 되며, 또 시간적 표시도 하나니, 이는 우리말의 그림씨의 보람
(特徵)이니라"하고 서양말에서는 형용사가 서술성이 없으며, 일본말은 서술
성은 있으나 시제가 없음을 지적하고 국어 형용사의 특징을 설명하고 형
용사의 시제는 현재, 과거, 미래 3시제만 있다고 하였다.
　외솔문법에서 가장 많은 논란을 일으킨 것은 지정사(잡음씨)의 설정이다.

　　380. 잡음씨(指定詞)란 것은 무엇이 무엇이라고 잡는(정하는) 풀이씨를 이름이
　　니라. 풀이씨의 한 가지로 이 잡음씨란 것을 세우기는 이 책이 처음이다.
　　　　　　　　　　　　　　　　　　　　　　　　　　　　　　　— 위 책, 533

라 하고 활용체계를 동사의 예에 맞추어 세우고 그 차이점을 다음과 같이
설명하고 있다.
　1) 시제나열형이 없다. 2) 목적꼴이 없음도 그림씨와 같다. 3) 의도형은 아
주 없으니 이는 움직씨 및 그림씨와 다른 점이다. 4) 설명형은 "-인데"이
니, 이는 움직씨(는데)와 다르며 그림씨(은데)와 같은 점이다. 5) 구속형에

"-는지라"가 없음이 저 그림씨와 같으며, 특히 "-라"가 있음이 움직씨, 그림씨와 다른 점이니라. 6) 도급형, 반복형이 없음이 움직씨, 그림씨와 다른 점이다"(pp.536~537)라고 하였다. 지정사의 품사설정은 외솔문법에서 비롯된 것이나 「-이다」란 문법소에 대한 최초의 관심은 김규식 문법에서 시작된다. 김규식은 영문법 체계에서 보어를 필요로 하는 이른바 제2형식문의 동사에 해당하는 우리말 「되다, 이다」를 동격동사로 분류하였다. 이후 「-이다」에 대한 견해는

① 指定詞說(최현배)
② 依存形容詞說(강복수)
③ 助詞說(정인승, 김형규)
④ 格語尾說(이숭녕, 김민수, 장하일, 이길록)
⑤ 調音素 또는 媒介音說(이희승, 강길운)

등으로 나누어졌다. 문법 유형으로 보아 품사로 인정하느냐 격어미로 처리하느냐로 갈라지고 단어로 인정한다고 했을 때 어떤 품사로 분류하느냐에 쟁점이 모아진다. 여기서는 ④의 격어미로 처리하는 걸 지지한다는 입장만 밝히고 자세한 논의는 피하기로 한다. 일차적으로 「-이다」라는 문법소는 용언적 특성을 가지나 단어 설정의 문제에서부터 그 기반이 약하기 때문이다.

수식언(꾸밈씨)이라 하여 관형사(매김씨) 부사(어찌씨) 감동사(느낌씨) 등으로 삼분하고 있으니 이는 관형사(언씨), 부사(억씨), 감탄사(늑씨)를 모임씨라고 지칭하던 김두봉 문법의 분류법과 동일한 것이다. 관형사는 주시경계 문법의 특색이며 또한 서구문법에는 없는 우리말 품사분류에만 나타나는 특징적인 품사다. 서구문법을 추종하여 도입기의 많은 문법가들이 형용사 범주에 넣어 분류하던 것이 차차 그 문법적 특성이 인정되어 독립된 품사로 정착하게 되었다. 주시경, 이규영, 김두봉, 이상춘 등의 문법에서 관형사에 대한 분류는 외솔문법에 손색없는 분류를 이미 하였었다. 주시경 문법에서 감탄사를 6품사체계에서 명사에 소속시켰던 해명의 일부단서를 찾아볼 수

있으니 "어찌씨의 꼴이 고정하여 다른 변화가 없음은, 역시 꾸밈씨 일반의 통성이다. 어찌씨가 이름씨하고 공통됨이 많음은, 그 원인이 여기에도 있다 할 만하니라"(p.578)라고 하였다.

접속사도 도입기의 문법에서 그 형태 범주가 확정되지 않았던 대표적인 품사의 하나다. 체언토, 용언토, 접속부사 등에 걸쳐 혼란되었던 품사다. 최현배 이전 문법가 가운데도 접속사를 「및, 또, 또한, 혹, 혹시, 그러니, 그런즉, 그까닭에, 그러나, 그래도, 그런데」 등만을 순수 접속사로 한정시킨 이규방, 이병기 등의 문법이 있었다.

최현배 문법에서는 이들을 부사로 처리하였으니 이는 앞에서 말한 바와 같이 외솔문법의 결함이 된다.

> 우리말로써 이음씨 혹은 접속사라 하면, 생각씨(觀念詞)로 보기보다, 차라리 한 가지의 토(조사)로 보는 것이 일반의 어감이다. 그런데, 우리말의 토는 원시 생각씨는 아닌즉, 서양이나 일본의 접속사라 하는 것 하고는 딴판으로 다르다. 그리하여 나는 여기에서 그 접속하는 어찌스런 생각씨(副詞性觀念詞)를 이음씨(接續詞)라 하지 아니하고, 다만 어찌씨의 한 갈래로 잡았노라.(p.586)

이러한 견해를 따라서 많은 문법가들이 접속사를 부사에 포함시키는 결과를 가져왔다.

> 걸림씨 또는 토씨(關係詞 또는 助詞)는 다른 생각씨 곧 임자씨 풀이씨 더러는 구밈씨에 붙어서 그것들의 걸림(關係)을 밝게 보이는 씨를 이름이니라.(p.188)

이라 하여 독립 품사로 설정하고 있다. 그리고 조사가 독립품사로서 설정되기 어려운 점으로 (1) 음운적으로 독립 되지 못하는 것, (2) 한 가지 뜻의 토가 여러 가지 이형태를 가지는 점으로 보아 관념사의 분포에 지나지 않는다는 점, (3) 독립적으로 쓰이지 못하는 점 등의 문제점이 있음을 지적하고 이에 대한 변론을 전개하고 토의 독립품사 설정을 주장하고 있다. 그러나 제2장에서도 살폈듯이 토의 품사설정에 대한 주장은 체언과의 분리성이 용언과 어미와의 관계에 비하여 용이하다 하더라도 그 자체만으로 독립성을 인정하기 어려운 것이다. 또한 체언이 독립형태의 단어라고는 하지만 통사론적 구조에 참여하였을 때는 조사와 연결되어야만 그 통사론적 가치가 확정되는 것이다. 비록 격지표(助詞, marker)가 없는 표면구조상 영형태의 체언형이 가능하다고 하더라도 그 내용 구조적 측면에서 보았을 때는 조사가 반드시 필요한 것이다. 이러한 통사론적 측면에서 볼 때는 체언도 용언의 어간과 마찬가지로 의존형태(bound form)란 이론이 가능하다. 이는 결국 체언토는 독자적인 문법형태로서의 품사범주가 되지 못한다는 결론이 된다. 그러나 한편 조사를 독립품사로 설정하는 것은 문법적인 설명의 이점도 있고 학교문법에 채택되어 오랫동안 사용되고 있기 때문에 일반 언어 대중과 친밀하고 전통성을 가진 품사체계가 되었다.

그 분류체계를 간략히 살펴보면 아래와 같다.

443. 토씨는 그 하는 구실(職責)의 다름에 따라, 자리토씨(格助詞), 이음씨(接續詞), 도움토씨(補助詞), 느낌토씨(感動助詞)의 네 가지로 가르느니라.

```
        ┌ 걸림을 보이는 것 ┬ 월 조각의 자리를 보이는 것…………자리토씨(1)
토씨 ┤                    └ 한 조각의 월 조각됨을 보이는 것 …이음토씨(2)
        └ 뜻을 더하는 것 ┬ 한 낱의 씨의 뜻을 돕는 것 …………도움토씨(3)
                          └ 월의 가락에 느낌을 더하는 것………느낌토씨(4)
```
                                                    — pp.595~596

이들 분류상의 특징은 문장에서의 문법적 기능을 위주로 한 기능토와 의미로 첨가시켜 주는 보조사로 크게 양분한 것이다. 종전에는 조사 분류의 기준이 일정치 않아서 격조사와 보조사가 혼란된 가운데서 분류되었으나 외솔문법에서 정리되었다. 예로 격조사를 보면 구성요소의 특성에 따라서 (1) 주격, (2) 관형격, (3) 부사격, (4) 목적격, (5) 호격, (6) 보격의 여섯 가지로 구분하고 있다. 그리고 이들을 의미에 따라서 각각 하위분류하고 있다. 그 중 하나로 관형격의 하위분류를 살펴보자.

> (1) 所有(나의 책), (2) 關係(나의 언니), (3) 所在(東萊의 온천), (4) 所産(제주의 말), (5) 所起(육지의 戰, 공중의 비행), (6) 比喩(懸河의 웅변, 西施의 美), (7) 所作(충무공의 거북선), (8) 대상(신라의 통일), (9) 名稱(백두의 산, 약산의 고향), (10) 所屬(漢江의 근원, 사람의 아들) (pp.559~601)

의미에 따른 분류기준은 그 의미의 기준을 어디에 두느냐에 따라서 더욱 세분될 것이므로 객관적인 기준을 갖기 어렵다. 그러나 외솔문법은 분류기준이 비교적 일관성을 가졌던 관계로 분류체계가 통일성을 가지고 있다. 이는 비단 조사의 분류에 한한 것이 아니고 외솔문법 전반에 걸친 장점이기도 하다.

외솔문법은 비록 기술태도에 있어서는 「…하느니라, …더라, …이니라」 등의 교시적 입장을 취하고 있으나 내용적인 면에서는 기술문법에 못지않을 만큼 치밀하고 정교한 분류와 예를 보이고 있는 전통문법서로서 대표적인 것이다.

(2) 朴相埈, 「改正 綴字準據 朝鮮語法」(1932)

박상준의 「조선어학」(1932)은 외솔문법에 뒤이어 두 번째로 세운 제Ⅱ유형의 문법으로 최현배(1930) 문법의 영향을 받은 것으로 보고 있다. 품사는 이필수(1922, 1923)와 같으나 문법유형의 차이로 인하여 동사, 접속사, 조사의 내용이 달라진 것으로 보고 있다.59)

그의 품사 분류체계를 살펴보면 아래와 같다.

---

59) 金敏洙(1981), p.259.

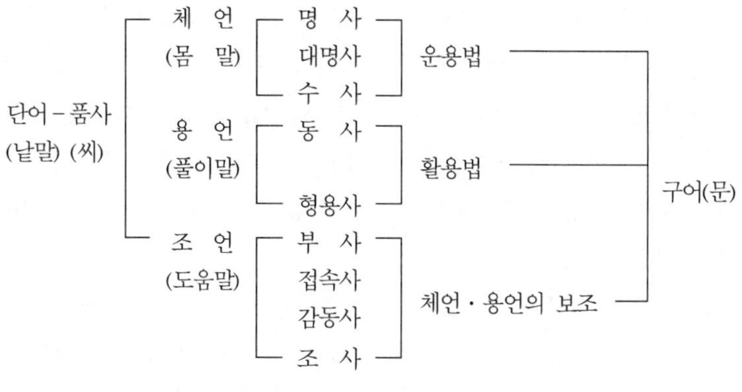

— pp.75~76

먼저 그의 단어 및 품사에 대한 견해를 살펴보면, "단어는 곳 소리에 한 낱의 뜻을 부친말이다"(p.70)라고 정의하고 있으며 단어를 어법의 경위에 따라서 구분한 것이라고 밝히고 있다. 또한 "단어는 언어의 유기적 체계를 구성하는 세포"(p.76)라는 타당한 견해를 보이고 있다. 그러므로 "枯骨死灰와 같이 무리하게 분해해서는 안된다"고 하는 단어관을 가졌다. 용언의 어미변화를 활용법으로 처리하는 것처럼 용언의 조사변화를 운용법이라 하여 다루고 있다.

> 助詞는 體言의 運用部에 不過하므로 이들 枯骨의 散在的으로 分離하야, 說明치 아니하고 有機體의 動作的으로 體言部에서 體言의 運用으로 說明하였다.
>
> — p.75, 띄어쓰기 필자

박상준 문법은 최현배를 따른 제Ⅱ유형이다. 품사 명칭으로 괄호 속에 보조적으로 최현배식의 우리말 용어를 사용하고 있지만 전반적인 문법체계도 다르고 내용적인 면도 다르다.

체언을 삼분하고 있는데 명사에 특기할 것은 "주격명사와 보조명사"에 대한 구분이다. 주격명사의 예로 「사람·바람·물·쌀·책·소년」을 들고 있고, 보조명사로 「터(올터이오)·체(아는 체한다)·따위(그런 따위)·때문(잘하는 때문에)」 등을 예로 들고 있는데, 이는 완전명사와 불완전명사에 대한 구분임을 알 수 있다. 명사의 특성으로 성에 대한 언급은 없고 존칭명사, 단명사와 복명사를 구분하고 있고, 대명사에서는 인칭이 하나 더 첨부되어 있다. 수사에서는 서수사가 빠지고 이규방 문법 등에서 조수사로 처리한 「하로, 이틀, 사흘, 한살, 두살, 석달, 넉자, 열섬」 등을 수사로 처리하는 방법을 취하고 있다.

체언의 운용이라 하여 조사를 7격(주어격 : 가, 이, 는, 은, 께서. 객어격 : 를, 을. 칭호격 : 아, 야, 여, 이. 표준격 : 에, 서, 에서, 게. 비교격 : 와, 과, 보다, 만. 병례격 : 와, 과, 도, 조차, 까지. 소유격 : 의.)으로 나누었고 서술격어미 「이다」는 「이」를 용언활용부와 보충형전용격이라고 하고 있다. 용언은 형용사로 이분형을 취하고 있다. 이 문법서의 대부분을 차지하는 것은 용언의 활용부이다.

그 부분을 살펴보면

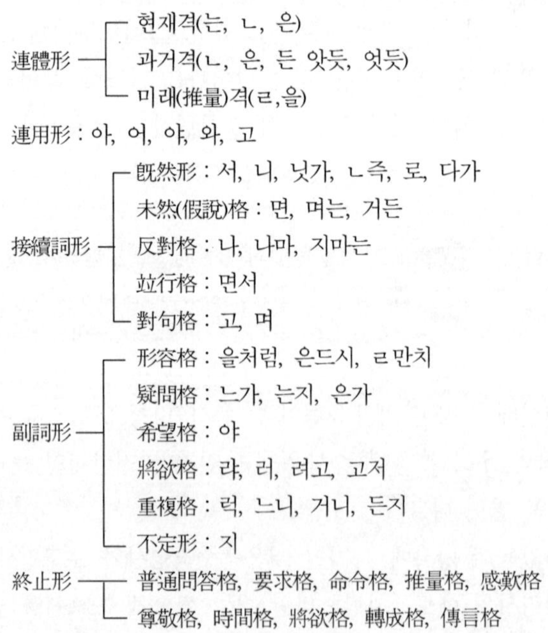

— pp.119~173

등과 같이 분류하고 예문 없이 어미의 예를 들고 있다. 각 어미의 하위명
칭을 격이라 한 것은 안확 문법에서 原格(원격), 曲原格(곡원격), 持格(지격),
曲持格(곡지격), 變格(변격) 등의 예가 있기는 하나, 분류체계는 전혀 다른 것
이다.

부사의 항목에서 「붉게, 곱게, 될드시, 칠처럼, 쉴만치, 죽도록, 갈수록,
먹음직, 먹을만, 하거나 말거나」 등 많은 예들을 잘못 부사로 처리하는 등
굴절어미와 파생어미가 구분되어 있지 않고 있다. 이러한 잘못은 명사 항
에서도 「ㅁ · 기」형태를 모두 파생어미로 분류하고 있다.

박상준의 문법은 분류유형에 있어서는 외솔문법과 같은 유형을 취하고
있으나 구체적으로 영향을 받았다는 대비적인 사항은 드러나지 않는다. 또
한 다른 문법가에게서도 영향관계가 확인되지 않는 문법체계이다.

대명사를 (1) 인대명사와 사물대명사로 구분한 것, (2) 대명사의 대우관계
를 언급한 것, (3) 문장론에서 문장을 구어라고 하는 것 등이 김희상의 「조
선어전」(1911)과 관련을 지어볼 수 있을 것이다.

(3) 朴鍾禹, 「한글의 文法과 實際」(1946)

박종우의 국어에 대한 연구는 해방을 맞아 감옥에서 풀려나 귀성열차를
탄 최현배와의 만남에 인연하여 시작된 관계로 외솔문법과 관련지을 수
있다.[60] 그의 품사론은 품사 전반에 걸쳐 상론이 되어 있지 않고 1) 품사
전반에 대한 분류와 설명, 2) 체언의 운용이라고 하여 격조사에 대한 분류,
3) 용언에서 동사, 형용사에 대한 설명과 용언의 활용, 변격용언에 대한 설
명 등의 순서로 끝을 맺고 있다.

그의 문법은 독창적인 품사론이 아니고 박상준의 「개정 철자준거 조선
어법」(1932)의 내용을 옮겨 온 것으로 약간의 첨삭을 하고 있는 것에 불과
하다. 박상준이나 박종우 모두 최현배의 토의 처리에 따른 제Ⅱ유형을 취

---

60) 河東鎬, "박종우 「한글의 文法과 實際」 해설" 歷 64.

하고 있다. 같은 9품사체계이기는 하나 박상준은 관형사 대신 접속사를 두었고, 박종우는 접속사 대신 관형사를 설정하였다는 차이점이 있다. 그 외의 부분은 동일한 내용이다. 두 문법가가 모두 최현배 문법의 영향을 받은 것으로 보이는데 박종우 문법이 최현배 문법과 더욱 밀착되어 있다. 첫째 박상준이 접두어로 처리하였던 낱말들을 독립품사인 관형사로 설정하였다는 것 둘째, 박상준 문법에서 조사의 분류를 부사, 접속사, 감동사와 함께 조사의 부류에 넣었던 것을 박종우는 최현배와 동일하게 관계사(걸림씨)로 독립시키고 있는 점이다.

박종우 문법이 박상준 문법을 답습한 것이란 증거로 몇 가지 예를 들어 보기로 한다.

	박종우	박상준
단어	'봄이 되니 온갖 꽃이 잘 피오'는 여덟 낱의 단어(낱말)이니 단어는 곧 소리에 한 낱의 뜻을 부친 말이다. (p.13)	"봄이 되는 온갖 꽃이 잘 피오"는 여덟낱의 단어(낱말)이니, 단어는 곳 소리에 한낱의 뜻을 부친 말이다. (p.70)
품사	명사(이름씨)는 사람, 산, 그림, 향기, 마음 봄들과 같이 사물의 이름을 나타내는 단어이다. ＊이하 대명사, 수사, 동사, 형용사, 부사, 감동사, 조사 등도 같은 내용이다.	띄어쓰기만 다를 뿐 동일하다.
체언의 운용	조사에는 주어격, 객어격, 칭호격, 표준격, 비교격, 소유격의 6격으로 나누었다. (p.20) ＊병렬격을 뺀 것을 제외하면 나머지는 같은 내용의 것이다.	조사에는 주어격, 객어격, 칭호격, 표준격, 비교격, 병렬격, 소격의 7격이 있다.
용언의 활용	용언의 활용은 주로 그 형태를 따라서 다음과 같이 일곱 가지로 분류한다. ㄱ. 연체형, ㄴ. 연용형, ㄷ. 접속사형, ㄹ. 부사형, ㅁ. 부정형, ㅂ. 종지형, ㅅ. 보충형 (pp.27~37) ＊전언형을 빼고는 같은 내용이다.	용언의 활용은 주로 그 형태를 따라서 다음과 같이 8형으로 분류한다. 가) 연체형, 나) 연용형, 다) 접속사형, 라) 부사형, 마) 부정형, 바) 종지형, 사) 보충형, 아) 전언형 (pp.119~172)
변칙 용언	1. ㄹ변격용언, 2. ㅅ변격, 3. ㄷ변격, 4. ㅂ변격용언, 5. ㅎ변격, 6. 여변격	1. ㄹ변격, 2. ㅅ변격, 3. ㄷ변격, 4. ㅂ변격, 5. 잇변격

이상의 비교에서 알 수 있듯이 박종우의 문법은 박상준의 「조선어법」 (1932) 중에서 부분적으로 발췌하고 자신의 견해를 덧붙여 저술한 책으로 보인다. 그리고 여기에 외솔문법적인 영향이 더해진 것으로 해석된다. 외솔문법의 영향이란 앞에서 말한 관형사와 토의 처리 외에 변격용언부분이 첨가될 수 있다.

(4) 한결生, 「조선말본」(1932)

한결生 김윤경의 문법은 "油印「조선말본」"(1925)에서 시작되나 품사론과 문장론 부분이 없는 미완성이었다. 그의 품사론은 「培花」 4호(1932)에서 처음 시작되나[61] 자신의 문법이 아니라 김두봉(1916)의 품사론 요약 부분이 "보기틀"을 그대로 옮겨 정리한 것으로 김두봉 문법이다. 문장론 부분도 예문부터 그림풀이까지 김두봉 문법이다.

(5) 張志暎, 油印「朝鮮辭典」抄本(1932경)

장지영 문법의 품사분류는 주시경(1910), 김두봉(1916)의 분류체계와 동일한 것으로 특히 김두봉 문법을 바탕으로 하여 약간씩 하위분류체계나 용어를 달리 하였을 뿐이다. 분류기준은 의미를 중심으로 하였고 부분적으로 직능에 의거하고 있다.

> 한 畜節이나 或은 여러 畜節로 한가지 뜻을 낱아내는 낱말을 씨라 하느니라.(p.23)

라는 품사의 정의에서 살필 수 있듯이 단어와 품사에 대한 구분도 이루어지지 않은 상태에서의 품사론이 이루어졌다.

---

61) 河東鎬, "한결生 '조선말본' 解說" 歷 53 참조.

품사는　　一. 님씨(名詞)　　二. 언씨(形容詞)　　三. 움씨(動詞)
　　　　　　四. 겻씨(助詞)　　五. 닛씨(接續詞)　　六. 맺씨(終止辭)
　　　　　　七. 언씨(冠形詞)　　八. 억씨(副詞)　　九. 늑씨(感歎詞)

의 9품사로 주시경, 김두보의 분류체계와 동일한 것이다.

체언을 명사로 명명하는 단일분류법을 취하였고 하위분류로 원명사, 대명사, 수명사로 삼분하고 있다. 이는 수명사를 대명사의 하위분류로 처리하는 주시경, 김두봉 문법과 차이가 나는 점이다.

분류체계를 보이면 <표 6>과 같다.

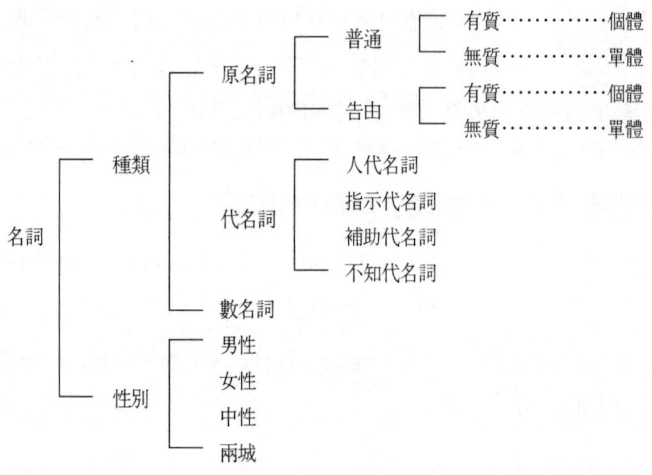

체언의 특성으로서 성을 다루고 있음은 주시경, 김두봉의 견해와 같은 것이나 수를 명사의 특성으로 다루지 않고 단체명사, 개체명사와 같이 어휘특성으로 다루고 있음은 진전된 일면이라고 할 수 있다. 도입기의 문법에서 빈번히 언급되던 관계대명사가 반성기의 문법에서 별로 논의되지 않는 것은 한 가지 특색이기도 하다.

장지영은 주시경, 김두봉 문법에서 관계대명사로 분류하던 것을 보조대명사(도움넛님)라 하여 「것, 바, 줄, 대, 저, 수…들」을 예시하고 있는데 이는 최현배 문법의 불완전명사에 상당하는 것으로 내용적으로도 독립성이지 못하고 의존적이라는 점에 공통성을 가진다.

용언은 형용사와 동사로 2분하고 있는데 형용사의 설명이나 하위분류는 김두봉(1916, 75~76)과 동일하다. 결과적으로 김윤경(1932)과도 동일한 것이다. 그러나 김두봉 문법에서 중시되던 통사적 쓰임이나 바꿈이 제외되고 있다. 그러나 김두봉 문법에서 언급이 없던 불규칙용언에 대한 논의는 최현배 문법적 요소다.

동사 항목에서 동사를 크게 의존동사와 행동동사로 나누었는데 의존동사(있, 없)에 대한 구분은 이완응, 박승빈 문법에서 설정한 존재사에 대한 자신의 견해를 밝힌 것이라 보인다.

조사(겻)의 분류도 김두봉 문법의 주어토, 종속토, 관계토, 보조토와 동일한 것이고 접속사(닛씨), 종지사(맺씨)의 경우는 하위분류까지 같다.

토라고 한 조사, 접속사, 종지사만 김두봉 문법과 같은 것이 아니라 주시경계 문법의 특징이 되는 관형사(언씨)도 "지시관형사, 구별관형사, 수관형사, 문질관형사"라 하였는데 이는 김두봉의 "지시, 수, 분별, 문관형사"와 같은 것이다. 부사(엇씨)의 내용도 대동소이하다.

이상 개괄적으로 살펴본 바와 같이 장지영 문법은 김두봉 문법을 용어나 내용면에서 약간 변형한데 불과하다. "초본"이란 책명을 붙였듯이 김두봉 문법에서 발췌하여 자신의 견해를 덧붙인 것으로 보인다. 이는 반성·모색기의 문법이라기보다 도입·수용기의 문법의 특징을 그대로 가진 것이다. 부분적으로 최현배 문법을 참조한 것으로 보인다.

(6) 申明均, 「朝鮮語文法」(1933)

신명균은 <국어연구회> 창립동인으로 주시경 문하에서 최현배, 이병기 등과 함께 조선어 강습원 고등과를 제1회로 졸업하였다. 그러므로 그의 문법은 주시경 문법을 근간으로 하고 있고 김두봉, 장지영 문법을 받아들이고 있다.

품사론은 특히 김두봉 문법(1916)과 장지영(1932경) 문법을 그대로 받아들인 것으로 보인다.

먼저 단어와 품사에 대한 견해를 살펴보면

한소리나 한소리 以上으로 무슨 意思를 나타내는 낯으로 된 말을 單語이라 일컷나니(p.15)

單語를 그 쓰이는 性質을 따라 나눈 것을 品詞라 일컷는다. 우리말은 다음과 같이 아홉 品詞로 나눈다.

一. 名詞 二. 形容詞 三. 動詞 四. 助詞 五. 接續詞 六. 終止辭 七. 冠詞 八. 副詞 九. 感歎詞(p.15)

라고 하였다. 단어에 대한 정의는 장지영의 정의와 같은 것으로 약간의 표현만을 바꾼 것이다. 장지영 문법과의 관계를 밝히기 위하여 각 품사의 정의를 대비시켜 보도록 한다.

	장지영(1932)	신명균(1933)
단 어 (품 사)	한 음절이나 혹은 여러 음절로 한 가지 뜻을 나타내는 낱말(p.23)	한소리나 한소리 이상으로 무슨 의사를 나타내는 낯으로 된 말(p.15)
명 사	온갖 사물의 이름을 말하는 인칭어(p.24)	모든 일이나 물건의 이름을 이르는 품사(p.16)
형용사	온갖 사물의 바탕과 꼴이 어떠함을 니르는 표상어(p.30)	모든 사물의 어떠함을 이르는 품사(p.27)
동 사	온갖 사물의 움직임을 니르는 말(p.35 이하 p.생략)	사물의 움직임(動作)이나 있음(存在)을 이르는 단어(36)

조 사	몸씨 사이에 있어 한 님씨가 어느 말에 임자됨을 들어내며 또는 님씨나 얻씨가 움씨가 어느 님씨에게 말리어 쓰임을 보이며 또는 님씨가 얻씨나 움씨가 다른 얻씨의 움씨를 꾸미어 줌으로 쓰임을 보이는 말(46)	명사, 동사, 형용사의 사이에 있어 우의 말이 아래의 주어되게 하거나 또는 종속어이나 관계어되게 하는 것이다.(52)
접속사	같은 종류의 몸씨를 묶어 한덩이가 되게 하거나 말의 마디를 넣어줌으로 쓰이는 씨(51)	동종류의 체언이나 또는 문장의 마디를 이어주는 것(63)
종지사	말 한마디를 다 맺게 하는 토(55)	한말을 끝맺는 품사(66)
관형사	님씨 우에 있어 그 님씨가 어떠한 님씨임을 지정하야 주는 말(63)	명사를 지정하여 형용하는 말(73)
부 사	얻씨나 움씨 우에 있어 그 얻씨나 움씨가 어떠하게 됨을 꾸미어 그 뜻이 밝게 들어나게 한정하야 주는 말(67)	형용사, 동사 등 용언이나 부사를 수식하야 한정하는 말(76)
감탄사	마음에 질겁거나 슲브거나 놀나거나 할 때에 느낌이 생기어 갑작이 하는 말(73)	여러가지 느낌을 표시하는 품사이니 즉 느끼는 소리이다(81)

이상의 대비표에서 볼 수 있듯이 신명균 문법의 품사의 정의는 장지영 문법을 바탕으로 하여 이루어진 것이라고 할 수 있다. 그러나 각 품사의 하위분류는 장지영 문법에 따르기보다 김두봉(1916)을 따르고 있다. 몇 가지 예를 보이면 아래와 같다.

체언을 명사로 통합 지칭하고 '自名詞(자명사)'와 '代名詞(대명사)'로 2분하여 자명사를 1) 고유명사, 2) 보통명사, 3) 유형명사, 4) 무형명사로 구분하고 있고 대명사를 인대명사, 수대명사, 지시대명사, 관계대명사, 미정대명사로 구분하고 있는데 이는 김두봉 문법의 분류와 동일한 것이다. 단지 관계대명사-매임넛임, 미정대명사-문대명사란 술어의 차이가 있을 뿐이다. 명사의 성에 대한 설명도 동일하다.

형용사를 1) 성질, 2) 형상, 3) 시간, 4) 수, 4) 지시, 6) 의문형용사로 분류 하고 있는 것도 동일하다.

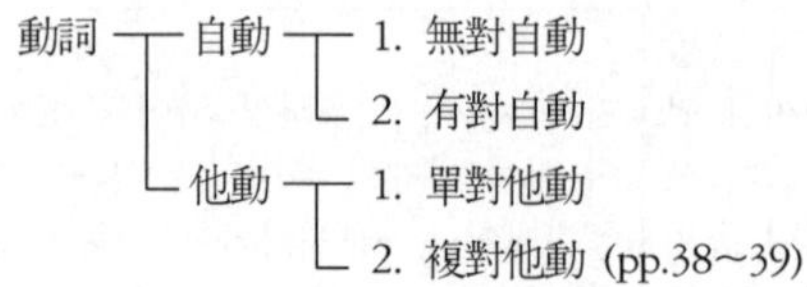

로 분류하고 있는 것도 동일한 것이다.

조사의 분류도 김두봉의 체계와 동일하나 용어를 달리 하였을 뿐 같은 내용이다. 접속사, 종지사의 경우도 김두봉의 경우와 동일하고 관형사도 문관형사를 미관형사로 바꾸었을 뿐 같은 내용이며 부사, 감탄사의 경우 약간의 차이는 있으나 같은 내용의 분류 및 설명이다.

이상에서 살펴본 바와 같이 신명균 문법은 독자적인 문법체계가 되지 못하고 주시경계 문법을 대표하는 김두봉 문법과 장지영 문법에서 그 내용을 그대로 빌려와 약간의 술어만을 바꾼 것이다.

김윤경(1932) 문법의 품사론은 김두봉 문법의 일람표(보기틀)를 옮긴 것인데 비하여 신명균 문법은 장지영 문법의 정의를 참조하고 김두봉 문법의 분류체계를 빌어 간략하게 설명을 가한 것이다.

제1분리류형의 문법으로 도입·수용기의 문법적 특색을 그대로 가지고 있는 문법이다.

(7) 이상춘, 「국어문법」(1946)

白夜(백야) 이상춘의 품사분류 체계는 두 가지로 되었음은 이미 언급한 바 있다(도입기 : 이상춘 편 참조). 전기의 10품사체계와 비교하여 6품사체계는 어떠한 특징을 가지고 있는가를 중심으로 살펴보기로 한다.

먼저 분류체계 변화를 대비적으로 보이면 아래 <표 6>과 같다.

〈표 6〉

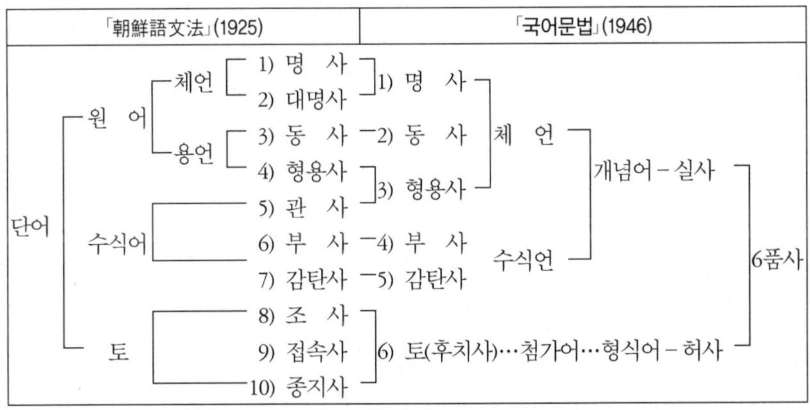

표에서 쉽게 살펴볼 수 있는 바와 같이 명사 대명사를 통합시켜 명사로 하였고 관사를 형용사 속에 포함시키고 기능어인 조사 접속사 종지사를 통합하여 '토'로 단일화한 것이다. 분류유형상으로는 제1분리유형에서 제1통합유형으로 변모되었다.

전기의 백야문법은 주시경계 문법을 대표하는 김두봉 문법을 바탕으로 하고, 이필수의 문법을 참조한 것으로 보았다.

후기의 6품사체계로의 변모에는 주시경계 문법의 바탕에다 최현배 문법의 영향이 부분적으로 첨가된 것으로 보인다. 주시경 김두봉 문법으로의 환원은 명사를 원명사, 대명사, 수명사로 3분하지 않은 것 즉 대명사를 독립시키지 않은 것이고, 주시경계 문법으로부터의 이탈은 관형사를 형용사 속에 포함시킨 것이다. 관형사를 형용사 속에 포함시킨 것은 초기 품사분류에서 나타나던 현상으로 백야문법의 후퇴를 뜻하는 것이 된다. 최현배 문법의 영향이라 생각되는 것은 품사를 2분하여 실사와 허사로 나눈 것, 불완전명사 항목의 세운 것, 변칙용언에 대한 설명, 토의 처리를 최현배의 어미처리법인 終止法(마침법), 接續法(이음법), 資格法(감목법)과 같이 1) 자격토, 2) 접속토, 3) 종지토로 구분한 것 등을 들 수 있으나 내용까지 대부분 일치하는 것은 아니다.

전기의 문법체계에 대하여 후기에 변모된 것은 대부분 언급하였으나 몇 가지 그 이동을 더 첨가하면 1) 수사에 해당하는 것을 전기에는 대명사의 하위에 두었으나 후기에는 명사의 하위에 두었다.

2) 명사의 수와 칭호(높낮이)에 대한 것은 동일하다. 3) 각 품사의 통사적 기능에 대한 고찰을 하고 있음은 같으나 부분적으로 변동된다. 예로 명사의 쓰임에서 보어적 역할은 후기에서 제외된다. 4) 각 품사의 하위분류에서 많은 변동이 있다. 5) 용언의 종류로 변칙용언에 대한 것이 첨가되는데 (ㄹ, ㄷ, ㅅ, ㅡ, ㅂ, ㄹ) 최현배의 변칙활용과 비교하면 "여, 러, 거라, 너라" 변칙이 빠져있다. 6) 6품사체계의 유형은 이병기 문법 체계에서 접속사를 제외시킨 것과 같다.

4. 반성과 그 성과

반성·모색기의 품사론의 특색은 전 시대에 비하여 시간적으로 반에 불과하고 연구업적도 3분의 1에 못 미치는 것이지만 내용적으로는 문법상의 개념과 분류상의 혼란이 통일 정제된다. 또한 심화된 면을 찾을 수 있다. 즉 전시대의 문법이 도입·수용기적 성격으로 인하여 서구문법의 이식에 급급한 나머지 국어 자체의 특성에 따른 문법적 기술이 미흡했던 데 비하여 서구문법적 요소가 대부분 제거되고 국어의 특성에 맞는 문법기술을 하기에 이르렀다.

올바른 언어문법관과 단어관이 아직 정립되지 않았으나 품사분류의 기준이 마련되어 국어의 언어적 특성에 맞는 품사분류를 모색하게 되었다. 이 시대 품사분류상의 특징을 몇 가지로 개관하여 볼 수 있다. 1) 품사분류체계에 있어서 6품사, 9품사, 10품사, 12품사의 4가지 체계가 등장하지만 가장 보편화된 체계는 9품사체계가 된다. 10품사체계는 9품사체계의 변경일 따름이다. 6품사체계가 이상춘과 권영달에 의하여 새로이 주장되는데 일반화되지 못한다.

2) 문법유형상의 특징을 살펴보면 전기의 제Ⅰ분리·통합유형, 제Ⅱ용언·체언토유형, 제Ⅲ유형 등 다양한 구분에서 제Ⅰ분리, 통합의 두 유형이 계속 등장하고 제Ⅱ체언토유형이 최현배 문법에서 처음으로 등장하여 박상준, 박종우의 지지를 얻게 된다.

제Ⅰ통합유형은 전기에서와 마찬가지로 6, 7품사체계와 상관을 이루고 있다.

3) 품사 분류상의 특징을 보면 (1) 체언은 명사, 명사·대명사, 명사·대명사·수사의 3체계가 다 등장하는데 3분체계는 최현배계 제Ⅱ유형의 문법과 상관되어 있고 2분체계는 박승빈의 12품사체계에서만 보인다. (2) 용언의 분류는 동사·형용사의 2분형이 일반적이나 지정사의 등장과 존재사의 설정으로 하여 3분, 4분체계가 계속 된다. (3) 체언토는 모두 조사로 인정하는 통일을 보게 되고 용언토는, 조사, 종지사로 2분되거나, 품사로 인정하지 않고 있다. 박승빈 문법의 경우 선어말어미에 해당하는 형태소류를 독립품사로 설정하는 현상도 보이고 있다. (4) 수식어의 경우 부사를 모두 품사로 설정하는 것은 전 시대를 통틀어서 공통된 현상이고 우리말 특유의 품사적 특성이 되는 관형사가 전기에 비하여 널리 지지를 얻게 된다. (5) 접속사의 경우도 대부분 품사로 설정하는데 전기에 비하여 진전된 면은 접속조사와 용언토의 접속어미를 접속사의 범주에서 제외시키는 박승빈 등의 품사설정이다.

4) 서구문법적인 요소가 대부분 제외되었으나 체언의 성과 관계대명사에 대한 논의가 정리되고 용언의 분사에 대한 언급도 논의되지 않고 활용체계에 대한 관심과 연구가 여러 가지로 천착된다. 체언과 용언 일반에 걸쳐 대우법에 대한 논의가 일반화되고 있다. 일부 도입·수용기 문법을 그대로 지속하고 있는 장지영, 신명균 등의 문법에서는 서구적인 요소가 잔

재되어 있다.

5) 이 시대에 활약한 문법상의 특색은 최현배를 위시하여 박승빈, 박상준, 강매의 문법은 전 시대문법의 재판이고 장지영의 문법은 주시경, 김두봉 문법체계에다 일부 최현배 문법의 영향을 받아 기술한 것으로 전기의 문법적 특성을 그대로 가지고 있다. 한결生(김윤경)의 문법은 김두봉 문법의 보기틀(일람표)을 그대로 옮겨 놓은 것이고, 신명균의 문법도 주시경계 문법인 김두봉 문법을 바탕으로 하여 장지영 문법을 참조한 전기의 문법을 그대로 답습한 것이다. 심의린의 문법 또한 전기의 이완응 문법을 그대로 모방한 것이고 박종우의 문법은 박상준 문법에서 발췌하여 가필한 것이고 보면 이 시대에 새로이 등장한 문법은 최현배, 박승빈, 박상준, 권영달, 이상춘의 문법이 남게 된다. 이 가운데에서도 이상춘의 문법은 전기의 문법을 대폭 개편한 것이기는 하나 전기의 문법적 범주를 크게 벗어나지 못하였다.

권영달 문법은 주시경과 박승빈 문법에 대한 비판을 주로 한 것인데 체언화와 용언화등 새로운 문법개념의 제시가 있기는 하나 그릇된 어원분석으로 특히 관형사 등의 품사를 잘못 인식하였다. 또한 품사 구분 즉 언어구조의 차이로 민족의 우열을 판별하는 등 그릇된 언어관을 가지고 있다. 박상준 문법은 최현배 문법의 영향을 받아 제Ⅱ유형의 품사분류를 하고 있으나 독자적인 문법체계다. 비록 조사를 독립품사로 인정하기는 했지만 조사는 체언의 운용부에 불과하므로 유기체의 일부와 같이 체언의 일부라는 종합적인 견해를 가졌다. 단어는 언어라는 유기체를 구성하는 일부이므로 지나치게 분석하는 것은 옳지 못하다는 즉 行用言語(행용언어)를 중시하는 단어관을 가졌다. 그의 문법서의 대부분이 용언에 대한 설명으로 차 있으나 분류기준에 일관성이 없고(例 : 運用形과 副詞形의 구분 등) 형태소 분석의 문제점, 파생접사와 굴절접사의 미구분 등 문제를 안고 있다.

박승빈의 문법은 외솔문법에 대립되는 입장에서 <조선어학연구회>를 대변하는 문법이기는 하나 여러 가지 문제점을 안고 있다. 명확한 단어관과 품사관이 이루어지지 않았고 존재사와 지정사의 품사설정문제는 차치하고 선어말어미 부분만 조동사란 독립품사로 설정하는 잘못을 범하였다. 문법 연구 중 중요한 부분이 용언의 활용이라고 하여 연구에 역점을 두었다고 하면서도 여러 가지 과오를 범하고 있다. 기본형 설정의 잘못에서부터, 용언의 구성을 「어근+어미+조용사+조사」로 보고 어근의 변화를 활용이라고 하는 등 기초적인 잘못을 범하고 있다.

최현배 문법은 비단 이 시기를 대표하는 문법일 뿐 아니라 전통문법으로 가장 완성된 문법의 하나다. 품사론부분에서 가지는 사적인 의의를 살펴보면 1) 첨가어인 국어의 특성을 고려하여 제Ⅱ유형의 문법체계를 수립하였다. 2) 문법기술태도에 있어서는 규범문법적인 성격을 가지고 있으나 풍부한 언어자료 및 치밀한 언어분석으로 이론문법의 경지를 개척하였다. 3) 미흡한 면이 보이기는 하나 본격적인 의미의 단어와 품사의 개념에 대한 검토가 이루어졌고 품사분류의 기준을 처음으로 제시하였다. 4) 이러한 이론적 바탕에서 국어의 활용체계를 형태적 기능을 고려하여 자격법, 접속법, 종지법으로 설정하였다. 자격법은 굴절어미와 파생어미를 구분하게 하는 계기가 되었고, 접속법은 체언토와 용언토의 구분과 함께 접속사의 범주를 확정짓는 계기가 되었다. 종지법은 종래의 종지사를 서법으로 처리하는 결과를 가져왔다. 5) 그 외에 종래의 문법에서 문제되어 온 보조용언의 문법범주 설정, 관계대명사를 불완전명사로 처리한 범주설정, 어말어미와 선어말어미의 구분 등 많은 공적을 이루어 놓았다. 그러나 부분적으로 토를 단어로 인정하는 데 대한 논란, 지정사 및 접속사의 품사설정에 대한 논란 등 본질적인 면에서의 문제점을 가지고 있다.

요컨대 이 시대의 품사분류상의 특징은 도입·수용기의 품사연구가 역사적인 가치에 큰 비중이 있었던 데 비하여 한층 정리되고 체계화되어 개인문법적 성격을 띠게 되었고 새로운 시대의 문법을 마련하게 하는 또 다른 계기가 되었다.

제5장 품사분류의 정착
—정착·심화기(1946~1963)—

1946년 11월 미군정청의 국어교수요목에 따라 중등교육에 학교문법을 부과하고, 1949년 9월 1차로 개인문법의 문교부 인정제를 실시하게 된 배경에 힘입어 한꺼번에 7종의 문법서가 출판되었다. 이후 6·25사변을 겪는 동안의 오랜 공백기를 거쳐 1956년에는 11종이나 되는 문법 교과서가 출판되었다. 이는 1954년 문교부 교육과정시배당기준령에 이어 1955년 8월에 최초의 교과과정이 제정됨에 따라 이루어진 결과라 할 수 있다. 이 당시의 문법서를 개괄하면 정렬모(1946), 홍기문(1947), 유재헌(1947), 김민수(1960) 등을 제외하고는 중등학교 및 대학교재로 편찬된 학교문법서가 대부분이었다.

이 시대의 품사연구의 특징은 도입·수용기의 대표적인 분류유형인 제Ⅰ유형과 반성·모색기의 주류를 이루었던 제Ⅱ유형의 문법이 계속 존속하면서 정렬모 문법에서 새로이 등장한 제Ⅲ유형과 상호보완적인 의미의 분류체계의 성격을 띠게 된다. 그러나 이 시대를 주도한 분류유형은 제Ⅲ유형이 된다. 1954년경 이후 구조주의문법의 영향으로 학문문법적 성격을 갖게 됨도 한 가지 특색이 된다. 또한 문법유형에 따른 상반된 언어관으로 하여 지정사, 존재사 등의 품사에 대한 논쟁이 격렬했던 것도 시대적인 특징이 된다.[62]

---

62) 金敏注, 1986, 21~31. 1981, 294~327.

1956년경부터 비등하기 시작한 학교문법 통일에 대한 요구에 따라 1961년 12월에 그 통일안 작성에 착수한 문교부는 1963년 7월에 불완전하나마 그 안을 확정·공포하여 중학교는 1966년부터 고등학교는 1968년부터 실시하게 되었다. 이는 결과적으로 품사론의 연구발전이라는 자연스런 흐름을 막는 계기가 되었고 불완전한 상태의 체계를 오랫동안 학교문법에 적용시키는 결과를 가져왔다.

1. 단어와 품사관

도입·수용기에서는 단어 및 품사가 혼용되어 쓰이면서 개념이 정립되지 않은 미분화 상태의 시대였다면 반성·모색기에서는 단어와 품사를 어의적인 면에서나마 구분하였고, 단어를 최소의 언어단위로 인식하였다. 그러나 아직 통사론적 기능을 고려한 품사의 개념은 정립되지 못한 채 형태론적 단위임에 그치고 있었다. 그러나 정착·심화기에 들어와서 이들은 명확한 경계를 갖게 된다.

단어와 품사에 대한 견해를 살펴보면

> 감말은 월의 성분이니, 자기만의 힘으로는 관념을 나타내는 것이다…관념을 나타내는 것에는 "감말" 밖에 "낱뜻"이 있다.
>
> — 정렬모, 1946, 16

> 낱말은 그 구실(機能)과 꼴(形)을 대중삼아서 몇 갈래 가를 수 있나니, 이 가른 것을 씨(品詞)라 한다.
>
> — 이인모, 1949, 11

> 단어를 그 뜻과 꼴(形)과 구실(職能)에 의하여 갈라놓은 것을 품사라 하는데…
>
> — 김근수, 1947, 10

낱말은 그 구실(職分)을 따라 다섯가지로 가르나니, 이것을 씨(品詞)라 이르느
니라.

— 장하일, 1947, 5

'씨'는 소리의 낱 덩이를 이르는 낱내(音節)와 다르어서 한 생각이나 한 법측
을 보이는 말로서 더 가를 수 없는 낱 덩이를 이름이다.

— 김윤경, 1948, 35

모든 낱말이나 또는 말 조각들이 각각 그 가지고 있는, 성질 적능(구실) 형식
들에 따라 몇 갈래로 갈라 놓은 것을 품사라 하나니.

— 박태윤, 1948, 1

말을 여러 각도로 생각하여 비슷한 몇 개의 성질에서 分類하여 보아야 한다.
그리하여 나누어진 것을 품사(品詞)라고 하며…

— 이숭녕, 1956, 45

월은 임자조각과 풀이조각의 두 조각으로 자인 것인데, 그 조각들은 또한 각
각 한 개나, 두 개나, 또는 여러 개의 말로 짜이는 것이니, 그 한 개 한 개의
말들을 각각 낱말(단어)이라 한다.

— 정인승, 1949, 28

우리 말에 있어서는 무수한 모든 낱말을 각각 그 쓰이는 성질을 따라 적당하
게 구별하여 보면, 아래의 일곱 가지로 매우 간편하게 나뉘어진다. 각 낱말을
이렇게 나누어서 일컬음을 씨라고 한다.

— 위책, 29

品詞라는 것은 모든 單語 卽 語彙가 文法的 性質이나 機能에 依하여 어떻게
分類될 것인가 하는 統辭論(文章論 : Syntax)的 範疇에 관한 術語다.

— 이희승, 1949, 197

단어(單語, 낱말)란 말의 자근 단위(最小單位)를 일컫는 것입니다. 가장 자근단
위란 말하는데 있어서 독립성을 가질 수 있는 가장 자근 한도를 뜻합니다.

— 정경해, 1953, 78

단어는 그 형태, 뜻, 직능에 따러서 몇개의 무리로 분류할 수 있습니다. 그

하나하나를 품사라고 합니다.

— 위책, 82

　「單語」라는 것은 語素(morpheme)를 卽 語尾(ending)나 토(case ending)를 語幹 (stem)이나 語體(body)에서 分離하지 아니하고 包含한 대로의 한 덩어리를 말한 다. 그러므로, 이러한 의미의 單語를 資料로 하여 거기에 文法的 職能이「플러 스」되어야 비로소 品詞라고 할 수 있다.

— 김민수, 1960, 148

　이상의 인용문에서 쉽게 살필 수 있듯이 이 시대에 들어와서 단어와 품 사가 별개의 개념으로 각각 정립된다. 단어도 종래와 같은 막연한 의미의 최소단위라는 개념적 정의에서 벗어나 다른 언어단위와 비교적인 입장에서 설정되었고, 구문분석의 결과를 토대로 하여 설정된 것이었기에 실증적인 의미를 갖게 된다. 정렬모(1946)는 언어의 단위로서 '낫뜻, 감말, 월'을 세우 고 있는데 '감말'은 품사의 단위와 일치하는 것이다. 이 '감말'은 이희승 문 법의 '어절'과 일치하며 김민수 문법의 '文節'(1956)과 '단어'(1960)와 일치하 는 언어단위가 된다. 토를 독립품사로 인정하지 안고 '낫뜻'(語素)의 일종으 로 보고 있는데 이러한 경향은 제Ⅲ유형을 택한 문법가들의 공통된 견해가 된다. 단어의 정의로 대표적인 것은 정경해의 것을 꼽을 수 있다. 정경해는 '단어는 의미의 최소독립단위'임을 분명히 밝히고 있음에도 불구하고 그의 문법유형은 제Ⅰ유형을 취하고 있음을 보아 정의에서 말한 독립이란 의미 가 실제 문제에서 적용되지 않고 있음을 볼 수 있다. 또한 품사의 개념이 정립되어 단어와는 다른 차원에서 설정된 문법단위임이 이 시대에 확립된 다. 품사는 단어의 통사론적 고려에 따른 분류임을 인식하여 문법적 기능을 중시하기에 이르렀다. 그 대표적인 것이 장하일, 김민수의 예가 된다.

　품사의 분류기준은 의미, 형태, 기능의 세 기준이 고려되었으나 그 비중 을 달리하고 있다. 김민수, 박태윤의 경우는 기능과 형태를 중시하고 있으 며, 정경해의 경우는 세 가지 다 적용시키고 있다. 분명한 사실은 이 시대에 들어와 전 시대의 의미 중시의 경향이 현저히 줄어들고 기능 중시의 품사관이 확립되었다는 것이다. 이는 구조주의문법의 직접·간접의 영향이라고 생각된다.

2. 분류양상과 체계상의 특징

이 시기에 출판된 품사연구 자료를 살펴보면

정렬모(1946, 1948 a, b)   박창해(1946)
최현배(1946, 1948, 1956 a, b, c)   홍기문(1947)
유재헌(1947)   김민수(1947)
김근수(1947)   장하일(1947, 1949 a, b)
이영철(1948)   김윤경(1948 a, b)
박태윤(1948)   이숭녕(1949, 1954, 1956 a, b, c, 1960, 1961)
이인모(1949)   정인승(1949, 1955, 1956 a, b, c, d)
이희승(1949, 1955, 1956)   심의린(1949)
정경해(1953)   김민수(1955, 1960, 1962, 1964)
최태호(1957 a, b, c)   김민수·남광우·유창형·허웅(1960 a, b)
학교문법통일안(1963)

등으로 20명에 48종의 연구물이 된다. 이중에서 내용이 중복되는 '교사용 지도서'나 일부의 품사체계를 보이는 것을 제외하면 20명에 38종이 된다.[63] 이들 연구 자료들의 품사분류체계부터 살펴보면 다음과 같다.

---

63) 學校文法統一案에 의거한 문법서로는 「한국국어교육연구회」발행 2책과 고창식 외 2
    인의 1책과 문교부 명의로 발간한 김민수의 2편의 해설 및 지침서가 있으나 官制에
    의해 규제된 문법체계로 동일한 것이기에 1종으로 처리하였다.

1) 정렬모	1체계	3권	11) 이숭녕	3체계	4권
2) 박창해	1	1	12) 이인모	1	1
3) 최현배	1	4	13) 정인승	1	3
4) 홍기문	1	1	14) 이희승	1	2
5) 유재헌	1	1	15) 심의린	1	1
6) 김근수	1	1	16) 정경해	1	1
7) 장하일	1	3	17) 김민수	1	2
8) 이영철	1	1	18) 최태호		3
9) 김윤경	1	2	19) 김민수 외 3인	1	2
10) 박태윤	1	1	20) 문교부	1	1
			20명	22체계	38책

　　문교부통일안을 포함하여 모두 20명의 문법가가 등장하여 38종의 연구물이 출판되나 최현배, 김윤경의 경우 종래의 품사체계와 동일한 것이고, 박창해의 경우 최현배의 「우리말본」을 그대로 요약한 것이어서 실제 이 시대에 등장한 품사체계 수효만 17개가 된다.

　　홍기문, 심의린 문법도 재등장하는 것이나 분류체계를 달리하고 있다. 박창해의 문법은 최현배 그대로이므로 대상에서 제외시킨다. 이 시기에도 반성·모색기 문법에서와 같이 한 사람이 한 가지의 분류체계를 가진 것이 원칙이나 이숭녕 문법에서는 세 가지 체계가 나타난다. 이는 1차적으로 중세어 자료와 현대어 자료라는 대상언어의 차이에서 빚어진 결과이며 2차적으로는 분류체계의 수정이 중세문법에서 한 번 더 있었다. 결과적으로 이숭녕 문법에서 예외는 생겼지만 시대 구분을 한 동일시대 내에서는 도입기만을 제외하고는 1인 1체계의 분류현상을 보이는 것이 오랜 전통이 되었다.

　　이는 시대적인 전환점을 기준으로 해서만 분류체계의 변화가 이루어졌다는 것으로 이들 시대 구분점들이 타당하다는 결론과 함께 개인문법의 변화를 가져오게 했다는 해석이 가능하다. 그러면 이들이 구체적으로, 어떠한 문법범주로서 분류되는가 품사 수를 중심으로 살펴보자.

<표 7>에 나타난 현상을 첫째 품사 수에 따른 문법체계, 둘째 품사분류의 유형, 셋째 품사명칭에 따른 품사범주의 특색 등에 관해 살펴보자.

〈표 7〉

구분\문법가	품사수	문법유형	체언			용언				체언토		용언토			수식언		상언	
			명사	대명사	수사	동사	형용사	존재사	지정사	조사	후치사	어미전체	종결어미	연결어미	관형사	부사	접속사	감탄사
1) 정렬모 (1946 1948 a,)	5	III	명사			동사									관형사	부사		감동사
2) 장하일 (1947 1949 a, b)	5	III	임자씨 (명사)			풀이씨 (설명사)									매김씨 (관형사)	어찌씨 (부사)		느낌씨 (감탄사)
3) 이인모 (1949)	6	II	임자씨			풀이씨				토씨					매김씨	어찌씨		느낌씨
4) 정인승 (1949 1956 a,)	7	II	이름씨			움직씨	그림씨			토씨					매김씨	어찌씨		느낌씨
5) 김민수 (1955 1960)	7	III	명사			동사	형용사								관형사	부사	접속사	감탄사
6) 최태호 (1957 a, b, c)	7	III	명사	대명사		동사	형용사								관형사	부사		감탄사
7) 김민수 외 (1960 a, b)	7	III	명사			동사	형용사								관형사	부사	접속사	감탄사
8) 박태윤 (1948)	8	II	명사	대명사		동사	형용사			조사					관형사	부사		감탄사
9) 이숭녕 (1956 a, b 1960)	8	III	명사	대명사	수사	동사	형용사								관형사	부사		감탄사
10) 이숭녕 (1961)	8	III	명사	대명사	수사	동사	형용사				후치사					부사		감탄사
11) 김윤경 (1948 a, b)	9	I-분	임씨			움씨	얻씨			겻씨			맺씨		언씨	억씨	잇씨	늑씨
12) 이숭녕 (1954)	9	III	명사	대명사	수사	동사	형용사								관형사	부사	접속사	감탄사
13) 정경해 (1953)	9	I-통	명사	대명사	수사	동사	형용사			토		토				부사	접속사	감탄사
14) 문교부 (1963)	9	II	명사	대명사	수사	동사	형용사			조사					관형사	부사		감탄사
15) 박창해 (1946)	10	II	이름씨	대이름씨	셈씨	움직씨	어떻씨		잡음씨	토씨					어떤씨	어찌씨		느낌씨
16) 최현배 (1946 1948 1956 a, b, c)	10	II	이름씨	대이름씨	셈씨	움직씨	그림씨		잡음씨	토씨					매김씨	어찌씨		느낌씨
17) 홍기문 (1947)	10	I-분	명사	대명사	수사	동사	형용사			후치사			종지사			부사	접속사	감탄사

	수	체계																
(18) 유재헌 (1949)	10	Ⅱ	이름씨	대이름씨	셈씨	움직임씨	어떻씨		잡음씨	토씨					어떤씨	어찌씨		느낌씨
(19) 이영철 (1948)	10	I-분	명사	대명사	수사	동사	형용사			조사			종지사			부사	접속사	감탄사
(20) 이희승 (1949 1956)	10	Ⅱ	명사	대명사		동사	형용사	존재사		조사					관형사	부사	접속사	감탄사
(21) 김근수 (1947)	13	I-분	명사	대명사	수사	동사	형용사	존재사	지정사	조사				조용사	관형사	부사	접속사	감탄사
(22) 심의린 (1949)	13	I-분	명사	대명사	수사	동사	형용사	존재사	지정사	조사		조용사			관형사	부사	접속사	감탄사

1) 품사 수에 따른 분류체계

이 시대의 분류체계를 살펴보면 다음과 같다.

5품사	2체계	10%	6책	16%	정렬모, 장하일
6	1	5	1	3	이인모
7	4	19	10	26	정인승, 김민수, 최태호, 김민수 외 3인
8	3	14	4	11	박태윤, 이숭녕(2)
9	4	19	5	13	김윤경, 이숭녕, 정경해, 문교부통일안
10	5	24	10	26	최현배, 홍기문, 유재헌, 이영철, 이희승
13	2	10	2	5	김근수, 심의린
	21체계	37	38권		19명

국어문법학사상 품사 수에 따른 분류체계는 5, 6, 7, 8, 9, 10, 11, 12, 13 품사의 9종이 나타나는데 이 시대에는 11품사와 12품사를 제외하여 7종류가 나타난다.

도입기와 반성기에는 9품사체계가 다수를 차지했으나 10품사체계가 가장 많은 지지를 받고 9품사체계와 7품사체계가 다음이 된다.

(1) 5품사체계

5품사체계는 정렬모(1946, 1948 a, b)와 장하일(1947, 1949 a, b)의 문법체계가 이에 해당하는 것으로 문법학사상 최소의 분류법이다. 정렬모의 5품사체계는 「명사, 동사, 관형사, 부사, 감동사」인데 종래의 9품사, 8품사체계를 통합해서 분류한 것이다. 이에 대한 그의 견해를 옮기면 <표 8>과 같다.

〈표 8〉

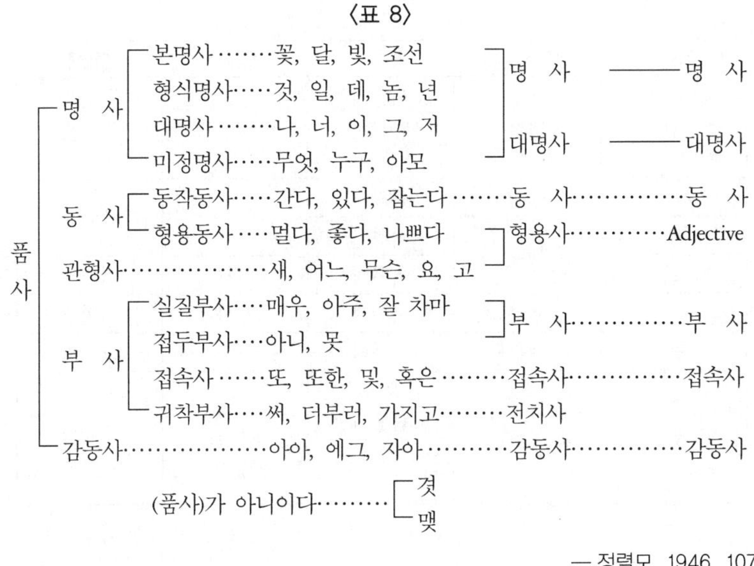

— 정렬모, 1946, 107

명사 속에 대명사를 포함시키고 부사 속에 접속사를 포함시키는 분류법은 오래전부터 있어 온 분류법이나 동사 속에 형용사를 하위분류시켜 형용동사로 설정하는 것은 국어문법학사상 처음 있는 일이다. 동사와 형용사의 구분은 형태적인 면 즉 활용체계상으로 구분도 되지만 의미를 위주로 하여 구분한 것이다. 그러므로 품사분류에 있어 기능을 중시하는 구조주의적 문법관에서 보았을 때는 무의미한 것이고, 생성이론적 측면에서 보아도 이들 동사와 형용사와의 구분은 동작성이란 자질이 있느냐 없느냐에 따른 어휘목록에 불과하다는 사실을 감안할 때 정렬모 문법이 가지는 서구문법적 일면을 찾아 볼 수 있다. 장하일의 5품사체계는 정렬모의 「신편 고등국어문법」을 좇았다고 서문에서 밝혔듯이 같은 품사체계이다. 다만 하위분류와 문법 설명에 있어 차이가 있을 뿐이고 지정사 「이다」를 토로 처라하였

다는 점이 다르다. '씨가름의 견줌'이라고 하여 주시경, 최현배, 이상춘, 정
렬모의 문법과 비교한 부분을 옮기면 <표 9>와 같다.

〈표 9〉

주시경	이상춘	최현배	정렬모	이 책
임	명사	이름씨 대이름씨 셈씨	명사	임자씨
움	동사	움직씨	동사	풀이씨
엇	형용사	어떻씨		
언		어떤씨	관형사	어떤씨
억	부사	어찌씨	부사	어찌씨
놀	감탄사	느낌씨	감동사	느낌씨
겻 끝 잇	토씨	토씨 잡음씨 (씨끝) (씨끝)	(씨끝)	(씨끝)

— 장하일, 1947, 7

5품사체계는 권영달과 이상춘(1946) 문법의 6품사체계에서 동사와 형용
사를 통합하여 동사 한 품사로 설정한 곳에서만 차이가 난다.

(2) 6품사체계

6품사체계는 이인모 문법이 유일한 예가 되는데 그의 문법은 최현배 문
법과 정렬모 문법의 折衷(절충)으로 보고 있다.[64]

---

64) 金敏洙, 이인모 "「재미나고 쉬운 새 조선말본」 해설" 참조. 이인모, 위책, 12.

품사분류의 틀을 살펴보면

씨의 큰 갈래	씨의 작은 갈래	
1. 으뜸씨	① 임자씨	② 풀이씨
2. 꾸밈씨	③ 매김씨	④ 어찌씨
3. 홀로씨	⑤ 느낌씨	⑥ 토 씨
4. 걸림씨		

　그의 품사분류에 대한 견해는 「재미나고 쉬운 새 조선말본」 부록에 상세히 언급되어 있는데 조사(토씨)를 독립품사로 설정하는 까닭과 품사분류에 대한 주시경, 김윤경, 이상춘, 최현배, 정렬모, 장하일의 견해를 비교하면서 그가 외솔문법과 정렬모 문법을 절충한다는 견해를 보이고 있다. 외솔문법을 따름은 체언토를 독립품사로 인정한다는 점과 잡음씨를 용언의 일부로 본 것이다. 정렬모 문법을 따른 것은 '임자씨, 풀이씨'가 정렬모의 '명사, 동사'와 같다는 점이다.

(3) 7품사체계

　전 시대의 7품사체계는 주시경의 7품사를 제외하고는 체언토와 용언토를 동일 문법단위로 처리하는 제Ⅰ통합유형이었던데 반하여 이 시대의 분류유형은 정인승을 제외하고는 제Ⅲ유형과 상관을 이루고 있다. 7품사 중에서 '명사, 동사, 형용사, 관형사, 부사, 감탄사'의 6품사는 공통적이고 다만 대명사, 접속사, 조사에서 이견을 보일 뿐이다. 최태호는 대명사를 독립시켰고, 김민수는 접속사를, 정인승은 조사를 독립시키고 있는 차이로 근본적인 것은 역시 토의 독립품사 여부에 있다. 같은 명사라도 문법유형의 차이에 따라 그 내용이 달라지기 때문이다.

(4) 8품사체계

8품사체계는 서구문법의 품사 수의 원형이었음에도 불구하고 국문법에서는 품사 수에 있어서만은 크게 지지를 받지 못한 체계다.

전 시대를 통하여 도입기의 유길준 문법과 이 시대의 박태윤, 이숭녕의 문법이 전부가 된다.

박태윤은 품사분류를 <朝鮮語學會>가 지은 「조선말 큰사전」과 이윤재의 「표준조선말사전」의 분류방식을 따라서 8품사로 나눈다고 하여 '명사, 대명사, 동사, 형용사, 관형사, 부사, 감동사, 조사'로 분류하였다. 이는 영문법의 8품사체계와 비교할 때, 전치사 대신에 조사, 접속사 대신에 관형사로 바뀐 체계다.

이숭녕의 8품사체계는 제Ⅲ유형의 분류법으로

> Ⅰ. 명사, 대명사, 수사, 동사, 형용사, 관형사, 부사, 감탄사 — (1956 a, b)
> Ⅱ. 명사, 대명사, 수사, 동사, 형용사, 부사, 감탄사, 후치사 — (1961)

두 가지 체계를 가지고 있다. 이들은 9품사체계(1954)에서 접속사가 제외된 것으로 Ⅰ의 체계는 관형사가 있고, Ⅱ체계는 관형사 대신 후치사로 대치됨이 특징이다. 후치사 설정은 중세국어를 언어자료로 한 「중세국어문법」(1961)에서 변모된 것이다. 이와 같은 변모는 "알타이어에는 접속사가 없다", "후치사는 공통적인 특징이다"라는 람스테트의 견해를 따른 것으로 보인다.

(5) 9품사체계

9품사체계는 국문법에서도 그렇지만 서구전통문법에서도 보편화된 문법체계의 하나다. 이 시대의 9품사체계는 김윤경(1948 a, b) 이숭녕(1954) 정경해(1953) 문교부통일안(1963)의 분류법이다.

김윤경은 제Ⅰ분리유형, 정경해는 제Ⅰ통합유형, 문교부통일안은 제Ⅱ유형, 이숭녕은 제Ⅲ유형의 분류가 되어 각기 다른 분류체계로 되어 있다. 김윤경의 9품사는 주시경과 같이 조사와 종지사를 인정한 것이고 정경해는 관형사 대신 접속사를 두고 있고, 문교부통일안은 접속사 대신 관형사를 설정한 것이고 이숭녕의 체계는 토 대신에 접속사를 설정한 체계다.

(6) 10품사체계

이 시대에 수적으로 가장 많은 지지를 받고 있는 체계로 최현배, 홍기문, 유재헌, 이영철, 이희승 등의 분류체계다. 문법유형은 제 I 분리유형과 제 II 유형의 두 가지로만 나타난다. 9품사체계에 비하여 지정사, 존재사 또는 종지사를 넣은 것의 차이가 있다.

(7) 13품사체계

김근수와 심의린의 문법체계로 수적으로 보아 가장 많은 품사체계다. 명사, 대명사, 수사, 동사, 형용사, 존재사, 지정사, 조사, 조용사, 관형사, 부사, 접속사, 감탄사로 되어 있으니 이는 국어문법학사상 등장한 대부분의 품사를 망라한 것이 되고, 문법유형으로는 제 I 분리유형이다.

2) 품사분류의 유형

토의 처리에 따른 문법유형은 제 I, II, III의 세 가지 유형이 모두 등장하는데 구체적으로 살펴보면 <표 10>과 같다.

〈표 10〉

제 I 유형	분리형	5체계	24%	6권	16%	김윤경, 홍기문, 이영철, 심의린, 김근수
	통합형	1	5	1	2	정경해
제 II 유형		7	33	14	37	이인모, 정인승, 박태윤, 통일안, 최현배, 이희승, 유재헌
제 III 유형		8	38	17	45	정렬모, 장하일, 김민수, 최태호, 이숭녕, 김민수 外 3인
		21체계		38권		20명

도입·수용기의 현상과 같이 제Ⅰ, Ⅱ, Ⅲ유형이 함께 나타나고 있으나 내용적으로는 상이한 양상이다. 도입·수용기에는 분석적인 제Ⅰ유형이 주도된 시기고 제Ⅱ유형과 제Ⅲ유형은 미확립된 상태의 분류유형이었다. 그러나 이 시기에는 제Ⅲ 유형이 주도된 시기다.

이 시기에 들어와 제Ⅰ유형은 1940년대에 대부분 종식되고 정경해의 「국어강의」(1953)가 마지막을 장식한다.

주시경 문법에서 시작된 제Ⅰ유형이 50년을 채우지 못하고 종식된 것은 체언토나 용언토 특히 용언토가 단어로 성립되는 요건을 갖추지 못하였다는 자체 내의 약점에서 기인한 것이다. 이 같은 약점은 제Ⅱ유형문법도 마찬가지여서 제Ⅲ유형문법의 등장으로 하여 그 지지기반이 흔들렸으나 학교문법통일안이 제Ⅱ유형문법을 채택하게 된 결과로 하여 다시 소생하는 계기가 되었다.

국어문법학사에서 제Ⅱ유형과 제Ⅲ유형은 평행선을 긋는 입장에서 그치고 말았으나 이 시대의 상황만을 고려하여도 제Ⅲ유형 우위의 결과가 됨은 <표 10>에 나타난 바와 같다. 제Ⅰ유형의 토의 처리법을 보면 김윤경의 경우는 김두봉 문법의 처리법을 그대로 따라서 조사 속에 체언토, 용언토를 포함시켰고, 접속사는 접속조사와 접속어미를, 종지사는 종결어미만으로 설정하는 구분법을 고수하고 있다. 홍기문의 경우는 김윤경 문법의 조사에 소속되어 있는 연결어미를 접속사 속에 넣고 있다. 이영철 문법도 김윤경의 분류법과 유사하다. 그러나 심의린의 경우 조사는 체언토만을, 접속사는 순수 접속사에 해당하는 예만을, 조용사는 용언의 종결어미를 포함시킨 문법범주다. 김근수, 정경해의 접속사는 순수 접속사에 해당하는 어류만을 포함시키고 있다.

토의 처리법에 있어서는 전 시대와 같은 분류법을 취하고 있음을 알 수 있다. 체언의 분유유형을 살펴보면 단일형, 이분형, 삼분형의 형태가 드러나는데 이 시대의 단일형의 특색은 조사가 명사의 격어미로 처리되어 있다는 점이다.

정렬모, 김민수, 장하일, 이인모, 김민수 외 3인의 문법이 이에 해당되고 정인승 문법도 단일분류법이나 체언토가 제외된 것이다.

박태윤, 이희승 문법의 이분형을 제외하고 그 나머지는 11명이 삼분형을 취하고 있는데 이는 수사의 품사적 지지도가 높아졌다는 결과가 된다.

용언의 분류상의 특징은 용언을 단일품사로 설정한 정렬모, 장하일, 이인모 문법의 등장이다. 이는 국어문법학사상 처음 등장하는 일로 앞에서도 언급했듯이 선구적인 의미를 가진다. 그 외에는 지정사와 존재사 두 품사를 각기 또는 함께 인정하는 최현배, 이희승, 김근수, 심의린의 문법이 있을 뿐 모두 동사, 형용사의 이분형을 취하고 있다.

3) 품사명칭과 범주

이 시대에 설정된 품사명칭을 살펴보기로 하자.

품사 \ 구분	우 리 말 계	한자어계
1. 명 사	임자씨 이름씨	名 詞
2. 대명사	대이름씨	代名詞
3. 수 사	셈씨	數 詞
4. 동 사	풀이씨 움직씨 움직임씨	動 詞
5. 형용사	그림씨 언씨 어떻씨	形容詞
6. 존재사	—	存在詞
7. 지정사	잡음씨	指定詞
8. 조 사	토씨 토	助 詞
9. 후치사	—	後置詞
10. 종지사	맺씨	終止辭
11. 조용사	—	助用詞
12. 관형사	매김씨 언씨 어떤씨	冠形詞
13. 부 사	어찌씨 억씨	副 詞
14. 접속사	잇씨	接續詞
15. 감탄사	느낌씨 억씨	感歎詞

반성·모색기의 품사 명칭과 비교할 때 별다른 특징이 발견되는 것은 아니고 한층 통일되고 일반화되었다는 것이다. 우리말계 명칭으로는 외솔 문법의 명칭이 대표적인 것이 되었고 한자어계 명칭은 이미 통일·보편화 된 지 오래다. 알타이어의 공통적인 사항이라는 람스테트의 견해를 받아들여 후치사(postposition)란 품사가 이숭녕 문법에서 설정되어 15종의 품사가 설정된다. 특징적인 것은 각 품사의 의미적, 형태적 나아가서는 기능적인 문법범주까지도 문법유형에 따라서 일치되고 일반화된다는 사실이다. 이는 품사 명칭에서뿐만 아니라 품사범주에서까지 보편화 경향을 띠고 있다는 것이다.

보편화되지 않은 품사로는 후치사, 지정사, 존재사, 조용사, 종지사의 5 품사가 된다. 후치사는 김규식 등의 문법에서 서구어의 전치사의 대역어에 해당하던 용례에서 벗어나 알타이어적 특성과의 일치를 찾으려는 노력에서 빚어진 것이나 단일품사로 인정되기에는 어휘형태 및 기능적인 면에서의 특징은 미약하다. 조용사는 용언어미 전부를 포괄하는 품사로서 조용사가 김근수와 심의린 문법에서 설정되는데 이는 박승빈 문법의 조용사와는 다른 품사범주다.

3. 문법가별 분류상의 특징

1) 제1계열

(1) 정렬모, 「신편고등국어문법」(1946) 외

서문에서 스스로 밝히고 있듯이 松下大三郎의 「標準日本文法」(1924)을 바탕으로 저술한 것으로 그 체계에서부터 문법관, 품사론, 문장론의 하위 분류에 이르기까지 그대로 직역한 곳이 많다. 그러나 한편으로는 국어특유

의 체계를 모색하고 있는 문법서다.65)

주시경 문법의 바탕 위에서 松下文法을 적용한 백수 정렬모 문법의 특색은 종합적 체계인 제Ⅲ유형문법의 실질적인 수립이라 할 수 있다.66)

먼저 그의 문법관을 살펴보면 문법학이 언어과학으로서 출발하여야 함을 주장하고 이론문법서로서 추구한 것이 「신편고등문법」이다. 그는 과학에는 그 연구하는 태도에 따라 이론적임이 있음을 설명하고 "이 책은 나라말본갈로서 이론적임과 기술적임을 겸한 태도로 나가려 한다"고 하였는데 이는 기술문법적 측면에서 언어기술에 중점을 두고 언어의 규칙을 귀납해 내려는 문법관으로 해석된다. 또한 언어과학은 순수과학이 되어야 함이 본질적인 것이지만 응용과학으로서의 문법이 중시되어야 함을 역설하고 실용문법으로서의 규범적 태도를 가지고 저술에 임한다고 하였다.

> 과학 그것은 지식이다. 명령은 아니이다. 그러므로 과학은 본질적으로는 설명과학이다. …과학하는 눈으로 보면 규범과학에는 의지라는 "뉘"가 섞인 것이다. …운용이 없다면 과학은 쓸 데 없다. 인간생활에 필요하기 때문에 과학의 존재가 의미가 있다.(pp.23~24)

비록 규범문법적 태도를 견지하겠다고는 하였으나 백수문법은 우리나라

---

66) 정렬모의 「신편고등문법」과 松下大三郎의 「標準日本文法」과의 此較檢討는 姜馥樹 (1971, 232~247)에 의하여 이루어졌다. 檢討結果의 要的部分만을 살펴보면,
① 文法의 領域에서 音韻論을 除外하였다. ② 言語單位로 낱뜻·감말·월을 세웠다. ③ 品詞를 감말의 本姓에 依據하여 나누고, 助詞나 語尾를 獨立品詞로 인정하지 않았다. ④ 品詞의 文法的 性質을 감말의 副性에서 다루고 있다. ⑤ 文章論을 文成의 從屬, 統*關係에 의하여 主體關係·客體關係·實質關係·連用關係·連體關係 등으로 說明하였다. 등이 松下文法을 전적으로 따르고 있다는 점이다. 國語特有의 體系를 모색하고 있는 점으로는 ① 낱뜻의 分類中에서 빗(格), 꼴(能), 몸바꿈(活用)을 따로 밝힌 것. ② 낱뜻의 分類에 있어서 音韻的 面의 法則을 따르지 않은 것. ③ 品詞의 下位分類에 있어서 冠形詞·感歎詞를 細分한 것. ④ 감말의 꼴과 빗을 國語의 言語事實에 맞추어서 加減한 것 등을 들고 있다.

67) 제3유형문법은 發芽期의 西洋人의 國語硏究와 金奎植문법에서 찾을 수 있으나 아직 문법체계로 확립된 것이라 보기 어렵다.

에 본격적인 의미의 기술문법(descriptive grammar)이 도입되기 이전에 기술문법적 태도에서 이론문법을 수립하려했다는 데서 중요한 의미를 갖는다. 그는 기술문법적 측면에서의 언어기술인 개별문법(따로 말본갈)을 바탕으로 하여 이론적인 보편문법(두루말본갈)의 수립이 과제가 되어야 함을 주장하고 있다.

언어의 단위로서 '낱뜻', '감말', '월'의 세 가지를 들고 이들을 말씀의 세 다리(過程)라고 하였는데 이 때 '말씀'이란 發話(discours, utterance)로, 낱뜻은 形態素(morpheme), 감말은 單語(word), 월은 文章(sentence)의 의미로 사용되고 있다.

> 말은 말씀의 됨됨이를 이룰 때 "낱뜻" "감말" "월"의 세다리를 밟는다.(p.8)
> 감말은 월의 성분이니, 자기만의 힘으로 관념을 나타내는 것이다. …관념을 나타내는 것에는 "감말" 밖에 "낱뜻"이 있다.(p.16)

"낱뜻"은 형태소(morpheme)의 의미로 대응시켜 볼 수 있으나 현대적 의미의 형태소의 분석단위와 완전히 일치하는 것은 아니다.

품사론은 "감말"에 대한 단독론을 다루는 것이라 하였는데 문장론에서의 품사론의 위치를 살펴보면 아래와 같다.

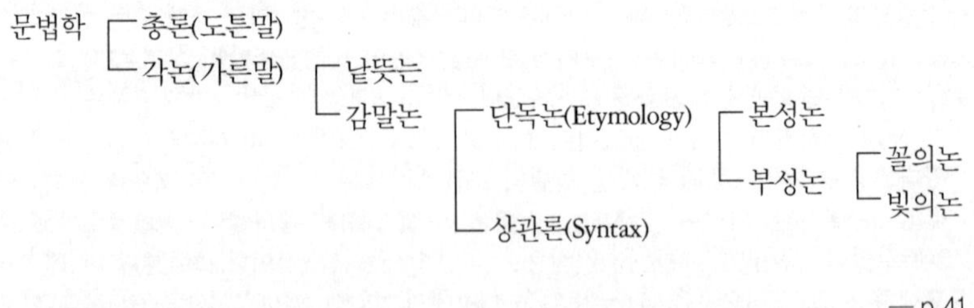

— p.41

품사분류는 단어(감말)의 성질에 따라 구분하였으니 먼저 단어를 주관적인 것과 객관적인 것으로 구분하여 주관적이란 감탄사와 같이 화자의 정

의(feeling)을 나타낸 것을 뜻하는 것이고, 객관적인 것을 개념말이라고 하였
다. 다시 개념말의 외연성이 있고 없음의 구분에 따라서 외연성이 있는 개
념(사물의 개념)을 나타내는 말을 외연말 즉 명사라 하였고 외연성 없는 개
념(작용의 개념)을 내포말이라 하여 다시 서술성(판단성)이 있고 없음에 따라
서술말(작용말), 서술 아닌 말(속성말)의 둘로 나누고, 서술성 있는 말을 動詞
라 하고 서술성이 없는 말을 다시 연체와 연용으로 나누어 연체형을 관형
사(adjective)라 하고 연용형을 부사라 하여 분류하였다. 그리고 이들 내용을
도표화하였다.

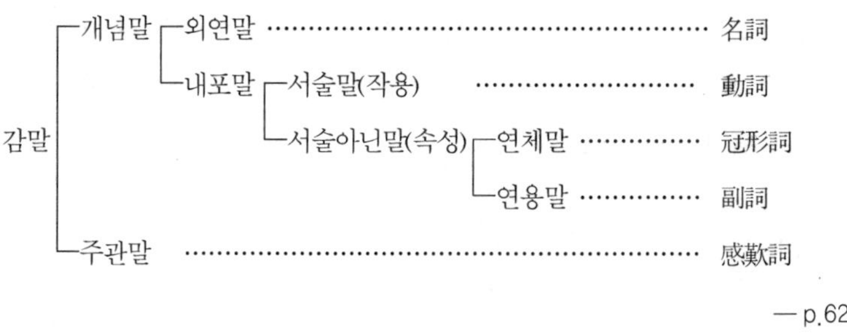

— p.62

　위의 분류는 외견상 논리적으로 일목요연하여 타당한 것으로 생각되나
몇 가지 분류상의 무리한 점을 가지고 있다. 첫째, 감탄사를 제외한 모든
말을 개념말이라 하였는데 감탄사들도 얼마든지 주관적인 말로 볼 수 있
다. 특히 가치판단(value judgement)에 동원되는 "아름답다, 착하다, 좋아한다"
등의 단어는 주관말로 볼 수 있다. 위에서 말하는 주관말은 정의적인 단어
를 뜻하는데 "불이야!", "좋구나!", "얼씨구!", "엄마!" 등의 말에서도 관념
이 형성된다고 보아야 한다. 둘째 명사류와 명사 이외의 품사를 외연과 내
포로 구분하였는데 명사는 외연이 풍부한 단어이기는 하나 명사와 외연은
등위관계로 성립되는 것은 아니다. 명사도 얼마든지 내포를 가지고 있다.
고유명사의 경우 외연은 하나이나 내포는 거의 무한할 정도로 많다. 그러
므로 명사를 외연말이라 지칭함은 이론상 타당하지 않다. 셋째 서술아닌말

즉 관형사와 부사를 "속성"이라 지칭함도 타당하지 않다. 속성이란 논리학적 입장에서 보아 각 낱말에 주어진 내포를 뜻하는 말이 되기 때문이다.

정렬모의 품사분류의 기준은 의미와 표시에 따른 기능을 중심으로 삼았고 형태적인 면에서의 특징은 무시되고 있다. 각 품사의 정의를 살피면 더욱 두드러지게 나타난다. 그의 문법은 개념(notion) 진술에 있어서의 구문요소들의 논리적 판단(judgement)을 중심으로 삼아 품사를 구분하고 있다. 명사, 동사, 감동사는 주로 그 구문요소들이 자주판단의 영역에서 이루어지는 것으로 명사는 主辭(주사)의 개념과 동사는 賓辭(빈사)의 개념에 근사함을 살필 수 있다. 관형사·부사는 일종의 관계판단적 의미를 가지는 것으로 주사와 빈사에 대하여 속성표시를 하는 요소로 보았다. 이는 일찍이 아리스토텔레스를 위시한 그리스시대 학자들이 논리적 개념의 진술에서 사용했던 방법과 유사함을 알 수 있다.

1. 名詞(임) : 사물의 개념을 표시하는 성능을 가지고 있음.
2. 動詞(움) : 작용의 개념을 표시함.
3. 冠形詞(언) : 다른 개념의 실체(몸)에 종속하는 속성의 개념을 표시함.
4. 副詞(억) : 다른 개념의 운용(쓰임)에 종속하는 속성의 개념을 표시함.
5. 感動詞(늑) : 관념을 주관적으로 표시함. (p.48)

이들 품사의 분류상의 두드러진 특징을 중심으로 몇 가지 살펴보기로 한다.

1. 토는 독립성이 없으므로 제힘만으로는 한 개념을 나타내지 못하므로 품사로 인정되지 못하고 다만 "감말을 만드는 재료"인 낱뜻이라고 하였으니 이는 가장 두드러진 백수문법의 특징이다. 이들을 명사의 빛(格)이라고 하였으니 생성문법에서의 지표(marker)의 개념과 일치하는 선구적인 견해라 할 수 있다.

2. 명사 속에 대명사 또는 수사를 포함시키고 있는 것은 기능적인 면만을 중시하고, 의미적 형태적 기능은 무시된 분류법으로 이는 일찍이 주시

경 등의 문법에서 제창되었던 것이다. "빛(格) 없는 명사와 빛 있는 명사"를 구분하였는데 빛 없는 명사는 조사가 붙지 않은 형태론적 자료로서의 정태적 명사를 뜻하고, 빛 있는 명사는 통사론적 위치의 동태적 명사를 뜻하는 것이다. 백수문법에서 「槪念」이란 用詞(용사)는 특별히 중요한 의미를 가진다. 어떠한 개념을 표시하는가, 어떻게 그 개념을 서술하는가, 어떠한 종속개념이 덧붙는가, 개념의 서술에 어떠한 속성개념이 부가되는가 등에 따라 품사가 결정될 뿐 아니라 그 하위개념의 내용도 결정된다.

  3. 용언을 단일분류하여 동사로 처리함은 품사체계에서도 살폈듯이 처음 있는 일이다. 이도 역시 명사의 경우처럼 의미와 형태가 중시된 분류법이다. 활용은 동사의 필요조건이 아니라 하여

    1) 다오, 옛다
    2) 깨끗, 반듯, 따뜻, 부지런, 얌전…
    3) 만족, 적적, 정결, 고상, 고결…
    4) 운동, 공부, 연구, 활동, 출입…
    5) 걱정, 생각, 자세, 자랑, 터쎄…

등은 활용이 없는 동사라고 하여 어근만은 예시하고 있는데 이들 중 2, 3, 4, 5의 예는 자연언어 상태에서 동사일 수 없고 「하다」를 붙여서 비로소 동사가 되므로 활용을 그 특성으로 보아야 한다. 동사와 형용사의 구분을 동작성 여부나 형용 여부에 따라 전적으로 나누지도 않았고 활용형의 차이도 고려하지 않고 시간성 여부에다 구분의 기반을 두었다. 그리하여 형용동사는 작용(狀態)에 시간성이 첨가된 것으로 보았고 시간적인 차원에서 보았을 때는 動도 靜도 동작이요, 시간성이 배제된 경우에는 상태(形容)라고 하여 "있다, 없다, 이다"를 동작동사로 처리하였다.

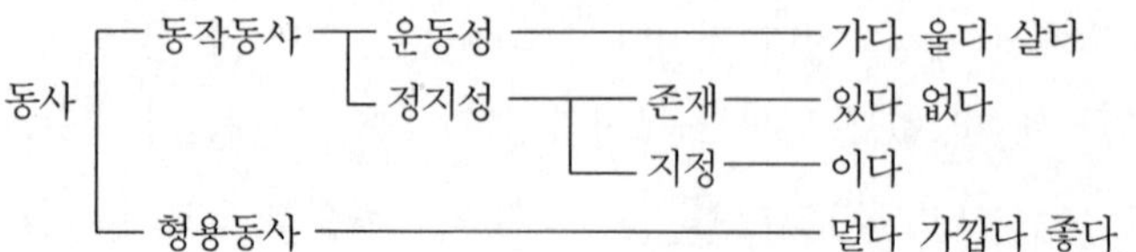

— p.78

　동사를 논리적 개념의 의미성과 통사구조에 따라 分主性(분주성) 동사·
合主性(합주성) 동사, 歸着性(귀착성) 동사·귀착성 아닌 동사, 타동사(휘두를
동사)·자동사(제대로 동사)로 나누고 귀착성 동사를 다시 기댈성 동사, 떠날
성 동사, 더불성 동사, 보탤성 동사, 여길성 동사 등으로 구분하고 있는데
이 또한 독자적인 분류법이다. 백수문법 품사론의 독자적인 설명의 또 하
나는 각 품사의 2차적인 성격으로 相(꼴)과 格(빛)에 대한 것이다. 상은 통
사적 위치에 관여하지 않고 그 품사 자체가 가지고 있는 특성을 말한다고
하여 명사의 경우 존칭, 비칭, 표현법의 셋과 그밖에 셈(數), 예시, 特提, 着
등을 들면서 국어에는 인칭과 성은 중요한 것이 아니라고 하였다.

　동사의 相(꼴)으로는 파동, 사동, 가연, 존칭, 장중, 이익, 완전동, 긍정부
정, 기연, 때, 추상, 완비불완비 등을 내세우고 있다. 格(빛)은 각 단어들이
통사구조 속에 들어갔을 때에 나타나는 격지표(marker)를 뜻하는 것으로 명
사의 경우뿐만 아니라 동사, 관형사, 부사, 감탄사 등 모든 품사들이 격지
표를 다 가지는 것으로 해석하였다. 이 가운데 특기할 것은 영형태에 대한
격지표의 설명이다. 예로 "a. 서울은 국도. b. 서울은 국도이다"의 두 문장
은 같은 서술형을 가지지만 a.의 「국도」는 명사 즉 명사의 서술태이고 b.
의 「국도이다」는 명사성 동사라고 하여 표면형태를 중심으로 품사처리를
하고 있다.

　영형태의 개념으로 확대 해석할 수 있는 것으로 부사와 관형사의 격지
표에 대한 해석은 독창적인 것이다.

> <u>매우</u> 멀다.
> <u>퍽</u> 길다.
> <u>차라리</u> 죽겠다.

등의 문장에서 「매우, 퍽, 차라리」 등은 딸림빛 즉 서술어에 종속시키는 格을 가지는 것으로 보았다.

관형사의 경우도 같은 해석으로 「얹칠빛」이라는 것을 가진 것으로 보았다.

> <u>어느</u> 나라
> <u>모든</u> 사람
> <u>풋</u> 사랑
> <u>날</u> 두부

「아니, 아아, 에그, 저런」 등과 같은 감동사도 독립어로서의 자격을 가지는 마침빛을 가지고 있다고 보았다. 이들 견해는 관형사, 부사, 접속사, 감탄사 등은 불변화사라는 종래의 개념과는 달리 내면구조 속에 단순한 영형태가 아닌 또 다른 의미의 심층지표를 가지고 있다는 해석이 되어 주목된다.

정렬모 문법은 松下文法의 모방이란 평사를 받고 있으나 松下의 문법을 근간으로 국어의 독창적인 문법체계를 수립하고 있다. 이로 하여 새로운 제Ⅲ유형의 문법이 시작되어 새로운 경향을 형성하는데 결정적인 역할을 했다는 외형적인 결과말고도, 생성이론적 측면과 연계 지을 수 있는 독자적인 견해를 가지고 있는 개념(notion) 중심으로 기술한 문법이다.

(2) 장하일, 「중등새말본」(1947)

장하일 문법은 「중등새말본」과 「표준말본」 1-2, 「표준말본」 3(1949)의 두 가지가 있으나 내용상으로는 품사론이나 문장론이 같은 체계다. 장하일

문법은 자신이 서문에서 밝혔듯이 정렬모의 「신편고등국어문법」을 따랐고 부분적으로 자신의 견해를 덧붙여서 기술한 문법서다. 특히 품사론과 문장론을 어기바꾸어서 기술한 체계는 특유한 것이다. 이는 낱말과 월의 관계를 거듭 밝히려는 것이며, 더욱 월의 바탕을 남김없이 깨닫게 하려는데 의도를 두고 있다 하였는데 이는 통사론의 바탕에서 품사론이 분석되고 이해되어야 한다는 근본정신과 일치하는 합리적인 방안이다.[67]

그의 품사체계는 정렬모와 같은 제Ⅲ류형의 5품사체계다.

임자씨(體詞), 풀이씨(說明詞), 어떤씨(冠形詞), 어찌씨(副詞), 느낌씨(感歎詞)

문장의 구성요소도 이들 5품사의 체계에 따라 임자말, 풀이말, 꾸밈말, 어떤말, 어찌말의 5가지 성분으로 분류하고 있는데 이는 목적어와 보어를 어찌말에 포함시키는 등 가장 간명하고 통합적인 분류법이다. 품사분류의 기준은 의미와 형태가 배제되고 철저히 기능에만 두었다는데 특색이 있다.

> 낱말은 그 구실(職能)을 따라 다섯 가지로 가르나니, 이것을 씨(품사)라 이르느니라(p.5)

기능만을 중요시한 나머지 각개 단어가 가지고 있는 의미적 형태론적 특성이 무시된 채 품사분류가 이루어지고 있음은 당연한 귀결이고 약점으로 나타난다. 특히 굴절접사로 다루어져야 할 용언의 관형형어미 「-ㄴ, 은, 는」과 부사형어미 「-게」를 파생접사로 처리하고 있다. 즉 「낡은, 좋은, 많은, 까만, 옳은, 높은, 굳은」 등을 관형사로 분류하고 있고, 「곱게, 맑게, 크게, 길게, 작게」 등을 부사로 처리하고 있다. 이는 형태적 특성을 무시한 한 가지 예가 된다. 부사의 하위분류에 곁씨 「후치사」의 예로 말미암아, 보고, 조차, 더러, 대신에, 더불어, 있어서, 대하여, 만치, 같이, 한테, 속

---

67) 씨가름의 견줌이라고 하여 주시경, 최현배, 이상춘, 정렬모의 品詞分類에 대한 對比表를 제시하고 그 차이는 토의 처리에서 특색을 보이는 것이라고 하여 토의 처리를 검토하고 정렬모의 분류체계를 따른다고 하였다(「중등새말본」 7~8). 金敏洙 "장하일 「중등새말본」 해설" 歷 74. 姜馥樹, 1971 참조

에, 조차, 마다, 까지, 커녕, 밖에, 가운데, 치고, 없이」 등을 들고 있다. 이
들 예를 살펴보면
　① 用言 : 말미암아, 더불어, 있어서, 대하여
　② 名詞+助詞 : 대신에, 속에, 밖에, 가운데
　③ 助詞 : 보고, 더러, 만치, 같이, 한테, 조차, 마다, 까지, 커녕, 치고, 하고
　④ 副詞 : 없이, 같이
등으로 분석되는 사물들이다. 특히 3)항의 예들은 독립성이 없는 체언토인
데도 독립품사인 부사로 처리함은 독립단위만이 품사가 될 수 있다는 자
신의 논리에 배치되는 것이다.
　형태소 분석의 미비한 점은 서술격 조사 「이다」의 처리와 사잇소리 규
정에서도 드러난다.

　　1) 금강산은 <u>명산이다</u> : 名詞
　　2) 꽃<u>의</u> : 임자자리 토
　　3) 꽃<u>이다</u>. <u>가다</u> : 풀이자리 토

　"꽃이다"의 "이"를 사잇소리로 보았고 "다"만을 서술격토로 "가다"의
"다"와 같이 처리하였다.

　　있<u>으</u>ㅂ니다, 꽃<u>의</u>ㅂ이다, 있<u>어</u>라, 있<u>으</u>라
　　놀<u>아</u>라, 놀<u>아</u>야, 걸<u>어</u>간다, 돌<u>아</u>가다

등에서 "이, 으, 아, 어" 따위를 사잇소리로 규정하고 있다. 이는 흡사 박
승빈 문법에서 '活用字'와 같은 형태류가 되는 것이다.
　장하일은 스스로 서문에서 "조선말본에 있어서 가장 요긴한 점은 토의
다룸질"이라 하여 중시하고 있다. 그의 견해 및 내용을 살펴보면

　　토를 독립한 씨로 보지 않고, 도움낱뜻으로 다룸은 이 책의 특색이다. 생각컨

대, 한 가지 씨(낱말)라 하면, 대체로 하나의 독립한 생각을 나타내어야 될 것이거늘, 토는 모두가 독립한 생각을 나타내지 못하고, 다만 으뜸 낱뜻에 붙어서 말본에의 구실을 할 따름이다. …(중략)… 우리말과 매우 가까운 관계를 가지고 있는 몽고(蒙古)말 토이기(土耳其)말 홍아리(洪牙利)말의 문법학자들도 이 토를 씨라 보지 않고, 도움 낱뜻으로 다루었음은 결코 까닭 없는 일이 아니라 생각한다.(p.16)

라는 견해를 표시하고 최현배 문법에서의 조사도 도움 낱뜻으로 다루어야 한다고 했다. 당시 우랄·알타이어계통설에 따라서 비교문법적 입장에서 토에 대한 언급을 하고 있는 것도 처음 보이는 견해다. 토를 도움 낱뜻(補助詞)의 일부로 보아서 ① 임자씨에 붙는 토, ② 풀이씨에 붙는 토, ③ 두루토(通用토)로 나누어 설명하고 있다.

"임자씨에 붙는 토"는 格으로 명명하여 (1) 主格, (2) 所有格, (3) 副格(與格, 奪格, 對格, 造格, 共同格), (4) 呼格, (5) 述格으로 分類하였다. 傳統的인 格助詞 分類方法과 같으나 目的格을 獨立시키지 않고 副格 속에 넣어 對格으로 처리함이 특색이다.

서술격어미 「이다」의 처리에 대해 살펴보면

"임자씨에게 붙어서, 풀이말을 만드나니, 이것이 임자씨에 대해서는 '풀이자리토'가 되느니라"하여 「이」는 사이소리로 「다」를 토로 보았다. "임자씨는 도움풀이씨(助動詞)의 도움을 받아서 풀이자리에 서기도 하느니라"하여

ㄱ) 입음(被動)   그는 <u>대통령이 됩니다.</u>
              이 사람은 내 <u>조카가 되오.</u>
ㄴ) 지움(否定)   이것은 <u>책이 아니다.</u>
              저것은 <u>새가 아니올시다.</u>   (p.46)

"되다, 아니다" 앞에 오는 이른바 보어를 서술격의 일종으로 봄도 특색이다.

용언에 붙는 토는 1) 맺음토(終結토), 2) 이음토(連結토), 3) 기움토(補充토),

4) 가름토(分詞토)로 구분하고 있는데 이는 최현배 문법의 활용어미 분류체계와 유사한 내용이다. 즉 맺음토는 종지법에, 연결토는 접속법에 보충토와 분사토는 자격법에 해당하는 것이다. "分詞토"는 관형격(는, ㄴ, ㄹ, 던)과 명사격(ㅁ, 기)을 두었다. 체언 전체를 임자씨라하고 부위분류로 1) 이름씨(名詞), 2) 대이름씨(代名詞), 3) 이음이름씨(聯接名詞), 4) 셈씨(數詞)를 두고 있는데 "이음이름씨(聯接名詞)"는 김두봉 문법에서의 매임넛임(關係代名詞), 최현배 문법에서의 불완전명사를 뜻하는 것이다.

풀이씨(說明司)의 하위분류로 1) 움직씨(動詞), 2) 어떻씨(形容詞), 3) 도움풀이씨(助動詞)를 두고 있는데 조동사의 경우도 내용적으로는 최현배 문법의 분류법을 참조한 것으로 보인다.

어찌씨(副詞)는 1) 바탕어찌씨(實質品詞), 2) 말법어찌씨(語法副詞), 3) 이음씨(接續司), 4) 결씨(後置詞)로 하위분류를 하고 있는데 이음씨(接續詞)는 순수한 접속사를 뜻하는 것이고, 결씨(後置詞)는 김규식 문법의 후사, 남궁억의 후치사, 홍기문의 후계사의 용례를 모두 포함하는 후치사(postposition)의 개념이다.

장하일 문법은 5품사이나 하위분류를 고려하면 기존의 품사로 대명사, 수사, 형용사, 접속사, 후치사를 포함하여 10품사체계가 된다. 분류체계는 정렬모 문법을 따랐으나 내용면에서는 활용체계 등을 위시하여 선어말어미, 조동사의 구분법 등에서 최현배 문법을 따르고 있음을 알 수 있다.

(3) 이인모, 「재미나고 쉬운 새 조선말본」(1949)

이인모 문법은 「일러두기」에서 밝히고 있듯이 최현배의 「우리말본」과 정렬모의 「신편고등국어문법」을 참고로 하여 이들 문법체계를 절충한 것이다.[68]

"낱말은 그 구실(機能)과 꼴(形)을 대중 삼아서 몇 갈래로 가를 수 있다"고 하여 (1) 임자씨, (2) 풀이씨, (3) 어떤씨, (4) 어찌씨, (5) 느낌씨, (6) 토씨

---

68) 金閔洙, "이인모 「재미나고 쉬운 새 조선말본」 해설" 歷 77 및 위책 「일러두기」 참조

와 6품사로 가르고 있다.

정렬모 문법과 비교하여서는 「토씨」하나만 더 설정된 품사체계이고, 최현배 문법과 비교해서는 명사, 대명사, 수사의 삼분체계를 결합하여 임자씨로, 동사, 형용사, 지정사를 풀이씨로 처리한 것이다.

품사분류의 기준에서 의미를 제외시키고 기능과 형태를 취하고 있는 것도 두 문법체계의 절충이라 보인다. 최현배 문법이 세 가지 기준을 내세우고 있는데 반하여, 정렬모 문법은 기능을 주로 삼고 의미를 논리적 개념의 범주로만 받아들이고 형태는 도외시하였다. 이인모 문법에서 형태를 중시한 것은 외솔문법적 태도이며 기능을 중시한 것은 백수문법적이라 할 수 있다.

각 품사의 정의도 "임자씨 – 월의 임자 되는 힘을 가진 낱말, 풀이씨 – 풀이하는 낱말, 매김씨 – 임자씨를 꾸미는 씨, 어찌씨 – 풀이씨를 꾸미는 씨, 느낌씨 – 느낌을 주관적으로 나타내거나 대답하는 낱말, 토씨 – 씨와 씨와의 관계를 맺는 낱말" 등 절충적 입장을 취하며 기능을 주로 하여 설명하고 있다.

「이다」의 문법기능에 대한 설명이나 토의 처리문제로 보아 이인모 문법은 외솔문법의 체계쪽으로 기울어지고 있다고 하겠다.

(4) 沈宜麟, 「改編 國語文法」(1949)

「개편 국어문법」은 그의 「중등학교 조선어문법」을 수정개판한 책이다.

품사론 부분의 변동은 조동사를 조용사로 개칭하고 수사, 지정사, 관형사를 새로 더 설정하여 13품사가 되었다. 세부에서는 조용사의 기술이 전면 개필되고, 새로 보조용언을 세웠는데 이는 최현배 문법에서 취택한 것으로 본다.69)

심의린의 「중등학교 조선어문법」에서 전술한 바와 같이 이완응 문법을

---

69) 金敏洙, "沈宜麟 「改編國語文法」 해설" 60 및 文法大系 59 해설 참조.

부분적으로 가필한 것에 불과하였다.「개편 국어문법」은 이를 바탕으로 하여 첨삭한 것이기는 하나 전반적으로 많은 변모를 가져왔다.

먼저 분류체계를 보면 <표 11>과 같다.

〈표 11〉

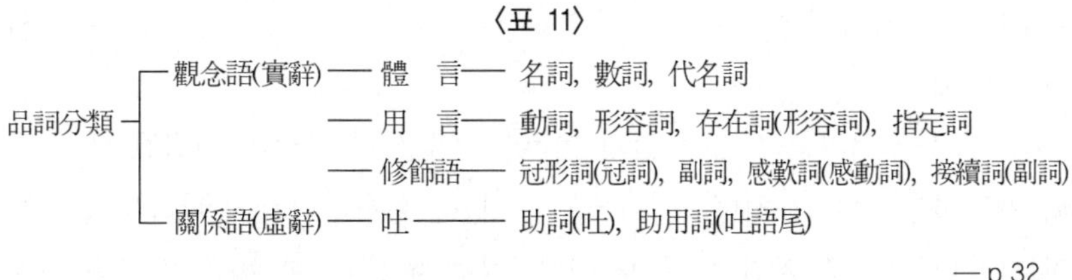

— p.32

품사 수에 있어서도 변동이 있었지만 전기문법에서 명시되어 있지 않았던 분류체계가 최현배 문법과 같이 실사, 허사의 2분체계에서부터 시작되고 있다. 종래 명사의 하위분류에 있던 수사를 독립시키고, 최현배 문법에서 제기된 지정사가 설정되었고, 관형사가 설정되어 국어문법학사상 가장 많은 13품사가 되었다. 품사명칭에 있어서는 박승빈의 12품사에 수사만이 더 있는 것이어서 가장 유사한 것으로 보이나 조용사를 비롯하여 품사의 범주상의 차이가 많다. 이미「중등학교 조선어문법」에 대해서는 살펴보았으므로 그와의 차이를 중심으로 살펴보면

체언 중 명사의 하위분류를 세분화하여

1. 普通名詞 ↔ 固有名詞
2. 有形名詞 ↔ 無形名詞
3. 完全名詞 ↔ 不完全名詞
4. 本來名詞 ↔ 轉成名詞
5. 中聲名詞 ↔ 終聲名詞
6. 複合名詞

등으로 나누어 설명하고 있다. 이 중 2, 5, 6항은 새로이 첨가한 것이다.

명사의 하위분류에서 수사를 독립시키면서 달라진 것은 원수사와 서수사
에다 전성명사라 하여 「하루, 이틀, 사흘, 나흘, 한 마리, 두 마리, 석섬」
등을 수사로 처리하였다는 것이다. 이는 박상준 등의 분류법과 같은 것이
다. 대명사 항목도 종래의 인대명사, 물대명사의 이분법에다 지시대명사,
전성대명사 항목이 추가되고 대명사의 복수와 경어가 추가되는 등 내용이
훨씬 구체화되었다.

용언부분에서의 특색은 용언의 어간이 조동사나 조사와 연결될 때 중간
에 개입하는 것이라 하여 「아. 어, 여, 야」를 활용자라고 장황하게 설명하
였는데 이 부분을 완전히 삭제하였다. 이는 형태분석에 따른 잘못을 인식
한 것으로 보인다.

종래 체언 조용사로 다루던 「이다」를 지정사로 신설함도 큰 변화이거니
와 보조용언 항을 신설하여 보조동사, 보조형용사, 보조존재사로 구분 설
명하는 것은 외솔문법의 보조용언의 개념과 분류법을 받아들인 것으로 보
인다. 특히 조사의 분류에서 1) 격조사, 2) 보조사, 3) 접속조사, 4) 감탄조
사의 분류법은 외솔문법과 그대로 일치하는 것이다.

요컨대 개편된 심의린 문법은 이완응 문법에 새로이 외솔문법적 요소를
받아 가필 개작한 것으로 해석된다.

(5) 鄭暻海, 「國語構義」(1953)

정경해의 문법은 제Ⅰ통합유형을 주장한 문법체계로 문법학사상가장 뒤
늦게까지 제Ⅰ유형을 주장한 문법체계다. 그의 품사분류를 정리하면 <표
12>와 같다.

〈표 12〉

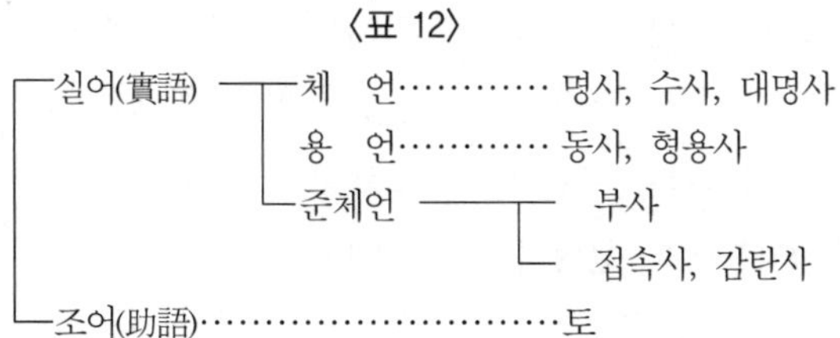

품사는 단어를 형태·뜻(意味)·기능에 따라서 몇 개의 무리로 분류한 것이라 하고서 이들 분류기준에 따라 각 품사의 특색을 설명하는 독특한 기술방법을 취하고 있다.

세 가지 품사분류 기준을 적용하는 순위에서도 첫째 기준으로 「형태」를 들면서 문법은 내용의 옳고 그른 것을 따지는 것이 아닌 「형태의 학문」인 만큼 형태가 중요시 되어야 한다고 주장하며 둘째로는 뜻 셋째는 직능으로 삼았다.

직능을 우위로 삼는 추세에 비추어 형태를 강조하고 있음은 분류기준 자체에 대한 견해가 되기도 하거니와 그의 철자법개정원리라는 부제처럼 철자표기의 형태적 개정을 주장하는 데서 연유한 것으로 보인다. 그러므로 각 품사의 특징을 따질 때도 형태변화 여부를 먼저 검토하여 체언과 준체언에 해당한다고 한 부사, 접속사, 감탄사 등을 어형변화가 없는 불변화사로 보았고 활용하는 용언만을 변화사로 보았다. 이러한 입장은 토의 독립품사를 주장하는 입장에서는 타당한 것이지만 변화사인 활용의 개념에서부터 문제점을 안고 있다. 즉 박승빈 문법의 예에 따라 「먹다」의 경우 「머그」를 원형으로 보아 「머그, 머거, 머기, 머키, 머켜, 먹」의 변화를 활용으로 보았고 이 뒤에 접속되는 어미는 토로 보았다. 정경해문법은 박승빈 문법의 마지막 추종이며 재현인데, 이는 문법 자체에 대한 근본적인 긍정보다는 철자법에 대한 견해가 같음에서 연유된 것이다. 그러므로 최현배 문법과 이희승 문법에 대한 비판이 활용형에 대한 부분에서 특히 두드러지게 나타난다. 또한 활용형을 설명함에 있어서도 일본문법의 활용체계도 도입하고 있는데 이 또한 박승빈 문법과 같은 성격이 된다.

박승빈 문법에 대한 지지는 「최현배의 활용 반대론」, 「홍기문의 활용 반박」이란 면에서 견해의 진술에 그치지 않고 사실을 왜곡한 곳도 보인다. 예로서 지정사(자봄씨)를 설명하는 항목에서

> 「이」를 토가 아니라고 관찰한 것은 박승빈씨로부터 비롯한 독특한 생각입니다. 최현배씨도 이 학설을 짜라서 「이」를 동사·형용사와 자격이가튼 용언(用言)의 하나라고 푸럿스며 체언이 술어로 씨일째는 반드시 「이」의 힘을 비는 것이라고 관찰하엿습니다.(p.98)

품사 각론에서 특징적인 것을 보면 관형사는 수사, 대명사, 형용사, 부사 같은 것들과 구별이 혼란스럽다 하여

<pre>
날고기 풋나물   - (一)
한사람 두달 서말   - (二)
이집 저동리 그째   - (三)
노픈산 기픈물   - (四)
</pre>

의 예에서 (一)은 접두사, (二)의 한 두 서는 수사이고 사람 달 말을 조수사가 되어 이들이 합쳐져 숙어가 된다고 했고, (三)은 대명사, (四)는 형용사로 풀이해야 한다고 했다.

감탄사는 단어라기보다는 문장어(sentence-word)라고 하는 것이 可(가)하다는 견해는 小型文(소형문)의 개념을 제시한 것으로 보아 타당한 것이다.

정경해 문법은 토의 처리나, 가장 역점을 두어 기술한 활용체계 등에서 문제점을 내포하고 있지만 문법에 있어서 학문적 문법(theoretical grammar)과 실용적 문법(practical grammar)에 대한 올바른 구분에서부터 시작하여 품사분류기준의 적용순위에 따른 특이성, 동사의 태에 대한 견해, 용언의 원형에 대한 재검토 등 새로운 견해를 보이고 있다.

2) 제2계열

(1) 최현배, 「중등말본 1, 2, 3」(1956)

정착·심화기에 발간된 최현배의 문법서는 「중등조선말본교수참고서」를 비롯하여 「중등조선 말본(초급학년용)」(1948), 「중등말본 1, 2, 3」(1956) 3권 등이 있는데 이는 전기의 「우리말본」(1937)과 같은 체계의 문법으로 각급 학교의 수준에 맞게 교과서로 편찬하였을 뿐이다.

(2) 柳在軒, 「表解式 國語文法 국어 풀이씨 가름」(1947)

유재헌의 「국어 풀이씨 가름(국어용어분류)」은 「표해식 국어문법」이란 부제가 붙은 것과 같이 이론적인 전개를 위주로 한 것이 아니라 기존의 이론 즉 최현배의 「우리말본」의 체계를 주로 하여 분류하고 36개의 도표로 제시한 것이다. 그리고 상용하는 용언의 어간의 어간 실례집을 찾아 모아 놓은 것이다. 그러므로 유재헌 자신의 독자적인 문법이론이라고 할 것이 없고 외솔문법의 아류라고 할 수 있다.

> 語法의 體系는 主로 "조선어학회" 發行의 여러 集籍과 최현배先生 著의 "우리말본"의 體系를 좇아서 베푼 것입니다.
>
> — p.1, 머리말

> 이 책의 씨 가름(品詞分類)의 體系 및 갈말(術語)은 최현배先生 著 "우리말본"과, 한글 第二卷 第八號(단기 4267年 11月 1日 發行 한글 마춤법 통일안 解說號)에 좇아서 베풀었읍니다.
>
> — 일러두는 말(列言), p.1

간략히 내용을 살펴보면 여러 가지 품사 가운데서 수위가 될 만한 구실(職能)과 힘(勢力)과 값(價値)을 가지고 있는 것이 용언이라는 견해를 가지고 국어통일의 지침이 되기를 期하여 편찬한 것이라고 하였다.

풀이씨는 사물을 풀이하는 (說明하는) 힘(力)을 가진 씨를 이른다고 하여 동사(움직임씨), 형용사(어떻씨), 지정사(잡음씨)로 삼분하고 용언의 특징을 설명작용과 활용으로 보았다. 용언어간을 분류하는 목적에 대하여 "과학적 원리와 실제적 근거를 기초로 한 적당한 합리적 방법으로써, 풀이씨 全野에 걸쳐서, 씨줄기와 씨끝을 분석하고 그 고정부인 씨줄기의 원형을 찾아내어, 이의 형식적 분류의 학적체계를 확립함에 있읍니다."라고 하여 기술문법적인 태도에서 출발하고 있다. 이러한 견해를 뒷받침하는 것으로는 용언의 실례집에 수록된 많은 어휘를 찾으려던 노력과 이들을 음운론적으로 또 형태론적으로 분류한 표들에서 찾아 볼 수 있다. 분류의 내용은 동사, 형용사, 지정사로 구분하여 어간과 어미로 분석하고 이들을 형태음운론적으로 밝혀 놓은 것이다. 어미체계의 전반적인 분류, 정격과 변격의 종류, 발가지(足枝, 接尾辭), 보조용언(도움풀이씨), 불구용언 등의 개념과 내용은 최현배 문법과 같은 것이다.

유재헌 문법의 의의는 반성기 박승빈 문법 등에서 주요 과제로 등장하였던 용언의 활용체계를 수립하여 일반화시키려는 데 있다.

(3) 김근수, 「중학 국문법」(1947)

김근수의 「중학 국문법책」은 중학교 국어 교수 요목에 따라 중학 초급용으로 만들어진 학교 문법서다. 독자적인 문법체계를 수립했다고 하기보다는 양주동의 序에서도 "대개 재래 諸說의 長短을 取捨折衷하고 거기 약간의 創見을 더하여 이른바 穩建中正한 立論을 시험한듯하다"고 밝혀 있듯이 재래의 학설을 절충한 문법이다. 단어를 뜻과 꼴(形態)과 구실(機能)에 의하여 갈라놓은 것을 품사라고 한다는 최현배 문법에서 구체적으로 제기된 전통적인 견해를 받아들이고 있다. 그는 국어문법학사상 가장 많은 13품사를 설정하고 최현배의 「중등조선말본」과 대비표를 보이고 있는 것으로 보아 이들 품사분류를 참고하였음을 알 수 있다.

분류체계를 살펴보면 최현재의 체계를 따르고 있음을 알 수 있다.

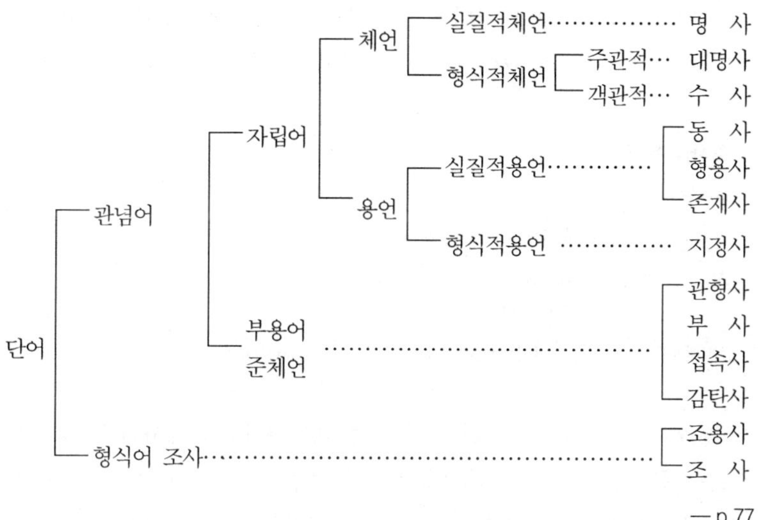

— p.77

이들을 크게 두 가지로 나누어 "활용하는 품사"(용언과 조용사)와 "활용하지 않는 품사"(조사를 포함하여 용언과 부용어)로 나누었는데 조사 즉 용언토의 변화를 활용에서 제외시키는 불합리한 견해를 보이고 있다. 또한 태(voice)는 여러 가지 어형에 특별한 조사가 연속함으로 인하여 그 어기에 여러 가지 태도가 생기는 것이라 하고 終止態(종지태), 冠形態(관형태), 接續態(접속태), 命令態(명령태), 副詞態(부사태), 名詞態(명사태) 등으로 활용어미를 구분하고, 조용사도 동사와 같이 태를 가지며 受動相(수동상), 使役相(사역상), 可能相(가능상), 尊敬相(존경상), 時相(시상) 등으로 구분하고 있다. 그러나 서상(aspect), 법성(modality), 동태(voice) 등의 개념이 정립되어 있지 않음을 알수 있다.[70]

---

71) 이들에 대한 개념을 살펴보면 敍相(aspect)은 동작의 始發, 繼續, 中止, 終了 등을 표현하는 것이며, 法性(modality)운 여러 榛相을 표현하는 것이며, 否定(negative)은 拒否, 不能을 표현하는 것이며, 動態(voice)는 동작의 被動·使動을 나타내는 指標들로 보고 있다. 金梅洙, 1971, 270.

용언의 구성이 「어간+어미+조용사+조사」로 되었다고 보고 있는데 이는 박승빈의 견해와 같은 것이며 조용사의 개념도 선어말어미에 해당하는 「히, 이, 아지어, 겠, 시, 쓰」 등으로 박승빈의 경우와 동일한 것이다.

조사의 분류도

1) 體言助詞 (1) 格助詞
             (2) 부사와 같은 수식어
2) 用言助詞 (3) 접속조사
             (4) 종지조사
3) 補助詞 : 체언과 용언에 통용됨 (나는 간다, 빨리는)

로 구분하고 있는 것도 박승빈 문법과 동일한 것이고 존재사의 경우도 같다.
김근수 문법은 최현배, 김두봉, 박승빈 문법을 근간으로 하여 구성된 것으로 제Ⅰ분리유형의 체계를 따르고 있는데 일관된 서술체계를 갖추지 못한 약점을 가지고 있다.

(4) 이영철, 「중등국어문법」(1948)

이영철 문법은 "활용이 없다고 확신하고 있는 학설을 좇았고, 시간은 일체로 토에서만 다루는 학설을 좇았다"고 머리말에서 전제하고 있으나 그의 문법체계는 아버지인 이상춘의 문법에 바탕을 두고 있다.[71]

이상춘의 「조선어문법」(1925)에서도 부분적으로 받아들이고 있으나 대부분 「국어문법」(1946)의 체계와 내용을 그대로 받아들이고 있다. 비록 품사 수에 있어서나 명칭상으로 차이가 나는 10품사체계이나 이상춘의 10품사(1925)와 6품사(1946)체계를 절충한 것이다. 먼저 이들 분류체계를 비교하여 보기로 하자.

---

72) 金敏株, "이영철 「중등국어 문법」 해설" 歷 78.
姜馥樹, "國語文法研究의 系譜" 「국어문학연구」 13(1971). 1~50(姜馥樹, 「國語文法史研究」 再錄).

품사			중등국어문법		조선어문법	국어문법		국어문법
	관념어 [實辭]	체어	명 사	→	명사	→ 명사	체어	
			대명사		대명사			
			수 사	→				
			동 사	→	동사	→ 동사		
			형용사	→	형용사·관사	→ 형용사		관념어
		수식어	부 사	→	부사	→ 부사	수식어	
			감탄사	→	감탄사	→ 감사어		6품사
	형식어 [虛辭]	토(後置詞) [添加語]	조 사	→	조사	→ 토後置詞 ↓		
			접속사	→	접속사			
			종지사	→	종지사			
						첨가어 ↓		
						형식어 (虛辭)		
「중등국어문법」 (1948)					「조선어문법」 (1925)	「국어문법」 (1946)		

　표에서 쉽게 비교가 되듯이 이영철의 품사분류는 이상춘 문법의 10품사
체계에 품사명칭을 일치시켰고(관사 대신 수사를 독립시키기는 했으나) 분류체
계는 6품사의 하위구분법과 일치시켰다.

<표 13>

	이영철 「중등국어문법」	이상춘 「국어 문법」
定義	事物의 動作과 存在를 나타내는 體語다.(p53)	움직임과 있음을 나타내 體語다.(p56)
種類	1) 自動詞 2) 他動詞 3) 變性動詞 ① 名動詞 ② 形動詞 ③ 副動詞 4) 合成動詞 5)不完全動詞	"同一함"
變格	1) ㄹ變格動詞 2) ㅅ變格動詞 3) 으變格動詞 4) ㄷ變格動詞 5) ㅂ變格動詞 6) ㄹ變格動詞	"同一함"
使動	1. 使動詞	사동, 피동 외에 자연동사가 있음.
被動	2. 被動詞	" 同一함"
用法	1. 說明語 2. 修飾語	

품사 각론에 들어가면 더욱 이상춘의 「국어문법」과 일치함을 쉽게 발견할 수 있다. 단어는 "글월을 이루는 직접 재료가 되는 것이다"라는 정의에서부터 각 품사의 정의와 하위분류 등에서 동일한 것이다.

서술방법이 각 품사의 1) 종류, 2) 변화, 3) 용법 등으로 기술한 것도 동일하다. 다만 용례에 있어서 차이가 보일 뿐이다. 한 가지 예로 동사의 경우를 비교하여 보면 <표 13>과 같다.

(5) 김윤경, 「나라말본」(1948) 외

김윤경 문법은 油印 「조선말본」(1925)에서 시작된다. 품사론 부분은 「조선말본」(1932)에서 시작되나 이미 살펴본 바와 같이 김두봉 문법의 분류표를 그대로 옮겨 실은 것이다. 본격적인 김윤경 문법은 「나라말본」(1948)에서 시작되어 완결하다. 1948년 간행의 「중등말본」이 더 있기는 하나 이는 자신이 서문에서 밝히고 있듯이 「나라말본」에서 추려 뽑은 것이므로 「나라말본」은 명실상부한 김윤경 문법의 대표가 된다.

김윤경 문법은 주시경 문법을 이어받은 김두봉 문법 체계를 가장 충실히 이어 받았을 뿐 아니라 이들을 확대·심화하였다는 데 의미를 갖는다.

부분적이나마 김두봉 문법과의 비교를 통하여 그 특징을 살펴보기로 한다. 먼저 전체적인 분류체계로 보면 같은 내용이다.

金允經 「나라말본」(1948)	金枓奉 「조선말본」(1916)
單語 ①생각씨··········으뜸씨 ┬ 임씨 　　(實辭,槪念語)　(元語)　├ 얻씨 　　　　　　　　　　└ 움씨 　②토씨············붙음씨 ┬ 겻씨 　　(虛辭,形式語)　(屬語)　├ 잇씨 　　　　　　　　　　└ 맺씨 　③모임씨 ········ 꾸밈씨 ┬ 언씨 　　(實辭.虛辭　　(修飾語)　├ 억씨 　　結合語)　　　　　　└ 늘씨	單語 ①으뜸씨···몸씨 ── 임씨 　　(元詞)　(體言) 　　　　　　씀말 ┬ 얻씨 　　　　　　(用言) └ 움씨 　②토씨·············· 겻씨 　　　　　　　　　잇씨 　　　　　　　　　맺씨 　③모임씨·············· 언씨 　　　　　　　　　억씨 　　　　　　　　　늘씨

분류체계가 같을 뿐만 아니라 분류기준도 의미와 기능을 중심으로 분류하였고 각 품사의 정의 자체도 "임씨, 얻씨, 맺씨"는 동일하고 "움씨, 겻씨, 잇씨, 언씨, 늘씨" 등도 표현만 바뀌었을 뿐 유사한 것이다.

품사 각론에 들어가서도 김두봉의 분류체계에다가 약간의 변형을 가한 것, 또 일부는 삭제하고 새로운 견해를 덧붙이고 있다. 대표적인 예의 하나로 명사의 분류 및 설명체계를 비교해 보기로 하자.

김윤경「나라말본」

임				
	1) 갈래	제임	두로임	꼴있는임
				꼴없는임
			홀로임	꼴있는임
				꼴없는임
		대임	사람	첫째사람
				둘째사람
				셋째사람
				모름
			셈	
			가리킴	가까움
				좀멀음
				멀음
			매임	
			모름	
	2) 쓰임	임자		
		풀이		
		꾸밈	임씨꾸밈	
			언·움씨꾸밈	
	3) 바꿈	뜻바꿈	그대로	
			더하여	
			덜고 더하여	
		몸바꿈	언씨로	
			움씨로	
			언씨로	
			억씨로	
	4) 어우름	임씨끼리		
		임씨와 움씨		
		움씨와 임씨		
		언씨와 임씨		
	5) 높임과 낮음	높임		
		낮훔		
		기껏 낮훔		

김두봉「조선말본」

임			
	갈래	제임	홀로임
			두로임
			꼴있는임
			꼴없는임
		넛임	사람넛임
			셈넛임
			가리킴넛임
			매임넛임
			물음넛임
	쓰임	임자	
		풀이	
		딸림	
		매임	
	바꿈	뜻바꿈	
		언으로 바꾸임	
		움으로 바꾸임	
	어우름 : 솜옷, 가락찌, 욷옷, 부손		
	결에(類)	수갈결에	
		암갈결에	
		가온갈결에	
		두갈결에	

위의 비교에서 살필 수 있듯이 김윤경 문법은 김두봉 문법에 기초하고 있음을 알 수 있다. 이는 비단 명사 즉 체언의 경우에만 한한 것이 아니고 각 품사에 걸쳐 비슷한 양상을 보이고 있다. 명사의 경우는 성을 제외시키고 존비를 체언의 특성으로 삼고 있는데, 이에 대하여 김윤경은 「나라말본」에서 수와 성에 따른 주어의 특성에 따라서 서술어가 변하는 법칙이 없다고 하였다. 그러나 존비의 경우는 서술어도 호응되어야 한다는 적절한 지적을 하고 있다.

용언의 경우 변칙용언에 대한 항목이 첨부되어 있고 「그리고, 그러나, 또는」 등 순수 접속사를 접속부사로 처리함 등은 외솔문법과의 교류로 보인다.

김윤경의 문법기술 중에서 특기할 것은 문법학사상 품사분류의 특징으로 삼는 이른바 세 가지 문법유형에 대하여 본격적인 검토를 했다는 것이다. 이들 문법유형에 관해서 최현배의 간략한 언급이 있기는 했으나 구체적인 사적 고찰은 처음 있는 일이다. 즉, 으뜸씨(實辭)와 토씨(虛辭)에 대한 다스림(處理)의 어떠함을 보아서 학설체계는 대체로 크게 세 가지로 나눌 수 있다고 하여

> 첫째는 으뜸씨와 토씨를 가른 체계 : 周時經이 열어 놓은 학설체계로 金枓奉, 權悳奎, 張志暎, 李常春, 李奎榮, 金元祐, 李奎昉, 沈宜, 金熙祥 등이 있다고 하고
> 둘째는 임씨와 토씨는 가르고, 언·움씨와 토씨는 합해 한 씨로 본 체계 : 崔鉉培
> 셋째는 토를 전부 으뜸씨에 합하여 본 체계 : 鄭烈模
>
> — 위책, 70~72

등에 대한 논의를 하는 날카로운 사적인 견해를 보이고 있다. 이는 김민수(1954)에서 이론적으로 체계화되어 이른바 제Ⅰ유형, 제Ⅱ유형, 제Ⅲ유형의 문법유형으로 정립되고, 시대적 발전을 가늠하는 척도가 되었다.

김윤경 문법은 체계상으로는 김두봉 문법 체계를 따르고 있으나 변칙용언시제에 대한 세밀한 언급 등에서 보이는 바와 같이 김두봉 문법을 확대·심화시킨 문법이라고 할 수 있다.

(6) 박태윤, 「중등 국어문법 하급용」(1948)

박태윤문법의 품사론은 이 책의 머리말에서 밝히고 있듯이 <조선어학회>에서 지은 「조선말 큰사전」의 품사분류방식을 참조하고, 이윤재의 「표준 조선말 사전」의 품사분류방식을 좇아 8품사로 나눈 것이다.

Ⅰ. 체 언	Ⅱ. 용 언	Ⅲ. 수식어	Ⅳ. 형식어
①명 사 ②대명사	③동 사 ④형용사	⑤관형사 ⑥부 사 ⑦감동사	⑧조 사

토의 처리는 체언토만을 독립품사로 인정하는 제Ⅱ유형의 문법을 취하였다. 조사를 격조사, 보조사, 종지조사, 접속조사, 감동조사로 하위분류하고 있는데 종지조사란 하위분류하고 있는데 종지조사 「소다, 이요, 이지, 냐?, ㅂ니까?」 등 서술격어미 「이다」의 종지형만을 뜻하는 것이다.

품사란 모든 낱말이나 또는 말 조각들이, 각각 그 가지고 있는, 성질·기능(구실)·형식들에 따라 몇 갈래로 갈라놓은 것이라 하였다. 말조각이란 형태소(morpheme)에 해당하는 것으로 해석되고, 낱말은 어절에 해당되는 것이어서 단어와 품사의 단위가 일치하지 않는 모순점을 내포하고 있고, 형태소만으로도 품사의 단위가 된다는 불합리한 점을 가지고 있다. 그의 문법단위인 "말조각"에 대하여 살펴보면

크 고 크 ㄴ 나무 라도 다듬 어야 쓰 의 고 옥 돌 의 보배 로되 갈 아야 만
빛 나 네 (p.1) (구절 : 2개, 낱말 : 9개, 말조각 : 22개)

와 같이 분석을 하고 있으니 형태소와 일치하는 것으로 볼 수 있다. 형태소가 품사가 된다고 한 것은 조사의 경우를 의식하고 한 말이나 「날 두부, 맨 밥, 풋 콩밥, 외 기러기」 등에서 접두어에 해당하는 것을 관형사로 독립시키는 불합리한 경우도 보인다. 박태윤 문법은 제Ⅱ유형 문법이라는 공통점 외에도 불완전명사, 변칙용언 등에서 외솔문법적 요소를 찾아볼 수 있는 주시경계 문법이다.

(7) 정인승, 「표준 중등 말본」(1949) 외

정인승 문법은 「표준 중등 말본」(1949)에서 시작되어 1956년 「표준 중등 말본」, 「표준 고등 말본」으로 이어지는데 문법체계상의 변동은 없고 다만 약간의 기술방법상의 차이나, 용례, 설명 등에서 차이가 날 뿐이다. 이들 3권의 품사론 부분의 차이점이라면 1949년 「표준 중등 말본」과 1956년의 「표준 중등 말본」에서 전자는 품사의 정의를 의미를 중심으로 하여 기능적인 면에서 정의를 내리고 있는데 비해 후자 1956년의 것은 기능적인 면이 더욱 강조되고 있다는 점이다. 그러나 「표준 고등 말본」(1956)은 1949년 「표준 중등 말본」의 정의 및 설명을 따르고 있다.

정인승 문법의 품사론의 특색은 각 품사의 형태적 특성 및 기능적인 특성을 통사구조 속에서 파악하려 했다는 데 있다. "월은 반드시 임자 조각과 풀이 조각으로 되었다"라는 명제에서 출발하여 이들을 확장시켜 문장의 기본문형을 제시하고 이들 구조 속에서의 기능 및 형태를 고찰하고 있다. 이는 생성이론에 보이는 구절구조의 개념과도 일치하는 선구적인 설명법이다.

1. 월 → 임자조각+풀이조각
2. 임자조각 → 매김말+임자말
3. 풀이조각 → 어찌말+풀이말(움직씨 · 그림씨)
   매김말+풀이말(이름씨)

로 전개하였다. 달리는

1. 월 → <u>딸림조각+으뜸조각</u>+<u>딸림조각+으뜸조각</u>
             임자조각   풀이조각
2. 으뜸조각 → 임자조각 · 풀이조각
3. 딸림조각 → 꾸밈씨

와 같이 전개하고 국어 기본문형에 해당하는 것으로

1. 어떤 무엇이 어떻게 무엇한다.
2. 어떤 무엇이 어떻게 어떠하다.
3. 어떤 무엇이 어떤 무엇이다.

의 세 가지 문형을 제시하였다. 그리고 문형의 통사구조 내에서 기능과 형태를 살피고 있다. 즉 정인승 문법은 기능중시의 품사론일 뿐 아니라 형태도 중시하고 있다.

> 말은 법칙에 맞게 하자면, 말의 근본 형태, 곧 낱말의 형태 및 그 결합하는 여러 가지 형태들을 잘 알아야 할 것이다.
>
> —「표준 고등 말본」, p.52

이들 형태의 특성을 해석하는데 있어서 개별적으로 이해하려 한 것이 아니라 문장의 구조 속에서 파악하려 했고, 또한 순환적으로 낱말의 결합을 통해 문장의 구조를 이해하려 한 특색을 살필 수 있다.

월 → 임자조각+풀이조각
임자조각+풀이조각 → 월

그는 구조주의문법관과도 상통하는 점을 가지고 있다. 즉 "낱말들은 붙는 본새가 일정하다"고 하면서

   (1) 이름씨에는 토씨가 언제나 붙어 따라 다닌다.

   (2) 움직씨는 이름씨를 설명(풀이)할 때는 뒤에 놓이고 이름씨를 한정해서 가
       리킬 때는 앞에 놓인다.

   (3) 그림씨도 움직씨와 같이, 이름시를 설명(풀이)할 때는 뒤에 놓이고, 이름
       씨를 한정해서 가리킬 때는 앞에 놓인다.

   (4) 매김씨는 언제든지 이름씨의 앞에 놓인다.

   (5) 어찌씨는 움직씨나 그림씨의 앞에 놓인다.

   (6) 느낌씨는 아무 말하고도 직접 붙지 아니하고 따로 서서 다닌다.

— 1956, 19~20

고 하여 각 품사의 구조적 위치를 밝히려는 노력을 보이고 있다. 정인승 문법은 최현배의 「우리말본」과 비교하여 용언면과 토의 처리에서 일치함을 들어 같은 체계라고 하나(강복수, 1971. 247) 독자적인 문법체계를 이루고 있다고 보아야 한다. 차이점을 중심으로 살펴보면 먼저 이름씨·움직씨·그림씨·매김씨·어찌씨·느낌씨·토씨의 7품사체계부터가 최현배의 10품사체계와는 다르다. 이름씨 속에 대명사와 수사를 포함시키는 것은 주시경 문법과 일치하는 것이고, 지정사 「이다」를 서술격조사로 처리함은 독자적인 견해로 많은 지지를 얻게 된다.

   활용체계에 있어서도 최현배 문법의 3분법(종지법, 자격법, 접속법)과는 다르게 구분하여 1) 종지형, 2) 접속형(① 대립접속 ② 수식접속), 3) 관형형, 4) 명사형으로 4분하고 있다. 이들 하위분류에 있어서도 전혀 별개의 체계이다. 활용체계뿐 아니라 하위분류에 있어서도 다르게 구분되었다.

   동사뿐 아니라 형용사, 부사, 조사들의 하위분류나 설명도 별개의 것이나 관형사의 경우만 본질관형사, 지시관형사, 수관형사로 하위체계가 비슷하다. 비록 외솔문법과 외형적으로 유사하다 할지라도 내용적인 체계는 다른 것이다.

3) 제3계열

(1) 이희승, 「초급 국어 문법」(1949) 외

「초급 국어 문법」(1949)은 일석문법의 전모를 처음으로 밝히는 저술이면서 문법체계 전체를 대표하는 것이다.[72] 품사체계 전반에 대한 구체적 견해는 1955년에 간행된 「국어학개설」에서 찾아 볼 수 있다.

먼저 「국어학개설」에 나타난 품사론의 견해를 살펴보기로 한다. 단어와 품사에 대한 구분은 대부분의 문법가들이 간략하게 정의로써 구별하기는 했으나 대부분 그 한계가 모호했을 뿐 아니라 단어와 품사를 동일시하던 것이 이전까지의 실상이었다. 이희승 문법은 단어와 품사의 개념을 구분 정립시켰다는 데 우선 그 의의를 들 수 있다. 최현배 문법의 품사관을 비관하면서 단어와 품사는 그것이 구체적인 언어의 실체로서는 동일한 것이나 결코 같을 수 없다고 하여

> 품사라는 것은 모든 단어 즉 어휘가 문법적 성질이나 기능에 의하여 어떻게 분류될 것인가 하는 통사론(문장론 : Syntax)적 범주에 관한 술어다. 그러나 단어라는 것은 문법적 의미보다는 주로 음운에 의거(依據)한 의의 방면의 분절적 단위를 표시하려는 의도 아래에 이루어진 용어다.(p.127)

라고 하였다. 그리고 각 단어는 고립적이 아니요 동적으로 나타난다고 하였는데, 이는 단어의 성격을 뜻하는 것이기 보다 품사의 성격을 나타내는 것으로 보아야 한다(제2장 참조). 단어는 의의를 표시하는 두 부분으로 생각

---

72) 1956년 4월 「고등문법」으로 改題하고 따로 平易한 「중등문법」을 간행하였으나 문법체계 전반이나 품사체계에 변동이 없다. 이 책의 後刊인 「새 고등문법」(1957, 3), 「새문법」(1968, 2)도 내용상의 큰 차이는 없다. 다만 「새 고등문법」 이후 새로 接續語를 設定하거나 「새 문법」에서 學校統一案에 따라 강제수정과 같은 변화가 있었다. 姜馥樹는 李熙昇文法을 說明함에 있어서 「새 고등문법」(1957)에서 文法觀이나 文法體系에 있어 새로운 의견을 제시한 것이라고 하였으나 이미 「초등 국어 문법」(1949)에서 제시된 것이다(金敏洙, "이희승 「초등 국어 문법」 해설" 참조 歷 85).

할 수 있는데, 인구어족은 형태요소가 의의요소에 밀착되어 있어 분리할 수는 없으나 첨가어인 국어는 분리가 가능하다. 그러므로 조사는 완전한 독립성은 없으나 단어의 자격을 부여할 수 있다고 하는 견해에서 제Ⅱ유형의 문법을 취하였다.

품사분류의 기준은 두 가지로 "1. 의의적 범주에 의하여야 할 일 2. 기능적 범주에 의하여야 할 일"이라 하여 형태적인 면을 고려하지 않은 것을 특색으로 살필 수 있다. 그러나 실제문제에서는 문법적 형태가 고려되고 있음을 알 수 있으니 일석문법의 특색의 하나인 존재사의 경우, 활용의 형태적 특성이 고려된 품사의 설정이고 "품사분류에 대한 비판 수종"항에서도 형태면의 검시를 하고 있다. 국어문법학사상 논란이 되는 논제에 대한 비판은 "1) 수사에 대하여, 2) 존재사에 대하여, 3) 지정사에 대하여, 4) 조동사·조용사에 대하여, 5) 종지사에 대하여, 6) 금지사·부정사·호응사에 대하여" 등에 걸쳐 논의하고 있다.

품사체계는 1) 명사, 2) 대명사, 3) 동사, 4) 형용사, 5) 존재사, 6) 관형사, 7) 부사, 8) 감탄사, 9) 접속사, 10) 조사의 10품사다.

체언의 특성으로는 2분형을 취하고 수사를 대명사의 하위분류로 하여 수량대명사로 처리한 점이다. 수량대명사를 다시 분류하여

수량대명사	수대명사	수효 : 하나, 둘, 셋 ……
		차례
	양대명사 : 자, 말, 근	

와 같이 하였는데 외솔문법에서 수량단위 불완전명사라 한 「자, 말, 근, 치, 되……」 등을 독립시켜 양대명사라고 한 것은 일석문법에서만 보이는 것이다. 이들 외에 불완전명사는 형식명사라고 하여 명사 항목에서 다루고 있다. 또 한 가지 체언의 특성을 어미활용을 한다는 것이다. 즉 최현배 문법에서 제기한 지정사 「이다」를 일종의 이형태로 보고 있다. 그러면서 "현

대의 언어학자는 … 생동하는 현대어를 기반으로 삼아 가지고 거기에는 귀납적으로 어떠한 법칙을 뽑아내기에 노력한다"는 기술문법적 문법관을 지지하고 있다.

용언의 경우 존재사의 설정이 특징적이나 활용체계는 1) 종결어미 2) 연결어미 3) 전성어미(명사형·관형사형·부사형)로 구분하였으니 최현배의 그것과 동일하다. 또한 외솔문법에서 접속부사로 처리한 접속사는 부사나 조사와는 다른 차이점을 들고서 독립품사로 설정할 것을 역설하고 있다.

> (가) 부사는 그 다음에 있는 용언이나 다른 부사만을 한정하지마는, 접속사는 그 다음에 오는 글월 전체를 한정하는 일.
>
> (나) 부사는 그 위의 뜻을 받아서 다음에 오는 말과 이어 주는 구실을 하지 않지마는, 접속사는 반드시 그 뒤에 있는 단어나, 완결되지 못한 글월이나, 완결된 글월의 뜻을 받아서, 그 다음에 오는 단어나 글월과 연락을 맺어 주는 일. 이 두 가지 점이 부사와 다르고 (가) 조사는 체언(때로는 부사)에만 붙여서 쓰이지마는, 접속사는 반드시 체언에만 쓰이는 것이 아니라, 용언 아래에도 쓰이는 일. (나) 조사보다는 독립성이 있어 글월의 첫 머리에도 쓰이는 일. (다) 따라서, 접속사는 체언의 격을 표시하지 않는 일. 이 세 가지가 조사와 다른 점이다. 그리하여 접속사는 (1) 단어와 단어의 뜻을 이어 주는 것이 있고, (2) 글월과 글월의 뜻을 이어 주는 것이 있다. (3) 그리고 활용이 되지 않는다.
>
> —「초급 국어 문법」, 142

접속사에 대한 품사설정 여부의 문제는 제6장에서 논의되지만 국어품사론의 보편화 경향에 있어 문제점을 안고 있는 품사다. 즉 위에서 이희승의 주장처럼 그 품사적 지위가 부사와는 다른 확고한 것인데도 불구하고, 최현배 문법에서의 접속부사설을 지지하는 경향이 늘어났고, 학교문법통일안에서 제외되는 결과를 가져오게 된다.

일석문법은 언어단위로서 단어와 어절을 양립시키고 있는 것이 또 한 가지 특색이다. 이는 橋本進吉의 「國語文法要說」(1934), 「新文典」(1931), 「中等文法」(1943) 등을 참고한 것이란 견해와 함께

① 문법론의 대상을 명백히 규정하여, 의미를 가진 언어단위의 구성에 관한 통칙을 문법이라 했다.

② 종래의 대표적인 학설인 山田文法이나 松下文法이 주로 의미·기능면을 중심으로 한 문법론인 데 대하여 언어의 형식면을 중시하였다.

③ 언어단위로서 문절(어절)을 문법체계 속에 그 위치를 확정시켰다.

는 사항이 橋本文法과 일석의 「새 고등 문법」과 공통되는 것이란 강복수(1971, 254)의 주장이 있으나 ③항의 "어절"에 대한 것을 제외하고는 타당한 근거가 되지 못한다. "단어가 서로서로 관계를 맺어서 글월을 이루는 법칙을 문법이라"한 일석의 문법관이 "의미를 가진 언어단위의 구성에 관한 통칙을 문법"이라 한 橋本文法의 영향이라 보기는 어려우며, 특히 ②항의 의미·기능면보다는 형식면을 중시하였다고 했는데 이는 오히려 반대로 일석문법은 형식보다는 의미·기능면을 중시하여 문법체계를 세우고 있음을 앞에서 살펴보았다. 여타의 橋本文法의 특징으로 제시된 품사분류의 특징도 일석문법과는 거리가 먼 분류체계다.

(2) 李崇寧, 「古典文法」(1954) 외

이숭녕 문법은 "고어의 음절과 문법"(1949)에서 처음 시작되나 전체적인 문법체계가 드러나지 않았다. 그의 문법체계 및 품사체계 전모를 살필 수 있는 것은 「고전문법」(1954)과 「중등국어문법」(1956), 「고등국어문법」(1956), 「중세국어문법」(1961)이 된다.

「고전문법」(1954)은 "古語의 音韻과 文法"의 改稿版(개고판)에 해당하는 것이고 「중세국어문법」(1961)은 「고전문법」(1954)의 신판에 해당하는 것이다. 이들은 모두 15세기 언어자료를 중심으로 엮어진 문법서들로 국어문법학사상 최초의 것이 된다. 현대어 자료로 엮어진 문법서로 「중등국어문법」(1956)과 「고등국어문법」(1956)이 있는데 이들은 교과서로서 정도의 차이만 있을 뿐 같은 문법체계를 가진 것이다.[73]

그의 품사분류체계는 세 가지로 달리하고 있으니 아래와 같다.

「古典文法」(1954)	9	名詞, 代名詞, 數詞, 動詞, 形容詞(冠形詞), 副詞, 感歎詞, 接續詞
「중등국어문법」(1956)	8	명사, 대명사, 수사, 동사, 형용사, 관형사, 부사, 감탄사
「中世國語文法」(1961)	8	名詞, 代名詞, 數詞, 動詞, 形容詞, 副詞, 感歎詞, 後置詞

「고전문법」은 표면상으로는 9품사로 나누었지만 실제 내용 설명에서는 관형사를 독립품사로 인정하지 않고 형용사로 다루었다.

> 형용사로서 다음에 오는 말을 限定하고 修飾하면서 활용어미를 가지지 않는 것이 있다. 「첫(初), 새(新), 녯(古), 믄·믓(衆), 홀(獨)」이것은 현대문법에서 冠形詞라고 獨立品詞로 다루나 이러한 것은 영(零, zero)의 어미를 가진 특이한 예외적 형용사가 하겠다.
>
> ―1954, 137

「이, 그, 뎌」 등도 관형사가 아니라 대명사라 하였고 「한, 두, 세」 등도 수사로 처리할 것을 주장하여 고문법에서는 관형사를 인정하지 않고 있다. 실제로 심악문법은 8품사체계로 수적인 면에서는 일관되어 있다. 그는 「고전문법」 자서에서 9품사는 "알타이어어학의 형태론을 본뜨고, 어간과 어미의 관계를 위주로 한 것"이라고 하여 비교문법적 성질을 띠고 있다. 후치사의 설정도 알타이제어 문법에서 으레 설정되는 품사라 하여 독립품사로 세우고 있다.

이숭녕 문법의 품사론의 특색은 서구문법적인 요소가 강하게 나타나고 있으니 토의 처리에서 체언의 어미변화를 곡용(declension, Deklination)이라 하고 용언의 어미변화를 활용(conjugation, Konjugation)이라 한 것에서부터 격의 분류가 그러하고, 조사에 대한 품사[74] 부인도 서구의 언어학과 비교문법을

---

73) 金敏洙, "李崇寧 「古典文法」 解說" 外 文法大系 89, 90, 91. 등 해설 참조.
　　姜馥樹, 「國語文法史研究」, 262~271.
74) 이숭녕, "格의 獨立品詞是非." 「國語國文學」 4, 1953

통하여 결정한 듯하며, 특히 G. J. Ramstedt의 「Korean Grammar」에 크게 힘입은 것으로 본다.[75] 품사분류의 기준은 약간씩 설명을 달리하고는 있으나 의미와 기능과 형태를 분류 기준으로 삼았다.[76]

말의 공통된 뜻에서 분류된 품사로 「명사, 대명사, 수사, 동사, 형용사」가 있고, 글을 엮을 때에 어떠한 구실을 가지고 있는가에서 「부사」가 있고, 어미의 종류에서 품사가 분류된다고 하여 「관형사」를 들고 있다. 「고등국어문법」에서의 분류체계를 보면

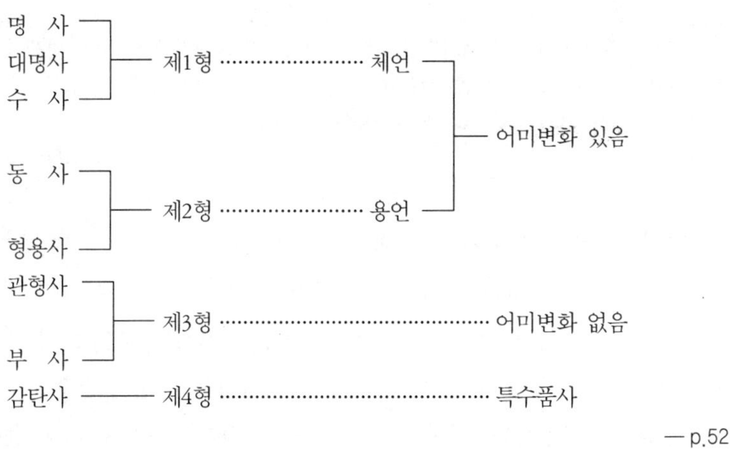

로 하였으니 1차적인 분류기준으로 어미변화의 여부 즉 형태적인 데 두었고, 2차적으로 의미와 기능을 기준으로 삼고 있다.

그의 품사분류상의 가장 큰 변모는 「중세국어문법」에서 후치사(post-posi-

---

75) 姜馥樹, 1971, 267.

76) 「古典文法」(1954)에서는 品詞分類의 원칙으로 "1. 基本的 意味에 의하여 2. 文章의 構成에 있어서의 구실(役割)에 의하여 3. 形態의 형성과 語尾變化의 方式에 의하여"라고 하여 출전을 밝히지 않은 채 佛語原文을 註로 붙이고 있다. 1. d'apr'es leur signification fondamentale, 2. d'apres leur role dans la construction de la phrase. 3. d,apr'es leur formation et leur mode de flexion(p.37)을 제시하고 있으나 이미 외솔문법(1930)에서 제시된 내용들이다.

tion)를 설정했다는 것이다. 후치사는 '알타이'제어의 문법에서 으레 설정되는 품사라 하여 그 특성을 다음과 같이 설명하였다.77)

(1) 動詞, 名詞같은 實辭에서 발달하여 그 구실이 格과 비슷하게 된 것이다.
  예 : 븥다(附)→ 브터, 쓰다(用)→ 뼈
(2) 앞이나 뒤에서 語幹과의 사이에 格을 가질 수 있다.
  예 : ─올 브터, ─을 브터, ─으로 브터, ─으로 브터, ─로 브터
(3) 앞 말의 형태의 영향을 받지 않는다. 즉 語幹母音과의 관계인 母音調和規
  則 같은 制約을 받지 않는다. 즉 형태에 아무런 변모를 가질 수 없다.
  예 : 뜯다비(如意), 말다히(如說)
(4) 이 後置詞가 글에서 제거되면 文章이 성립되지 않든지 글의 뜻이 바뀐다.
  예 : 目連이ᄃ려 닐오ᄃᆡ~目連이 닐오ᄃᆡ
(5) 後置詞는 格과 같은 구실을 함히 일반이다.

— p.205, 1981년판 참조

이 견해는 알타이어학자 G. J. Ramstedt의 견해를 그대로 받아들인 것으로 보인다.78) 후치사의 품사설정이 국어문법학사상 처음이라는 지적이 있으나79) 이미 언급했듯이 김규식 문법 등에서 설정되었다. 그의 최초의 품사론인 "고어의 음운과 방법"(1949)에서는 최현배 문법의 용언분류법인 동사, 형용사, 지정사의 구분법에 대하여 긍정을 하고 이규방 문법과

---

77) 後置詞의 품사설정은 이미 서양 선교사 文法과 金奎植文法에서 시작되었고 1939년
  Ramstedt의 「Korean Grammar」에서 본격적인 논의가 되어 國內學者들의 지지를 받
  게 되었다, 연구업적으로는 李承旭(1957) : "國語의 포스트포지션에 대하여─그의 품
  사 定位에 대한 試攷─", 「一石李熙昇先生頌壽紀念論叢」李崇寧(1966) : "助詞設定의 再
  檢討─특히 postposition, particle과 格과의 混合設定에의 疑意를 중심으로 하여─", 東
  洋文化 6집, 李承旭(1966) : "後置詞의 統辭論的考察" 東亞文化 6輯, 洪思滿(1976) : "國
  語 postposition의 下位分類" 東洋文化研究 3輯 등.
78) G.J. Ramstedt (1939) "Korean Grammar", "The postposition and many of the adverbs
  are etymologically and in their formation either nouns or some form verb"(p.150) "The
  postposition are very much used to complete to declension of nouns and to substitute
  the case formations by giving a more definite expressions"
79) 姜馥樹, 「國語文法史研究」, p.268.

Ramstedt문법에 대하여 언급하고 있다. 이숭녕 문법은 체언토를 곡용어미로 처리하였고, 역점을 두어 기술한 부분은 활용체계로 서법(mood)과 상(aspect)을 고려한 형태적 기술이다. 또한 경어법을 중시하여 기술하고 있다.

(3) 金敏洙, 「국어문법」(1955) 외

김민수의 문법연구는 "국어문법의 유형"(1954)을 통해서 국어문법 및 국어문법학사의 연구가 시작되었다. 처음으로 그의 문법체계의 전모를 보인 것은 "국어문법"(1955)이 되며, 이후 「국어문법론연구」(1960)에서 본격적인 문법이론이 전개된다. 이후 「신국어학」(1964)과 「국어문법론」(1971)을 통하여 심화·완성된다.[80]

그의 품사론 연구는 이미 서론에서 살핀 바와 같이 단어와 품사에 대한 명확한 개념이 정립된 상태에서의 출발이었고 통사론을 바탕으로 하여 품사론을 기술하였다는 방법론상으로는 장점을 가지고 있다. 또한 기능 중시의 분류기준으로 일관된 품사론이었기 때문에 통일·정제된 체계를 갖추고 있다.

"국어문법"에 나타난 품사론의 특징은 품사론에 앞서 문장론이 기술되었다는 구문중시의 품사론으로 체계화되었다는 것이다. 언어단위로서 "이야기, 글월, 문절(文節), 단어"를 설정하고 있는데, 이는 정렬모 문법의 "말씀, 월, 감말, 낱뜻"의 단위와 비교해 볼 수 있다. '이야기'는 '말씀'과 '文

---

80) 金敏洙의 특색을 보면 「國語文法論研究」(1960)에서는 傳統文法을 構文中心으로 體系化하고, 語素分析에 있어서 構造言語學을 部分的으로 도입하였고, 「新國語學」(1964)에서는 構造言語學을 전면적으로 받아들여서 傳統文法을 再檢討하고 있으며, 語素論을 品詞論에, 語素排列論을 構文論에 적용시켰으며 「國語文法」(1971)에서는 形態論을 構文論에 포함시켜, 文法論은 곧 構文論이라는 자리에서 다시 정비하고, 變形文法의 理論을 주축으로 하여 構造文法, 傳統文法의 상승포괄을 시도한 것으로 보고 있다. 또한 한 저자에 의한 세권의 문법서가 그 理論的 배경을 달리하고 있는 것은 激動하는 言語學의 動向에 호응하고 있는 결과이며, 그것은 그대로 國語文法書에 나타난 動向으로 매우 주목될 일이란 評을 받고 있다. (高永根(1983) "金敏洙 「국어문법」 해설" 歷197 및 姜馥樹 1971, 288~291, 330~334 참조.

節'은 '감말'과 '단어'는 '낱뜻'과 일치되는 것이다. 이는 '단어'와 '어절' 둘만을 설정한 이희승의 문법이론을 한 걸음 발전시킨 것으로 풀이하기도 한다. 이 문절(어절)이란 단위는 「국어문법론연구」(1960)에서는 명칭만 단어로 바뀌고 '단어'란 단위 대신에 '어소(morpheme)'의 개념이 도입된다. '어절'을 단어로 바꾸게 됨은 단어와 품사의 단위를 일치시키려는 의도에서 이루어진 것으로 보인다. 실제 문장은 문절들의 결합으로 이루어지는데 이 문절과 문절과의 관계를 "종속과 통솔"의 관계라고 하여 아래와 같이 분류하고 있다.

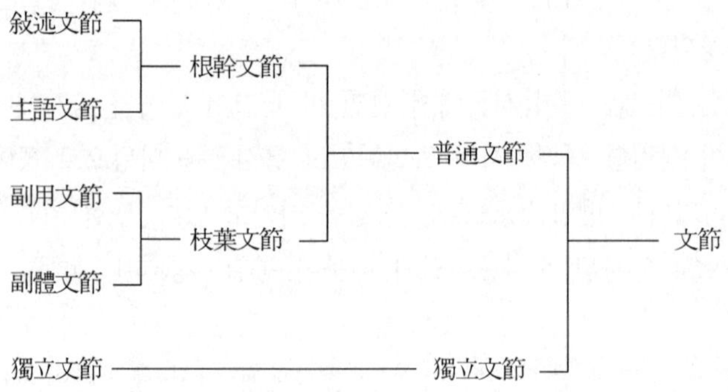

이 문절에 문법적 성질이 결합된 것을 품사라 하였다. 문법적 성질이란 개개의 말들이 동적인 상태인 문장이란 유기체 속에 참여했을 때에 담당하는 구실을 지칭하는 것으로 보았다. 그래서 문절은 반드시 의미(meaning)와 형태(form)와 직능(function)의 세 가지 면을 구비하고 있지만 품사란 문법적 성질 즉 문법적 직능을 제거해 버리면 성립할 수 없다고 하여 직능을 품사 분류의 기본으로 삼아 7품사로 분류하였다.

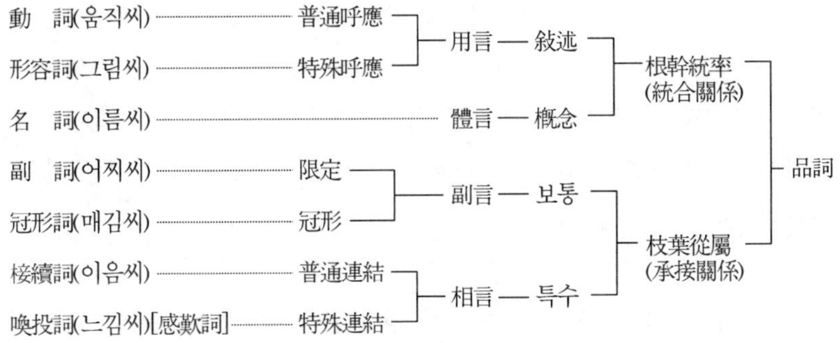

개별적인 품사의 특성으로 특징적인 것을 살펴보면 '토와 어미'의 처리다.

체언에 붙는 토나 용언에 붙는 어미는 순전한 형태질(copula)이라고 하여 첨용(declension)과 활용(conjugation)하는 것이란 견해를 표시하였다. 이는 이숭녕 문법과 견해를 같이하는 것이고 또한 제Ⅲ유형의 문법으로서 정렬모 문법과 계열을 같이 하는 것이다. 용언의 어간에 대응하는 개념으로 체언의 경우는 어체라고 하였고, 어미에 해당하는 부분을 토라고 하여, 토와 어미의 변화를 첨용과 활용으로 구분하였다.

용언의 특성으로 1) 서술작용, 2) 시상(tense), 3) 활용(conjugation), 4) 서술어 및 그 외의 성분이 되는 것 5) 부용어와의 호응관계 등을 들고 이들의 특성을 살피고 있다.

동사와 형용사의 구분으로 목적어와의 호응관계 여부, 태(voice)와 형(aspect)의 차이와 시상(tence)의 차이 등을 들고 있는데 이는 통사구조 속에서의 형태적 차이를 보이는 것으로 종래의 문법에서는 보이지 않는 구분법이다.

형용사는 의미상으로 보아

(1) 形容詞 : ②, ③ 이외의 것.
(2) 指定詞 : 이다, 아니다.
(3) 存在詞 : 없다, 있다, 계시다.

로 구분하고 있는데 이중 지정사에 대한 설명을 보면 "명사가 서술어로 쓰일 때에는 '−이다'를 취해서 용언과 같이 활용된다. 그러나 그 결과는 형용사에 속하게 된다."(p.168)고 하여 '−이다'를 형용사화 접미사와 같이 해석하였으나, 후에 副體語(부체어)와 호응하는 관계를 고려하여 체언의 시술격어미로 처리하게 된다.

체언의 경우 "문법적 직능면에서 더 분류되지 않기 때문에 세밀히 품사를 갈라 낼 수가 없다. 체언은 단지 명사라는 품사 하나뿐이다"라고 하여 철저히 의미가 배제된 분류 태도를 엿볼 수 있다.

부언에 해당하는 부사와 관형사, 상언에 해당하는 접속사와 喚投詞(감탄사) 등도 문장에서의 호응 관계에 대한 검토를 주로 하고, 어형변화 즉 활용과 첨용 여부를 살피고 있다.

품사분류의 기준은 직능을 一義的(일의적)인 것으로 삼아야 한다는 이론을 전개하고 있으나 체언의 격변화나 용언의 활용어미변화에 대한 고찰, 변화사와 불변화사에 대한 고찰 등은 형태적인 면의 배려로 보인다.

「국어문법론연구」(1960)에 나타난 품사론의 특징을 간략히 살펴보면 언어단위를 추출하기 위해서는 언어분석(Linguistic analysis)이 필요한데 그 분석 대상으로 (1) speech의 분석, (2) sentence의 분석, (3) word의 분석, (4) morpheme의 분석을 들고 있다.

speech는 한 판의 이야기, 또는 한 편의 문장인데 Gardiner의 speech. 松下文法의 설화와 같은 단위로 보았다(P.46). 이 speech를 분석해서 찾아낸 언어의 단위가 문(sentence), 단어(word), 어소(morpheme)로 보았는데 이때 단어(word)는 橋本進吉의 '文節', 金田一京助, 이희승의 '어절'과 같은 것이다. 스스로 Jakobson의 syntagma와 유사하다고 하였으니 이는 품사의 단위와 일치하는 것이다. 이 단어를 다시 Bloomfield의 분석 방법에 따라 자립형태(free form)와 의존형태(bound form)로 분석하는 등 미국의 구조언어학적 방법을 도입하여 적용하였으니 어소(morpheme) 분석도 그 예가 된다.

"국어 품사론"(1960)은 최현배의 "조선어의 품사분류론"(1930) 이후 공시적인 입장에서 품사론을 다룬 본격적인 논문이다. "직능주의의 체계를 확립하기 위한"이란 부제와 같이 품사분류의 기준을 직능에 두고서 그 체계 수립에 노력하였다. 단어는 본질적으로 형식, 내용, 운용의 3면을 가지고 있는데 단어의 운용면을 담당한 학문이 문법론이므로 직능을 품사분류의 기준으로 삼는 것이 문법학의 본질에 입각한 중요한 관점이라고 하였다. 단어에 문법적 직능이 「플러스」된 것이 품사이고 품사는 고립적인 것이 아니고 문장 속에 존재한다는 입장을 거듭 밝히고 있다.

분류된 품사는 4언, 7품사로 "국어문법"(1955)에서의 체계와 같다.

이들 분류와 함께 종래의 품사분류가 어의·태·능 등 여러 가지를 기준으로 삼아 純然(순연)하지 못하였다고 하고, 품사의 정의를 소홀히 하여 단어와 혼동한다든가, 분류기준을 깊이 생각하지 않고, 과거의 전철을 되밟는다든가, 무비판적으로 외국문법의 분류체계를 차용하든가 등에 대한 반성을 촉구하였다.

<table>
<tr>
<td>① 동사
(움직씨)</td>
<td>a) 객어와의 호응으로
態를 가지는 것</td>
<td rowspan="2">① 용언</td>
<td rowspan="2">① 부용어와 호응하는
것 - 法(mood)으로
직능을 표시하는 것</td>
<td rowspan="3">• 단독으로 서술어가 될 수 있는 것.
• 수종의 직능을 가진 것.</td>
<td rowspan="7">품사</td>
</tr>
<tr>
<td>② 형용사
(그림씨)</td>
<td>b) 객어와의 호응으로
態를 가지지 않는 것</td>
</tr>
<tr>
<td>③ 명사
(이름씨)</td>
<td></td>
<td>② 체언</td>
<td>② 부체어와 호응하는
것 - 格(case)으로 직능을 표시하는 것</td>
</tr>
<tr>
<td>④ 부사
(어찌씨)</td>
<td>a) 용언을 한정하는 것</td>
<td rowspan="2">③ 부언</td>
<td rowspan="2">수식하는 것</td>
<td rowspan="4">• 단독으로 서술어가 될 수 없는 것.
• 단일한 직능을 가진 것.</td>
</tr>
<tr>
<td>⑤ 관형사
(매김씨)</td>
<td>b) 체언을 수식하는 것</td>
</tr>
<tr>
<td>⑥ 접속사
(이음씨)</td>
<td>a) 접속하는 것</td>
<td rowspan="2">④ 상언</td>
<td rowspan="2">수식하지 않는 것</td>
</tr>
<tr>
<td>⑦ 喚投詞
(느낌씨)</td>
<td>b) 독립하는 것</td>
</tr>
</table>

조사와 지정사는 품사의 감으로 보아 독립품사가 될 수 없고, 존재사와

대명사·수사는 그 분류기준으로 보아 독립품사가 되지 못한다고 하였다. 품사의 명칭과 정의 문제에 언급하여 종래 어의면의 명칭과 정의에 대한 반성을 촉구하고 기능에 따라서만 정의를 내리는 독자적인 견해를 보이고 있다.

김민수 문법은 국어문법학사의 통시적 연구를 바탕으로 하여 이루어진 연구였으므로 품사론에 대한 장단점을 충분히 고찰하였다는 장점을 가지고 있다. 또한 새로이 도입되기 시작한 구조주의 언어이론을 수용하여 엄정한 구문분석을 통하여, 기능 중심의 품사론을 수립하였고, 전통문법의 어의 중심적 분류체계를 정비하는 결과를 가져왔다. 그러나 한편 1품사 1직능의 이상이 실현될 수 없음을 감안하여 형태적인 면에서의 고려도 함께 하고 있음을 찾아볼 수 있다.

(4) 최태호, 「중학말본」(1957)

최태호의 「중학말본」은 중학교 과정을 위하여 마련된 초보적인 문법서로서 3권으로 되어 있다.

문법론 부분의 기술상의 특징은 김민수 문법 등의 예에 따라 문장론을 먼저 세우고 다음에 품사론 부분을 기술하고 있다는 점이다. 문법체계는 제Ⅲ유형의 문법으로 명사, 대명사, 동사, 형용사, 관형사, 부사, 감탄사의 7품사로 되었다.

체언토를 助辭(조사)라고 하여 어미와 함께 현행 맞춤법 통일안에 맞추어서 "토"로 통일하여서 풀이한다고 하였다. 단어는 실사만이 가능하고 "토"는 허사이므로 단어가 될 수 없고 문법적인 관계만을 밝힌다고 하였다.

체언토는 격어미로 다루고 용언토는 활용어미로 처리하는 이숭녕, 김민수 문법적 태도를 취하고 있다. 격어미는 주격, 목적격, 보어격, 관형격, 부사격, 호격, 접속격, 보조격 어미로 분류하였고 활용어미는 종지형, 접속형, 관형형, 부사형, 명사형 등으로 분류하여 최현배의 「우리말본」에 가까움을 알 수 있다.

최현배 문법에서 수량단위 불완전명사 「자, 치, 푼, 길, 단」 등을 대명사 항목에 넣어 양대명사로 처리한 것은 다르나 그 앞에 오는 수개념의 말들을 수량관형사로 처리함은 외솔문법과 같은 것이다. 최태호 문법은 「 – 이다」를 체언의 활용으로 처리하는 등 문법유형이나 토의 처리에 있어서는 이숭녕 문법적이나, 접속사를 접속부사로 처리하는 것이나 활용체계, 조동사, 불완전명사, 불규칙용언 등에서 외솔문법적 요소가 짙음을 알 수 있다.

(5) 김민수·남광우·유창돈·허웅, 「새 중학 국문법」, 「새 고교 문법」(1960)

1950년대 후반에 이르러 학교문법 통일에 대한 사회적 요구에 부응하여 30대의 젊은 학자들이 힘을 합쳐 문법 통일을 위한 준비 작업으로 마련된 것이다. 종전의 품사 중심의 서술 방식을 벗어나 문장으로부터 품사에 이르는 서술 방식을 지향하고 있다.[81]

단어는 한 개의 독립된 뜻을 나타내는 말로서, 문장을 이루는 직접 단위라고 하였고, 단어 중에서 문법적 성징이 같은 것 끼리를 추려서 갈라놓았을 때 이것들을 품사라 일컫는다고 정의하고 있다.

품사분류의 기준에 대해서는 "단어가 문장구성에 있어서 나타내는 구실의 특징, 곧 단어의 어형의 특징을 분류 기준으로 한다."고 하였다. 이들 분류표를 보면 아래와 같다.

① 명 사	① 체언	토로 구실을 표시	여러 가지 구실 어형 변화 있음	품사
② 동 사	② 용언	어미로 구실을 표시		
③ 형용사				
④ 관형사	③	엎히어서 꾸밈	단일한 구실 어형 변화 없음	
⑤ 부 사				
⑥ 접속사	④	꾸미지 않음		
⑦ 감탄사				

---

81) 高永根, "김민수 外 「새 고교문법」 해설" 歷 96 및 「歷代國語文法의 研究」, 1983, 81 참조.

이들 분류체계나 기준은 앞에서 기술한 바 있는 김민수(1955, 1960) 문법의 체계와 동일한 것이다. 다만 분류기준을 기능 하나만으로 설명하려 하지 않고 형태까지도 고려한 차이를 살필 수 있다. 즉 대명사와 수사는 명사와 그 구실이나 어형이 다르지 않고 존재사나 지정사도 그 구실이나 어형이 형용사와 별로 다르지 않으므로 독립된 품사로 세우지 않는다고 하였다.

언어의 의미적 단위로서 1) 文章, 2) 단어, 3) 몸·발의 셋을 든 것도 김민수 문법과 같은 것으로 '몸', '발'은 형태소(morpheme)에 해당하는 것으로 '몸'은 Bloomfield의 자립형태(free form), '발'은 의존형태(bound form)에 해당하는 것이다.

토는 독립성이 없고 문장의 직접적인 재료가 되지 못한다고 보아서 독립품사로 설정하지 않고 격어미와 활용어미로 처리하였다. 이들 활용어미의 처리는 최현배 문법의 구분과 유사하다.

{종결어미, 연결어미, <u>부사형어미, 관형형어미, 명사형어미</u>}
전성어미

보조어간, 불규칙용언 등도 외솔문법적 특색을 찾을 수 있다. 그러나 수명사에서 한, 두, 석, 넉, 닷, … 등을 양수사로 처리함은 이숭녕 문법과 일치하는 것이다.

요컨대 이 책은 품사체계는 김민수 문법의 체계를 바탕으로 하여 최현배 문법의 분류체계와 이숭녕 문법적 견해를 받아들인 문법서라 하겠다.

(6) 洪起文, 「朝鮮文法硏究」(1947)

「조선문법연구」(1947)는 1927년에 발표된 "조선문전요령"을 골격으로 이루어진 체계적 문법서다. 품사론 부분도 전반적으로는 같은 것이나 품사체계상의 변동을 가져왔다. 즉 토와 실사와의 연결관계 여부에 따라 4종으로 분류하였던 것을 5종으로 분류하였고 서구문법적 체언토는 9품사로 분류하였던 것을 10품사로 바꾸었다(도입기 : 홍기문 참조).

"조선문전요령"과의 문법체계상의 변동과 특징적인 설명을 중심으로 살펴보기로 한다. 전기의 분류방법과 같이 우리말 자체의 특징인 토(虛辭)와 다른 품사(實辭)와의 관계를 살펴 제Ⅰ분류를 하였고 서구어체계에 대한 제Ⅱ분류를 하고 있다. 이들 분류체계를 보면 <표 14>와 같다.

〈표 14〉

제1분류	제2분류		
1. 體詞 : 토의 보조를 받음이 정칙이나 안 받을 수도 있는 것	1. 명사 2. 대명사 3. 수사	보통말	語種 (품사)
2. 介詞 : 토의 보조를 안 받는 것이 정칙이나 받을 수도 있는 것	4. 부사		
3. 用詞 : 토의 보조가 없이는 절대로 못 쓰이는 것	5. 동사 6. 형용사		
4. 投詞 : 토와는 전연 무관계한 것	7. 감탄사		
5. 助詞 : 다른 말을 보조해서만 쓰는 것	8. 후치사 9. 접속사		
	10. 종결사 - 토		

제1분류에서 변동은 명사와 같은 범주에 있던 부사를 독립시켜 介詞(개사)로 설정한 것이다. 명사와 토와의 연결이 부사와 토의 연결 관계보다 긴밀하기 때문이다. 제2분류에서의 변동은 1) 명사로 단일 분류되었던 체언을 3분하여 명사, 대명사, 수사로 나누었다는 것과 2) 격조사를 중심으로 설정했던 格詞(격사)와, 알타이어의 품사적 특징으로 주장되는 이른바 후치사(postposition)를 합하여 체언토 전부를 망라하는 조사의 의미인 후치사로 설정하였다는 것이다. 전기문법에 비하여 후기품사론의 차이는 전기의 문법이 특히 기능중심적이었는데 비해 후기문법에서는 형태가 중시되었다는 점이다. 전기에는 '품사의 통용'이란 별도 항목을 두어 통사적 고찰을 하였으나 후기에서는 제외되고, 대신 각 품사에 "造成(조성)"이란 항목을 두

어 각 품사들의 어휘형태적 특성을 면밀히 검토하고 있다. 이는 어느 면에서 품사론의 후퇴란 해석이 된다.

품사 각론에서 특징적인 설명을 보면 1) 관형사를 명사의 접두어로 처리한 것, 2) 대명사는 인칭, 계칭, 격, 수에 따라 변화한다고 하여 분류한 것, 3) 동사를 靜相動詞(유무표시의 동사 즉 존재사)와 動相動詞(각종각양의 동사) 등이 실사 부분에서의 특징이다. 허사인 토는 후치사, 접속사, 종결사와 세 가지로 나뉘는데 체언토는 후치사, 용언토는 종결사로 되었다. 접속사는 체언토와 용언토로 되었다. 후치사는 1) 定格 : 格을 정함, 2) 助格 : 定格을 보충함, 3) 添格 : 定格에 첨가되는 것으로 3분하고 있다. 조격에 해당하는 예「마다, 까지, 씩, 붙어, 좇아, 곳, 보람, 처럼, 껏, 같이, 달리, 없이, 있이」들은 전기문법의 후계사에 해당하는 예이고, 정격에 해당하는 主格, 客格, 持格, 對格, 役格, 具格 등이 격사에 해당하던 예이다. 종지사는 전기문법에서는 계급과 어법(mood)만을 표시하는 것으로 설명하였으나 "語階(尊卑), 語法(敍法), 語式(時制), 語體(文語, 口語)" 등을 확대시켜 설명하고 있다. 토의 처리에서 그 품사범주가 가장 불분명한 것이 접속사다. 후치사와 다른 점이라 하여 1) 시간성을 붙이는 것, 2) 체언뿐 아니라 용언에도 붙는 것이 특징적이기는 하나 시간성이 없는 것도 있고 용언에만 붙는 것, 체언에만 붙는 것 등 다양하고 복잡한 것임을 자인하고 있다. 이는 의미적인 측면이 강조되고 형태적인 면의 고려가 미흡한 혼란상이가도 하다.

홍기문의 후기문법체계는 전기에 비하여 다소 품사범주가 체계화되기는 하였으나 제Ⅰ유형문법으로서의 약점들을 그대로 가지고 있다. 오히려 제Ⅰ분류형태인 실사와 허사의 상호관계에 따른 문법의 탐구가 이루어졌다면 보다 독창적이고 종합적인 체계가 되었을 것이다.

(7) 文敎部, 「學校文法統一案」(1963)

학교문법통일안은 중·고등학교 문법교육의 체계와 용어를 통일할 목적

으로 문교부 국어과 교육과정 심의회가 중심이 되어 전문위원 16명을 구
성하여 1963년 3월 18일부터 同年 6월 18일 사이에 12차례의 토의를 거듭
한 끝에 그 통일안이 7월 25일에 확정 공포된 것이다.

품사의 수만 9가지로 명칭이 정해졌고 이들 전체의 분류체계나 개개 품
사에 대한 정의 등의 규정이 없다. 다만 9품사를 정하는 배경으로 당시의
검인정 교과서 8권(최현배, 장하일, 김윤경, 정인승, 이희승, 이숭녕, 최태호, 김민수,
남광우, 유창돈, 허웅)이 참고 되었을 것으로 보인다. 분류체계도 문교부에서
마련한 참고안이 제시되었을 뿐 결정되지 않았다.[82) 9품사는 명사, 대명사,
수사, 동사, 형용사, 관형사, 부사, 조사, 감탄사로 문법체계상 제Ⅱ유형을
따르고 있다.

학교문법통일안을 계기로 하여 품사론 분야에서의 학교문법적 연구는
사실상 종식되었다는 국어사적인 의미를 갖게 된다.

4. 정착과 그 성과

이 시기는 6·25사변의 공백기를 제외하면 15년에 불과한 기간이지만
23명의 문법가가 등장하여 44편의 연구업적을 이루어 놓는다. 이는 양적
으로도 가장 풍성한 것이며 문법내용도 내실을 거둔 품사론연구의 정착·
심화기에 해당한다.

이 시대의 품사론의 특색을 살펴보면

1) 단어와 품사의 개념이 정립된 상태에서의 문법기술이라는 점에서 개
인마다 체계적인 품사체계를 갖게 된다. 종전의 품사론이 대부분 형태론적
단계에 머물러 있었던 데 비하여 통사형태론적 입장의 품사연구가 이루어

---

82) 문교부(김민수집필), "중·고등학교 국어 문법 지도지침"(1962, 11)과 "학교문법통일
  에 대하여" 「편수자료」 제5집(1963. 7. 25 김민수집필).

지게 되었다. 그러므로 문법기술에 있어서 품사론에 앞서 문장론을 기술한 김민수, 최태호, 김민수 외 3인의 문법서가 나타났고 정렬모, 정인승, 이희승, 장하일, 이인모 등의 문법도 통사론을 중시한 품사론이다. 이와 관련하여 구조·기술문법적 경향을 띤 문법이 차츰 일반화되었고, 품사분류의 기준으로서 기능을 중시하는 결과를 가져오게 되었다.

2) 대부분의 문법서들이 중등학교 교과서로 편찬되었고, 일부는 대학 교재로서 편찬된 학교문법서들이다. 그러므로 이론문법(theoretical grammar)으로서의 깊이 있는 탐구에는 제한이 되었다. 그러나 정렬모(1946), 김민수(1960)은 대표적인 학문문법서로서 심층적인 품사론 연구라고 할 수 있다.

3) 품사분류의 유형적 특색은 체언의 경우 단일형으로 격어미까지 명사에 포함시키는 정렬모 등의 분류법이 다수 등장하였고, 수사가 차츰 많은 지지를 받아 3분형이 일반화되었다. 용언의 경우는 대부분 동사·형용사의 2분형이나, 용언 전체를 동사 한 가지로만 설정하는 정렬모, 장하일, 이인모의 문법이 문법학사상 처음 등장한다. 토의 처리에 따른 분류형태로는 제Ⅲ유형이 정렬모 문법에서 등장하여 가장 많은 세력으로 보편화의 경향을 띠게 된다. 제Ⅱ유형은 전시대의 계승이라는 의미를 가지며, 제Ⅰ유형의 문법은 현저히 퇴조하여 정경해(1953)의 문법을 마지막으로 자취를 감춘다. 이는 토의 분리성에 대한 지지보다는, 토가 독립성을 가지지 못했다고 하는 단어관이 일반화되기 시작했다는 해석이 된다.

4) 품사 수에 따른 문법체계가 일정한 경향을 보이는 것은 아니지만 10품사, 7품사, 9품사체계가 다수의 분류체계가 된다. 종전의 9품사 위주의 분류법이 제Ⅲ유형문법의 등장으로 하여 품사 수가 줄어드는 결과를 가져왔다. 박태윤, 이숭녕의 문법에서 8품사체계가 재등장한 것도 특기할 일이다.

5) 품사의 명칭이 대부분 한자어계와 고유어계로 분리되어 통일되고 이에 따른 문법범주도 일반성을 띠게 된다. 이 시대에 등장하는 품사는 명사, 대명사, 수사, 동사, 형용사, 존재사, 지정사, 조사, 후치사, 종지사, 관형사,

부사, 접속사, 감탄사의 14종이 된다. 이 같은 현상은 ① 수사를 독립품사로 인정하는 경향이 많아졌다는 것, ② 관형사의 품사적 지위가 확정되었다는 것, ③ 용언의 활용어미를 독립품사로 인정하는 것이 현저히 줄었다는 것 겸하여 조사를 독립시키는 것도 줄었다는 것, ④ 접속사의 지지기반도 약화되었다는 것을 뜻한다. ③번 항의 경우는 제Ⅱ유형문법의 등장에 말미암은 것이고 ④번 항은 외솔문법에서 접속조사와 접속어미가 접속사의 범주에서 제외된 정제된 모습을 보인다.

6) 문법가들 사이에 상호교류가 활발히 이루어지고 있으나 무비판적으로 추종하는 것이 아니라 자기 나름대로 소화 흡수하여 개인문법체계를 형성한다. 대표적인 예로 이인모, 장하일, 최태호, 이영철, 김근수, 심의린의 문법이 된다. 계열별로 가르면 1) 일본문법의 영향을 받은 문법, 2) 서구문법의 영향을 받은 문법, 3) 주시경 계열의 국내문법 등으로 크게 나누어 볼 수 있다.

이상 살펴본 바와 같이 이 시대는 도입·수용기와 반성·모색기를 거치는 동안에 품사론이 정착 단계에 와서 한층 심화된 일면을 보이고는 있으나 품사론사 전반을 대표할 수 있는 보편문법이 수립된 것은 아니다. 다만 보편화의 경향을 찾아 볼 수 있을 따름이다. 그러나 학교문법통일안의 인위적인 제정과 그 강요된 시행은 당시의 보편화의 경향을 충분히 고려하지 않았다는 것과, 20여 년간 고정된 체계로서 시행되었기 때문에 문법연구의 흐름을, 특히 품사론 부분에서 수용하지 못했다는 데 문제점을 안고 있다. 이들 보편화의 문제는 제6장에서 상론하기로 한다.

제6장 결론

— 품사분류의 변천과 그 보편화 경향 —

국어품사에 관한 본격적인 연구는 유길준의 「조선문전」(1898~1902)에서 시작되어 학교문법통일안이 이루어진 1963년까지 60여년의 기간이 된다. 이 기간 동안에 등장한 문법가는 모두 43명이 되며 연구업적은 총 103편에 이른다. 이들 연구를 그 문법내용의 특성에 따라 시대 구분을 하면 3기로 나눌 수 있으니 도입·수용기(1900~1930), 반성·모색기(1930~1946), 정착·심화기(1946~1963)가 된다.

도입·수용기는 갑오경장 이후 근대화에 따른 자아의식의 발현과 함께 민족주의적 언어·문자관 아래서 이루어진 품사연구로 라틴전통문법을 도입·적용했던 시대의 문법이다.

반성·모색기는 <조선어연구회>를 중심으로 한글 맞춤법 통일안 제정, 표준말 사정, 외래어 표기법, 큰 사전 편찬 등의 배경적 연구에 힘입어 규범문법적 성격이 강했고, 한편 학문문법적 성격도 띠고 있으며 우리말 체계에 맞는 품사분류를 모색하던 시대다.

정착·심화기는 구조주의문법의 영향으로 통사론적 입장에서의 품사연구가 중시된 시대로, 그간의 품사연구에 대한 새로운 각도에서의 반성과 함께 종합·정리기에 들어간 시대를 뜻한다.

이들 각 시대의 품사분류의 특징을 항목별로 요약정리하고, 또한 이들 현상으로부터 국어 품사분류의 보편화 경향은 무엇이며 표준문법으로서의 이상적인 품사체계는 어떠한 것인가를 찾아내는 것으로 결론을 삼기로 한다.

1. 사적 흐름의 정리

1) 단어와 품사관

단어는 '의미의 최소단위'이며, 품사는 '문장의 부분들'(part of sentence)이란 개념이 서구문법에서는 일찍이 그리스문법에서부터 정립되었다. 국어문법에서는 오랫동안 어의적 해석만을 내리고 문법기술을 하다가 정착기에 가서야 비로소 단어는 "의미의 최소독립단위"라는 개념 정립과 함께 본격적인 형태통사론적(morphosyntatic) 품사론이 이루어진다.

ⅰ. 도입·수용기 : 형태론적 입장의 언어 단위인 단어와 통사론적 구성요소로서의 문법 단위인 품사의 개념이 구분되지 않은 상태에서 동일한 술어로 혼동되어 사용되었다. 품사를 지칭하는 술어도 "언어, 품사, 어종, 언분, 언어자, 체, 기, 씨, 사, 원사, 단어" 등 11종으로 사용되고 있다.

ⅱ. 반성·모색기 : 단어와 품사에 대한 개념이 명확히 구분되어 있지는 않으나 단어의 경우 "의미의 최소단위"라는 정의가 내려지고 있고, 품사의 경우 어의적인 면에서의 구분이 있을 따름이다. 품사의 명칭도 통일되어 '품사' 또는 '씨'로 불려진다.

ⅲ. 정착·심화기 : 단어와 품사에 대한 개념이 정립되어 형태론적 단계에 머물렀던 품사론이 통사론적 차원에서 연구되었다. 언어단위로서 '형태소, 단어, 문장' 등이 제시되어 상호경계가 명확해졌다.

2) 품사분류기준 적용상의 변천

품사분류의 기준은 그리스 문법 이래 시대에 따라, 문법가에 따라 그 적용기준이 달랐었다. 전통문법에서는 의미와 형태가 중시되는 경향이었으나 구조주의문법의 영향으로 의미가 배제되고 기능이 중시되었던 것이 서구 문법 일반에 나타난 경향이었다. 이러한 경향은 국어문법학사에서도 반복되는 현상이다.

ⅰ. **도입기** : 의미, 형태, 기능의 세 가지 기준이 모두 적용되고 있는 것은 전시대에 두루 통하는 것이나 이 시기에는 품사의 체계가 먼저 도입되고 이에 해당하는 형태류의 유취가 뒤에 이루어진 관계로, 의미가 우선하고 있다. 특히 유길준, 주시경, 김희상, 이규방 등의 문법은 형태도 중시하고 있으나 특히 의미가 중시된 문법이다.

ⅱ. **반성기** : 외솔문법에서 기능을 주로 삼고 형태를 다음으로 삼아야 한다는 주장은 하고 있으나 실제 내용에서는 형태를 우선으로 삼고 다음으로 기능을 기준으로 삼았음을 알 수 있다. 단적인 증거로 체언토를 조사로 설정한 것이 그 예가 된다. 외솔문법의 공적으로 삼을 수 있는 활용체계의 수립과 조동사, 보조어간, 불완전명사, 불규칙용언 등에 대한 체계수립은 형태를 중시한 태도이며, 박승빈 등의 문법에서도 같은 경향을 보인다. 용언의 활용체계연구가 주요 관심사였던 시기다.

ⅲ. **정착기** : 구조주의문법의 영향으로 통사론을 중시한 품사연구였던 관계로 형태와 더불어 특히 기능이 강조된 시기였다. 정렬모를 위시한 장하일, 김민수, 정인승의 문법이 그러하며 제Ⅲ유형의 분류체계 자체가 기능을 중시한 태도다.

3) 품사분류 체계수에 따른 변천

품사분류체계는 1인 1체계가 이상적이며 이들 개인문법체계에는 보편성을 띤 공통적 요소가 다수 발견되어야 함이 또한 이상적이다. 그러나 국어문법학사는 역사가 일천한 관계로 개별적 성격을 띤 성향이 강했던 것이 특징이다.

ⅰ. 도입기에 등장하는 문법가는 유길준 문법 속에 최광옥을 포함시키면 16명에 24종의 분류체계가 된다. 주시경, 유길준, 이규영 등이 복수의 분류 체계를 갖는데, 이는 개인적으로나 시대적으로나 확고한 분류체계가 정립되지 않은 것을 뜻한다.

ⅱ. 반성기에서는 최현배를 위시하여 11명이 등장하는데 분류체계도 11종이어서 1인 1체계의 이상적인 결과를 나타내고 있다. 이는 품사분류가 개인적으로나 시대적으로 정착되어가고 있음을 나타낸다.

ⅲ. 정착기에는 정렬모를 위시하여 20명이 등장하는데 분류체계는 22체계가 되어 1인 1체계의 이상은 깨어진다. 이는 이숭녕 문법에서 중세어문법과 현대어문법의 두 체계가 있었고 중세어문법에서 후에 알타이어의 특질을 고려하여 후치사를 세운 때문이다. 반성기에 이상춘 문법이, 정착기에 홍기문, 심의린 문법이 재등장하여 품사체계에 변화를 가져오나, 반성기 이후 각 시대를 기준으로 할 때 이숭녕을 예외로 하고는 1인 1체계의 품사체계를 갖고 있다. 그러나 전체적인 특질이 강하게 나타난다.

4) 품사 수에 따른 분류체계

서구문법의 경우는 트락스 문법의 품사체계가 일반화되어 품사 수에 있어서 큰 차이가 없다. 국어문법학사에서는 5, 6, 7, 8, 9, 10, 11, 12, 13품사 등 무려 9종이나 되어 혼란된 변모를 보이고 있다. 품사 내용에서는 차이가 있으나 9품사체계가 전체적으로 가장 다수의 분류체계가 된다.

ⅰ. 도입기에는 6, 7, 8, 9, 10, 11, 12, 13품사 등 7종의 체계가 등장하는데 이중에서 가장 많은 지지를 받은 것은 9품사체계로 문법서를 기준으로 했을 때는 39%, 분류체계 수를 기준으로 했을 때는 42%가 된다. 그러나 8품사체계는 유길준 문법에서만 나타나고 있어 라틴문법체계의 품사 수와는 직접적인 관련이 적음을 알 수 있다.

ⅱ. 반성기에는 6, 7, 9, 10, 12품사 등 5종의 체계가 등장하는데 9품사체계가 반수를 점유하고 있고 8품사체계는 등장하지 않는다.

ⅲ. **정착기**에는 5, 6, 7, 8, 9 10, 13 등 7종의 체계가 등장하는데 10품사체계가 27%의 지지를 받아 가장 다수가 되고 9품사체계는 7품사체계와 함께 그 다음 차례가 된다. 이숭녕, 박태윤 문법에서 8품사체계가 재등장한다. 당연한 귀결이지만 제Ⅲ유형문법의 등장으로 하여 품사 수가 적어지는 경향을 가져왔다. 이들을 종합하여 표로 보이면 다음과 같다.

품사 수	문법체계수		문법책수		문법가수		문법가
5	2	4%	6	6%	2	4%	정렬모 장하일
6	6	11%	6	6%	5	11%	주시경 권영달 이규영 이상춘 이인모
7	9	16%	20	20%	8	18%	주시경 김희상 강 매 이병기 정인승 김민수 최태호 김민수·남광우·유창균 허 웅
8	5	9%	12	12%	3	7%	유길준(최광옥) 이숭녕 박태윤
9	20	36%	27	27%	15	33%	주시경 김규식 남궁억 이규영 김원우 이필수 홍기문 박상준 김윤경 장지영 신명균 박종우 이숭녕 정경해 문교부안
10	8	15%	23	23%	7	16%	안 확 이상춘 최현배 심의린 홍기문 이영철 이희승
11	1	1.8%	1	1%	1	2%	이완응
12	1	1.8%	3	3%	1	2%	박승빈
13	3	5%	3	3%	3	7%	이규방 김근수 심의린
9종	55체계		101종		연45명		

5) 문법유형에 따른 변화

토의 처리를 어떻게 하느냐는 품사분류유형 달리는 문법유형을 결정짓는 요건이 된다. 세 가지 문법유형은 시대적 구분특성과 일치하는 결과를 보인다.

ⅰ. **도입기**에는 제Ⅰ유형, 제Ⅱ유형, 제Ⅲ유형 등 국어문법학사에 등장하는 모든 유형이 등장한다. 제Ⅱ유형인의 유길준은 체언토를 "후사"로 설정하고 어미는 품사 설정을 하지 않았다가 후반에는 '조동사'라는 품사로 설정한다. 남궁억, 이필수 문법에서는 용언토만 독립품사로 설정한다. 제Ⅲ유형은 김규식 문법이 된다. 비록 토의 처리법에 따른 모든 유형이 등장하고 있으나 이 시기를 대표하는 문법유형은 분석주의적 방법을 취한 주시경계의 문법이 된다. 제Ⅰ유형 중에서도 주시경계는 분리유형을 취하고 있고, 김희상, 강매, 이병기, 안확은 토로 일괄 처리하는 통합형을 취하고 있다.

ⅱ. **반성기**에는 제Ⅰ유형과 제Ⅱ유형이 함께 나타나는데 수적으로는 제Ⅰ유형이 70%를 점유하고 제Ⅱ유형이 30%에 불과하여 제Ⅰ유형이 우세하나 점차 제Ⅱ유형이 우세하여 진다. 이 시기에도 주시경계는 체언토와 용언토를 다른 품사로 설정하는 분리형을 취하나 권영달, 이상춘, 박승빈은 통합형을 취한다. 최현배, 박상준, 박종우의 문법은 제Ⅱ유형에 해당된다. 최현배는 주시경 문법이 분석적이었던 데 대하여 자신이 취한 입장은 종합적인 분류법이라고 하였다. 제Ⅲ유형과의 관계를 놓고 볼 때, 제Ⅰ유형은 분석 체계, 제Ⅱ유형은 석충체계, 제Ⅲ유형은 종합체계라는 해석은 적절하다 할 수 있다.

ⅲ. **정착기**에서도 도입기에서와 같이 Ⅰ, Ⅱ, Ⅲ유형이 같이 등장하나 내용적인 면에서는 판이하게 다르다. 제Ⅰ유형은 대부분 1940년대에서 끝나고 정경해의 「國語構義」(1953)가 마지막을 장식한다. 정렬모(1946) 문법에서 본격화된 제 Ⅲ유형이 제Ⅱ유형을 능가하고 있음은 토의 문법적 처리에 대한 합리성 때문으로 보인다. 제Ⅲ유형은 정착기를 대표하는 유형이 되었다.

이들 유형을 통합하여 보이면 <표 15>와 같다.

〈표 15〉

유형		체계		문법서		문법가수		문법가
제 I 유형	분리형	25	45%	30	31%	15	37%	주시경 김규영 유길준 김두봉 김원우 홍기문 이상춘 김근수 이규방 이완응 김윤경 장지영 신명균 심의린 이영철
	통합형	9	16%	18	19%	8	20%	김희상 강 매 이병기 권영달 안 확 이상춘 박승빈 정경해
제 II 유형	체언 토형	10	17%	26	27%	9	22%	유길준 최현배 박상준 박종우 이인모 정인승 박태윤 이희승 문교부
	용언 토형	2	4%	3	3%	2	5%	남궁억 이필수
제III유형		9	16%	19	20%	7	17%	김규식 정렬모 장하일 김민수 최태호 이숭녕 김민수 외 3인
		55체계		96권		41명		

6) 품사명칭과 범주

품사의 명칭은 어원적으로 고유어계와 한자어계로 구분되는데 우리말계통은, 주시경계 문법으로 국어존중론적 입장의 한글전용론자들을, 한자계 용어는 서구문법의 전통을 중시하는 문법가들을 대변한다. 전시대를 통하여 한자어 술어를 사용하는 문법가가 70%가량 됨으로 보아 한자계 용어가 중심이 되고 있음을 알 수 있다.

ⅰ. 도입기는 품사명칭과 그 범주가 혼란되던 시대다. 동일한 품사범주는 아니나 20종의 품사가 설정되어 86개의 명칭으로 불리고 있다. 가장 많은 명칭으로 불리는 것은 용언토로 20개 명칭으로, 조사 : 17, 부사 : 7, 접속사 : 7, 감탄사 : 8, 동사 : 4, 형용사 : 4 등 혼란이 극에 이르고 있다.

ⅱ. 반성기에 가면 명칭이 통일되고 품사범주도 체계화되어 간다. 14개의 품사가 설정되는 데 여기에 사용된 명칭은 48개나 된다. 고유어계와

한자어계로 분리되어 사용하는 것을 고려한다면 대부분 1대1의 대응
이 이루어지고 있다. 종지사가 6개, 동사가 5, 형용사가 5, 조사가 5
개가 많은 편에 든다.

ⅲ. **정착기**에는 15개의 품사가 설정되고 37개의 명칭으로 불리어져 반성
기와 같은 양상을 보이고 있다. 고유어계는 2~3개의 명칭이 혼용되
고 있으나 한자계 용어는 1대1의 대응을 이루고 있고, 다만 종지사
가 두 개의 명칭으로 불려진다. 품사의 명칭이 통일 보편화되는 과
정에서 그 발전적 일면을 짐작할 수 있다.

7) 라틴문법적 요소의 불식과 새로운 문법 발견

초기문법에서는 서구문법의 단순한 이식이란 점에서 우리말의 언어적
특성이 고려되지 않았으나, 차츰 정비되어 우리말 체계에 맞는 품사체계
및 특성을 모색하게 되어 정착 단계에 이르게 되었다.

ⅰ. **도입기**에는 서구의 문법체계를 비판 없이 받아들인 고로 우리말의 특
성에 맞지 않는 문법기술이 많았다. 체언의 특성으로 性(gender)과 數
(number), 서구문법식의 관계대명사 설정, 형용사의 서구식 설명 등과
용언의 특성으로 時制(tence), 數(number), 調(kind), 敍法(mood), 人稱
(person), 態(voice) 등의 서구식 해석·적용, 분사(particilpe) 설정 등 라틴
문법체계를 그대로 이식한 문법이었다. 그러나 주시경 문법에서 관
형사의 설정, 용언의 특성으로 '대우법(polite)'의 설명 등은 국어의 특
질에 맞는 대표적인 문법기술이다.

ⅱ. **반성기**에 들어가서 특히 최현배 문법에서 이들은 정비되고 새로운 문
법기술을 하게 된다. 활용체계 수립을 위시하여 형태분석에 따른 문
법범주 설정이 이루어지니 대표적인 것이 선어말어미와 어말어미 구
분에 따른 기능범주의 설정이다.

ⅲ. **정착기**에 들어가서는 좀 더 우리말 체계에 맞는 문법기술에 주력하게

되었다. 그 대표적인 것이 토의 독립품사 시비에서부터 비롯된 제Ⅲ
유형 문법의 출현이다. 이들은 통사구조 속에서 단어들의 통어관계
를 중시하여 단어들의 문법적 기능을 밝혀내려 하였다.

8) 영향관계에 따른 계보

국어문법의 계보는 크게 세 가지로 분류할 수 있는데 (1) 일본문법계열,
(2) 자주적 문법계열, (3) 영어문법계열이 된다. 제1계열의 일본문법계열이
라 함은 유길준 문법에서와 같이 일본문법으로부터 직접·간접의 영향을
받았으나 제2계열은 우리말 특성을 고려하여 독자적인 문법체계수립에 주
력한 문법이다. 제3계열의 영문법계열이라 함은 김규식 문법으로 대변되는
것으로 라틴전통문법 체계가 가장 잘 반영된 문법이다. 그러나 한문법가로
놓고 보나 전체계열을 놓고 보나 확연히 구분되는 것은 아니고 상호 교섭
으로 인하여 복합적인 성격을 띠고 있다.

ⅰ. **도입기**에는 각 계열의 성격이 비교적 두드러지게 나타난다. 제1계열
은 유길준 문법으로 대변되는데 일본문법을 통한 서구문법계통의 도
입이며, 제2계열은 주시경과 그 후계 김두봉으로 대변되며 제3계열
은 영문법체계를 직접 도입한 김규식 문법과 간접적으로 도입한 김
희상 문법이 대표적이다.

ⅱ. **반성기**에는 김윤경, 최현배의 제2계열과 박승빈등의 제1계열만 등장
하고 제3계열은 등장하지 않는다. 제1계열은 다시 주시경 문법을 체
계화한 김두봉 문법을 직접 이어 받은 김윤경, 장지영 등의 문법과
주시경 문법을 바탕으로 하나 일본문법의 영향과 함께 수립된 최현
배 문법으로 나뉜다.

ⅲ. **정착기**는 정렬모 문법으로 대변되는 일본문법계와 최현배 문법으로
대변되는 주시경계 문법과 이숭녕, 이희승, 김민수 등의 서구문법계
열이 있다. 학교문법통일안은 어느 계열에 속한다고 단정하기 어려

우나 용어 등을 고려할 때 제3계열로 봄이 타당하리라 본다. 이 시대에는 계열적 특색을 나누어 볼 수 있으나 개인문법적 특색이 강하게 나타난다.

영향관계를 정리하면 <표 16>과 같다.

〈표 16〉

	제1계열	제2계열		제3계열
도입·수용기	유길준 안 확 이완응	주시경 김두봉 이규영 김원우 이규방 강 매 이상춘 이병기		김규식 김희상 남궁억 이필수 홍기문
반성·모색기	박승빈 심의린 권영달	최현배 박상준 박종우	김윤경 장지영 신명균 이상춘	
정착·심화기	정열모 장하일 이인모 심의린 정경해	최현배 류재헌 유영철 김근수 김윤경 박태윤 정인승		이희승 이숭녕 김민수 최태호 김민수 외 3인 홍기문 문교부통일안

2. 보편화 경향

라틴문법을 받아들인 서구문법의 경우는 품사분류가 보편화되어 품사 수도 8품사(noun, pronoun, verb, adjective, preposition, conjunction, adverb, interjection)로 대부분 통일되고 이들의 범주도 일반성을 띠고 있다. 그렇다고 하여 품사 수가 왜 8개이어야 하느냐에 대한 타당한 근거가 있는 것은 아니고 트락스 문법이 8개이었기 때문이라는 고전적 전통 때문인지 모른다는 정도에서지만 보편화된 체계로 인정되었다. 이에 대하여 심각한 도전이 제기된 적도 없고 C.C.Fries 등의 어류(class words) 분석이, 전통적인 8품사가 그 분류기준에서 만족스럽지 못하다는 정도의 도전이었다.[83]

국어의 경우는 유길준 문법이 트락스 문법에서 유래한 8품사체계를 받아들이고 있으나 보편화되지 못했고, 그렇다고 달리 보편화된 품사체계가 형성되지도 않았다. 이에 대하여 문제의 제기와 더불어 해결방안으로 모색된 것이 품사론사 전반에 나타난 품사분류 경향의 검토와 단일한 분류기준 즉 문법적 기능에 따른 품사체계의 수립이었다.[84]

본 항에서는 이제껏 논의한 사실을 토대로 하여 우리말 품사 분류의 경향을 재검토 하고 보편화 경향이 무엇인가, 어떠한 품사체계가 되어야 하는가, 이들은 학교문법으로서 어떠한 성격을 가지는가를 살펴서 본 논문의 결론으로 삼고자 한다.

---

83) F. R. Palmer(1971) : 박경주 역 Grmmar 「文法論」, p.77~81. 한신문화사.
　　Quirk(1985)는 영어품사를 a) Open-system items (noun, adjective, adverv, verb), b) Closed-system (article, demonstrative, pronoun, preposition, conjuction, interjection) 구분하고 있으나 결국 8품사의 변형이다.
84) 김민수, 1971, 30~32, 77~79 김민수(1986) "學校文法論"

1) 보편화 경향 자료의 검토

품사분류의 보편화 경향을 살피기 위해 마련되어야 할 것은 전시대를 통하여 어떠한 품사들이 설정되어, 어떠한 분포를 이루고 있는가에 대한 고찰이다. 여기서 대상 자료로 삼을 수 있는 것은 두 가지 면에서 가능하다.

첫째, 품사분류사 전반에 등장하는 모든 품사자료를 대상으로 하는 경우가 있겠고, 둘째, 이들 품사분류 자료 중에서 문법가를 중심으로 하여, 개편되었거나 폐기되었을 경우는 이들을 무시하고 그의 대표적 분류체계 주로 마지막에 해당되는 분류체계를 그 대상으로 삼는 경우다.

전자의 경우는 각 시대별로 어떠한 분류체계가 보편성을 띤 문법체계인가를 살필 수 있는 바탕이 되는 것이며, 나아가서 전시대를 통하여 어떠한 흐름을 형성하는가의 변화를 살필 수 있는 자료가 된다. 후자의 경우는 다음과 같은 의미에서 유용하리라 생각된다. 보편화 경향이란 문법가 개인적인 입장에서 보았을 때는 가장 이상적인 분류체계의 모색이며 문법학사 전체로 보았을 때는 이들 개인문법으로부터 추출된 보편성을 띤 문법체계를 귀납하는 것이란 의미를 가진다. 그러므로 문법가 자신으로부터 폐기된 분류체계는 마땅히 제외되어야 한다고 생각된다. 한 문법가가 동일한 분류체계로 여러 책을 출판하였을 경우는 처음 완성된 시기를 기준으로 삼았다. 또한 보편화 경향이란 과거의 사적 흐름을 바탕으로 하나 시간적으로 보아 현재성이 중시되어야 하기 때문에 도입기와 반성기의 무법보다는 정착기의 문법이 중시되어야 하고 정착기에서도 6·25사변 이후 제3유형의 문법이 주류를 이루던 시기가 중시되어야 한다. 이러한 근거에서 두 번째 보편화경향 자료를 제시하면 <표 17>과 같다.85)

---

85) 도표에서 최광옥은 유길준의 문법이고, 김원우는 주시경, 박종우 박창해는 최현배 문법이고, 신명균은 장지영 문법이므로 제외시켰음.

<표 17>

구분	품사수	문법유형	체언			용언									체언토					수식언		상언	
			명사	대명사	수사	동사	형용사	존재사	지정사	형동사	조동사	금지사	부정사	호응사	조사	후치사	어미전체	종결어미	연결어미	관형사	부사	접속사	감탄사
1) 김규식 (1908)	9	II	명사	대명사		동사	형용사			형동사						후사					부사	접속사	감탄사
2) 유길준 (1909)	8	I분	명사	대명사		동사	형용사								접속사		조동사			첨부사		접속사	감탄사
3) 남궁억 (1913경)	9	II용	명사	대명사		동사	형용사									후치사	토				부사	접속사	감탄사
4) 주시경 (1914)	6	I분	임			움	엇								겻			긋				잇	
5) 김두봉 (1916)	9	I분	임			움	엇								겻			맷		언	억	잇	늑
6) 김규영 (1920)	9	I분	임			움	엇								금			만		언	억	잇	늑
7) 이필수 (1922)	9	II용	명사	대명사	수사	동사	형용사										조사				부사	접속사	감탄사
8) 이규방 (1923)	13	I분	명사	대명사	수사	동사	형용사					금지사	부정사	호응사	조사		조동사				부사	접속사	감탄사
9) 안확 (1923)	10	I통	명사	대명사	수사	동사	형용사				조동사				조사						부사	접속사	감탄사
10) 강매 (1925)	7	I통	이름말			움말	쓸말								도우말		도움말				겻말	닛말	늑김말
11) 이완응 (1929)	11	I분	명사	대명사	수사	동사	형용사	존재사							조사				조용사		부사	접속사	감탄사
12) 이병기 (1929~30)	7	I통	명사			동사	형용사								조사		조사				부사	접속사	감탄사
			12	7	4	12	12	1		1	1	1	1	1	8	2	7	3	1	2	11	12	11
13) 박상준 (1932)	9	II채	명사	대명사	수사	동사	형용사								조사						부사	접속사	감탄사
14) 장지영 (1932경)	9	I분	님씨			움씨	얻씨								겻씨			맷씨		언씨	억씨	닛씨	늑씨
15) 최현배 (1937)	10	II체	이름씨	대이름씨	셈씨	움직씨	그림씨		잡음씨						토씨					매김씨	어찌씨		느낌씨
16) 박승빈 (1937)	12	I통	명사	대명사		동사	형용사	존재사	지정사						조사		조사		조용사	관형사	부사	접속사	감탄사
17) 권영달 (1941)	6	I통	명사			동사	형용사								조사		조사				부사		감탄사
18) 이상춘 (1946)	6	I통	명사			동사	형용사								후치사		후치사				부사		감탄사
			6	3	2	6	6	1	2						6		3	1	1	3	6	3	6
19) 정렬모 (1946)	5	III	명사			동사															관형사	부사		감탄사
20) 장하일 (1946)	5	III	임자씨			풍이씨															매김씨	어찌씨		느낌씨

저자	수	유형																					
(21) 홍기문 (1947)	10	I분	명사	대명사	수사	동사	형용사								후치사			종지사			부사	접속사	감탄사
(22) 김근수 (1947)	13	I분	명사	대명사	수사	동사	형용사	존재사	지정사						조사				조용사	관형사	부사	접속사	감탄사
(23) 이영철 (1948)	10	I분	명사	대명사	수사	동사	형용사								조사			종지사			부사	접속사	감탄사
(24) 김윤경 (1948)	9	I분	임씨			움씨	얻씨								겻씨			맺씨		언씨	억씨	잇씨	늑씨
(25) 박태윤 (1948)	8	II체	명사	대명사		동사	형용사								조사					관형사	부사		감탄사
(26) 이인모 (1949)	6	II체	임자씨			풍이씨									토씨					매김씨	어찌씨		느낌씨
(27) 심의린 (1949)	13	I분	명사	대명사	수사	동사	형용사	존재사	지정사						조사		조용사			관형사	부사	접속사	감탄사
(28) 정경해 (1953)	9	I통	명사	대명사	수사	동사	형용사								토		토				부사	접속사	감탄사
(29) 정인승 (1956)	7	II체	이름씨			움직씨	그림씨								토씨					매김씨	어찌씨		느낌씨
(30) 이희승 (1956)	10	II체	명사	대명사		동사	형용사	존재사							조사					관형사	부사	접속사	감탄사
(31) 최태호 (1957)	7	III	명사	대명사		동사	형용사													관형사	부사		감탄사
(32) 이숭녕 (1960)	8	III	명사	대명사	수사	동사	형용사													관형사	부사		감탄사
(33) 김민수 외(1960)	7	III	명사			동사	형용사													관형사	부사	접속사	감탄사
(34) 김민수 (1960)	7	III	명사			동사	형용사													관형사	부사	접속사	감탄사
(35) 문교부 (1963)	9	II체	명사	대명사	수사	동사	형용사								조사					관형사	부사		감탄사
			17	10	6	17	14	3	2						11		2	3	1	14	17	9	17
			35	20	11	35	32	5	4	1	1	1	1	1	25	2	12	7	3	19	34	24	34

위의 보편화 자료에 대하여 몇 가지 해석을 내릴 수 있다.

첫째, 품사 수를 살펴보면 5품사체계에서 13품사체계까지 9종이 설정되는데 다수의 지지를 받은 것은 9품사(29%), 7품사(17%), 10품사(14%)의 순서로 편중되지 않고 널리 분포되었다. 이는 분류체계가 다양함을 뜻한다.

둘째, 토의 처리에 따른 분류유형을 살펴보면 다음과 같다.

	도입기		반성기		정착기		종합	
제 I 분리유형	6체계	50%	1체계	17%	5체계	29%	12체계	34%
제 I 통합유형	3	35%	3	50%	1	6%	7	20%
제 II 체언토유형			2	33%	5	29%	7	20%
제 II 용언토유형	2	17%					2	6%
제 III 유형	1	8%			6	35%	7	20%
	12		6		17		35	

모두 5가지의 분류법이 있는데 이들은, 각각 독립된 유형으로 처리해야 한다. 왜냐하면 이들은 성격상 각각 다른 분류체계이기 때문이다. 도입기에는 제 I 분리유형이, 반성기에는 수적으로는 제 I 통합유형이, 내용적으로는 제 II 체언토유형이, 정착기에는 제 III 유형이 우세한 것으로 나타난다. 종합적으로 살펴서는 제 I 분리유형이 가장 다수이나 전체적으로 고른 분포를 보이고 있다. 그러나 보편화 경향이란 어디까지나 과거의 사실에 대한 정적인 상태로서의 평가가 아니라 현재적인 동적 현상을 나타내는 것이므로 정착기문법이 그 이전의 문법에 우선해야 한다. 그런 의미에서 문법유형의 보편화경향은 제 III 유형이 된다.

셋째, 각 품사에 대한 지지도를 시대별 자료와 함께 살피기로 한다. 모두 21종의 품사가 설정되는데 이들을 시대별 총자료와 보편화자료로 대비하여 표로 보이면 다음과 같다.

구분 품사	도입·수용기				반성·모색기				정착·심화기				종합			
	시대별 자료		보편화 자료		시대별 자료		보편화 자료		시대별 자료		보편화 자료		시대별 자료		보편화 자료	
1. 명사	20	100	12	100	11	100	6	100	22	100	17	100	59	100	35	100
2. 대명사	12	46	7	59	5	45	3	50	15	68	10	59	33	56	20	57
3. 수사	4	15	4	33	3	27	2	33	12	55	6	35	19	33	11	31
4. 동사	26	100	12	100	11	100	6	100	22	100	17	100	59	100	35	100
5. 형용사	26	100	12	100	11	100	6	100	19	86	14	82	56	95	32	91
6. 존재사	1	4	1	8	2	18	1	17	3	14	3	18	6	10	5	14
7. 지정사					2	18	2	33	5	23	2	12	7	12	4	11
8. 형동사	1	4	1	8									1	2	1	3
9. 조동사	1	4	1	8									1	2	1	3
10. 금지사	1	4	1	8									1	2	1	3
11. 부정사	1	4	1	8									1	2	1	3
12. 호응사	1	4	1	8									1	2	1	3
13. 조사	23	84	8	67	11	100	6	100	14	68	11	65	48	81	25	71
14. 후치사	3	12	2	16					1	5	2	12	4	7	2	6
15. 어미전체	9	35	7	58	4	36	3	50	1	5	2	12	14	23	12	34
16. 종결어미	14	54	3	25	4	36	1	17	3	14	3	18	22	37	7	20
17. 결어미	1	4	1	8	2	18	1	17			1	6	2	5	3	9
18. 관형사	7	27	2	17	6	55	3	50	18	82	14	82	31	53	19	54
19. 부사	22	85	11	92	11	100	6	100	22	100	17	100	55	93	34	97
20. 접속사	25	96	12	100	7	64	3	50	10	45	9	53	42	71	24	69
21. 감탄사	23	88	11	92	11	100	6	100	22	100	17	100	56	95	34	97

위의 표에서 과반수 이상의 문법가가 독립 품사로 설정하고 있는 것을 시대별로 추려보면 다음과 같은 결과를 얻을 수 있다. 과반수 이상이라고 함은 보편화된 품사라는 해석을 전제함이다.

품사 개별적으로 보면 각 시대를 통하여 과반수 이상의 지지를 얻은 품사는 11종이 된다.

도 입 기		반 성 기		정 착 기		종 합	
시대별 자 료	보편화 자 료	시대별 자 료	보편화 자 료	시대별 자 료	보편화 자 료	시대별 자 료	보편화 자 료
명사	名詞	名詞	名詞	名詞	名詞	名詞	名詞
—	代名詞	代名詞	代名詞	代名詞	代名詞	代名詞	代名詞
—	—	—	—	數詞	—	—	—
동사	動詞	動詞	動詞	動詞	動詞	動詞	動詞
형용사	形容詞	形容詞	形容詞	形容詞	形容詞	形容詞	形容詞
—	—	冠形詞	冠形詞	冠形詞	冠形詞	冠形詞	冠形詞
부사	副詞	副詞	副詞	副詞	副詞	副詞	副詞
접속사	接續詞	接續詞	接續詞	—	接續詞	接續詞	接續詞
감탄사	感歎詞	感歎詞	感歎詞	感歎詞	感歎詞	感歎詞	感歎詞
조사	助詞	助詞	助詞	助詞	助詞	助詞	助詞
종지사	—	—	—	—	—	—	—
8품사	8품사	9품사	9품사	9품사	9품사	9품사	9품사

시대별 총 자료에 나타난 현상을 보면 도입기문법에서는 명사를 위시하여 8품사체계가 된다. 특징적인 것은 1) 체언의 경우 단일분류법이 주시경계 문법이 주류를 형성하였고, 2) 관형사의 품사적 지위가 확정되지 않았으며, 3) 제Ⅰ유형의 특징으로 조사와 종지사가 보편적인 품사였다.

반성기 문법에서는 대명사와 관형사가 보편적인 품사로 자리를 굳히었다. 대신 종지사는 지지를 잃게 되고, 조사는 100%의 지지를 받게 되는데 이는 제Ⅱ유형문법의 특징을 잘 반영하는 것이다.

정착기문법에서는 전기에 비하여 수사의 품사적 지위가 향상되고 대신 접속사의 지지가 약해진다. 조사의 지지도는 68%로 약화되는데 이는 제Ⅲ유형적 특색의 반영이 된다.

체언의 경우 도입기에는 단일형, 반성기에는 이분형, 정착기에는 3분형이란 특징을 보인다. 이는 점차 대명사와 수사의 품사적 기반이 확고해졌다는 것이 된다. 이와 같이 품사적 지위가 향상된 것은 관형사, 부사, 감탄사가 되고, 대신 지지 기반이 약해진 것으로는 종지사, 조사, 접속사, 형용사의 경우가 해당된다. 종지사와 조사의 기반이 약해진 것은 토를 독립품사로 인정하지 않는 보편화경향의 추세에 의한 것이다. 접속사의 경우는 이를 접속부사로 처리한 외솔문법의 영향 때문인 것으로 보인다. 형용사의 경우는 정렬모, 장하일 문법에서 동사 속에 포함시킨 때문이다.

보편화 자료를 통해 경향을 살펴보면 도입기와 반성기에는 용언어미 전체를 품사로 설정하는 것이 과반수를 넘지만 이것은 제 I 통합유형의 결과로 조사와 겹치는 것이므로 단일품사로서 의미를 갖지 못한다. 도입기의 8품사는 종지사 대신 대명사가 차지하고 있고 반성기에서는 시대별 종합자료와 같다. 정착기에서는 수사 대신 접속사가 대표적인 품사가 된다.

결과적으로 품사론사 전체를 종합하였거나 보편화 자료를 기초로 하였거나, 1960년대의 관점에서 보편화 경향을 띤 품사체계는

「명사, 대명사, 동사, 형용사, 관형사, 부사, 접속사, 감탄사, 조사」의 9품사체계라는 결론이 된다. 그러나 이는 보편문법으로서의 완결을 뜻하는 것이 아니고 또한 표준문법으로서의 완성을 뜻하는 것도 아니다. 표준문법을 학교문법이란 의미로 해석할 때 1966년 이후 20여 년간 시행해 온 현행학교문법의 품사체계는 보편화 경향을 수렴하지도 못하였을 뿐 아니라 본질적으로 우리말의 특성에 합당한 이상적인 분류체계가 되지 못했다는 데 문제점을 안고 있다.

현행 학교문법통일안에 의한 분류체계는 충분한 이론적 검토나 보편화 경향을 수용하지 못한 채 몇 차례의 회의를 거쳐 결정된 것으로 명사, 대명사, 수사, 동사, 형용사, 관형사, 부사, 조사, 감탄사의 9품사체계로 확정되었다.[86]

보편화 경향을 수용하지 못했다는 면에서의 지적은, 정착기문법 전반에 관류하는 현상이나 특히 6·25사변 이후 조사와 어미를 독립품사로 인정

---

86) 남광우(1979), 「改訂現代國語國子의 諸問題」, pp.82~105.
　　김민수(1986), "學校文法論", 김민수(1964), "학교문법의 통일에 대하여".

하지 않는 제3유형문법의 문법적 조류를 수용하지 못했다는 것이다. 학교 문법 통일안에서는 이러한 경향을 검토하지 않고 조사를 독립품사로 인정하고 있다. 조사를 독립품사로 인정한다는 것은 단지 시대적 조류에 어긋나는 것이 아니라 단어란 의미의 최소독립단위라는 근본적인 문제에 저촉되기 때문이다. 이론적인 충분한 검토가 없었다는 것은 조사를 독립품사로 인정하였다는 경우에도 해당되나, 1963년에 작성된 학교문법통일안은 9품사의 종류만을 규정하였고 9품사의 분류체계에 대해서는 결정된 바 없었다.[87] 또 한 가지 보편화 경향으로 나타난 접속사를 빼고 수사를 넣었다는 것도 이론적인 검토가 미흡한 점이다. 즉 접속사는 부사의 일종이라는 외솔문법적 견해가 부지불식간 받아들여진 것으로 보인다. 접속사는 그리스문법에서 명사, 동사에 이어 세 번째 오랜 전통을 가졌다는 설명도 되거니와 대부분의 언어에 공통되는 보편적인 품사이기도 하다. 국어에서도 부사와는 다른 기능과 의미를 가진다. 부사가 2차적 구성요소로서 1차어인 근간어에 대하여 수식기능을 갖는 것이 주된 임무인데 반하여 접속사는 3차적인 구성요소로서 연결독립어로서의 임무를 담당하고 있다. 그러므로 다른 말과 호응할 때, 부사는 종속적이나 접속사는 상대적 관계를 맺는다.

그러면 결국 어떠한 품사체계가 우리말 특성에 합당한 것이며, 또한 역사적으로 보아 보편성을 띤 것인가의 문제가 남게 된다. 국어품사론사에 등장하는 품사의 종류는 무려 21가지나 등장한다. 이들은 문법적인 기능에 따라 아래의 6품사체계에 통합이 가능하다. 이 가운데 과반수이상의 지지를 받는 품사를 통합시키면 아래와 같다.

1. 명　사 : 1) 명사, 2) 대명사, 3) 수사, 4) 조사
2. 동　사 : 1) 동사, 2) 형용사
3. 관형사 : 관형사
4. 부　사 : 부사

---

87) 김민수(1971), 90~92, 254~256.

   5. 접속사 : 접속사
   6. 감탄사 : 감탄사

위의 6품사체계는 분류기준을 기능으로 단일화시킨 것이다. 하위분류를 어떻게 구분하느냐에 따라 모든 분류 형태를 수용할 수 있으므로 합리적인 분류체계라고 할 수 있다. 그러나 이 6품사체계가 바로 보편화된 품사 체계를 뜻하는 것은 아니다. 여기에는 역사적인 전통과 지지가 뒤따라야 하기 때문이다. 그런 의미에서 이 체계에다가 보편화 자료에 의해 도출된 9품사를 검토하면

   1. 명사 : 명사, 대명사, 조사 2. 동사 : 동사, 형용사 3. 관형사 4. 부사 5. 접속사 6. 감탄사

와 같이 된다. 이중에서 제3유형이란 보편화 경향을 받아들여 조사를 격어미로 처리하면

   명사, 대명사, 동사, 형용사, 관형사, 부사, 접속사, 감탄사

의 8품사체계가 된다. 이는 라틴문법체계의 8품사와도 상관을 이루는 보편성을 띠었을 뿐 아니라, 형용사, 관형사의 내용적 특성으로 하여 개별문법의 특징을 반영한 분류체계라고 할 수 있다.

이들 8품사체계는 이상에서 살핀 바와 같이 보편화 경향의 수렴이라는 전통성에 근거한 것이고, 또한 이론적인 타당성이 입증되며 나아가서 범언어적인 면에서 보편문법적 성격을 띤 것이라 할 수 있다. 그러나 이들이 실용적인 측면에서 즉 학교문법으로서의 표준성 여부에 대한 새로운 과제가 제기된다.

2) 8품사체계의 타당도 검증

상기 8품사체계가 고등학교 교육현장에서 실용화될 수 있는가의 타당성을 검증하기 위하여 설문지를 통한 조사연구를 실시하였다.[88]

(1) 조사대상 및 지역

조사대상은 고등학교 국어교사 46명으로 하였고, 조사지역은 편의상 서울 강남지역에 소재한 8개 고등학교로 하였다. 원칙적으로 전국에 걸쳐 많은 수의 교사들의 의견을 수렴하는 것이 이상적이겠으나 본 조사가 지역적인 측성을 드러내는 것도 아니고 반드시 수적인 다수의 지지를 요구하는 것도 아니므로 위와 같이 제한하였다. 올바른 판단력을 지닌 교사로서 문법교육에 관심과 경험을 가진 대상이라면 그 누구를 표집으로 선정하여도 된다고 생각한다. 이러한 의미에서 대상학교마다 국어교사의 반수 또는 3분의 1에 해당하는 5~7명에게만 의뢰하였다. 결과적으로 위의 표집선정은 무리가 없는 선택이라 할 수 있다.

(2) 조사내용

조사내용은 5가지 항목으로 하였다.

1) 단어는 '의미의 최소독립단위'로 단어와 품사는 그 형태적 단위로 보아 일치한다는 것에 대한 찬반.
2) 조사를 격어미로 처리하는데 대한 찬반.
3) 접속사를 독립품사로 인정해야 한다는데 대한 찬반.
4) 수사를 명사의 하위분류에 넣어야 한다는데 대한 찬반.
5) 위의 결과에 따른 8품사체계에 대한 지지 여부.

항목은 비록 5가지이나 내용적으로는 '조사, 접속사, 수사' 등 3종 품사

---

88) 설문지 및 응답내용은 뒷부분에 별첨.

의 독립품사 설정 여부에 대한 물음이었다. 즉 이는 학교문법통일안 9품사 체계의 수정안인 8품사체계에 대한 지지도의 검증이었다.

(3) 조사결과의 분석 및 결론

대상인원 46명은 8개의 표집(A, B, C, D, E, F, G, H)으로 나뉘는데 한 표집의 인원은 5~7명이었다. 이들 각 표집은 동질집단이란 해석에서 차이를 고려하지 않았으나 결과에 있어서는 표집 간에 약간의 차이가 있었다. 이 차이는 전달자가 설문의 취지 및 내용을 설명한 것과 안 한 것의 차이로 생각된다.

먼저 이들 결과의 구체적 내용을 보이면 다음과 같다.

1) 제1문항의 단어는 '의미의 최소독립단위'로 품사(part of speech)의 단위와 일치해야 한다는데 85%가 찬성하고 있다. 이에 대한 반대는 15%가 되는데 단어와 품사를 일치시킬 필요가 없다는 견해다. 체언은 행용언어(performance language)에서 체언토를 동반해서 사용되는 것이 기본적이므로 토는 체언의 일부로 다루어져야 한다. 체언토는 비록 그 자체 내의 의미와 문법적 기능을 가지고 있지만 자립성이 없으므로 단어로 성립되기 어렵다고 생각된다.

2) 제2문항은 결과적으로 제1문항과 같은 내용의 설문이다. 체언토를 품사분류에서 격어미로 처리하자는 데 대하여 83%가 찬성하였고 17%가 반대하였다. 반대에 대한 의미 있는 반론은 조사가 독립적이지는 않으나 특히 보조사의 경우 의미가 있다는 것과 교착어(connecting language)로서의 특질을 고려해야 한다는 것이다. 그러나 이는 분류기준(제2장)에서도 언급하였듯이 체언과의 분리성이나 자체의 의미성이나 문법적 기능만으로 언어단위인 품사로 인정하기에는 미흡하다. 그렇게 되면 형태소(morpheme), 용언어미, 복합어, 파생어에서의 접사 등의 단위에 대한 처리가 또한 이와 같은 각도에서 문제성이 제기될 수 있기 때문이다. 교착어이기 때문에 조사가

독립품사로 인정되어야 한다는 필연성은 없다. 오히려 알타이어적인 성격이나 의미적인 독립성을 고려할 때 후치사의 문제가 대두될 수 있는 것이다.

3) 제3문항의 접속사에 대해서는 80%가 지지하고 20%가 반대하였다. 반대에 대하여 의미 있는 반론은 찾아볼 수 없고 다만 접속부사로서 처리하자는 것과 서구문법과 같을 필요는 없다는 것이다.

비록 알타이 제어에는 접속사가 없다는 Ramstedt의 견해가 있기는 하나, 기능, 형태, 의미적인 측면에서 국어의 접속사는 자명한 품사라고 할 수 있다.

4) 제4문항의 수사에 대해서는 78%가 지지하고 22%가 반대하였다. 의미 있는 반론은 수사는 명사나 동사와는 다른 통사적 기능을 갖는다는 것과 미래세대에게 수 개념을 교육시키기 위하여 독립시키는 것이 좋다는 것이다. 수사는 고유명사의 경우와 같이 관형사의 수식을 받음에 있어 제한적이기는 하나 그 기능상 명사와 하등 다른 점이 없다. 다만 의미적인 면에서의 고려에 불과하다. 그러므로 수 개념을 가진 어휘들을 그 기능에 따라 양분하여 일부는 수관형사, 일부는 수명사 또는 수대명사로 설정하는 것이 타당한 것으로 보인다.[89]

5) 제5항은 종합적으로 위 8품사체계 전반에 대한 타당성에 대한 것으로 65%의 지지와 35%의 반대가 있었다. 비록 35%의 반대가 있다고는 하지만 이들 반대내용의 대부분이 피상적인데 그치고 있다. 앞의 ②, ③, ④항에서의 반론에서도 검토하였듯이 본질적이지 못하거니와, 그 외의 반론도 피상적이다. 예로 "학습현장에 혼란이 온다"는 것과 "서구문법과 같을 필요는 없다"는 것이다. "학습현장에 혼란이 온다", "학교문법은 일관성이 있어야 한다"는 것 등은 본 설문의 취지를 잘못 이해한 것이다. 이 설문은 학교문법 시행령이 아니기 때문이다. 설사 그렇다고 하더라도 그 혼란은

---

89) 이희승(1955), 380~381 참조.

한 세대나 시대에 그치는 것이므로 긴 역사적 안목에서 보아 정론에 입각한 개선은 빠를수록 좋은 것이다.

'서구문법과 같을 필요는 없다'는 응답은 다음과 같은 이유에서 재고되어야 한다. 첫째, 본 품사분류는 이상적 분류인 보편화법 체계와 개별문법 체계의 조화를 고려하였을 뿐 서구문법 그대로의 모방이 아니다. 개별 언어의 특징은 관형사, 형용사 등에서 두드러지게 나타난다. 둘째, 결과적으로 명칭이 서구문법 8품사와 관형사만 다를 뿐 같다는 것은 장점은 될지언정 단점이라고 할 수는 없다. 왜냐하면 학생들에게 국어와 외국어의 두 가지 상이한 품사체계를 기억케 하기보다는 유사한 분류체계에서 그 상이점을 찾게 하는 것이 더욱 효과적이기 때문이다.

설문지에 의한 조사연구에서 응답자 대부분이 위의 8품사체계에 대하여 찬동하였으므로 위의 품사체계는 연구발전사적 측면에서뿐 아니라 현실적으로는 타당한 분류라 할 수 있다. 또한 다소 미흡한 점이 있지 않을까하여 대학에 재직하는 문법 전공자들과 문교부 문법관계 편수관들과의 전화 인터뷰를 하였는 바에서도 찬성하는 답변을 받았다. 결론적으로 위 8품사체계는 현행 학교문법 9품사체계를 대신한 수정안으로 타당한 것이라고 할 수 있다.

[질문지 및 응답 내용]

> 현행 학교문법 9품사체계(명사, 대명사, 수사, 동사, 형용사, 관형사, 부사, 감탄사, 조사)는 아래와 같은 이유에서 몇 가지 문제점이 지적되고 있습니다. 옳다고 생각되는 곳에 표를 해 주십시오.

1. 단어(word)는 "의미의 최소독립단위"라고 하고, 품사(parts of speech)의 단위와 일치시키고 있는 것은 일반화된 견해입니다. 이에 비추어 볼 때 '체언의 토(어미)'에 해당하는 '조사'와 '용언의 어미'에 해당 '종지사' 등은 독립성(자립성)을 가지지 못하므로 단어의 자격을 가지지 못한다고 할 것입니다. (예 : 학생이 책을 읽는다)

   이러한 견지에서 볼 때 "조사가 체언과 분리된다"는 면을 강조한 현행학교문법에서의 품사 설정은 문제점을 가지고 있다고 봅니다.

   (1) 그렇다(   )   (2) 아니다(   )
   아니라면 간략한 이유 :

2. '조사'를 독립품사로 인정하지 않고 체언의 곡용으로 처리하는 경향은 1946~1963년까지의 문법에서 가장 많은 수의 지지를 받던 것이었으나 「학교문법통일안」 제정시 표대결에서 빠진 것에 불과합니다.

   체언의 곡용으로 처리하면 현행 띄어쓰기와 품사의 단위가 일치하여 "띄어쓰기=품사=단어"가 되어 현장학습에 편리하리라 생각합니다. 문법적인 설명에는 조사로 하나 격어머리 하나 어려움이 없습니다.

   > 예 : "철수는 부지런한 학생이다"
   > 통일안 → 띄어쓰기 : 3, 품사 : 5, 단어 : 3
   > 수정한 → 띄어쓰기 : 3, 품사 : 3, 단어 : 3

   (1) 그렇다(   )   (2) 아니다(   )
   아니라면 간략한 이유 :

3. 학교문법에서 "접속사"는 "부사" 속에 포함시키고 있다. 그러나 접속사는 다음과 같은 이유에서 부사와는 성격이 다르다고 봅니다.

> 부　사 : 1) 용언을 꾸미거나 부사 자체를 꾸민다.
> 　　　 2) 문장의 부속성분으로 수식어의 기능을 한다.
> 접속사 : 1) 구나 문장을 접속시키는 구실만 한다.
> 　　　 2) 문장의 독립성분으로 독립어의 기능을 한다.

또한 서구 전통문법에서도 아리스토텔레스 이래 명사, 동사에 이어 세 번째로 설정되어 중시되어 온 품사이고 국어문법학사에서도 대부분의 문법가들이 독립품사로 역시 인정한 것인데 표대결에서 빠진 것입니다. 이러한 사정과 외국어학습과의 연관에서도 유용하리라 생각합니다.

(1) 그렇다(　　　)　　　　　　(2) 아니다(　　　)
아니라면 간략한 이유 :

4. '수사'의 독립품사 설정에 대하여

'수사'는 넓은 의미의 명사(또는 대명사) 속에 포함되는 '수명사 또는 수대명사'에 불과하다는 데는 이론적으로 모든 학자들이 동의하고 있습니다. '수사'를 독립시킨 것은 수개념의 의미를 중시한 태도입니다. 이와 같이 의미적인 면을 중시한다면 동사 또는 형용사에서 "존재사"도 따로 인정해야 한다는 논리에 동의해야 할 것으로 봅니다.

이러한 측면에서의 고려와 수사를 빼면 서구문법과 같이 8품사로 보편화되어 현장교육의 편이가 있으리라고 생각합니다.

(1) 그렇다(　　　)　　　　　　(2) 아니다(　　　)
아니라면 간략한 이유 :

5. 만약 위의 논지에 동의해 주신다면 품사체계는 다음과 같은 결과가 되어
   보편성을 띠게 되리라 생각합니다. 또한 외국어 학습과 관련해서 현장학
   습의 편이가 있으리라 생각합니다.

> 1. 수정안 : 명사, 대명사, 동사, 형용사, 관형사, 부사, 접속사, 감탄사
> 2. 영문법 : 명사, 대명사, 동사, 형용사, 관형사, 부사, 접속사, 감탄사
> 3. 불문법 : 명사, 대명사, 동사, 형용사, 관형사, 부사, 접속사, 감탄사
> 4. 독문법 : 명사, 대명사, 동사, 형용사, 관형사, 부사, 접속사, 감탄사

(1) 그렇다(　　　)　　　　　(2) 아니다(　　　)
아니라면 간략한 이유 :

표집	인원	1문항 (단어)	2문항 (격어미)	3문항 (접속사)	4문항 (수사제외)	5문항 (8품사지지)	비고
A	1	○	○	○	○	○	
	2	○	○	○	○	○	
	3	○	○	○	○	○	
	4	○	○	○	○	○	
	5	×	×	○	○	×	조사의 경우 의미가 있다.
	6	○	○	○	×	×	수개념을 미래세대에 적응시키기 위해 세분화 필요
	7	○	○	×	○	×	현장학습이 혼란 예상.
B	1	○	○	○	○	○	
	2	○	○	○	○	○	
	3	○	○	○	○	○	
	4	○	○	○	×	×	수가는 인정해야 한다.
	5	×	×	○	×	×	편의만 따를 수 없다. 서구문법과 같을 필요 없다.
	6	○	○	×	×	×	현행대로 별 혼란 없다.
C	1	○	○	○	○	○	
	2	○	○	○	○	○	
	3	○	○	○	○	○	
	4	○	○	○	○	○	
	5	○	○	○	○	○	
	6	○	○	○	×	×	수사의 독립은 필요, 명사와 통사적 기능 다름.
	7	○	○	×	○	×	접속사는 수사에 대해 한정적 기능을 한다.
D	1	○		○	○	○	전적으로 지지한다.
	2	○		○	○	○	
	3	○		○	○	○	
	4	○		○	○	○	
	5	×	×	○	×	×	조사 : 독립성은 없으나 의미 있다. 수사 : 분리가 좋다.
	6	×	×	×	×	×	

표집	인원	1문항 (단어)	2문항 (격어미)	3문항 (접속사)	4문항 (수사제외)	5문항 (8품사지지)	비고
E	1	○	○	○	○	○	
	2	○	○	×	○	×	편의성보다 부담이 크다.
	3	○	×	○	○	×	격조사는 필요하다.
	4	×	×	×	×	×	학교문법의 일관성 요구.
	5	×	×	×	×	×	혼란이 온다.
F	1	○	○	○	○	○	
	2	○	○	○	○	○	
	3	○	○	○	○	○	
	4	○	○	○	○	○	
	5	○	○	○	○	○	
G	1	○	○	○	○		
	2	○	○	○	○	○	
	3	○	○	○	○	○	
	4	○	○	×	○	×	서구어와 다르다.
	5	×	×	×	×	×	첨가어의 특질 주장.
H	1	○	○	○	○	○	
	2	○	○	○	○	○	
	3	○	○	○	○	○	
	4	○	○	○	○	○	
	5	○	○	○	○	○	
계	46	찬39 : 85% 반7 : 15%	찬38 : 83% 반8 : 17%	찬37 : 80% 반9 : 20%	찬36 : 78% 반10 : 22%	찬30 : 65% 반16 : 35%	

부론

[부론 I] **국어 어휘의 품사적 의미특성**
—품사분류사에 나타난 의미문제를 중심으로—

1. 서론

1) 연구목적 및 범위

본 연구의 목적은 국어어휘의 품사별 의미구조를 밝히는 연구의 일환으로 국어품사분류사에 나타난 의미문제를 검토한 것이다. 국어품사 분류의 역사에 있어서 (1) 의미에 따른 분류기준이 시대에 따라 문법가에 따라 어떻게 적용되고 있는가, (2) 각 품사의 하위분류의 절대적인 기준이 되고 있는 의미문제가 어떻게 다루어지고 있는가를 살피기로 한다. 이는 각 품사의 의미특성을 밝히는 중간과정이 되며, 이를 통하여 국어의 각 품사의 의미구조를 밝히는 기초작업이 될 것이다. 이 결과를 종합할 때 연구사에 나타난 국어어휘의 품사별 의미구조가 밝혀질 것으로 기대한다.

연구의 범위는 시기적으로 개화기 문법인 유길준 문법(1900)으로부터 1963년 학교문법통일안에 의거 현재의 통일된 학교문법(2000)까지를 그 검토 대상으로 한다. 가능한 한 모든 문법서를 대상으로 하고자 하였으나, 중첩되고 타인의 문법을 그대로 전용한 것이 많아서 의도적으로 생략한 것이 많다.

이 작업에 선행하여 품사론의 연원인 고대 그리스 시대의 품사연구에서 '의미'(meaning)는 어떠한 위치를 차지하는가를 간략히 살펴보기로 한다.

품사란 문법기술은 희랍시대 이래 2000여 년이란 긴 세월 동안 지속적으로 이어져 왔고, 세계 각 언어에 차용이 되어 각 나라의 문법체계를 설명하는데 긴요한 수단이 되어 왔다. 그리하여 문법학자들이 학문적 이상으로 삼는 보편문법을 부분적이나마 실현하였다고 할 수 있다. 문화사적으로는 세계적으로 통일된 방법론이 되어 특히 외국어 교육에 유용한 수단으로 이용되어 왔다.

특히 이 문법 내용은 2000년간이나 내용적으로 큰 변동이 없이 각국 언어에 그대로 적용되었다는 보편성에 우리는 유의해야 할 것이다.

그런 의미에서 <국어 어휘의 품사별 의미특성>을 밝히려는 <한국의미학회>의 학술대회는 의미 있는 기획이었다고 생각한다.[1]

다만 각 품사의 의미문제를 파악하여 구조화하려는데 있어 의미 자체에만 한정시키는 고립이고, 실험적 방법론의 모색이어서는 안 된다고 생각한다. 품사란 어디까지나 기능과 형태가 고려된 문법기술을 전제하는 것이기 때문이다.

2) 단어-품사의 의미

단어(word)와 품사(parts of speech)는 동일한 크기의 언어단위다. 다만 이들의 차이는 품사의 경우 그 바탕이 행용언어(行用言語)이어야 하고, 분류 목적이 문법적 의미를 밝히려는 데 있다.[2]

---

1) 이 논문은 제8회 <한국어의미학회 전국학술대회>(2001. 2. 16.)의 주제발표논문을 첨삭 정리한 것이다. 본래의 취지를 살리기 원제목 그대로 두고 부제를 달았다.
2) 품사란 "문장의 조각들"(parts of speech, parts of sentence)이다. 즉 문장의 구문요소들을 일정한 문법적 범주에 따라 분류해 놓은 것이다.

그러면 단어의 의미는 무엇인가, 또 품사란 어휘군의 의미는 무엇인가. 우리는 이에 대한 몇 가지 견해를 찾아 볼 수 있다.

"단어의 의미는 단어의 용법이다."

"단어의 의미는 대표적인 문맥을 통한 그 전형적 용법으로 결정된다."

"한 단어의 의미는 다른 단어와의 시차특성에 의하여 결정된다."

"어떤 단어의 의미를 알고 있다는 것은 그 특성을 알고 구별할 줄 안다는 뜻이 되므로 의미는 그 단어의 용법을 규정하는 조건이다."

"단어가 엉기어 언어역(言語域)을 형성하듯이 언어역이 엉기어 어휘를 형성하고 어휘가 언어역으로 분활 되듯이 언어가 단어로 분할된다."

우리가 논제로 삼고 있는 <국어 어휘의 품사적 의미구조>를 밝히려는 과제는 (1) 각 품사 간에 서로 공유하고 있는 의미영역과 서로 다른 의미 시차를 찾아내어 모으는 일이고 (2) 이 결과에 따라 해당 단어들을 같은 부류끼리 모으고, (3) 이들 단어군 즉 어휘가 형성하고 있는 내면적인 의미구조를 찾아내는 것이다.

한 가지 예로 <명사, 대명사, 수사>는 <체언>이란 동일 개념 속에 내포되는 하위개념 즉 종개념(種槪念, species)이다. 이들 각자는 상호간에 유개념(類槪念, genus)을 형성한다.

"체언의 의미란 무엇인가"의 대답은 체언에 속한 종개념 즉 <명사, 대명사, 수사>의 의미를 합산해 놓은 것이다. 이들 세 품사에는 각각 내포(intension)된 개념상에 공통점과 차이가 있다. 즉 명사란 일반개념의 내포 속에 "+대신한다"는 개념이 추가되었을 때는 <대명사>가 되는 것이고,

---

여기서 구문 요소들이란 단어(word)를 지칭하는 말이 된다. 그러므로 이에 앞서 선결되어야 할 것은 단어란 무엇인가. 어떤 부류의 단어들을 어떤 기준에 의해서 이 각각의 품사라는 범주로 귀속시키는가가 품사론의 과제다.

"품사라 하는 것은 모든 단어 즉 어휘가 문법적 성질이나 기능에 의하여 어떻게 분류될 것인가 하는 통사론(문장론 : syntax)적 범주에 관한 술어다. 그러나 단어라는 것은 문법적 의미보다는 주로 음운에 의거한 의의 방면의 분절적 단위를 표시하려는 의도 아래서 이루어진 술어다." 이희승(1955), 「국어학개설」, p.127.

"+수개념"이 첨부되었을 때는 <수사>가 되는 것이다. 내포와 외연의 관계는 반비례 관계에 있기 때문에 내포가 적은 즉 의미특성 가운데 "-대신한다"를 뽑아낸 "대명사", "-수개념"을 뽑아낸 "수사"는 그만큼 명사에 비하여 상대적으로 외연이 적어지게 된다. 즉 수많은 명사 가운데 "수개념"을 포함한 명사만이 "수사"가 되는 것이고, "명사를 대신한다"는 의미적 기능이 성립된 명사만이 "대명사"가 될 수 있는 것이다.

결국 우리가 논제로 삼은 <국어어휘의 품사별 의미구조의 특성>이란 과제는 <품사>란 상위개념 속에 내포되는 하위개념을 (1) 몇 개의 유개념 즉 품사로 분류하느냐가 선결문제다. 이는 이미 설정된 학교문법의 9품사 체계를 전제로 한다. (2) 이들 개개의 품사들은 어떠한 내포(개념)와 외연을 가지는가를 밝히는 것이다. 여기서 내포란 각 품사들의 특성을 가리키는 품사의 의미이고 외연은 그 품사에 소속되는 전체 어휘다. 그러므로 각 품사의 개념적 의미특성을 밝히는 일은 그 어휘의 의미적 구조를 밝히는 선행 작업이 될 것이다. (3) 그 다음 단계는 각 품사의 이른바 의미의 구조(structure)를 밝혀내는 작업이다.

한 가지 예로 <감탄사>란 품사의 의미특성은 간단하다. ① "감탄하는 의미를 가진 단어들이다." ② "문장에서 독립적으로 쓰이는 단어들이다."

이러한 외연을 가진 감탄사에 속하는 단어는 헤아리기 어려울 정도로 많을 것이다. 이들 어휘가 함의하고 있는 인간 내면의 희로애락 등, 이른바 오욕칠정이란 추상 언어의 구조를 밝히는 일은 쉽지 않을 것이다.

2. 품사분류의 연원

1) 고대 그리스 시대

품사와 관련된 고대 그리스인의 언어 연구를 특히 의미적인 면과 관련된 부분을 중심을 간략히 검토하기로 한다.

고대 그리스인들은 B.C. 5세기경부터 언어연구에 깊은 관심을 가졌다. 소피스트들은 명확한 언어분석단위를 구분하여 제시하지는 않았으나 음운론적(음절과 음성), 문법적(시제와 성), 어휘적(동의어 구분), 문체론적(다양한 수사학적 구분) 층위로 언어를 분석하였다. 소크라테스에 의하여 처음 사용되고 플라톤에게서 구체화된 onoma(명사 또는 주어 : "동작을 수행하는 사람의 명칭")와 rhēma(동사 또는 서술어 : "동작의 명칭")는 형태론적으로는 구별하지 않았고 의미론적 단위로만 관심을 가졌다. 이는 문법의 대상으로서가 아닌 논리학의 구성요소로 중시하던 개념이었다(Dinneen : 1967, pp.78~79). 언어단위의 판별기준은 특히 의미적인 면이 강조되었다.

아리스토텔레스는 "단어는 영혼의 감동이나 인상을 나타낸 음성적 기호"라고 정의하고 언어단위(품사분류)의 기준은 의미를 중시하였고, 형태와 기능이 부분적으로 고려하였다.[3] 그는 단어를 10개의 의미범주로 하위분류 하였는데[4] 이는 후세에까지 이어져온다. 특히 Jespersen은 위의 분류를 참고로 하여 어류분석을 하였다. 이들은 국어품사론에서도 하위분류의 기

---

3) 언어단위의 형태적인 것으로는 (1) phonological criterion, (2) morphological, (3) syntactic, (4) grammatical한 기준을 두었고, 의미적인 기준으로는 lexical meaning, translation, paraphrase, stylistic meaning, class meaning, grammatical meaning으로 구분하였다(이광정 1987, p.258).

4) ① "물질(substance)−사람. 말", ② "양(quantity)−2큐빗의 길이, 2큐빗의 넓이", ③ "질(quality)−흰, 문법적", ④ "관계(relation)−반, 이중, 더 위대한", ⑤ "장소(place)−시장에서, Lyceum에서", ⑥ "시간(time)−어제", ⑦ "자세(posture, position)−누워있는, 앉아있는", ⑧ "상태(state, condition)−신겨진, 무진장", ⑨ "동작(action)−자르는, 타는", ⑩ "성질(affection, passvity)−짜른, 탄"의 10가지로 하위 분류하였다.

준으로 원용되고 있다(Dinneen : 1967, 85, Jespersen(1933) : 85, Essential English Grammar, pp.66~77).

이후에 스토아학파는 아리스토텔레스의 후학인 소요학파보다 진전된 일면을 보인다. 그것은 논리학적연구와 문법적 연구를 구분하였고, 명확하고 전문적인 용어를 사용하였다는 점이다.

이 당시의 의미에 대한 구분의 일단을 보이는 Lecton을 참고로 보자.

```
Lecton(발화된 내용, 또는 의미)

┌ 불완전 ┬ 명사로 된 것(ptosis) ┬ 보통명사
│        │                        └ 고유명사
│        └ 동사로 된 것(Kartegorema)
└ 완  전 ── 명제(axioma) ┬ 원자적인 것(atomic) ┬ 1) 부정법에 따른 다양한 구분
                         │                      │ 2) 한정적인 예 : 이 사람이 걷는다.
                         │                      │ 3) 중간적인예 : 소크라테스는 걷는다.
                         │                      └ 4) 비한정적인예 : 누군가가 걷는다.
                         └ 분자적인것(molecular) : 기능자(機能子)에 따라 하위분류됨.
```

2) 트락스 문법의 품사론

품사론의 시조이자 완성자라 할 수 있는 알렉산드리아학파(B.C. 300~150)의 Dionysios Thrax(B.C.170~90)다. 그의 「문법술」(Techne Grammatice : Art of Grammar)은 품사론 분야의 법전적인 문법서다. 이 문법은 로마에 차용이 되어 라틴전통문법을 이루었고, 다시 세계각국에 보급되어 보편문법으로 자리를 차지하게 되었다. 품사론에 대한 이해를 돕기 위해 트락스의 문법서(Art of Grammar)의 영문번역을 일부 우리말로 옮기면 아래와 같다(Dinneen 1967, 103).

(1) 품사(문장의 조각 : Parts of sentence, parts of speech)

단어는 문장의 가장 작은 부분이다. 이들 단어들은 구성을 필요로 한다. 문장은 그 자체로서의 완전한 의미를 가지고 있는 단어들의 구성이다. 여기에는 8개의 품사가 있으니, 명사, 동사, 분사, 관사, 대명사, 전치사, 부사, 접속사다.

(1) 명사는 격변화를 하며, 사람이나 사물을 의미하는 품사이다. "돌", "교육", "사람", "말(馬)", "소크라테스" 등의 예에서 같이 일반적이거나 특수한 성질을 가진다.

명사는 다섯 가지의 동시적 특징(simultaneous feature), 즉 문법적 일치 (grammatical accidents)로 성(gender), 유형(type), 형태(form), 수(number), 그리고 격 (case)을 가진다.

① 성에는 3가지가 있다 : 남성, 여성, 중성이고 개중에는 통성을 가진 것이 있다. 예로 *hippos, hé* 또는 *ho* [말 : 남성, 여성 …]

② 유형에는 두 가지가 있으니 원형과 파생형이다. 원형은 "earth"와 같이 최초의 특성을 가진 것이고, 파생형은 "earthy"와 같이 원형에서 파생된 다른 형태이다. 파생형은 7가지가 있으니, 성씨(palronymic), 소유격 (possessive), 비교급(comparative), 최상급(superlative), 지소접미사(diminutive), 명사에서 파생한 낱말(denominative), 동사류(verbal)다.

③ 수에는 3가지가 있으니 단수, 양수, 복수다.

④ 명사는 5가지 격을 가진다.

* 주격 [orthé "垂直 upright"]　　* 속격 [géniké "起源 origin"]

* 여격 [dótiké "授與 giving"]

* 대격 [aitiátiké "어떤 힘이나 효력이 작용된 것을 가리키는 것 : 라틴계 영어 "accusative"는 이와 유사한 그리스어 *accuse*를 뜻하는 단어의 오역이다.]

* 호격 [klétike? "호칭 calling"]

주격을 달리하는 명령형태(name form) 또는 수직격(upright case)이라 부른다. 속격은 소유격 또는 부격(father case)으로, 여격은 수신격(case of adress), 대격은 수용격(dffective case), 호격은 응대격(case of adress)으로도 부른다.

(2) 동사는 격변화는 없으나 시제, 인칭, 수, 능동성 그리고 그 자체의미로서 피동성 등이 민감한 품사다.

동사는 8개의 동시적 특징 즉 문법적 일치가 있다 : 서법, 종류, 유형, 형태, 수, 인칭, 시제, 활용 등이다.

① 서법(moods)은 직서법, 명령법, 기원법, 가정법 그리고 부정법이다.

② 종류(kinds)는 3개가 있으니 능동태, 중립태, 피동태이다. 능동태는 "나는 때린다. I strike", 피동태는 "나는 맞았다. I am struck"이고, 중립태는 능동태와 피동태의 양자다.[영어의 경우에서 이들 형태의 의미를 찾아 볼 수 있다. 능동태는 중립/피동태와 형태상으로 분명히 구분이 된다.

③ 종류(type)에는 두 가지가 있으니 원형과 파생형이다.

④ 유형(form)에는 세 가지가 있으니 단순형, 복합형, 파생형이다.

⑤ 수(number)에는 단수("I strike"), 양수("We strike"), 복수("We strike") [그리스어에서는 분명히 상이한 세 개의 형태가 있는데, 이들은 영어의 통사적 구성에서 나타나는 것보다 상이한 의미를 가진 복합형이다.]

⑥ 인칭(person)은 1인칭, 2인칭, 3인칭 3개다. 1인칭은 말하는 사람이고, 2인칭은 상대편이고, 3인칭은 일컬어지는 대상(또는 사람)을 뜻한다.

⑦ 시제(tense)는 현재, 과거, 미래의 세 가지가 있고, 과거는 반과거, 과거완료, 대과거, 부정과거의 네 단계가 있다. 물론 세 가지는 서로 연관되어 있다. 현재는 반과거에, 완료는 대과거에, 미래는 부정과거에 연관되었다.

[마지막 항목은 의미적인 유사성보다는 막연하나마 형식적인 데 호소하고 있다. 동사 "*loose*"의 규칙적인 형태는 현재 : *lou*, 반과거 : *eluon*, 부정과

거 : *elusa*, 미래 : *luso*, 완료 : *luluka*, 대과거 : *eleluke*다. 이는 현재와 반과거는 동일한 어간을 가졌으나 어미가 다르다. 완료와 과거완료는 동일한 중복어간을 가졌으나 어미가 다르고 접두모음으로 *e*-를 가졌다.]

(3) 분사는 동사와 명사의 특성을 공유하는 낱말 형태다. 이는 인칭과 서법을 제외하고는 명사와 동사 같은 동일한 동시적 특성을 가지고 있다.

(4) 관사는 명사의 앞이나 뒤에 오면서 격을 형성시키는 품사다. 선행하는 것으로는 *ho*가 있고, 후행하는 것으로는 *hos*가 있다. 관사의 동시적 특성으로는 성, 수, 격이 있다.

(5) 대명사는 명사를 대신하여 사용되는 품사이고, 한정된 사람을 지시하는 품사이다. 동시적 특성으로는 인칭, 수, 성, 격, 형태 그리고 유형이 있다.

(6) 부사는 어형변화가 없는 품사이고 동사에 대하여 어떤 일을 말하거나 다른 품사에 연결된다.

(7) 전치사는 구문결합이나 구어상에 있어서 다른 모든 품사 앞에 놓인다.

(8) 접속사는 일정한 순서에 따라 우리들의 사상을 통합적으로 연결시키고 담화의 공백을 채우는 단어의 한 종류이다.

접속사는 계합접사, 이접적 접사, 조건접사, 원인접사, 목적접사, 의문접사, 추론접사, 부가접사로 분류된다.

① 계합접사는 "그리고, and", "또한, also", "그러나, but"의 예와 같이 계속적인 담화를 연결시킨다.

② 이접적 접사는 문장을 연결시키지만 "또는, or"의 예처럼 그들의 내용을 분리시킨다.

③ 조건접사는 "만약에, if", "…라도, even", "…지라도, though", "만약 그렇지 않으면, otherwise"의 예와 같이 비사실적인 결과를 지시한다.

④ 원인접사는 "…하니, when", "따라서, consequently", "…고로, since", "…하기 위하여, in order that", "…의 이유로, because of"의 예와 같

이 사실적 결과를 표현한다.

⑤ 목적접사는 "…하도록, so that", "…하기 위하여, in order that", "… 때문에, because of"와 같이 목적을 표시하기 위하여 사용된다.

⑥ 의문접사는 "…인지 어떤지, whether", "아마도, perhaps"의 예와 같이 의문스러움에 대하여 사용된다.

⑦ 추론접사는 "…따라서, consequently", "그러므로, therefore"의 예와 같이 결론과 증거를 대기 위한 가정에 사용된다.

⑧ 부가적 접사는 "이거 참, well", "물론, of course", "참으로, indeed", "당연히, naturally"의 예와 같이 습관적인 일로 운율적인 편의나 언어 수식을 위하여 사용된다.

트락스가 제시한 목록은 그리스어 예이고 여기에 제시한 것은 거기에 대응되는 영어의 예를 우리말로 바꿔 본 것이다. 대부분의 그리스어 형태들은 단순형이거나 복합형이었다. 이는 영어의 통사적 구조와 비교가 된다.

3. 국어 품사분류사에 나타난 의미문제

국어어휘의 품사별 의미특성을 추론하는 과정으로 국어품사분류사에 나타난 의미문제를 아래의 내용순서로 살피기로 한다.

  (1) 품사 분류체계에 대한 고찰
  (2) 품사의 정의를 통해서 본 품사분류의 기준적용 검토
  (3) 품사의 하위분류 및 품사의 의미자질 검토

이들에 대한 종합적인 검토를 시대에 따라 문법가별로 살펴보기로 한다. 이들이 시대적으로 크게 의미 있는 차이를 보일 것으로는 기대하지 않으

나 현대로 올수록 보편화된 문법기술이 이루어지고 있음은 짐작할 수 있다. 검토 자료는 아래와 같다.

(1) 도입 · 수용기(1900~1930)

   1. 유길준(1909) 2. 김규식(1908) 3. 주시경(1910) 4. 남궁억(1913경)
   5. 김두봉(1916) 6. 이규영(1920) 7. 이필수(1923) 8. 이규방(1923)
   9. 안 확(1923) 9. 이완응(1929) 11. 이병기(1929~30)

(2) 반성 · 모색기(1930~1946)

   12. 최현배(1930,37) 13. 박상준(1932) 14. 장지영(1930경) 15.박승빈(1939)
   16. 권영달(1941) 17. 이상춘(1946)

(3) 정착 · 심화기(1948~1963)

   18. 정렬모(1946) 19. 장하일(1947) 20. 정인승(1949) 21. 홍기문(1947)
   22. 김근수(1947) 23. 김윤경(1948) 24. 박태윤(1948) 25. 이희승(1956)
   26. 이인모(1949) 27. 심의린(1949) 28. 이숭녕(1960) 29. 최태호(1957)
   30. 김민수(1960) 31. 문교부(1963)

이들 개개인의 문법에서 의미와 연관된 품사내용을 살피면 다음과 같다.

1) 도입 · 수용기(1900~1930)

(1) 유길준, 「대한문전」(1909)

유길준의 문법은 두 개의 체계를 갖는데 모두 8품사체계(명사, 대명사, 동사, 형용사, 부사, 후사, 접속사, 감탄사)로 되고 내용상 약간의 차이가 있다.

그의 분류기준은 품사의 정의를 통해서 볼 때, 의미가 중시되었고, 다음으로 기능이 고려되었다. 형태는 고려되지 않았다. ① 의미 - 명사, 감탄사 ② 의미, 기능 - 대명사, 동사, 형용사 ③ 기능 - 부사, 후사, 접속사명 사 — "物名의 詞를 謂홈"
대명사 — "명사의 代에 用ㅎ는 者."
동 사 — "명사 혹 대명사에 附從ㅎ야 其 作用 혹 形象을 발현ㅎ는 자"
형용사 — "명사의 전 혹 후에 在ㅎ야 期 형상 及 성질을 現ㅎ는 詞"
부 사 — "동사 형용사 又 他 부사에 첨부ㅎ야 其 의미를 名狀ㅎ는 詞."
후 사 — "명사의 후에 附ㅎ야 其上下詞의 관계를 示ㅎ는 자"
접속사 — "語 혹 句를 접ㅎ는 詞"
감탄사 — "喜怒哀樂 及 경탄 등에 감정을 顯ㅎ는 詞."

이들 품사의 하위분류를 통하여 각 품사의 의미자질을 찾아보면 다음과
같다.

명사는+보통명사(+무형명사, +변체명사)와 +고유명사로 구분하였고, 명사
의 문법적 특성으로는 +격(case)과 +수(number)를 다루고 있다.

대명사는+보통대명사, +인칭대명사, +의문대명사, +지시대명사, +관
계대명사로 구분하고 있는데 이들의 의미적인 면에서의 구분이나 보통대
명사, 관계대명사 등은 일정한 문법범주를 형성하는데 미흡한 문법서술이
다. 그러나 이들은 대명사의 어휘적 특질을 나타내는 의미소다. 문법적 특
징으로는 명사에서와 같이 격(case +주격, +빈격)과 수(number)를 들고 있다.

동사는 자동↔타동, 주동↔피동, 정격↔변격으로 하위분류하고 있다.
동사의 가장 큰 특징으로 +활용을 들고 활용의 내용으로 +시제(tense)를
가진다고 하였다. 어미부분을 조용사라 하고 동사는 이들의 도움을 받아서
의미를 나타낸다고 하였다. 여기서 지칭하는 기절(期節 : 시제), 계단, 의사,
체재(존경, 겸양) 등은 동사어휘의 의미적 내지는 문법적 자질을 지칭하는
말이다.

활용의 특징으로 시제를 들고 <현재, 미래, 과거, 대과거, 현재분사, 미
래분사, 과거분사, 과거현재분사, 과거의 미래분사, 과거의 과거분사, 대과
거의 현재분사, 대과거의 미래분사, 대과거의 과거분사>의 13가지로 구분
하였다. 여기서 분사란 동사로서 형용사의 체를 갖는 것 즉 명사 앞에 오

는 관형형을 뜻한다.

동사는 기절(시제)을 生하고, 階段(합속단, 연쇄단, 중지단, 종결단)을 成하며, 의사(欲情, 肯意思, 필요, 결정, 명령, 청구, 擬想, 의문)를 표하며, 體裁(존경, 謙恭)를 정한다.

형용사도 동사와 같이 활용하는 품사라 하였으나 명사 앞에 오는 전치 관형어를 형용이란 말의 의미를 따라 형용사로 분류함은 형태적 특성을 무시한 그릇된 분류다.

부사는 용언의 의미를 밝혀주는 품사라 하고 +정격, +변격, +원체부사 등 형태적인 고찰을 하였다.

후사란 조사를 지칭하는 품사로 +주격, +빈격의 2종과 명사의 체세(體勢)를 정하는 자격을 가지며 +지체(止體)와 +동체(動體)로 구분하였다.

접속사의 의미적 자질로는 +순체접속사(와, 과, 밋, 다못), +반체접속사(마는, 니와, 그러ㅎ나), +연체접속사(즉, 고로)로 구분하였다.

감탄사는 희로애락이나 경탄 등에 감정을 나타내는 단어라고만 하였다.

(2) 김규식, 유인 「대한문법」(1908)

김규식 문법은 명사, 대명사, 동사, 형용사, 형동사, 부사, 후사, 접속사, 감탄사의 9품사체계다. 분류기준은 전체적으로 기능이 중시된 품사다.

<명사, 형용사, 감탄사>의 경우는 의미가 중시된 품사설정이나 <대명사, 동사, 형동사, 접속사, 부사, 후사>의 경우는 의미와 기능이 중시된 품사설정이다. 유길준의 경우와 같이 형태적인 면의 분류기준은 고려는 하지 않았다.

- 명사라 홈은 유무형간에 物을 名目하ᄂ 詞.
- 대명사는 명사의 代에 用함이며 人이나 사물이나 처소롤 표명할 時에 各其 원명칭을 不用ㅎ고 기표명하ᄂ바 物에 稽考ㅎ야 代用ㅎᄂ 詞

- 동사는 기 동작을 설명하거나 발표하는데 用하는 품사.
- 형동사라 홈은 기 제목어를 설명할 시에 同格動詞 '이다'와 형용사를 병용 ᄒ야 描言하는 것을 云홈.
- 형용사라 홈은 명사의 전이나 후에 處在하야 其名詞로 발표호 物의 성질이나 資品이나 형상이나 容積을 描言ᄒᄂ 詞字를 云홈.
- 부사라 홈은 동사나 형용사나 타부사의 의취를 혹 變化補佐하며 혹은 添附增加하는 것을 云홈.
- 후사라 홈은 명사나 명사의 대우에 附하여 기 명사로 하여곰 부사절을 성ᄒᄂ 것을 云홈.
- 접속사라 홈은 詞字나 詞句를 연접ᄒ거나 相ᄒᄂ 詞字를 云홈.

김규식의 품사분류 중 '형동사'는 서술형용사를 뜻하는 개념이고, '형용사'는 관형형용사를 뜻하고, '후사'는 후치사의 개념에 해당하는 품사다.

체언(명사, 대명사)의 특성으로 +성(gender)를 두어 +보통성, +남성, +여성, +중립성을 제시하고 있으나 국어의 경우 문법적 자질이 아니 어휘적 특질이다.

용언은 동사, 형동사, 형용사로 3분하고 있다. 김규식 문법의 특색의 하나는 동사와 형용사에 대한 형태 분석의 방법이다.

예로 "이집이 됴타"란 문장에서 '됴타'를 "됴흔(형용사)+이다(동격동사)"로 분석하고 있다.

그리고 내면적 의미로

① 이집이 됴흔 이다(형용사+동격동사)
② 이집이 됴흔 집 이다(형용사+명사+동격동사)
③ 이집이 됴흔 것 이다(형용사+대명사+동격동사)

로 분석하고 있는데, 동사의 경우에서는 "다"를 어미의 일부로 처리하여 독립요소를 분석해 내지 않았으나, 형용사에서는 "이다"를 분석하여 동격동사롤 처리하고 있다. 이는 동사와 형용사의 형태의미적 차이를 밝히는 주요한 분석이라 생각된다.

형용사의 경우는 <밝다, 붉다, 좋다, 넓다> 등의 어형이 성립되나 동사의 경우는 무시제의 어미인 <ㅡ다>가 성립될 수 없음을 뜻하는 의미 있는 해석이라 생각된다. 동사나 형용사의 기본형을 밝히지는 않고 있다.

용언의 문법적 특성으로 +활용을 들고, +조(kind), +법(mood), +시(tense), +인칭(person), +수(number)의 문법적 특성을 제시한 것은 서구문법을 적용한 선구적이며 적절한 지적이다.

• 하위분류

명사의 특성으로 +수(복수 들)와 +격(주격, 목적격, 소유격)과 성을 가진다고 설명하였다.

명사의 하위분류로는 +보통, +특별, +단취(집합), +물질, +유형, +무형으로 세분하고 있다. 특별명사의 하위분류로 인명, 지명, 직명, 기시(記時)를 들고 있는데 기시의 하위로 월요일, 정월, 융희 2년, 추석, 학과, 질병 등 6가지로 분류하였는데 이들은 보통명사의 범주에 들어가야 할 사항이다.

대명사의 특성 수와 격을 논하고 종류로는 종류 +인칭(1인칭, 2인칭, 3인칭), +지시대명사(근칭, 중칭, 원칭), +문적(問的 : 의문)대명사, +관계적대명사로 하위분류 하였다.

동사는 +정격, +변격, +타동사, +자동사, +동격동사 +조동사(보조동사)로 하위분류 하였다. 김규식의 형동사는 서술어 역할을 하는 상태동사를 뜻하는 것이고 형용사는 체언을 수식하는 관형어 전부를 지칭하는 어류다. 형용사의 하위로 +대명사적 형용사(문대명사적 형용사, 관계대명사적 형용사, 소유대명사적 형용사), +수량적 형용사, +품질적 형용사로 구분하였다.

부사의 하위분류로는 1) 처소부사, 2) 시기부사, 3) 급량(級量)부사(비교, 양도(量度)), 4) 확실 급 疑訝부사, 5) 연유부사, 6) 품행부사로 하위 분류하였다.

후사는 1) 격치후사, 2) 처소후사, 3) 시기후사, 4) 연유후사, 5) 목적후사, 6) 게고후사, 7) 구별후사, 8) 應從후사, 9) 반대후사, 10) 대표후사, 11) 소유후사로 하위 분류하였다.

접속사는 +동등접속사 +상속접속사(연유, 가정, 시기)로 하위분류 하였다.

(3) 주시경, 「국어문법」(1910)

주시경 문법은 우리문법 연구사상 여러 가지로 선구적이면서도 독창적인 의미를 지닌 문법연구다. 품사의 정의를 통해서 본 그의 품사분류 기준은 '의미'는 <명사, 형용사, 동사, 관형사(언), 부사(억), 감탄사(놀), 접속사(잇)>이고, '직능'을 기준으로 한 것은 <종지사(끗)>가 있다.

관형사나 부사의 경우도 의미를 기준으로 하였다고 해석할 수 있다. 그 근거는 수식한다는 의미기준에 근거하여 어류를 유취하고 있기 때문이다. 종지사의 경우도 끝맺는다는 의미를 기준으로 한 것이라 해석할 수 있다.

> 임 : 여러 가지 몬과 일을 이름
> 엇 : 여러 가지 엇더함을 이름
> 움 : 여러 가지 움즉임을 이르는 기를 다 이름
> 겻 : 임기의 만이나 움기의 자리를 이르는 여러 가지 기를 다 이름
> 잇 : 한 말이 한 말에 이어지는 여러 가지 기를 다 이름
> 언 : 엇더한(임기)이라 이르는 여러 가지 기를 다 이름
> 억 : 엇더하게(움)라 이르는 여러 가지 기를 다 이름
> 놀 : 놀나거나 늣기어 나는 소리를 다 이르는 기
> 끗 : 한 말을 다 맺게 함을 이르는 여러 가지 기를 다 이름

—1910

주시경 문법은 독창적이면서도 가장 분석적인 문법이다. 그의 세밀한 분석체계는 각 품사들의 의미시차를 가장 극명하게 나타내주는 분류라고 생각된다. 이들 각 품사의 하위분류는 각 품사의 어휘적, 문법적 의미시차를 보여주는 의미자질들이라 할 수 있다.

각 품사의 분류체계를 김민수 「주시경연구」의 해석과 함께 보이면 다음과 같다.

```
      ┌─ 임(명　사) : 이름 …………… 사람, 개, 돌, 뜻, 잠, 아츰, …
      │  엇(형용사) : 엇더하 ………… 히, 단단하, 이르, 이러하, …
      │  움(동　사) : 움즉이 ………… 가, 자, 잡, 먹이, 잡히, …
      │  겻(어조사) : 얽히 …………… 가, 를, 도, 는, 에, 에서, 로, …
 씨 ─┤  잇(접속사) : 매어 …………… 와, 과, 고, 면, 나, 는대, 아, …
      │  언(관형사) : 엇더한 ………… 이, 저, 큰, 착한, 힌, 두, …
      │  억(부　사) : 엇더하게 ……… 다, 잘, 이리, 곱게, 매우, …
      │  놀(감탄사) : 놀다 …………… 아, 하, 참, …
      └─ 끗(종지사) : 마지막 ………… 다, 냐, 아라, 도다, 오, 소, …
```

① 임(명사)

주시경은 명사의 하위분류로 본명사와 대명사를 두고 있다. 명사는 물론 대명사의 경우도 명사를 대신한다는 의미적인 측면에서의 분류다. 본명사를 +보통명사와 +고유명사로 분류한 것이나 대명사의 하위개념을 +수량, +부정, +미지 등으로 구분한 것은 모두 의미적인 측면에서의 분류법이다.

• 하위분류 : 본명사(+보통, +고유), 대명사(+사람, +물건, +사물)

임 {여러 가지 몬과 일을 이름하는 기(씨)를 다 이름이라}

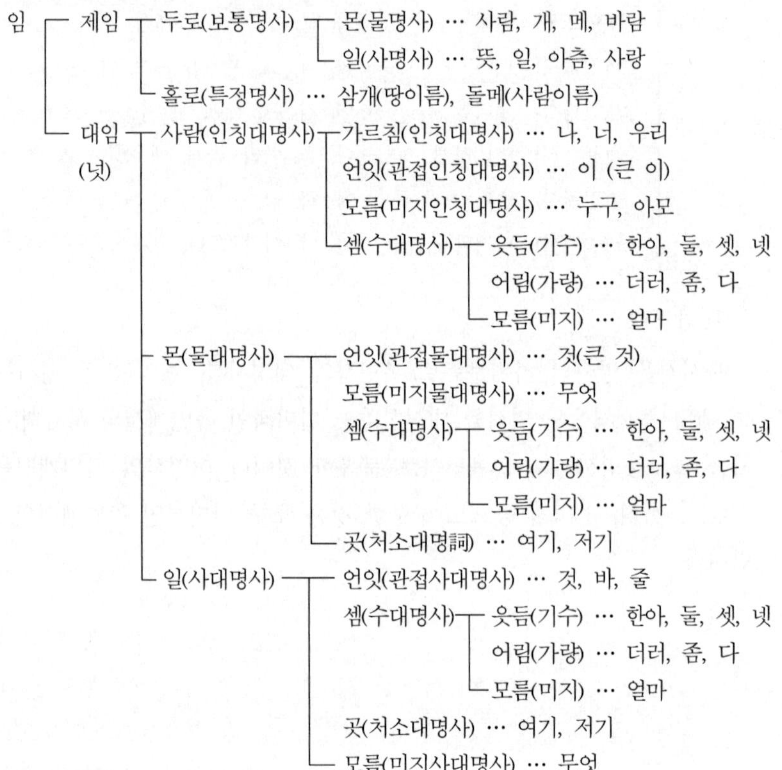

② 엇(형용사)

주시경 문법의 형용사의 하위분류기준인 ① 물품(성질), ② 물모(형상), ③ 행품(성질), ④ 행모(형상), ⑤ 때(시간), ⑥ 셈(수량 : 어림(과량), 모름(미지)), ⑦ 견줌(지시) 모두 의미를 기준으로 한 분석으로 바로 형용사 어휘의 의미적 시차를 보여주는 예이다.

{여러 가지 엇더함을 이르는 기(씨)를 다 이름이라}

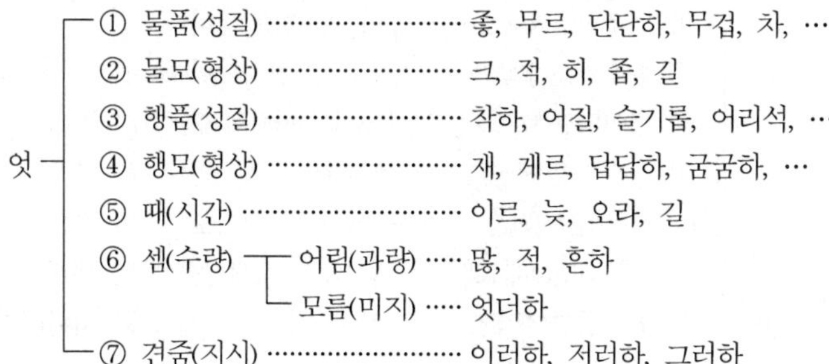

③ 움(동사)

동사의 경우는 "자동사(제움)과 타동사", "능동과 피동"으로만 간략히 분류하고 있는데 이는 통사적 특성을 취한 것으로 의미적인 의미도 가지고 있다.

움 {여러 가지 움즉임을 이른 기(씨)를 다 이름이라}

```
움 ┬ 움뜻 ┬ 제움(자동) ·················· 자, 날, 잡이
   │ (동성)└ 남움(타동) ┬ 씀(주동) ········· 먹, 걸
   │                    └ 시김(사동) ······ 먹이, 걸이
   └ 움힘 ┬ 바로움(능동) ·················· 따리, 사, 잡, 날
     (동세)└ 입음움(피동) ·················· 잡히
```

④ 겻(어조사)

주시경은 조사의 분류를 크게 두 가지로 하고 있는데, "직권(만이)과 한정(금이)"이다. '만이'는 문장의 직능을 뜻하고, '금이'는 의미적 한정을 뜻하는 것이다.

그러나 직권을 뜻하는 하위분류의 경우도 대부분 의미를 전제로 한 분류다.

문법적 직능을 담당하고 있는 조사(겻)의 경우도 분류의 기반은 의미가 되고 있다.

{임기(씨)의 만이나 움기(씨)의 자리를 이르는 여러 가지 (기)씨를 다 이름이라}

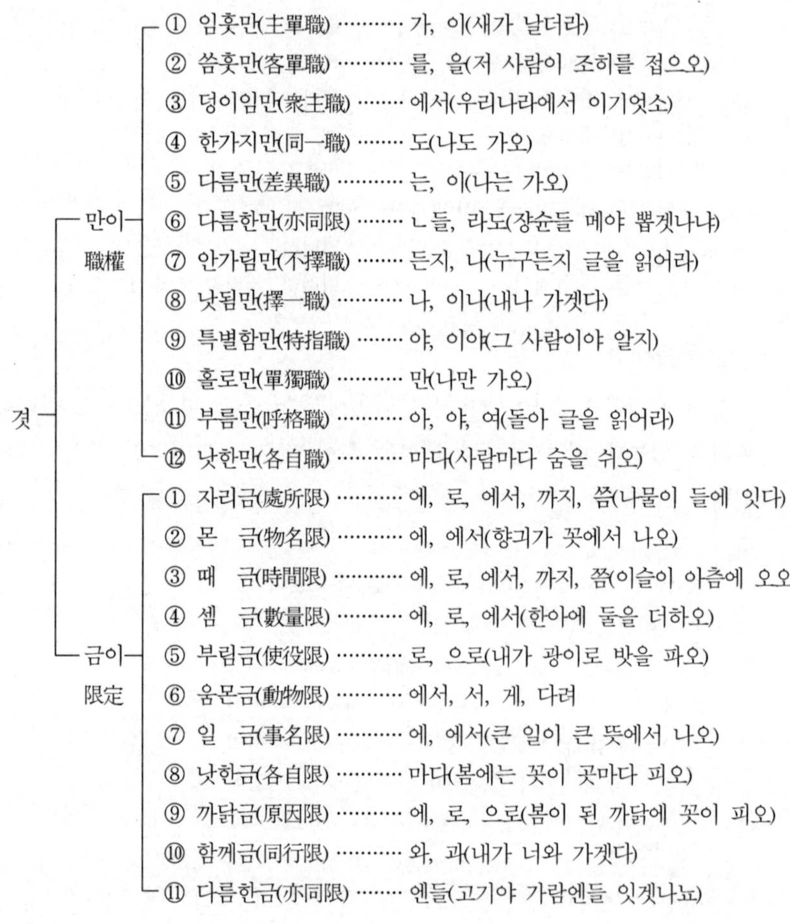

⑤ 잇(접속사)

　주시경의 접속사는 철저하게 의미를 전제로 한 품사설정이다. 접속사는 문장의 연결이란 접속기능을 전제로 한 갓이지만 주시경의 접속사의 내면을 살펴보면, 문장을 연결시킨다는 의미적인 전제에 바탕에 깔려 있다. 즉 접속사의 범주로 연결을 뜻하는 조사와 접속어미가 잇(접속사)의 주 범주를 이루고 있다.

잇의 갈래로 제시란 11개의 범주가 각각의 의미역과 대응하고 있음을
알 수 있다.

<pre>
        ① 덩이(集體形) ……………………………… 와, 과, 고
        ② 잇어함(續行形) ┬ 한일(事後形) …… 아, 어, 아서, 어서
                        └ 다른일(他事形) ‥ 고
        ③ 그침(中止形) ……………………………… 다가
        ④ 함게(倂行形) ……………………………… 면서, 으면서
        ⑤ 풀이(敷衍形) ……………………………… ㄴ데, 는데, 인데, 니, 으니
  잇 ┤ ⑥ 까닭(原因形) ……………………………… 니, 으니, 매, 아, 아서
        ⑦ 뒤집힘(反轉形) ………………………… 나, 되, 아도, 라도, 거늘
        ⑧ 뜻밖(意外形) ……………………………… ㄴ데, 는데, 인데, 은데
        ⑨ 거짓(假定形) ……………………………… 면, 으면, 이면, 거든, 어든
        ⑩ 홀로(唯獨形) ……………………………… 아야, 어야
        ⑪ 하랴함(自的形) ………………………… 러
</pre>

⑥ 언(관형사)

관형사는 주시경에 의하여 처음으로 설정된 품사로 서구의 품사체계에
는 없는 가장 국어적인 품사다. 어형의 변화가 없고 명사를 수식하는 것이
이 품사의 특징이다.

그러나 주시경의 관형사는 용언의 관형형 모두를 관형사에 소속시키고
있는 것이 특징이다. 관형사의 하위분류 11종은 의미에 따라 구분한 것인
데 이러한 관점에서의 분류라면 이보다 더 세분화된 하위분류를 가질 수
있을 것이다.

{엇더한(임기)(임씨)이라 이르는 여러 가지 기(씨)를 다 이름이라}

```
      ┌─ ① 가르침(指目) ···· 이, 저, 그
      │  ② 物品(性質) ······· 좋은, 귀한, 무겁은, 연한, …
      │  ③ 物貌(形狀) ······· 큰, 힌, 적은, 졍한
      │  ④ 行品(性質) ······· 착한, 순한, 강한, 좋은
      │  ⑤ 行貌(形狀) ······· 잰, 게른, 깃븐, 굼굼한, …
  언 ─┤  ⑥ 때(時間) ········· 이른, 늦은, 오란
      │  ⑦ 셈(數量) ········· 한, 두, 많은, 적은, 흔한
      │  ⑧ 견줌(指示) ······ 이러한, 저러한, 그러한
      │  ⑨ 모름(未知) ······ 엇더한
      │  ⑩ 움(動詞) ········· 간, 먹은, 가는, 갈, 가던, …
      └─ ⑪ 임(명사) ········· 돌(집)
```

⑦ 억(부사)

부사의 경우도 관형사와 유사한 품사분류다 "어떠하게"라는 의미적 상관을 가지는 낱말은 모두 부사로 처리하였다. 그런 까닭에 관형사에서 관형형 어미를 관형사로 처리한 것과 같이 용언의 부사형이 어미 <-게>에 해당하는 낱말을 모두 부사로 처리하고 있다. 이는 의미를 중시한 그의 문법관이라고 할 수 있다. 하위분류는 아래와 같이 의미에 따라 분류하고 있다.

{엇더하게(움)라 이르는 여러 가지 기(시)를 다 이름이라}

```
      ┌─ 엇덤(貌樣) ······· 잘, 천천이, 빠르게, 뛰어, …
      │  자리(位置) ······· 이리, 저리, 길로, 들에, 곳곳이, …
      │  때(時間) ·········· 곳, 늘, 늦게, 길이, 이제, 밤에, …
      │  셈(數量) ·········· 다, 매우, 크게, 넘어, 첫째, 둘에 …
  억 ─┤  막이(拒絶) ······· 안이, 못, 다만, 마는, 특별이, …
      │  그럼(許諾) ······· 참, 글세, 과연
      │  아마(假想) ······· 아마, 글세, 혹, 가령
      │  모름(未知) ······· 왜, 엇더하게
      │  견줌(提示) ······· 이러하게, 이만하게, 이처럼, …
      │  몬(物名) ·········· 나무에, 소에게, 붓으로, 나와, …
      └─ 일(事名) ·········· 뜻에, 적음에, 일에는, 일과, …
```

⑧ 긋(종지사)

{다, 이다, 오, 소, 으오, 이오, 오이다, 이오이다, …}

(4) 남궁억, 필사 「조선 문법」(1913경)

남궁억의 품사체계는 <명사, 동사, 토, 형용사, 부사, 접속사, 후치사, 감탄사>의 8품사다.

의미와 직능에 중점을 두어 품사분류다. <토>와 <부사>는 직능을 중시한 것이고 그 외의 것은 의미적인 면의 품사의 정의다.

- 명사라 하는 것은 천지 사이에 온갖 일과 물건의 유형무형한 것의 이름을 정하야 부르는 말(9)
- 대명사란 것은 온갖 사람이나 물건의 으름을 대신하야 쓰는 말(15)
- 동사란 것은 온갖 명사나 대명사의 성질이나 형상이나 동작을 나타내는 말(17)
- 토란 것은 온갖 명사나 대명사나 형용사나 동사 아래 노아서 그 뜻을 완전하게 일우게 하난 말(21)
- 형용사는 명사의 성질이나 상태를 형용하여 말함.(25)
- 부사란 것은 온갖 형용사나 동사에 첨부하여 그 뜻을 한정하는 버금말(28)
- 접속사란 것은 우 아래 두 마대 가운데 노아서 두 뜻이 서로 접속케 하는 말(29)

명사를 +고유명사, +통상명사, +집합명사, +무형명사로 분류하였고 특성으로 +수량, +체격(case : 주격, 빈격, 사용격, 물주격, 위치격)을 제시하였다.

대명사는 인대명사, 지정대명사, 문대명사, 관계대명사로, 동사는 자동사, 타동사(주동, 피동)로 하위분류하고 있다. 동사의 특성으로는 +시제, +분사(관형형)를 들고, 용언의 활용에 해당하는 부분 즉 서법을 토로 처리하여 직설법, 연접법, 가성법, 명령법, 욕정법, 시부법, 감동법, 의문법, 중지법 등 10가지로 분류하고 있다.

형용사는 대명형용사, 수량형용사, 적용형용사(상태, 특정, 사물)로 하위분류하고 있다. 형용사도 시제가 있음을 특성으로 설명하였다.

부사는 원정부사와 변성부사로 구분하였고 접속사는 +순체, +반체로 구분하였다.

(5) 김두봉, 「조선말본」(1916)

김두봉 문법은 주시경의 문법을 가장 잘 계승한 문법이다. 그의 분류체계는 기능이 강조되었으나, 으뜸씨(원사), 토씨, 모임씨 등의 구분은 의미, 기능, 형태를 포괄하는 분류다.

으뜸씨를 체언과 용언으로 구분하였는데 이는 통사적 기능을 따른 것이다. 토씨를 품사로 설정한 것은 기능에 중시한 것이나 의미기능에 따라 조사, 접속사, 종지사로 하위 구분하고 있다.

- 임(名詞)은 모든 일이나 몬(物)의 이름을 이르는 씨니 이는 말의 밋몸(本體)이 되므로 몸말(體言)이라 하나니라(사람, 땅) (56)
- 얼(形容詞)은 모든 일과 몬(物)의 어떠함을 이르는 씨이니 이는 임씨(名詞)에 딸리어 쓰이므로 씀말(用言)이라 하나니라(어질, 착하, 무겁) (56)
- 움(動詞)은 여러 가지 움즉(動作)임이나 있음(存在)을 이르는 씨니 이도 임씨(名詞)에 딸리어 쓰이므로 또한 씀말(用言)이라 하나니라(가, 잡히, 읽히)
- 겻은 으뜸씨의 사이에 있어 우의 으뜸씨가 알의 으뜸씨의 임자 되게 하거나 또는 붙음이 되게 하는 씨니(봄의 꽃, 웃는 꽃)
- 잇은 같은 갈래의 으뜸씨나 또는 월의 마디를 같은 값으로 잇는 씨니(소와 말을 기른다. 말하면서 웃는다) (57)
- 맺은 한말을 끝맺는 씨니(발서 봄이로다. 꽃이 곱게) (58)
- 언은 몸씨를 가르치어 그리는 씨니(요, 고, ———어느, 무슨) (59)
- 억은 씀씨나 억씨를 꾸미어 금하는 씨니(이리, 저리, ———각금)
- 늑은 여러 가지 늑김을 낱아내는 씨 곳 늑기는 소리니(허허, 하하, 후유) (60)

각 품사의 정의에서 볼 수 있는 것처럼 의미적인 측면에서 정의를 내리고 이들의 통사론적 기능을 덧붙이고 있다.

```
씨 ┬ 으뜸씨 ┬ 몸말(체언) …… 임씨(명사)
  │        └ 씀말(용언) …… 언씨(형용사), 움씨(동사)
  ├ 토씨(토) ── 겻씨(조사), 잇씨(접속사), 맺씨(종지사)
  └ 모임씨 ── 언씨(전치형용, 관사), 억씨(부사), 늑씨(감동사)
```

- 하위분류

  - 명사(임) 본명사(+고유, +보통, +유형, +무형) 대명사(+인, +수, +지시, +관계, +문)

  - 명사의 특성으로 +성을 들고 남성, 여성, 중성, 양성으로 구분하였으나 이는 어휘자질일 뿐이다.

  - 형용사를 +성질, +형상, +시간, +수량, +문형용사로 구분하고 있는데 이들은 형용사의 의미 내용에 따라 분류한 것이다.

  - 동사는 +자동사, +타동사로만 분류하고 조사(겻)는 조어토, 종속토, 관계토, 보조토로 분류하였다.

  - 접속사(잇) 다만잇, 두로잇 종지사(맺) : 홀로, 이름, 물음, 시킴

  - 관형사(언) : +지시, +수, +분별, +문

  - 부사(억) : +지시, +시간, +타소(打消), +인정, +비교, +동태, +색태

  - 감탄사(늑) : 깃븜, 놀람, 부름, 이름, 녀김, 걱정

(6) 이규영, 「현금 조선문전」(1920)

이규영 문법은 김두봉의 「조선말본」을 정리한 것이다.

각 품사의 정의만을 보이면 다음과 같다.

- 씨 – 한 소리나 한 소리 이상으로 무슨 의사(意思)를 나타내는 낯으로 된 말을 씨라 함.(17)

- 임씨는 모든 일이나 몬(物)의 이름을 이르는 씨니라. 이는 말이 본체가 됨으로 몸말(體語)이라 함.

- 언씨는 모든 일과 몬(物)의 어떠함을 말함에 쓰임으로 씀말(用語)이라 함.(24)

- 움씨는 사물의 움직임을 이르는 씨니라. 이 씨는 말할 때에 늘 명사의 동작함을 말함에 쓰임으로 씀말(用語)이라 함.(32)

- 겻씨는 몸씨의 사이에 있어 우의 몸씨가 알의 몸씨의 임자(主語)되게 하거

나 또는 딸림(後屬語)이나 매임(關係語)되게 하는 씨니라. (46)
- 잇씨는 동종류(同種類)의 몸씨나 또는 월(文)의 마디를 잇어주는 씨니라. (52)
- 맺씨는 한 말을 끝맺는 씨니라. (54)
- 언씨는 명사를 지정하야 형용하는 씨니(고, 요, --어느, 무슨) (59)
- 억씨는 형용사나 동사를 수식하야 한정하는 씨니(가끔, 가장) (60)
- 늑씨는 여러 가지 늑김을 표시하는 씨니 곳 늑기는 소리라(허허, 아이구) (62)

(7) 이필수, 「정음문전」(1923)

이필수 문법은 <명사, 대명사, 수사, 동사, 형용사, 부사, 접속사, 감탄사, 조사>의 9품사다. 의미를 기준으로 한 품사는 <명사, 대명사, 수사, 동사, 형용사, 감탄사>이고, 기능을 기준으로 한 것은 <부사, 접속사, 조사>다. 이필수의 동사는 동사의 어간만을 동사로 규정하였고, 어미부분은 조사라고 따로 품사설정하고 있다. 관형사에 해당하는 어휘들을 형용사에 포함시키고 있다. 품사의 정의와 하위분류를 보이면 아래와 같다.

- 하위분류
  - 명사라 하난 것은 형체가 있든지 없든지 물론하고 모든 일늠을 말하난 것.
  - 대명사라 하난 것은 명사를 대표하여 말하난 것.
  - 수사라 하난 것은 물건의 수와 그 순서를 말하난 것.
  - 동사라 하난 것은 사람이나 물건의 동하난 바를 말하난 것.
  - 형용사라 하난 것은 명사의 우에나 아래에 두어 그 명사의 성질이나 형상이나 빗이나 정용의 모든 뜻을 보이난 말.
  - 부사라 하난 것은 동사나 형용사나 달는 부사의 뜻을 제한하여 말하난 것.
  - 접속사라 하난 것은 구절과 구절을 잇난 말.
  - 감탄사라 하난 것은 즐겁음과 슬픔과 뇌함의 모든 감정을 표하난 말.
  - 조사라 하난 것은 설명어를 돕아 완전한 뜻을 표하난 말.(44~47)

  - 명사 특별명사, 보통명사-유형명사(유수, 무수, 복합, 집합), 무형명사(변체, 불변체)

- 대명사 : 사람, 물건, 장소, 의문, 관계대명사.
- 수사 : 개수사, 서수사.
- 동사 : 자동(옴김동사, 안옴김동사), 피동, 행동.
- 형용사 : 성질, 상태, 수량, 지정, 부정
- 부사 : 장소, 시기, 도량, 성질, 상태.
- 감탄사 : 기쁨, 불합함, 측은, 슬픔, 고통, 멸시, 합의 , 낭패, 재촉, 무익.

(8) 이규방, 「신찬조선문전」(1923)

이규방 문법은 김근수 문법과 같이 우리의 품사분류체계에서 가장 많은 13품사체계를 설정한 문법이다. 품사의 수가 많다는 것은 대부분 의미를 중시하였다는 결과의 표시다. 그는 "명사, 대명사, 수사, 동사, 형용사, 조동사, 조사, 부사, 접속사, 감탄사, 금지사, 부정사, 호응사"로 분류하고 있는데 이 가운데 특히 <금지사, 부정사, 호응사>는 의미에 기준을 둔 분류다. <의미기준> : 명사, 대명사, 수사, 동사, 형용사, 감탄사, 금지사, 부정사, 호응사. <의미와 기능 중시> : 조사, 접속사, 부사

- 명사라 함은 유형무형을 물론하고 사물의 명칭을 운(云)하는 사(詞)라(61)
- 동사라 함은 사물의 동작을 표하는 사니 (사람이 <u>가</u>오, <u>가</u>는 사람)(78)
- 형용사라 함은 명사(대명사도 포함)의 상 우(又) 또는 하에 부(附)ㅎ여 기 성질, 형상, 정의 등을 형용하는 사니(114)
- 조사라 함은 명사 하에 부하여 상하의 어를 승접(承接)하여 그 의미의 통달을 조(助)하며 우(又)는 기 관계를 명확케 하며 혹은 어구를 종결하는 사(辭)니 속(俗) 소위 토의 일종이다.(159)
- 부사라 함은 동사 형용사 우는 타 부사에 첨부되어 기 의미를 한정하며 혹은 기 상태, 정도(精度) 등을 수식하는 어(語)니(180)
- 접속사라 함은 어구의 중간 우(又)는 화두(話頭)에 입(入)하여 상하, 전후를 접합 연속케 하는 사라.(189)
- 감탄사는 혹은 감동사라도 운(云)하나니 희로애락등 총(總)히 인정의 감동으로 발(發)하는 성(聲)이나 우(又)는 기 의미를 유(有)한 어니.(191)
- 금지사라 함은 동사 하에 부(附)하여 타의 동작을 금지하는 사니(놓지<u>마</u>시오)(195)

- 부정사라 함은 동사 급(及) 형용사의 상 우(又)는 下나 혹은 명사 하에 부하여 기 동작, 형용 우는 사물을 부정(부인)하는 어니.(먹지 않소, 않 먹소) (195)
- 호응사라 함은 인(人)을 呼할 시(時) 우는 대등할 시에 용하는 어(語)니라.(97)

명사의 특질로 +성을 하위분류로는 연접명사(복합명사), 방위명사(의미기준)를 들고 있다.

대명사는 명사와 동일한 문법적 기능을 가지며, 형태적으로도 명사와 유사하다. 다만 대명사와 수사는 명사에 비하여 수식을 받을 수 있는 말들이 제한적이라고 하였다. 대명사의 특질로 +수량, +대우, +성질을 수사의 특질로 +수량, +차례로 들었다.

특별대명사라고 하여 <폐하, 전하, 각하, 저하, 짐, 과인, 여, 경, 자, 주인, 부인, 첩, 선생, 제자, 대감, 나오리, 아씨, 마님, 도령, 총각, 작은아씨, 처녀>, <것, 바, 줄, 곳, 긔, 듸, 리, 쪽, 편, 제, 때>를 대명사에 소속시킨 것은 그릇된 분류다.

동사는 자동, 타동, 행동, 변체동사(명동사, 副動詞, 형동사)로 하위분류하고 있다.

이규방 문법에는 조사(체언토)를 24종의 의미에 따른 분석하고, 조동사를 20종의 의미분석하고 있는데 이는 이규방 문법의 의미론적 성과이다.

(9) 안확, 「수정 조선문법」(1923)

10품사체계 중 <부사, 접속사, 조사(토)>만이 기능을 중심으로 삼아 분류하였고, 나머지는 명사, 대명사, 수사, 동사, 형용사, 조동사, 감동사는 <의미>에 따른 품사설정이다. <형태>를 기준으로 한 것은 없다.

- 명사 : +격, +수, +성
- 대명사는 명사의 기호적 환용(換用)이라 하고 +존비를 특성으로 설명하였다.
- 수사 : +수효, +차서(次序)
       元수사 : 하나, 둘, 셋..
       序수자 : 첫재(第一), 둘째(第二), 갑, 을
       助수사 : 짐(負), 자(尺), 뭇(束)
- 동사 : +활용, +태(vice), +시제(tense), +서법(mood), +성(자동사, 타동사)
       어미 : 단체(單體), 연체(連體), 전체(轉體), 복체(複體)
       어간말음의 성격에 따라 원격(原格), 곡원격(曲原格), 지격(持格), 곡지
       격(曲持格), 변격(變格)으로 구분하였다.
- 조동사 : 조사의 일종으로 어미가 변화하는 것이요, 또한 동사, 조용사, 또
   는 타사 부하여 기의의를 조역 하는 것이니라

(10) 이완응, 「중등교과 조선어문전」(1929)

이완응은 명사, 대명사, 수사, 동사, 형용사, 존재사, 조용사, 조사, 부사,
접속사, 감탄사 등 11개 품사를 설정하였다.

분류기준은 의미에 중점을 두고 있다. 부사, 접속사, 조사가 기능을 고려
한 품사설정이나 부사의 경우는 의미적인 면을 함께 고려하고 있다. 체언
의 3분체계나 용언의 3분체계 등이 단적으로 의미를 고려 한 것이다. 체언
의 경우도 통사적인 시차를 찾으려는 시도가 없이 의미적인 차이에만 관
심을 두었다. +복수, +경어 등의 의미적 고찰을 하고 있다.

존재사의 설정은 단순한 의미적인 면의 고려만이 아니다. 존재사가 동
사와 또 형용사와 활용형태가 다름을 밝히고 있다. 동사와 형용사의 형태
적 차이를 가장 잘 밝히고 있고, 존재사의 설정은 최초의 것이다. 이는 이
희승 문법으로 이어진다.

- 명사 : 사물의 名을 표하는 어.
- 대명사 : 명사를 代하야 용하는 어.
- 수사 : 사물의 수량 又는 순서를 표하는 어.
- 동사 : 사물의 동작을 표하는 어.

- 형용사 : 사물의 성질·상태를 표하는 어
- 존재사 : 사물의 유무를 표하는 어
- 부사 : 각각 그 의의를 한정하는 어
- 조용사 : 동사·형용사·존재사 등에 첨부되어 그 의미를 助하는것
- 조사 : 각종의 품사에 부하야 기 어에 의의를 添하며, 又는 타어와의 관계를 명확히 하는 것
- 접속사 : 상어를 계승하야 하어에 접속케하는 用을 作하는 어
- 감동사 : 감동한 시에 偶發하는 어

각 품사의 하위분류를 보면 다음과 같다.

- 명사 : 보통(본래명사↔전성명사), 고유
- 대명사 : (1) 인대명사 : 자칭, 대칭, 타칭, 부정칭(의문칭) (2)지시대명사 : 근칭, 중칭, 부정칭
- 동사 : 단음동사↔복음동사, 본래동사↔전성동사, 자동사↔타동사, 피동사↔사동사
- 형용사 : 단음형용사↔복음형용사, 본래형용사↔전성형용사, 이중형용사
- 조용사 : (1) 종지조용사 (2) 時의조용사 (3) 부정조용사 (4) 각종의 조용사 (5) 체언하에 부하는 조용사 (6) 문어문에 用하는 종지조용사
- 조사 : (1) 체언하 (2) 용언하 (3) 체언·용언 이외에 附하는 것
- 부사 : 본래부사↔전성부사
- 접속사 : 1) 병렬·첨가. 2) 선택의 의. 3) 반대의 意. 4) 원인 又는 이유의 意

(11) 이병기, 「조선어문강화」(1929~30)

품사는 "말의 성질로 보아 단어를 그 품류대로 나눈 것."이라 하여 명사, 동사, 형용사, 조사, 부사, 접속사, 감동사, 조사의 7품사체계다. 품사분류은 형태적인 특성 중시하였고, 기능도 중시하고 있다.

명사의 하위로 +보통명사, +고유명사를 구분하고 있는데 이들의 구분으로 다만 의미적인 것만이 아니다. 보통명사에는 직속형용사라 하여 "어느, 무슨, 새, 어려, 위" 등의 관형어가 올 수 있고, 고유명사에는 이들 직속관형어가 올 수 없다는 형태적 특성으로 미루어 구분이 가능하다고 하였다.

명사를 판별하는 방법의 하나로 "가, 이, 는 ,만, 이다"을 붙여보는 방법이라고 하였다. 통사적 기능도 중시하고 있다. 명사의 쓰임은 주어, 술어, 종속어, 관계어가 된다는 통사적 특성도 검토하고 있다.

> 명사는 모든 물건이나 일의 이름을 이르는 말이다.
> 1) 자명사 (1) 고유명사, 보통명사
> 2) 대명사 : 말을 간단히 하랴고 자명사를 대신하여 하는말
>   인대명사, 지시대명사, 연속대명사(관형어＋불명), 미정대명사
> 3) 수　사 : 무엇을 헤알이는 대 쓰는 말이니

2) 반성 · 모색기(1930〜1946)

(12) **최현배,「조선어 품사분류론」(1930),「우리말본」(1937)**

최현배의 "조선어 품사분류론"(1930)은 국어품사론의 시대를 가를 만큼 중요한 의미를 지니는 논문이다. 이는 훗날「우리말본」(1937)의 품사체계가 되어 전통문법서의 최고 자리를 차지하게 된다.

우리 문법연구사에서 품사분류의 기준을 처음으로 제시한 것도 이 논문에서다.

> • 씨란 것은 월의 성분의 단위이니, 그 이상은 더 가를 수 없는 소리의 덩어리이다.
> • 씨의 가름(분류)은 그 말법에서의 구실(役目, 職能) 곧 씨 서로의 관계와 월(文)을 만드는 작용의 관계를 주장(主)으로 삼고, 그에 따르는 형성과 의의를 붙임(從)으로 삼아서, 이 세 가지가 서로 관계하는 상태를 표준으로 삼아 결정하여야 한다. …… 첫째는 말법에서의 구실을 보고, 담에는 그 구실에 대응하는 뜻과 꼴을 보아 이것을 표준을 삼아서 씨가름(품사분류)하는 것이 옳으니라. (60〜61)

그는 10품사체계로 명사, 대명사, 수사, 동사, 형용사, 지정사, 관형사, 부사, 감탄사, 조사를 설정하였다. 그는 품사설정 기준으로 위의 세 가지

기준을 고루 적용하였다.

- 개념을 드러내는 낱말이니 월의 임자가 되는 힘을 가지며, 또 다른 자리를 차지하드라도 늘 월의 뼈다귀(骨格)을 이루느니라.(63)
- 체언은 어형변화를 하지 않는 품사로 조사를 첨가하여 다른 말과의 관계를 나타내는데 이는 씨끝바꿈(활용)과 달리 꼴바꿈(形變)한다.

체언의 3분체제와 하위분류는 의미를 중시한 것이다.

명사의 하위분류로서 +고유, +보통은 필요하나 +집합명사, +물질명사, +추상명사, +구상명사, +유형명사, +무형명사는 필요치 않다고 하였는데 이러한 분류는 김규식 문법에서 보이는 것이다. 그러나 이들은 문법적 특성을 나타내는 것은 아니나, 의미양상에 따를 어휘목록으로서 의미가 있는 것이다. 명사의 특성으로서 성(gender)과 수(number)를 가를 필요가 없다고 했다. 암수는 자연의 성이요, 문법적 성이 아니다. 이는 타 품사(관형사, 형용사, 대명사)에 아무런 영향을 미치지 않는다고 하였는데 이미 이병기 문법에서 이미 지적된 내용이다.

불완전명사란 문법범주를 설정한 것은 그의 공적이다. 그는 관계대명사로 처리하였던 "이, 분, 것, 바, 줄, 대, 적"과 수대명사, 또는 수사로 처리하던 "자, 치, 푼, 섬, 말, 되, 양, 돈" 등을 불완전 명사라는 문법범주를 설정하였다.

대명사의 특징인 +존칭은 문법범주로서 용언을 굴절시키는 작용을 함을 설명하고 있다.

용언은 "일과 몬(物)을 풀이하는(설명하는) 힘(力)을 가진 씨를 이름이니 대개는 사물의 속성조차를 함께 드러내느니라." 하여 의미와 직능을 중시하고 있다.

용언의 +서술성과 +활용을 특성으로 삼아서 의미와 활용의 차이에 따라, 동사, 형용사, 지정사로 3분한 그의 분류는 품사설정의 종합적인 태도라고 할 수 있다.

동사 "움직씨는 움직임을 나타내는 풀이씨를 이름이니라."라 하고 현재 진행 시제의 특성을 설명하고 있다.

체언의 불완전명사 수립과 함께 보조용언의 개념정립과 분류체계 수립은 외솔문법의 또 하나의 공적이다. 보조용언의 개념 설정은 김규식 문법에서 있었던 것이나 최현배 문법에서 재정립되었다. 이들은 다분히 의미적인 면에서의 구분이다.

활용어미를 1) 자격법, 2) 이음법, 3) 종지법으로 3분하고 아들을 의미 및 직능에 따라 세분화한 하위분류체계는 중요한 공적이며, 선어말어미를 분석해내고 이들의 형태론적 결합을 면밀히 연구 검토한 것도 외솔 문법의 공적이다.

선어말어미를 +사동, +피동, +겸비, +존경, +가능, +추량, +확인, +습관, +강세 등 10가지 의미범주를 설정이며, 이들의 형태요소를 구분해냄은 물론 적용순서까지 밝히어 적고 있는데 이는 생성문법에서의 음운규칙적용순서(ordering)에 비견할 수 있다.

형용사 "월의 풀이가 되며, 또 시간적 표시도 하나니, 이는 우리말 그림씨의 보람(특징)이니라."

지정사 "잡음씨란 것은 무엇이 무엇이라고 잡는(정하는) 풀이씨를 이름이니라."

활용체계를 동사에 맞추어 세우고 그 차이점으로

1) 시제 나열형이 없다. 2) 목적꼴이 없음은 형용사와 같다. 3) 의도형이 없다. ― 동사, 형용사의 차이점. 4) 설명형 '―인데의 차이 동사(는데, 형용사(은데)), 5) 구속형, 6) 도급형, 반복형 등의 차이가 있음을 지적하였다(536~537).

수식언은 불변화사다. 형태적, 기능적민 면을 강조하였으나. 이들을 하위 분류한 관형사, 부사, 감탄사는 의미적인 구별이다.

토씨는 그 하는 구실(직책)의 다름에 따라, 자리토씨(격조사), 이음씨(접속사),

도움토씨(보조사), 느낌토씨(감동조사)의 네 가지로 가르느니라.

토의 구분은 직능과 의미에 따른 분류다. 격조사는 기능토로 보조사는 의미를 기준으로 한 것이다. 이 또한 외솔문법의 공적이다. 격조사로 주격, 관형격, 부사격, 목적격, 호격, 보격의 6가지를 두고 있다.

이 가운데 한 가지 예로 관형격의 하위분류를 보면

(1) 소유(나의 책), (2) 관계(나의 언니), (3) 소재(동래의 온천), (4) 소산(제주의 말), (5) 所起(육지의 전, 공중의 비행), (6) 비유(현하의 변, 서시의 미), (7) 소작 (충무공의 거북선), (8) 대상(신라의 통일), (9) 명칭(백두의 산, 약산의 고향), (10) 소속(한강의 근원, 사람의 아들) (559~601)

이들은 의미기준에 따라 더 세분화될 수 있으므로 객관적인 기준 마련 이 어렵다고 하겠다.

(13) 박상준, 「개정 철자준거 조선어법」(1932)

박상준 문법의 품사의 분류체계와 품사정의는 다음과 같다.

단어 – 품사 (낱말) (씨)	체언 (몸말)	명사(이름씨) 대명사(대이름씨) 수사(셈씨)	운용법	구어(문)
	용언 (풀이말)	동사(움직씨) 형용사(엇더씨)	활용법	
	조언 (도움말)	부사(꾸밈씨) 접속사(이음씨) 감동사(느김씨) 조사(토씨)	체언 용언의 보조	

- 명사(이름씨)는 "사람, 산, 그림, 향기, 마음, 봄"들과 같은 사물의 이름을 표시하는 단어다.(71)
- 대명사(대이름씨)는 명사의 대신의 단어인데 형식은 명사와 같다.
- 수사(셈씨)는 사물의 수량과 순서를 표시하는 단어인데, 형식은 명사와 같다.

- 동사(움직씨)는 사물의 동태를 표시하는 단어이다.
- 형용사(엇더씨)는 사물의 성질과 상태를 표시하는 단어이다.
- 부사(꾸밈씨)는 다른 말의 우에 독립적으로 첨가되어서 그 어의를 한정하는 단어이다.
- 접속사(이음씨)는 두 말의 뜻을 연결시키는 단어이다.
- 감동사(느낌씨)는 감동되는 때에 저절로 나오는 독특한 단어이다.
- 조사(토씨)는 체언의 아래에 붙어서, 그 운용을 조성하는 말이다.(73)

대부분 의미를 기준으로 하여 정의를 내리고 있다. 체언의 운용이라 하여 조사를 7격(주어격, 객어격, 칭호격, 표준격, 병렬격, 소유격, 보충형전용격)으로 구분하고 용언의 활용이라 하여 연체형, 연용형, 접속사형, 부사형, 종지형으로 구분 설명하고 있다.

(14) 장지영, 「조선어전」 초본(1932경)

장지영의 문법은 주시경과 김두봉의 문법체계와 같다. 분류기준은 의미를 중심으로 하였고 부분적으로 기능을 고려하였다.

체언을 3분하여 원명사, 대명사, 수명사로 하였다.

원명사를 +고유명사, +보통명사, +개체명사, +단체명사로, 대명사는 인대명사, 지시대명사, 보조대명사, 부지대명사로 나누어 설명하고 있다. 체언의 특성으로 성(남성, 여성, 중성, 양성)으로 설명하고 있다.

용언의 형용사는 김두봉, 김윤경의 하위분류와 동일하다. 동사는 존재동사와 행동동사로 구분함도 특색이다.

조사는 주어토, 종속토, 관계토, 보조토로 설명하고 있다.

한 음절이나 혹은 여러 음절로 한 가지 뜻을 낱아 내는 낱말을 씨라 하느니라.
- 님씨 : 온갖 사물의 이름을 말하는 명칭어를 님씨라 하나니라 형질이 있는 물체이나 형질이 없는 사리를 가리쳐 이름지어 부르는 말을 니름이니라.
- 얻씨 : 온갖 사물의 바탈과 꼴이 어떠함을 니르는 표상어를 얻씨이라 하나니라 바탕이 있는 물체나 바탕이 없는 사리의 그 성질이나 형상이 어떠함

을 서술하야 나타내는 말을 니름이니라.

- 움씨 : 온갖 사물의 움직임을 니르는 말을 움씨라 하나니 바탕이 있는 물질이나 바탕이 없는 사리의 움직임을 들어내는 말이니라. (사람이 <u>가</u>오. 새가 <u>날</u>으오.)

- 겻씨 : 몸씨 사이에 있어 한 님씨가 어느 말에 임자됨을 들어내며 또는 님씨가 얻씨나 움씨가 어느 님씨에 딸리어 쓰임을 보이며 또는 님씨나 얻씨나 움씨가 다른 얻씨와의 움씨를 꾸미어 줌으로 쓰임을 보이는 말을 겻씨라 하나니라 씨가 몯이어 한 마듸말(句語)을 일울때에 그 관계를 맺어 주는 토를 이름이니(해<u>가</u> 돋았다.)

- 닛씨 : 같은 종류의 몸씨를 묶어 한 덩이가 되게 하거나 말의 마디를 닛어 줌으로 쓰이는 닛씨이라 하느니라. 종류가 같은 씨나 말이 마디를 닛어 주는 토를 니름이니

- 맺시 : 말한마디를 다 맞게하는 토를 맺씨이라 하나니 말마디에 이 토가 붙으면 그 말은 다시 더 할말이 없이 끝을 맺음이 되는 것이다.(날이 덥<u>다</u>.)

- 언씨 : 님씨우에 있어 그 님씨가 어떠한 님씨임을 지정하야 주는 말을 언씨이라 하나니 그 꼴이나 바탕을 따러 여럿가온대에서 구별하야 내이며 그 범주를 한정하야 주는 말을 니름이니라.

- 억씨 : 얻씨나 움씨우에 있어 그 얻씨나 움씨가 어떠하게 됨을 꾸미어 그 뜻이 밝게 들어나게 限定하야주는 말을 억씨이라 하나니 얻시나 움씨의 그 되는 方向을 가리치며 그 時間이나 數量이나 性質이나 狀況이 어떠하게 됨을 限定하야 주는 말을 이름이니라

- 늑씨 : 마음에 질겁거나 슳브거나 놀라거나 할 때에 느낌이 생기어 갑작이 하는 마을 늑씨이라 하나니 (<u>허허</u> 참 웃읍다. <u>응</u> 그것이 웬일리야.)

(15) 박승빈, 「조선어학」(1937)

박승빈은 아래와 같이 12품사로 분류하고 있는데 대부분 의미적인 면에서의 품사설정이다. 품사의 하위분류도 몇 품사에 한정하였다. 그러나 품사 개개에 대한 서술은 상당히 구체적이며 독자적인 문법관을 나타내고 있다.

- 명사 : 유형무형의 일체 사물의 명칭을 표시하는 단어
- 대명사 : 명사의 대신에 사용하는 단어

- 존재사 : 사물의 존재를 표시하는 단어
- 지정사 : 사물의 시비를 지정하는 단어
- 형용사 : 사물의 형태를 서술하는 단어
- 동사 : 사물의 동작을 표시하는 단어
- 조용사(보조용언) : 용언에 첨가하야서 어떠한 특별한 의의가 첨가되게 하는 단어
- 조사 : 한 단어에 첨가하야서 다른 단어와의 관계나 그 문과의 관계를 표시하는 단어
- 관형사 : 사물의 상태를 표시하야 체언을 수식하는 단어
- 부사 : 용언의 의의를 수식하는 단어
- 접속사 : 언어의 중간에 개립하야서 단어, 구, 또는 절을 접속하는 단어
- 감탄사 : 감탄의 의의를 표시하는 단어(174)

- 명사 : 보통명사, 고유명사, 무형명사(추상명사), 표수명사(수사)
- 대명사 : 인칭, 지시, 의문 및 부정대명사
- 형용사 : 보통, 지시, 의문 및 부정형용사
- 동사 : 자동사, 타동사

(16) 권영달, 「조선어문정체」(1941)

6품사인 "명사, 동사, 형용사, 부사, 감발사, 조사"로 구분하고 품사는 "언어(문)의 구성요소가 되는 단어를 문법설명의 필요에 의하여 개념의 공통점으로 분류한 것."이라 하였다.

분류기준은 개념(의미)을 위주로 하였다. 그는 주시경 문법을 비판하여 "의의가 드러내는 개념의 공통점에 의하야 품사적 존재가치를 인정해야 하고 단순한 의의상 구분은 문법의 문란을 초래한다."고 하며 주시경의 조사, 접속사, 종지사가 개념이 아닌 의의에 구분의 바탕을 두고 있다고 비판하였다.

이외에 박승빈 문법의 대명사, 존재사, 지정사에 대한 비판이 있으나 그의 문법자체가 여러 가지 오류를 스스로 범하고 있고 대부분 정당한 비판이 되지 못한다.

- 명사 : 사물의 명목을 표함.
- 동사 : 사물의 동작을 표함.
- 형용사 : 사물의 형상과 속성을 표함.
- 부사 : 용어를 제한함.
- 감발사 : 감정을 표함.
- 조사 : 연쇄어를 연결 조성함.

(17) 이상춘, 「국어문법」(1946)

이상춘 문법은 10품사체계에서 6품사로 전환하였다.

그의 분류체계와 정의와 각 품사의 하위분류를 보이면 아래와 같다.

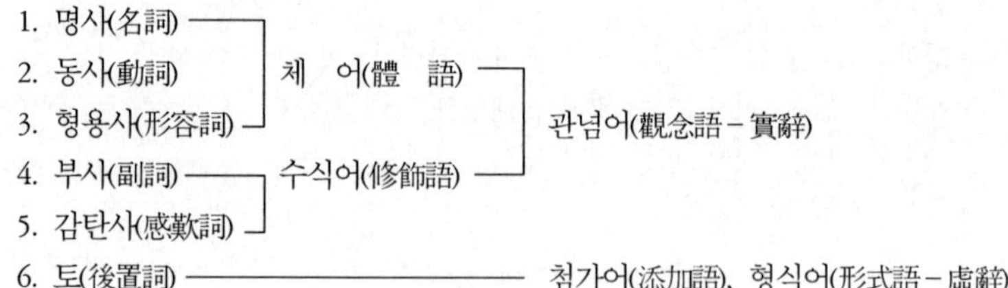

명사는 온갖 일과 물건의 이름을 나타내는 체어(몸말 - 몸씨)다.

동사는 움직임과 있음을 나타내는 체어다.

부사는 동사나 형용사나 다른 부사를 수식하여 어찌 하는 뜻을 나타내는 수식어다.(93)

감탄사는 여러 가지 느낌과 및 부름과 대답까지 나타내는 낱말이니, 글의 위나 아래에서 그 글을 꾸미는 것이다.

토(후치사)는 체어에 붙이어 그 체어의 자격을 나타내는 낱말이다.

명사는 원명사(+보통, +고유, +불완전), 대명사(+사람, +물건), 수명사의 셋으로 나누었다. 동사는 +자동사, +타동사, +변성동사(명동사, 형동사, 부동사), 합성동사, 불완전동사의 다섯에 나눈다. 형용사는 +관형용사(이, 그, 저), +상태형용사, +비교형용사, +수량형용사, +지시형용사, +변성형용사, +합성형용사로 나누고, 부사는 +시간부사, +처소부사, +상태부사, +정도

부사,+접속부사, +부정부사의 여섯으로 나누었다.

토는 그 구실을 다름을 따라, 자격토(資格吐 : 주격, 목적격, 수식격토, 통용토), 접속토(接續吐), 종지토(終止吐 : 진술, 의문, 명령, 감탄)의 셋으로 나누었다.

3) 정착·심화기(1948~1963)

(18) 정렬모, 「신편고등국어문법」(1946)

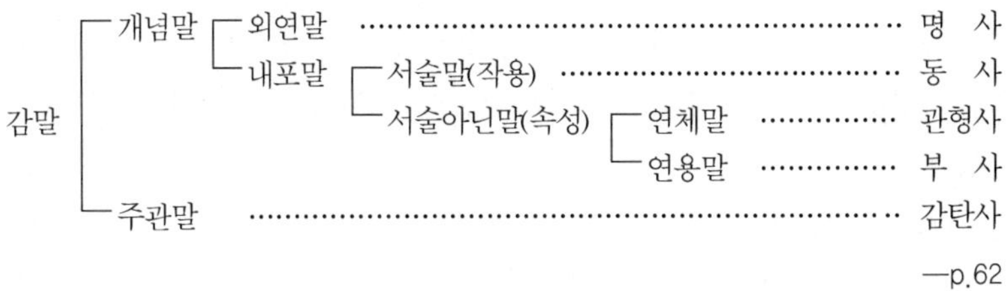

—p.62

정렬모의 품사분류의 기준은 의미와 표시에 따른 기능을 중심으로 삼았고 형태적인 면에서의 특징은 무시되고 있다. 각 품사의 정의를 살펴면 더욱 두드러지게 나타난다. 그의 문법은 개념(notion) 진술에 있어서의 구문요소들의 이론적 판단(judgement)을 중심으로 삼아 품사를 구분하고 있다. 명사, 동사, 감동사는 주로 그 구문요소들이 자주판단의 영역에서 이루어지는 것으로 명사는 주사(主辭)의 개념과 동사는 빈사(賓辭)의 개념에 근사함을 살필 수 있다. 관형사·부사는 일종의 관계판단적 의미를 가지는 것으로 주사와 빈사에 대하여 속성표시를 하는 요소로 보았다. 이는 일찍이 아리스토텔레스를 위시한 그리스시대 학자들이 논리적 개념의 진술에서 사용했던 방법과 유사함을 알 수 있다.

1. 명사(임) : 사물의 개념을 표시하는 성능을 가지고 있음.
2. 동사(움) : 작용의 개념을 표시함.
3. 관형사(언) : 다른 개념의 실체(몸)에 종속하는 속성의 개념을 표시함.

 4. 부사(억) : 다른 개념의 운용(쓰임)에 종속하는 속성의 개념을 표시함.
 5. 감동사(늑) : 관념을 주관적으로 표시함.(48)

이들 분류는 일면 정연한 듯 하나 내면적으로 무리한 면이 있다.[5]

그러나 이들 분류는 여러 가지 독창적이며 긍정적인 면을 갖고 있다. 이들 품사의 분류상 두드러진 특성을 중심으로 몇 가지 살펴보기로 한다.

1. 토는 독립성이 없으므로 제힘만으로 한 개념을 나타내지 못하므로 품사로 인정되지 못하고 다만 "감말을 만드는 재료"의 낱뜻이라고 하였으니 이는 가장 두드러진 백수문법의 특징이다. 이들을 명사의 빛(격)이라 하였으니 생성문법에서의 지표(marker)의 개념과 일치하는 선구적인 견해라 할 수 있다.

2. 명사 속에 대명사 또는 수사를 포함시키고 있는 것은 기능적인 면만을 중시하고, 의미적 형태적 특성은 무시된 분류법으로 이는 일찍이 주시경 등의 문법에서 제창되었던 것이다. "빛(格) 없는 명사와 빛 있는 명사"를 구분하였는데 빛 없는 명사는 조사가 붙지 않는 형태론적 자료로서의 정태적 명사를 뜻하고, 빛 있는 명사는 통사론적 위치의 동태적 명사를 뜻하는 것이다. 백수문법에서 「개념」이란 용어는 특별히 중요한 의미를 가진다. 어떠한 개념을 표시하는가, 어떻게 그 개념을 서술하는가, 어떠한 종속

---

5) 위의 分類는 외견상 論理的으로 일목요연하여 타당한 것으로 생각되나 몇 가지 부류상의 무리한 점을 가지고 있다. 첫째 感歎詞를 제외한 모든말을 개념말이라 하였는데 예로 형용사들도 얼마든지 主觀的인 말로 볼 수 있다. 특히 價値判斷(value judgement)에 동원되는 "아름답다, 착하다, 좋아한다" 등의 단어는 主觀말로 볼 수 있다. 위에서 말하는 主觀말은 情誼的인 單語를 뜻하는데 "불이야!", "좋구나!", "얼씨구!", "엄마!" 등의 말에서도 觀念이 形成된다고 보아야 한다. 둘째 名詞類와 명사 이외의 품사를 外延과 內包로 구분하였는데 名詞는 外延이 풍부한 단어이기는 하나 名詞와 外延은 等位關係로 성립되는 것은 아니다. 名詞도 얼마든지 內包를 가지고 있다. 固有名詞의 경우 外延은 하나이나 內包는 거의 無限할 정도로 많다. 그러므로 名詞를 外延말이라 지칭함은 論理上 타당하지 않다. 셋째 敍述 아닌말 즉 冠形詞와 副詞를 "속성"이라 지칭함도 타당하지 않다. 속성이란 論理學的 입장에서 보아 각 낱말에 주어진 내포를 뜻하는 말이 되기 때문이다(이광정, 1987, p.178).

개념이 덧붙는가, 개념의 서술에 어떠한 속성개념이 부가되는가 등에 따라 품사가 결정될 뿐 아니라 그 하위분류의 내용도 결정된다.

3. 용언을 단일 분류하여 동사로 처리함은 품사체계에서도 살폈듯이 처음 있는 일이다. 이도 역시 명사의 경우처럼 의미와 형태가 중시된 분류법이다. 활용은 동사의 필요조건이 아니라 하여

1) 다오, 옛다
2) 깨끗, 반 듯, 따뜻, 부지런, 얌전 …
3) 만족, 적적, 정결, 고상, 고결 …
4) 운동, 공부, 연구, 활동, 출입 …
5) 걱정, 생각, 자세, 자랑, 터세 …

등은 활용이 없는 동사라 하여 어근만을 예시하고 있는데 아들 중 2, 3, 4, 5의 예는 자연언어 상태에서 동사일 수 없고, 「하다」를 붙여서 비로소 동사가 되므로 활용을 그 특성으로 보아야 한다. 동사와 형용사의 구분을 동작성의 여부나 형용의 여부에 따라 전적으로 나누지도 않았고 활용형의 차이도 고려하지 않고 시간성 여부에다 구분의 기반을 두었다. 그리하여 형용동사는 작용(狀態)에 시간성이 첨가된 것으로 보았고 시간적인 차원에서 보았을 때는 동도 정도 동작이요, 시간성이 배제된 경우에는 상태(形容)라고 하여 "있다, 없다, 이다"를 동작동사로 하였다.

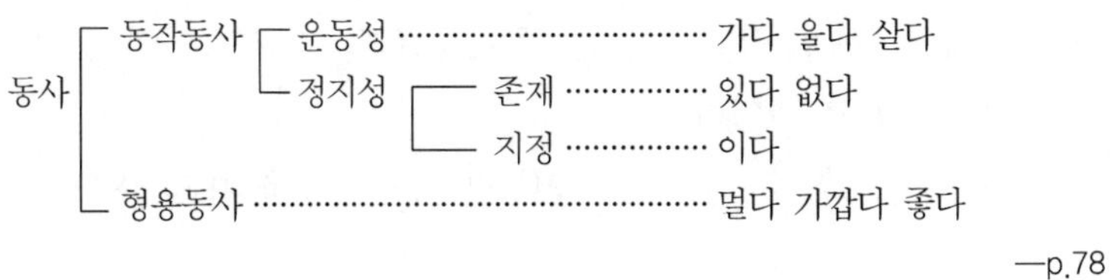

—p.78

동사를 이론적 개념의 의미성과 통사구조에 따라 분주성(分主性) 동사·합리성 동사, 귀착성 아닌 동사, 타동사(휘두를 동사)·자동사(제대로 동사)로

나누고 귀착성 동사를 다시 기댈성 동사, 떠날성 동사, 더불성 동사, 보낼성 동사, 여길성 동사 등으로 구분하고 있는데 이 또한 독자적인 분류법이다. 백수문법 품사론의 독자적인 설명의 또 하나는 각 품사의 2차적 성격으로 상(꼴)과 격(빛)에 대한 것이다. 상은 통사적 위치에 관여하지 않고 그 품사 자체가 가지고 있는 특성을 말한다고 하여 명사의 경우는 존칭, 비칭, 표현법의 셋과 그밖에 셈(數), 예시, 특제(特提), 착(着) 등을 들면서 국어에는 인칭과 성은 중요한 것이 아니라고 하였다.

동사의 상(꼴)으로는 피동, 사동, 가연, 존칭, 장중, 이익, 완전성, 긍정부정, 기연, 때, 추상, 완비불완비 등을 내세우고 있다. 격(빛)은 각 단어들이 통사구조속에 들어갔을 때에 나타나는 격지표(marker)를 뜻하는 것으로 명사의 경우뿐만 아니라 동사, 형용사, 부사, 감탄사 등 모든 품사들이 격지표를 다 가지는 것으로 해석하였다. 아 가운데 특기할 것은 영형태에 대한 격지표의 설명이다. 예로 "a. 서울은 국도. b. 서울은 국도이다"의 두 문장은 같은 서술형을 가지지만 a.의 「국도」는 명사 즉 명사의 서술태이고 b. 「국도이다」는 명사성 동사라고 하여 표면형태를 중심으로 품사처리를 하고 있다.

영형태의 개념으로 확대 해석 할 수 있는 것으로 부사와 관형사의 격지표에 대한 해석은 독창적인 것이다.

매우 멀다. / 퍽 길다. / 차라리 죽겠다.

등의 문장에서 「매우, 퍽, 차라리」 등은 딸림빛 즉 서술어에 종속시키는 격을 가지는 것으로 보았다.

형용사의 경우도 같은 해석으로 「엎칠빛」이라는 것을 가진 것으로 보았다.

어느 사람. / 모든 사람. / 풋 사랑. / 날 두부

「아니, 아아, 에그, 저런」 등과 같은 감동사도 독립어로서의 자격을 가지는 마침빛을 가지고 있다고 보았다. 이들 견해는 관형사, 부사, 접속사,

감탄사 등은 불변화사라는 종래의 개념과는 달리 내면구조 속에 단순한 영형태가 아닌 도 다른 의미의 심층지표를 가지고 있다는 해석이 되어 주목된다.

정렬모 문법은 송하문법의 모방이란 평가를 받고 있으나 송하의 문법을 근간으로 국어의 독창적인 문법체계를 수립하고 있다. 이로 하여 새로운 제 Ⅲ 유형의 문법이 시작되어 새로운 지향을 형성하는데 결정적인 역할을 했다는 외형적인 결과 말고도, 생성이론적 측면과 연계지을 수 있는 독자적인 견해를 가지고 있는 개념(notion) 중심으로 기술한 문법이다.

(19) 장하일, 「새중등말본」(1947)

장하일의 품사분류은 임자씨(체씨), 풀이씨(설명사), 어떤씨(관형사), 어찌씨(부사), 느낌씨(부사)의 5품사다. 분류기준은 의미와 형태는 철저히 배제하고 기능만을 중심으로 삼았다.

> 낱말은 그 구실(직능)을 따라 다섯 가지로 가르나니, 이것을 씨(품사)라 이르느니라.
> 임자씨는 월의 임자가 되는 힘을 가진 씨니라.
> 풀이씨는 임자말을 풀이(說明)하는 힘을 가진 씨니라.
> 어떤씨라는 것은 임자씨의 뜻을 가늘게 꾸미기 위하여, 그 위에 더하는 씨니
> 어찌씨는 흔히 풀이씨의 뜻을 여러 가지 가늘게 똑똑하게 꾸미기 위하여, 그 위에 더하는 씨니라.
> 느낌씨는 다른 말들과 형식상의 관계가 없이 홀로 서는 씨니라.

체사는 명사, 대명사, 연접명사(불완전명사), 수사를 포함하고, 풀이씨-설명사는 동사, 형용사, 조동사를 포함한다.

부사는 실질부사, 어법부사, 접속사, 후치사를 포함시키고 있다.

이들의 하위분류를 살펴보면 다음과 같다.

- 명사 : 보통명사 ↔ 고유명사

- 대명사 : 1) 인대명사(+인칭, +거리, +대우), 2)지시대명사(+사물, +장소, +방향), 3) 연접명사(불완전명사 : +사물, +사람, +곳, +시간, +방법, +모양, +산입(算入)
- 이음이름씨(聯接名詞)
- 풀이씨 : 1) 동사, 2) 형용사, 3) 조동사(부정, 사역, 피동, 진행, 종결, 봉사, 시행, 강세, 당위, 보유, 원망, 상태)
- 관형사 : 1) 어떻씨(형용사), 2) 셈어떤씨(수량관형사), 3) 가리킴어떤씨(지시관형사)
- 부사 : 1) 바탕어찌씨(실질부사 : +때, +곳, +모양, +정도), 2) 말법어찌씨(어법부사), 3) 이음씨(접속사) 4) 겻씨(후치사) : +원인, +의, +기구, +방향, +여동, +비교, +범위1, +범위2, +산입, +유무
- 느낌씨(감탄사) : +독립적, 느낌, 의지

(20) 정인승, 「표준 중등말본」(1949), 「표준고등말본」(1956)

분류기준이 의미중심의 정의에서 기능중심으로 1956년 문법에서는 변경되었다. 그러나 형태도 중시한 분류다.

- 이름씨(사람이나 물건이나 일이나를 이름지어 일컫는 낱말들) : 제이름씨(본명사) : 보통명사, 고유명사, 불완전명사
- 대이름씨(대명사) : 사물을, 말하는 이의 주관적으로 제이름씨 대신 다만 가리키어 나타내는 방식으로써 일컫는 이름씨이니, 이를 성질상 다시 두 가지로 가른다. (1) 사람대이름씨(인칭대명사) : 제일인칭, 제이인칭, 제삼인칭(+근칭, +중칭, +원칭, +미지칭, +부정칭, +재귀칭 (2) 물건대이름씨(물대명사)
- 셈이름씨(수명사) : 기본, 차례
- 움직씨(사람이나 물건이나 일이나의 움직임을 나타내는 낱말들) : 종류 : 자동사), 타동사, 피동사, 사동사, 보조동사
- 그림씨(사람이나 물건이나 일이나의 성질, 상태 들을 그리어 나타내는 낱말들) : 성상형용사, 지시형용사, 보조형용사
- 매김씨(이름씨의 위에 놓이어 그 이름씨의 내용을 매기(제한하)는 낱말들) : 성상관형사, 지시관형사, 수관형사
- 어찌씨(풀이씨나 혹은 다른 말의 앞에 놓이어 그 말의 내용을 어떠하게 꾸

　　미는 낱말들) : 성상부사, 지시부사, 부정부사, 접속부사
- 느낌씨(다른 낱말과 직접 붙지 않고 따로 떨어진 대로, 월의 앞이나 중간이나 뒤에나 덧 들어가든지, 혹은 월은 없이 월의 대신으로 되든지 하여, 느낌이나 간단한 의사를 나타내는 낱말들) : 감정, 생각, 입버릇, 말더듬과 모양
- 토씨(이름씨 밑에, 혹은 매김씨를 제한 아무 말의 밑에서 붙어서, 그 말의 다른 말에 대한 관계를 나타내서나, 또는 그 말의 뜻을 돕는 낱말들) : 격조사(임자자리, 풀이자리, 매김자리, 어찌자리, 부림자리, 기움자리)와 보조조사(두루도움, 마침도움, 부름도움)

(21) 홍기문, 「조선문전요령」(1927), 「조선문법연구」(1947)

홍기문 문법의 품사체계는 두 가지다.

제1분류	제2분류
1. 體詞 : 토의 보조를 받음이 정칙이나 ——————————— 안 받을 수도 있는 것	1. 명사 2. 대명사 3. 수사
2. 介詞 : 토의 보조를 받지 않는 것이 정칙이나 ——— 받을 수도 있는 것	4. 부사
3. 用詞 : 토의 보조 없이는 절대로 못 쓰이는 것 ———	5. 동사 6. 형용사
4. 投詞 : 토와는 전혀 무관계한 것 ———————————	7. 감탄사
5. 助詞 : 다른 말을 보조해서만 쓰이는 것 ———————	8. 후치사 9. 접속사 10. 종결사

「조선문전요령」에 나타난 품사의 정의와 하위분류는 아래와 같다.

- 명사 : 명사에는 종종의 분류가 잇스나 그 분류는 물론 문법상 필요를 의거한 분류다.
  (1) 보통명사 : 동물명, 형체명, 질료(質料)명, 추상명 (2) 고유명사 : 인명, 지명, 種名
- 대명사 : 일인칭, 이인칭, 삼인칭, 의문칭과 부정칭
- 수사 : 수사에는 수어와 수위의 구별이 있다.
- 동사 : (1) 정상(靜相)동사(동작의 유무 – 존재, 보족정상 – 튼튼하다) (2) 동상동사(자동사, 타동사 : +동작)

- 형용사 : 형용사의 분류는 문법상으로 중요한 관계를 못 가진다. 만일 굳이 분류한다면 규정, 지시, 의문급 부정 셋으로 나눌 수 있다.
- 부사 : (1) 중어부사(첩립부사 : 동음첩, 이음첩, 중성변첩, 초성변첩)
   (2) 보통부사(계위부사, 자립부사 - 규정, 부인, 지시, 의문, 부정)
- 감탄사 : 원래 고립해 잇는 말이다. 문법상 별로 변화가 없다.
- 후치사 : (1) 정격(주격, 객격, 지격, 대격, 역격, 구격, 호격) (2) 조격(대용, 독립) 3) 첨격(제한, 연장, 대조)
- 접속사 : 時미정, 時기정, 時무용
- 종결사 : (1) 어계(말의 층하) (2) 어법(설명 의문 등의 구별) (3) 어식(제일시 간형의 연접으로써 구별) (4) 어체(말과 글의 차이)

대명사의 특징으로 +인칭, +계층, +격, +수, 동사는 정상(靜相)동사 — 유무 표시의 동사, 존재사, 동상(動相)동사롤, 종결사는 +어계(존비), 어법(서법), 어식(시제), 어체(문어, 구어)로 그 특질을 설명하고 있다.

(22) 김근수, 「중학 국문법」(1947)

김근수는 단어를 그 뜻과 꼴(형태)과 구실(직능)에 의하여 갈라 놓은 것을 품사라 하는데, 국어의 품사는 명사 대명사 수사 동사 형용사 존재사 지정사 관형사 부사 접속사 감탄사 조용사 조사의 열세 가지로 갈랐다(10~11). 품사의 정의와 종류는 아래와 같다.

- 명사 : 각각 사물의 이름을 나타내는 말
- 대명사 : 각각 사물의 이름을 말하는 대신에, 그 사물을 직접 가리키는 말
- 수사 : 사물의 수량이나 차례를 나타내는 말
- 동사 : 사물의 움지김(動作)을 나타내는 품사
- 형용사 : 각각 사물의 어떠함을 나타내는 말
- 존재사 : 사물의 있고 없음을 가리키는 말
- 지정사 : 사물의 이며 아니임을 지정(指定)하는 단어
- 관형사 : 체언 위에서 그 체언의 “어떤” 것임을 가리키는 품사
- 부사 : 각각 아래에 있는 용언을 꾸미(자세히 설명하)는 말들이다.
- 접속사 : 앞의 말을 받아서 뒤에 이어 놓(接續하)는 품사(참는 것은 괴롭다.

- 감탄사 : 감동하거나, 부르거나, 대답하거나, 꾀이거나 할 적에 쓰는 말
- 조용사 : 용언에 붙어서 용언을 도아 그것에 어떤 뜻을 더 나게 하는 단어
- 조사 : 여러 가지 품사에 붙어서 말과 말과의 관계를 나타내든가, 또는 어떤 뜻을 더 나게 하는 품사

- 명사 : 보통명사와 고유명사, 전성명사와 본래명사, 불완전명사와 완전명사
- 대명사 : 1) 인대명사(1인칭, 2인칭, 3인칭, 부정칭) 2) 지시대명사(사물, 장소, 방향을 가리키는 대명사. +근칭, +중칭, +원칭, +부정칭)
- 수사 : +수량, +순서
- 동사 : 자동사, 타동사, 보조동사, 본동사, 본래동사, 전성동사
- 형용사 : 본래형용사, 전성형용사
- 존재사 : 보통존재사, 존경존재사
- 관형사 : 형용관형사, 수량관형사, 지시관형사
- 부사 : 본래부사, 전성부사
- 접속사 : 1) 병렬, 누가 2) 선택 3) 반대 4) 원인 또는 이유
- 감탄사
- 조용사 : 수용, 시역, 가능, 존경, 때
- 조사 : 체언조사, 용언조사, 접속조사, 종지조사, 보태조사, 통조사

- 분류기준 : 단어를 크게 관념어(조용사, 조사를 제외한 모든 품사)와 형식어(조용사, 조사)로 이분하고 있는 것은 의미와 기능을 중시하였다. 체언을 실질적 체언(명사)과 형식적 체언(대명사, 수사)으로 구분하고 용언을 실질적 용언(동사, 형용사, 존재사), 형식적 용언(지정사)으로 구분하였다.

(23) 김윤경, 「나라말본」(1948)

김윤경의 문법은 김두봉의 문법체계를 세분화 한 것이다.

분류기준은 의미 – 명사, 형용사, 동사, 기능 – 조사, 접속사, 종지사, 관형사, 부사, 의미와 기능 – 감탄사로 나눌 수 있다.

임씨는 모든 일이나 몬(物)의 이름(名稱)을 나타내는 말을 이름(云)이다.
언씨는 모든 일과 몬의 어떠함을 이르는 씨를 이름이다.
움씨는 여러 가지 움즉임을 나타내는 씨를 이름이다.

겻씨는 으뜸씨의 사이에 있어 우의 으뜸씨로 하여금 아래의 으뜸씨의 임자(主語)나 꾸밈(修飾語)이 되게 하는 토씨를 이름이다.

잇씨는 같은 갈래의 으뜸씨나 월의 마디를 잇는 토씨를 이름이다.

맺씨는 한 월을 끝맺는 토씨를 이름이다.

언씨는 임씨를 가리치어 "어떠한"이라고 꾸미는 낱말을 이름이다.

억씨는 얻씨나 움씨나 다른 억씨를 "어떠하게"라고 꾸미는 낱말을 이름이다.

늑씨는 여러 가지 느낌을 나타내는 소리로서, 한 월을 꾸미거나 홀로 월 노릇을 하는 씨를 이름이다.

이들의 하위분류와 특성은 아래와 같다.

- 명사(본명사, 대명사) : 보통명사(유형, 무형), 특별명사(유형, 무형)
- 대명사의 종류 : 인대명사(1인칭, 2인칭, 3인칭, 미정인칭), 수대명사, 지시대명사(근칭, 중 칭, 원칭), 관계대명사, 미정대명사
- 임씨의 높임과 낮춤(합쇼, 하오, 하게, 해라)
- 형용사 : 성질형용사, 형태형용사, 시간형용사, 수량형용사, 지시형용사
- 동사 : 자동과 타동, 주동, 피동, 사역동
- 부사 : 동모(動貌)부사, 의성擬聲부사. 물모物貌부사, 색태色態부사, 시간부사, 처소부사, 비교부사, 인정 부사, 부인부사, 명령부사, 의문부사, 접속부사
- 감탄사 : 1) 즐거움 2) 괴로움 3) 대답 4) 부름 이를 다시 (1) 깃봄감탄사 (2) 놀람 (3) 성남 (4) 슬픔 (5) 걱정 (6) 뉘우침 (7) 여김 (8) 막음 (9) 빈정거림 (10) 코웃음 (11) 아양 (12) 말림 (13) 조임 (14) 힘씀 (15) 부름 (16) 대답감탄사의 열여섯 가지로 나눈다.

(24) 박태윤, 「중등국어문법」(1948)

박태윤은 "모든 낱말이나 또는 말 조각들이, 각각 그 가지고 있는, 성질·직능·구실·형식들에 따라 몇 갈래로 갈라놓은 것"을 품사라 하고 8품사로 분류하였다.

- 체언 – 명사, 대명사
- 용언 – 동사, 형용사
- 수식어 – 관형사, 부사, 감동사
- 형식어 – 조사

분류기준으로 "성질"이란 기준을 제시함은 독특한 것이나 구체적인 설명이 없다. 각 품사에 대한 정의는 이들 네 가지 기준을 고려하여 정의한 것이라 짐작된다.

명사라는 것은 이 세상에 있는, 모든 물건이나 또는, 이 세상에서 생겨나는, 모든 일에 대한 실질적 이름이 되는 말들을 이름인데, 우리들이 보통 말할 때에, 무슨 「이름」이라고 부르는 낱말들은 모두 명사이다.

대명사라는 것은 따로 정하여 있는 모든 물건의 이름이나 무슨 일이나, 또는 사람의 이름을 그대로 부르지 않고 그 이름 대신에, 공통적으로 그것을 가리키는 형식적 일컬음을 대명사라 한다.

동사라는 것은 사람이나 다른 동물들의 동작을 나타내는 것이나, 또는 모든 사물의 작용을 나타내는 낱말을 이름인데, 다시 말하면 주체가 되는 그 무엇이, 어쩐다고 하는 것을 설명하는 말들을 동사라고 한다.

형용사라는 것은, 사물의 성질(바탕)과 모양(됨됨이)과 상태(있고 없던 형편)를, 나타내는 낱말들을 이름인데, 형용사도 동사와 같이, 주체를 설명하는 말, 즉 주체가 되는, 그 무엇이 어떻다고 하는 것을, 설명하는 말들을 형용사라고 한다.

관형사라는 것은 말 하려고 하는 사물이 어떠한 것이라고 한정하는 낱말을 이름인데 다시 말하면 체언 위에서 그 체언이 어떤 것임을 꾸미는 품사를 관형사라고 한다.

부사라는 것은 용언의 위에서, 주체 되는 그 무엇이 어떻게(어찌) 어쩐다, 또는 그 무엇이 어떻게 (어찌) 어떻다라고 하는, 즉, 그 사물의 작이나 형용을 더 자세하게 설명하는 낱말들을 이름인데, 때로는 체언이나 다름 부사 위에서 그 말들의 뜻을 한정하며, 혹은 그 상태나 정도를 꾸미는 낱말들을 모두 부사라고 한다.

감동사라는 것은 어법(語法)의 형식상 독립적으로, 한 완전한 의사 표시를 대신할 수 있게 된 낱말을 이름인데 다시 말하면 다른 말과의 연락이 없이 외따로 된 한 덩이로서 느낌이나 또는 무슨 생각을 간단히 드러내는 말들을 감동사라고 한다.

조사라는 것은, 그 말 스스로는 독립하여서, 어떠한 뜻이든지 나타낼 수 없는, 일종의 형식만 갖춘 낱말로서 주로 어떤 체언과 체언 사이의 관계를 보이어서, 그 뜻을 똑똑하게 나타내거나 또는 어떤 체언의 밑에 붙어서 그 아랫말의 관계를 맺게 하는 낱말들을 조사라고 한다.(16)

각 품사의 하위분류를 보면 아래와 같다.

- 명사 : 1) 고유명사 : +나라 +사람 +산천 +지명 +단체 +회사 +상점 + 상품 +독특한 사물 2) 보통명사 : 완전↔불완전, 본래명사, 전성명사, 합성명사
- 대명사 : 1) 인대명사(1인칭, 이인칭, 3인칭－근칭, 중칭, 원칭, 부정칭) 2) 지시대명사(사물, 장소, 방향), (근칭, 중칭, 원칭, 부정칭)
- 동사 : 1) 종지동사(서술형·의문형·명령형) 2) 연접동사(관사형·명사형·접속형·부사형) 3) 본래동사와 전성동사 4) 정격동사와 변격동사
- 형용사 : 종지형용사, 연접형용사(관형형, 명사형, 접속형, 부사형) 정격형용사와 변격형용사
- 부사 : 실질부사, 형식부사(귀착, 접속, 부정)
- 관형사 : 형용관형사(성질, 모양), 수량관형사(셈, 부피), 지시관형사(근칭, 중칭, 원칭, 부정칭), 의문관형사
- 감동사 : 1) 감정적 감동사(기쁜 때, 분한 때, 놀란 때, 슬플 때) 2) 의지적 감동사(단념할 때, 꾀일 때, 부를 때, 대답할 때)
- 조사 : 1) 격조사 2) 보조사 3) 종지조사 4) 접속조사 5) 감동조사

(25) 이희승 「초급국어문법」(1949), 「중등문법」(1956)

이희승의 문법은 명사, 대명사, 동사, 형용사, 존재사, 관형사, 부사, 감탄사, 접속사, 조사의 10품사다. 품사의 정의는 아래와 같다.

품사라 하는 것은 모든 단어 즉 어휘가 문법적 성질이나 기능에 의하여 어떻게 분류될 것인가 하는 통사론(문장론 : syntax)적 범주에 관한 술어다. 그러나 단어라는 것은 문법적 의미보다는 주로 음운에 의거한 의의 방면의 분절적 단위를 표시하려는 의도 아래서 이루어진 술어다(국어학개설 1955, 127).

- 명사 : 무슨 물건이나 일의 이름을 나타내는 단어를 문법에서 명사(名詞)라 고 부른다.
- 대명사 : 사람, 물건, 일, 처소 즉 명사를 대신하여 부르는 말
- 조사 : 문법적 관계를 직능(職能) 나타내는 말들을 조사(助詞)라 일컫는다.
- 동사 : 사람이나 동물이나 그 밖의 자연물(自然物)들의 어떠한 움직임 즉 행 동(行動)을 나타내는 뜻이 있다. 그리하여, 이런 행동을 흔히 동작(動作)이 라 일컫는다. 움직임이 없는 행동 =동작이라고 함.
- 형용사 : 물건이나 일의 상태나 성질이나 모양을 형용하여 하는 말
- 존재사 : 동작이나 작용 또는 상태나 성질과 아주 같지 아니한, "있느냐. 없 느냐"에 관한 문제다.
- 관형사 : 명사의 뜻을 꾸미어 주는 직책(職責)의 말
- 부사 : −활용, +한정어
- 접속사 : 이어 주는 직책을 가진 말들
- 감탄사 : 독립어

- 명사 : +고유, +보통
- 대명사 : +사람, +물건

(26) 이인모, 「재미나고 쉬운 새 조선말본」(1949)

이인모 문법은 최현배의 「우리말본」과 정렬모의 「신편고등국어문법」을 절충한 문법이다. 의미기준을 무시한 분류체계다.

임자씨, 풀이씨, 어떤씨, 어찌씨, 느낌씨, 토씨
낱말은 구실(직능)과 꼴(形)을 대중 삼아서 몇 갈래로 가를 수 있다.
- 임자씨 − 월의 임자되는 힘을 가진 낱말
- 풀이씨 − 풀이하는 낱말
- 매김씨 − 임자씨를 꾸미는 씨
- 어찌씨 − 풀이씨를 꾸미는 씨
- 느낌씨 − 느낌을 주관적으로 나타내거나 대답하는 낱말
- 토씨 − 씨와 씨의 관계를 맺는 낱말

(27) 심의린, 「개편 조선문법」(1949)

심의린 문법은 이완응 문법의 가필이다. 이들의 부류체계와 하위분류는 다음과 같다.

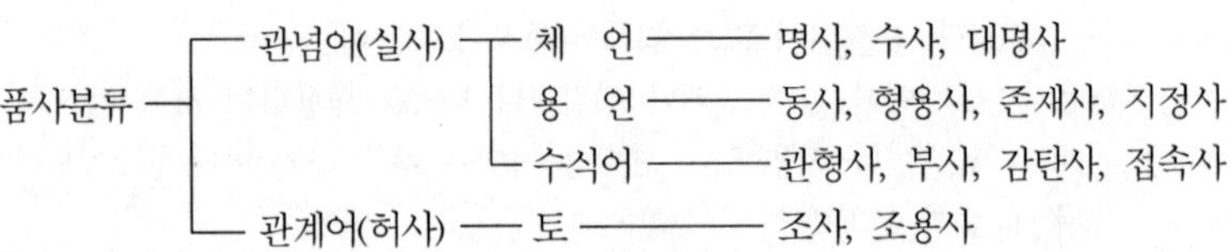

1. 명사 : 보통 - 고유, 유형 - 무형, 완전 - 불완전, 본래 - 전성, 중성명시 - 종성명사, 복합명사
2. 수사 : 원수사와 서수사
3. 대명사 : 지시대명사, 인대명사, 물대명사, 전성대명사
4. 동사 : 정격동사와 변격동사, 자동사와 타동사, 피동사와 사동사, 본래동사와 전성동사
5. 형용사 : 중성형용사와 종성형용사, 정격형용사와 변격형용사, 본래형용사와 전성형용사
6. 존재사 : 보통, 존경
7. 지정사 : 긍정, 부정
8. 조용사(어미로서 서술하는 기능을 가짐) : 접속조용사와 종지조용사, 자격조용사, 시간조용사, 존비조용사, 서술, 문사, 추량, 권유, 청구조용사, 첨가조용사
   종지조용사(맺씨, 마침법) : 계급(등분)에 따라 하대어(해라), 대등어(하게), 중성어(반말), 보통(一般)어(하오), 존경어(합쇼 합니다 하나이다)
   자격조용사, 접속조용사, 첨가조용사보탬법, 도움줄기
9. 조사 : 격조사, 보조사, 접속조사, 감동조사, 복합조사
10. 관형사 : 본래, 전성
11. 부사 : 본래, 전성
12. 접속사 : 본래, 전성
13. 감탄사 : 문말, 문미

(28) 이숭녕, 「고등국어문법」(1956)

8품사 : 명사, 대명사, 수사, 동사, 형용사, 관형사, 부사, 감탄사

품사분류의 기준으로 "1). 기본적 의미에 의하여 2). 문장의 구성에 있어서의 구실(役割)에 의하여 3) 형태의 형성과 어미변화의 방식에 의하여"(1954)라 설명하고 실제로는 1차적으로 형태적인 것, 2차적으로는 의미와 기능에 두고 있다.

그의 품사론은 형태적인 것에 특성을 두었다. 품사를 1, 2, 3, 4형으로 구분하고 있는데 이는 형태적 변화를 기준으로 한 것이다. 제1형의 명사, 대명사, 수사는 격변화를 한다는 특징을 내세웠으며, 제2형은 동사, 형용사로 활용을 그 특징으로 삼았다. 제3형인 관형사, 부사는 불변화사로, 제4형인 감탄사는 다른 말과 관계를 가지고 있지 않은 독립된 특수품사임을 주장하였다.

- 명사 : 기본형이 있다. 완전명사와 불완전명사, 보통명사와 고유명사
- 대명사 : 명사를 대신하는 구실을 가지고 있는 품사다. 1) 인칭대명사 : 사람의 이름이나 인물을 대신하는 것.(1인칭, 2인칭, 3인칭, 부정칭) 2) 지시대명사 : 물건이나 일이 있는, 또는 일이 진행되는 방향·위치·처소를 대신하는 것
- 수사 : ① 기본수 또는 체언적 수사 ② 한정수(限定數), 또는 관형사적 수사 ③ 서수(序數) : 하루, 이틀, 사흘, 나흘… 이월, 유월, 시월……
- 형용사 : ① 종결어미 ② 연결어미 ③ 전성어미. 전성어미도 동사와 거의 같다. ① 부사형 어미 ② 관형사형 어미 ③ 명사형 어미 +시제(현재, 과거, 대과거, 미래)
- 관형사 : 형용사에 비교하면 관형사는 활용이 되지 않는다.
- 부사 : 본래부사와 전성부사, 직접부사와 간접부사
- 감탄사 : 독립어

(29) **최태호, 「중학말본」**(1957)

명사, 대명사, 동사, 형용사, 관형사, 부사, 감탄사

- 명사 : 물건의 이름뿐만 아니라, 사람이 하는 일, 눈에 보이지 않으나 자연의 현상, 또는 머리로 생각할 수 있는 모든 일을 나타내는 이름
- 대명사 : 물건이나 일의 이름을 부르지 않고 직접 가리켜서 표시하는 말
- 동사 : 무엇이 어떻게 한다는 행동 또는 작용을 나타낸 말
- 형용사 : 물건과 일의 성질 또는 상태를 그리어 나타낸 것
- 관형사 : 체언 위에 자리잡고, 그 체언의 뜻을 수식하는 구실
- 부사 : 서술어를 한정하는 구실
- 감탄사 : 한 마디 말속에 어떤 생각이나 느낌을 간직한 것

(30) **김민수, 「국어문법론 연구」**(1960)

김민수는 <동사, 형용사, 명사, 부사, 관형사, 접속사, 환투사>의 7품사로 분류하고 있다.

용언의 특성으로 1) 서술작용, 2) 시제(tense), 3) 활용(conjugation), 4) 서술어 및 그 외의 분이 되는 것, 5) 부용어와의 호응을 열거 하였으며 동사와 형용사와의 구분으로 1) 목적어와의 호응, 2) 태(vice)와 형(aspect)과 시상(tense)의 차이를 들고 있다. 이들은 통사구조 속에서의 차이를 보여주는 독창적인 연구다.

품사분류를 철저하게 직능중심으로 하려 하였다.

동사는 +태(vice : 피동, 능동)가 있고, 기본형이 부정형, +시상(현재진행, 과거미완)을 특징으로 들었다. 하위분류 분류로는 1) 어의상(자립↔의존), 2) 형태상((1) 활용형-규칙↔불규칙, (2) 활용성-완전↔불구), 3) 직능상 (1) 타동사(능동↔사동), (2) 자동사(주동↔피동)를 들었다.

형용사는 -태(vice), -객어와의 호응, 기본형이 현재형, 시상(-현재진행, -과거미완)을 들었다.

종류로는 1) 형태상 : 규칙↔불규칙, 2) 어의상 : 자립↔의존으로 분류

하고 있다.

명사는 +보통명사, +특수명사, +수명사, +대명사, +의존명사로 분류하였다.

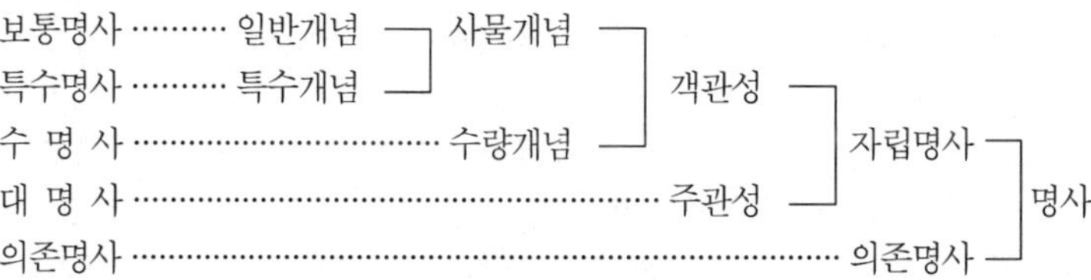

이외의 품사들의 경우 의미적인 분류보다는 직능과 형태상의 차이를 고찰하고 있다.

(31) 문교부(1963)

명사, 대명사, 수사, 동사, 형용아, 관형사, 부사, 조사, 감탄사의 9품사로 1963년 3월 18일부터 6월 18일 사이에 12차례의 토의를 거듭하여 7월 25일 확정 공포하였다. 품사의 명칭과 수 9개만 정해졌고 이들 전체의 분류 체계나 개개 품사에 대한 정의가 정해지지 않았다.

문교부(1963), 「학교 문법의 통일에 대하여」

(1) 명사 : "주로 사물의 이름을 나타내는 말". 그 기능을 단독으로 주어가 되며, 조사(토)가 붙어서 다른 여러 성분이 되기도 하나, 관형어의 수식을 받는 일이 그 한 특징이다.

(2) 대명사 : "사람이나 사물의 이름 대신으로 그것을 직접 가리키어 이르는 말." 그 기능은 명사의 경우와 같다.

(3) 수사 : "사물의 수효나 순서를 나타내는 말". 그 기능을 보면 대략 명사의 경우가 같다.

(4) 동사 : "사물의 동자이나 작용을 나타내는 말." 그 기능을 보면 단독으로 술어가 되며, 어미의 활용으로 다른 여러 성분이 되기도 하나, 항상 부사의 한정을 받는다. 특히 목적어와의 호응 관계에 따라 자동·타동 또는

사동·피동으로 나뉠 수 있는 특징이 있다.

(5) 형용사 : "사물의 성질이나 형태나 존재를 나타내는 말." 그 기능을 보면 동사의 경우와 거의 같다고 하겠으나, 다만 목적어의 호응 관계가 없으므로, 자동·타동 또는 사동·피동의 구분이 전혀 없는 것이 특징이다.

(6) 관형사 : "사물이 어떠한 것이라고 그 뜻을 수식하는 말." 그 기능을 보면 단독으로 관형어가 되며, 명사나 대명사나 수사에 얹혀서 수식하는 일이 특징이다.

(7) 부사 : "동사나 형용사의 뜻을 한정하는 말." 기능을 보면 단독으로 부사어가 되며, 동사나 형용사 또는 부사에 얹혀서 한정하는 일이 특징이다.

(8) 감탄사 : "무엇에 느껴서 소리 내는 말." 그 기능을 보면, 그것만으로 단독으로 독립어가 되며, 특히 문자의 보통 성분과 유리되거나, 혹은 독립으로 쓰이는 일이 특징이다.

(9) 조사 : "명사나 대명사나 수사 아래에 붙어서 그 다음의 말과의 관계를 나타내는 말." 항상 독립해서 쓰이는 일이 없는 의존형태(bound form)로서 실질의 뜻이 없는 것이 특징이다.

4. 품사분류기준 적용상의 특징

국어문법의 품사분류의 기준은 주지하는 바와 같이 직능, 의미, 형태의 세 가지다. 이의 적용문제는 시대에 따라 문법가에 따라 다르다. 국어품사분류사에 나타난 분류양상을 살펴보면 대략 다음과 같다.

품사분류사 전반을 통하여 가장 중시된 기준은 1) 의미(meaning)이고, 2) 기능(function), 3) 형태(form)의 순서다.

시기적으로 보아서는 제1기에 해당하는 도입·수용기 문법에서는 의미가 중시되고, 제2기인 반성·모색기에는 의미와 기능이 중시되고 제3기인 정착·심화기에는 기능 위주의 품사를 설정하려는 경향이 두드러지게 나타난다.

형태는 몇몇 문법가를 제외하고는 분류기준으로 표면적으로 두드러지게 나타나지 않는다. 그러나 이는 품사의 정의에 보이는 현상이고 실제 각 단어를 품사별로 분류하는 실제 문제에서는 중시된다. 특히 정착·심화기 문법에서 형태류의 유사함에 따른 분류는 중요한 구실을 한다. 이는 구조주의 문법의 영향이라고도 할 수 있다.

문법가별로 이들 분류기준의 비중을 어떻게 두었는가를 살펴보면 다음과 같다.

유길준의 경우는 1차는 의미이고 2차는 기능이 중시되었다. ① 의미－명사, 감탄사, ② 의미, 기능－대명사, 동사, 형용사, ③ 기능－부사, 후사, 접속사.

김규식 문법은 표면적으로는 의미적인 면이 많으나 내면적으로는 기능 중심의 문법이다. <명사, 형용사, 감탄사>의 경우는 의미가 중시<대명사, 동사, 형동사, 접속사, 부사, 후사>의 경우는 의미와 기능을 중시하였다. 유길준의 경우와 같이 형태적인 면은 고려는 하지 않았다.

주시경의 문법은 철저히 의미를 기준으로 한 것이다. <명사, 형용사, 동사, 관형사(언), 부사(억), 감탄사(놀), 접속사(잇)>는 의미에 따른 것이다. <종지사>는 기능에 따른 것이라 할 수 있으나 이도 끝맺는다는 의미를 고려한 것이다.

남궁억은 의미를 주된 기준으로 하였으나, 김두봉의 경우는 <감탄사>(의미)만을 제외하고는 기능 중심으로 일관한다.

이필수 문법에서 의미를 기준으로 한 품사는 <명사, 대명사, 수사, 동사, 형용사, 감탄사>이고, 기능을 기준으로 한 것은 <부사, 접속사, 조사>다.

이규방 문법은 의미에 많은 비중을 두고 있다. 특히 금지사, 부정사, 호응사는 의미에 기준을 둔 분류다. 의미기준 : 명사, 대명사, 수사, 동사, 형용사, 감탄사, 금지사, 부정사, 호응사, 의미와 기능 중시 : 조사, 접속사, 부사.

안확은 10품사체계 중 <부사, 접속사, 조사(토)>만이 기능을 중심으로 삼아 분류하였고, 나머지는 명사, 대명사, 수사, 동사, 형용사, 조동사, 감동사는 <의미>에 따른 품사설정이다.

이완응도 의미에 중점을 두고 있다. 부사, 접속사, 조사가 기능을 고려한 품사설정이나 부사의 경우는 의미적인 면을 함께 고려하고 있다. 체언의 3분체계나 용언의 3분체계 등이 단적으로 의미를 고려한 것이다.

체언의 경우 통사적인 시차를 찾으려는 시도가 없이 의미적인 차이에만 관심을 두었다. 그러나 존재사의 설정은 단순한 의미적인 면의 고려만이 아니다. 존재사가 동사와 또 형용사와 활용형태가 다름을 밝히고 있다. 동사와 형용사의 형태적 차이를 가장 잘 밝히고 있는데 이는 내면적으로 형태를 고려한 분류임을 뜻하는 것이다.

이병기 문법은 품사분류에서 형태적인 특성 중시한 문법으로 특색이 있다. 부분적으로 기능도 중시하고 있다.

최현배 문법은 비교적 세 기준을 고루 적용하였다 하겠으나, 하위분류에서는 의미적인 것이 근간을 이루고 있다.

장지영 문법은 주시경과 김두봉의 계통의 문법체계로 의미를 중심으로 하였고 부분적으로 기능을 고려하였다.

정렬모 문법은 국어품사분류사에서 시대가름을 하는 주요한 문법연구다. 그의 분류기준은 의미와 표시에 따른 기능을 중심으로 삼았고 형태적인 면에서의 특징은 무시되고 있다. 각. 그의 문법은 개념(notion) 진술에 있어서의 구문요소들의 이론적 판단(judgement)을 중심으로 삼아 품사를 구분하고 있다(정렬모 편 참조).

장하일 문법은 의미와 형태는 철저히 배제하고 기능만을 중심으로 삼았다.

정인승의 경우는 의미중심에서 기능중심으로 변경되고, 형태도 중시하게 된다.

홍기문 문법은 이병기의 경우처럼 형태를 중시한 문법이다. 즉 토와의 접속여부 즉 변화사와 불변화사를 주요 분류기준으로 삼았는데 이는 로마시대의 라틴문법인 Varro의 문법에서 나타나는 동일한 특징이다.

김근수는 단어를 크게 관념어(조용사, 조사를 제외한 모든 품사)와 형식어(조용사, 조사)로 이분하고 있다. 이는 의미와 기능을 중시한 부류다.

김윤경의 분류는 <명사, 형용사, 동사>는 의미, <조사, 접속사, 종지사, 관형사, 부사>는 기능, 감탄사는 의미와 기능으로 설정하고 있다.

이희승도 의미와 기능을 중시한 문법이다. 의미 : 명사, 대명사, 동사, 형용사 존재사 기능 : 조사, 관형사, 부사, 접속사, 기능.

이인모 문법은 의미기준을 무시한 기능과 형태 중심의 분류체계다.

이숭녕은 기준으로 "1) 기본적 의미에 의하여, 2) 문장의 구성에 있어서의 구실(役割)에 의하여, 3) 형태의 형성과 어미변화의 방식에 의하여"라고 설명하고 있으나 실제로는 1차적으로 형태적인 것, 2차적으로는 의미와 기능에 두고 있다.

그의 품사론은 형태적인 것에 특성을 두었다. 품사를 1, 2, 3, 4형으로 구분하고 있는데 이는 형태적 변화를 기준으로 한 것이다. 제1형의 명사, 대명사, 수사는 격변화를 한다는 특징을 내세웠으며, 제2형은 동사, 형용사로 활용을 그 특징으로 삼았다. 제3형인 관형사, 부사는 불변화사로, 제4형인 감탄사는 다른 말과 관계를 가지고 있지 않은 독립된 특수품사임을 주장하였다. 이러한 예는 홍기문 문법에서 찾아볼 수 있다.

김민수의 문법은 철저하게 기능중심으로 분류한 품사체계다.

5. 품사별 문법 및 어휘적 특성

우리가 <국어어휘의 품사별 의미특성이란 무엇인가>을 찾아내고자 할 때, 여기서 뜻하는 의미는 범주화된 품사별 어휘들의 1) 일반적인 의미 특성과 2) 문법적인 의미 특성을 공유해야 할 것이다. 품사란 문법범주를 전제로 하고 있기 때문이다.

그런 의미에서 본고에서는 앞에서 논의한 내용을 바탕으로 삼아 각 품사 문법적 특성과 하위분류를 통하여 드러나는 어휘적 자질을 간략히 살펴보기로 한다.

1) 명사

명사는 일찍이 트락스 문법에서 제기하였듯이 사람이나 사물을 표시하는 품사다.

먼저 문법적인 특성으로 트락스 문법에서는 5가지 동시적 특징(simultaneous feature) 즉 문법적 일치(grammatical accidents)로 성(gender), 유형(type), 형태(form), 수(number), 그리고 격(case)을 가진다고 하였으나 국어의 경우는 이 가운데 +격만이 문법적 의미를 가진다. 수와 성은 어휘자질로만 특성을 가지고 유형(type), 형태(form)은 어형변화와 어휘의미의 차이만을 가져온다. 국어의 명사의 문법적 특성은 +격만이 문법적 의미를 가진다. 체언의 문법적 특성으로 추가되어야 할 것을 존칭(+polite)이 될 것이다.

명사의 하위분류를 살펴보면 보통명사, 고유명사, 유형명사, 무형명사, 집합명사, 불완전명사, 본래명사, 전성명사, 추상명사, 구상명사, 개체명사, 단체명사, 합성명사 등이 등장한다. 먼저 이들이 통사상의 변화를 주는 문법적 범주인가 아닌가에 대한 구분이 있어야 하고 또 이들이 명사의 어휘자질로서 얼마만큼 보편적인 기준이 될 수 있는가에 대한 논의가 있어야 할 것이다.

위의 분류 중 "보통명사, 고유명사, 불완전명사"는 통사적 변화를 가져오는 문법범주로 해석이 가능하다. 그러나 이외의 것들은 단순한 어휘특성으로 보아야 할 것이다. 그러나 이들 모두는 국어명사의 어휘자질을 표시하는 특성들이 된다.

하위분류 중 의미를 중시한 특징적인 것으로는 박태윤(1948) 문법의 고유명사다. 그는 +나라 +사람 +산천 +지명 +단체 +회사 +상점 +상품 +독특한 사물 등으로 구체화하여 분류하였다. 홍기문(1947)에서는 보통명사를 +동물명, +형체명, +질료(質料)명, +추상명으로, 장하일(1946)에서 불

완전명사를 연접명사라고 하여 +사물, +사람, +곳, +시간, +방법, +모
양, +산입(算入)으로 분류한 것 등이 의미를 중시한 분류다.

2) 대명사

대명사는 명사를 대신하여 사용되는 품사로 사람, 일, 물건 등을 가리키
는 품사다. 김민수는 객관성이 없어서 말하는 이의, 혹은 듣는 이의 처지
에 따라 뜻이 달라진다고 하였다.

대명사의 문법적 특성으로는 유길준의 +격과 +수에 대한 설명 외에,
김규식의 +성(gender : +보통성, +남성, +여성, +중립성)을 위시하여 +존칭, +
계층 등 여러 가지를 제시하고 있으나 국어의 경우는 +인칭, +격, +존비
만이 가 문법적 특성이다. 이규방 이 대명사와 수사는 명사에 비하여 수식
을 받을 수 있는 말들이 제한적이란 것은 옳은 지적이다.

대명사의 하위분류는 명사에 비하여 한층 다양하다. 상위분류 자질로
대표적인 몇 가지 보이면 <+사물(물건), +처소, +인칭(사람), +의문 +지
시(일), +관계, +수, +미정, +전성> 등이다. 이들 중 의문, 미정, 전성, 관
계대명사, 수대명사가 명사의 대용 지시대상으로 제외시키면 사물, 처소,
사람, 일 등이 남게 된다. 그런 의미에서 대명사의 하위분류롤 대표적인
것은 주시경의 1) 사람대명사 +수량, +부정, +미지, 2) 물건대명사 +수
량, +부정, +미지, 3) 일대명사 +수량, +부정, +미지의 예를 제시할 수
있다. 대명사의 하위분류에서 관계대명사 등 적절치 못한 설정이나 상호
위상관계가 맞지 않는 것들이 있다. 그러나 우리는 이들 여러 제안 속에서
우리말 대명사 어휘의 하위범주설정에 필요한 의미요소를 뽑아낼 수 있을
것이다.

대명사의 하위분류는 아래와 같다.

  • 유길준   1) 보통(사물, 처소), 2) 인칭, 3) 의문, 4) 지시, 5) 관계대명사

- 주시경　1) 사람대명사 ＋수량, ＋부정, ＋미지, 2) 물건대명사 ＋수량, ＋부정, ＋미지, 3) 일대명사 ＋수량, ＋부정, ＋미지
- 남궁억　1) 인대명사, 2) 지정대명사, 3) 문대명사, 4) 관계대명사
- 이완응　1) 인대명사(자칭, 대칭, 타칭, 부정칭(의문칭)), 2) 지시대명사(근칭, 중칭, 부정칭)
- 이상춘　1) 사람대명사(일인칭, 이인칭, 삼인칭, 부정인칭), 2) 물건대명사
- 장하일　1) 인대명사(＋인칭, ＋거리, ＋대우), 2) 지시대명사(＋사물, ＋장소, ＋방향)
- 정인승　1) 사람대이름씨(인칭대명사) : 제일인칭, 제이인칭, 제삼인칭(＋근칭, ＋중칭, ＋원칭, ＋미지칭, ＋부정칭, ＋재귀칭, 2) 물건대이름씨(물대명사)
- 김근수　1) 인대명사(1인칭, 2인칭, 3인칭, 부정칭), 2) 지시대명사(사물, 장소, 방향을 가리키는 대명사. ＋근칭, ＋중칭, ＋원칭, ＋부정칭)
- 김윤경　1) 인대명사(1인칭, 2인칭, 3인칭, 미정인칭), 2) 수대명사, 3) 지시대명사(근칭, 중칭, 원칭), 4) 관계대명사, 5) 미정대명사
- 박태윤　1) 인대명사(1인칭, 이인칭, 3인칭－근칭, 중칭, 원칭, 부정칭) 2) 지시대명사(사물, 장소, 방향), (근칭, 중칭, 원칭, 부정칭)
- 심의린　1) 지시대명사, 2) 인대명사, 3) 물대명사, 4) 전성대명사
- 이숭녕　1) 인칭대명사(1인칭, 2인칭, 3인칭, 부정칭), 2) 지시대명사(물건이나 일이 또는 일이 진행되는 ＋방향·＋위치·＋처소)

3) 수사

　문교부의 통일안에서 수사는 "사물의 수효나 순서를 나타내는 말"이라고 정의하고 있다. 그 기능을 대부분 명사의 경우가 같다. 어휘적 특징으로는 ＋수량과 ＋차례를 들고 있다.

　그 형태적 의미적 기능적 측면을 고려하여 명사 또는 대명사에 포함시키는 경우 등이 있다. 대개 수량과 차례라는 의미역에 따라 하위 분류하는 것이 일반적이다.

- 안　확　1) 元수사, 2) 序수자　3) 助수사(짐(負), 자(尺), 뭇(束))

- 정인승   기본, 차례
- 이숭녕   ① 기본수 또는 체언적 수사 ② 한정수(限定數), 또는 관형사적 수
   사 ③ 서수(序數) : 하루, 이틀, 사흘, 나흘… 이월, 유월, 시월…

4) 동사

트락스 문법에서 동사는 격변화는 없으나 시제, 인칭, 수, 능동성 그리고 그 자체의미로서 피동성 등이 민감한 품사라고 하였다. 그리고 문법적 특징으로 서법, 종류, 유형, 형태, 수, 인칭, 시제, 활용 등 8가지를 들었다.[6]

동사는 활용과 서술성을 특징으로 하는 문법범주다. 활용하는 양상에 따라 여러 가지 형태적 변화와 의미적 특징을 나타내고 있다. 그 대표적인 것이 시제와 서법이다.

동사는 여러 가지 기준에 따라 다양한 분류양상을 보인다. 대표적인 것으로 김민수의 분류법이다. 1) 어의상(자립↔의존), 형태상((1) 활용형 – 규칙↔불규칙, (2) 활용성 – 완전↔불구), 3) 직능상 (1) 타동사(능동↔사동), (2) 자동사(주동↔피동).

동사에 대한 문법적 해석으로 독창적인 것은 정렬모 문법이다. 용언을 동사 하나로 분류한 것은 처음 있는 일이다. 그는 활용은 동사의 필요조건이 아니라고 하였다.

"깨끗, 적적, 만족, 운동, 공부, 걱정, 생각" 등을 '활용이 없는 동사'라 하여 어근만을 예시하였다. 그리하여 동사와 형용사의 구분을 +동작성, +형용, +활용형의 차이에 두지 않고, +시간성 여부에다 구분의 기반을 두었다. 그리하여 형용동사는 작용(狀態)에 시간성이 첨가된 것으로 보았고 시간적인 차원에서 보았을 때는 동(動)도 정(靜)도 동작이요, 시간성이 배제

---

6) (1) 서법(moods)—직서법, 명령법, 기원법, 가정법, 부정법, (2) 종류(kinds)—능동태, 중
   립태, 피동태, (3) 종류(type)—원형, 파생형, (4) 형태(form)—단순형, 복합형, 파생형,
   (5) 수(number)—단수, 양수, 복수, (6) 인칭(person)—1인칭, 2인칭, 3인칭, (7) 시제
   (tense)—현재, 과거, 미래와 반과거, 과거완료, 대과거, 부정과거.

된 경우에는 상태라고 하여 "있다, 없다, 이다"를 동작동사로 하였다.

정렬모 문법의 독자적인 설명의 또 하나는 각 품사의 2차적 성격으로 相(꼴)과 格(빛)에 대한 것이다. 상은 통사적 위치에 관여하지 않고 그 품사 자체가 가지고 있는 특성을 말한다. 명사의 경우는 존칭, 비칭, 표현법의 셋과 그밖에 셈(數), 예시, 특제(特提), 착(着) 등을 들면서 국어에는 인칭과 성은 중요한 것이 아니라고 하였다.

동사의 상(꼴)으로는 피동, 사동, 가연, 존칭, 장중, 이익, 완전성, 긍정부정, 기연(旣然), 때, 추상(推想), 완비, 불완비 등을 내세우고 있다. 격(빛)은 각 단어들이 통사구조 속에 들어갔을 때에 나타나는 格指標(marker)를 뜻하는 것으로 명사의 경우뿐만 아니라 동사, 형용사, 부사, 감탄사 등 모든 품사들이 격지표를 다 가지는 것으로 해석하였다.

동사의 문법적 특징으로 제시한 것을 보면 아래와 같다.

- 유길준 : +활용 +시제(tense), +계단, +의사, +겸비
- 김규식 : +활용, 조(kind), +법(mood), +시(tense), +인칭(person), +수(number)
- 남궁억 : +시제, +분사, +서법
- 안 확 : +활용 +태(vice) +시제(tense) +서법(mood) +성(자동사, 타동사)
- 최현배 : +활용, +서술성 선어말어미에 따라 +사동 +피동 +겸비 +존경 +가능 +추량 +확인 +습관, +강세 등 10가지 의미범주를 설정
- 김민수 : +서술작용 +시제(tense) +활용(conjugation) +서술어 및 그 외의 성분이 되는 것 +부용어와의 호응

동사의 어휘적 특성을 나타내는 하위분류는 아래와 같다.

- 유길준 : 자동와 타동, 주동과 피동, 정격과 변격
- 주시경 : 자동사(제움)과 타동사, 능동과 피동
- 남궁억 : 자동사, 타동사(주동, 피동)
- 이규방 : 자동, 타동, 행동, 변체동사(명동사, 副動詞, 형동사,)
- 이완응 : 단음동사↔복음동사, 본래동사↔전성동사, 자동사↔타동사, 피동사↔사동사

- 이상춘 : 자동사, 타동사, 변성동사(명동사, 형동사, 부동사), 합성동사, 불완
  전동사
- 정인승 : 자동사, 타동사. 피동사, 사동사, 보조동사
- 홍기문 : 정상(靜相)동사(동작의 유무 – 존재, 보족정상 동상동사(자동사, 타
  동사 : +동작)
- 김근수 : 자동사, 타동사, 보조동사, 본동사, 본래동사, 전성동사
- 김윤경 : 자동과 타동, 주동, 피동, 사역동
- 박태윤 : 종지동사(서술형·의문형·명령형), 연접동사(관사형·명사형·접속
  형·부사형), 본래동사와 전성동사, 정격동사와 변격동사
- 심의린 : 정격동사와 변격동사, 자동사와 타동사, 피동사와 사동사, 본래동
  사와 전성동사
- 김민수 : 1) 어의상(자립↔의존), 2) 형태상((1) 활용형 – 규칙↔불규칙, (2)
  활용성 – 완전↔불구), 3) 직능상 (1)타동사(능동↔사동), (2)자동사
  (주동↔피동)

5) 형용사

형용사는 "사물의 성질이나 형태나 존재를 나타내는 말"이라고 하여 그 기능면에서 보면 동사의 경우와 거의 같다. 문법적 특징으로 +활용과 +시제를 대표적으로 들고 있다.

다만 목적어의 호응 관계가 없으므로, 자동·타동 또는 사동·피동의 구분이 전혀 없는 것 등을 또한 특징이다.

김규식은 +활용을 두드러진 문법적 특성으로 들고 +조(kind), +법(mood), +시(tense), +인칭(person), +수(number)를 형용사의 특성으로 설명하였다.

형용사의 하위부류를 보면 주시경, ① 物品(性質), ② 物貌(形狀), ③ 行品(性質), ④ 行貌(形狀), ⑤ 때(時間), ⑥ 셈(數量 : 어림(科量), 모름(未知)), ⑦ 견줌(指示)은 모두 의미를 기준으로 한 분석으로 바로 형용사 어휘의 의미적 시차를 보여주는 대표적 예이다. 형용사의 의미시차를 보이는 특징으로 상태, 시간, 부정, 비교, 지시, 성상, 의문 등이 대표적이다.

과거의 문법서술에서는 동사와의 시차를 밝히려는데 적지 않은 노력이

있었다.

최현배의 동사와의 차이점으로 1) 시제 나열형이 없다, 2) 목적꼴이 없다, 3) 의도형이 없다, 4) 설명형 '-인데의 차이(동사 : 는데, 형용사 : 은데), 5) 구속형, 6) 도급형, 반복형 등의 차이가 있음을 지적하였다. 객어와의 호응이 없는 겻, 태(vice)가 없는 것, 기본형이 현재형인 것, 현재진행 시상과 과거미완 등이 없는 것들이 형용사의 문법적인 특징인 동시에 어휘적 특성도 될 것이다.

형용사의 하위부류를 보면

- 주시경 : ① 物品(性質), ② 物貌(形狀), ③ 行品(性質), ④ 行貌(形狀), ⑤ 때(時間), ⑥ 셈(數量 : 어림(科量), 모름(未知)), ⑦ 견줌(指示)은 모두 의미를 기준으로 한 분석으로 바로 형용사 어휘의 의미적 시차를 보여주는 대표적 예이다.
- 남궁억 : 대명형용사, 수량형용사, 적용형용사(+상태, +특정, +사물)
- 이완응 : 단음형용사↔복음형용사, 본래형용사↔전성형용사↔이중형용사
- 조용사 : 1) 종지조용사, 2) 時의조용사, 3) 부정조용사, 4) 각종의 조용사
- 이상춘 : 관형형용사, 상태형용사, 비교형용사, 수량형용사, 지시형용사, 변성형용사, 합성형용사
- 정인승 : 성상형용사, 지시형용사, 보조형용사
- 홍기문 : 규정, 지시, 의문 급 부정
- 김근수 : 본래형용사, 전성형용사
- 김윤경 : 성질형용사, 형태형용사, 시간형용사, 수량형용사, 지시형용사
- 박태윤 : 종지형용사, 연접형용사(관형형, 명사형, 접속형, 부사형) 정격형용사, 변격형용사
- 심의린 : 중성형용사와 종성형용사, 정격형용사와 변격형용사, 본래형용사와 전성형용사

6) 관형사

관형사는 흔히 "사물이 어떠한 것이라고 그 뜻을 수식하는 말"이라고 정의한다. 기능을 보면, 그것만으로 단독으로 관형어가 되며, 명사나 대명사나 수사에 얹혀서 수식하는 일이 특징이다. 관형사는 국어만의 특징적인 품사로 주시경이 처음으로 품사설정을 하였다. 그가 하위분류한 11종은 관형사 어휘의 의미적 양성을 보여주는 좋은 예이다.

> 주시경 : ① 가르침(指目), ② 物品(性質), ③ 物貌(形狀), ④ 行品(性質), ⑤ 行貌(形狀), ⑥ 때(時間), ⑦ 셈(數量), ⑧ 견줌(指示), ⑨ 모름(未知), ⑩ 움(動詞), ⑪ 임

이외에 수량, 지시, 성상, 성질, 모양을 관형사의 하위분류 의미역으로 삼고 있다.

하위분류를 보면 아래와 같다.

- 장하일 : 어떻씨(형용사), 셈어떤씨(수량관형사), 가리킴어떤씨(지시관형사)
- 정인승 : 성상관형사, 지시관형사, 수관형사
- 김근수 : 형용관형사, 수량관형사, 지시관형사
- 박태윤 : 형용관형사(성질, 모양), 수량관형사(셈, 부피), 지시관형사(근칭, 중칭, 원칭, 부정칭), 의문관형사
- 심의린 : 본래, 전성

7) 부사

부사는 흔히 "동사나 형용사의 뜻을 한정하는 말"이라고 정의한다. 그 기능을 보면, 그것만으로서 단독으로 부사어가 되며, 동사나 형용사 또는 부사에 얹혀서 꾸며주는 일이 특징이다. 부사는 어형변화가 없는 품사이고 다른 품사를 연결하는 구실도 한다고 설명한다. 부사의 하위분류는 다양하다.

대표적인 것 분류로 주시경을 보이면 아래와 같다.

- 주시경 : 엇덤(貌樣),　자리(位置),　때(時間),　셈(數量),　막이(拒絶),　그럼(許諾)
아마(假想),　모름(未知),　견줌(提示),　몬(物名),　일(事名)

부사는 불변화사라는 전통적의 관념에 달리 해석한 문법가는 정렬모다. 그는 부사는 후행하는 용언류에 부사 자신을 종속시키는 격을 가지고 있다고 보았다. 관형사의 경우도 명사에 종속시키는 격지표가 있는 것으로 보았고, 감탄사도 독립어로서의 자격을 가지는 마침빛이 있다고 보았다. 관형사, 부사, 접속사, 감탄사 등이 불변화사라는 종래의 개념과는 달리 내면구조 속에 영형태를 그 심층지표로 가진다는 것이다.

하위분류를 보면 다음과 같다.

- 유길준 : 정격, 변격, ＋원체부사
- 이완응 : 본래부사 ↔ 전성부사
- 이상춘 : 시간부사, 처소부사, 상태부사, 정도부사, 접속부사, 부정부사.
- 장하일 : 바탕어찌씨(실질부사 : 때, 곳, 모양, 정도), 말법어찌씨(어법부사),
이음씨(접속사) 겸씨(후치사)원인, 의, 기구, 방향, 여동, 비교, 범위
1, 범위2, 산입, ＋유무
- 정인승 : 성상부사, 지시부사, 부정부사, 접속부사
- 홍기문 : 1) 중어부사(첩립부사 : 동음첩, 이음첩, 중성변첩, 초성변첩)
2) 보통부사(계위부사, 자립부사-규정, 부인, 지시, 의문, 부정)
- 김윤경 : 動貌부사, 擬聲부사, 物貌부사, 色態부사, 시간부사, 처소부사, 비교
부사, 인정 부사, 否認부사, 명령부사, 의문부사, 접속부사
- 박태윤 : 실질부사, 형식부사(귀착, 접속, 부정)
- 심의린 : 본래, 전성
- 이숭녕 : 본래부사와 전성부사, 직접부사와 간접부사

위의 분류들은 부사의 어휘적인 단면을 드러내는 의미요소들이다. 이 가운데 어떠한 것을 분류의 보편적인 요소로 삼아야 하느냐가 어휘구조를

밝히는 주요한 출발이 된다. 이는 부사뿐만 아니라 모든 품사에 해당하는
문제다.

8) 접속사

"접속사는 일정한 순서에 따라 우리들의 사상을 통합적으로 연결시키고
담화의 공백을 채우는 단어의 한 종류이다."라고 트락스는 정의하고, 의미
에 따라 계합접사, 이접적접사, 조건접사, 목적접사, 의문접사, 추론접사,
부가접사로 분류하였다.

국어분법에서도 접속사는 다수 지지기반을 가지고 있던 품사다. 대명사
보다도 더 많은 문법가들이 품사로 설정했었다. 1963년 학교문법통일안에
서 제외된 이후 사실상 문법서술에서 제외되는 결과를 가져왔다. 그러나
의미적인 측면은 말할 것도 없고, 형태적 기능적인 면에서도 중요한 문법
적 구실을 하고 이는 품사다. 설정기준으로 김규식은 의미와 기능 양자를
취하였고, 주시경은 의미만을 기준으로 삼았다. 유길준은 의미내용에 따라
순체(順體), 반체, 연체로 하위분류하고 있다. 주시경은 조사와 어미 가운데
접속한다는 의미기준에서 형태들을 유취하여 11개의 범주를 설정하고 있
다. 덩이(集體形), 잇어함(續行形), 그침(中止形), 함게(併行形), 풀이(敷衍形), 까닭
(原因形), 뒤집힘(反轉形), 뜻밖(意外形), 거짓(假定形), 홀로(唯獨形), 하랴함(自的
形).

9) 조사

조사는 "명사나 대명사나 수사 아래에 붙어서 그 다음의 말과의 관계를
나타내는 말"이라고 한다. 항상 독립해서 쓰이는 일이 없는 의존형태(bound
form)로서 실질의 뜻이 없는 것이 특징이다. 국어의 문법서술에서 가장 난
해하고 중요한 문법영역이다. "조사를 품사로 설정한다, 안 한다"에서부터

많은 문제점을 안고 있다.

여기서는 간략히 과거 문법가들의 하위분류를 살펴보겠다.

- 유길준 : +격(주격, 빈격) 의미에 따라 +止體와 +動體로 구분
- 주시경 : 직권토 12종의 직권토 ① 임홋만(主單職), ② 씀홋만(客單職), ③ 덩이임만(衆主職), ④ 한가지만(同一職), ⑤ 다름만(差異職), ⑥ 다름한만(亦同限), ⑦ 안가림만(不擇職), ⑧ 됨만(擇一職), ⑨특별함만(特指職), ⑩ 홀로만(單獨職), ⑪ 부름만(呼格職), ⑫ 낫한만(各自職) 11종의 한정토 의미에 따른 조사의 분류임
- 이규방 : 토사(체언토)를 24종의 의미에 따라 분석, 조동사를 20종의 의미 분석
- 최현배 : 기능에 따라 격조사, 접속사, 보조사, 감동조사의 네 가지

조사를 품사로 설정하여 지지기반을 넓힌 것도 최현배이고 기능과 의미에 따라서 격조사와 보조사를 구분 설정한 것도 역시 그의 공적이다. 그러나 우리는 한 예로 주시경 문법에서 보여주는 다양한 의미기준에 따를 각각의 범주를 어떻게 체계화시키느냐가 문제이다.

최현배는 관형격조사를 10가지로 분류하였다. 이것이 과연 타당한 것인가. 아니면 달리 제시할 목록은 무엇인가 등 해결해야 것이 많다.

(1) 소유(나의 책) (2) 관계(나의 언니)
(3) 소재(동래의 온천) (4) 소산(제주의 말)
(5) 所起(육지의 전, 공중의 비행) (6) 비유(현하의 변, 서시의 미)
(7) 소작(충무공의 거북선) (8) 대상(신라의 통일)
(9) 명칭(백두의 산, 약산의 고향)
(10) 소속(한강의 근원, 사람의 아들)(559~601)

10) 감탄사

감탄사는 흔히 "무엇에 느껴서 소리 내는 말"이라고 정의한다. 독립적으로 쓰이어 감정이나 의지 등을 표현하는 것으로 설명한다, 몇 가지 분류체

계를 살펴보자.

- 장하일 : 느낌, 의지
- 정인승 : 감정, 생각, 입버릇, 말더듬과 모양
- 김윤경 : 1) 즐거움, 2) 괴로움, 3) 대답, 4) 부름. 이를 다시 (1) 깃봄감탄사,
  (2) 놀람, (3) 성남, (4) 슬픔, (5) 걱정, (6) 뉘우침, (7) 여김, (8) 막
  음, (9) 빈정거림, (10) 코웃음, (11) 아양, (12) 말림, (13) 조임, (14)
  힘씀, (15) 부름, (16) 대답감탄
- 박태윤 : 1) 감정적 감동사(기쁜 때, 분한 때, 놀란 때, 슬플 때), 2) 의지적
  감동사(단념할 때, 꾀일 때, 부를 때, 대답할 때)

감탄사는 비록 한 단어일지라도 서술 기능을 가지는 것으로 해석한다. 위의 김윤경의 예에서 같이 수많은 범주 설정을 하여 우리의 내면세계의 감정의 구조를 어떻게 가시화시키느냐가 과제일 것이다.

6. 결론

이제까지 국어품사분류사에 등장하는 문법가의 문법내용을 의미적인 측면과 관련하여 살펴보았다. 이는 국어품사의 어휘적 특성을 유추하려는 기초 작업이었다. 구태여 위와 같은 번거로운 과정을 거치지 않고서라도 공시적인 입장에서의 일면적 고찰만을 통하여서도 품사의미의 어휘적 특징을 살필 수 있을 것이다. 그 대표적인 예의 하나로 민현식(1999)을 들 수 있다. 그러나 본고의 목적은 품사분류의 기준의 하나인 "의미"가 품사분류에서 어느 정도의 구실을 하고 있는가. 품사의 하위분류 기준으로 어떠한 의미자질들을 제시하고 있는가, 또 각 품사들은 어떠한 문법적 특징을 가지고 있는가를 과거의 문법연구자료를 통하여 검토하였다.

의미가 품사분류의 기준으로 적용하는 정도와 그 구체적인 양상은 이미

<4. 품사분류기준 적용상의 특징>에서 살펴보았다.

품사분류사 전반을 통하여 가장 중시된 분류기준은 (1) 의미(meaning), 2) 기능(function), 3) 형태(form)의 순서다. 시기적으로는 제1기인 도입·수용기 문법에서는 의미가 중시되고, 제2기인 반성·모색기에는 의미와 기능이 중시되고 제3기인 정착·심화기에는 기능 위주의 품사를 설정하려는 경향이 두드러지게 나타난다.

형태는 몇몇 문법가를 제외하고는 분류기준으로 표면적으로 두드러지게 나타나지 않는다. 그러나 이는 품사의 정의에 보이는 현상이고 실제 각 단어를 품사별로 분류하는 실제 문제에서는 중시된다. 특히 정착·심화기 문법에서는 형태류의 유사함에 따른 분류가 중요한 역할을 하는데 이는 구조주의 문법의 영향이라고도 할 수 있다.

각 품사에 대한 하위분류기준 및 문법적 특징은 <5. 품사별 문법 및 어휘적 특성>에서 살펴보았다. 이들 가운데 하위분류에 따른 각 품사의 의미자질을 보이면 아래와 같다.

명사의 하위분류로는 "보통명사, 고유명사, 유형명사, 무형명사, 집합명사, 불완전명사, 본래명사, 전성명사, 추상명사, 구상명사, 개체명사, 단체명사, 합성명사" 등이 등장한다. 이들 중 통사상의 변화를 주는 문법범주로는 "보통명사, 고유명사, 불완전명사"를 들 수 있다. 의미를 중시한 특징적인 고유명사의 분류로는 박태윤(1948) 문법의 +나라, +사람, +산천, +지명, +단체, +회사, +상점, +상품, +독특한 사물 등이다. 홍기문(1947)에서는 보통명사를 +동물명, +형체명, +질료(質料)명, +추상명으로, 장하일(1946)에서 불완전명사를 연접명사라고 하여 +사물, +사람, +곳, +시간, +방법, +모양, +산입(算入)으로 분류한 것 등이 의미를 중시한 분류다.

대명사의 하위분류로는 <+사물(물건), +처소, +인칭(사람), +의문, +지시(일), +관계, +수, +미정, +전성> 등이다. 이들 중 우리말에 적절치 못하거나 하위의 하위분류가 되는 의문, 미정, 전성, 관계대명사, 수대명사를 제외시키면 사물, 처소, 사람, 일 등이 남게 된다. 그런 의미에서 대명사의 하위분류의 대표적인 것은 주시경의 <1) 사람대명사 +수량, +부정, +미지, 2) 물건대명사 +수량, +부정, +미지, 3) 일대명사 +수량, +부정, +미지>의 분류다.

수사는 그 품사적 범주설정을 몇 가지로 달리하고 있으나 어휘적 특징으로는 +수량과 +차례를 들고 있는 것이 일반적이다.

동사는 여러 가지 기준에 따라 다양한 분류양상을 보이고 있는데 대표적인 것으로 김민수의 분류법이다. 1) 어의상(자립↔의존), 형태상((1)활용형 – 규칙↔불규칙, (2)활용성 – 완전↔불구), 3) 직능상 (1)타동사(능동↔사동), (2) 자동사(주동↔피동). 의미에 따라 동사를 분류한 예는 보이지 않는다. 의미범주에 따라 동사의 내용을 분류하는 일은 어렵지 않을 것이다. 다만 그 기준이 무엇이냐가 논의점이다.

형용사의 의미시차를 보이는 대표적인 것은 "성질, 상태, 형태, 시간, 부정, 비교, 지시, 성상, 의문, 수량" 등 여러 가지가 있다. 이들을 대부분 포함하고 있는 주시경의 ① 物品(性質), ② 物貌(形狀), ③ 行品(性質), ④ 行貌(形狀), ⑤ 때(時間), ⑥ 셈(數量 : 어림(科量), 모름(未知)), ⑦ 견줌(指示)은 형용사 어휘의 의미적 시차를 보여주는 대표적 예이다.

관형사는 국어만의 특징적인 품사로 주시경이 처음으로 설정한 품사다. 주시경이 하위분류한 11종은 관형사 어휘의 의미적 양성을 보여주는 좋은 예이다.

> • 주시경 : ① 가르침(指目), ② 物品(性質), ③ 物貌(形狀), ④ 行品(性質), ⑤ 行貌(形狀), ⑥ 때(時間), ⑦ 셈(數量), ⑧ 견줌(指示), ⑨ 모름(未知), ⑩ 움(動詞), ⑪ 임

이외에 수량, 지시, 성상, 성질, 모양을 관형사의 하위분류의 의미역으로 삼고 있다.

부사는 "시간, 처소, 상태, 정도, 접속, 부정, 모양, 원인, 기구, 방향, 비교, 범위, 지시, 성상, 동모(動貌), 의성, 물모(物貌), 색태(色態), 인정, 부인, 명

령, 의문" 등 많은 의미자질에 따라 하위분류되고 있다. 위의 분류항목들은 부사의 어휘적인 단면을 드러내는 의미요소다. 이 가운데 어떠한 것을 분류의 보편적인 요소로 삼아야 하느냐가 어휘구조를 밝히는 주요한 출발이 된다. 이는 부사뿐만 아니라 모든 품사에 해당하는 과제다. 주시경의 분류는 다음과 같다. "엇덤(貌樣), 자리(位置), 때(時間), 셈(數量), 막이(拒絶), 그럼(許諾), 아마(假想), 모름(未知), 견줌(提示), 몬(物名), 일(事名)"

접속사를 트락스는 의미에 따라 계합접사, 이접적접사, 조건접사, 목적접사, 의문접사, 추론접사, 부가접사로 분류하였다. 국어분법에서도 접속사는 대명사보다 더 많은 다수의 지지기반을 가지고 있던 품사다. 의미적인 측면은 말할 것도 없고, 형태적 기능적인 면에서도 중요한 문법적 구실을 하고 이는 품사다. 대표적인 분류는 역시 주시경의 분류다. 주시경은 조사와 어미 가운데 접속한다는 의미기준에서 형태들을 유취하여 11개의 범주를 설정하고 있다. "덩이(集體形), 잇어함(續行形), 그침(中止形), 함게(倂行形), 풀이(敷衍形), 까닭(原因形), 뒤집힘(反轉形), 뜻밖(意外形), 거짓(假定形), 홀로(唯獨形), 하랴함(自的形)"

조사는 국어의 문법기술에서 가장 난해하고 중요한 문법영역이다. "조사를 품사로 설정한다, 안 한다"에서부터 많은 문제점을 안고 있다. 하위분류의 대표적인 것으로는 주시경의 12종의 직권토, 11종의 한정토를 위시하여 이규방의 24종의 의미에 따른 분류 등 여러 가지가 있다. 기능과 의미에 따른 최현배의 <격조사, 접속사, 보조사, 감동조사> 등 분류기준의 토대가 되었다.

감탄사는 독립적으로 쓰이어 감정이나 의지 등을 표현하는 품사다. 대표적인 분류는 김윤경의 것이다. "① 즐거움, ② 괴로움, ③ 대답, ④ 부름으로 나누고 이를 다시 ① 깃봄감탄사, ② 놀람, ③ 성남, ④ 슬픔, ⑤ 걱정, ⑥ 뉘우침, ⑦ 여김, ⑧ 막음, ⑨ 빈정거림, ⑩ 코웃음, ⑪ 아양, ⑫ 말림, ⑬ 조임, ⑭ 힘씀, ⑮ 부름, ⑯ 대답감탄"

민현식(1999)은 "의미 기준도 단어 품사분류에서 특히 하위분류에서는 중요한 역할을 하는데 그 의미 기준에 대한 원리에 대해서는 논의들이 별로 없었고 주관적이고 임의적 기준에 따른 분류가 많았다."고 지적하고 존재론적 입장으로 보아 인간에게 가장 중요한 의미영역을 "사람(human), 사물(thing), 시간(time), 공간(space)"이라 하였다. 그리고 이들이 품사의 하위분류에 어떻게 기능하는가를 살펴보았다. 그리고 " 명사, 대명사, 동사, 형용사, 부사에서는 이 네 영역별 의미분류가 품사분류의 일관된 기준으로 적용될 수 있고, 수사, 관형사에서는 이 네 영역의 분류가 엄격한 의의를 갖지 않는다고 하였다. 그리고 이 네 영역의 소속분류를 엄격히 하기 어려운 경우에는 [+인간성], [+사물성], [+공간성], [+시간성]의 자질개념을 다의적으로 공유하는 것으로 보면 된다. 이는 각 품사의 어휘의미를 동일 기준에서 구조화하려는 시도로 의미 있게 생각된다. 그러나 품사란 각각 다른 어휘범주들의 집합이기 때문에 이들을 동일한 기준으로 분류하는 것이나 의미를 파악하는 일은 불가능하게 여겨진다. 그보다는 위에서 제기된 각 품사의 의미특성들을 재검토하고 보완하여 각각의 하위분류의 틀을 의미에 따라 정립하는 것이다. 이들은 의미자질을 파악하려는 노력이기 때문에 구체화되면 될수록 의미를 가질 것이다. 우리는 그 방법의 하나로 과거 우리 선인들이 사서(辭書)를 편찬할 때 분류기준으로 사용하던 유해식(類解式) 분류법을 적용해볼 수 있을 것이다. 그리고 앞에서 본 아리스토텔레스의 의미기준에서도 시사를 받을 수 있을 것으로 생각된다.7)

— 「한국어 의미학」, 2001, 한국어의미학회

---

7) 類解란 어휘를 "天文, 時令, 地理…" 식의 의미별로 모아 주석한 사전의 편찬 방식의 하나다. 대표적인 책으로 「譯語類解」, 「蒙語類解」, 「同文類解」, 「倭語類解」 등 四學에 관한 對譯 사전이 있다. 「同文類解」의 경우를 보면 <天文, 時令, 地理, 人倫, 人品, 身體, 容貌, 氣息, 性情, 言語, 動靜, 人事, 宮室, 官職, 官府, 城郭, 文學, 武備, 軍器, 政事, 禮度…> 등 56개 항으로 분류하고 있다.
아리스토텔레스는 단어를 10개의 하위의미범주로 구분하였다. ① 물질(substance), ② 양(quantity), ③ 질(quality), ④ 관계(relation), ⑤ 장소(place), ⑥ 시간(time), ⑦ 자세(posture, position), ⑧ 상태(state, condition), ⑨ 동작(action), ⑩ 성질(affection, passvity). 이들은 각 품사의 하위분류 범주로 유용한 것이다.

[부론 Ⅱ] 전통문법에서의 격 연구

1. 서론

본고는 국어문법의 주요한 연구대상이 되었던 국어의 격(格)에 대하여 그간의 연구성과를 종합·정리하는 것을 목표로 한다. 이는 크게 세 부분으로 나누어 검토하기로 계획하였다. 첫째로 전통문법적 견지에서의 격의 연구, 둘째는 격문법(Case Grammar)이 주조를 이룬, 구조주의 문법적 견지에서의 격의 연구, 셋째는 변형생성문법적 견지에서의 국어의 격의 연구다. 필자가 담당한 부분은 첫 번째이다.

목차에 제시한 바의 순서에 따라 논의를 전개해 나가기로 하되, 논의의 주류는 전통문법적 견지에서의 국어의 격의 모형을 제시하는 등의 논의를 하기보다는 과거의 연구를 종합하고 분석하여 당시의 격에 대한 연구가 어떠했는가를 밝히는데 주력하기로 한다.

2. 본론

1) 격(格 : case)의 연원(淵源)

오늘날 우리들이 사용하는 문법범주인 격(格 : case)의 연원(淵源)은 고대 그리스의 아리스토텔레스까지 소급할 수 있다. 아리스토텔레스가 제기한 격(ptosis)이란 명사류와 동사류에 다 적용되었는데, 명사의 경우는 주격 (nominative case)를 제외한 사격(斜格 : oblique form 屬格, 與格, 對格)을 격(case)라 하였고, 동사의 경우는 '현재 직서법'(現在直敍法)을 제외한 과거나 미래를 격이라 지칭하였다. 아리스토텔레스의 연구는 주격명사와 현재 직설법의 시제만을 연구의 대상으로 삼았는데, 이 당시의 언어연구는 문법적인 개념 보다는 논리학적인 참과 거짓의 문장에 대한 전제조건을 문제로 삼았다. 과거는 이미 결정되었고, 미래는 미정이므로 진·위 역시 미정이어서 진위 (眞僞)를 논하려면 현재적 경험이 전제되어야 한다는 생각에서 현재(real) 동 사를 중시하였고 명사의 경우도 이와 유사하다.

그러다가 스토아학파(B.C. 308년에 형성)들은 처음으로 격(Ptosis)을 격어미 를 형성하는 품사(명사, 형용사, 관사)에 한정시키고 동사는 제외시켰다. 뿐 아니라 주격과 사격을 동등한 입장에서 격으로 다루었다.

그 뒤 알렉산드리아학파(B.C. 300~150)의 Dionysus Thrax(B.C. 170~90)에서 부터 오늘날의 격의 개념과 같은 문법범주가 성립이 된다. 트락스는 명사 를 정의하여 명사는 격변화를 하며, 사람이나 사물을 의미하는 품사라고 하고, 명사는 다섯 가지 동시적인 특징(simultaneous feature : grammatical acci-dents)으로 성(性 : gender), 유형(類型 : type), 형태(形態 : form), 수(數 : number), 그 리고 격(格 : case)을 가진다고 하였다.

그리고 명사의 격을 5가지로 분류하였다. 주격(主格 : upright), 속격(屬格 : origin), 여격(與格 : giving), 대격(對格 : accuse), 호격(呼格 : calling)으로 분류하였 다.[1)

이는 라틴어문법에서 차용되어 오늘날의 격의 개념으로 널리 유포된다. 우리 문법에서도 이 개념을 받아들여 우리말의 문법적 분석에 이를 적용하였다. 먼저 라틴어의 격변화의 한 예를 Palmer(1971)에 의거 보이면 다음과 같다.

case	single	plural
Nominative	ami − cus	ami − ci
Vocative	ami − ce	ami − ci
Accusative	ami − cum	ami − cos
Genitive	ami − ci	ami − corum
Dative	ami − co	ami − cis
Ablative	ami − co	ami − cis

위의 표가 보여주듯이 라틴어에서의 격(casus)이란 체언 뒤에 붙는 일종의 접사로서 체언의 문법적인 기능을 결정해주는 요소다.

이 문법개념은 세계각국에 전래되어 오늘에 이르는 동안 시대에 따라, 언어에 따라, 또 학자에 따라 그 정의에서부터 적용범위 등이 다양하였다.

먼저 사전에서의 정의를 살펴보면 "격은 문(文) 안에서 명사, 대명사, 형용사의 굴절어미(屈折語尾)가 나타내는 문법기능을 가리키는 문법범주"[2]라고 간략히 기술하였다.

김민주(1985, pp.6~9)는 영어에서의 격의 개념과 기준을 밝히기 위하여 아래 학자들의 정의를 분석하여 다음과 같은 표를 제시하였다. 이는 국어의 경우도 유용하리라 생각된다.

---

1) 이광정(1986) 참조할 것(1987에 재록).
2) Grammatical category indicating a word's function in a sentence is usually marked by an inflectional suffix attached to a noun, pronoun, or adjective.
Encyclopedia Britannica.

	form	relation	function	meaning
Sonnenschein	○	○	○	○
Jespersen	○	○		
Onions	○	○		○
Nesfield	○	○		
Roberts	○		○	
Quirk et al		○		
Curme	○		○	

위의 표에서 보듯, 위의 7명의 학자는 격의 기준으로 형태(form), 관계(relation), 기능(function), 의미(meaning)의 네 가지 요소를 들었다. 이들의 짧은 정의에서 유추해낸 결과이지만, 표를 보면 가장 중시되는 것이 형태이고, 다음이 "관계"를 표시하는 것이다. "기능"은 "관계" 다음이고, "의미"가 가장 경시된다. 물론 전통문법에서 경시되던 의미는 필모어의 격문법 등 구조주의와 생성문법에서는 가장 중요한 요소가 된다. 위의 표가 말하는 것이 바로 국어의 경우가 되는 것은 아니나, 우리 국어의 경우도 이러한 관점에서 격범주 설정의 기준을 삼으로 수 있고, 또 과거의 연구를 판단하는 척도로 이용할 수 있을 것이다.

그러면 우리문법에서 격이란 문법범주는 어떻게 정의되고 설정하였는지를 살펴보기로 한다.

2) 한국어와 격

서구어의 문법개념인 격(case)이란 문법범주가 우리 국어에도 해당되는가? 해당된다면 그것은 어떠한 요소들이며, 어떻게 한국어에서 적용시켜 분류해야 하는가가 과거의 문법기술(文法記述)에 있어, 중요한 과제의 하나였다.

두 말할 것 없이 국어의 경우에는 이른바 토(吐)라는 문법요소가 있어서 격의 역할을 담당하고 있다. 한 걸음 나아가, 우리말의 토는 서구문법의 격어미에 비견할 수 없을 정도로 다양하게 발달되어 있는 것이 특징이다.

우리말에서의 격의 문제란 결국 이 토의 처리를 어떻게 하느냐의 문제다. (1) 토의 범위를 체언류에 한할 것이냐, 용언에까지도 확대할 것이냐, (2) 이 토를 문법적 기능만을 담당한 '격어미'로 처리할 것이냐. 아니면 '조사'란 품사를 독립품사로 처리할 것이냐. 아니면 절충적인 방안으로 '후치사後置詞'를 설정할 것이냐, (3) 다음 단계로는 격어미든 격조사든, 그 분류체계를 어떻게 설정해야 하느냐가 특히 전통문법적인 견지에서의 격에 관한 문법적 과제였다.

국어의 경우에는, 격이 없다는 주장에서부터 다양하게 격에 대한 논의가 있었다. 이중에서 대표적인 견해를 몇 가지 살펴보고, 여러 문법가들의 연구결과를 검토하기로 하겠다.

신익성(1967, 45)은 국어에는 격이 없다고 하였다. 그는 격은 언어에 따라 시대에 따라 변화하고, 격이라는 문법범주는 어느 종류의 언어군(言語群)만이 가지고 있다고 하며, 우리말 조사 중의 일부분은 격 관계를 표시하지마는 조사는 단어이므로 우리말은 격이라는 문법 범주를 가지고 있지 않다고 주장하고 있다.[3] 그러나 조사가 단어이기 때문에 우리말에 격이 없다는 주장은 본말이 전도된 주장이다. 조사이든 격어미든 우리말에서 격의 기능을 담당하고 있는 문법요소가 있느냐 없느냐에 따라 결정될 문제다. 조사가 단어이냐 아니냐하는 문제는 다른 차원에서 논의되어야 한다. 격의 기능을 담담하고 있는 문법요소가 엄연히 존재하는 이상 그것의 명칭을

---

3) 신익성은 Robins와 Hockett의 정의를 인용하여 국어의 조사는 단어이므로 格이 없다는 주장을 하고 있으나 설득력이 약한 주장이다.

  A. "A category called case is required, whereby specific syntactic relations between nouns(and nominal groups) and other sentence constituents demand specific forms of the words involved." 55. R. H. Robins : General Linguistics 248.

  B. "Case are inflected forms for nouns which fit them for participation in key constructions relative to verbs." Charles F. Hockett : A Course in Modern Linguistics. 195.

어떻게 불러야 하는가는 별개의 차원이다.

서구적인 개념의 격을 적극적으로 도입·적용한 대표적인 학자는 이숭녕이다. 그는 분트와 손넨샤인의 격에 대한 정의를 소개하면서4) 자신의 입장을 밝혔다.

> 격은 접미사(suffix)이며 선행하는 명사 대명사와 어간(stem)과의 관계에 있음은 문법론의 상식인 것이다. 격이란 접미사이며 의미범주내의 존재이며 형태라는 것은 가치에서 부수적인 것이어서 절대로 의미와 형태를 평형으로 놓고 볼 것이 아니다. 현대문장에서 격의 형태가 생략되는 예란 참으로 많으나 격 자체가 생략되는 것은 절대로 아니라 할 것이다.
>
> — 1953, p.2

김민수(1970, 337)는 "격(case)은 체언류가 가진 기본적인 문법범주의 하나다. 한마디로 구문상 체언류와 다른 어류와의 관계를 표시하는 형태라 할 수 있다. 이 관계란 본질적으로 둘 이상의 사이에서 그 개체가 각기 일정한 위치를 가지는 데서 일어난다. 개체들이 자리잡음과 동시에 상호의 관계와 개체의 기능이 이루어진다."

"격은 그 기능에 따른 분류와 그 형태에 따른 분류가 반드시 일치하지 않는다. 본질적인 기능을 내부언어형식인 의미로 본다면, 격이 언어마다 공통될 가능성이 있고, 외부언어형식인 형태로 본다면, 유표성有標性과 무표성(無標性)을 초월한 위치에 중점을 두게 될 것이다(p.337)."

김기혁(1989)은 국어문법에서 격은 전통적으로 구체적인 격 표지인 "격조사"라는 "형태"를 기준으로, 또는 문장성분이라는 "기능"을 기준으로 파악하였다고 하고, 격이란 형태, 의미, 기능 가운데 어느 한 가지만을 기준

---

4) 분트 : "格이 어형과 의미의 양면을 가지고 있다고 보았으며 전치사와 같이 외부적 보조수단으로서 격의 형태가 형성되었으며, 한정하는 말과 한정 당하는 말과를 통하여 표시된 개념적 관련에서 오히려 특이한 외부적 관련형태로서 형성된 존재다.
  손넨샤인 : "格은 의미범주를 표시하는 것이지 형태범주를 표시하는 것이 아니다."
  이숭녕(1953, p.2)

으로 설전된 문법범주가 아니라, 이 세 가지 문법기준이 종합적으로 혼합되어 있는 문법범주라고 하였다.[5]

이상 몇 가지 격에 대한 개념을 살펴보았다.

"격(case)이란 체언류가 가진 기본적인 문법범주의 하나로, 구문 속에서 체언류와 다른 문장성분과의 관계를 표시하는 문법형태라 할 수 있다." 이 문법형태는 우리말의 경우 토의 형태로 나타난다.

그러면 구체적으로 전통문법적 입장에서, 문법가들은 격이란 문법개념을 어떻게 이해하고 문법기술에 적용하였는가를 알아보기로 한다.

3) 연구대상 자료

본 연구는 유길준 문법(1900) 이후 학교문법통일안(1965)까지의 학교문법서를 연구대상의 자료로 하였다.

이 가운데 1950년대 이후 1965년까지의 시기는 우리문법연구사에서 구조주의문법과 변형생성문법 연구의 시기와도 중첩된다. 이를 피하기 위하여 본고에서는 전통문법적 견지에서의 학교문법서만을 주 대상으로 삼았다. 그 대상은 아래와 같다.

유길준 필사 「조선문전」(1900), 「대한문전」(1908, 1909), 김규식 「대한문법」
(1908), 주시경 「국어문법」(1910), 김희상 「조선어전」(1911), 남궁억 필사 「조선문

---

5) 그는 의미를 중심으로 파악하려는 것은 필모어의 격문법(Case Grammar)에서의 격의 개념이고, 형태를 중심으로 할 때는 분포를 중시해야 한다고 하였다. 形態 중시란 격조사를 설정하여 이에 따라 구분하는 것을 말하고 격조사는 분포적 제약이 심하다고 하였다. 그의 주장을 몇 가지 들어보면 다음과 같다.
(1) "격"은 기능, 의미, 형태를 기준으로 설정하였다. (2) 학자에 따라 기능을 중시하거나 형태를 중시하여, 의미는 보조적으로 이용하였다. (3) 기능을 중심으로 한 경우는 격이 문장성분과 일치 한에 비해, 형태를 중심으로 하는 경우는 격과 어미를 일치시키고 있다. (4) 기능을 중심으로 하는 경우나 형태를 중심으로 하는 경우에도 학자마다 차이가 있다. 전통문법에서는 기능과 형태를 중심으로 한 반면에 격문법과 생성문법에서는 의미를 중시한다.

법」(1913), 김두봉 「조선말본」(1916), 이필수 「선문통해」(1922), 「정음문전」(1923), 이상춘, 「조선어문법」(1925), 홍기문 「조선문전요령」(1927), 「조선문법연구」(1946), 최현배 「우리말본」(1937), 박승빈 「조선어학강의요지」(1931), 「조선어학강의요지」(1931), 「조선어학」(1935), 「간이조선어학문법」(1937), 「조선어학」(1935), 박상준 (1932년), 심의린 「개편 국어문법」(1949), 정렬모 「신편고등국어문법」(1946), 박종우 「한글의 문법과 실제」(1946), 정인승 「표준중등말본」(1949), 「표준중등말본」(1956), 「표준 고등말본」(1956), 이희승 「초급국어문법」(1949), 이숭녕 「고어의 음운과 문법」(1949), 「고전문법」(1954), 「고등국어문법」(1956), 최태호「중학말본」(1957), 김민수 「국어문법」(1955), 「국어문법론연구」(1960), 한국국어교육연구회 「중학국어문법」(1964), 고창식 · 이명권 · 이병호 「학교문법해설서」(1965)

이들 외에 더 많은 문법서가 있으나, 격에 대한 연구로는 미흡하거나, 문법서 전반에 걸쳐 재검토해야 할 것 등은 대상에서 제외시켰다.

4) 문법가별로 본 격의 개념

먼저 우리는 여러 문법학자들의 저서에서 격에 대한 다음과 같은 다양한 정의들을 찾아 볼 수 있다.

> 後詞는 명사의 後에 附호야 其上下詞의 關係를 示호는 者니 蓋 명사가 후사를 得치 못호 則 動치 못호는 고로 명사 급 후사는 相離치 못호는 관계가 有호니라.
>
> — 유길준, 필사 「조선문전」, 1900, 25

> 명사의 位格이라 호는 자는 一事物이 他語와 關係호는 地位를 指示호는 者이니 此에 主格 及 賓格의 구별이 有호니라.
>
> — 유길준, 최광옥, 「대한문전」, 1908, 9

> 格의 變體라 함은 명사가 他詞字와 如何關係되는 資格을 示호 것을 운흠이니
>
> — 김규식, 1908

듬은 格과 한뜻이니 임이듬은 임이 되는 格이라

— 주시경, 1910

格位吐는 名詞나 代名詞下에 在ㅎ야 該各詞의 格位롤 示ㅎ는거이니 此에 主
位吐와 客位吐의 二別이 有ㅎ니라.

김희상, 「조선어전」, 1911, 47

명사의 체격이란 것은 한 사람이나 물건이나 일을 들어 말할 때에 다른 것과
관계가 될 경우에 각기 체격이 잇스니, 대개 말하자면 명사나 대명사 아래 의례
히 일정한 글자를 노아서 그 체격을 일우게 함이라.

— 남궁억, 필사 「조선문법」, 1913, 13

격은 문의 조직에 대한 명사의 관계

— 박승빈, 1931

Case는 元來 『境遇』를 뜻하는 것으로, 轉하여 語法上 用語로서는, 語尾가 변
화하는 국어의 이름씨, 대이름씨의 他詞와의 語法的 關係를 보이는 形을 이르는
것이다. 다시 말하면 Case는 이름씨, 대이름씨의 語法上 職責을 나타내는 형식에
關한 것이다. 그러므로, 그는 이름씨, 대이름씨 自體內의 一變化이다. 이는 대개
일정한 資格을 보이는 것으로 보고서 한 것이다.

— 최현배, 「우리말본」, 1937, 837

大槪 格이란 것은 사물과 사물의 互相關係를 표시하는 것이나 그럼으로 後置
詞는 본래 명사 대명사 數詞에 대하야 붙인다.

— 홍기문, 1946, 299

빛(格 : case)은 감말(단어)의 덧말감이나 월 가운데서의 처지에 매인 자격이다.

— 정렬모, 「신편고등국어문법」, 1946, 130

격조사라는 것은 어떠한 체언 아래에 붙어서 그 체언이 그 문장 가운데서 어
떠한 자리(지위나 격을 말함)를 차지하는가를 보이는 조사(토)를 말함.

— 박태윤, 1948

자리토씨(격조사)는 반드시 이름씨(또는 풀이씨의 이름꼴)의 아래에 붙어서,

월의 짜임에 대한 그 이름씨의 자리(격)를 정하여 주는 토씨를 이름이니

— 정인승, 「표준중등말본」, 1949

글월 속에서 체언이 다른 말에 대하여 가지는 자격을 격(格)이라 일컫고, 체언으로 하여금 이 격을 가지게 하는 조사를 격조사(格助詞)라 이른다.

—이희승, 「초급국어문법」, 1949

명사에는 격(格)이 붙는다. 격은 현대 문법에서 격조사(格助詞) 또는 토씨라고 하는 것인데, 접미사(接尾辭)에 지나지 않는다. 격은 뜻과 구실로서 여러 종류가 있으나 이것은 그 형성(形成)에서 둘로 나뉜다.

— 이숭녕, 「고전문법」, 1954

따로 떼어 놓고 생각할 수 있는 말에 붙어서, 그 관계를 밝히거나 활용을 시키는 말을 토 또는 어미(語尾)라고 한다.

— 최태호, 1957, 79

體言이 글월의 한 成分이 되었을 때, 다른 成分에 對한 關係를 表示한다. 이 여러 가지 관계를 「位格」이라 이른다. 즉 체언이 글월 가운데 쓰이는 「자리」의 표시인 것이다.

— 김민수, 1960

관념어에 붙어서 그것들의 사이의 관계를 보이며, 또는 그 뜻을 더하는 품사로, 그 하는 구실로 보아 다음과 같이 여러 가지의 갈래로 나눌 수 있다.

—고창식 외, 1965

그러면 이들 정의가 어떠한 관점에서 격의 문법범주를 설정하고 있는가를 검토하기로 한다. 격의 범주 설정은 앞에서 살핀 바 있는, 영어의 예와 같이 關係(relation), 職能(function), 形態(form), 意味(meaning) 등의 요소들로 복합적인 연관을 맺고 있는 것이 일반적이다.

위의 기준에 의거 문법가별로 설정기준을 살펴보면 대략 다음과 같은 결과를 추출할 수 있다.

문 법 가	관 계	직 능	형 태	의 미
유길준(1900, 1908) – 관계	○			
김규식(1908) – 관계	○			
주시경(1910) – 직능		○		
김희상(1911) – 직능		○		
남궁억(1913) – 관계, 직능	○	○		
박승빈(1931) – 관계	○			
최현배(1937) – 관계, 직능	○	○		
홍기문(1946) – 관계	○			
정렬모(1946) – 직능		○		
박태윤(1948) – 직능		○		
정인승(1949) – 직능		○		
이희승(1949) – 관계	○			
이숭녕(1954) – 의미, 직능		○		○
최태호(1957) – 관계	○			
김민수(1960) – 관계, 직능	○	○		
고창식(1965) – 관계, 의미, 직능	○	○		○

위의 결과는 다만 앞에 제시된 정의 부분만에서 추출한 것이다. 만약 논의의 범위를 넓힌다고 하면 다른 결과를 가져 올 것이다.

또한 검토과정에서 막연히 "자리"라고만 하여 이것이 관계를 표시하는 것인지? 직능을 표시하는지? 불분명한 부분이 있었다. 또한 "관계"라는 개념과 "직능"이란 개념 사이의 경계도 명확치 않아 서로 넘나드는 경우가 많음을 알 수 있다.

표의 내용을 살펴보면 (1) "관계"를 1차 기준으로 삼은 문법가는 유길준, 김규식, 남궁억, 박승빈, 최현배, 홍기문, 이희승, 최태호, 김민수, 고창식 등 10명이다. (2) "직능"의 경우도 주시경, 김희상, 정렬모, 박태윤, 정인승 등 전체 9명이나, 1차 기준으로 내세운 문법학자는 5명에 불과하여 "관계"에 비하여 반수에 불과하다. (3) "의미"를 기준으로 제시한 사람은 이숭녕, 고창식뿐이다. 특기할 것은 "형태"를 기준으로 제시한 문법가가 없다는 사실이다. 그러나 이는 정의 부분에 나타난 사실에 불과하고 실제 분류에 있어서는 격조사란 직능을 바탕으로 삼아, 1차 기준으로 "형태"에 따라 분류를 하고, 2차적으로 의미가 고려되는 것을 알 수 있다. 특히 부사격조사의 경우는 의미에 따른 형태의 분류이다. 또한 우리가 격의 범위를 특수조사에까지 확대시킨다고 할 때는 의미가 더욱 중요함은 재론의 여지가 없다.

결과적으로 우리 전통문법적 견지에서 "격이란 개념은 문장성분들 간의 관계를 표시해 주는 문법요소라"는 견해가 지배적이다. 이러한 결론은 현재까지도 이어오고 있는 전통적 개념이다.

5) 격의 분류양상

전통문법적 견지에서 격을 어떻게 설정하고 분류했느냐는 것을 설명하기는 간단하지가 않다.

문법가마다 그 분류양상과 용어 등이 다양하여 일목요연하게 결과를 제시하기가 쉽지 않다. 분류의 대상도 이른바 격조사에 한 할 것이냐, 특수조사, 보조사들도 포함해야 하느냐의 문제가 따른다. 물론 격을 표시하는 격조사에 한 하는 것이 원칙이지만, 실제를 분류해놓은 결과를 보면 격조사의 범주가 명쾌하게 드러나지 않고 여러 분류체계 속에 혼재되어 있는 경우가 허다하다. 본고에서는 격조사에 한정하여 고찰하는 것을 원칙으로 하였다.

먼저 대표적인 문법학자들의 격의 분류양상을 보이면 아래와 같다.

	유길준	김규식	김희상	남궁억	이필수	홍기문	최현배	박승빈	박상준	정렬모	박종우	정인승	이희승	이숭녕	최태호	김민수	교사용
	2	5	2	9	8	8	11	15	7	9	6	24	18	14	7	15	14
주 격	주격	주격	주위격	주격	주격	주격	주격	주격	주격	임자빛	주어격	주격	주격	주격	주격	주격	주격
목적격	賓格	목적	客格	빈격	願格	객격	목적	목적	객어	휘두를	잭어	목적	목적	목적	목적	목적	목적
관형격		소유		物主	領格	指格	관형	所持	소유	엇칠빛	소유	관형	소유	소유	관형	소유	관형
호 격				호출	호격	호격	호격	호격	칭호		칭호		호격	호격	호격	호격	호격
보 격							보격	보격		기을빛		보격			보격	보격	보격
서술격								轉用格					서술	서술		서술	서술
주제격				반대										절대			
접속격												접속			접속		
부사격															부사격		
통 격										두루빛						(重格)	
여 격		指名格		귀착	여격	여격				기댈빛		부여	여격	여격		여격	
처소격				위치	對格		처소	處在				처소	처소	처격		처격	처소
비교격					比格		비교	비교	비교		비교	비교	비교	비교		對格	비교
원인격		원인						이유				원인	원인				원인
사용격				사용	役格	役格	기구	사용		부릴빛		기구	사용	조격		조격	기구
공동격						共格	與同	相對	병렬	더불빛		공동		공동		공동	여동
탈 격						탈격						출처	탈격	탈격		탈격	
시발격				유출				유래		떠날빛		출발	유래	시발			
자격격								자격				자격	자격				자격
변성격							변성						변성				변성
인용격							인용							在格			인용
향진격								향진				방향	향진				
표준격									표준		표준						
구 격																具格	
치 격																置격	
정도격								정도격									
상대격													상대				
동류격													동류				
열거격													열거				
정처격												정처					
통과격												통과					
출처격												출처					
운위격												운위					
재료격												재료					
변화격												변화					
종류격												종류					
현상격												형상					
연장격												연장					

전체 분류대상 17명의 격체계다. 전체 격범주는 38개가 설정이 되는데, 이는 내용적으로 볼 때, 기본격에 해당하는 것과 특수격에 해당하는 것으로 구분할 수 있다. 특수격의 대표적인 것은 부사격조사의 하위분류들이다. 기본격은 학자마다 다르나 대개 9개 미만이다.

우리는 위의 표에서 많은 사실을 유추해 볼 수 있다.

첫째, 그 분류체계가 다양하다는 것이다. 단 2개의 분류체계를 가진 유길준, 김희상으로부터 많게는 24개까지 가진 정인승의 체계가 있다는 것이다. 이는 문법학자들이 격을 어떻게 보는가의 관점에 따라 달라진 것이다. 격의 분류가 많아지는 주요요인은 부사격조사를 한 범주로 묶느냐 여러 개의 범주로 하위분류하느냐에 따르는데, 위의 표에서는 이들 하위범주도 표 속에 포함시켰다. 위의 표에서 부사격 아래의 분류표는 특수격에 해당하는 부사격의 하위범주로 생각하면 된다.

둘째, 용어의 다양성도 읽을 수 있다. 동일한 범주를 여러 가지 용어로 표시하고 있다. 이와는 반대로, 위의 표에서는 같은 도표로 일원화시켰으나, 구체적으로 문법가 개개인으로 들어가면 문법범주로는 서로 다른 것이 많다. 중복되기도 하거니와 전혀 별개의 경우도 있다. 또한 독창적이지 않고 타인의 경우를 그대로 사용한 분류체계도 있다.

이들 다양한 용어를 학교문법서 등에서 통일해야 된다는 문제가 등장하는데, 대개는 후대로 오면서 통일이 된다. 그 대표적인 것이 교사용이라고 한 마지막의 분류체계다. 이 체계 및 용어는 중등학교 수업에서 보편화되었다. 격조사의 명칭을 문장의 성분의 명칭과 일치시키는 것은 여러 모로 편리할 것이다.

6) 문법가별로 본 격의 개념과 분류양상

그러면 우리문법 초기부터 격이란 문법범주가 어떠한 개념으로 설정되고, 또한 분류되었는가를 문법가 개인별로 살피기로 한다.

(1) 유길준, 필사 「조선문전」(1897~1904), 「대한문전」(1908. 9.)

유길준은 우리문법연구사에서 처음으로 학문적인 체계를 이룩한 학자다. 격의 개념 및 분류를 그의 견해가 효시가 된다. 그는 단지 주격主格과 빈격賓格이라는 두 개의 격범주를 세우고 다음과 같이 격을 정의하고 있다.

> 後詞는 名詞의 後에 附ᄒ야 其上下詞의 關係를 示ᄒ는 者니 蓋 名詞가 後詞를 得치 못ᄒ 則 動치 못ᄒ는 故로 名詞 及 後詞는 相離치 못ᄒ는 關係가 有ᄒ니라.
>
> — 필사 「조선문전」, 25

> 後詞는 名詞의 資格을 定ᄒ는니 其 資格은 一曰 主格이오, 二曰 賓格이라.
> 後詞는 名詞의 體勢를 定ᄒ느니 其 體勢는 一曰 止體며 二曰 動體라.

유길준은 필사본 조선문전(1897~1904)에서부터 최광옥 「대한문전」(1908)에 이르기까지, 격을 주격과 빈격으로 분류하였다. 조사에 해당하는 후사에 격과 달리 체세(體勢)가 있다고 함이 특징적이다. 체세를 나타내는 일부 격은 일부 부사격 조사들이다. 비록 격조사만에 한정한 것은 아닐지라도 일찍이 조사가 관계를 표시한다고 지적한 것은 의미 있는 지적이다. 「대한문전」(1909)에서는 격을 "명사의 위격"이라 하여 "명사의 位格이라 ᄒ는 者는 一事物이 他語와 關係ᄒ는 地位를 指示ᄒ는 者이니 此에 主格 及 賓格의 區別이 有ᄒ니라."하였다. 품사의 명칭도 바꾸어 後詞를 接續詞라고 하였다. 접속사 중에서 정체접속사(定體接續詞)에 해당하는 것이 주격 명사와 빈격명사의 조사들이 이에 속한다.

한마디로 격조사의 개념설정을 "다른 말과의 관계를 표시하는 것"이고 한 것은 올바른 지적이다.

(2) 김규식, 「대한문법」(1908)

서구적인 개념에 가장 접근하여, 격의 개념과 분류를 제일 처음으로 시

행한 문법가는 김규식이다. 그는 「대한문법」(1908)에서 명사, 대명사에 수
와 격이 있다고 하고 주격(ㄴ, 가), 목적격(를), 소유격(의)으로 분류하였다. 그
리고 격의 변체라고 하여 다시 5격으로 분류하였다.

그는 이른바 많은 논란이 있는, 조사를 격어미로 처리하였고, 이들을 첨
용이 아니라 격어미의 변화로 보았다. 이는 서구문법에서의 곡용(曲用)의 개
념과 같은 것이다. 그리고 "격은 체언이 다른 성분과의 관계를 표시하는
것"으로 설명한 것도 전통문법적 견지에서의 격의 개념을 대표하는 것이다.

> 格의 變體라 함은 명사가 他詞字와 如何關係되는 資格을 示호 것을 云홈이니
> 그 物을 擧論홀 時, 其 명사가 主行ㅎ거나 설명의 제목이 되거나 他的의 소유권
> 을 帶ㅎ거나 其 행동의 목적지를 表ㅎ거나 指明ㅎ는 資格을 明示ㅎ는 것을 云홈
> 이니라. 然則 명사는 五格으로 變體된다 홀 수 잇스니 曰 主格, 曰 所有格, 曰
> 目的格(或稱 賓格), 曰 指明格, 曰 原因格이니라.
>
> ― 「대한문법」, 1908, 47

격의 분류 : (1) 주격어미 : 이, 가, 은, (2) 소유격 : 의, (3) 목적격 : 을,
　　　　　　　를, (4) 지명격 : 에게, 께, 한테, 더러, (5) 원인격 : 로, 으로

(3) 주시경, 「국어문법」(1910)

주시경 문법에서의 격의 개념은 위에서 말한 일반적인 의미의 격의 개
념과 비교해 볼 때 명확하게 드러나지 않는다.

「국어문법」(1910)을 보면 격의 뜻으로 "듬"이란 용어를 사용하며, "듬은
격과 한뜻이니 임이듬은 임이 되는 格"이라고 하였다. 격의 분류라고 할
수 있는 임이듬(주격), 씀이듬(목적격), 남이듬(서술격)의 구분이 있다. 그리고
격조사의 개념으로서의 분류는 아니나 조사에 해당하는 "겻"의 분류에서
그의 격조사 분류의 일면을 엿볼 수 있다. 그는 조사(겻)을 크게 둘로 갈라
(1) 주어부와 객어부(만이)에 붙는 조사, (2) 용언을 한정하는 부사어(금이)가
되는 조사로 양분하여 분류하였다. 이들 분류는 의미적인 면에 고려하여

세분화되었다.6) 주시경 문법에서는 조사의 범주에 드는 요소들이 접속사에도 소속되어 일괄하여 격을 논하기 어렵다. 한마디로 그는 격의 개념을 앞세우고 격조사를 분류하지는 않았다.

그의 격에 대한 견해는 토에 해당하는 문법범주 전반과 연관시켜 면밀히 검토해야 한다. 본고에서는 생략하기로 한다.

(4) 김희상, 「조선어전」(1911)

김희상의 문법의 특징은 토의 설정 및 분류로 대표된다. 그는 이른바 조사와 용언의 활용어미를 모두 토로 처리하고 있다. 그의 「조선어전」(1911)을 보면 토를 그 용도에 따라서 5가지로 분류하였다.

하위분류의 한 가지로 격위토를 두었다. 이 가운데 주격과 객격만을 격토로 처리하고, 나머지는 전성토, 의사토로 처리하였다. 이 주격과 객격만을 격조사로 받아들여야 한다.

> 格位吐는 名詞나 代名詞下에 在ᄒ야 該各詞의 格位를 示ᄒ는거이니 此에 主
> 位吐와 客位吐의 二別이 有ᄒ니라.
>
> —「조선어전」, 1911, 47

---

6) <겻의 갈래>
   (1) 만이 : 임홋만(가, 이), 씀홋만(를, 을), 덩이임만(에서), 한가지만(도), 다름만(는, 은), 다름한만(ㄴ들, 인들, 라도, 이라도), 안가림만(든지, 이든지, 나, 이나), 낫됨만(나, 이나), 특별함만(야, 이야), 홀로만(만), 부름만(아, 야, 여, 이여), 낫한만(마다)
   (2) 금이 : 자리금(에, 로, 에서, 까지, 쯤), 몬금(에, 에서), 때금(에, 로, 으로, 에서, 까지, 쯤), 헴금(에, 로, 으로, 에서), 부림금(로, 으로), 움몬금(에서, 서, 에게, 게), 일금(에, 에서), 낫한금(마다), 까닭금(에, 로, 으로), 함게금(와, 과), 다름한금(엔들) (1910, 74~83)

(5) 김두봉, 「조선말본」(1916)

김두봉 문법에서도 주시경 문법에서와 같이 格에 대한 설명이나 분류는 간략하다. 다만 "겻의 종류"에서 임자겻(主語吐)을 두 가지로 분류하여 다만 임자겻(이, 가, 께서), 부름임자겻이라 하여 호격조사에 해당하는 것을 주격토로 분류하고 있음을 특이한 일이다.

그는 조사를 분류하여 (1) 주어토(임자겻), (2) 종속토(從屬吐 : 달림겻), (3) 보조토(補助吐 : 돕음겻)로 분류하였다. 겻의 범주가 체언토만을 말하는 것이 아니고 용언토까지 포함하고 있다. 대체로 주시경 계열의 문법에서는 격의 개념이나 격조사분류가 다양하지 않은 것이 특징이다.

(6) 남궁억, 필사 「조선문법」(1913)

남궁억 문법에서는 격의 개념은 김규식과 같이 "관계" 표시로 설명하였고, 그 분류는 의미적인 면에 주로 의거한 것으로 9격으로 분류하고 있다.

(1) 주격(이, 가), (2) 빈격(을, 를), (3) 사용격(로), (4) 물주격(의), (5) 위치격(에), (6) 유출격(에서), (7) 귀착격(께, 한테), (8) 반대격(은, 는), (9) 호출격(아)

명사의 체격이란 것은 한 사람이나 물건이나 일을 들어 말할 때에 다른 것과 관계가 될 경우에 각기 체격이 잇스니, 대개 말하자면 명사나 대명사 아래 의례히 일정한 글자를 노아서 그 체격을 일우게 함이라.

— 필사 「조선문법」, 1913, 13

이 시기의 문법가로 안확(安廓), 이규영(李奎榮), 김원우(金元祐), 이규방(李奎昉), 강매(姜邁) 등을 들 수 있는데 이들의 문법은 격에 대한 개념 진술과 분류도 불분명하거나 간략하다. 특히 주시경계의 문법이 그러하다.

(7) 이필수, 「선문통해」(1922), 「정음문전」(1923)

이필수는 격을 「선문통해」(1922)에서는 8격으로 분류하였다. 「정음문전」

(1923)에서는 호격을 추가하여 9격으로 분류하고 있다.

> (1) 주격(이, 가), (2) 영격領格(의), (3) 원격願格(을, 를), (4) 여격與格(에게), (5) 대격對格(에, 에서, 로), (6) 역격役格(로, 으로), (7) 비격比格(만, 와, 과, 은, 는, 도, 나, 이나, 든지, 이든지), (8) 의격疑格(인지), (9) 호격(아, 야, 이)

> 구(句)를 조직하고자 할 때는 먼저 완전한 격(格)을 구하나니 만약 그 격(格)이 분명하지 못할때는 의사의 발표가 쏘한 완전하지 못하니라.
>
> —「정음문전」, 1923, 114

(8) 이상춘, 「조선어문법」(1925)

이상춘은 조사를 주격조사, 객격조사, 보어조사, 수식어조사, 통용조사의 5가지로 분류하였는데 통용조사를 제외한 조사들을 격조사의 범주에서 다룰 수 있을 것이다.

(1) 주어조사를 두 가지로 분류하여 ① 협의의 주격조사인 "가, 이, 께서 께옵서 등", ② 호격조사를 호주어呼主語조사(아, 야, 여, 이여, 시여, 이시여 등)라고 하였는데 이는 김두봉 견해와 같다.

(2) 객어조사 : 을, 를, 에게(간접객어)

(3) 보어조사 : 물이 얼음이 되다. 구름이 비가 된다. 얼굴이 거울과 같다.

(4) 수식어조사 : ① 체어수식조사, ② 용어수식조사

(9) 홍기문, 「조선문전요령」(1927), 「조선문법연구」(1946)

홍기문 문법에서의 격의 개념은 매우 중요한 개념이다. 그는 이른바 조사를 격사란 명칭으로 사용한다. 이를 달리 후계사(後系詞)로 부르기도 하고 1946년에는 후치사(後置詞)로 개칭하지만 "격사(格詞)"란 품사명칭이 의미하듯 이른바 조사란 체언의 격을 결정하는 품사라는 뜻이다.

　대개 격이란 것은 사물과 사물의 호상관계를 표시하는 것이나 그럼으로 후치사는 본래 명사 대명사 數詞에 대하야 붙인다. 그 以外 다른 품사에 붙이는 경우가 잇다고 하더라도 그것은 결코 後置詞로의 근본적 임무가 아니다. 그런대 定格이란 무엇인가 명사 등의 格을 定하는 것이요 助格이란 무엇인가 定格으로서 不充分한 關係를 보충해서 쓰는 것이요 添格이란 무엇인가 定格에 添付되야 다시 定格에 一定한 意味를 더하는 것이다.

— 1946, 299

　그의 격의 설정기준은 관계를 중시하되 직능, 의미, 형태를 동시에 중요시 한 분류체계다. 그는 조사 전체를 격이란 문법범주 속에서 처리하려 한 것이 또한 특색이다. 위의 정격(定格), 조격(助格), 첨격(添格)이란 분류체계가 이를 뜻한다. 「조선문전요령」(1927)에서는 8격으로 분류하였다.

　(1) 주격(「가」와 「이」), (2) 객격(「를」, 「을」), (3) 역격役格(「로」, 「으로」), (4) 여격(에게), (5) 탈격奪格(에게서), (6) 공격共格(와, 과), (7) 지격持格(의), (8) 호격(아, 야)

　그리고 이들 8격에 부격(副格)을 두었다. 부주격과 부객격의 설명을 보면

　그 句에 잇서 그 말이 결코 主格이나 客格되는 지위를 점유치 못하건만 토로는 주격과 客格的助詞를 가지는 말이 잇다. 그것을 副主格, 副客格이라고나 말하야 듰가한다. 그런대 原主格을 떨어저 存在치 못함에 反하야 副客格은 原客格을 써나 獨立的으로도 존재할 째가 잇다.

　즉 부격이란 표면구조는 원격과 같으나 의미상으로는 다른 조사들을 뜻한다. 이는 그의 문법이 표면구조인 형태를 중시하는 증거이다. 부주격의 경우로 다음과 같은 예를 들고 있다.

　물이 얼어 어름의 된다=물이 얼어 어름으로 된다.(役格대신)
　그가 재산이 만타=그에게 재산이 만타.(與格대신)
　네가 바둑이 국수다=네 바둑이 國手다.(持格대신)

　　사람이 넷<u>이</u> 온다.(수량)

부객격의 경우도 주격의 경우와 같은 원칙이다.

　　물<u>을</u> 어름을 맨든다=물<u>로</u> 어름을 맨든다.(役格대신)
　　개<u>를</u> 밥을 먹인다=개<u>에게</u> 밥을 먹인다.(與格대신)
　　보리<u>를</u> 씨를 뿌린다=보리<u>씨</u>를 뿌린다.(持格대신)
　　소<u>를</u> 열 마리<u>를</u> 산다.(수량)

　이들 부격은 8개의 원격 모두에 설정하였다. 이는 형태를 분류의 기준으로 두었으나 내면적으로는 의미에 기반하고 있음을 알 수 있다.
　「조선문법연구」(1946)에서는 정격에 주격(가, 이), 객격(를, 을), 지격(의, ㅅ), 대격(에, 게, 에게), 역격(로, 으로), 구격(와, 과, 나, 이나), 호격(아, 야, 이어, 여) 등 7격으로 분류하였다.
　여기서도 원격을 부격을 두어 설명하였다.

(10) **최현배, 「우리말본」(1937)**

　최현배 문법에서의 격의 개념이나 분류는 상당히 구체적으로 언급이 된다. 먼저 그의 格에 대한 견해를 보이면 다음과 같다.

　　여기서 『자리』란 말은 잉글리쉬 말본의 Case 옮김(飜譯)이니, 잉글리쉬 Case는 원래 『境遇』를 뜻하는 것으로, 轉하여 어법상 용어로서는, 어미의 변화하는 국어의 이름씨, 대이름씨의 他詞와의 어법적 관계를 보이는 形을 이르는 것이다. 다시 말하면 Case는 이름씨, 대이름씨의 語法上 職責을 나타내는 형식에 關한 것이다. 그러므로, 그는 이름씨, 대이름씨 自體內의 一變化이다. …… 자리에는 두 가지가 있나니, 하나는 공간상의 자리(位置, 席)이요, 하나는 職務上의 자리(地位, 職)이니, 여기에서 이른 자리는 이 뒤의 것을 가리킴이다.(837)

　　서양말의 『게이스』(格)는 이름씨, 대이름씨 그 자체내의 일변화이지마는, 우리말에서는 이름씨나 대이음씨 그 자체가 변화하는 것이 아니라, 따로 토란 것이 있어서, 그 『자리』를 보이나니, 이것이 우리말이 첨가어의 일종인 특질이다. 그리하야, 그 『자리』를 보이는 토를 자리토씨(格助詞)라 한다.(837)

걸림씨 곧 토씨(關係詞 즉 助詞)는 생각씨에 붙어서 그것들 사이의 걸림(關係)을 보이며, 또는 그 뜻을 더하는 씨이니라.(832)

토씨는, 그 하는 구실(職責)의 다름을 따라, 자리토씨(格助詞), 이음토씨(接續助詞), 도움토씨(補助詞), 느낌토씨(感動助詞)의 네 가지로 가른다.(834)

최현배 문법에서의 격은 "관계" 표시가 아니라 "자리"라는 말로 이해해야 한다. 그는 조사의 구실로 관념어와 관념어 사이의 관계를 밝히는 것이 주된 것이고, 다음으로 문장 성분이나 문장 전체에 뜻을 보태는 것이라고 하였다. 이는 그의 격의 개념과 분류기준을 보이는 말이다.

최현배 문법에서의 관계를 보임이란 "관계"는 이른바 格에서 말하는 협의의 관계가 아니다. 그는 걸림(關係)을 보이는 토씨에 두 가지가 있다고 하여, "하나는 한 가지 월조각(문장성분)이 다른 한 가지의 월조각하고 어떠한 자리(地位, 格)에 섬을 보이는 것이니, 이를 자리토씨(격조사)라 하고, 다른 하나는 두 생각씨의 사이에서 그것들이 한 덩어리가 되어서 한 갈래의 월조각(文章成分)이 됨을 보이는 것이니, 이를 이음토씨(접속조사)라고 하였다 (p.936).

그의 분류체계를 보면 다음과 같다.

(1) 임자자리토(주격조사)『이, 가, 께서, 께옵서, 에서』
(2) 어떤자리토(관형격조사)(의) : 어떤자리토는 『의』 하나뿐이지마는, 그 뜻인 즉 여러 가지가 있나니 "의" 의미를 소유 …… 소속의 뜻 등 11가지로 분류하고 있다.
(3) 부사격조사에는 처소격(① 종착점(에, 에서, 에게), ② 출발점(에서, 서), ③ 향방(로, 으로)), 기구격(로, 로써), 비교격(와, 과, 처럼, 같이), 여동격(와, 과, 하고), 변성격(가, 로, 으로), 인용격(라고, 이라고, 라), 부림자리토(목적격조사)(를, 을)

　(4) 부름자리토(호격조사)『야, 여, 아, 이여, 시여』
　(5) 기움자리토(보격조사)『가, 이』

(11) 박승빈, 「조선어학강의요지」(1931), 「조선어학」(1935)

박승빈 문법에서의 격에 대한 논의는 그의 격 분류체계에서 유추해 볼 수 있다. 그의 격에 대한 구분은 「조선어학강의요지」(1931), 「조선어학」(1935), 「간이조선어학문법」(1937) 등에서 살필 수 있다. 이 가운데 그의 격에 대한 견해를 대표하는 것은 「조선어학」(1935)이라 할 수 있다.

그는 "문의 조직에 대한 명사의 관계를 격"이라고 하고 6가지의 분류하였다.

　(1) 주격(이, 가), (2) 목적격(을, 를), (3) 부서격副敍格, (4) 소지격(의, ㅅ), (5) 보어격(이, 가, 을), (6) 호격(아, 야)

부서격은 9가지로 하위분류하고 있다. ① 처재(에서), ② 향진(에다가), ③ 유래(로브터), ④ 상대(와), ⑤ 비교(보담), ⑥ 사용(로), ⑦ 이유(로), ⑧ 자격(로), ⑨ 정도(을).

부서격에 사용되는 조사는 이들 외에도 그 유가 심히 많다고 하였다. 보어격의 예로 (예一) 금강산이 名山이오. (예二) 장군이 紳士가 되얏다. (예三) 허씨가 그 女子를 안해를 사마(맨드러)씁니다

右 (예一)에 「名山」이 서술어 「이」(指定詞)의 보어임, (예二)에 「紳士」가 서술어 「되야」(不完全 自動詞)의 補語임, (예三)에 「안해」가 서술어 「사마」(불완전 타동사)의 보어라고 하였다.

(12) 박상준(1932)

박상준은 체언의 운용이라 하여 7격으로 분류하고 있다(p.92).

　(1) 주어격(가, 이, 는, 은, 께서, 께옵서), (2) 객어격(를, 을), (3) 칭호격(아, 야,

여, 이), (4) 표준격(에, 서, 에서, 게, 에게, 께, 더러, 한테, 로, 으로, 부터, 까지, 만, 가, 이), (5) 비교격(와, 과, 보다, (보담), 만, 는커녕), (6) 병렬격(와, 과, 도, 조차, 까지, 하고), (7) 소유격(의, ㅅ, ㅣ)

그는 체언활용부의 전용이라 하여 "체언이 술어로 될 때에는 체언과 체언활용부의 중간에 介入的으로 "이"가 들어가야 하는 것이니, 이 "이"를 활용부의 보충형전용격이라 이른다"고 "이다"를 설명하였고, 용언의 경우도 격의 개념을 도입하여 활용부를 현재격, 과거격, 미래격 등 시제뿐 아니라 활용의 변화에 따를 의미적 분류 아래 격이란 용어를 사용하였다.

(13) 심의린, 「개편 국어문법」(1949)

심의린, 「개편 국어문법」(1949)에서 "격조사(자리토씨)는 체언 밑에 붙어서, 그 체언이 문의 성분에 어떠한 지위나 위격을 가진 것인지를 보이는 조사"라고 하였다. 그는 조사의 쓰이는 법을 문의 성립상으로 보아 분류하면 대략 다음과 같다하여 다음의 예를 들고 있다.

- 가(이) : 용언의 주체임을 보이고, 물질의 변성하는 뜻을 말할 경우에 쓰인다.
- 께서 : 주체가 장자(長者)될 때에 「가」와 같은 뜻으로 쓰이는 경어의 조사이다.
- 와(과) : 주체가 둘이 공동으로 동작할 때에 쓰인다.
- 에서 : 단체가 주체로 될 때나, 출발점이 될 때에 쓰인다.
- 의 : 주체의 소유나 소속을 보이는 말이다.
- 에 : 동작의 장소를 보이는 토이다.
- 에게, 한테, 더러 : 사람이나 동물에 대하여 동작을 일으킬 때 지정의 뜻 보이는 토이다.
- 께 : 장자에게 대한 경어의 토이다.
- 를(을) : 동작의 목적이 되는 것에 쓰이는 토이다.
- 로(으로) : 향방이나 재료나 변격의 뜻을 보이는 토이다.
- 보다 : 주체의 비교로 정도의 상이할 때에 쓰이는 토이다.
- 처럼 : 주체의 비교로 정도가 동일한 때에 쓰이는 토이다.
- 야(아) : 명칭을 부를 대에 쓰이는 토이다.

  • 고, 라, 라고(이라, 이라고) : 다른 말을 인용할 때에 쓰이는 따이다.

(14) 정렬모, 「신편고등국어문법」(1946)

정렬모는 독특한 그의 문법체계로 하여 문법연구사의 전환기를 점유하는 문법가다. 즉 그는 이른바 체언토와 용언토를 독립품사로 인정하지 않는 문법체계를 확립하였다. 格의 경우도 그는 독창적인 견해를 보이고 있다.

그는 "단어(감말)은 본성과 부성의 두 가지 성질이 있는데 부성에는 '꼴'과 '빛'이 있다고 하였다. 여기서 '꼴'이란 형(form)을 뜻하고 '빛'은 격(格 : case)을 지칭한다.

그는 '빛'을 설명하여 "빛은 감말의 덧말감이나 월 가운데서의 처지에 매인 자격이다."이라고 하였다.

> 대저, 무엇이 성분이 되어서 어느 구성체를 이룬 경우에는, 그 성분은 전체에 대하여 무슨 자리이든지 차지하게 된다. …… 그렇다면 감말도 성분으로서, 덧말감이나 월을 구성하는데 있어, 반드시 어느 자리(자격)를 차지하지 아니하면 아니 된다. 그 자리에 관한 자격이 감말의 빛이다. …… 감말은 어떠한 말이든지 반드시 빛을 가질 것이다. 명사나, 동사나, 관형사나, 부사나, 감동사나, 모두 빛이 있다. 그런데 서양문전은 명사(대명사도)에만 빛을 말하고 다른 품사에서는 빛을 말하지 아니하였다. …… 서양문전에서 동사 이하의 빛을 말하지 아니하는 것은 그 동사의 빛이 유표하지 아니하기 때문에 내던져진 것이다. …… 조선말에서는 동사의 빛이 대단히 발달하여 있다. ……
>
> 명사의 빛에는 표현법에 표시태, 서술태, 지시태, 환호태의 네 가지가 있으니까 …… 네꼴이 있고 …… 표시태에는 여덜 빛이 있고, 서술태에는 세 빛이 있고, 지시태, 환호태에는 다만 한 빛이 있다. 동사의 빛에는 마침빛, 얹침빛, 꾸밈빛, 하면빛, 하니빛, 만남빛, 하나빛, 벌임빛, 여김빛, 막을빛, 갈침빛, 두루빛의 열두빛이 있다. …… (131)

위에서 말한 바와 같이 그는 우리말의 경우 체언뿐 아니라 용언의 경우도 格(빛)을 가지고 있다는 주장이다. 그의 주장은 단순히 체언토와 용언토가 형태상으로 체언과 용언의 어간에 첨가되어 문법적인 관계를 나타낸다는 의미보다 더 적극적인 의미의 기능을 가진다고 보았다. 부사, 관형사, 감동사의 경우도 격이 있다고 하였다 예를 들어 "매우 멀다", "모든 사람"의 경우, 부사 "매우"는 다른 말에 종속되는 자체의 격을 가지고 있다는 말이고, 관형사 "모든"도 다른 말에 종속되는 격을 가진다는 해석인데 상당히 주목할 만한 견해다. 이는 영형태(零形態)에 대한 격의 주장과 함께 그의 격의 설명에서 중요한 견해다.

그의 명사에 대한 격분류를 살피면 다음과 같다.

명사의 빛에는 표현법에 표시태, 서술태, 지시태, 환호태의 네 가지가 있다. 표시태라는 것은 전혀 서술상이 없고 단순히 개념을 표시하는 운용법이다.

명사의 빛을 크게 다를빛과 두루빛으로 이분하고 다를빛을 딸릴빛과 엎칠빛으로, 딸릴빛에서 임자빛과 우수빛으로 하위분류하고 있다.

그의 명사에 대한 격의 보면 9격으로 분류하고 있다.

(1) 임자빛(이, 가), (2) 휘두를빛 : ㄹ(을, 를), (3) 부릴빛(로, 으로), (4) 기댈빛(에, 게, 께), (5) 떠날빛(서), (6) 더불빛(와, 과), (7) 기울빛(이, 가), (8) 엎칠빛(의), (9) 두루빛(ㅇ)

이 가운데 특징적인 것은 영형태를 격으로 설정한 것이다. 두루빛을 막연한 빛이라 하고 말을 간결하게 하기 위하는 것이기 때문에 많이 쓰인다고 하였는데 이는 결국 생략한 어형을 뜻하는 것이다. 변격이란 용어를 사용하여 기본격과 구분하기도 한다. 그리고 명사에도 서술성이 있다고 하여 체언으로 끝나거나 생략된 어형에 대하여 서술성을 강조하였다.

정렬모 문법의 격은 그의 문법전반을 통하여 재검토할 과제이다.

(15) 박종우, 「한글의 문법과 실제」(1946)

조사에는 주어격(가, 이, 는, 은, 께서, 께옵서), 객어격(을, 를), 칭호격(아, 야, 여, 이), 표준격(에, 서, 에서, 게, 에게, 께, 로, 부터, 까지, 만, 가, 이), 비교격(와, 과, 보다, 만, 는), 소유격(의, ㅅ)의 6격으로 나누었다. 이외에 활용부의 보충형 전용격이라고 하여 "이다"를 인정하고 있다.

(16) 정인승, 「표준중등말본」(1949), 「표준중등말본」(1956)

정인승(1949, 1956)은 조사를 격조사와 보조조사로 나누었다.

"자리토씨(격조사)는 반드시 이름씨(또는 풀이씨의 이름꼴)의 아래에 붙어서, 월의 짜임에 대한 그 이름씨의 자리(격)를 정하여 주는 토씨를 이름이니"라 고 하고 7격으로 분류하였다(p.81).

    (1) 임자자리토씨(주격조사)　　　　　『이, 가, 께서』
    (2) 풀이자리토시(서술격조사)　　　　『이다』
    (3) 부림자리토씨(목적격조사)　　　　『을, 를』
    (4) 기움자리토씨(보어격조사)　　　　『이, 가, 과, 와』
    (5) 매김자리토씨(관형격조사)　　　　『의』
    (6) 어찌자리토씨(부사격조사)　　　　『에, 로, 보다, 에게』
    (7) 이음자리토씨(접속격조사)　　　　『가, 와』

「표준 고등말본」(1956)에서는 부사격 조사를 세분하여 분류하고 있다.

어찌자리토씨(부사격조사) : 이름씨를 어찌말 되게 정하여 주는 토씨.
① 곳에 관한 움직임이나 상태를 꾸미게 하는 것
    ㉠ 두루곳(처소) 어찌자리토씨 : 에
    ㉡ 정한곳(정처) 어찌자리토씨 : (에)서
    ㉢ 나온곳(출처) 어찌자리토씨 : (에)서, *에게(서), *한테(서).
    ㉣ 떠난곳(출발) 어찌자리토씨 : (으)로부터
    ㉤ 지낸곳(통과) 어찌자리토씨 : (으)로서
    ㉥ 향한곳(방향) 어찌자리토씨 : (에)로, *에게(로), *한테(로), *께로

    Ⓢ 주는곳(부여) 어찌자리토씨 : *에게, *한테, *께

    Ⓞ 일러줌(운위) 어찌자리토씨 : *더러, *보고

② 변동에 관한 움직임을 꾸미게 하는 것

    ㉠ 거리(재료) 어찌자리토씨 : (으)로, (으)로써

    ㉡ 연장(기구) 어찌자리토씨 : (으)로, (으)로써

    ㉢ 되기(변화) 어찌자리토씨 : (으)로

    ㉣ 때문(원인) 어찌자리토씨 : (으)로, 에

③ 움직임이나 상태의 형편을 꾸미게 하는 것

    ㉠ 자격 어찌자리토씨 : (으)로, (으)로서

    ㉡ 종류 어찌자리토씨 : 치고, 쳐놓고

    ㉢ 제모양(현상) 어찌자리토씨 : 대로

    ㉣ 늘임(연장) 어찌자리토씨 : 토록

    ㉤ 견줌(비교) 어찌자리토씨 : 처럼, 같이, 만큼, 보다, 에서

    ㉥ 함께(공동) 어찌자리토씨 : 과(와), (이)랑, 하고, (으)로 더불어

(17) 이희승, 「초급국어문법」(1949)

이희승은 "글월 속에서 체언이 다른 말에 대하여 가지는 자격을 격이라 일컫고, 체언으로 하여금 이 격을 가지게 하는 조사를 격조사라 이른다." 라고 하였다(p.46).

격조사는 5격으로 분류하고 부사격조사를 13격으로 세분화하였다.

    (1) 주격(이, 가), (2) 호격(아, 야), (3) 목적격(을, 를), (4) 여격(에게, 한테), (5) 소유격(의)

    부사격 : (1) 상대격 : 에게, 한테, (2) 탈격 : 에게서, 한테서, (3) 처소격 : 에, 에서, (4) 향진격 : 에, 를, (5) 유래격 : 서, 로부터, 서부터, (6) 사용격 : 으로, (7) 변성격 : 으로, (8) 원인격 : 에, 으로, (9) 자격격 : 로, 로서, (10) 비교격 : 보다, 만큼, (11) 동류격 : 처럼, 와(과), (12) 동반격 : 와, 하고, (13) 열거격 : 오, 과

(18) 이숭녕, 「고어의 음운과 문법」(1949), 「고전문법」(1954), 「고등국
     어문법」(1956)

이숭녕의 격에 대한 언어자료는 15세기 국어라는 것이 다른 문법가와
다르다. 이숭녕(1949)에서는 '격조사'라 명명하고, 단일격과 복합격으로 분
류하였다. 단일격을 보면 다음과 같다.

   (1) 절대격(온, 은, 논, 는), (2) 주격(이, ㅣ), (3) 소유격(또는 영격) (의), (4) 여
   격(애, 에, 예, 의), (5) 대격(올, 을, 롤, 를), (6) 호격(아, 하), (7) 공동격(와, 과),
   (8) 탈격(ᄋ로, 으로, 로)

「고전문법」(1954)에서는 약간의 명칭과 견해의 차이를 보인다. 종전에 격
조사라 하던 것을 접미사에 지나지 않는다는 중간적 입장을 보이다가 후
에는 격어미로 견해를 달리 한다. 분류체계에선 '여격'을 '처격'으로, '탈
격'을 '조격'으로 바꾼 차이밖에는 없다.

그러나 「중등국어문법」(1956)에서는 서구문법체계와 같이 체언의 뒤에
오는 조사류를 격 또는 격어미로 처리하고, 용언의 경우는 활용어미로 처
리하였다.

즉 체언(명사, 대명사, 수사)은 어미변화가 있는 품사로 처리하였다. 그리고
격조사를 격어미로 처리하였다.

"체언어미를 격(格, case) 또는 격어미(格語尾)라 부르고, 격이 바뀌는 것을
것을 격변화(格變化, Declension)"라 하였다. 그의 분류체계는 다음과 같다.

   (1) 절대격(absolutive) : −은, −는, 께서는
   (2) 주격(nominative) : −이, −가, 께서
   (3) 소유격(genetive) : −의
   (4) 처격(locative) : −에
   (5) 여격(dative) : −에게, −게, −께
   (6) 목적격(accusative) : −을, −를
   (7) 조격(instrumental) : −으로, −로

   (8)　탈격(ablative)：−에게서, 게서

   (9)　비교격(equative)：−보다

  (10)　공동격(comitative)：−과, −와, −도

  (11)　재격(adessive)：−에서

  (12)　시발격(elative)：−으로부터, −로부터, −부터

  (13)　서술격(predicative)：−이다, −다

  (14)　호격(vocative)：−아, −야

「중등국어문법」(1956)에서의 변화는 종전에 비하여 처격, 조격, 비교격, 재격, 시발격, 서술격을 더 추가하여 세분화하였다는 것과 일부의 명칭이 달라진 것이고, 해당 언어자료도 현대어라는 것이다.

「고등국어문법」(1960) 개정판에서 다시 한번 그의 분류체계는 변모된다. 격을 기본격과 특수격으로 나누어 분류하였다.

기본격으로 주격, 소유격, 처격, 목적격, 조격, 공동격, 호격, 절대격, 특수격으로는 여격, 재격, 탈격, 비교격, 시발격, 서술격으로 구분하였다. 특수격은 본시 동사나, 부사나, 또는 다른 말이 변하여 격과 같이 사용되는 것이라 하였는데 이들은 부사격의 범주에 속하는 것들이다.

(19) 최태호, 「중학말본」(1957)

이숭녕의 견해와 같이 명사와 대명사 따위에 붙어서 체언의 자리를 밝히는 토를 그 구실에 따라 격어미라 이르고, 용언을 활용시키는 토를 활용어미라 하였다.

그는 격어미를 8격으로 분류하였다.

  (1) 주격, (2) 목적격, (3) 보어격, (4) 관형격, (5) 부사격, (6) 호격, (7) 접속격 (8) 보조격

(20) 김민수, 「국어문법」(1955), 「국어문법론연구」(1960)

김민수(1955)에서는 "명사가 글월의 성분으로서 쓰이려면, 반드시 위격(位格)을 취한 다음이라야 한다."하여 격의 기능적인 면을 강조하였다.

격의 분류는 (1) 주격(이, 가), (2) 소유격(의), (3) 부사격(① 목적격 −를(을), ② 처격 −에, ③ 공동격 −와(과), ④ 보충격 −가(이), ⑤ 조격 −로서, ⑥ 대격 −처럼), (4) 호격(아, 야), (5) 두루토의 격 등으로 구분하였다.

그의 격에 대한 논의는 「국어문법론연구」(1960)에서 구체화된다.

그는 체언의 성질로 위격(case)이 있다고 하여. "체언이 글월의 한 성분이 되었을 때, 다른 성분에 대한 관계를 표시한다. 이 여러 가지 관계를 「위격」이라 이른다. 즉 체언이 글월 가운데 쓰이는 「자리」의 표시인 것이다.", "체언은 수종의 직능을 겸하고 있다. 여러 종류의 위격이 있어서, 이 성질을 발휘한다. 즉 직능이 달라짐에 따라, 그 표시의 형태가 여러 가지로 변한다. 이 현상을 어형변화로 관찰하고, 활용과의 혼동을 피하여 첨용(declension), 혹은 격변화라 일컫고자 한다. 서양문법의 굴절(inflexion)로 말하면, 어미굴절(post-flexion)이라 할 수 있다."

그는 격어미와 활용어미를 토라고 하여 (1) 주어 토, (2) 부체어 토, (3) 부용어 토, (4) 객어 토, (5) 독립어 토, (6) 용언적 토로 구분하고 아래와 같이 분류하였다.

   1) 명사의 위격(case)

    (1) 주어 토
      ① 주격(nominative)   가(이), 께서

    (2) 부체어 토
      ② 소유격(genitive)   의, 지(之), 이(나의>내, 너의>네 ……)

    (3) 부용어 토
      ③ 여격(dative)   게 · 께 · 에게

    ④ 치격　　　　　　　　　　다가·다
    ⑤ 탈격(ablative)　　　　　서
    ⑥ 처(향)격 (locative)　　　(으)로·에
    ⑦ 조격(instrumental)　　　(으)로·고로
    ⑧ 공동격(comitative)　　　와(과)·이서·허고
    ⑨ 구격　　　　　　　　　　(이)며·(이)랑
    ⑩ 대격　　　　　　　　　　보다·처럼·만큼·가치(같이)·대로·
    　　　　　　　　　　　　　마냥·마따나·만치

2) 명사의 위격(case)
    ① 주격(nominative)　　　가(이), 께서
    ② 소유격(genitive)　　　 의, 지(之), 이(나의>내, 너의>네 ……)
    ③ 여격(dative)　　　　　 게·께·에게
    ④ 치격　　　　　　　　　 다가·다
    ⑤ 탈격(ablative)　　　　 서
    ⑥ 처(향)격 (locative)　　 (으)로·에
    ⑦ 조격(instrumental)　　 (으)로·고로
    ⑧ 공동격(comitative)　　 와(과)·이서·허고
    ⑨ 구격　　　　　　　　　 (이)며·(이)랑
    ⑩ 대격　　　　　　　　　 보다·처럼·만큼·가치(같이)·대로·
    　　　　　　　　　　　　　마냥·만치
    ⑪ 목적격(accusative)　　 를(을·ㄹ)
    ⑫ 보격　　　　　　　　　 가(이)
    ⑬ 호격(vocative)　　　　 야(아)·(이)여·(이)시여
    ⑭ 서술격(predicative)　　 (이)다

(7) 두로 토(중격)-주격·목적격·여격·호격 등에 두루 쓰일 수 있는 것

이와는 달리 구조주의적 견해의 격의 분류도 시도하고 있다.

    ① 제일격　　　　　　　　는 가
    ② 제이격　　　　　　　　의 (내 네)
    ③ 제삼격　　　　　　　　를 을
    ④ 제사격　　　　　　　　한테 에게 로 으로

그의 격의 분류의 한 가지 예를 더 보이면 다음과 같다.

nominatif(주격) – 이, 가
istrumental(조격 · 구격) – (으)로
genitif(속격 · 지격 · 생격 · 소유격) – 의
datif(여격) – 의, 게
accusatif(대격 · 목적격) – 을, 를
vocatif(호격) – 아, 야
locatif(방위격) – 에
ahlatif(탈격) – 에서
oppositif(대조격) – 은, 는

(21) 한국국어교육연구회, 「중학국어문법」, 「고등국어문법」(1964)

한국국어연구회는 당시의 학교문법을 대변한 견해로 생각할 수 있다. 조사를 정의하여 "관념어에 붙어서 그것들의 사이의 관계를 보이며, 또는 그 뜻을 더하는 품사라고 하고, 그 하는 구실로 보아 다음과 같이 여러 가지의 갈래로 나눌 수 있다."고 하였다.

중학국어문법에서는 격조사를 (1) 주격, (2) 관형격, (3) 부사격, (4) 목적격, (5) 호격, (6) 보어격으로 나누고 있다.

그러나 「고등국어문법」에서는 14격으로 분류하고 있다. 이는 당시의 학교문법의 격분류체계를 대변한 것이라 할 수 있다.

(1) 주격(가, 이, 는, 은, 에서, 께서, 께옵서)
(2) 관형격(의)
(3) 처소격(에, 에서, 에는, 에게, 에게로, 께, 한테, 더러, 으로)
(4) 기구격(로, 로써, 으로, 으로써)
(5) 자격격(으로, 로서, 치고서)
(6) 비교격(와, 과, 하고, 같이, 처럼, 만, 보다, 에서)
(7) 변성격(으로, 로)
(8) 여동격(하고, 와, 과)
(9) 인용격(라고, 라, 이라고, 이라, 고)

(10) 원인격(로, 으로, 에)
(12) 목적격(을, 를)
(13) 보격(이, 가)
(13) 호격(야, 아, 여, 이여, 시여, 이서여)
(14) 서술격(이다)

조사는 그 직능에 따라, 격조사, 특수조사, 접속조사, 감탄조사로 나눈 것은 최현배 문법의 분류체계를 추종한 당시의 실정을 짐작케 한다.

격조사를 정의하여 "체언 아래 붙어서, 그 체언이 문장의 성분으로서 지니게 되는 자격을 나타내는 조사다."라고 하였다.

이외에 고창식·이명권·이병호 「학교문법해설서」(1965)가 있는데 이는 한국국어교육연구회의 체계와 같으며, 이 체계는 학교문법통일안적인 의미의 분류체계가 된다. 즉 학교문법에서 이 체계를 바탕으로 혀여 학습이 이루어졌다.

3. 결론

서구문법의 전래와 함께 국어문법 연구에서 가장 중요한 영역을 차지하였던 것은 품사분류였다. 품사분류 중에서 가장 논란이 많았던 것은 조사의 품사설정 여부였다. 우리말에서 조사는 용언의 활용어미와 더불어 주요한 문법기능을 담당하고 있는 요소다. 수많은 조사의 분류체계를 어떻게 수립해야 하는가는 문법의 과제였다. 이 조사의 분류체계와 함께 논의된 것이 국어의 격에 대한 개념설정과 그 분류체계의 확립이었다. 격의 개념은 서구문법의 격범주와 우리말의 격범주가 약간의 차이는 있을지라도 무리 없이 수용되고 적용되었다고 할 수 있다. 품사분류가 세계 언어들의 보편적인 개념으로 널리 적용되어 외국어학습 등에 기여하였다는 견해와 마찬가지로, 격의 개념 및 분류체계도 보편화된 문법범주로 우리말의 조사체계 수립에 큰 공헌을 하였다고 할 수 있다. 그 대표적인 성과의 하나로 최현배 문법의 조사 분류 체계가 될 수 있다.

서구어의 격어미에 해당하는 우리말 체언토를 격조사로 처리하였거나, 격어미로 처리하였거나 그것은 문법기술에서 큰 문제가 되지 않는다. 격은 그 개념의 적용으로 하여 문장성분 상호간의 통사론적 관계를 밝히는데 큰 공헌을 하였고, 또한 기능과 의미에 따를 형태의 분류에 있어서도 큰 공헌을 하였다고 할 것이다. 전통문법적인 견지에서의 격에 관한 문법은 비록, 시대의 변천에 따라 구조주의의 격문법과 변형생성문법의 격이론에 자리를 내주었지만 아직 그 소임이 끝난 것이 아니다. 전통문법은 전통문법대로, 격문법은 격문법대로, 생성문법은 생성문법대로, 각 문법모형에 따라 우리말 체계에 합당한 격의 문법체계가 수립되어야 한다. 전통문법의 시대 위에 새 조류의 문법모형이 등장하였을지라도 이들과 병행하여, 때로는 이들과 융합되어 지속적인 연구가 있어야 할 것이다.

—「국어의 격과 조사」, 1999, 한국어학회

[부론 Ⅲ] '이다' 연구의 사적 고찰

1. 들어가는 말

우리말 문법연구사 전체를 통해서 볼 때, 가장 많은 논란의 대상이 되었고, 그러면서도 미해결의 상태로 남아 있는 것은 "이다"의 문제다.

본고에서는 학교문법서를 포함하여 학문적 이론문법 논저에서 "이다"의 문법범주 설정을 어떻게 하고 있나를 통시적으로 살피고자 한다. 이 고찰을 통하여 "이다"에 대한 견해가 얼마나 다양하게 논의되었나를 살펴보고, 또 시대적으로 어떤 전환과 발전이 있었으며 궁극적으로 어떤 결론에 이르러야 하는가에 대한 시사를 얻고자 한다.

"이다"의 문제와 관련하여 먼저 학교문법과 학문문법으로 나누고, 학교문법은 3기로 학문문법은 1기로 통틀어 살펴보기로 한다.

학교문법에서의 제1기는 유길준(1909)에서 최현배(1930) 이전까지다. 이 시대는 이른바 분석적 제1유형의 문법시대로 "이다"에 대한 여러 가지 견해 가운데 분석적인 종지사설로 대표되는 시대이다.

제2기는 최현배(1930) 이후 정인승(1949) 이전까지의 시대로 제2유형의 절충적 시대에 해당하며 최현배의 지정사(잡음씨)설로 대표되는 시대다.

제3기는 정인승(1949) 이후 학교문법 통일안(1936)을 거쳐 현재까지로 체언토로 처리하는 방안이 대표되는 시대로 문법 유형으로는 제3유형의 시대에 해당한다.

학문문법에서의 "이다"는 달리 시대를 구분하지 않고 김민수(1956) 이후 현재까지를 살펴보기로 한다. 이 시대는 과거의 학설에 대한 비판과 재정립을 뜻하는 논쟁사 및 반성기적 성격을 띠고 있다.

2. 학교문법에서의 "이다"

1) 제1기 : 종지사설 시대

이 시기는 서구문법의 이론을 바탕으로 우리 문법연구가 시작된 1900년 유길준 문법 이후 1930년 최현배 문법 이전까지의 시기와 일치한다. 이 시대의 문법연구의 특징은 품사분류에서 체언토와 용언어미를 모두 분석하여 독립품사로 설정하던 시대다. "이다"의 문제도 체언토나 용언어미를 분석하여 종지사로 세우는 견해가 대표적이다.

"이다"를 직접 문법사항으로 논의했거나 그 용례를 추출할 수 있는 문법서와 그 분류명칭을 살펴보면 다음과 같다.

- 유길준(1909 : 조동사)
- 주시경(1910 : 끗씨, 1914 : 것, 잇, 긋)
- 김규식(1909 : 동격동사, 1912 : 조동사)
- 김희상(1911 : 15, 27 : 吐)
- 남궁억(1913 : 吐)
- 김두봉(1916 : 맺씨)
- 이규영(1920 : 맺씨)
- 김원우(1922 : 완결사)
- 이필수(1922 : 조사)

- 안 확(1923 : 조사, 토)
- 이상춘(1925 : 종지사)
- 이완응(1929 : 조동사)

"이다"의 문법범주는 종지사, 조동사, 언(조사)의 3가지로 구분된다. 첫째 종지사는 주시경 문법에서 비롯된 것으로 종결어미의 일부로 "이다"를 처리한 방안이다. 둘째 조동사설은 "이다"를 용언이나 체언의 어미 일부로 분석해 내는 방안이다. 셋째 조사설은 체언토의 하나로 다루는 견해다.

김규식의 견해는 이와는 또다른 문법범주이다. 이들 중 대표적인 주시경, 유길준, 김규식, 김희상 등의 견해를 중심으로 "이다"의 문법범주를 살펴보기로 한다.

주시경(1910) 「국어문법」에서는 "이것이 먹이다"란 문장을 구문도해하고 있다. "이것+이 먹+이다"로 분석하고, "이다"는 서술기능을 가진 독립품사로 "먹"은 용언의 어간과 같은 기능을 하는 체언으로 처리하고 있다. "이것"은 대명사이고 "먹(墨)"은 서술어라고 하는 바 체언이 서술어가 되는 명사문임을 밝히는 것이다. 계속하여 그는 "이것"은 곧 "먹"이요 "먹"은 곧 "이것"이라 하고 "이것"은 "먹"의 숨음이요, "먹"은 "이것"의 나타남이라 하였으니 이들의 관계가 의미상 동위관계에 있는 동격문임을 일찍이 밝히고 있다. 훗날 지정사나 계사에서 논의되는 동격문과 그 연결고리로서의 "이다"의 역할을 주시경 문법에서 상정해 볼 수 있다.

> '이것'의 남이는 '먹'인데 '먹'은 임기라 '이것'은 곳 '먹'이요, '먹'은 곳 '이것'이니라 그러함으로 '이것'은 숨음이요, '먹'은 '이것'이 나타남이라.
>
> — 1910, p.52

주시경(1910)에서도 "이다"의 활용형태로 서술형, 의문형 등의 많은 형태를 추출해 낼 수 있지만 「말의 소리」(1914)에서는 겻(조사), 잇(접속사), 긋(종지사)으로 구분된 더욱 명확한 어미목록을 찾아볼 수 있다.[1] 또한 "이다"를 기본형태로 삼고 '다'를 이형태로 처리한 바른 판단도 예시 목록에서 알 수 있다.

　김두봉(1916)에서도

　　발서 봄<u>이로다</u>
　　날세가 따뜻하옵<u>나이다</u>
　　꽃이 곱게 피<u>더냐</u>? (p.59)

의 예를 보이고 '이로다'는 체언 아래서 끝맺는 씨라고 하였다. 이규영, 김원우, 이상춘의 경우도 비슷한 견해다.

　국어문법연구사에서 "이다"를 단독으로 분리하여 본격적으로 거론한 것은 김규식(1909)에서가 처음이다. 그는 "이다"를 동격동사(同格動詞)라고 하여 독립품사로 설정하고 있는데 이는 지정사설 또는 계사설의 바탕이 되는 선구적인 견해다.

　　동격동사(同格動詞)라 홈은 기 제목어(其題目語)를 설명홀 시에 기 제목어(其題目語)와 동격(同格)의 설명명사(說明名詞)가 무흐고는 기동사(其動詞)의 설명이 완실(完實)치 못흐을 운홈이니 기분간(幾分間)은 자동사(自動詞)와 근리(近理)흐니라.(p.20)

　동격동사란 보어를 필요로 하는 불완전 용언을 지칭하는 개념이다. "이다"와 "되었다"를 예로 들고 그 사용빈도에 있어서 "이다"가 최다이고,

---

1) 주시경 문법의 9품사를 6품사로 변모시킨 분류 근거는 단어의 자립성 여부에 따른 형태적인 것이다.

　　┌ 자립어 ── 임(대명사, 관형사, 부사, 감탄사)
　　│
　　└ 의존어 ┌ 엇(형용사 어간), 움(동사 어간)
　　　　　　 └ 것(조사), 잇(접속사), 긋(종지사)

　즉 명사, 대명사, 관형사, 부사, 감탄사는 토의 도움 없이 자립할 수 있다는 형태적 특성에서 같은 품사에 소속시킨 것이다.

"되다"동사는 그 다음이라고 하였다.

그의 "이다"의 분석은 특이하다.

"이집은 됴타"에서 형용사 "됴타"는 형용사 "됴흔"과 동사 "이다"가 합쳐진 것으로 분석하고 있다.

> 이집이 됴흔+이다(형용사+동격동사)
> 이집이 됴흔 것이다(동격대명사)
> 이집이 시롭다(형용사)
> 이집이 집이다(동격대명사)

이는 일종의 기저형을 설정하여 동격문을 유도하려는 것이다. 서구어의 형용사 개념에서 비롯된 잘못된 분석이기는 하나 "이다"의 계사(copula)설로 최현배의 지정사, 정렬모의 지정동사, 이인모의 풀이씨와 궤를 같이 하는 것이다. 「조선문법」(1912)에서 동격동사를 조동사란 명칭으로 달리 표현했으나 문법범주는 동일한 것이다.

유길준 문법이 근대 한국문법 연구의 효시인 것처럼 "이다"의 문제가 문법사에 처음 등장한다.

> 이것이 문법책이 올시다.
> 뎌 화상이 리순신이오이다.

에서 밑줄친 부분은 모두 명사의 상태를 보이는 조동사라고 하였다. "조동사란 동사어미(動詞語尾)에 부(附)ᄒ야 언자(言者)의 의사(意思)를 각양형식(各樣形式)으로 발표(發表)ᄒ는 자(者)이다."라고 하여 비록 조동사란 명칭은 사용하고 있지만 체언토로서의 "이다"를 지적한 것이다. 이완응(1929)도 이같은 견해이다.

김희상 문법(1911)의 특징은 조사와 활용어미를 함께 토(吐)로 처리하는 분류법이다. 종지토에서는 "1) 명사, 대명사 아래 오는 것, 2) 동사 아래 오는 것, 3) 형용사 아래 오는 것”이 있는데 “이다”는 1)에 해당하는 것으로 설명하고 그 변화의 예를 보이고 있다. 남궁억(1913)의 경우도 김희상과 같은 견해다.

> 토란 것은 온갖 명사나 대명사나 형용사나 동사 아래 노아서 그 뜻을 일우게 하난 말이라.(p.21)

특기할 것은 “이다”의 부정형으로 “안이오”를 주장하고 있는 점이다. 이 외에 안확(1923)은 결료(結了)종결로, 이규방은 연결조사와 종지조사에서 “이다”의 형태를 찾을 수 있다.

제1기에서의 “이다”는 주시경 문법에서의 종지사설로 대표되고, 특기할 것은 김규식의 동사(동격동사)설로 이는 훗날 지정사설과 맥을 같이하는 것이라고 할 수 있다.

2) 제2기 : 지정사설 시대

이 시대는 최현배(1940)의 “조선어의 품사분류론”에서 시작되어 정인승 이전까지다. 가장 대표적인 것은 지정사(잡음씨)설이고, 주시경 문법의 아류로 김윤경 등의 종지사설이 이어지고, 김희상, 유길준 문법의 토, 조동사설도 계속된다. 이 시대의 문법서 및 분류명칭을 보면 다음과 같다.

- 최현배(1930, 1934, 1939 : 잡음씨)
- 박승빈(1941, 1937 : 지정사)
- 박상준(1932 : 보충형전용격)
- 김윤경(1932, 1939 : 맺씨)
- 장지영(1932 : 맺씨)
- 신명균(1933 : 종지사)
- 심의린(1935 : 조동사, 1949 : 지정사)
- 권영달(1941 : 조사)

- 정렬모(1946 : 동사, 지정동사)
- 박종우(1946 : 활용부의 보충형전용격)
- 박창해(1946 : 잡음씨)
- 유재헌(1947 : 잡음씨)
- 김근수(1947 : 지정사)
- 박태윤(1948 : 종지조사)
- 이영철(1948 : 종지사)
- 이인모(1949 : 풀이씨) 등

최현배의 "조선어 품사분류론"은 최현배 문법 품사분류론의 바탕이 되는 논문이기도 하고, "이다"의 잡음씨설을 주장한 최초의 논문으로 의미가 크다.

> 그러면 "이다"는 어떠한 씨인가? …… 아모 실질의 생각은 없지마는 다만 풀이하는 힘을 가진 골풀이씨(形式述語)이니, 이름씨알에 붙어서 그 이름씨와 함께 월의 풀이가 되는 것이니…… (p.84)

라고 하여 동사, 형용사와 함께 서술어를 구성하는 독립품사로 설정하였다.

외솔문법의 지정사설은 주지의 사실이 되었기에 논의를 생략하고 박승빈과 정렬모의 견해를 살피기로 한다.

박승빈(1931) 문법은 12품사체계로 국어문법학사상 가장 많은 분류체계의 하나다. 그는 용언을 1) 존재사, 2) 지정사, 3) 형용사, 4) 동사의 4분 체계에다가 조용사(助用詞, 보조용언)까지 첨가하여 5개의 최대 분류체계가 되고 있다. "지정사는 사물의 존재를 표시하는 단어"라고 하였다.

> 범은 사나운 동물<u>의</u> 오
> 사심은 맹수가 안 <u>의</u>오

의 예를 보이고 있다. 지정사는 보어를 필요로 하고 보어는 명사가 원칙이나 "제법이다"에서 "제법"과 같이 부사로 쓰이는 경우가 있다고 하였다.

지정사의 픔사설정은 최현배에 이어 두 번째로 "이다" 논쟁의 시발은 박
승빈에서 시작된 것으로 보인다.[2]

"이며"에서 "이"가 용언이고, "며"는 조사라고 하고 "이"의 음이 매몰되
는 경우가 있는데 발음상의 음편(音便)일 뿐 문전상의 규칙은 아니라고 하
여 "이"만을 지정사로 삼고 있다.

정렬모(1916)의 지정사설은 다음 동사분류에서 쉽게 알 수 있다.

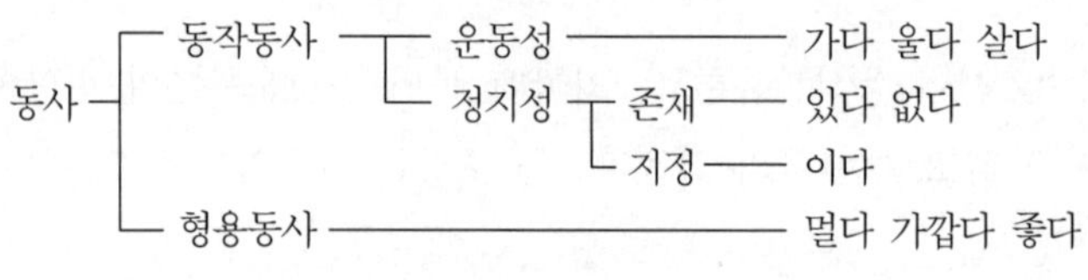

—p.78

지정동사는 사물을 인정하는 태도를 이르는 것이라고 정의하였다. 체언
과 결합되어 서술어가 되는 동사들을 변태동사라고 하고, 변태동사는 내부
에 다른 성능을 종속시켜 있는 동사라고 하였다.

"사람답다, 사랑스럽다"의 예에서 "사람"과 "사랑"은 명사적이고 "답다"
와 "스럽다"는 동사적인데 아랫머리의 동사의 뜻이 윗머리의 명사 뜻을
통솔하여 전체의 뜻을 이루고 있다고 해석하고 있다.

그는 체언형 동사를 달리는 명사성 동사라고 하여 다음의 예를 들고 있다.

1) 그이도 사람 이다.
2) 도량이 바다 같다.
3) 밥이 죽 된다.
4) 사람다운 사람은 적다.
5) 그이가 매우 슬기롭다.

---

2) 조선어 문법가들(주시경 씨 학설, 高橋亨氏, 이완응씨의 학설이 다 그러함)이 지정사
의 관계를 고핵하디 못하고 일본어에 당한 선입주견으로 「이다, 이오」 등을 한 단어
로 하여 조사, 조동사, 꾸는 조용사 등의 명칭으로 처리함. 이는 성한 사람이 병신의
숭내를 나힘과 거틈이라(106~107).

　　6) …… 철없다. 사랑스럽다.(p.104)

　　정렬모의 논의는 외형적으로 표출되는 활용형태만을 추출하여 종지사, 종지토, 조동사 등의 해석을 내리거나 체언과 결합되어 서술어가 된다는 통사적인 주장을 앞세우는 해석보다는 형태적 통사적 양면을 고루 살피고 있다. 1), 2), 3)의 그 통사적 특성으로 보아 같은 유형의 문장으로 가정할 수 있다. 동격문이라는 통사의미적 특성은 "이다", "같다", "되다"를 같은 부류의 용언으로 분류가 가능하다는 견해로 의미 있는 해석이다. 1), 2), 3) 문장에서 체언 뒤에 오는 조사의 분포는 극히 제한적이다. 이는 다른 면에서 보면 "사람이다, 바다같다, 죽된다"가 각각 하나의 서술구에 그치는 것이 아니라 동사화된다는 이론이다. "이다"의 지정동사 설정을 뒷받침하는 설득력 있는 견해로 볼 수 있다. 그러나 4), 5), 6)의 예는 약간 견해를 달리해야 할 것이다.

　　이외에 박창해(1946), 유재헌(1947), 김근수(1947), 심의린(1949) 등의 지정사설이 있으나, 최현배의 주장과 유사하다.

　　이인모의 경우는 정렬모와 유사하고 "이다"를 체언에서 떼어서 표기한 정렬모의 주장을 지지하고 있다.

　　이 시기에도 제1기의 주시경이 종지사사설은 이어진다. 김윤경(1932), 장지영(1932), 신명균(1933)이 이에 해당된다. 이영철(1948)의 경우 끝을 맺는 토를 종지사라고 간략히 언급하고 있다.

　　"이다"를 조동사, 조사, 토 등으로 분류하는 견해는 이 시기에도 계속된다. 심의린(1936)은 조동사 또는 조용사란 명칭을 사용하였고, 권영달(1941)은 조사라는 범주 속에 조사, 접속사, 종지사를 포함시켰다. 장하일(1949)은 체언토로 보았다. 그는 으뜸낱말과 도움낱뜻 사이에 사잇소리를 붙여서 된 예로 "꽃이야, 꽃이ㄴ들, 꽃이나"를 들고 "이"는 아무런 뜻이 없고, 그 기능은 사잇소리 ㅅ, ㄹ, ㅂ, ㅎ 등과 동일시하고 있다. 그러며 임자씨가 풀이자리토를 붙이고, 풀이자리에 서서 풀이말이 되기도 한다고 덧붙이고 있다. 장하일 문법의 "이다"에 대한 견해는 "임자자리 말끝(nominative case ending) − 이"(1956)에서 구체화된다.

3) 제3기 : 체언토설 시대

제3기는 1949년 정인승 문법에서부터 1963년 학교문법 통일안까지로 잡는다. 이 시대의 특징은 "이다"를 체언의 일부로 해석하는 관점이다.

가장 대표적인 견해로는 정인승(1949, 1956 a, b)의 서술격 조사(풀이토씨)설과 이희승(1949, 1956)의 격어미설이다. 구체적인 문법범주와 해석상의 차이는 있을지라도 체언의 일부로 다루는 점에서 공통적이다. 제1기를 종지사설, 제2기를 지정사설로 지칭한다면 제3기는 체언토설 시대라고 할 수 있다.

정인승의 서술격 조사설(풀이토씨)은 1963년 학교문법 통일안에서 지지를 받아 현행 학교문법체제에까지 이어진다. 그는 "이다"를 풀이토씨라고 하고 "이"는 줄기요, "다"는 끝바꿈을 한다고 하여 "이다"의 활용적 측면을 인정하고, 체언 뒤에 뒤따르는 특성을 감안하여 서술격 조사라는 문법범주를 주장하고 있다.

이희승은 "이다"를 활용어미로 해석하고 있다.

> 체언 즉 명사, 대명사는 그 아래에 조사가 붙어서 격을 표시한다. 그러나 체언이 서술어로 쓰일 경우에는 조사가 붙지 않고 어미가 붙어서 활용한다. (pp.58~64)

고 하였다. 앞에서 주장한 서술격 조사와 다음에 주장하는 격어미설과 어떤 차이가 있느냐에 문제의 핵심이 있다.

이숭녕은 "이다"를 독립품사로 보기 어렵다고 하고 오직 동사나 형용사의 활용을 본뜬 격어미라고 하고 있다. "이다"에서 "이"는 발음을 고르게 하기 위한 구실밖에는 아무 문법상 구실을 하지 못하는 것으로 단정하고 있다. 서구문법의 방법론이나 해석에 따라 체언토를 곡용으로 해석하는 것은 문법적 설명이나 해석에 있어 문제 될 것이 없다. 다만 "이다"의 경우가 여타의 체언의 곡용과 같은 단순대응의 격어미로의 처리가 가능한가의 문제와 "이"의 형태소가 수의적인 첨가요소인가가 문제점으로 제기된다.

이들 세 가지 견해 이외에도 정경해(1953), 김민수(1960 a, b), 고창식(1964)의 견해가 있다. 정경해는 제Ⅰ유형 문법의 마직막 주자로 주시경의 예와 최현배의 문법의 전통에 따라 잡음씨설을 추종하고 있다.

김민수 외(1960 a, b)는 "이다"를 서술격토라고 하고 있는데 훗날 학교문법통일안으로 이어진다. 이후에 이어지는 한국국어연구회(1964 a, b)나 남기심·고영근(1985)은 모두 학교문법 통일안을 근간으로 기술된 문법사로 "이다"의 문제도 기존의 서술격 조사설을 추종하고 있다.

3. 학문문법에서의 "이다"

학교문법으로서의 "이다"와 학문문법에서의 "이다"가 시기적으로 구별되는 것은 아니다. 다만 학문·이론문법적 측면의 논의가 1950년대 중반부터 1990년 초대까지 활발히 논의되고 있고, 제3기와 계시적인 의미를 상당히 가졌기에 제4기적 의미를 가진다고 하겠다. 이 시기의 연구논저 및 문법범주는 다음과 같다.

- 김민수(1955, 1960, 1970 : 서술격어미)
- 최현배(1956 : 잡음씨)
- 강길운(1956 : 매개모음)
- 장하일(1956 : 격어미)
- 이희승(1955, 1959 : 체언 활용어미)
- 이숭녕(1961 : 격어미)

- 이남덕(1963 : 체언의 동사화소)
- 강복수(1964, 1968 : 의존형용사)
- 서병국(1967 : 의존형용사)
- 김형규(1968 : 서술격 조사)
- 이길록(1969 : 접중사)
- 성기철(1977 : 서술격조사)
- 남기심(1986 : 용언)
- 양정석(1986 : 용언)
- 유목상(1990 : 서술격 어미)
- 서정수(1992), 김승곤(1992 : 풀이토씨),
- 송석중(1993 : 지정사) 등

이들은 전체적으로 두 가지 경향으로 대별할 수 있다. 첫째 1950년대와 60년대에선 과거 학교문법에서 주장하였던 내용들을 보다 체계화된 입장에서 타인의 설에 대한 비판을 가하는 것으로 논쟁사적 측면이 강하다. 둘째는 이길록(1969) 이후 현재까지로 비교적 객관화된 입장에서 여러 가지 학설을 종합적으로 검토하여 학문문법으로서의 논리적 전개에 힘쓰는 점이다. 이들의 학문적 주장을 간략하게 연대순으로 살펴보기로 한다.

김민수(1955, 1960, 1970)에서는 "이다"를 서술격 어미로 주장하고 있다. 체언토나 용언어미는 형태질(copula)로 어미는 용언의 copula로서 활용하며, 토는 체언의 copula로서 첨용(declension)하는 특징을 가지는데 '이다'는 서술격 어미로 처리하였다. 술격은 '이'로 표시되나 술격 자체에 서술성이 있는 것이 아니라 거기에 잇따른 용언토에 서술성이 있다고 하였다.

최현배(1956)의 "잡음씨를 세움"은 종래의 주장을 구체화시킨 것으로 "一 잡음씨를 두는 근거, 二 이설에 대한 변호, 三 이설에 대한 나의 비평"으로 되었다. 이설에 대한 비판은 이숭녕, 이희승에 대한 반박이다.

강길운(1956)은 "지정사는 설정되어야 할 것인가?"에서 "이"는 매개음으로 간주하고 지정사는 설정될 수 없으며, 명사의 서술태의 활용어미로 보는 것이 타당하다고 주장하고 있다. 장하일(1956)은 "임자자리 말끝

(nominative case ending) −이"에서 "그 이는 제 삼촌이다"란 문장류에서 주어 와 보어는 동격이며, 체언형 격어미 없고, 사잇소리도 아닌 체언형 격어미 (임자자리 말끝)라고 강조하고 있다. 주격의 "이"와 서술격의 "이"를 동일 형 태로 처리한 새로운 주장이나 무리가 따른다.

이희승(1955, 1959)에서는 체언이 활용한다고 하여 "체언이 서술어로 쓰 일 경우에는 조사가 붙지 않고, 어미가 붙어서 활용하게 된다"고 하였다.

이숭녕(1961)에서는 「고등국어문법」과는 달리 "이다"의 "이"를 형태소로 인정하고 격어미로 처리하고 있다.

이남덕(1963)은 "국어문법의 단위문제"에서 "이"를 형태소로 인정코자 한 다. 그 문법적 기능은 '명사'와 동사어미 사이에 끼어서 체언의 진술을 가 능케 하는 noun-verbalizer로서의 기능이 그것이다"라고 하고 의존형태소임 을 강조하였다.

강복수(1964, 1968)에서는 "이다"를 준자립성이 있는 단위로 인정하였다.

서병국(1967)도 강복수의 주장에 따라 "이다"를 준자립어로 보고 체언의 대목에서가 아니라 용언에서 다루어야 한다고 하며 지정과 긍정의 뜻을 가진 의존형용사로 주장하였다.

김형규(1968)에서는 명사 뒤에 격조사 "이"를 붙여 "사람이"를 하나의 형 용사 어간같이 만들고 거기에 활용어미를 붙이고 있는 것으로 설명하고 있다.

이길록(1969)은 "이"가 체언의 용언적 기능을 매개시키는 문법소라고 설 명하고 있다. 체언이 활용할 때는 "이"가 매개되고, 용언이 격변화할 때는 "음", "기"가 매개되는 것이 우리말 특유의 구조며, "이"는 서열상과 어미 들을 지배하는 기능을 가진다고 하고, "이"는 체언 서술태의 기능을 지닌 접중사(屈曲接中辭 : grammatical infix)라고 주장하고 있다.

성기철(1977)은 "이"는 체언에 결합해서 체언에 서술력을 부여하는 형태 와 "체언+이"가 한 단위로 서술어의 어간이 되어 활용하는 것인데, 이는 서술격 조사 또는 잡음씨의 어간과는 근본적으로 다른 계사(copula)와 같은 역할을 한다고 하고 서술격 조사로 결론짓고 있다.

남기심(1986)에서는 "이다"구문의 특성을 주어와 "이다"의 선행어 곧 보어와의 의미적 관계에 따라 3가지 유형으로 구분 설명하고 있다.

양정석(1986)에서도 "이다"는 어휘적 의미 기능을 본질적으로 가진 용언의 하나임을 논술하고 있다. "이다"구문 유형을 두 가지로 기술하고 있다.

유목상(1990)의 "이다(이라)고(攷)"에서는 중세국어 언어자료를 검토 할 때 "이다"가 원형이고, 결국 서술격 조사로 분류해야 한다는 주장을 펴고 있다.

서정수(1991)에서는 종래의 대표적인 견해만 밝혀 놓고 자신의 견해는 내세우지 않았다.

김승곤(1992)에서는 "이다"는 토씨에 가까운 성질을 더 많이 가지고 있다고 7가지 근거를 제시하고 있으나 논점이 핵심에서 빗나간 지적이 대부분이다.

송석중(1993)에서는 "이다 논쟁의 반성"이란 제목아래서 과거에 논의되었던 논점들을 재검토한 것으로 결국 최현배의 지정사설에 귀착하여 "이다"의 계사적 특성을 강조하고 있다.

이상 학문문법에서 주장한 "이다"의 문법범주를 정리하면 대략 다음과 같다.

> 1) 서술격어미 : 김민수, 장하일, 이숭녕, 유목상
> 2) 서술격조사 : 김형규, 성기철, 김승곤
> 3) 체언의 활용어미 : 이희승
> 4) 매개모음 : 강길운
> 5) 체언의 동사화소 : 이남덕
> 6) 접중사 : 이길록
> 7) 의존형용사 : 강복수, 서병국
> 8) 용언 : 남기심, 양정석
> 9) 지정사 : 최현배, 송석중

이들의 각각 주장하는 바 내용은 다르지만 크게 3가지로 구분된다. 첫째

체언의 일부로 다루려는 1), 2), 3)과 체언과 어미 사이에 개재하는 중간적인 문법소로 보는 4), 5), 6)과 용언의 일부로 다루려는 7), 8), 9)의 3가지 견해이다. 이들에 대한 상세한 논의는 과거의 일을 거듭하는 것도 되고, 또 지면도 허락되지 않으므로 전체적인 논지만을 간략히 밝히고자 한다.

4. 성과에 대한 결산 및 제언

"이다"의 문법범주에 대한 연구는 거의 일세기에 걸쳐 논의되어 왔고, 여기에 대한 연구논저만도 백여 편에 이른다. 100년에 가까운 긴 시간 동안 수많은 연구논저에서 주장에 주장을 거듭해 왔지만 합의점을 이루지 못하는 까닭은 무엇일까? 앞으로는 가능할 것인가?

본고에서는 필자 개인의 주장을 펼치기보다는 그간의 전체적인 논의를 결산하여 그 합의점을 찾아보기로 하자.

"이다"연구사는 학교문법적 관점에서 볼 때 3기로 나누어 그 고찰이 가능하고 이들에 대한 종합적인 검토와 논의는 제4기에 해당하는 학문문법에 결산적인 의미를 지닌다.

첫째 제1기에는 "이다"에 대한 문법범주 설정은 체언이나 용언의 종지형 어미의 일부로 수용하여 종지사로 품사설정을 하던 주시경 문법의 견해가 대표적이다. 종지사설에서는 "이다"의 문제가 본격적으로 거론된 것은 아니지만 체언의 어미로서 서술적 기능을 가지고 있음은 일찍이 주장된 바이다. 김규식의 동사설은 뒤에 올 지정사설의 바탕이 되는 것으로 "이다"의 용언적 특성을 처음으로 주장한 의미 있는 학설이다.

제2기는 최현배, 박승빈의 지정사설이 주도되던 시대이다. 지정사설은 "이다"의 서술적 기능과 활용적 특성을 밝혀내고 "이다"의 계사적 기능을 부각시킨 견해이다. 이 시기에 인상적인 견해로는 정렬모의 지정동사설이다. 넓게는 지정사와 같은 주장이지만 명사성 동사로 "이다" 서술어 문장을 풀이하는 방법론적 예시다. "사람이다"를 "사람답다, 사람스럽다" 등과 대비시켜 설명하는 것은 앞에 오는 수식어의 성질이나 "-답다, -스럽다", 앞에 오는 어휘의 제한적 성격 때문에 "이다"와는 같이 처리할 수 없음은 이미 지적된 사항이다.

"사람 이다"를 "바다 같다", "죽 된다"와 같은 구문으로 대비시킨 것은 상당히 의미가 있는 것으로 해석할 수 있다. 이들은 같은 통사적 특징인 동격문을 생성하는 동사류이다. "같다, 되다" 앞에 오는 체언은 "이다"의 경우처럼 어휘의 선택적 제약이 거의 없다.

제3기는 "이다"를 체언토의 일부로 처리하는 방안이 주도된 시대다. "무엇이 무엇이다"란 명사문을 보편적 문형으로 인정할 때 "이다"를 체언의 일부로 처리할 수밖에 없고, 또 "이다"의 형태적, 의미적 자립성 여부를 놓고 볼 때도 그 불완전성으로 보아 체언이 반드시 필요하다는 설득력 있는 견해다. 정인승의 서술격 조사설은 학교문법 통일안에서 지지를 받아 현행까지의 학교문법체계의 바탕이 되고 있다. 네 번째 학문문법 시대는 학교문법의 "이다"에 대한 견해들이 종합검토 비판된 시대다. 종래의 주장을 거듭 반복하는 일에서부터 객관적 입장에서 새로운 문법적 해석을 시도하던 때이기도 하다. 지정사설과 체언토설이 대립된 가운데 중간자적 입장의 접중사, 매개모음, 체언의 동사화소 등이 주장되기도 한다. 그러면 우리는 자신의 새로운 독창적인 견해가 따로 있지 않다면 결국 이제까지 논의된 견해 중 어느 하나에 지지를 보내야 할 것이다.

논제는 크게 3가지로 나뉘어 1) 용언이냐, 2) 체언의 일부냐, 3) 아니면 그 중간의 첨가형태냐로 구분된다.

"이다"의 "이"가 음운론적 환경에 따라 탈락되는 경우는 있어도 기본형이 "이다"임은 중론이고, 접중사의 한국어적 특성이 무표적이라면 결국 용언이냐 체언의 일부냐로 귀결된다. 1) 용언 쪽을 지지하는 경우라도 ① 지정사, ② 지정동사, ③ 동격동사, ④ 의존형용사, ⑤ 계사, ⑥ 풀이씨 등 그 내용에 있어서 다양하고, 2) 체언의 일부로 인정하는 경우도 ① 서술격 조사, ② 격어미, ③ 체언의 활용으로 크게 구분할 수 있으나, 같은 서술격 조사에서도 그 해석을 서로 달리하는 것처럼 다양한 내용이다.

용언으로 보는 경우 "이다"의 어떠한 특성을 중시함인가? 또 약점은 무엇이고 그 부분의 설명은 어떻게 하여야 하나?

앞에서도 언급하였듯이 "이다"를 용언으로 보는 것은 "이다"의 서술성과 활용성 때문이다. 그 활용성 가운데 시제 등 동사적 특성이 포함된다. 약점으로는 체언과의 결합성과 비자립성이 문제된다. 먼저 체언의 일부로 보았을 경우 "이다"구문의 통사론적 의미의 완결성과 체언과의 결합력 등 문법설명에 많은 장점과 편이점이 있지만 용언의 제1차적 특징이 되는 서술성과 활용어미로서의 특성은 쉽게 설명되지 않는다. 즉 체언설을 지지했을 경우 많은 부분의 현상적 문제점은 설명되나 용언적 특성에 대한 근본적 설명은 해결되지 않는다. 반대로 용언설을 지지하였을 경우 체언과의 결합과 비자립성은 어떻게 설명해야 하나?

그 시사는 정렬모가 제시한 "바다 같다. 죽 된다, 사람 이다"에서 찾아보면 어떠할까. "되다, 같다, 이다"는 이른바 보어를 필요로 하는 같은 서열적 특징을 지닌다. "되다"나 "같다"는 통사론적 측면에서 볼 때 반드시 체언을 필요로 한다. 그 체언은 "이다"의 경우처럼 선택적 제약이 별로 없다. "이다"를 체언의 일부로 인식하는 것은 문법성 때문이라기보다는 체언에 붙여서 쓰는 관습에서 연유한 것이라면 어떤가. 정렬모, 이인모의 주장처럼 띄어쓸 수도 있지 않은가. "학생이다"를 체언으로 보았을 경우, "학생임, 학생이기" 같은 체언화 현상은 체언을 다시 체언화시키고 있다고 해야 하는 논리적 부담을 어떻게 해결해야하나 등 여러 가지 문제점이 뒤따른다. "이다"를 독립시킴으로 해서 "서술성, 굴성, 시제" 등의 해석도 가능하고 "아름다운 꽃 이다"에서 "아름다운"이 "꽃"만을 수식하게 되어 부체어가 서술어 "꽃이다"를 꾸민다는 모순을 극복할 수 있다. 또 "자네만일세, 학교에서이다. 아버지께서이다" 등과 같이 체언과 "이다" 사이에 격표지가 개입되는 것은 표면구조상의 변형일 뿐이고, 원칙적으로 무표적인 특성을 갖는 것이긴 하지만 체언과의 분리성을 보여주는 예로 삼아볼 수 있지 않을까.

5. 맺음말

"이다"의 문법범주 설정은 시대를 넘어 각인각색의 주장만 거듭된 채 결론없이 오늘에 이르렀다. 당위론적인 이야기지만 그 결론은 단 한가지여야만 한다. 지금까지의 논의를 크게 집약시켜보면 "이다"의 문법범주는 1) 체언의 일부냐, 2) 용언이냐로 귀결된다.

현행 학교문법에서 "서술격 조사"라고 결론을 내린 것은 이 양자를 교묘하게 타협시킨데 불과하다. 서술격이란 용언적 특성과 조사라는 체언적 특성을 결합적으로 묶어 놓은 술어이기 때문이다.

앞장에서 논의한 바와 같이 "이다"가 체언의 일부가 되기에는 논리적으로나 현상적으로 극복되지 않은 점이 많다. 한마디로 "이다"가 가지는 서술성 및 활용 때문이다. "이다"를 용언으로 처리하는데서 가장 큰 문제점은 "이다"의 자립성 여부다. 항상 체언의 뒤에 위치하는 표기상 또 의미상 의존성 때문에 "이다"는 용언으로 처리하기 어렵다는 것이다. 여기에 대한 해결 방안은 없을까? 여기에 시사적인 해결의 실마리를 보여주는 정렬모의 예를 논의한 바 있다.

결론적으로 "이다"의 용언적 성격은 형태론적 특성뿐 아니라 통사론적 특성에서도 입증된다. 이에 대한 논리적 전개와 명시적 예들이 정리됨으로 논의는 끝나야 한다. '이다'는 '같다', '아니다' 등과 같은 형용사일 뿐이라고.

— 「주시경학보」 13권, 1994, 주시경학회

[부론 Ⅳ] **북한문법의 품사론**

1. 서론

 국어문법연구의 역사는 유길준(1900년 전후에 시작됨) 이후 현재까지 약 1세기에 가까운 기간이 된다. 유길준 이후 1945년 조국광복까지 남북한 문법은 체제나 이념 등의 구분이 없이 "朝鮮語文法"이란 이름으로 수난의 반 세기간의 연구사를 기록하게 된다. 다만 이 기간 동안의 연구업적의 계보적 성격을 구분한다면 1) 일본 문법의 영향을 많이 받은 유길준계 문법과, 2) 미국을 중심으로 한 서구문법의 영향을 지대하게 받은 김규식계 문법과 3) 국어의 언어적 특성을 중시하여 국어문법연구의 독자적 틀을 이룩하려 했던 주시경계 문법으로 그 맥을 가를 수 있다.

 문법 내용으로는 이른바 체언토와 용언의 어미를 각각 독립품사로 인정하는 분석적인 제1유형의 시대와 체언토만을 독립 품사로 설정하는 절충적인 제2유형, 그리고 체언과 용언의 토 모두를 독립 품사로 인정하지 않는 종합적인 체계인 제3유형이 그 발전 단계에서의 특성이었다.[1]

 1945년 광복과 더불어 문법연구의 양상은 남북으로 재편성되어 그 양상

---

[1] 국어문법의 유형에 대한 자세한 논의는 김민수(1954) "국어문법의 유형" 및 이광정(1987) 참조할 것.

을 달리하게 되었다. 남한에 남아 있던 대부분의 문법가들은 과거의 문법 체계를 고수하는 입장이었다. 1963년 학교문법통일안의 결정·시행으로 이른바 학교문법의 체계논쟁이 어느 정도 정리되었다고 할 수 있다. 그리고 전통문법의 시대를 뒤이어 1950~60년대에는 구조주의적 관점에서의 문법연구가 풍미하였고, 1960년대 후반부터는 변형생성문법적인 언어이론의 도입으로 새로운 국어문법의 체제수립에 주력하는 한 시대를 맞아 오늘에 이르고 있다.

한편 북한의 문법은 해방 전에 활약하던 김두봉, 박상준, 홍기문, 정렬모, 이극로 등 문법가들에 의해 연구되었으나 이들의 문법연구의 업적은 크게 드러나지도 않고 그 체계의 변동 여부도 드러나지 않는다. 즉 개인문법으로의 특색이 거세되고 규범문법의 체계 속에 동화된 결과가 되었다. 그리하여 품사분류의 체계에서부터 그 하위분류, 용어의 정의에 이르기까지 단순화된 것이 북한문법의 일반적 특성이다.

본 논고에서는 광복 이후 북한문법 중에서 특히 품사론 분야의 변모 양상의 개략을 추적해 보고, 규범문법의 보완·완성이라고 할 수 있는 이론문법서의 대변이 되는 고신숙 「조선어리론문법」(품사론)과 이후의 변모를 보이는 김용구 「조선어문법」까지의 품사 분류체계 및 품사내용 들을 살펴보기로 한다.[2]

광복 이후 현재에 이르기까지, 북한의 문법은 품사체계를 위시하여 문법체계 전반이 일정한 규범을 유지하면서 실행되어 왔다. 북한문법의 바탕이 된 이 규범문법은 내용상 큰 차이가 있는 것은 아니나 대략 다음과 같이 4기로 나누어 특색과 변화를 기술할 수 있다.

---

[2] 북한문법에서의 품사론에 관한 본격적인 연구사의 기술은 북한관계 자료의 제한 때문에 추후 보충하기로 한다. 필자가 직접 대하지 못한 자료로서 언급된 것이 몇 편 있는데 이 부분은 임홍빈(1992)에 의거했다.

제1기(1946~1949) : 과도문법기(광복 이후에서 1949 이전까지)
제2기(1949~1972) : 규범문법기(1949 규범문법에서 문화어문법규범 전까지)
제3기(1972~1985) : 문화어문법기(1972 문화어문법규범 이후 1985 이론문법
　　　　　　　　　　전까지)
제4기(1985~현재) : 이론문법기(1985 이론문법서에서 현재까지)

　제1기 과도문법기라 함은 해방 이후 분단된 체제에서 북한 나름의 문법을 교육시키던 시대다. 이 시기에는 아직 통일된 문법체계가 나타나지 않는다. 박상준(1947)의 문법이 <북조선인민위원회교육국> 명의로 출간된 것이 대표적일 것이다. 이 외에 「조선어문법」(1948)의 품사체계를 찾아 볼 수 있다.

　제2기는 <조선어문연구회>가 중심이 되어 최초로 규범문법을 만든 「조선어문법」(1949)에서부터 1972년 「문화어문법규범」 제정 이전까지 기간을 뜻한다. 이 시기는 통일문법인 규범문법이 제정되었다는 점에 그 의의가 크다. 내면적으로는 비교적 다양한 문법체계 내지는 품사체계에 대한 논의가 있던 시기다.

　제3기는 "문화어규범문법"이 제정된 1972년 이후 이론문법서란 표제가 붙은 이근형(1985) 이전까지의 문법이다. 1972년에 제정된 문화어 규범문법은 몇 차례 보완이 되었으나 체계에 큰 변동은 없다. 이 규범은 이후 오늘날까지 계속 이어지고 있다.

　제4기는 이근형(1985) 형태론, 김용구(1986) 문장론, 고신숙(1987) 품사론, 김동찬(1987) 단어조성론과 함께 이론문법의 완본이 되는 시대다. 문법체제는 종전의 규범문법체계에 의거하고 있으나 이론적인 뒷받침을 했다는 것이 그 의의다.

　이들 각 시대에 나타나는 품사분류 체계를 간략히 살펴보고, 이들 저서 중 대표적인 문법서에 대하여 개별적인 사항을 살펴보기로 한다. 이들에 대한 종합적인 검토는 후로 미룬다.

　먼저 각 시기에 등장하는 품사 분류체계를 보면 다음과 같다.

〈제1기〉

1. 박상준, 「조선어문법」(1947) : 북조선인민위원회교육국
   명사, 대명사, 수사, 동사, 형용사, 관형사, 부사, 접속사, 감동사, 조사(10)
2. 「조선어문법」(1948)
   명사, 수사, 대명사, 동사, 형용사, 관형사, 부사, 접속사, 감동사(9)

〈제2기〉

1. 「조선어문법」(1949) : 조선어문연구회
   명사, 수사, 대명사, 형용사, 동사, 부사, 조사, 감동사(8)
2. 원우흠, 「조선어문법」(1954) : 교육도서출판사
   명사, 수사, 대명사, 형용사, 동사, 관형사, 부사, 토, 감동사(9)
3. 김수경(1956), "조선어 형태론의 몇가지 문제에 대하여."
   명사, 수사, 대명사, 형용사, 동사, 관형사, 부사, 토, 감동사(9)
4. 김병하·황윤준, 「조선어문법」(1957) : 국립교육도서출판사
   명사, 수사, 대용사, 형용사, 동사, 부사, 관형사, 후치사, 조사, 감동사(10)
5. 「조선어문법」(1960) : 과학원언어문학연구소
   명사, 수사, 대명사, 동사, 형용사, 관형사, 부사, 감동사(8)
6. 김수경·김백련, 「현대조선어」 2 (1961)
   명사, 수사, 대명사, 동사, 형용사, 관형사, 부사, 상징사, 감동사(9)
7. 「조선어문법」, 1964에서도 상징사 포함(9)
8. 「조선어문법」문장론2 (1963) : 과학원언어문학연구소
   명사, 수사, 대명사, 형용사, 동사, 관형사, 부사, 감동사(8)

〈제3기〉

1. 「문화어문법규범」(초고) (1972) : 김일성대학출판부
   명사, 수사, 대명사, 동사, 형용사, 관형사, 부사, 감동사(8)
2. 「조선문화어 문법규범」(1976) : 김일성대학출판부
   명사, 수사, 대명사, 동사, 형용사, 관형사, 부사, 감동사(8)
3. 「조선문화어문법」(1979)
   명사, 수사, 대명사, 동사, 형용사, 관형사, 부사, 감동사(8)
4. 렴종률 「조선어문법사」(1980) : 김일성종합대학출판부
   명사, 수사, 대명사, 동사, 형용사, 부사, 관형사, 감동사(8)
5. 최정후 「조선어학개론」(1983) : 과학백과사전출판사

체언, 용언, 관형사, 부사, 감동사(5)
명사, 대명사, 수사, 동사, 형용사, 관형사, 부사, 감동사(8)

〈제4기〉

1. 김동찬, 「조선어리론문법 단어조성론」(1987. 12)
   명사, 수사, 대명사, 동사, 형용사, 관형사, 부사, 감동사(8)
2. 고신숙, 「조선어리론문법」(품사론)(1987)
   명사, 수사, 대명사, 동사, 형용사, 관형사, 부사, 감동사(8)
3. 김용구, 「조선어문법」(1989) : 사회과학원출판사
   명사, 수사, 대명사, 동사, 형용사, 관형사, 부사, 감탄사(8)

이상 18개의 품사분류 체계를 확인할 수 있다. 내용적으로는 5품사체계, 8품사체계, 9품사체계, 10품사체계가 된다. 이 중 최정휴의 5품사는 8품사의 전제이므로 줄이면 8, 9, 10의 세 가지 분류체계가 된다.

품사명칭과 문법범주는 규범문법에서 정한 8품사인 "명사, 수사, 대명사, 동사, 형용사, 관형사, 부사, 감동사"로 대부분 통일이 되었다.

그러나 1945년 광복 이후 현재에 이르는 동안 "접속사, 조사, 토, 후치사, 상징사, 대용사"의 6품사가 더 설정되는 과정이 있었다.

1) "접속사"는 제1기 문법에서 부사와 구별하여 설정되나 이후 문법에선 부사에 귀속된다.

2) "조사"와 "토"의 문법범주는 대개 달리 구분된다. 조사는 후치사의 개념으로도 쓰이고, 토의 일부가 되기도 한다.

3) "상징사"는 상징부사를 별도로 설정한 것이다.

4) "대용사"는 명사, 수사, 동사, 형용사에 걸치는 문법범주로 특이하다.(임홍빈 1992, p.466)

이상에서 언급한 품사체계 중에서 대표적인 것들의 내용을 시대별로 간략히 살펴보기로 한다.

관심을 두고 살필 부문은 (1) 품사분류의 기준, (2) 품사나 단어의 정의, (3) 품사들의 정의와 문법범주 그리고 (4) 하위 분류 등이 될 것이다.

이들에 대한 필자 나름의 비판보다는 실상을 살피는데 주안점을 두겠다. 중복된 것은 줄임을 원칙으로 하였으나, 개별문법서의 특징을 살핀다는 의미에서 반복 기술한 것이 많다.

2. 본론

1) 제1기 : 과도문법기

이 시기는 1945년 해방 이후 북한의 통일문법인 1949년 규범문법 제정 전까지의 기간을 말한다. 아직 통일된 체계를 갖추지는 못했으나 장차 있을 규범문법의 바탕을 마련하는 과도기적 의미를 지닌다.

해당 문법서로는 박상준(1947)과 「조선어문법」(1948)이 있다.[3]

먼저 일제 강점기의 개인 문법체계가 북한문법에서 어떻게 수용되고 있는가를 살피는 의미에서 그 대표로 박상준(1932)의 문법 내용을 간략히 살펴보고, 이어 1947을 살피기로 하겠다.

---

3) 이들 문법서를 직접 대할 수 없어 임홍빈 (1992)과 고신숙(1987)에 의거 품사분류 체계를 중심으로 검토하기로 한다.

(1) 朴相埈, 「조선어법」(1932)에서의 품사체계는 같다

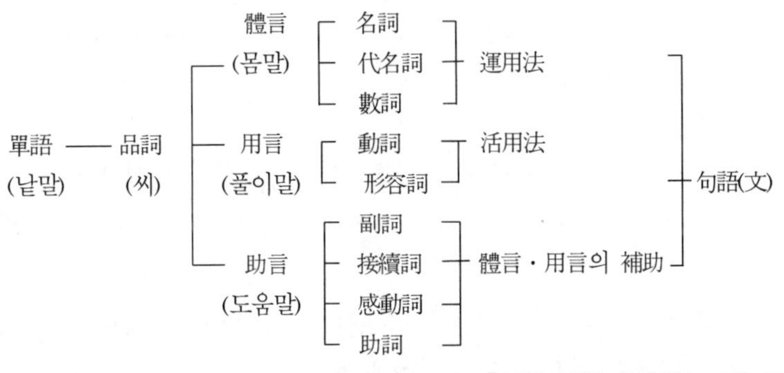

— 朴相埈, 1932 : 「改正綴字準據 朝鮮語法」, 75～76

이 분류의 특색은 9품사체계이면서도 관형사를 인정하지 않는 것이 특색이다. 그리고 조사를 독립품사로 인정한 제2유형의 문법이기 때문에 최현배 문법의 영향을 받은 것으로 추정된다(김민수, 1981, p.259). 그러나 구체적으로 영향을 받았다는 대비적인 사항이 드러나지 않고, 다른 문법가와의 영향관계도 확인되지 않는 문법이다. 대명사의 항목에서 김희상 「朝鮮語典」(1911)과 연계를 지을 수 있는 관련만 보일 뿐이다. 품사의 명칭과 수는 이필수(1922, 1923)와 같으나 문법유형의 차이로 인하여 동사, 접속사, 조사의 내용이 다르다.

단어 및 품사에 대한 견해를 살펴보면 "단어는 곳 소리에 한낱의 뜻을 부친 말이다."(p.70)라고 정의하고 "단어는 언어의 유기체를 구성하는 세포"라는 견해를 보이고 있다.

체언의 조사변화는 운용법으로, 용언의 활용은 활용법으로 처리하고 있다. 문법서의 대부분의 지면을 활용의 기술에 사용하고 있다. 참고로 활용의 분류체계를 보이면 다음과 같다.

連 體 形 : 현재격, 과거격; 미래(추량)격
連 用 形 : 아, 어 ,야, 와, 고

接續詞形：旣然形, 未然(假說)格, 反對格, 竝行格, 對句格
副　詞　形：形容格, 疑問格, 希望格, 將欲格, 重複格, 不定形
終　止　形：普通問答格, 要求格, 命令格, 推量格, 感歎格, 尊敬格, 時間格, 將欲
　　　　　　格, 轉成格, 傳言格

이들 분류는 장차 그가 수용하게 될 북한의 토의 문법과 일맥상통하는 것이다. 이러한 토의 문법은 멀리 김희상의 문법에서부터 연원이 되었다.[4]

(2) 박상준, 「조선어문법」(1947)(북조선 인민위원회교육국)에서 그의 문법은 다음과 같은 변모된 양상을 보인다

먼저 품사의 정의는 "단어를 그 형식과 직능에 따라서 나눈 것"이라 하였다.

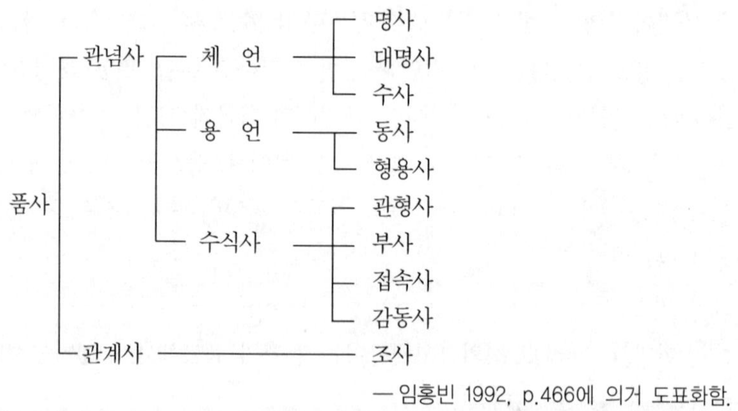

— 임홍빈 1992, p.466에 의거 도표화함.

이 분류체계는 1932의 체계에다 관형사를 추가한 10품사체계다. 내용적인 큰 변모는 조사의 범주 속에다 용언 어미를 포함시켰다는 것이다. 즉 조사를 체언적 조사와 용언적 조사로 구분하여 조사의 범주 속에 넣은 것이다. 이는 1932년 체계에서 보인 "체언의 운용법"과 "용언의 활용법"을

___
4) 이 부분의 자세한 논의는 이광정(1987) pp.146~148을 참조할 것.

일원화시킨 것이다. 이는 김희상 문법에서 처음 제기되어 북한문법에서 결실을 거둔 '토' 문법의 중간 과정이라 할 수 있다.

박상준(1947)은 장차 뒤따르게 될 북한의 규범문법의 전단계로의 의의를 부여할 수 있을 것이다. 특히 토의 처리는 여기에서부터 바탕을 두고 있다고 할 것이다.

(3) 「조선어문법」(1948)

저자나 성격이 밝혀지지 않은 것으로, 고신숙의 문법서 중에서 「조선어문법」(1948)이라 하여 아래의 체계를 추출할 수 있다.

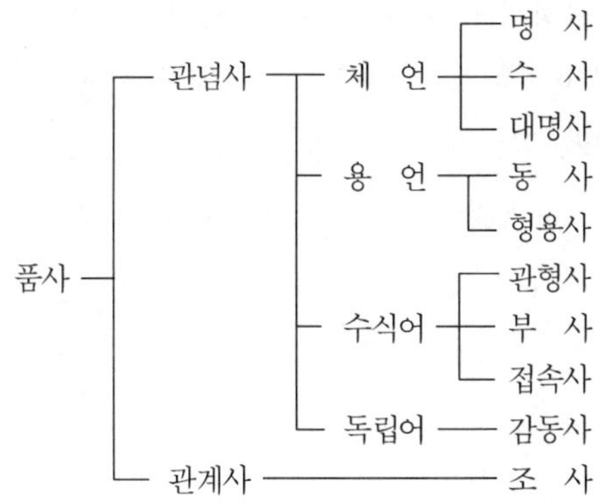

― 고신숙 1987, pp.50∼51에 의거

이는 1949년에 결정될 북한의 통일문법 제정의 전 단계로서 의미를 가진다고 할 것이다.

분류체계는 박상준(1947)의 10품사와 동일하다. 단지 감동사를 수식언에서 독립언으로 독립시켰다는 진전된 일면이 보일 뿐이다. 접속사를 부사의 일부로 다루지 않고 독립품사로 인정하고 있는 점도 같다. 이 책의 문법 내용을 살핌으로써 박상준과의 관계가 밝혀질 것이다.

2) 제2기 : 규범문법기

규범문법기란 1949년 조선어규범문법 제정에서부터 1972년 문화어문법 규범 제정 이전까지 기간의 문법을 말한다.

연구물로는 "조선어문연구회"의 「조선어문법」(1949)를 위시하여 원우흠(1954), 김수경(1956), 김병하·황윤준(1957), 과학원언어문학연구소(1960), 김수경·김백련(1961) 등의 업적을 살필 수 있다. 이 중 대표적인 「조선어문법」(1949)과 (1960)의 내용을 살피기로 한다.

(1)「조선어문법」(1949) : 〈조선어문연구회〉

북한의 규범문법 제정은 남한에 비하여 상당히 빨랐다. 남한에서는 1963년에야 학교문법통일안이 이루어지고 이어 1966년에야 시행되었다.[5]

그러나 북한에서는 학교문법통일에 대한 논의와 결정이 1949년에 이루어지게 되니 남한보다는 14년이나 빨리 이루어진 셈이다. 이는 언어문제가 김일성의 주체사상 논의와 궤를 같이하는 것이고 또 일사분란한 행정지시에 의하여 언어문자 정책도 규격화되는 사회주의 체제의 산물이라고 할 것이다.

---

5) 문교부는 1963년 2월 1일 국어교육 간담회를 시작으로 학교문법통일의 문제를 검토하기 시작한다. 이어 전문위원회를 구성하는데 문법교과서 저자 : 崔鉉培*, 李熙昇, 金允經*, 鄭寅承*, 李崇寧(도미 중 대리 李基文), (金敏洙, 南廣祐, 劉昌惇, 許雄의) 공저자 중 1명, 張河一*, 崔泰鎬 : 8명과
　국어교육 관계자 : 劉濟漢*(한글학회), 朴昌海*(연세대), 尹泰榮(한성고교), 李勳鍾(청량중고), 李應百(서울사대), 金亨奎(서울사대), 康允浩*(이화여대), 李熙福(문교부) : 8명 총 16명이다. 이들 전문위원들은 1963년 4월 15일부터 5월 22일까지 12회의 회의를 거쳐 학교문법통일안을 작성하여 교육과정심의회에 제출하였다. 이후 여러 가지 곡절을 겪게 된다. *표는 말본파임.
　1663년 6월 18일 전문위원회의 초안을 상정하여 결정하고 이어 7월 25일 문교부 장관의 결재로 공포하기에 이르렀다. 그러나 말본파의 1963년 3월 국회청원, 1965년 6월 행정소송으로까지 번져 1966년 11월까지 후유증이 계속되었다. 그러나 통일안에 준거한 교과서는 1966년 3월부터 중학교용부터 시작되었다.

<조선어문연구회>에 의하여 제정된 「조선어문법」(1949)의 제정 과정을 살펴보면 다음과 같다.

첫째 1949년 10월 2일 부로 조선어문에 관한 결정이 내각에서 내려지고, 둘째 전문연구위원회내부에 문법편수분과위원회가 조직되고, 셋째 문법편수 분과위원과 김일성종합대학 조선어학 담당교수 중 위원이 중심이 되어 조선어문법초고를 완성하고, 이어 전문 위원들의 1개월 여의 검토 후에 문법분과위원회 및 전문연구위원회의 총회에서 결정한 것이다.

> "이 곳에 공간하는 "朝鮮語 文法"은 조선민주주의 인민공화국 내각 제10호 결정서(1948년 10월 2일 附. 朝鮮 語文에 관한 決定書)에 의하여 朝鮮語文硏究會가 자기과업을 수행하는 행정에서 달성한 첫 성과다.
>
> 朝鮮語文硏究會는 (중략) 1948년 10월에 조선어문연구회 전문연구위원회 내부에 12명의 전문 학자들(李克魯, 田蒙秀, 許翼, 明月峰, 金龍成, 申龜鉉, 洪起文, 金炳濟, 朴宗軾, 朴俊泳, 朴相埈, 金壽卿)로써 구성된 文法編修分科委員會(위원장 : 전몽수)를 조직하였다.
>
> 1949년 9월 初, 문법편수분과위원회 외, 그 중에도 특히 김일성종합대학 조선어학 강좌를 중심으로한 위원들의 노력의 결과, 조선어문법 초고가 완성되어, 그 후 일개월 여에 걸친 위원들의 신중한 검토와 10월 3일의 문법분과위원회 및 전문연구위원회 총회에서의 최종적 토의의 끝에 조선어 문법이 기본적으로 타당하게 편찬되었음을 확인하고, 이에 공간하게 된 것이다."
>
> ―「조선어문법」 머릿말 가운데서

문법 내용은 전통적인 방식으로 어음론, 형태론, 문장론의 3분야로 구성하였다.

이들 중 형태론 부분의 품사론에 대하여 개략적인 내용을 살펴보기로 한다.

먼저 "품사"의 정의를 살펴보면, "문법적 관점에서 어를 가장 크게 나눈 것을 품사라고 한다."(p.165)고 하였다. 그리고 품사를 자립적 품사와 보조적 품사로 구분하였다.

   1. 자립적 품사는 대상과 그 수량, 행동, 상태, 성질, 특성 및 행동이나 상태의 표식 등을 나타낸다고 하여 명사, 수사, 대명사, 형용사, 동사 및 부사라고 하였다.

   2. 보조적 품사는 그 자체 자립적이지 못하고 언제나 다른 자립적 품사와 함께 쓰여 이에 의미상 각종의 뉘앙스를 부여하는데, 품사로는 조사가 있다.

   3. 따로 독특한 부류를 이루는 것으로 감동사가 있다. 감동사는 자립적 품사에도 보조적 품사에도 들지 않으며, 감동, 충동 등을 표현할 뿐, 이를 명명하지는 않는다고 하였다.

이상과 같이 자립적 품사 6개, 보조적 품사 1개, 감동사 등 8품사로 구분하였다. 특기할 것은 관형사가 제외되었다는 것이다. 조사의 문법범주는 우리가 일반적으로 이해하는 체언토나 또는 용언토를 합친 개념으로서의 범주가 아니고 후치사의 문법범주에 가까운 것이다.

이들 8품사를 세 가지 관점에서 분류를 시도하였다.

1. 명명 능력 여부, 2. 개념 표현의 능력 여부, 3. 문장 성분이 될 수 있는가의 여부에 따라 다음 표와 같이 구분하였다.

품사의 종류	명명 능력	개념 표현 능력	문장 성분이 될 능력
1. 기본품사	+	+	+
2. 대 명 사	(+)	−	(+)
3. 수　　사	−	(+)	(+)
4. 조　　사	−	(+)	−
5. 감 동 사	−	−	−

기본 품사라고 하여 명사, 형용사, 동사, 부사의 4품사를 정하고 이들은 사물, 성질, 행동, 상태 등을 명명하고 구체적(자질적) 개념을 표현하며 또한 이들 품사로써 문이 구성된다라고 하였다(p.168).

대명사, 수사, 조사, 감동사의 특성도 이들 세 가지 관점에서 논의를 전개하고 있다.

이들 관점은 일견 타당한 분류 특징으로 간과할 수도 있으나 실상은 그 자체내에 문제점을 가지고 있다. 선결되어야 할 것은 "명명"과 "개념"이란 말의 어의적인 의미의 한계와 적용상의 비한정성이다. 정렬모(1946)에서는 품사분류의 주요 특성으로 "개념"을 중시하였다. 그 예로 분류체계와 품사의 살펴보기로 하자.

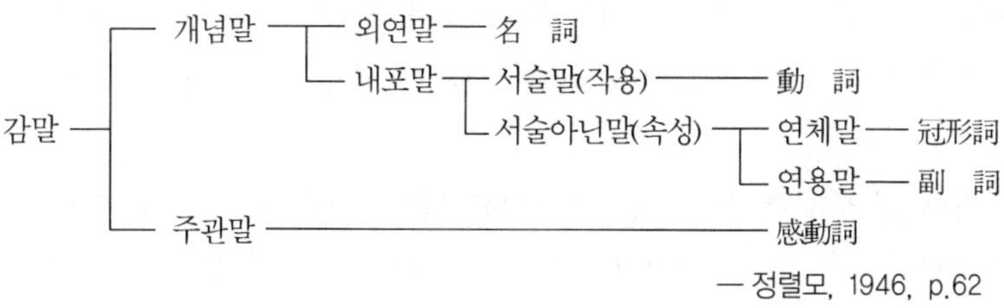

— 정렬모, 1946, p.62

1. 名　詞(임) : 사물의 개념을 표시하는 성능을 가지고 있음.
2. 動　詞(움) : 작용의 개념을 표시함.
3. 冠形詞(언) : 다른 개념의 실체(몸)에 종속하는 속성의 개념을 표시함.
4. 副　詞(억) : 다른 개념의 운용(쓰임)에 종속하는 속성의 개념을 표시함.
5. 感動詞(늑) : 관념을 주관적으로 표시함.

— 정렬모, 1946, p.48

이러한 개념 중시의 분류체계와 용어 선택의 논리적 모순과 문제점은 이광정(1987, pp.178~181)에서 논의한 바 있다. 정렬모 문법의 "개념"이 간접적으로 위의 문법설명에 영향을 미쳤음은 짐작이 가능한 일이다. 이는 고신숙 문법에서 재론하기로 한다. 다만 위의 세 가지 관점이라 하여 내세운 구분법은 일면 긍정적인 면도 있으나 그리 유용한 분류 수단이 될 수 없다는 것이다.

"명명"과 "개념"뿐 아니라 "문장성분"의 성립여부도 단적으로 유용한 것이 못 된다. 조사가 문장 성분이 되지 못함은 언급할 필요가 없이 당연한 것이고, 감동사를 위시하여 대명사, 수사가 당당히 문장 성분이 될 수 있는 것인데 그렇지 못한 것으로 분류하고 있다.

그러면 이들 품사의 정의와 분류체계의 내용을 간략하게 살펴보기로 하겠다.

① 명사

"명사는 대상과 그 상태를 나타내는 품사다."라고 정의 하였으며 그 하위 분류로는 "그 명명하는 대상에 따라 고유명사와 보통명사로 구별된다"고 하였고, 명사의 기능에 따라 완전명사와 불완전명사로 구분하였다(pp.169~181).

명사 항에서 특기할 것은 격어미를 명사의 일부로 다루고 있다는 것이다. "학교는, 사람의, 집에서, 학생이다."들이 각각 명사가 된다. 명사의 하위분류에서 비교적 상세히 다루고 있는 것은 불완전 명사 부분인데, 그 예만 보이면 다음과 같다.

1. 주어, 술어, 규정어, 보어가 될 수 있는 불완전명사 : 것, 바, 이, 분, 데, 해, 따위
2. 주어로만 될 수 있는 불완전명사 : 수, 리, 씨
3. 술어와 보어로만 될 수 있는 불완전명사 : 터, 차, 따름
4. 보어로만 될 수 있는 불완전명사 : 척, 채, 체, 듯, 양, 둥 ,번, 제, 적, 줄, 지, 만, 만큼, 처럼, 직, 대로, 겸, 상

이들 불완전 명사에 대한 연구는 고신숙(1987)에서 더욱 정밀화되어 많은 양의 지면을 차지한다. 그리고 조어론에서 다루어야 할 명사의 조어적 특성을 품사 각항에서 다룬 것도 특색이라 할 수 있다.

명사의 문법적 범주로는 격, 시칭, 법, 계칭의 네 가지를 들고 수는 문법 범주가 될 수 없다고 부정하고 있다. 이들 항에 대하여 간략히 그 개략만 살펴보기로 한다.

• 격은, "명사(수사, 대명사)가 문 가운데의 다른 어에 대하여 가지는 각종 관

계를 나타내는 문법적 범주다."라고 정의하고 8격으로 나누고 있다.

  1) 主格 : -가, -이, -께서, -란(-이란), -로서(-으로서)

  2) 屬格 : -의(-에의, -에로의, -에 있어서의, -으로서의, -에 관해서의, -에 비하여서의)

  3) 對格 : -를, -을, -ㄹ

  4) 與格 : -에게, -께, -한테, -더러

  5) 位格 : -에, -에서, -에게서, -한테서, -로, -에게로, -한테로, -께로

  6) 造格 : -로(-으로), -로써(-으로써)

  7) 具格 : -와(-과), -하고, -랑(-이랑)

  8) 呼格 : -아, -야, -여, -이여, -이시여

  • "시칭은 명사, 형용사, 동사로써 표현되는 상태 또는 행동과, 이야기의 진행되는 시간과의 관계를 나타내는 문법적 범주다."라고 정의하고 기본시제로 과거, 현재, 미래를 두고, 선과거, 과거미래를 두고 있다. 명사의 시칭은 "이다"를 체언어미로 처리하는 데서 빚어진 현상이다. "이다"를 조사나 곡용의 격어미로 처리하는 데는 여러 가지 문제가 제기된다. 이는 별개의 계사로 처리하는 것이 문법현상 설명에 합당하다 할 것이다.[6]

② 수사

"수사는 대상의 수량 또는 그 순서를 나타내는 품사다."라고 하고 수사 (하나, 셋, 열, 백, 천 등)는 독특한 수적 개념을 표현하여 정상적인 (수학적이 아닌) 언어 행위에서는 자립적인 문장성분이 되지 못하고, 반드시 명사와 함께라야 문장성분이 될 수 있다고 하였다.

수사는 그 구성의 점으로 보아 단순수사, 복합수사 및 합성수사로 구별한다고 하였는데 이들은 다른 품사의 기술에서도 보이듯 조어적 구성을 살핀 것에 불과하다.

  單純數詞 : 단 하나의 어근 하나, 둘, 셋, ……, 여든, 아흔, ……

  複合數詞 : 열 하나, 쉰 다섯, 마흔 아홉, ……, 三百, 三千萬, ……

---

6) "이다"문제에 관하여 『주시경학보』 13집(1994)에서 특집논문으로 다룬 바 있다. 김민수, 이광정 등 참조할 것.

合成數詞 : 한둘, 서넛, 너덧, 대여섯, 여닐곱, 너더대여섯, 두셋째, ……

수사의 문법적 범주는 명사와 같이 격, 시칭, 법, 계칭으로 명사와 동일하므로 별도로 서술하지 않는다고 하였다.

북한문법에서의 수사의 문법범주는 남한의 그것과 큰 차이가 있다. 즉 단위성 불완전 명사 앞에 오는 관형사들을 모두 수사로 처리하고 있는 점이다. "토끼 (한) 마리, 쌀 (두) 말, 등등의 한, 두, 서, 석, 셋 등등". 이는 수개념의 표시라는 의미적인 데에 중점을 두어 품사분류를 하고 있음을 뜻하는 것이다. 초창기의 분류에서도 보이던 현상이다.

③ 대명사

"대명사는 대상 또는 그 수량을 가리킬 뿐이고 그들을 명명하지는 않는 품사다."라고 하였다. 즉 대명사(나는, 네가, 누구, 이, 그, 저, 여기, 그리, 저리 등)는 직접적으로 대상을 명명하지 못하고 언어, 행동, 장면에 의존하여 대상을 지시할 뿐이므로, 누가, 어디서, 언제 이야기하고 있느냐에 따라 그 의미를 변경시킨다고 하였다.

따라서 기본 품사로써 명명된 사물과 대상에 대한 부차적 명명으로써밖에 이해되지 않는다고 하였다.

하위분류는 그 의미에 따라 인칭대명사, 지시대명사, 부정·의문대명사로 구별하였고, 문법범주도 명사와 동일하므로 생략한다고 하였다.

대명사는 북한의 초기 문법에서는 가벼이 취급되던 문법범주다. 문법기술 순위에서도 수사 다음의 자리에 두어 기술하고 있다. 명사와 큰 차이가 없음을 강조하고 있다.

④ 형용사

"형용사는 대상의 성질이나 상태를 나타내는 품사다."(p.222)라고 정의하고, 형용사의 조어적 특성인 합성법에 대한 논의가 다수의 지면을 차지하고 있다.

어미를 별개의 범주로 처리함으로 <곱-, 붉-, 검-, 어둡-> 등이 논의됨으로 해서 어느 면에서는 제1유형의 분석적 형태로 되돌아간 느낌조차 든다.

형용사의 문법범주에는 시칭, 법 및 계칭의 세 가지가 있다고 하고, 원칙적으로 명사와 동일하다고 하였다. 법도 명사와 동일하다고 하였는데, 이는 결국 "이다"의 문법범주와의 동일성을 의미하는 것인데 여기에 대한 논의는 달리 검토되어야 할 성질의 것이다.

법에서는 직설법, 조건법, 당위법, 의문법, 존경법을 들고 있는데, "-시"를 존경법으로 처리함은 개념정립의 혼란으로 보인다.

계칭이라고 명명한 대우법의 경우는 "해라, 하게, 하오, 존대 및 반말"의 다섯 가지로 나누어 설정하고 있는데 용어 자체에서 보이듯 일정한 계층적 분류가 되지 못한다. 즉 "해라"가 반말인데도 반말을 동일 유개념으로 분류하고 있다. 예문을 검토하면 이들의 문제가 더욱 선명해진다.

⑤ 동사

"동사는 대상의 행동 또는 상태를 나타내는 품사다."(p.242)라고 의미적인 입장에서 정의를 하고 있다.

동사 항목에서도 역시 조성이라고 하여 조어법에 대한 논의가 일단락을 차지하고 있는데 이는 북한 문법기술의 한 특색이기도 하다. 이는 후에 언급될 품사분류의 기준의 하나로 단어 조성법을 들고 있는 것과 연관지어 생각해 볼 수 있다.

또한 품사분류의 체계에서 대명사에 선행하여 수사를 기술하고, 동사에 앞서 형용사를 기술하는 태도도 문법기술의 한 가지 특색이라 할 수 있다.

문법적 범주로는 태, 시칭, 법, 계칭 및 상의 다섯 가지를 들고 있다. 이들에 대하여 간략히 살펴보면 다음과 같다.

(1) "태는 시간 상에서 행동이 어떻게 진행하고 있는가를 – 즉 행동의 성격을 가리키는 문법적 범주다." 이에는 완료태와 지속태의 두 가지가 있다.

(2) 동사가 술어로 될 때와 규정어로 될 때의 시칭으로 현재, 과거, 선과거, 미래, 과거미래, 과거지속를 구분하고 있다.

(3) 동사의 법은 명사, 형용사에 비하여 복잡하다 하고 직설법, 조건법, 당위법, 소원법, 의문법, 명령법, 권유법 등을 들고 있는데, 활용어미를 이들 범주에 적용시키는 데에 따른 무리가 있다.

(4) 동사의 계칭으로 형용사의 경우처럼 "해라, 하게, 하오, 존대, 반말"의 다섯 등분을 하고 있다.

(5) "상은, 동사로써 표현된 행동의 주체(주어)의 힘으로 수행되는 관계를 말한다."고 하고 능동상, 피동상으로 구분 설명하고 있다.

⑥ 부사

"부사는 행동 또는 상태의 표지, 성질의 정도 등을 나타내는 품사다."라고 정의하고 1) 장소부사 2) 시간부사 3) 양태부사 4) 정도부사 5) 지속의 부사로 나누어 서술하고 이어 부사의 조성이라고 하여 조어적인 면을 살피고 있다.

부사는 문에서 전적으로 보어가 된다고 하였는데 보어는 부사어의 개념에 해당하는 폭 넓은 문법범주다.

⑦ 조사

"조사는 자립적이지 못하고, 앞에 있는 어의 뜻을 여러 가지로 도와, 그 의미에 각종의 뉘앙스를 부여하는 품사다."라고 정의하고 있다. 남북한 문법 사이에 가장 두드러진 특색이 이 조사의 문제다. 이 문법서에서 규정하고 있는 조사의 범주는 그 한계가 극히 불분명하다. 간략히 말하여 격조사를 제외한 보조사들이 이 범주에 소속되고, 때로는 후치사의 범주에 속하는 문법범주를 여기에 소속시키고 있다.

의미상의 구분에 하위체계의 용례만 보면 다음과 같다.

1) 合同的 助詞 : 도, 조차, 마저, 서껀, 마다, 까지, 부터, 들

2) 分離的 助詞 : 만, 고(이고), 나, 든지
3) 對立的 助詞 : 는(은) ,커녕, 새려 보다
4) 強調的 助詞 : 도, 그려, 라도, 나마, 야, 라야, 야말로

조사는 문에서 독립된 성분이 되지 못하고, 항상 주어, 규정어, 보어 등의 성분 뒤에 붙는다고 하였다. 조사와 토의 차이점으로 "토는 문장의 각 성분 사이에서 그들을 문법적으로 서로 연결하는 관계적 의미를 가지고 있음에 반하여, 조사는 이러한 관계적 의미가 없고, 단지 매개의 어에 의미상의 변용을 줄 뿐이다. 또한 토는 체언과 용언에 붙고, 부사에는 붙지 않음에 반하여, 조사는 그 외에 부사에도 붙는다고 하였다(p.296). "잘도 잔다, 잘은 잔다, 잘만 잔다, 잘들 잔다"에서 "도, 은, 만, 들"을 들고 있다.

⑧ 감동사

감동사는 이야기하는 사람의 각종 감정, 충동을 표현할 뿐이고 이를 명명하지는 않는 품사다.

감동사는 문장성분이 되지 않는다. 그 자체 감정이나 충동의 뜻을 나타내는 독립적인 문을 형성하는 까닭이다. 따라서 감동사는 그것만으로 간투문(間投文)이라고 부를 수 있다(p.298).

감동사(에크, 아아, 자)는 그 능력이 매우 제한되어 있다. 이는 감정이나 희망을 명명하지 못하고 단지 그 신호로만 되어 있는 까닭이다. 감동사는 순전히 표현적 품사이기 때문에, 아무런 관념과도 결부되어 있지 않으며 문의 밖에 있다고 하였다.

이상 8품사체계에 대한 서술 내용을 간략히 살펴 보았다.

끝으로 명사, 형용사, 동사의 문법범주 적용의 차이점을 살펴보면 다음과 같다(p.281).

範疇 品詞	格	態	時稱	階稱	相	法	
						直說法 疑問法 尊敬法	命令法 勸語法
名　詞	0		0	0		0	
形容詞			0	0		0	
動　詞		0	0	0	0	0	0

(2) 과학원언어문학연구소 : 「조선어문법」(어음론·형태론 1)(1960)[7]

1960년 「조선어문법」은 1949년의 뒤를 이어 민족어의 개화발전을 위한
다는 전제에서 동요되고 있는 언어 요소들을 더욱 규범화하고 정밀화하는
것이라고 밝히고 있다. 이어 현대 조선어 표준어의 문법적인 특성을 밝히
고 그 규범을 세우며 조선어가 가지는 풍부한 표현의 가능성을 면밀하게
서술하는데 목적을 둔다고 하였다.

집필진은 <언어 문학연구소> 내에 조직한 <조선어 문법 및 조선어사
편찬 위원회>가 종래의 구 성과와 선진의 언어학계가 도달한 성과를 참작
하여 문법의 체계를 세웠다고 서론에서 밝히고 있다.

먼저 품사의 정의와 분류기준을 살펴보면 다음과 같다.

"품사란 단어의 어휘구성에서 어휘적 의미의 동일성, 문법적 범주의 동
일성, 문장에서의 문장론적 기능의 동일성 및 단어 조성의 유형의 동일성
등 일련의 표식의 총체에 의하여 합동된 단어의 부류들이다."(p.127)

특기할 것은 1949년 「조선어문법」에서의 단어분류는 1) 명명의 능력, 2)
개념 표현의 능력, 3) 문장성분이 될 수 있는가의 능력 등 의미적인 면의

---

7) 과학원언어문학연구소 언어학 연구실 공동집필로 1960년 7월 20일 평양 : 과학원 출
판사 발행 1961년 3월 동경 : 학우서방에서 번인하기도 하였다.
유동석(1989), "서평「조선어문법 1」", 탑출판사. 최명옥, "서평, 「조선어문법1」", 「주
시경학보」 4를 참조할 것.

변별성과 문장에서의 기능을 중심으로 분류하였다. 그러나 이 곳의 분류기준은 1) 어휘적 의미의 동일성, 2) 문법적 범주의 동일성, 3) 문장론적 기능의 동일성, 4) 단어 조성 유형의 동일성으로 변하였다. 이들 기준은 북한문법의 특색이나 4)의 단어 조성 유형의 동일성은 적절치 못한 기준으로 지적할 수 있다.

분류체계는 8품사로 명사, 수사, 대명사, 동사, 형용사, 관형사, 부사, 감동사다.

1949년 「조선어문법」과의 체계변화는 관형사를 새로이 추가하고 조사를 제외시킨 것과 동사와 형용사의 기술 순서가 바뀌었다는 점이다.

이들 8품사는 완전한 문법체계가 아니라고 전제하고, 품사문제를 둘러싸고 있는 문제라고 하여 다음의 사항을 들고 있다.

   1) "토"를 하나의 보조적 품사로 설정할 것인가
   2) 또는 "토" 가운데서 <도움토>만 하나의 보조적 품사로 설정할 것인가
   3) 동사와 형용사의 분리 또는 통합의 문제
   4) 접속사 및 후치사의 설정 여부
   5) 관형사를 접두사 또는 형용사의 일종으로 처리하는 방안
   6) 의성·의태어를 독립품사로 설정하는 등의 문제[8] (p.129)

그러면 이들 8품사의 "정의", "분류체계", "문법사항의 특이점"을 위의 저서와 대비적으로 살펴보기로 한다.

---

8) 보다 구체적인 문제라고 하여 1) 술어로 되는 명사<예 : 사람이다>에 나타나는 '이'의 성격을 어떻게 규정할 것인가 2) "불후의, 불요불굴의" 등의 단어를 관형사에 넣어야 할 것인가 3) "국제 문제", "원시 사회", "조기 작물", "가내 공업", "여류 작가" 등에서 앞의 말을 명사로 할 것인가 관형사로 할 것인가 4) "영웅적", "선진적", "추상적" 등의 "적"이 붙은 단어를 명사로 볼 것인가 형용사로 볼 것인가 아니면 다른 품사로 볼 것인가 5) "있다", "없다" 등의 단어를 동사에 넣을 것인가 형용사에 넣을 것인가. 새로운 품사로 해야 할 것인가 등을 열거하고 있다(p.130).

① 명사

"명사란 대상을 명명하는 단어들의 부류다."라고 하고, 하위분류로는 1) 보통명사와 고유명사 2) 완전명사와 불완전명사 3) 활동체 명사와 비활동체 명사로 하여 3)의 항을 추가하고 있다. 이 중에 역시 불완전 명사의 항을 많은 지면을 들여 기술하고 있다.

이 문법서의 특징의 하나는 문법범주로 격, 시칭, 법, 계칭의 4가지에서 격을 중점적으로 기술하고 나머지는 토의 범주에서 설명하는 점이다.

• 명사의 격범주

"명사의 격이란 그 명사가 다른 문장 성분에 대한 문장론적 기능을 표현하기 위하여 취하는 문법적 형태다."라고 하고,

1) 주격 : 이, 가 2) 속격 : 의 3) 대격 : 를, 을 4) 여·위격 : 에, 에게, 에서 5) 조격 : 로, 으로 6) 구격 : 와, 과(강철과, 규율과 바다와) 7) 호격 : 야, 아, 여, 이여 8) 절대격의 8격을 두었다.

이 중 특기할 것은 여격과 위격을 합쳐 여·위격으로 한 대신 절대격을 첨가했다는 것이다. 절대격이란 "아무런 격토의 가첨이 없이 명사의 어간과 동일한 어음적 외피로서 이루어진 형태다."라고 하였다.

"당의 영도 아래 우리 인민의 물질 문화 생활이 몰라 보리 만큼 약진하였다. 지구상 도처에서 평화 지대가 확대되고 있으며 식민주의는 모래성 같이 허물어져 가고 있다."

에서 "영도, 아래, 물질, 문화, 지구상, 평화, 모래성" 등을 지칭하고 있다. 일종의 생략형 내지는 영형태라고 할 수 있다.

• 명사의 용언적 형태

"명사는 용언적 형태에 기초하면서 거기서 접미사 또는 토의 가첨을 받

아 형용사와 거의 같은 문법적 범주를 가진다. 곧 종결형, 비종결형이 있으며 계칭, 식, 법, 시칭 및 존칭들의 각 범주들이 있다"고 하였다.

> 종결토 : 라, 람, 로구나, 로군, 로다, 로소이다, 로세, 러라, 러니, 런가, ㄹ세,
> 올시다, 요
> 비종결토 : 랍시고, 로되, 라

이들은 "–이다"의 "–이"를 접미사라고 하여 이들의 활용형태들에 대한 기술이다. "이다"의 문제는 체언과 분리하여 별개의 문법기술이 되어야 할 것이다.

- 도움토들에 의한 명사 형태들

도움토로 "나(이나), 나마(이나마), 는(은), 도, 라도(이라도), 마다, 마저, 만, 부터, 서껀, 조차, 커녕, 까지, 야(이야), 야말로(이야말로)" 등을 들고 있는데, 이들을 포함하여 많은 예들은 "이다"의 활용형, 도움토, 이른바 후치사들이 복합된 혼란스런 문법범주 설정이다.

이 외에 단어조성의 항을 두어 설명함은 앞의 문법서들과 같다.

② 수사

"수사란 수량 또는 순서를 나타내는 단어들의 부류다."라 하여 수량수사와 순서수사로 분류하고 있는데 내용적인 면은 1949년의 것과 대동소이하다.

③ 대명사

"대명사란 대상을 지시하는 단어들의 부류다."라고 하고 하위분류로 1) 인칭대명사, 2) 지시대명사, 3) 미정·의문대명사, 4) 재귀대명사로 나누어 기술하고 있다. 재귀대명사의 항을 두어 설명한 것도 진전된 일면이고, 전반적으로 기술내용이 다양하며 구체적이다.

④ 동사

"동사는 어떠한 인물 또는 대상의 행동이나 상태를 과정으로 파악하여 표현하는 단어들의 부류다."하여 동사의 과정성을 부각시킨 진전된 정의다. 형용사에 앞서 기술한 것은 동사의 품사로서의 중요성을 파악한 것이라 생각된다. 종전의 문법에서 명사 다음에 형용사를 기술했던 것은 명사와 형용사의 유사성을 강조하려는 의식적인 기술로 여겨진다. 여기서 유사성이란 체언 뒤에 "이다"가 첨부되어 활용한 형태들이 형용사와 의미적으로나 활용의 성격상 같다고 보는 관점을 의미하는 것이라 해석된다.

하위분류는 타동사와 자동사로 구분하였고 이들의 피동과 사동에 대하여 기술하고 있다.

동사의 문법범주로는 공통범주로서 "시칭, 존칭, 상"과 종결형만이 가지는 "계칭, 식, 법"을 들어 기술하고 있다.

• 계칭에는 "존대, 하오, 하게, 해라, 반말"의 5등분을 하고 있다. 역시 등분 설정의 문제 가 있다.

• "식이란 이야기하는 사람과 이야기 듣는 사람 사이에서 설정되는 각종의 관계를 나타내는 문법적 범주다."라 하고 "법이란, 이야기하는 사람이 설정하는, 행동(또는 상태)과 현실과의 사이의 관계를 나타내는 문법적 범주"라고 하였다. 식에 의한 분류로 1) 서술식 : 직설법, 가능법 2) 의문식 : 직설법 3) 명령식 4) 권유식으로 구분 설명하고 있다.

• 시칭의 범주로는 "현재형, 과거형, 선과거형, 미래형"의 4단계를 두고 있다.

• 존칭의 범주에 대해서는 "존칭이란, 동사로써 표현된 행동의 주체에 대한, 이야기하는 사람의 존경의 뜻을 나타내는 문법적 범주로 어근 바로 다음에 접미사 <시>, <으시>를 붙인다"고 하였다.

• 상이란, 동사의 형태로써 표현된, 행동과 행동의 주체 및 객체와의 관계를 나타내는 문법범주라고 하고, 능동상, 사역상, 피동상을 두어 기술하고 있다.

• 동사의 접속형은 문장에서 접속술어 또는 상황어로 되거나 합성술어에서 앞부분에 오는 성원으로 되는 동사의 형태다. 동사의 접속형의 토(<접속 토>라고도 부른다.)들은 그의 뒤에 오는 문장 또는 성분들과 접속하는 관계의 의미에 따라 다음과 같이 분류할 수 있다고 하였다.

   1. 합동적 관계를 나타내는 토 : -고, -며, -는데, -는바, -되, -니, -노니, -더니, -다가
   2. 대립적인 관계를 나타내는 토 : -나, -나마, -지만, -건만…
   3. 분리적(선택적) 관계를 나타내는 토 : -거나, -건, -든지
   4. 시간적인 관계(동시성, 선행성등)를 나타내는 토 : -자, -면서, -고서
   5. 행동의 방식, 정도를 나타내는 토 : -아, -아서, -게, -도록, -ㄹ수록…
   6. 원인, 근거 등의 관계를 나타내는 토 : -므로, -니까, -는지라, -길래
   7. 목적, 의도를 나타내는 토 : -러, -려, -고
   8. 조건을 나타내는 토 : -면, -거든, -아야, ㄹ진대, -던들
   9. 양보를 나타내는 토 : -ㄹ지언정, ㄹ망정, -ㄹ지라도, -더라도
  10. 사상이나 담화의 내용을 나타내는 토 : -려니, -거니

동사의 접속형의 문법적 범주로 시칭, 존칭 및 상의 범주들을 들 수 있다고 하였고, 동사의 조어법에 대한 논의가 기술되고 있다.

⑤ 형용사

"형용사는 어떠한 인물이나 또는 대상의 성질, 표식을 표현하는 단어들의 부류다."

형용사를 의미에 따라 구분하여 1) 감각기관으로 지각할 수 있는 성질 2) 성격 또는 심리적 상태 3) 일반적 평가 4) 인물이나 대상의 성질을 가리키는 것 등으로 구분한 것은 보편성을 띤 기준이라 하기 어려우나 새로운 일면이기는 하다.

그 외에 문법기술은 동사의 그것과 같은 체계로 기술하고 있으나 동사에 비하여 매우 간략하다.

⑥ 관형사

"관형사란 대상의 표식을 나타내는 단어들의 부류다. 그러나 형용사와는 달라서 형태의 변화를 가지지 않으며 문장에서는 오직 규정어로만 쓰일 수 있다."고 하였다. 의미에 따라 1) 성질관형사 2) 분량관형사로 구분

하여 그 예를 보이고 있다. 8품사체계 중 가장 간략히 기술 하였으니 479면 중 단 3페이지에 분량에 불과하다. 이는 종전의 체계에서 관형사를 인정하지 않고 접두사처럼 처리하던 경향에서 연유했다고 하겠다.

⑦ 부사

"부사란 행동, 성질의 표식 또는 그 표식이 가지는 표식을 나타내는 단어들의 부류다."라고 하고 1) 양상부사 2) 정도부사 3) 시간부사 4) 장소부사 5) 접속부사 6) 양태부사로 나누어 기술하고 있다.

⑧ 감동사

"감동사란 이야기하는 사람의 감동, 의지, 욕구 등을 명명을 통하지 않고 직접 표현하는 단어들의 부류다."라고 하고, 의미들의 성격에 따라 1) 이야기 하는 사람의 여러 가지 감정을 나타내는 감동사 2) 이야기 하는 사람의 의지 또는 욕구 등을 나타내는 감동사 3) 상대방의 이야기에 대하여 가지는 각종의 태도를 나타내는 감동사로 구분하고 있다.

3) 제3기 : 문화어문법규범기

문화어문법규범기란 1972년에 제정된 문화어문법규범에 따른 규범문법의 재정비를 의미하는 시기로 이론문법서 출현 이전 단계를 뜻한다.

연구물로는 「문화어문법규범」(1972), 「조선문화어문법규범」(1976), (1979), 렴종률 「조선어문법사」(1980), 최정휴 「조선어학개론」(1983) 등이 있다.

대표적인(1972)를 위주로 살펴보기로 한다.

(1) 「문화어문법규범」(초고)(1972)년[9]

"품사란 모든 단어를 어휘, 문법적 표식의 공통성에 의하여 나눈 단어들의 문법적 갈래이다."(p.126)라고 정의 하였다.

품사분류의 기준으로는 1) 단어의 일반화된 뜻 2) 단어의 문법적 특성 3) 단어가 만들어진 특성을 들고 있는데, 단어의 일반화된 뜻이란 단어의 어휘적인 의미로 "대상을 직접 이름짓는 것과 가리키기만 하는 것, 대상의 수량이나 차례를 나타내는 것, 대상의 특징을 규정하는 것, 대상의 움직임이나 성질, 상태를 특징짓는 것, 그리고 말하는 사람의 감정이나 태도를 직접 나타내는 것" 등으로 나눌 수 있다고 하였으니 이들은 개별 품사의 어의적 해석에 불과하다. 2)의 문법적 특성이란 토와의 결합여부를 따지는 형태론적인 것과 문장론적인 특성을 가리킨다. 3)은 조어적인 특성을 이르는 것이다. 이들은 1960 「조선어문법」 등의 분류기준을 달리 표현한 것에 불과하다. 이 가운데서 가장 중요한 것은 문법적 특성이라고 강조하고 있다.

품사체계는 명사, 수사, 대명사, 동사, 형용사, 관형사, 부사, 감동사의 8품사로 1960의 체계와 같으며 이후 규범문법에서 변동없이 계속 이 체제를 유지하고 있다.

이 문화어규범문법은 종전의 문법을 토대로 체계화를 시도한 것이다. 종래의 문법과 큰 차이는 없지만, 점차로 토의 문법적 특색을 두드러지게 기술하고 있다고 하겠다. 그 한 부분의 예를 살펴보자.

"체언은 문장에서 격토, 도움토, 복수토가 붙을 수 있으며 바꿈토 <이>를 거쳐서만 맺음토, 이음토, 얹음토, 꾸밈토가 붙을 수 있다. 체언은 문장에서 토 없이 그대로 쓰일 수 있다.

용언은 문장에서 토없이 줄기만 가지고 쓰일 수 없으며 맺음토, 이음토, 얹음토, 꾸밈토가 붙는다. 용언은 바꿈토 <ㅁ (음)>이나 <기>를 거쳐서만

---

9) 김일성대학 출판부에서 간행된 것으로 1973년 동경학우서방에서 1973년 번각 출판되기도 하였다.

격토나 도움토를 달 수 있다.

관형사, 부사, 감동사에는 토가 붙지 않는다. 다만 특수한 경우에만 부사에 일부 토가 붙을 수 있다."(p.131)

이들 8품사의 정의와 하위분류만을 간략히 살펴보기로 한다.

1) "명사란 어떤 대상이나 현상을 이름지어 나타내는 품사이다". 명사의 종류로는 ① 완전명사와 불완전명사 ② 보통명사와 고유명사로 구분하고 있다. 불완전 명사에 대한 기술이 구체적임도 다른 저서와 같고, 단위명사를 독립시켜 기술함도 특색이다.

2) "수사란 대상의 일정한 수량 또는 차례를 나타내는 품사이다"로 정의하고 하위분류로는 수량수사와 차례수사로 나누었다. 단위성 불완전명사 앞에 오는 수개념의 단어들을 수사로 처리함은 전과 동일하다.

3) "대명사란 대상을 가리키는 품사이다". 그 갈래로는 ① 사람대명사 ② 가리킴대명사 ③ 물음대명사로 나누어 간략히 기술하고 있다.

4) "동사란 대상의 움직임을 나타내는 품사이다."라 정의하고 갈래로는 타동사와 자동사를 두었다. 전반적으로 간략하게 기술하고 있음이 특색이다.

5) "형용사란 어떤 대상의 성질, 상태를 나타내는 품사이다."라고 하고 동사와의 차이 등만을 간략히 기술하고 있다.

6) "관형사란 대상의 특징을 규정하는 품사이다."라 정의하고 그 쓰임에 대하여 간략히 기술하고 있다.

7) "부사란 움직임이나 성질, 상태를 특징짓는 품사이다."라고 하고 갈래로는 행동부사, 상태부사, 문장부사, 상징부사, 이음부사, 부정부사로 갈라 기술하고 있다.

8) "감동사란 이야기하는 사람이 자기의 감정이나 태도를 직접 나타내는 품사이다."로 정의하고 있다.

이 책의 전체 구성은 제1편 어음론, 제2편 형태론, 제3편 문장론으로 되어 있다.

제2편의 형태론은 품사론과 단어의 형태로 크게 나뉜다. 앞에서 보았던 문법서와의 기술의 차이는 품사론 각 항에서 다루던 조어에 대한 사항을 별도로 구분하였다는 것과 토를 "단어의 형태"라고 하여 별도로 기술하는

것이다. 즉 품사론에서 독립시켜 토에 대한 기술을 하고 있다. 그러므로 토의 기술이 많았던 명사와 동사의 기술이 상대적으로 간략하게 된 것이다.

토에 대한 분류를 간략히 보면 다음과 같다.

"토는 문법적 관계를 나타내는 특성의 공통성에 따라 몇 개의 갈래로 나뉘인다"라고 하고 아래와 같이 분류하였다.

(1) 격토 – 풀이는 하지 않고 그저 다른 단어와의 결합관계를 나타내는 토 : 께서, 께, 가, 를, 에게, 의, 한테…

(2) 도움토 – 풀이는 하지 않고 그저 <포함, 제한, 강조, 지정> 등 어떤 사물이나 현상들 사이 의 연관관계를 나타내는 토 : 도, 만, 야, 란, 마저…

(3) 맺음토 – 풀이를 하면서 문장이 끝났음을 나타내는 토 : 습니다, ㅂ니까, ㄴ다, 자, 라, 구나…

(4) 이음토 – 풀이를 하면서 문장 안에 있는 단위들을 이어주는 토 : 며, 지만, 므로, 면…

(5) 얹음토 – 풀이를 하면서 명사 대명사의 앞에 와서 그것을 얹어주는 토 : 는, ㄴ, 은, 던, ㄹ, ㅇ, 을

(6) 꾸밈토 – 풀이를 하면서 동사 형용사 앞에 와서 그것들의 특성을 꾸며주는 토 : 게, 도록, ㄹ수록, 듯…

(7) 복수토 – 대상이 두 개 이상이라는 것을 나타내는 토 : 들

(8) 상토 – 움직임을 자기가 하는가, 남이 입는가, 또는 남에게 시키는가 하는 관계를 나타내는 토 : 이, 히, 기, 리, 우…

(9) 존경토 – 존경하는 문법적 관계를 나나내는 토 : 시, 으시

(10) 시간토 – 시간적으로 언제 있었던가를 나타내는 토 : 았(었, 였), 겠…

(11) 바꿈토 – 용언을 체언형으로 만들거나, 체언을 용언형으로 만들어 주는 토 : ㅁ, 기, 기, 이

격토의 분류를 8격으로 하고 있음은 동일하나 절대격(영형태의 토)을 제외시키고, 여·위격을 각각 분리한 것이 특징이다.

한마디로 북한문법의 특색은 토의 문법이라고 할 만하다. 문법적, 의미적 부담을 담당하고 있은 허사적 모든 문법소를 토의 개념속에 일괄하여 넣고 이들을 직능이나, 형태, 의미 등에 따라 재구분해야 하는 부담 때문

에 토의 문법체계는 복잡하기도 할 뿐만 아니라 분류상에도 여러 가지 무리가 따르는 것으로 생각된다.

(2) 「조선문화어 문법규범」(1976)

이 책은 1972년의 「문화어문법규범」 초고를 모태로 하여 부연 설명하고 체계화 한 것이다. 체계상의 약간의 차이가 있으나 동일한 문법서로 간주한다(전수태 1989).

품사론 분야는 "단어의 형태"를 "토"로 개칭하여 기술하고 있는 것이 차이고, 품사의 정의, 분류기준, 품사의 갈래 및 하위분류 등은 동일하다.

1972에 비하여 구체화된 "토의 특성"의 일부분을 보이면 아래와 같다.

토들은 다 자기의 독특한 문법적 뜻과 문체론적 뜻빛갈을 가지고 우리들의 사상 감정을 섬세하고 풍부하게 나타내는데 효과적으로 쓰이고 있다.

1. 이웃형태부들과의 연계에서 나타나는 특성
   (1) 뚜렷한 구획성을 가진다.
   (2) 앞에 있는 단위에 직접 붙는다.
   (3) 한 개 줄기에 여러 개의 토가 잇달아 붙을 때는 그 차례가 엄격히 규정되어 있다.
   (4) 체언과 용언에 따라 달리 붙는다.
   (5) 단어가 아닌 단위에도 붙을 수 있다.

2. 문법적 뜻과 기능에서 가지는 특성
   (1) 토는 하나의 문법적 뜻만 가진다.
   (2) 문법적 기능이 단어의 범위를 벗어나서 더 넓게 작용할 수 있다.(pp.220~225)

이들 토의 범주에는 우리문법의 "격조사, 접속조사, 보조사 외에 복수 접미사 '들', 종결어미, 전성어미, 연결어미, 능동 피동 사동의 접미사, 존경, 시제 등을 나타내는 선어말 어미 등을 모두 포함시키고 있는 형태다.

(3) 렴종률의 「조선어문법사」(1980)

이 책은 제목은 문법사이지만 음운 부분을 제외하고는 15세기 국어의 형태론에 대한 기술이다.

품사분류체계는 "명사, 수사, 대명사, 동사, 형용사, 부사, 관형사, 감동사"의 문법규범의 체계와 같다.

품사에 대한 논의 중 특징적인 것만 적어보면 다음과 같다.

1) 명사 : 명사의 역사는 오래다. 품사로서의 명사의 구성 안에는 단어의 형태, 문장론적 표식의 관점에서 자립적으로 쓰이는 명사와 자립적으로 쓰이지 못하는 명사로 구별된다. 불완전명사는 자립명사가 추상화하여 이루어졌으며 이것이 다시 문법화 되는 길을 밟기도 한다.(pp.53~54)
   체언의 격토는 주격, 속격, 여격, 위격, 대격, 조격, 구격, 호격, 절대격의 9격으로 구분하였는데 이는 문법규범의 체계에 절대격을 추가한 것이다.
2) 대명사 : 대명사는 명사에서 분화되었고 동사, 형용사도 후에 분화되었다(p.53). 역사적으로 대명사들 가운데서 가장 오랜 것으로는 사람대명사 <나, 너, 누>를 들 수 있을 것이다.
3) 부사 : 부사는 다른 품사들의 일정한 형태가 퇴화되어 그 기능을 상실함으로써 이루어진 단어부류로서 그 형성이 2차적이다. 부사는 동사, 형용사, 명사, 대명사, 수사 등 각종 품사로부터 이루어져 나왔으며 부분적으로는 토로부터 이루어지기도 하였다(p.65).
4) 관형사 : 관형사도 비교적 뒷시기에 이루어져 나온 2차적인 단어부류이며 품사들 가운데서 그 수효가 적은 단어부류이다.

(4) 최정휴 「조선어학개론」(1983)

이 책은 세 부분으로 되어 있는데 제3편는 Ⅰ.어음론, Ⅱ.어휘론, Ⅲ.문법론으로 구성되었고, 문법론은 품사론과 형태론과 문장론으로 구성되었다. 품사론과 형태론에서의 기술은 문법규범의 서술방식과 같다. 즉 형태론 쪽에서 토의 문제를 다루고 있다.

다음에서 품사론 관계의 특징적인 것만을 살펴 보기로 한다.

"품사는 우리말 단어들을 일정한 표식에 의하여 나눈 단어들의 문법적 부류이며 가장 일반적이고 가장 큰 문법 범주의 하나라고 말할 수 있다. 품사란 단어의 문법, 어휘적 공통성에 기초하여 나눈 단어들의 문법적 부류이다."라고 정의하고, 분류기준으로는 1) 우리말 단어의 어휘, 의미적 특성을 반드시 고려해야 한다. 2) 단어의 형태론적 특성을 고려해야 한다. 3) 단어의 문장론적 특을 고려해야 한다. 4) 단어 조성의 특성도 고려해야 한다고 하였는데 이들은 전게 문법서들과 같은 주장이다.

이러한 원칙에서 조선말의 품사를 분류하면,

1. 체언 2. 용언 3. 관형사 4. 부사 5. 감동사의 5품사로 분류함이 조선어의 구조적 특성으로 보아 가장 과학적이라고 하였다. 이 주장은 일찍이 정렬모(1946)에서 주장되던 것으로 내용에 있어서도 유사한 것이다. 다만 정렬모는 체언을 "명사"로 설정하고 대명사와 수사를 명사속에 포함시켰다. 용언은 "동사"로 설정하여 '동작동사'와 '상태동사'로 하위분류하였다.

이 책의 주장은 5품사라고 하면서 실질적으로는 문법규범의 8품사를 따르고 있다. 분류체계를 보면 다음과 같다.

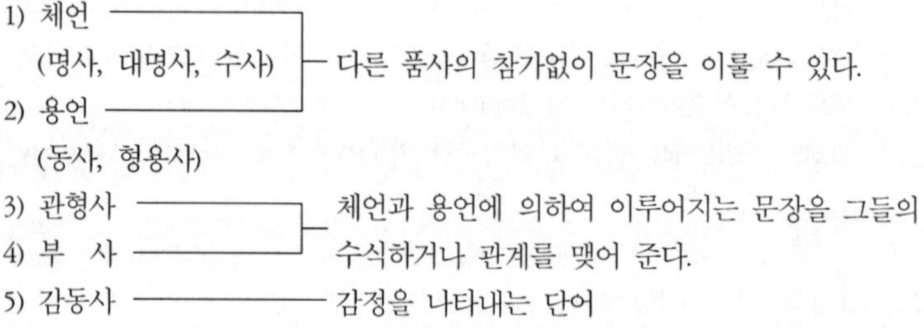

몇 가지 특징적인 것을 살펴보기로 하자.

'체언'의 문법 설명에 들어가서는 명사, 대명사, 수사로 분류하여 설명하고 있는데, 체언은 달리 명사, 수사로 나누고 대명사를 명사 속에 포함시킬 수 있다고 논의를 제기하기도 한다.

체언적 단어의 어간에 토가 붙어야 어휘문법적으로 <완결된 단어>, 형태를 갖춘 단어라고 할 수 있다고 하였다.

체언적 단어 줄기는 토와 상대적으로 분리될 수 있는 가능성을 가지며 토없이 절대격형으로 많이 쓰인다고 하고, 체언은 격과 수의 문법적 범주를 가진다고 하였다. 체언의 '수'를 문법범주로 처리한 것은 초기문법과의 큰 차이점이다.

"동사란 사람 또는 대상의 움직임이나 어떤 상태의 지속을 나타내는 단어의 부류이다."

"형용사란 사람 또는 어떤 대상의 성질이나 상태를 나타내는 단어들의 부류이다."로 정의 하고 있다.

용언의 문법적 특성으로 열거한 것을 보면 다음과 같다.

1) 용언토의 도움에 의하여 표시된다.

2) 어간과 토의 결합이 밀착되어 있으며 토 없이는 쓰이지 않는다.

3) 용언에는 맺음토, 이음토, 규정토 등과 같은 자리토가 붙으며 또한 상토, 존경토, 시칭토와 같은 <끼움토>가 붙는다. 이리하여 용언에서는 엄격한 배열 결합규칙에 따라 토가 놓이게 된다.

4) 용언에는 말차림과 말법, 상, 존칭, 시칭의 문법적 범주가 있다. 말차림과 말법의 범주는 풀이토에 속하는 맺음토에 의하여 표현되며 상, 존칭, 시칭범주는 끼움토에 속하는 상토, 존경토, 시칭토에 의하여 표현된다.

5) 용언은 말뿌리(줄기)에 바꿈토 <ㅁ(음), 기>가 붙어서 대상화되며 그 곳에 격토가 붙을 수 있다.

6) 용언은 맺음토를 비롯한 풀이토가 붙어서 문장성분이 될 수 있으며 문장에서 주로 술어로 나타난다(p.347).

관형사는 대상의 특징(표식)을 나타내는 단어의 부류이다. 형태의 변화가 없으며 규정어로만 쓰인다. 관형사는 조선어 구조에서 민족적 특성을 명백히 보여주는 품사이다. 다른 나라 문법에서는 이와 같은 품사가 없다고 하였다.

부사란 행동, 성질 또는 상태의 표식을 나타내는 품사이다. 조선어의 일부 양태의 부사들은 단어가 표시하는 행동, 성질들의 표식만을 나타내는 것이 아니라 문장 전체의 내용에 대한 표식을 나타내기도 한다. 뿐만 아니라 일부 부사들은 단어와 단어들의 결합 또는 문장들 전체와 관련되면서 그들을 연결시켜 주기도 한다.

부사의 문법적 특징으로는 토에 의한 형태를 갖추지 않는 것이 특징이며 문법적 범주를 가지지 않는다. 그러나 극히 일부의 부사에는 격토가 붙거나 다른 토들도 붙는다고 하였다.

감동사란 말하는 사람이 자기의 감정이나 태도, 의지나 요구들을 명명을 통하지 않고 직접 나타내는 단어들의 부류라고 하였다.

이상의 것들도 그러하지만 대부분의 문법기술이 "문화어문법규범"의 범주를 벗어나지 못하고 있다.

4) 제4기 : 이론문법기

이론문법기라는 표제를 붙이기는 했으나 문법내용은 규범문법의 체계에다 이론적인 보완을 한 것이 북한문법의 이론문법이다. 이론문법서로는 앞에서 살핀 바와 같이 1. 품사론 2. 형태론 3. 문장론 4. 단어조성론으로 구성하였는데 여기서는 고신숙(1987)과 김용구(1989)의 두 저서의 내용을 살피기로 한다.

(1) 고신숙, 「조선어리론문법」(품사론)(1987)

고신숙(1987)은 남한의 학자들에게 관심의 대상이 되어 이에 대한 여러 편의 논문이 있다.10)

______

10) 이광정(1990)의 서평(「周時經學報」 6집)을 비롯하여, 남기심(1991) "고신숙의 「조선어리론문법」에서의 국어기술"(「한글」 213호), 임홍빈(1992), 민현식(1993a) 등에서 논의가 활발하였다. 참고로 남기심의 견해를 보이면 다음과 같다. 남기심의 지적 <벼리>에서.

먼저 분류체계를 보이면 다음과 같다.

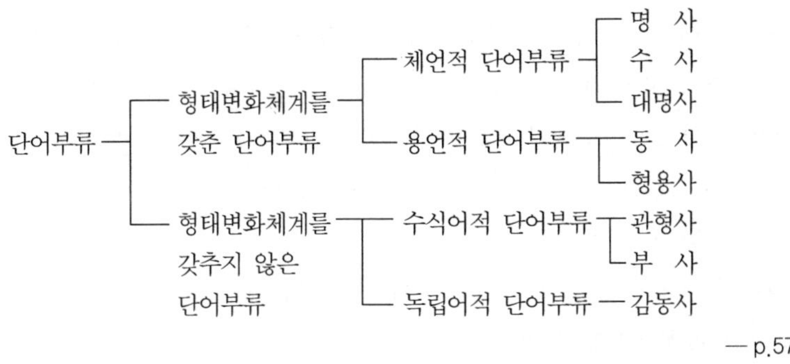

― p.57

　"이론문법은 규범문법이나 실천문법이 해결하지 못하는 예외적이며 특수한 문법적 현상들, 추상화 과정에 놓여 있는 과도적 현상 등 학계에서 제기되는 론쟁문제들에 대한 이론적 해명을 줄 것을 기본과업으로 내세운다."(4)고 하였다. 이어서 "조선어의 고유한 교착어적 특성을 훌륭히 구현한 새로운 품사론을 건설하는데서 가장 절박한 문제는 품사론을 형태론에서 떼어내어 문법의 독자적인 분과로 설정하는 것이다."(6)라고 주장하고 있다.

　이 외에도 품사론이 형태론에서 독립되어야 할 것을 강조하고 있다. 그러나 품사론을 구체화시키기 위하여 형태론에서 독립시켜야 한다는 것은 합당한 것이 못된다.

---

(1) 국어에서 보조적 단어를 설정할 것인가의 논의, 불완전명사, 보조동사, 상징어에 대한 설명에 불균형을 이룰만큼 많은 지면을 할애하고 있다. (2) 불완전명사, 상징어에 대한 연구는 상당히 깊이가 있으며, 국어 연구에 있어 하나의 공헌으로 생각된다. 그러나 반대로 다른 부분에 있어서는 별로 더 나아간 것이 없으며, 꽤 많은 오류가 발견된다. (3) 공시적 기술이어야 할 품사론에 통시적 고찰방법을 배합한 것은 과학적인 태도라 생각되지 않는다. (4) 품사분류기준으로 단어조성적 특성(곧 조어적 특성)을 든 것은 옳은 방법이라 하기 어렵다('벼리'에서).

① 품사론의 기초이론

품사는 단어들의 어휘·문법적 부류에 대한 논의가 중심이 되어야 하고, "품사의 단위로는 단어와 그것과 등가적인 단위가 될 수 있다. 단어가 아닌 단위는 품사의 대상이 될 수 없다."(p.17)는 지적은 적절한 것이다. 또한 "조선어에서 토는 교착적 접사이지 보조적 단어가 아니다. 토는 품사의 단위로 될 수 없으며 그 어떤 보조적 품사에도 소속시킬 수 없다."(p.29)는 지적도 의미있는 주장이다.

자립적 단어와 보조적 단어의 한계와 관련된 문제로 그는 <조선어의 보조적 단어부류>라고 하여,

1) 보조적 단어부류 : 불완전 명사, 보조적 동사, 격의 의미를 정밀화 해주는 단어들 2) 문법화 과정에 있는 보조적 단어들 3) 자립적 단어의 보조적 사용을 들었다.

과도적 단어들의 예로 <후치사적 단어>들이 있다고 하고 아래의 예를 들었다. 이들은 명사의 일정한 격형태와만 결합하여 쓰이는 동사의 화석화된 단어들이다.

1) <에 관하여, 에 관한>, <에 의하여, 에 의한>, <에 제하여, 에 제한>, <에 즈음하여, 에 즈음한>, 2) <을 위하여, 을 위한>, <을 향하여, 을 향한>, 3) <로 인하여, 로 인한>, <로 말미암아, 로 말미암은>, 4) <와 더불어 >, <와 아울러>를 제시하고 있다. 이는 초기문법에서 조사로 또는 후치사로 논의하던 문법범주에 대한 재언급이다. 이들 과정에서 통시적인 변화를 부분적으로 강조하고 있는 것은 이론적인 근거를 제시한다는 장점이 있으나 남기심(1991)에서와 같은 비판을 받을 수 있다.

품사분류의 기준은 종전의 문법서들에서 주장한 4가지의 분류기준 1) 어휘·의미론적 특성, 2) 형태론적 특성, 3) 문장론적 특성, 4) 단어 조성적 특성을 구체적으로 기술하고 있다.

조선어의 품사분류와 관련하여 제기되는 일련의 문제들 중 <이다>에 대한 검토도 있다.

② 조선어의 품사체계

과거의 품사체계에 대한 검토로 주시경(1910), 정렬모(1946), 홍기문(1947)에 대하여 비판을 가하고 있다.

주시경의 경우는 9품사 중 명사, 형용사, 동사, 관형사, 부사, 감동사는 타당한 설정이다. 특히 관형사 설정의 장점을 언급하고 불완전 명사 구분 등에 찬동을 표하고 있다. 그러나 대명사, 수사를 명사에 포함시킨 것, 토를 품사로 설정한 것은 단어와 접사를 혼동한데서 오는 제한성이라고 비판하고 있다(p.48).

논리주의적 입장에서 주장한 것이라 하여 정렬모의 토 처리에 대한 긍정적 견해를 보이고 있다. 그러나 명사, 동사에 대하여는 비판을 가하고 있다.

형태를 위주로 본 입장에서의 분류라고 하여 홍기문(1947) 「조선문법연구」의 "명사, 대명사, 수사, 동사, 형용사, 부사, 감탄사, 접속사, 후치사, 종결사"의 10품사와 연관된 체사(體詞), 개사(介詞), 용사(用詞), 투사(投詞), 조사(助詞)를 비판하고 있다.

이들 과거문법에 대한 이해나 비판은 피상적인 수준에 불과하다.[11] 정렬모나 홍기문의 문법체계를 비판하면서 구체적으로 문법가의 이름을 거명조차 않고 있다.

그러면 이 책의 품사론의 내용을 항목에 따라 간략히 살피기로 한다.

• 명사

명사는 체언의 핵으로, 격과 수범주를 가지며, 성범주는 없다. 본질적인 특성은 대상성을 가진다는 것이다고 하였다.

명사의 종류로는 1. 보통명사와 고유명사 2. 활동체 명사와 비활동체명사 3. 완전명사와 불완전명사, 단위명사, 어근적명사 등을 두어 설명하는데

---

11) 이광정(1991) 참조할 것.

단위명사와 어근적 명사를 동일계열에 넣은 것은 불합리한 기술이다.

북한문법의 특징 중에 하나는 불완전 명사에 대한 불균형하리만큼 많은 서술이다. 이 책 역시 그러하다.

"불완전 명사는 조선어의 고유한 민족적 특성을 뚜렷이 보여주는 특수한 보조적 단어 부류인 만큼 그 본질과 특성을 깊이 있게 밝히는 것은 조선어의 품사문제를 우리 민족어의 특성에 맞게 해결하는 데서 중요한 의의를 가진다."는 전제를 하고 문장론적, 의미, 형태, 단어조성적 특성을 들고 있다.

1) 의미론적 특성으로는 대상적 의미의 추상화가 특징이라고 강조하고 있다. 즉 문법화 과정을 거쳐 이루어진 추상적 의미이다. 불완전 명사는 자체로 명명의 기능이 없다. 불완전 명사는 그 문법적 추상화의 정도와 의미내용에 따라 4부류로 나누어 이들 부류의 특성을 각각 설명하고 있다.

2) 형태론적 특성으로는 단일한 형태부로 이루어져 있어 접사법이나 합침법에 의하여 이루어지는 일이 없고 거의 대부분 1음절어임을 지적하고 있다.

3) 문장론적이 특색으로는 그 앞에 규정어가 오는 특색을 지적하고 있다.

4) 단어 조성적 특성으로는 단일한 형태부이기 때문에 붙임법이나 합침법이 없고 다른 단어를 조성하는데 도와주는 것이 특색이라 하였다.

불완전명사의 형성과정의 특성이라 하여 역사적으로 고찰하고 있는 것은 방법론상의 논쟁점이 될 수 있으나(남기심, 1992) 그 형성과정을 밝히려는 노력의 일단으로 보아 의미를 둘 수 있다.

불완전 명사에 대한 문법기술은 심층적인 추적이라 생각되고, 진전된 일면을 보여 주는 것으로 북한 문법의 장점이라 해도 좋을 것이다.

• 수사

"수사는 대상의 추상화된 수량을 나타내거나 대상의 순서를 나타내는 품사이다."(p.96)라고 정의하고, 명명 기능이 없이 존재형식으로서의 수량이나 순서를 나타내고, 형태론적 의미론적 특성으로는 복수형태를 가지지 못하는 특성을 들고 있다.

수사의 종류로는 1) 구성상 특성에 따른 분류 : 고유어 한자말 수사, 단순수사 합성수사, 2) 의미의 성격에 따르는 분류 : 수량수사 순서수사를 들고 있는데 종전의 분류법의 반복이다. 이 외에 수사의 문법적 특성과 관련된 문제로 1) 수사의 형태론적 특성, 2) 문장론적 특성을 기술하고 있다.

• 대명사

"대명사는 대상의 직접적인 이름으로 되지 못하고 단지 이름의 대리자의 기능을 수행한다."하며 대명사의 기본 특성은 그것이 대상을 명명하거나 대상의 수량이나 순서를 나타내지 않고 바로 대상을 가리킨다는데 있다. 명사, 수사와 구별되는 특성은 그것이 일정한 문맥이나 장면을 전제로 하고 추상성과 일반성을 띠며 이야기하는 사람을 기준으로 하여 가리키는 대상과의 관계의 특성을 밝혀 준다는데 있다고 하였다.

대명사의 종류에는 1) 사람대명사, 2) 가리킴대명사, 3) 물음대명사를 두고 있는데 의문대명사 중 가리키는 대상에 따라 사람(누구, 아무), 사물(무엇), 분량(얼마, 몇), 장소(어디), 시간(언제) 등으로 구분하여 이들 해당 명사를 대명사로 분류하는 것은 일면 고려할 가치가 있는 분류다.

• 동사

"동사는 행동성과 과정성의 형태론적 표식과 진술성의 문장론적 표식에 의하여 특징지어진다"고 완벽한 정의를 내리고 있다. 그래서 여기에는 어휘, 문법적 의미도 포함하고 있다고 덧붙이고 있다.

동사의 종류로는 1) 자동사와 타동사, 2) 자립적 동사와 보조적 동사로 구분하여 기술하고 있다.

• 형용사

"형용사는 대상의 성질이나 상태를 나타내는 단어들의 어휘 문법적 부류로서 대상의 비과정적 표식에 의하여서 특징지어진다."고 한 것은 종래의 것과 같다.

형용사의 의미적 분류로서 1) 감각적 의미상태, 2) 성격, 정서심리적 상태, 3) 평가, 판단, 4) 공간적 상태, 5) 분량, 6) 대상의 성질이나 상태를 가리키는 경우, 7) 대상의 성질이나 상태에 대한 의문을 나타내는 경우 등으로 세분화하고 있는데 의미에 따라 세분하는 것 자체의 보편성을 얻기 어렵기도 하거니와 분류기준 자체에도 일관성이 없다.

이 외에 형용사의 특성을 (1) 어휘·의미론적 특성, (2) 형태론적 특성, (3) 문장론적 특성, (4) 단어 조성적 특성임 면에서 비교적 상세히 검토하고 있다.

• 관형사

관형사는 대상의 특징을 서술함이 없이 규정하는 품사이다. 형태변화가 없는 단어로 토가 붙지 못하는 단어임을 강조하고 있다. 형용사, 부사 및 다른 단어와의 차이를 기술하고 있다.

• 부사

"부사는 행동이나 상태를 특징 짓거나 성질의 정도를 나타내는 품사다."로 정의하고 하위분류로는,

    1) 일반부사 : (1) 행동부사 (2) 성질부사 (3) 양태부사
    2) 상징부사 : (1) 상징부사의 어음론적 특색
                (2) 상징부사의 어휘·의미론적 특성 모음교체 자음교체
                (3) 상징부사의 형태·문장론적 특성
                (4) 상징부사의 단어 조성적 특성 *고유상징부사 구조적 특성
    3) 보조적 부사 : (1) 부정부사 (2) 의존부사
    4) 접속부사

로 구분하여 기술하고 있다. 특징적인 것은 상징부사에 대한 연구라고 할 것이다.

• 감동사

"감동사는 말하는 사람 자신의 감정이나 태도를 명명을 거치지 않고 직접 나타내는 품사다."로 정의하고, 1) 말하는 사람의 여러가지 감정을 나타내는 감동사, 2) 말하는 사람의 의지 또는 요구 등을 나타내는 감동사, 3) 상대방의 이야기에 대한여러 가지 태도를 나타내는 감동사로 하위 분류하고 있다.

(2) 김용구, 「조선어문법」(1989)

이 책은 1) 품사론, 2) 형태론, 3) 문장론, 4) 단어조성론의 4부로 구성되어 있다.

문법론에서 어음론이 빠지고 내용적으로 형태론과 통사론으로 구성됨은 진전이다. 다만 형태론이란 큰 영역에 들어가야 할 품사론이 별개의 분야로 독립되고, 대신 형태론에서 토의 문제를 집중적으로 다루고, 단어조성론 역시 형태론 분야와 독립시킴도 체계적인 모순이랄 수 있다.

"품사는 가장 일반적이고 가장 큰 문법범주의 하나이다."라고 정의하고, 아래와 같이 분류하고 있다.

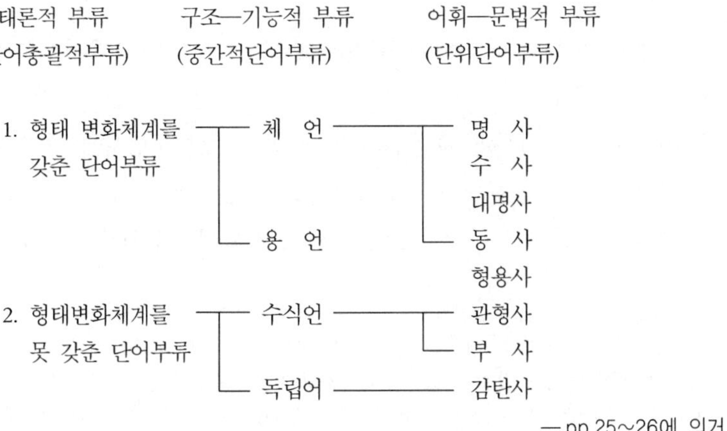

— pp.25~26에 의거

이들 분류는 전통적인 북한문법체계이다. 체언의 핵은 명사, 용언의 핵은 동사, 수식언의 핵은 부사라고 하고 있다.

품사 분류는 개별적인 분류를 하기 전에 문법적 표식을 위주로 개괄해야 한다. 종전의 의미 위주의 분류에서 점차 기능 중시의 분류 체계로 변함은 고신숙 이후의 두드러진 특색이다. 그러나 품사분류의 기준 제시가 명확하지 않다.

품사분류에서 가장 중시되어야 할 것으로는 단어들의 문법표식, 그 가운데서도 형태론적 표식이라고 강조하고 있다. 남한문법에서 문장에서의 기능을 중시하는 것과 크게 차이가 나는 것이라 생각할 수 있으나, 내용적으로는 크게 다른 것이 아니다. 이는 토라는 문법범주 때문에 연유하는 것이다.

남한문법에서는 조사나 어미가 체언과 용언의 문법기능을 담당한 문법소라는 관점에서 이들의 변화를 문법적 기능으로 보는데 반하여, 북한문법에서는 이들을 동일한 문법적 형태범주로 보기 때문에 이들이 각기 다르게 변화하는 현상을 형태적 변화라고 보는 것과의 차이이다.

단어설정의 기준을 구체적으로 제시하고 있는 것도 처음이다.[12]

① 명사

"명사란 대상(사물과 현상)을 이름지어 부르는 단어들의 부류이다"라고 정의하고 있다.

문법범주로는 격범주와 수범주를 들고 있다. 초기문법서에서 격, 시칭, 법, 계칭의 네 가지를 문법범주로 설명하고 있는 것에 비하여 진전된 일면이다. 명사는 문장에서 주어, 보어, 규정어, 상황어, 피상황어, 피규정어로

---

12) (1) 하나의 뜻덩이로 된 개념을 나타낼 수 있는 능력, 명명적 기능이 있는가 (2) 일정한 문법적 형태를 갖추고 있는가 (3) 문장에서 상관관계에 놓이는 문장성분으로 되는가 (4) 하나의 어음론적 덩어리를 이루는가 (5) 단어 조성적인 단위로 되어 덧붙이가 있는가 (6) 그 단위들의 결합의 공고성 정도(p.32).

되며, 바꿈토 <이>를 거쳐 술어, 규정어, 진술어 등이 된다고 하였다.

명사의 갈래로는 1) 보통명사와 고유명사 2) 완전명사와 불완전명사 3) 활동체 명사와 비활동체명사로 1960「조선어문법」, 고신숙과 같은 분류체계다.

② 수사

"수사란 대상의 수량 또는 순서를 나타내는 단어들의 부류이다"로 정의하였다.

갈래로는 1) 수량수사와 순서수사, 2) 단순수사와 합성수사, 3) 고유수사와 한자어수사로 분류하고 있다.

③ 대명사

"대명사란 대상을 가리키는 단어들의 부류이다"로 정의하고, "대상의 이름이 아니라 이름의 대리자이며 지적이다"를 덧붙이고 있다.

대명사의 특성과 하위분류는 고신숙(1987)과 같다.

④ 동사

"동사란 움직임을 나타내는 단어들의 부류이다"로 정의하고 있다.

과정으로 파악되는 것 1) 순수동작이나 행위를 나타내는 것, 2) 상태의 지속을 나타내는 것(자다, 살다, 쉬다, 기뻐하다, 존경하다, 좋아하다)을 두었다.

갈래로는 1) 타동사와 자동사, 2) 자립동사와 보조적동사로 나누었다.

⑤ 형용사

"형용사란 대상의 성질이나 상태를 풀이하여 나타내는 단어들의 부류이다"로 정의하고 있다. 조선말의 형용사는 구조·문법적 특성에서 특별히 차이나는 부류별로 나뉘지 않는다. 다만 어휘·의미적 측면에서 성질을 나타내는 것과 상태를 나타내는 것으로 크게 나뉜다고 하고, 그것을 다시 의미·기능적 측면에서 다음과 같이 나누었다.

   (1) 감각기관을 통하여 지각되는 성질과 상태를 나타내는 형용사 : 붉다, 누르
      다, 높다, 낮다…
   (2) 인물의 성격 또는 심리상태를 나타내는 형용사 : 충실하다, 용감하다, 부
      지런하다…
   (3) 성질이나 상태에 대한 평가를 나타내는 형용사 : 좋다, 나쁘다, 옳다…
   (4) 성질이나 상태를 가리키는 형용사 : 이러하다, 그러하다, 저러하다

⑥ 관형사

"관형사란 대상의 특징을 풀이함이 없이 그대로 규정하는 단어들의 부류이다"로 정의하고, 갈래는 분량관형사(대상의 분량범위를 한정하는 관형사), 성질관형사(대상의 성질이나 표식을 규정하는 대명사)로 나누어 설명하고 있다.

⑦ 부사

"부사란 행동과 상태 및 성질의 표식을 나타내는 단어들의 부류이다"로 정의하였다.

갈래로는 1) 행동부사, 2) 상태부사, 3) 문장부사, 4) 이음부사, 5) 상징부사, 6) 부정부사로 나누었다. 문장부사란 주로 문장과 어울리는 특성을 가진 부사로 문장에 확신, 가정, 추측, 희망, 의지, 의무성 등 양태성을 부여한다고 하였다.

행동부사를 양상부사로, 상태부사를 정도부사로, 문장부사를 양태부사로 이름지을 수도 있다. 그리고 이들 가운데서 사간과 장소의 표식을 나타내는 부사들을 따로 묶어 시간부사, 장소부사의 갈래를 설정할 수도 있다고 하였다.

이음부사는 수식하는 기능과 연결하는 기능을 겸비한 부사이다. 이것을 부사의 한 갈래에 넣는 것은 용언에 관계하는 측면도 있고, 수식의 기능이 남아 있기 때문으로 설명하고 있다.

"상징부사란 사물의 소리나 모양을 본떠서 행동, 상태, 성질의 표식을 나타내는 품사이다"라고 하고 아래와 같이 분류하여 설명하고 있다.

(1) 사물의 소리를 본뜬 상징부사, (2) 동물의 울음소리를 본뜬 상징부사, (3) 걸음걸이의 모양을 본뜬 상징부사, (4) 물소리를 본뜬 상징부사, (5) 웃는 모양을 본뜬 상징부사. 상징부사는 어음·의미적 특성, 형태론적 특성, 문장론적 특성 및 단어조성상의 특성으로 보아 일반부사와 다른점이 많아 상징사라는 품사를 따로 설정하는 일이 있다고 하였다.

⑧ 감탄사

"감탄사는 말하는 사람의 느낌, 의지, 요구들을 직감적으로 나타내는 단어들의 부류이다."로 정의하고 문장에서 독립어가 되는 특성을 설명하고 있다.

갈래로는 1) 말하는 사람의 여러 가지 감정을 나타내는 감탄사, 2) 말하는 사람의 의견을 나타내는 감탄사, 3) 말하는 사람의 일정한 요구를 나타내는 감탄사로 구분하였다.

형태론 부분에서 별도로 설명하고 있는 토에 대하여 간략히 살펴보기로 한다.

제1절 토의 본질과 특성

"조선어의 토는 단어의 말줄기에 붙어서 문법적 형태를 이루는 교착물이다."라고 하고 토는 문법적 의미만을 나타내는 교착접사로 처리하고 있다.

"토는 단어가 아니며 따라서 보조어도 아니다." 토는 단어가 지녀야 할 의미론적, 어음론적 및 문법적 표식을 가지고 있지 않기 때문에 단어도 보조어도 아니라고 설명하고 있다.

토의 갈래로는 (1) 말줄기에 토가 붙어서 이루어진 문법적 형태가 대상성을 나타내는가 대상에 대한 서술성을 가지는가 하는데 따라 대상토와 서술토로 나뉘며 어떤 품사에 접하는가에 따라 체언토와 용언토로 나뉜다.

문법적 범주에 따라 : 격토, 복수토, 도움토, 상토, 존견토, 시간토, 계칭토, 법토 등의 갈래가 있다.

(2) 말줄기에 토가 붙어서 이어진 문법적인 형태가 단어를 어떤 문법적 위치에 놓이게 하는가에 따라서 크게 자리토(격토, 맺음토, 이음토, 규정토, 꾸밈토)

와 끼움토(복수토, 도움토, 바꿈토, 상토, 존경토, 시간토)로 나뉜다고 하였다. 이 외에 강조토도 있다(pp.116~117).

토의 종류로는 1) 격토, 2) 복수토, 3) 도움토, 4) 맺음토, 5) 이음토, 6) 규정토, 7) 꾸밈토, 8) 상토, 9) 존경토, 10) 시간토, 11) 계칭토, 12) 법토, 13) 강조토, 14) 바꿈토로 분류하여 설명하고 있다.

이 외에 체언의 문법적 범주라고 하여 격범주, 도움토에 의한 범주, 수 범주 등을 논하고 있는데 격은 주격, 대격, 속격, 여격, 위격, 조격, 구격, 호격, 절대격의 9격을 두고 있다.

용언의 문법적 범주로는 1. 서술토 형태에 나타나는 문법적 범주, 2. 용언끼움토 형태로 이루어지는 문법적 범주로 나누어 활용체계 전반을 토로 처리하는 형태를 취하고 있다.

3. 결론

이상 북한문법체계 중 품사론 분야에 대한 변천과정과 품사론의 내용을 4기에 걸쳐 살펴보았다.

제1기는 과도문법기로 규범문법을 만들기 이전의 예비단계이다. 이 시기에는 품사의 분류체계도 정비되지 않았고, 품사내용 및 문법범주 설정에도 일관성이 없다.

제2기는 통일된 규범문법을 만든 시기다. 1949년에 만든 이 규범을 토대로 하여 북한의 문법은 차차 정비되고 문법 각 분야에 정밀한 문법기술이 이어진다.

제3기의 문화어문법규범기는 제2기의 문법규범을 실천문법으로 구체화시키는 단계의 의미를 지닌다.

　제4기의 이론문법기는 규범문법의 이론적인 토대를 만들어 주는 시기로의 의미가 크다. 문법내용은 규범문법을 바탕으로 하고 있다.

　앞으로의 남은 과제는 빠진 자료들을 보충하여 북한문법의 품사론 관계의 연구사를 정밀하게 기술하는 것이다. 또한 품사의 정의에서부터 품사각론에 이르기까지 각 부분의 내용을 종합적으로 검토하고, 이들에 대한 비판을 가하는 일이다. 또한 남한문법과의 비교체제를 마련하고 이들의 종합화를 시도하는 일이 뒤따라야 할 것이다.

— 김은전교수정년퇴임기념논문집, 1996

[부론 V] 국문법 초기의 서양인의 품사연구

1. 서론

국어문법론사의 시대구분은 연구대상 및 연구관점에 따라서 달라질 수 있다.[1] 국어품사론 연구사의 일부를 다루려는 본 논문도 관점에 따라 대상을 달리할 수 있을 것이다. 즉 국어품사론 연구사에 외국인의 연구를 대

---

[1] 국어문법역사의 시대구분으로, 김민수는 제1기 John Ross, *Corean Primer*(1877)~, 제2기 최광옥, 「대한문전」(1908)~, 제3기 최현배 「우리말본」(1937)~, 제4기 정렬모 「신편고등국어문법」(1946)~(김민수, 1954, p.34~36.). 구상기(배태기) 1877~, 제1기 성립기 1908~, 제2기 반성기 1930~, 제3기 부흥기 1946~(김민수, 1960, p.20~31.). 제1기 성립기(1900~30), 제2기 반성기(1930~46), 제3기 부흥기(1946~66) 제4기 혁신기(1966~현재)(김민수 1986), 「중·고등학교 국어문법지도지침」(1962. 3. 문교부) 참조.
강복수는 문법명칭과 문법관에 따라 제1기 : 1908~1929-문전중심, 명칭난립기, 제2기 : 1930~1945-말본 중심, 형성기, 제3기 : 1946~1961-새문법대두재검토기(강복수, 1972, p.50~59)
남기심은 제1기(1908년 최광옥, 「대한문전」이후) 1) 전반기(1908~1930) 2) 중반기(1930~1946) 3) 후반기(1946~) 제2기(1957년 이후~) : 기술언어학적 방법 적용 : 제3기(1965~) : 변형문법의 이론이 도입적용된 시기 (「국어국문학」 58~60호, 1972)
고수근은 제1기(1897~1933) : 언문수리를 위한 국어문법연구, 제2기 : (1934~1963) : 규범문법의 확립과 「역사문법」의 연구, 제3기(1964~1975) : 본격적인 국어문법 연구(1983, p.32~97)

상에 포함시켜야 하느냐 제외시켜야 하느냐의 문제가 대두될 것이다. 이제까지 국어문법론사의 연구에서 외국인의 문법연구는 본격적인 문법연구서라기보다 외국인들에게 한국어 습득을 위한 안내서로서 자국의 문법체계에 맞춘 문법기술에 불과하므로 그 연구대상에서 제외되어왔다. 그 제외시킨 또 하나의 이유는 국내학자들에게 별다른 영향을 주지 못했다는 점이다. 그러나 본 논고에서는 외국인의 우리말 품사연구가 본격적인 의미의 국어품사론사의 일부를 형성하는데 미흡하더라도 배태기로서의 의미를 가지며 또한 부분적이긴 하나 국내문법에 영향을 미쳤고, 국어품사의 원형이 서구문법에서 비롯되었다는 점을 감안하여 국어품사론 연구사의 일부로서 검토하고자 한다. 지금까지의 연구는 품사론만을 단독 대상으로 다룬 것은 없고 문법체계 전반을 다루면서 품사론 부분이 언급되었다. 대표적인 연구로는 김민수(1955, 1982), 강복수(1972), 고영근(1976a, b. 1979a, b. 1980, 1983) 등이다.[2]

2. 본론

1) 품사분류의 양상 및 특징

먼저 본 논고에서 다루려는 대상기간은 서양인으로 처음 국어품사에 대하여 언급한 지볼트(Siebold, 1832)에서부터 내국인에 의하여 문법연구가 시작된 시기 즉 유길준(1898) 이전까지의 기간에 한정하고자 한다. 이 기간은 국어품사론사의 전단계에 해당하는 구상기에 해당한다고 할 수 있다. 이 시기

---

2) 서양인의 문법이 국내문법에 영향을 미친 것은 김규식 문법이 언더우드의 「한영문법」(1890)의 영향을 받았을 뿐 그 외에는 거의 말한 것이 없다고 하였다(김민수, 1981, p.230).

의 문법연구 중에서 품사론 부분의 연구 자료를 제시하면 다음과 같다.

1832 Siebold ph Fr Von, *Nippon : Archiv zur Beschreibung von Japan Und dessen Neben − und Schützlandern*, Leyden.

1832 Gützlaff, ch. "Remarks on the Corean Language." *Chinese Repository* I.

1864 Rosny, L. de. "Aperçu de la Langue Coréenne." *Journal Asiatique* 6-ser, vol. 3.

1874 Dallet, Ch. "La Langue Coréenne", *Histoire de L'Église de Corée*. Paris. Tome Premiéré.

1877 John Ross. *Corean Primer*. 상해 미장로교서부, 歷[2] 02.

1878 John Ross. "The Corean Language", *The China Review* vol. Ⅳ. 歷[2] 03.

1879 W.G. Aston, "A Comparative study of Japanese and Korean Language." *The Journal of Royal Asiatic Society of Gerat Britain and Ireland*, vol. Ⅺ. 歷[2] 04.

1879~1880 J. Maclntyre, "notes on the Corean Language". *The China Review*, vol. Ⅷ, Ⅸ. 歷[2] 05.

1881 Felix − Clair Ridel, *Grammaires Coréenne*. Yokohama Écho du Japon 인쇄소 歷[2] 19.

1882 John Scott, 「언문말칙」 *A Corean Manual or Phrase Book with Introductory Grammar*. 상해에서 발행, 歷[2] 08.

1889 M. C. Imbault − Huart, *Manuel de la Langue Coréenne Parleé*. Paris, Imprimerie Nationale 歷[2] 22.

1890 H. G. Underwood, *An Introdustion to the Korean Spoken Language*. Yokohama Seishi Bunsha 인쇄, Kelly & Walsh 발행, 歷[2] 11.

1981 John Scott, "Introduction" *English Corean Dictionary*의 권두에 실림. 한국 영국교회출판부 발행, 歷[2] 10.

1893 John Scott, *A Corean Manual or Phrase Boo*, K. 서울 English Church Mission Press 간행, 歷[2] 09.

1894 J. S. Gale, *Korean Grammatical Forms*. 서울 Methodist Publishing House 발행 歷[2] 14. 6.

이상 연구자료에 나타난 국어의 품사론은 비록 서구어 문법체계이긴 하나 국어문법연구사의 초기업적이란 역사적 의의를 가진다. 그러나 대부분은 품사에 대한 부분적인 설명에 그치고 국어의 전 품사체계를 살필 수 있는 것은 6권의 문법서에 불과하다. 이들을 대비표로 보이면 다음과 같다.3)

> ○ 달레, 「조선교회사」 서론(1874)
> (10) - 명사, 대명사, 수사, 분사, 동사, 형용사, 부사, 후치사, 접속사, 감탄사
> ○ 리델, 「한어문법」(1881)
> (10) - 실사, 관사, 대명사, 분사, 동사, 형용사, 부사, 전치사, 접속사, 감탄사
> ○ 스코트, 「언문말칙」(1887)
> (7) - 명사, 대명사, 동사, 형용사, 부사, 후치사, 접속사
> ○ 위아르, 「조선어구어법」(1889)
> (9) - 실사, 대명사, 수사, 동사, 형용사, 부사, 후치사, 접속사, 감탄사
> ○ 언더우드, 「한영문법」(1890)
> (8) - 명사, 대명사, 수사, 동사, 형용사, 부사, 후치사, 접속사
> ○ 스코트, 「조선어입문」(1893)
> (8) - 명사, 대명사, 수사, 동사, 형용사, 부사, 후치사, 접속사

이들 분류상의 특색은 한국어 자체의 언어적 특성에 따른 분류가 아니라 라틴전통문법에 따른 불문법과 영문법체계에 의하여 분류한 것이다.4) 이들 분류상의 몇 가지 특징을 열거하면 다음과 같다.

---

3) 이들 품사체계를 학계에 소개한 논문에 잘못이 있다. Ridel(1881)의 Grammraire Coréene 의 품사를 9품사로 소개하였는데(김민수, 1955, p.7~8, 강복수, 1972, p.33, 고수근, 1938, p.212) 실제는 분사(participle)를 넣어서 10품사다. 동사와 분사가 서로 통합되는 관계 때문에 같은 장에서 증명한다고 하였다(Grammaire Coréenne, p.1).
"감탄사"는 달레(1874), 리델(1881) 위아르(1889)에만 있고 타 문법서에는 없다.

4) 8품사의 전통은 Thrax문법의 "명사, 동사, 분사, 관사, 대명사, 전치사, 부사, 접속사" 에서 시작되고 트락스 문법을 라틴어로 번역하면서 Palaeman은 관사를 제외시키고 감탄사를 추가시키어 "명사, 동사, 분사, 대명사, 전치사, 부사, 접속사, 감탄사"의 8 품사로 변하였다. 이후 서구 여러나라 문법에 차용되면서 "명사, 대명사, 동사, 형용 사, 부사, 접속사, 전치사, 감탄사"로 통일되는 경향을 보였다. Henry Sweet는 영문법 품사를 "명사, 형용사, 대명사, 수사, 동사, 불변화사, (부사, 접속사, 전치사, 간투사)" 로 분류하고 있다.

1) 체언의 품사 설정에 있어 대부분 「명사·대명사·수사」의 3분 체계를 따르고 있다.

2) 용언을 「동사·형용사」로 2분하고 있다.

3) Underwood를 제외하고는 체언토를 독립품사로 설정하지 않았다.

4) 용언어미를 독립품사로 인정하지 않았다.

5) "관형사"를 독립품사로 설정하지 않고 '관사'와 '분사'를 독립품사로 설정하고 있다.

6) 전치사의 대립개념으로 후치사를 설정하고 있다.

이들 분류는 한국어 자체의 문법적 기술이기보다 서구문법의 품사적 특성에 맞춘 것이고 또한 그들의 문법체계에 어긋나는 것을 지적하고 있으므로 대조문법적인 성격의 것이다. 각 품사의 개별적인 사항은 뒤에서 살피기로 하고 위에서 지적한 사항을 살펴보기로 하자.

1) 체언을 3분하여 명사·대명사·수사로 설정함은 두 가지 이유에서 설명할 수 있다. 첫째 대명사는 서구문법에서와 같이 독립품사로 모두 설정하기에는 부적절함을 지적하고 있으면서도 독립품사로 모두 설정함은 서구문법에서 대명사가 빼놓을 수 없는 품사이기 때문에 이 전통을 따른 것이고 자국인에게 대명사의 개념을 이해시킨다는데 목적이 있는 것으로 해석할 수 있다. 둘째 수사를 독립 품사로 설정함은 서구문법에서나 국어문법에서나 꼭 필요한 것이 아니나 이들 문법서가 외국어 학습을 위한 실용적인 목적에서 만들어졌으므로 외국어 학습에 기초어휘로 등장하는 수 개념을 이해시키기 위하여 설정된 것으로 보인다. 그리하여 수사 자체의 개념과는 거리가 먼 날짜, 달, 계절 등과 함께 수량단위 불완전명사까지를 수사의 영역에서 다루고 있다. 이러한 수사의 처리법은 초기의 국내문법 학자들에게서도 찾을 수 있는 현상이다.

2) 서양인들이 국어의 품사분류에서 고심한 것은 용언 중에서 형용사의

설정이라 보인다. 서구문법의 형용사와 그 성격이 다름으로 인하여 몇 가지 다른 처리방법이 대두된다. 관형사를 위시하여 체언에 대하여 수식적 기능을 가진 단어는 형용사로 분류하였으며 서술적 기능으로서의 형용사가 인정된 것은 동사적 형용사라고 한 Grammaire Coréenne에서 시작된다.

3), 4) 조사와 용언어미를 독립품사로 인정하지 않고 곡용(declension)어미와 활용(conjugation)어미로 처리함은 서양인의 국어 품사분류에 있어서 가장 특징적인 요소다. 물론 이러한 견해는 서구문법의 단어관에 입각한 분류법이지만 국어의 품사관에도 새로운 시각을 보여 주는 것이다. 이른바 국어문법의 제3유형은 일찍이 서양인의 문법에서 비로소 본격화됨을 생각할 때 국어문법의 후퇴라고 지적할 수 있다. 서양인의 문법체계가 모두 제3유형으로 일관된 것이 아니고 언더우드(Underwood)의 문법은 제2유형의 문법으로 처리해야 한다. 언더우드도 다른 문법가와 같이 한국어의 체언토는 독립품사적인 성격을 갖지 못한다고 하면서도 후치사(postposition)의 범주 속에 격조사의 항목을 두었다. 같은 '후치사'란 용어를 사용하고 있으면서도 다른 문법가의 후치사와는 그 범주가 다르다. 언더우드의 후치사는 격조사에다 후치사(postposition)을 더한 개념이다.

5) 리델(Ridel)이 관사라고 하여 국어에 부정관사(한, 엇던), 정관사(이, 시, 지, 치, 히, 가)를 설정한 것은 국어의 언어사실을 외면한 불문법 체계에 그대로 추종한 것이다. 마찬가지로 용언의 관형사형어미를 독립품사인 분사로 설정함도 같은 것이다. 그러나 다른 문법서에서는 분사를 동사의 일부로 다루고 있고, 이 분사에 대한 논의는 유길준, 김규식 등의 문법에서 이어지고 있다.

8품사체계에서 필수적인 감탄사를 스콧트(Scott)와 언더우드(Underwood)는 제외시키고 있다. 감탄사는 서구문법에서도 그 어례가 몇 개 되지 않고 사용빈도가 희소하기 때문에 독립품사로 설정하기보다는 일종의 '강세부사'로 처리하는 것이 타당하다는 지적이 있다. 국어의 경우도 감탄사는 형태론적으로나 통사론적으로 독립품사로서의 자질을 가지기에는 미흡한 품사다. 그러나 Scott와 Underwood 등이 이들을 제외시킴은 이러한 현재보다는 8품사란 숫자에 맞추기 위한 것으로 보인다.

6) 서양인의 품사분류 중 독특한 품사는 후치사다. 이는 Underwood의 경우는 조사에 해당하나 그 외의 문법가의 경우는 서구문법의 전치사(Postposition)에 상당하는 국어의 어휘들이다. 이는 초급 서양문법가에 그치지 않고 람스테트(Ramstedt, 1932, '33)에 이어졌고, 김규식(1908, 1913), 남궁억(1913), 홍기문(1927) 등의 문법에까지 이어진다.

2) 품사 각론

(1) 명사(noun, substantive)

명사에 대한 정의나 형태론적 통사론적 고찰은 드물고 라틴문법의 전통에 따라 명사의 하위분류와 성(gender), 수(number), 격(case)을 위주로 설명하고 있다.[5] 위아르(Imbault-Huart, 1889)에서 각품사론 뒤에 별개 항목으로 각 품사의 통사론 항목을 두고 있기는 하나 각 품사가 위치한 문장의 예문 제시에 그치고 있다.

한국어 명사에는 성이 없다는 주장(Siebold(1832), Imbault – Huart(1889), Dallet(1874))이 있는 반면 Underwood(1890)와 Rosny(1864) Grammaires Coréenne에서는 성(genres)문제에 대하여 언급하고 있다.

> A. man : 사나희, 남자, 남인
> A. woman : 계집, 녀인, 녀편네
> A. child, 아희 : a boy, 사나희 : a girl, 계집아희
>　　둙, a fowl, 슈둙, a cock : 암둙 a hen(「한영문법」 pp.25~26)

---

5) Thrax문법에서는 명사의 동시적 특성(Simultaneous feature, Grammatical accident)으로써 gender, type, form, number, case의 5가지를 들고 있는데 이것들이 라틴문법의 전통이 되었고 서양인의 국문법연구에도 이 원칙이 적용되고 있다(拙稿, "고대 그리스·로마시대의 언어연구"(1985)참조. Dinneen,(1967), p.98~107 참조)

국어에는 낱말의 성(gender)은 존재하지 않고 자연의 성만이 존재하는데 이 같이 낱말의 성을 주장함은 희랍어의 「남성, 여성, 중성, 통성」 등 성의 개념을 비판 없이 받아들인 영문법체계의 이식이라고 할 수 있다. 이러한 경향은 초기 국내문법학자들에게도 나타나는 현상이다. 수(number)의 경우도 성과 같이 국어에 있어서는 문법범주가 아니라 어휘범주임에 불과한데 역시 서양인의 문법에서 성보다는 널리 언급하고 있다. Rosny(1864), Aston(1879), Ridel(1881), Huart(1889), Underwood(1890)의 경우만 들어보면 복수개념으로 「들」을 붙이는 경우와 「첨용명사」로 하여 복수를 나타낸다고 하였고, 「들」이 부사에 쓰이는 예를 들고 있다.

명사의 논의에서 가장 많이 비중을 차지하는 것은 격(case)에 대한 것이다. 먼저 각 문법서의 격에 대한 분류를 살펴보면 다음과 같다.

	Radical	Nomi-native	Instr-mental	Geni-tive	Dat-ive	Accu-sative	Voca-tive	Abla-tive	Oppo-sitive	Loca-tive
Siebolt(1832)	—	—	—	Gen	Dat	accu	—	abl		—
Rosny(1864)	—	—	—	Gen	—	accu	—	abl		—
Dallet(1874)	—	nom	inst	Gen	Dat	accu	voc	abl	opp	—
Aston(1879)	—	nom	inst	Gen	Dat	accu	—	abl	dis	—
MacIntyre (1879~1880)	—	nom	—	Gen	Dat	accu	—	abl	—	—
Ridel(1881)	rad	nom	inst	Gen	Dat	accu	voc	abl	opp Loca-tive	Loc
Ross(1882)	—	—	—	posse-ssive	—	—	voc	abl	Loco-motive	—
Huart(1889)	—	nom	inst	Gen	Dat	accu	voc	abl	—	Loc
Scott(1897)	—	nom	inst	Gen	Dat	accu	voc	abl	opp	Loc
Underwood (1890)	—	nom	inst	Gen	Dat	accu	voc	abl	opp	—

격에 대한 기원은 일찍이 아리스토텔레스의 ptōsis(case)에까지 소급되는 것으로 명사의 주격만을 "real onoma"(실질적 명사)라 하였고 그 외의 사격형태(oblique form : 속격, 여격, 대격)는 격이라고 하였다. 격변화의 여부로 명사와 조사 등 품사를 구분하는 요건으로 삼아왔다. 이 뒤 Helias는 "격이란 동일한 사물에 대하여 말하는 방법을 달리하는 연유로 해서 생기는 단어들의 특성"이라고 하였다. 격이란 구문상 체언류와 다른 어류와의 관계를 표시하는 형태류이며, 그 관계는 본질적으로 전체에 대한 개체의 위치에서 생기는 것이다.[6] 이들 국어의 격에 대한 구분은 격자체의 특성에 대한 규명에서 이루어진 것이 아니고 역시 서구문법에 따른 것이다. 위의 분류에서 특징적인 것은 Underwood의 격에 대한 비판이다.

Underwood는 타문법가들이 한국어가 곡용(declension)한다고 하면서 곡용을 1~5형으로, 격은 6격에서 10격까지 구분하는데 대하여, 한국어는 곡용하지 않는다고 하고 후치사나 문맥에 의하여 수나 주어, 목적어 등이 결정된다고 하였다. 그러므로 위의 격분류표상의 Underwood의 분류는 체언의 격변화가 아니라 격조사의 분류이며, 다른 문법가들의 분류는 모두 체언의 격변화를 뜻하는 것이다. 그러므로 Underwood의 문법은 제2유형이 되며 타문법가는 제3유형의 문법이 된다. Underwood는 명사 부분에서 복합명사와 동명사(verbal noun) 어미에 대하여 언급하고 있다.[7]

(2) 대명사(pronoun)

대명사의 경우도 명사처럼 하위분류를 하고 해당 용례를 열거하면서 설명을 덧붙이는 방법으로 기술하고 있다. Underwood는 엄밀한 의미에서 한

---

6) 격의 수가 적은 언어는 2격의 Masai어이며, 핀란드어는 무릇 15격이나 된다. 희랍어 5격(주격, 속격, 여격, 대격, 호격), 라틴어 6격(주격, 속격, 여격, 대격, 호격, 호격), 범어 8격 등 다르다. H. A. Gleason, *An Introduction to Descriptive Linguistics*(New York, 1961), §11.9 참조.

7) Umderwood(1890), 「한영문법」, pp.23~24, 39 참조.

국어에는 대명사가 있는지 의심스럽다고 한 점은 국어의 경우 대명사가 형태적 통사적으로 명사와 구분되는 문법적인 기능을 가지지 못한다는 점을 이해하였던 것으로 해석할 수 있다. 그러나 편의상 대명사를 설정한다고 한 점은 자국인들에게 한국어 학습의 사관을 제공하기 위하여 설정된 품사라고 생각된다.

　서양인 문법가 모두가 대명사를 독립품사로 설정하고는 있지만 서구문법 체계에 무비판적으로 적용하고 있는 것은 아니다. Siebold(1832), Dallet(1874), Underwood(1890) 등은 한국어에는 인칭대명사 중에서 3인칭이 없다고 지적하고 명사가 이를 대신한다고 하였으며 Dallet(1874)는 소유대명사는 없고 인칭대명사가 이를 대신한다고 하였으며 관계대명사도 없다고 하면서 지시대명사, 의문대명사, 재귀대명사의 예를 들고 있다. 그러나 Dallet의 지적은 한국어의 문법적 특성을 파악했다기보다는 국어를 스키타이어(Scythes) 또는 달단어(韃靼語)어에 속하는 언어로 추정하고 인도·유럽어와의 문법적인 특성을 비교하는 가운데 지적된 것이다.[8]

　대명사도 명사와 같이 곡용하는 것으로 보았다. 참고적으로 Grammaire Coréenne의 인칭대명사의 곡용(declinaison)을 보면 다음과 같다.

Radical	: 나	Instrumental	: 날로, 내게로
Nominatif	: 내, 내가	Génitif	: 나의
Datif	: 내게, 나에게	Accusatif	: 나롤, 날
Vocatif	: 나여	Locatif	: 나에, 나
Ablatif	: 나에서	Oppositif	: 나는

— Ridel, Grammaire Coréenne p.51

　대명사의 하위분류도 서구문법 체계에 맞추어 구분한 것으로 3가지에서

---

8) Dallet(1874)는 명사에 성이 없고, 엄밀한 의미의 형용사가 드물고 언제나 불변이라고 하였으며 3인칭 대명사와 관계대명사가 없는 것은 가장 원시적인 달단어의 특색이며 지배하는 단어가 뒤에 오는 것도 달단어적 특색이라고 하였다.

8가지까지 다양하게 구분하고 있다. 인칭대명사, 재귀대명사, 의문대명사 등은 대부분 공통적으로 긍정적이나 관계대명사에 대하여는 부정적이다.

이들 내용을 표로 보이면 아래와 같다.

구분 문법가	personal	demon-strative	posse-ssive	reflex-ive	indef-initive	relative	interr-ogative	distri-butive
Rosny(1864)	인칭	—	소유	재귀	부정	관계	의문	—
Dallet(1874)	3인칭없다	—	(없다)	재귀	—	(없다)	의문	—
Aston(1879)	인칭	지시	—	재귀	—	—	—	—
Ridel(1881)	인칭	지시	소유	재귀	부정	관계	의문	—
Scott(1887)	인칭	지시	—	재귀	부정	—	의문	—
Huart(1889)	인칭	지시	소유	재귀	—	—	의문	—
Underwood (1890)	인칭	지시	—	재귀	부정	—	의문	처소

(3) 수사(numerals)

대명사의 경우처럼 의미적인 것을 기준으로 하여 분류한 것이다. Dallet(1874), Huart(1889), Underwood(1890), Scott(1893) 등이 설정하고 있다. 이는 수사 자체의 문법적 특성을 고려한 것이 아니라 학습적인 의미가 크다고 하겠다. Underwood의 경우를 살펴보면 수사를 명사적 형태(substantive form)와 형용사 형태(adjective form)로 나누어 설명하고 있다. 명사적 형태란「하나, 둘, 셋」등 기본수사에 해당하는 것이고 형용적 형태란「한, 두, 세, 닷, 엿」의 예를 들고 있다. 특히 수량단위 불완전명사의 중요성을 들고 이들 용어를 "numerals", "auxiliary numerals", "classifying numerals", "classifiers" 등으로 부르고 있는데 대하여 "classifiers"로 명명함이 타당하다고 하며「개(箇), 릿, 권, 켜리, 마리, 명, 낫, 립, 벌, 부, 필, 편, 쌍, 섬, 또는 셕, 덩이, 동, 자로, 싹, 장, 좌, 쪽, 척」등의 예를 들고 있다. 그 외에 서수사, 날짜, 월 등의 예를 수사 항목에서 다루고 있는데 이러한 전통은 초기 국문법학자들에게도 이어진다.

(4) 동사(verb)

라틴문법의 전통에 따라 서법(mood), 태(voice), 시제(tense), 수(number), 인물(person), 활용(conjugation) 등의 항목에 걸쳐 동사 항목을 논하고 있다.[9]

서양인의 동사론에서 두드러진 공적은 동사의 형태분석에 따른 어간과 어미체계의 확립이다. Ridel은 *Grammaire Coréenne*에서 동사를 「어근」, 「때의 표시」, 「어미」로 구분하였고, Underwood도 이 체계를 본받아 「The stem」, 「The tense root」, 「The termination」으로 분류하였다. 이는 우리말 동사의 형태론적 특성을 파악하는 결과가 되어 용언어미를 독립품사로 인정하지 않는 제2유형, 제3유형 문법을 마련하는 기틀이 되었다. MacIntyre(1879)는 용언만을 분석하고 이들 토가 구두점, 리듬, 법성, 시제, 의문, 감탄 등을 표시한다고 하였다. 또한 서구문법의 조동사(auxiliary verb)의 개념에 따른 것이긴 하지만 국어의 조동사를 분석해낸 것도 그들의 공적이라고 할 수 있다. MacIntyre(1879~1880)는 「ᄒ다(爲)」, 「잇다(有, 在)」를, Ridel(1881)은 「보다, 오다, 가다, 주다, 지다」를, Scott(1887)는 「보다, 오다, 가다, 주다, 하다」를, Underwood(1890)는 「잇소, 오오, 가오, 보오, 죽ᄒ오, 되오, 두오, 지오, 싶소」 등을 예시하고 있는 이들은 현대문법의 조동사의 개념과 그대로 일치하는 것이다. Underwood는 형태의미 분석에 따른 결과로 사동을 나타내는 접미사 「오, 우, 이, 기, 히」 등을 분석해내고 이른바 장형사역형 「-게 ᄒ오」를 지적한 것도 시제보조어간을 분석해낸 것과 같이 의의있는 일이다.

Scott(1887)의 동사체계는 대부분 *Grammaire Coréenne*를 따르고 있는데 동사에 기본형으로 어간에 「-다」를 붙인다고 한 것도 우리말의 동사의

---

9) "동사는 격변화가 없으나 시제, 인칭, 수, 능동성, 피동성 등이 민감한 품사라 하고 동시적 특성으로 8가지(moods, kinds, type, form, number, person, tense, conjugation)를 들고 있는데 이 희랍문법의 전통이 서구문법, 체계를 이루었다(Dinneen, 1967).

특성을 파악한 선구적인 것이다. 동명사형 어미로 「-m」, 「-ki」를 언급하고 있음도 일반화된 것이다.

그러나 한편 우리말 동사의 활용체계의 일부인 분사를 독립품사로 설정하거나 서구문법의 분사적 개념으로 설명하는 것, 시제와 구법, 태의 혼란 등 불합리한 점을 가지고 있다.

(5) 형용사(adjective)

국어의 형용사는 서구어와 다른 형태적 기능적 처리로 하여 문법가 사이에 여러 가지 혼란을 가져오고 있다. Dallet(1874)는 조선어에는 엄밀한 의미로 형용사가 명사나 동사로 대신한다고 하였다. *Grammaire Coréenne*의 형용사 분류에서 성질형용사(adjectifs qualificatifs)를 불변화형용사(adjectifs invariable)와 동사적 형용사(adjectifs verbaux)로 나누고 있는데 불변화형용사의 예로 「대(大), 쇼(小), 빅(白), 황(黃), 샹(常), 양(洋), 당(唐), 왜(倭)」 등을 들고 있다. 이는 복합어 형성에서 접두사나 유속관계를 이루는 명사에 불과한 것이다. 그러나 동사적 형용사를 형용사 형태(forme adjective)와 동사적 형태(forme verbale)로 나눈 것은 형용사의 기술적 기능을 인정한 것으로 국어의 형용사의 특성을 파악한 타당한 것이다. 예로 제시된 것을 몇 개 보이면 다음과 같다.

> 형용사 형태 : 큰집이, 겹혼물이, 됴흔사룸이, 만흔나무
> 　　　　　　치운겨울, 놉흔산, 너론세상, 늙은사람 등
> 동사적 형태 : 집크다, 물깁다, 물얏다, 나무만타, 소견격다
> 　　　　　　지각없다, 인심됴타, 길너르다, 옷곱다, 물차다 등
>
> — Ridel, *Grammaire Coréenne* p.26

Underwood의 형용사 체계도 위의 *Grammaire Coréenne*와 같다. 형용사를 제한(limiting) 형용사와 성질(qualifying)형용사의 두 종류로 나누고 있는데 성질형용사의 경우 용례까지도 *Grammaire Coréenne*와 같다.

Huart(1889)는 형용사를 가지로 구분하여 1) 한문에서 온 大小 등과 2) 명사 뒤에 「－엣」을 첨가하는 것, 3) 「스럽다, 답다, ᄒ옵다, ᄆ족ᄒ다, 스럽ᄒ다, 업다, 가다, 잇다, 지다, ᄒ다」 등의 접미사가 붙는 어휘들로 한정시키고 있다.

국어의 형용사에 대한 형태범주가 확립되지 않고 여러 가지로 달리 해석하고 있는데 이는 국어의 형용사가 동사와 형태론적으로나 통사론적으로 확연한 구분이 되지 않고, 의미적인데 시차의 기반을 두고 있기 때문이다.

형용사에 대하여 비교급, 최상급 등을 논하고 있는 것이나 형용사란 문법범주 속에 불변화인 관형사에 속하는 어휘 등을 포함시키고 있는 것이 큰 약점으로 지적될 수 있다.

(6) 부사(adverb)

부사의 품사설정은 주로 용언에 대한 수식적(attributive) 기능을 중시한 것으로 보인다. 그리하여 형태적인 특성이 고려되지 않은 채 용언의 부사적 활용형태도 부사로 분류하였다. 이 경우에 해당하는 Dallet와 Huart는 접사 「－이, －히, －게, －케」가 붙는 말을 전성부사라고 하였고 Huart는 「밤에」와 같은 것도 부사로 처리하는 부당함을 보이고 있다. 불변화사인 부사의 어휘범주를 정함에 있어 가장 논란이 된 것은 「－이, －히, －개」의 처리문제가 된다. 이들이 굴절어미(inflectional ending)인가 파생접사(derivational af-fix)인가에 대한 논란이다. 이 논란은 초기 국문법학자들에게도 계속된 문제점이었다. 이에 대하여 타당한 견해를 보인 것은 Underwood가 되는데 그는 부사를 본래부사와 파생부사로 나누어 설명하면서 파생부사부문에서 「－이, －히」가 동사에 첨부된 경우는 전성된 것으로 보고 「－게」, 「－케」 가 첨부된 경우는 부사적이라고 하였다.[10]

---

10) 졸고, "15世紀 國語의 副詞形語尾 「～게」와 「～」에 대하여"(1983) 참조.

(7) 후치사(postposition)

후치사에 대한 품사설정은 Dallet(1874)에게서부터 시작되는데 불어의 전치사에 해당하는 품사를 후치사라고 하고 「기리, 보다, 중에, 인호야, 뒤호야」 등의 어례를 들고 있다.

Ridel(1881)은 불문법 용어 그대로 Préposition이란 용언을 쓰고 있지만 예시된 용례로 보아서 Dallet(1874)의 것과 같다. 이는 물론 Dallet(1874)의 "La Langue Coréenne"가 *Grammaire Coréenne* 첫 원고의 요약이기 때문이다. Dallet의 경우보다 더 많은 어례를 제시하고 있으니 「보다, 중에, 인호야, 더러, 말미암아, 안해, 동안에, 만에, 가둙으로, 째문에, 대로, 도록, 조차」의 예를 들고 있다.

Imbault-Huart(1889)의 후치사도 같은 어휘범주(lexical category)에 속하는 것으로 볼 수 있는데 불어의 전치사와 같은 것으로 「겁업시, 마당 안해」 등의 예를 들고 있다. 이 후치사에 대한 견해는 Scott(1887)에 와서 그 설명이 약간 구체화된다. "명사 뒤에 오며 서양의 전치사와 같은 구실을 하는데 이는 실제 부사어인 용법으로 쓰인다"고 하였으니 "포스트포지션은 인구제어의 전치사(preposition)와 같은 기능을 가지고 체언의 어간이나 격과 밀접된 체언에 후속되는 성질의 어류"로 "포스트포지션은 그 자체의 형태만으로 혹은 어절을 이루어 부사 상당의 성분이 된다"는 설명과 같은 품사범주가 된다.[11]

Underwood의 경우 postposition은 비록 같은 '후치사'란 용어를 쓰고있지만 그 품사범주가 다르다. 그는 simple postposition과 composite postposition으로 양분하고 있는데 이 중 단순후치사는 이른바 격조사에 해당하는 것이고, 합성후치사에 해당하는 것이 타문법서의 후치사의 개념과 일치하는 것이다. 그 예로 「안희, 밧긔, 우희, 밋의, 써문에, 싸둙으로, 연고로, 아래에」 등을 들고 있다.

---

11) 李承旭(1973), "國語의 포스트포지션에 대하여." 「國語文法體系의 史的 硏究」, pp.102~107.

후치사란 접미사의 성격을 넘어서 독립어사에 상응하는 문법적 위치를 가진 것으로 실사와 허사와의 중간형태로서 기능면에서의 불안정성을 자체내에 가지는 것으로 유추되는 품사(이승욱, 1973, p.102~107)라고 그 독립성을 주장하는 견해나 알타이어학자 Ramstedt(1932, 1933)나 Poppe(1951)가 설정한 품사의 개념과 근본적인 맥락은 같이하고 있다. 그러나 초기서양인의 후치사의 용례에 해당하는 우리말 단어들을 찾아내어 열거한 것으로 해석함이 타당하다.

(8) 접속사, 감탄사, 분사, 관사

이상 살펴본 여러 품사의 경우도 서구문법의 틀에 국어의 어휘를 찾아 맞춘 것이 많은데 접속사, 감탄사, 분사, 관사 등은 더욱 그러하여 일정한 문법범주를 형성하지 못하고 낱말의 예시에 그친 것이 많다.

3) 문법가별 품사론 개관

본항에서는 이제껏 논의한 문법가들에 대한 특징과 내용을 학자별로 간략하게 살펴보기로 한다.

지볼트(Siebold, 1832)[12]의 문법은 국어 품사체계 전반을 다룬 것이 아니고 부분적인 것만을 다루었다. 명사에 대한 것으로는 성이 없으며 복수형태보다는 단수가 더 많다고 했으며, 격표지는 전술한 바와 같이 격으로 나누고 있으나 제시된 용례의 의미가 명확치 않다.

수사는 토착계와 중국계가 있다고 하였고 대명사는 계층에 따라 분화되

---

12) J. Philipp Franz Von Siebold(1796~1866)

　　한국어에 관한 정보는 1828년 3월 17일 重崎에 머물고 있었던 전라도 출신의 難破船人 許士瞻・金致潤 등에게서 얻었다. 그는 Hamel 이후의 서양인의 한국어관찰을 개관하고 한국민에게는 고유한 언어가 있음을 확인하면서 문법사항 전반에 관한 기술을 시도하고 있다(高永根, 1983, pp.250~255).

는데 3인칭은 단독적인 것이 없고 "저 사람"과 같이 다른 말로 표현되고 하였다. 동사에 있어서는 능동사, 피동사, 명령법, 부정법 등을 설명하고 있다. Siebold의 문법은 초기 서양문법가의 공통적인 현상이지만 서구문법 체계에다 한국어의 언어현상을 확인하려 한 대조문법적 성격을 가진 것이다. 문법적인 의미보다는 역사적인 의의가 중요하다고 하겠다.

로니(Rosny, 1864)[13]는 일본어 및 중국어와 비교하는 관점에서 국어의 성격을 설명하고 있다. 품사론에 관한 것으로 명사, 형용사, 수명사, 대명사, 동사, 분사에 대하여 언급하고 있다. 명사의 곡용이 굴절어인 서구어와 다름을 설명하고, 중국어, 일본어와 비교하면서 속격, 대격, 탈격과 복수 등에 대하여 간략한 언급을 하고 있다. 형용사는 성과 수에 따라 변하지 않는다고 하였으나 달리 형용사 비교급과 최상급이 있다는 잘못된 견해를 보이고 있다. 동사에서는 인칭표시 어미가 없다는 것과 시제와 보조동사에 대한 것은 취급하고 있으나 국어 자체의 문법기술로는 미흡하다. 국어 자체의 언어적 사실을 규명하려 한 것이기보다 일본어와 중국어와의, 나아가서는 서구어와의 유사점과 차이점을 밝히려는 노력이었다.

달레(Dallet, 1874)의 "한국어, La Langue Coréenne"는 불란서 선교사들이 쓴 *Grammaire Coréenne*의 요약이므로 바탕은 같은 것이다. 품사분류는 *Grammaire Coréenne*의 10품사체계와 달리 9품사로 분사(participle)가 빠졌다.

명사에는 성이 없음을 지적하였고 전술한 바와 같이 9격으로 나누고 있다. 형용사 항에서는

"조선어에는 엄밀한 의미의 형용사가 없고, 명사나 동사로 대신한다"고 하여 서구어의 형용사 개념에 따라 국어의 형용사를 이해하려 하였다. 과거 관계분사는 언제나 형용사가 된다고 하였는데 이 역시 국어형용사의 형태론적 특성을 이해하지 못한 결과라고 하겠다. 수명사(noms de nombre)라 하여 명사의 하위분류 같은 명칭을 사용하고 있으나 단위품사로 설정한

---

13) 高永根, "Rosny, Aperçu de la lanque coréenne 해설" 참조. 歷[2] 20.

것이다. 기수명사, 서수사로 분류하여 예를 들고 있다.

대명사에 3인칭대명사, 소유대명사, 관계대명사가 없다는 지적을 하고 있는데 3인칭대명사가 없다는 것은 서구어 3인칭에 대응하는 단어가 없다는 지적이며, 관계대명사가 없다는 지적은 국어의 성격에 비추어 적절한 것이다.

동사 항목에서 "조선어의 동사 활용은 아주 원시적인 단순성을 가지고 있어 수도 인칭도 없다"는 오류도 있으나 동사를 어근, 때의 표시, 어미로 분석해 낸 것은 전술한 바같이 선편을 잡은 공로라고 할 수 있다. 그러나 Dallet의 문법은 국어를 Scythes어 또는 달단어에 속하는 언어로 추정하고 인도·유럽어와의 문법적인 특징을 비교하려 했던 데에 방법론적인 무리가 있었다.

존 로스(John Ross, 1877, 1878, 1882)는 동사의 활용형을 중심으로 양론하고 있으며 명사의 격을 6격으로 나누고 있으며 인칭대명사에 대하여도 상세하게 언급하고 있다.

애스톤(Aston, 1879, pp.349~360)은 일본어와 비교하는 가운데 명사의 격을 영문법체계에 따라 8격으로 나누고 있으며 수에서 복수를 언급하고 있으며 대명사를 인칭, 지시, 재귀로 구분설명하고 있으며 수사를 독립품사로 설정하고 있다.

매킨타이어(MacIntyre, 1879~1880)은 「中庸」과 「三略」 등 경서언해의 한글토 [구결]를 명사 뒤에 오는 것과 동사 뒤에 오는 것으로 구분설명하고 있는데 명사는 5격(nominative, genitive, dative, accusative, ablative)으로 구분하였다. 동사의 토가 구두점, 리듬, 법성, 시제, 의문, 감탄을 표시한다고 한 것이나 수와 인칭이 없다고 한 것, 조동사로 "하다(爲)"와 "있다(有, 在)" 등은 우리말의 특질을 파악한 것이라 하겠다.[14]

리델(Ridel, 1881) 등의 Grammaires Coréenne에서는 불어와 같이 국어를 10

______

14) MacIntyre(1879~1880), Vol. Ⅷ, pp.150~156, 230~234. Vol. Ⅸ, pp.18~33, 89~95, 219~223.

품사(dix parties du discours)를 가진다고 하였다.

관사(article) 명사(nom 또는 substantif) 형용사(adjectif) 대명사(pronom) 동사 (verbe), 분사(participe) 부사(adverbe) 전치사(preposition) 접속사(conjonction) 감탄사 (interjection 또는 exclamation)

종전까지 *Grammaire Coréenne*의 품사체계를 소개할 때 9품사로 소개 하였으나 위와 같은 10품사다. 분류를 단위품사로 설정하였으나 분사는 동 사와 서로 결합되는 관계 때문에 같은 장에서 설명한다고 하였다.[15]

스코트(Scott, 1887)의 「언문말칙」은 *Grammaire Coréenne*와 유사한 내용 의 문법체계를 가지고 있다. 품사분류는 명사, 형용사, 대명사, 동사, 부사, 후치사, 접속사로 나누어 각 품사에 대하여 설명하고 있다.

명사의 격을 9격으로 나누고 있는데 특색은 *Grammaire Coréenne*에서 와 같이 명사의 기본형을 두고 있는 점이다. 타문법서와 달리 해당 용례들 이 다른 낱말과의 연결관계를 밝히고 있다.

형용사의 시제를 현재, 과거, 미래로 두고서 동사적 분사(됴하), 형용사적 분사(됴흔), 부사적 분사(됴케, 됴히)라 하고 명사형으로 「됴키, 됴흠」 등 활용 형태에 따른 예를 들고 있다.

대명사는 곡용(declesion)한다고 하여 기본형과 6격(nominative, instrumental, genitive, dative, accusative, oppositive)으로 나누고 있다.

동사는 접미사와 보조동사에 의하여 시간, 서법, 구두점, 수많은 의미형 태, 시간관계를 나타낸다고 한 것은 MacIntyre의 견해에서 일보 진전한 것 이다. 동사의 활용의 예를 1) 정상활용(ordinary conjugation) 2) 조건법(condition) 3) 의문법(Interrogative) 4) 경어법(polite) 등으로 구분설명하고 있는데 이는 서 법, 대우법 등의 활용체계가 혼란된 구분이다. 특기할 만한 것은 띄어쓰기

---

15) 金敏洙(1955), 「國語文法學史論考」, pp.7~8. 姜馥樹(1972), p.33. 高永根(1983), p.212. *Grammaire Coréenne* p.1 참조할 것.
*Grammaire Coréenne*에 대한 내용소개와 이에 대한 평가는 金敏洙(1955), 姜馥樹(1972), 高永根(1983)을 참조할 것.

가 단어중심으로 구분되어 있는 것과 동사의 기본형으로 「다」를 붙이고 있는 점이나, 이른바 불완전명사에 해당하는 낱말을 분사적 명사(participial nouns)라고 하여 「갈줄, 올줄, 올줄노」 등으로 통합 처리한 것 등은 우리말의 특성을 일찍이 파악한 결과라고 하겠다.

스코트(Scott, 1893)은 「언문말칙」의 재판으로 수사를 형용사에서 독립시켜 8품사체계로 분류하고 있을 뿐 내용은 대동소이하다. 수사의 내용이 구체화되었고 동사의 활용체계의 변화와 어미를 접미사로 처리하여 구체화시킨 것이며 Scott(1891)에서는 동사, 형용사, 대명사, 명사의 4품사에 걸쳐 국어문법요강을 설명한 것으로 「English Corean Dictionary」의 권두에 실린 것이다.

앵볼 위아르(Imbault-Huart, 1889)는 *Grammaire Coréenne*를 요약 정리한 것으로 보고 있으나16) 실제 여러 가지 차이가 나타난다.

첫째 Grammaire Coréenne는 10품사체계나 본서는 9품사체계다.

> 명사(substantif), 형용사(adjectif), 수사(adjectifs numeraux ou noms de nombre), 대명사(pronom), 동사(verbe), 부사(adverbe), 후치사(postpositions), 접속사(conjonctions), 감탄사(Interjection)

즉 관사(article)와 분사(participe)가 제외되었고 명사의 격의 분류에서도 기본형을 세우지 않고 oppositif를 두지 않았다. 형용사에서도 그 분류를 달리하여 1) 한자에서 온 大·小등과 2) 명사 뒤에 「엣」을 첨가하는 것과 3) 스럽다, 답다, ㅎ옵다, ㅁ죽하다, 스럼ㅎ다, 업다, 잇다, 가다, 지다, ㅎ다」 등의 접사가 붙는 것 등으로 구분 설명하고 있다.

수사의 분류도 Grammaire Coréenne가 8개의 분류인데 반하여 기수사와

---

16) *Manuel de la Langue Coréenne Parlée*의 문법개설(introduction grammaticale)의 불란서 선교사들의 공동저술인 *Grammaire Coréenne*(1881)를 요약, 정리한 것으로 보고 있다(高永根, '위의책' 해설, 歷② 22).

서수사만으로 되었고 대명사의 분류에서도 부정대명사와 관계대명사를 두지 않고 대신 소유대명사 등을 둔 것 등 *Grammaire Coréenne*와는 다른 내용이다. 위의 사항뿐 아니라 대명사에서도 내용을 달리하고 있다. 또한 가장 큰 특징은 각 품사의 통사론을 품사별로 두어 설명하고 있는 것이다.

고영근(위책 해설 역② 22)은 8품사체제로 소개하였는데 9품사체계로 해석하여야 한다.

접속사의 항의 끝에 "주요한 감탄사(principales interjections)"라 하여 「의고, 춤, 올치, 야」의 예를 들고 있다. 비록 감탄사란 별도 항목을 두어서 설명하지는 않았으나 접속사 항목 뒤에서 한 줄을 띄어서 위의 내용을 들었고 각 품사의 통사론에서도 "후치사, 접속사 그리고 감탄사의 통사론(syntaxe des postpositions, conjunctions et Interjections)"이라고 한 점으로 보아 독립품사로 보아야 한다.

언더우드(Underwood, 1890)의 「韓英文法」은 *Grammaire Coréenne*를 참조하여 지은 것으로 본다(김민수, 「韓英文法」 해설, 강복수, 1972, p.36). 차이점을 중심으로 몇 가지 살펴보기로 하자.

첫째 품사체계에서 관사와 분사를 제외시켜 8품사로 분류하였다.

둘째 한국어의 명사는 격변화(declension)를 하지 않는다고 하였다. 명사는 수나, 주어 목적어 등의 후치사 또는 문맥에 의하여 표시된다고 하여 종전 학자들의 격변화를 비판하고 있다. 이는 독창적인 Underwood의 견해로 제2유형문법의 원류가 되는 것이다.

셋째 후치사의 설정이다. 다른 문법서에서도 후치사를 설정하고 있으나 내용적으로는 판이하게 다른 것이다. Underwood의 경우는 격조사와 이른바 서구어 전치사에 대응하는 단어들만을 후치사로 처리하였음은 이미 언급하였다.

기원적으로 후치사는 명사이거나 명사의 일부라고 하여 3가지로 분류하고 있다.

1) 단순후치사(simple postposition)는 주격, 속격, 여격, 처격, 대격, 구격, 호

격, 탈격, 대조격을 나타내는 「이, 가, 의, 의게, 에, 을, 도, 아, 에서, 은」
등을 예시하고 있다.

2) 합성후치사(composite postposition)는 명사 뒤에 후치사가 붙는 것이라 하
여 「안희, 밧기, 우희, 밋희, 아래에, 것희」 등을 들고 있다.

3) 동사적 후치사(verbal postposition)이라고 하여 「위ᄒ야, 인ᄒ야, 넘어, 건
너」의 예를 들고 있다.

Underwood의 문법서는 본문 중에서 Grammaire Coréenne에 대하여 언급
하고 있고 전체적인 체계나 내용상의 유사점 등으로 보아 이를 참조한 것
은 분명하지만 스스로 독창적인 체계를 이룬 것으로 우리말 체계에 대한
서양인의 문법서 중 대표적인 것이라 하겠다.

3. 결론

서양인의 국어문법에 대한 연구는 우리 문법가의 손에 의하여 연구에
착수하기 약 50년 전부터 시작된다. 이 가운데 품사론 부분은 라틴전통문
법의 체계와 같이 문법의 주요영역으로 다루어지고 있으며 통사론 부분과
음운론 부분이 부분적으로 언급되고 있다.

이들 서양인의 문법서 저술은 그 목적이 자국인들에게 한국어를 이해시
키기 위한 안내서로서의 실용적인 데 있었다. 한국어 전반에 걸친 정보의
부족으로 해서 한국어 자체의 문법기술이라는 점에서 미흡한 점을 지적할
수 있다. 국어의 품사체계에 합당하지 않은 분사, 관사의 품사 설정과 후
치사 설정에 대한 문제점, 서구어 체계에 맞춘 대명사의 해석, 체언의 특
성으로 성과 수에 대한 적용, 시제와 격, 서법 등의 비판과 검토 없는 적
용 등 많은 결점을 지적할 수 있다. 그러나 이들 문법이 본격적인 의미의
문법학자가 아닌 선교사의 문법이라는 점을 감안하지 않더라도, 미개척분

야인 국문법 품사분류의 새로운 장을 열었다는 역사적 의의가 함께 언어 분석적인 면에 공로를 가진다. 그 대표적인 것의 하나가 토의 처리에 관한 것이다. 국어문법학사에서 가장 종합적이며 합리적이라고 평가되는 제3유형의 문법이 이들에게서 시작되고 있다. 이는 우리말 토의 성격을 심층적으로 파악했다기보다 서구문법을 적용하는 가운데 자연한 귀결로 이루어진 것이지만 결과적으로 타당성을 지닌다. 또한 용언어미의 형태분석의 결과로 어간과 선어말어미, 어말어미 등의 분석이 이루어지고 이들 형태의미에 대한 문법적인 해석이 내려지게 되었다. 이들 선교사 문법의 전통은 온전히 국문법에 계승되지 못했으나 부분적으로 국문법에 영향을 주었다. 이들 문법에서 범하던 문법적인 오류는 그대로 초기 국내학자들의 연구에서도 그대로 반복되는 사항이다. 이들에 대한 비교 검토는 직접 영향을 받았다고 추정되는 김규식 문법에서뿐만 아니라 유길준, 김희상의 문법 등에서도 이루어져야 할 것이다.

—「경원대학교 논문집」 4집, 1987, 경원대학교

[부론 Ⅵ] 고대 그리스 · 로마시대의 언어연구

―언어관·언어단위·품사를 중심으로―

1. 서론

인류가 문명생활을 누리면서 나타나게 된 현상 가운데의 하나는 그들이 일상으로 사용하는 언어에 대한 흥미와 탐구였다. 언어에 대한 관심은 종교적인 면에서의 실용성과 순수한 학문적 탐구에서 출발한 두 가지 방향에서 살펴 볼 수 있다.1) 이 중 학문적인 연구는 비교적 자유로운 분위기에

---

1) 종교적인 측면에서의 언어연구로 대표적인 것은 吠陀梵語(Vedic Sanskrit)를 연구한 Pānini 문법이다. 인도인들은 언어 자신을 하나의 신이라고 생각하여 "Vac(소리음성)"은 만물의 생성자, 신의 동반자, 만물의 지배자, 최고신 등의 별명을 가진다. 고로 언어의 바른 사용은 신을 존중한다는 뜻이었다. 이런 의미에서 Pānini의 문법서(BC 3세기경)는 종교적인 의미를 가지는데 음운, 품사, 구절, 문장연구 등을 경험적으로 분석하여 기술한 약 4천개의 규칙으로 집약한 문법서다. 이후에 나타난 그리스도교를 위한 라틴어의 연구, 유태인들의 성경의 희부리어 연구, 아랍인의 코란어 연구도 같은 의미를 가진다(김방한 역, 1982, pp.11~27. Bloomfield, 1933, p.11. Carl Darlig Buck, 1933, p.16).
Pānini 문법에 대한 Bloomfield(1933)와 Carroll(1953)의 평을 살펴보면,
"This grammar, which dates from somewhere round 350 to 250 BC is one of the greatest mounments of human intelligence. It describes, with the minutest detail, every inflection, derivation and composition, and every syntactic usage of its author's speech, No other language, to this say, has been so perfectly described" *Language*(p.11).

서 학문에 전념할 수 있었던 그리스인들로부터 이루어졌다.

그러나 그리스인의 언어연구는 언어 자체에 대한 연구라기보다 철학적인 관심과 함께 논리학의 일부로서 연구되었다. 서구문화의 뿌리가 그리스문화에 대하여 단일체적인 성격을 가지는 것과 같이 그리스인의 언어연구도 서구의 언어연구에 대한 연원을 형성하는 결과를 가져왔다.

이들 그리스인들이 자신들의 언어를 기술하기 위하여 사용했던 문법에 대한 개념과 방법은 로마에 차용되었고, 중세를 거쳐 근세에 와서 라틴전통문법으로 발전되었다. 그 뒤 실증론(positivism) 철학에 입각한 학문문법(scholarly grammar)의 완성을 보게 되었다. 이 서구의 전통문법은 국어문법에도 전래되어 국어문법학사의 바탕을 이루었다.

본 논고에서는 전통문법의 연원이 되는 그리스·로마시대의 언어연구를 시대순으로, 연구자를 중심으로 살펴보되 그들의 언어관, 언어분류단위 특히 품사의 개념과 설정기준을 역사적으로 살펴보고자 한다. 이들은 라틴전통문법과 학문문법에서 어떻게 변모·발전되었으며 나아가서 우리 국문법에 어떻게 전래·정착되었으며 국어문법학사에서 어떠한 품사체계를 형성했는가를 살펴보려는 일련의 연구에 도입단계가 될 것이다. 고로, 본 논고는 해설적인 성격을 띨 것이다.

그리스·로마문법 자료 및 해독의 제한으로 Dinneen(1967)의 영문 해독된 자료와 그의 서술 내용을 중심으로 정리해 보았다. 보다 구체적인 설명이 요구되는 곳을 제외하고는 일일이 출처를 밝히지 않는다.

"Pānini's grammar is still regarded as one of the most comprehensive descriptive grammars of any language. It has only indirect influence on the development of western linguistics until Sanskritist scholars raised it to a position of eminence in nineteenth century(*The study of Language*, 1953, p.16).

2. 고대 그리스의 언어연구

고대 그리스인의 관심의 대상이 되었던 것은 언어문제 자체와 관련된 것이라기보다는 물질세계의 구성에 대한 것이었다. 이에 대한 해결책으로 우주구성에 대한 본질적인 면을 사유하게 되었다. 따라서 사유작용과 관련하여 언어가 담당하게 되는 역할이 문제로 대두되었다.

그러나 이 당시에는 이 문제에 대한 구체적인 연구도 이루어지지 않았고 일반논리학적 체계도 정립되지 않아 문제 해결을 가져오지 못하였다. 또한 이 시대의 언어연구가 순수사변적인 관심에서 벗어나게 된 또 하나의 요인은 당시 사회의 실용적인 요청 때문이었다. 도시국가사회의 확장과 발전으로 시민의식의 훈련과 논쟁에서 승리할 수 있는 시민을 양성함이 시대적인 요청이었으니 Sophist[2]의 등장이 바로 이런 배경적 요인에서였다.

1) 소피스트(Sopist, B.C. 5세기 경)

소피스트들의 행동과 논리는 부정되는 측면이 대부분이지만 언어연구의 측면에서는 공헌한 바가 컸다. 이들의 연구가 긍정적으로 해석되고 성공적일 수 있었던 까닭은 경험주의적(empirical) 방법으로 연구의 바탕을 쌓았기 때문이다. 한 가지 예로 "성공적인 수사학적 구성이란 어떤 것인가"같은 문제에서 이 논제를 단순히 이론화하는 것이 아니라 이 방면에 정통한 사람들의 연설문을 연구·고찰하게 하고 그것을 몇 개의 단위로 분석하게 하고 또 이와 유사한 연설문을 작성하도록 그의 제자들을 가르쳤다.

Sophist들은 명확한 언어분석단위를 구분, 제시하지는 않았으나 음운론적(음절과 음성), 문법적(시제와 성), 어휘적(동의어 구분), 문체론적(다양한 수사학

---

2) "Sopist"의 원의는 "지혜로운 사람(wise man)"이었으나 소크라테스는 이들이 "지혜의 허수아비(false appearance of wisdom)"임을 갈파하였다(Dinneen), p.72).

적 구분) 층위 등 몇 가지 계층에서 못한 것이 약점으로 지적된다.[3]

2) 소크라테스(Socrates, B.C. 469~399)

소크라테스의 언어에 대한 견해는 Plato의 대화편 *Craytylus*에 단편적으로 나타나 있다. 먼저 대화편에서 그는 Hermogenes와 Craytylus의 논쟁을 중재시키도록 요청을 받는다.

Craytlylus는 사물의 명칭과 명명되어진 사물과는 인위적이 아닌 자연적 결과라고 보았다. 그러므로 어떠한 사물에 붙여진 명칭의 음성적 구성은 그 사물 자체의 구성을 반영하는 거울이 되어야 한다고 생각했다. 그러므로 어떠한 사물의 경우에나 단지 한 개의 올바른 명칭이 있어야 하고, 이것은 그리스어나 야만어 양자에 공통되는 것이어야 한다는 견해였다. 이에 반하여 Hermogenes는 언어는 자의적이며, 규약에 따라 의미를 가지며 그 사물을 대신한다는 이른바 규약설을 주장하였다. Socrates는 이 양자의 설에 대하여 장단점을 논하고 *onoma*[4]란 언어단위를 제시하였다. 그는 사물의 명칭에는 두 종류가 있는데 하나는 복합어(complex 또는 compound)고 다른 하나는 단일어인데 이들은 분석방법을 달리해야 한다고 했다. 그는 복합어의 예로 *Poseidon*을 들고(Posi 다리에 +desmos 족쇄) 이는 두 부분의 결합이 아니고 유포니 현상에 따른 문자의 첨가나 탈락이라고 하여 언어와 자연

---

3) Sophist들의 연구를 몇 가지 열거하면 Protagoras는 최초의 문장형태를 구분한 것으로 믿어진다. 4가지 또는 7가지로 구분하였으니,
　　4가지 : 기원문(prayer), 의문문(question), 진술문(statement), 명령문(command)
　　7가지 : 해설문(narration), 의문문(question), 응답문(answer), 명령문(command), 보고문(report), 기원문(prayer), 청유문(invitation)
　아리스토텔레스에 따르면 Protagoras는 성과 시제의 구분에 주의를 기울이게 한 최초의 사람이다. Prodicus의 동의어 구분, Hippias의 세분화된 음성연구 등이 공적이었다 (Dinneen, pp.73~74).
4) Onoma('명칭' 또는 '명사', '주어')는 logos('구', '절', 또는 '논증')의 최소단위로 교육상 또는 사물들을 상호 구분하는데 있어서 중요한 수단이라고 밝히고 이들 목적에 적절해야 한다고 했다.

의 상응이론을 펴고 있다. 그러나 자연음과 자연현상과의 관계를 살펴보고 사물과 명칭과의 관계는 "우리들이 말을 할 때 우리들 마음속에 어떠한 생각을 하고 있나를 밝혀 주는 규약과 실용적 어법 양자를 모두 받아들여야 한다"고 했다.

소크라테스가 제기한 onoma나 logos의 견해는 플라톤 이후에 구체화 된다.

3) 플라톤(Plato, B.C. 427~347)

플라톤의 언어에 대한 견해는 대화편 *Craytylus* 외에 *Theatetus*와 *Sophist* 에서 찾아볼 수 있다.

대화편에서 그는 어원론에 대한 논의보다는 사고와 언어와 사물과의 연관관계에 더 많은 관심을 두고 있다. 그는 언어는 규약적인 제약과 그 사물 자체의 본성 때문에 사물과 단어의 올바른 결합이 바르기도 하고 바르지 못하기도 하다고 생각했다. 그는 사물과 단어의 올바른 결합에 대한 어떤 기술방법을 찾아내어 참된 진술이나 정의를 유도해 내려는 형식이론을 발견하려 한 최초의 시도자였다. 그러나 그는 술어들의 상호 관계만을 조사해서 결합관계의 적부체계(適否體系)를 수립하려 했기 때문에 언어학적 구성(문법적 문체적, 참된 기능)을 구분해 내기에는 충분치 못했다. 그러나 삼단논법규칙의 공식화로 발전하게 되는 분할법(division)이란 기술을 고안해 내게되었다.

플라톤은 *Theatetus*에서 소크라테스의 입을 빌어서 다음과 같이 언어를 정의하였다.

"언어란 *onomata*와 *rhēmata*에 의하여 어떤 사상을 표현하는 것. 말하자면 입을 통하여 배출되는 [공기의] 흐름 속에 어떤 사람의 관념을 비추는 거울·반영이다"라고 하였다.

이는 현대적 의미의 언어관과 그대로 통하는 것으로 즉 언어의 내용은 사상 곧 의미라는 것과 언어의 형식은 음성이며 언어의 주체는 사람이라는 것, onomata와 rhēmata 라는 체계 즉 구성으로 이루어진다는 것 등 Sapir(1921), Bloch & Trager(1942)나 Sturtevant(1947) 등의 정의와 통한다.[5] 다만 기호성이나 "자의성"에 대한 구체적 명시가 정의에는 없으나 다른 곳에서 살필 수 있다.

그러면 플라톤의 언어단위 가운데 주요 개념으로 등장하는 *onomata*와 *rhēmata*와 logos의 의미에 대하여 살펴보자. 플라톤은 이 세 가지 술어에 대하여 의미영역을 구분하여 사용하지는 않았으나 평상어(ordinary language)로 쓰이는 경우, 문법술어로 쓰는 경우, 논리학적 술어로 쓰는 세 가지로 구분할 수 있다.

(1) onoma(복수형 onomata) – 평상어 : '이름(name)', 문법술어 : '명사(noun)' 또는 '주어(subject)', 논리학술어 : '논리적 주사(主辭, logical subject)'의 뜻에 합치한다.

(2) rhēma(복수형 rhēmata) – 평상어 : '구(phrase)' 또는 '말하는 것(saying)', 문법술어 : '동사(verb)', '동사적(verbal)' 또는 '서술어(predicate)', 논리학술어 : '논리적 빈사(賓辭)'의 뜻에 합치하는 것으로 보인다.

(3) logos는 onoma와 rhēma를 구성요소로 가지는 언어단위로 때로 '문장(sentence)'의 뜻으로 번역된다. 그러나 다의적인 뜻을 가지고 있으니 '자연(nature)', '계획(plan)', '논증(argument)', '구(phrase)', '절(clause)', '문장(sentence)', '명제(proposition)' 등의 의미를 가진다.

이들 여러 가지 의미는 담화의 보편적인 성격에 따라서 해석되어야 한다. 플라톤은 초기에는 *onoma*와 *rhēma*를 *logos*의 구성요소로만 생각하였으

---

5) 언어의 정의에 대한 몇 가지 예를 들어보면 "Language is a purely human and instinctive method of a communicating ideas, emotions, and desions, by means of a system of voluntarily produced symbols."(Sapir 1921, *Language : An Introduction to study of Speech,* p.8)

"A language is a system of arbitrary vocal symbols by which members of a social group cooperate and interact" (Sturutevant, 1947 *An Introduction to Linguistic Science*, p.2)

"A language is a system of arbitrary vocal symbols by means of which a social group cooperates." (Bloch, B & G Trager, 1942, *Outline of Linguistic Analysis*, Baltimore)

나 Sophist에서는 진일보하여 *logos*는 sentence의 의미로 논의하였고 나아가서 음운론적, 어휘론적 구성요소로까지 진전시켰다.

*onoma*를 "동작을 수행하는 사람의 명칭"이라 하고, *rhēma*를 "동작의 명칭"이라고 하였으니 전통문법에서의 "명사"와 "동사"의 개념에 접근되어 있음을 알 수 있다. Plato는 *onoma*와 *rhēma*와 *logos*를 형태론적으로 구분할 수 있었던 것이었지만 순전히 의미론적인 단위로만 관심을 가졌었다. 비록 그의 시대에도 *Grammatikē techenē*(Grammar)라는 술어는 사용하였으나 논리학과 문법을 구분하지 않았다. 당시에 Grammatikē techenē는 형태론적 통사론적 연구가 아니라 쓰기에 관한 연구였다. 그의 관심의 대상은 문법이 아니고 그리스어의 어휘체계와 논리학에서 진(眞)과 위(僞)의 문제였고 이들을 다루기 위하여 불가피하게 고찰된 단위가 이들이었다. 그리하여 그가 쓴 "완전한 발화"에서도 *onoma*와 *rhēma*가 나타나지 않는 경우가 있다.

플라톤은 사물과 사물의 명칭 즉 언어기호와는 자연적이 아닌 규약의 결과라는 입장을 취하고 있으나 자의성에 대한 문제, 관습체계에 대한 연구는 하지 않았다(Dinneen, p.79).

4) 아리스토텔레스(Aristotle, B.C. 384~322)

아리스토텔레스는 플라톤의 연구에 반대하는 입장을 취하였으나 그의 스승의 개념을 대부분 받아들였고 자신의 깊은 통찰력을 통하여 더욱 발전시켰다.

(1)

먼저 그의 *On Interpretation*에 나타난 언어단위와 언어에 대한 견해를 Dinneen의 번역문을 통하여 살펴보기로 하자.

"(1) 먼저 아리스토텔레스는 "낱말은 영혼의 감동이나 인상을 나타낸 음성적 기호"라고 하여 언어의 내용과 언어의 기호성을 밝히고 있다. 문자로 기록하는 수단이 종족마다 다른 것처럼 언어도 종족마다 다르지만 그들의 정신적 감동은 동일하므로 영혼과 연관시켜 언어문제를 다루겠다고 하였다.

*onoma*와 *rhēma*는 그 감각으로 결합되거나 분리될 수 없는 한 개의 개념이라는 공통성을 가지고 있다고 하였다. 즉 onoma와 rhēma자체로는 진(眞)도 위(僞)도 형성하지 못한다. "man"또는 "white" 같은 단어는 구성을 이루어야만 진·위(眞·僞)의 의미를 갖는다고 하였으니, 통사론에 바탕을 둔 논리학의 문제가 관심의 대상이었음을 알 수 있다.

(2) 이미 플라톤이 언급한 바 있는 *onoma*에 대한 Aristotle의 견해를 보면 *onoma*는 그 자체 내에 시간성이 없는 단지 협약에 의하여 수립된 유의적 음성이라고 하였다.

그리고 *onoma*는 그 구성체의 일부를 분리해서는 의미가 성립되지 않는 일종의 단일어적 성격을 가진 것이라고 하였다. 예로 고유명사 "Goodsteed"는 복합적이나 단일한 *onoma*라고 하였다. 또한 음성은 그 자체로는 onoma가 아니나 음성들이 상징(symbol)이 되어 *onoma*를 형성한다고 하였다. 비록 동물들이 지르는 소리도 의미는 가졌지만 비분절적인 것이므로 *onoma*가 아니라고 하였다.

(3) *rhēma*는 특별한 의미를 전달할 뿐만 아니라 시간성을 가지고 있는 음성이라고 했고 *onoma*와 마찬가지로 그 일부분만으로는 의미를 가지지 못한다고 하였다. *rhēma*는 항상 "말하여지는 어떤 일"이나 그밖에 "주장되어지는 어떤 일"을 가리킨다고 했다. *rhēma*에서 시간성의 예로 "health(그리스어 hygeia)"는 onoma이나 "*is healthy*(그리스어 hygeiainei)는 *rhēma*라고 하여 시간성을 *rhēma*의 특성으로 보았다. 또한 의미전달 외에 어떤 존재하는 상태를 의미하기도 한다 하였다. 그러나 rhēma가 되기 위해서는 시제가 현재가 되어야 하며 과거나 미래시제가 되면 rhēma의 격(case)이라고 하여 달리 구분하였다.

(4) *logos*는 의미를 가진 담화다. *logos*의 일부분으로도 의미를 가지기는

하나 긍정이나 부정의 판단을 하지 않는다. "mortal"을 예로 볼 때 의심할 바 없이 어떤 의미를 갖지만 긍정하거나 부정하지는 않는다. 그렇게 되자면 어떤 문법적인 요소가 첨가되어야 한다. 그러나 "mortal"의 음절들만으로는 의미를 갖지 않는다. 모든 *logos*는 비록 자연적 수단에 의한 것은 아닐지라도 협약에 따른 의미를 가지고 있다. 이들 가운데 전부가 그런 것은 아니나 명제로 부를 수 있는 것이 있다."

위의 인용문에 나타난 몇 가지 사항을 살펴보기로 하자. 먼저 언어의 정의에서 플라톤에 비하여 진전된 일면을 보이는 것은 언어는 음성적 기호라는 언어의 기호성에 대한 명시를 살펴볼 수 있다. 언어는 동족마다 다르다는 개별성과 함께 "정신적 감동은 동일하므로 영혼과 연관시켜 언어문제를 다루겠다"고 하는 데서는 언어의 기호성에 대한 암시를 찾을 수 있다.[6] 또한 *rhēma*와 *onoma*의 구성단위가 음성(sound)으로 정의됨에 유의할 필요가 있다. 그는 음성이 분절음과 비분절음으로 구분됨을 밝혔고 *rhēma*에는 국어의 형용사에 해당하는 상태동사도 포괄하고 있음으로 보아 그 개념이 동사·서술어의 의미로 접근되고 있음을 알 수 있다. *logos*의 경우도 Plato의 경우처럼 다의적으로 해석되지 않고 *onoma*와 *rhēma*를 직접구성성분으로 하여 이루어지는 구문형식으로, 진·위(眞·僞)의 판단이 되는 명제로 성립되는 것이 그 본령임을 알 수 있다.

(2)

다음은 가장 난해하고 중요하며 실험을 필요로 한다고 한 Aristotle의 의미개념을 간략히 살펴보자.

---

6) 언어의 보편성에 대한 보편문법은 프랑스의 Jansen파의 Port-Royal Grammaire에서 싹튼 것으로 적어도 1660년 데카르트 철학에 입각한 Claude Lancelot와 Antone Arnauld의 이론에까지 소급된다. 모든 언어에 공통적으로 가진 것과 필연적인 것을 다룬다. 이 이론은 변형생성문법에서 재생되고 세련되었다(N. Chomsky, 1966, *Cartesian Linguistics*, New York, pp.52~59).

그는 영혼에 관한 연구에서 말소리(voice)는 "이미지와 연관되어 있는 동물에 의하여 발화된 음성(sound)"이라고 정의하고 이는 소음(noises)과는 대립되는 것이라고 했다. 언어는 무엇을 표현하는가에 대한 대답이 다양할 수 있는 것처럼 그의 의미체계는 실제적으로 복잡하지만 그의 의미에 대한 정의는 지극히 소박한 지시적 의미(referential meaning)에 국한시키고 있다. 어떠한 표현이 의미를 가지는가 안 가지는가의 여부에 대한 것은 이미지(시각적, 촉각적 또는 다른 의미의)와 연관이 되어 있는가의 여부에 따라 결정된다고 하였다. 즉 의미와 이미지와의 연관을 고찰하는 이미지이론을 전개시켰다. 이미지는 일반적인 단어에서 풍기는 인상만을 뜻하는 것이 아니라 고통 속에서의 인간의 신음이나 한숨도 뜻을 나타내기 때문에 나아가서 동물들이 내는 고통, 배고픔, 분노 등도 이미지와 연관이 되었으므로 뜻을 나타낸다고 하였다.

(3)

아리스토텔레스의 격(case : ptōsis)에 대한 논의로 동사와 명사에 대하여 살펴보자.

먼저 동사에서 그는 현재 직서법형만을 "실질(real)동사"라고 하여 연구의 대상을 삼았고 과거나 미래는 그의 연구에서 제외시켰는데 이들은 동사의 격으로 불려질 수 있다. 어떠한 명제의 진술이 진(眞)이냐 위(僞)이냐의 결정은 그 일의 형세(states of affairs)를 살펴봄으로써 판단되는 것인데 과거는 이미 결정되었고 미래는 미정이므로 진위(眞僞) 역시 미정이라고 하였다.

진·위(眞·僞)에 관한 진술은 현재적 경험이 되어야 한다고 믿었기 때문에 "실질적(real)동사"를 중시한 것이다.

마찬가지로 명사의 경우도 아리스토텔레스는 다만 주격 명사(nominative case)가 있는 문장만을 다루었다. 이 주격 명사의 경우를 "실질적(real)"onoma라 부르고 그 외의 사격형태(oblique form : 속격, 여격, 대격)는 격이라고 하였다. 고로 이들은 동사 "is"와 함께 사용되었을 때 眞이거나 僞인 문장을 산출해내지 못한다고 하였다.

아리스토텔레스의 형태적 분류의 또 다른 하나는 *syndesmoi*다. 이것은 "접속사(conjunction)" 또는 "연격분사(連擊分詞, linking particles)" 등으로 번역되는데 일상어에서 가지는 일반적인 의미보다는 논리학적인 전문적 의미를 가지므로 후자로 번역함이 바람직하다(Dinneen, p.82). 그는 시학(詩學)에서 *syndesmoi*는 의미 없는 말소리(sound)다. 이는 구(句) 자체의 형성을 방해하거나 그 원인이 되지 않는다. 그 자체로는 독립적인 뜻을 가지지 못하나 문법적인 기능을 하여 어떠한 진술의 의미를 도와준다고 하였다.

*On Interpretation*의 또 다른 구절에서도 정확히 *syndesmoi*라고 부르지는 않았으나 이에 대한 논의를 하였다. "Man is healthy", "Every man is healthy", "No man is healthy" 같은 문장에서 "every"나 "no" 같은 것이 *syndesmoi*의 예이다. 그리스어의 예로 *men*과 *de*등의 분사가 이에 해당된다.

(4)

아리스토텔레스의 *Categories*에[7) 나타난 문법적인 요소를 살펴보기로 하자.

첫 부분에서는 중의적 표현(equivocal expression)과 단의적 표현(unequivocal expression)을 구분하고 있다.

중의적 표현이란 "animal"이란 용어를 사람이나 초상화에 적용시켰을 때와 같이 그들의 음과 의미가 일반성을 가지지 못하는 것이다. 그러나 단의적 표현이란 이 용어를 사람이나 황소에 대하여 적용시켰을 때와 같이 항

---

7) 이 작은 책자는 서구의 언어학적 사고에, 논리학과 철학에 큰 영향을 미쳤다. 이는 *Organon*의 일부다. *Organon*은 3개의 작은 연구서로 구성되었는데 첫째는 *Categories*이고 둘째는 *On Interpretation*(명제에 관한 연구)이고 셋째는 *Prior Analytics*(삼단논법에 관한 연구)이다. 전통적인 8품사의 분류에 대한 견해는 최초로 그리고 체계적으로 여기에서부터 시작된 것으로 보인다.

상 동일한 의미로 사용되는 것이다.

둘째 부분에서는 결합적 표현(combined expression)과 비결합적 표현(uncombined expression)에 대하여 구분하고 있다. "사람", "걷는다", "황소"와 같이 명제를 구성하지 못하는 것은 비결합적 표현이고 "사람이 걷는다"와 같이 명제로 표현된 것이 결합적 표현이다. 아리스토텔레스는 전형적인 의미를 그가 사용한 그리스어의 비결합적 표현에다 두었다. 그는 비결합적인 단어나 표현에 대한 의미영역을 여러 가지로 구분하고 있는데 이는 비록 문법적인 단위기준으로 형태론에 그대로 적용되는 것은 아닐지라도 어휘의 복합체계에 대한 당시의 발달된 모습을 살필 수 있고 나아가서 언어에 대한 전통적 견해가 여기에 바탕을 두고 있음을 알 수 있다.[8]

개략적인 예를 보이면

- 물질(substance) : "사람", "말"
- 양(quantity) : "2규빗의 길이", "2규빗의 넓이"
- 질(quality) : "흰", "문법적"
- 관계(relation) : "半", "二重", "더 위대한"
- 장소(place) : "시장에서", "Lyceum에서"
- 시간(time) : "어제"
- 자세(posture) : "누워 있는", "앉아 있는"
- 상태(state) : "신켜진", "무진장"
- 동작(action) : "자르는", "타는"
- 성질(affection) : "자른" 또는 "탄"

이들 술어 자체로는 어떤 적극적 또는 소극적 진술도 포함하지 못할 것이다. 긍정이나 부정 또한 이와 같은 용어들이 결합되거나 한 개로 뭉쳐졌을 때 이루어진다. 비결합적인 단어나 표현으로는 참(眞)도 거짓(僞)도 될 수 없다고 했다.

---

8) 이러한 견해는 여러 곳에서 보이나 Jespersen(1933)의 어류분석 등에서도 살필 수 있다(*Essential of English Grammar*, pp.66~77).

셋째 부분에서는 삼단논법에 대하여 논의하고 있다.

이 저서에서 그는 다양한 언어단위의 구분기준과 언어에 대한 전통적 견해에 대한 바탕을 제공해주고 있음을 알 수 있다. 언어단위의 구분기준은 형태적인 것과 의미적인 것으로 나누었다.[9]

그러나 이러한 여러 가지 언어적 사실의 제시에도 불구하고 *Catergories* 는 문법학자들에게는 불행하게도 문법서가 아니라는 결론이 아리스토텔레스의 후계자들에 의하여 결론이 내려졌다.

아리스토텔레스의 연구에서는 논리적인 기준과 문법적인 기준의 구분이 이루어지지 않았고 그의 연구의 관심과 초점도 어디까지나 논리학적인 것이었다. 그러나 그가 논리학에서 사용하였던 정의를 문법적인 구분으로 고려하여도 무방한 것으로 보인다.

그가 제기했던 제약(restriction)은 眞과 僞의 진술문제를 저해하는 것에 대한 논리학적인 것이기는 하나 문법적인 것은 아니다. 그러므로 그의 제약의 바탕은 언어에서 찾을 것이 아니라 논의된 사물에서 찾아야만 된다. 그리고 대부분 사항들을 구분하기 위하여 사용한 기준은 의미론적인 데 바탕을 두었으나 그것은 초보적인 지시의미이론(nätive referential meaning)이다. 그의 언어단위 중에서 onoma와 rhēma는 의미적인 데 기준을 둔 것이고 syndesmoi와 arthron(詩學에서 논의된 단위로 의미적 형태적 양면 고려)은 통사론

---

9) 형태적 기준에 따른 것으로는 (1) phonological criterion, (2) morphological, (3) syntactic, (4) grammatical(morphological 또는 syntactic)한 기준이 있고, 의미론적 기준으로는 lexical meaning, translation, paraphrase, stylistic meaning, class meaning, grammatical meaning 등으로 구분된다. 詩學 XX장에서는 다음과 같은 표제로 단위들을 구분하였다. phonological 문자 또는 모음과 자음 반모음을 포함하는 음성, 조음위치와 방법의 차이점, 억양의 타입, 세 종류의 악센트, 기식(氣息, aspiration)과 음절의 개념.
  Lexical : 음성단어와 문자단어(일반적 대 소수의 예), 은유적, 수식적, 독창적, 축약된 동 의적, 비동의적, 그리고 파생어.
  Grammatical : 명사, 동사, 연결사, 관사(아마 영어의 관계대명사에 포함되는), 성, 시제의 구분.
  Stylistic : 논리학, 수사학적, 어학적, 문어, 구어, 평상어.

적 위치와 기능을 참조하여 유도된 것이다.

단어의 변형을 구분하는데 있어서도 바꿔쓰기(paraphrase)의 종류에 따른 의미로 구분하였고, 형태론적 특성이 모호한 형태는 원형과 파생형을 구분 기준으로 사용하였다.

또한 그는 언어기술에 있어서 마지막 철자의 큰 비중을 두어서 성이나 문법적 특징을 기술하였는데, 이는 이후로 수세기 동안 모방되었고, 라틴어와 그리스어의 형태론적 구조에 대한 명확한 사실을 인식하는데 저해하는 요인이 되어왔다.

요컨대 아리스토텔레스의 언어에 대한 학문적 관심은 논리학 자체였으며 언어 단위에 대한 기준도 의미적인 면에 중점을 두었고 일부 형태적인 면과 통사적인 면이 보조적 기능을 하고 있음을 알 수 있다. 비록 그의 언어연구가 논리학적인 것이기는 하지만 후계 문법학자들의 연구에 바탕이 되었다.

5) 스토아학파(Stoa, B.C. 308 아테네에서 성립)

(1) 스토아학파

약 B.C 4세기 초에 꽃 피웠던 일군의 철학자와 논리학자들의 집단으로 아리스토텔레스의 후계자 이른바 소요학파(逍遙學派)들과는 대립적인 처지에 있었다.

언어에 대한 스토아학파의 공헌을 요약하여 다음과 같이 말한다.

(1) 언어의 논리학적 연구와 문법적 연구를 구분하여 진일보시켰다.
(2) 언어연구에 있어서 명확한 전문적인 술어를 사용하였다.
(3) 이 양자의 발달은 스토아학파와 소요학파간의 상이점을 연계시키는 결과
   를 가져왔다.

먼저 그들이 첫 번째 단계로 구분·실험한 언어의 세 가지 양상(aspects)[10]에 대하여 살펴보자.

(1) 상징(symbol) 또는 기호(sign)를 *sēmainon*이라고 불렀는데 이는 "음성(sound)" 또는 "물질(matirial)"이다.

(2) 지시하는 것 또는 의미를 *sēmanomenon* 또는 *lekton*(발화된 내용)이라 불렀고,

(3) 기호에 의하여 명명된 외적인 사물을 "사물(thing)" 또는 "상황(situation)"(to pragma 또는 to tungchanon)이라 불러 언어의 세 가지 측면을 논의하였다. "사물"과 "상징"은 형체를 가지고 있는 것으로 간주하였고, 의미는 형체가 없는 것으로 보았다. 스토아학파들은 말하기를 우리가 "Dion"이라 명칭을 발음했을 때 그것은 물질적 상징을 산출한 것이다. 즉 "Dion" 그 자체는 하나의 외적인 형체이지만 "Dion"의 의미는 우리들의 사고 속에 존재하는 우리들이 인식한 "사물"이거나 또는 "야만인들이 그리스어를 들었을 때 그들이 이해하지 못한 바 그것"이라고 말했다. lekton은 "이성적 표현에 따라서 구성되어진 것"이라고 정의하였다. 그러므로 대상 자체나 그 대상에 대한 명칭이라기보다는 "인식으로서의 대상"이라고 하였다.

스토아학파들은 언어연구에서 진전된 일면을 보이고 있으니

(1) 아리스토텔레스는 명제에 대한 논의를 할 때 '음성의 연결체'인지 '개념'인지 '실제의 대상구조'인지 구별이 명확하지 않았으나 스토아학파들은 이들을 'sēmainon', 'lekton', 'tungchanon'의 세 가지로 구분하여 사용하였다. 이들 중 lekton의 짜임을 살펴보면 다음과 같다.

---

10) Ogden과 Richards의 언어의 기본삼각도(basic triangle)의 이론과 일치함을 살필 수 있다. *Sēmainon*은 상징(symbol)과, *Sēmainomenon*은 상상·지칭(thought·reference)와 *tungchanon*은 대상(referent)과 합치된다(*The meaning of meaning*, 1923, pp.11~12, London).

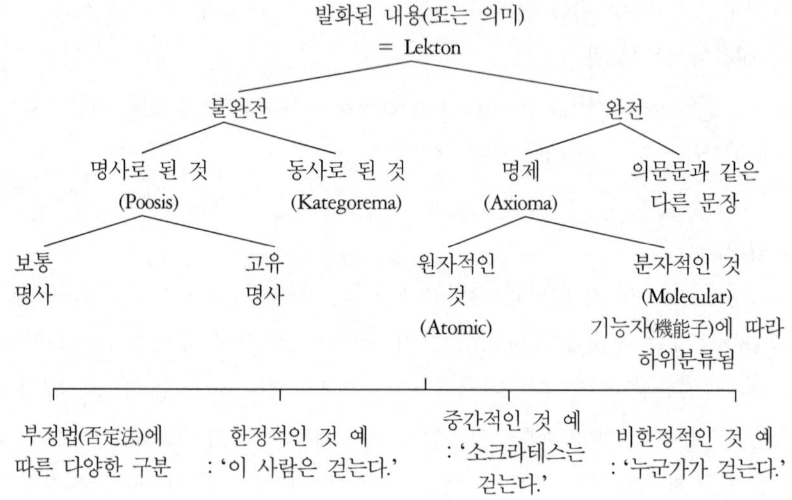

(2) 이들 구분의 기초 위에서, 문법과 논리학은 그 단독으로 형식문법이나 형식논리의 순수기술인 상징(*symbol : sēmainonta*)의 조합으로 연구될 수 있었다.

(3) 두 학파간에 논리학적인 차이가 두드러졌음을 알 수 있으니[11] 언어학적 측면에서 보아 아리스토텔레스가 사용한 그리스어의 형태들은 "불완전한 *lekta*"의 조합이었으나 스토아학파들은 "완전한 *lekta*"의 올바른 조합만을 다루었다.

이들 두 학파간의 차이는 그들이 빈번하게 다루었던 삼단논법에서도 차이가 난다.

아리스토텔레스의 삼단논법은 세 개의 명제 또는 서술문을 포함한다.

---

11) 아리스토텔레스는 전형적인 삼단논법에서 실제 명사 대신에 A, B와 같은 기호를 사용하였고 스토아학파는 대신 숫자로 기호화하여 사용하였다. 소요학파들이 사용하였던 전형적인 형식은 All A are Some B. But Some C are all B. Therefore, Some C are all A다. 대신 스토아학파의 형식은 If the first, then the Second. The first. Therefore. the Second다.

세 번째를 결론이라 부르는데 이는 대전제와 소전제라고 부르는 두 전제와의 관계로부터 유도된다. 세 가지 모두가 규칙적으로 되었을 때 그 결론은 "正"이 된다. 만약에 대전제와 소전제가 진(眞)이라면 결론 또한 진(眞)이 될 것이다. 그러나 이는 논의된 사건의 상태(states of affairs)에 따라 결정된다. 여기서 뜻하는 "진(眞)"은 문법적인 것이 아니다. 문법적인 문장도 거짓일 수 있기 때문이다. 문체상의 "바름"이 반드시 사건의 상태와 일치하는 것은 아니다. 반대로 문법적인 문장이라고 하여 논리적인 참의 문장이 되는 것은 아니다. 이미 앞에서 말한 바와 같이 소요학파들에 의하여 연구된 명사들은 모두 주격이고 동사는 현재 직서법에 한하는 언어적 특성을 보인 데 반하여 Stoa학파의 경우는 명사의 다른 격들과 여러 가지 형태의 동사로 나타난다.

> If I buy this from you, I might be cheated.
> I buy this from you.
> Therefore, I might be cheated.

결과적으로 이런 이유로 해서 Stoa학파들은 아리스토텔레스에서 혼란되었던 격의 개념에 일정한 차례를 가져오게 했고 의미와 형태사이에 혼란을 정리하는 결과를 가져왔다.

Stoa학파들은 처음으로 격(Ptōsis)의 개념을 격어미를 형성하는 것으로 제한시켰다. 그러므로 명사, 형용사, 관사(비록 그들은 어근과 굴절형태소의 경계를 한정하지 않더라도)와 같이 굴절에 바탕을 둔 품사에만 한정시켰다. 사격형(斜格形)의 경우도 주격과 동격으로 보았다. 고로 격의 개념을 동사에는 적용시키지 않았다.

아리스토텔레스가 사용한 *rhēma*의 경우를 Stoa학파들은 부정사 형태를 명명하는 데에만 국한시켰고 반면에 한정사 형태는 *katēgorhēmata*라고 불렀다.

(2) Stoa학파의 품사에 대한 견해[12)]

Stoa학자들은 처음에는 4개의 품사, 나중에는 5개의 품사를 다루었다.

(1) 명사는 격변화를 하므로 형태론적으로도 확인되고, 의미적으로는 고유명사와 보통명사로 하위분류 된다.

고유명사는 Socrates라는 존재의 특질과 같은 "고유특질"을 의미하고, 반면에 보통명사는 사람이란 존재의 특질과 같이 "일반특질"을 가진 것을 말한다. 영어와 국어 등에서는 고유명사와 보통명사의 구분이 형태상으로도 구분가능한데 이는 관사 또는 그 같은 요소와의 결합여부에 따라 판별된다. 그러나 그리스어에서는 구분되지 않는다.

(2) 동사는 "구성을 이루지 않고서도 어떤 일을 진술하는 품사"라고 정의하였다. 이는 아리스토텔레스의 정의보다 적절하다. 왜냐하면 그리스어에서 명사-동사의 구성은 동심적(同心的, endocentric)이고, 동사는 그 자체로도 참이나 거짓을 진술할 수 있음을 밝혔기 때문이다.

*rhēma*는 항상 서술어라는 아리스토텔레스의 견해에 보다 가까운 정의를 하나 살펴보면 "*graphō*(나는 읽는다) 또는 *legō*(나는 말한다)의 예에서처럼, 격변화가 없는 문장의 요소로, 구성 속에서 한 사람 또 그 이상의 사람에 대하여 어떤 일을 나타내는 것"이라는 것이다.

격변화가 없다는 점은 전자의 정의와 동일하나 "구성(construction) 속에서"라는 것과 "사람에 관한" 것이란 부분은 아리스토텔레스의 정의에서 벗어난 것이라고 할 수 있다. Stoa학파는 이들 요소를 *rhēma*라 하지 않고 *katēgorhēmata*라고 불렀다.

(3) *syndesmos*는 "품사들을 연결시키는 구실을 하는 격어미가 없는 품사"라고 정의하였다.

(4) *artheron*은 "명사의 성과 격을 구분하는 격어미를 가진 문장의 요소

---

12) 품사란 표현은 그리스어인 morē tou logou "parts of sentence 또는 phrase"(명사, 동사, 연결사, arthron)를 잘못 번역한 것이다(Dinneen, p.92).

로 ho, hē, to 그리고 hoi, hαi, tα 등"(남성, 여성, 주격관사, 단수, 복수 등을 각각 뜻함)으로 정의하였다. 후에 관계사와 관계대명사로 구분된 것이 여기서는 동일한 어류인 *arthron*에 속한다.

Stoa 학자들은 능동형과 중립형과 수동형을 구분하기 위하여 통사적 기준을 두었다.

(1) 능동형은 사격(주격 이외의 것)으로 이루어지는 구성으로 *akouei*("그는 듣는다. He hears")와 같이 동사의 유형에 따라 이루어진다.

(2) 수동형은 수동태의 관사[hypo "~에 의하여"]로 이루어지는 것으로 *akouomai*["나는 듣는다. I am heard"]와 같은 동사이다.

(3) 중립형은 이들 중 어디에도 속하지 않는 *phronein, peripatein* 같은 것이다.

Stoa학자들은 통사적 작용과 형태론적 구성에 따라서 동사의 형태를 구별할 수 있으면서도 똑같은 방법으로 시제를 구별하지 않았다는 것이 이상하다. 그러나 그리스어의 두 가지 중요한 의미론적 차원을 처음으로 인식한 것은 그들이다(Dinneen p.93). 시간에 따라서 그리고 완전과 불완전에 따라서 동사를 구분하였다.

> 현재진행 baino("나는 가고 있는. I am going")
> 현재완료 bebēka("나는 가 버렸다. I have gone")
> 과거진행 ebainon("나는 가고 있던. I was going")
> 과거완료 ebebēkein("나는 가 버렸었다. I had gone")

(3) Stoa학파의 일반 언어이론

그들의 기본적 견해의 하나는 "한 사람이 태어났을 때, 그의 영혼은 기록하기 좋도록 마련된 백지와 같다"는 입장이었다. 담화는 그 자체로 지적이지는 않지만 지적 표현이라고 하였다. 이 표현의 매체는 음성(phonē)이라고 하였으나 발음을 내는 기관이 성대가 아니고 혀라고 생각하였으므로 그들의 음성연구는 오랫동안 많은 방해를 하는 결과를 가져왔다.

6) 알렉산드리아학파(Alexandra, B.C. 300~150)

알렉산드리아학파 성립의 주요한 이유의 하나는 아테네의 정치적 몰락과 국외에서의 그리스 세력의 증대였다.

알렉산더는 다른 나라를 점령한 후 몇몇 식민지에 그의 부관들을 영지의 왕으로 삼았는데 대표적인 두 영지는 Ptolomy에 의하여 통치된 이집트에 있는 Alexandria와 Eumenes에게 내린 Ptogamon이었다. 이 두 도시는 정치적·문화적 중심지로서 경쟁의 도시가 되었고 방대한 책을 가진 도서관으로도 유명했다. 알렉산드리아는 아리스토텔레스의 전통을 이어받았고 아리스토텔레스 자신의 개인 도서관이 알렉산드리아학파의 수집도서의 바탕이 되었다. 많은 사람들이 알렉산드리아에 정착했고, 여러 방면에 대한 연구가 이루어졌는데 이 가운데 가장 유명하고 영향력이 있는 저서는 Euclid의 *Elements*와 Dionysius Thrax의 *Grammar*다.

(1) 변칙론 대 유추론

언어연구에 중대한 영향을 미쳤던 것은 언어 자체에 대한 논쟁에서가 아닌 첫째, 우주의 구성에 대한 견해의 차이와 둘째, 자연의 작용이 어떻게 언어에 반영되는가에 대한 것이었다. 이에 대하여 일부 학자들은 본질적으로 발견되는 법칙도 유추도 없다는 것이고 다른 일부 학자들은 별들의 운행과 사계의 규칙성은 변칙적인 것이 아니고 냉엄한 규칙의 결과라는 것이었다.

아리스토텔레스와 그의 후계가들은 후자의 견해를 견지하였고, Pergamon은 전자의 견해를 고수하였다. 일반적으로 자연적 과정과 언어의 구성은 양자 모두가 규칙적인 법칙과 발견 가능하고 서술할 수 있는 패턴의 지배를 받는다는 것이 알렉산드리아학파의 견해였다.

결과적으로 이 논쟁은 그리스어의 풍부한 형태적 다양성을 범주화하는데 좋은 결과를 가져왔고, 규칙성을 설명하는데 다른 요소를 발견하게 되었다. 변칙-유추의 대립은 문법분야에서 수세기 동안 계속되었다. Xenodotus Philadelphus(B.C. 284~257)의 연구에서 시작되어 Apollonius와 그의 아들 Herodian(A.D. 180)을 정점으로 하여 끝났다. 이중 알렉산드리아학파의 법전적(法典的)인 연구서는 Dionysius Thrax(B.C. 100)의 문법(Grammar)이다. 이 책은 Remmius Ralaaemon에 의하여 A.D 1세기에 *Ars Grammatica*란 이름으로 라틴어로 번역되었다. 특히 논제의 일치(the sequence of topics)와 술어(terminology) 양면에 있어서 모델로 여겨져 왔고 오늘날까지도 올바른 문법서로 여겨진다.

7) 디오니시우스 트락스(Dionysus Thrax, B.C. 170~90)

(1) 트락스(Thrax) 문법의 발췌

이 부분에서는 트락스의 문법서 *Art of Grammar*의 영문번역을 우리말로 옮긴 것이다.

① 문법

문법이란 일반적으로 시인과 작가에 의하여 사용되는 통사적인 지식으로 6개의 부분으로 되어 있다.

    (1) 정확한 발음
    (2) 시적 비유 원리에 대한 설명
    (3) 어휘(glosses) 보존과 설명 그리고 신화적인 예
    (4) 어원의 발견
    (5) 유추의 발견
    (6) 시작법의 비평적 고찰

⑦ 문장의 부분["품사"]에 관하여

단어는 문장의 가장 작은 부분이다. 이들 단어들은 구성을 필요로 한다. 문장은 그 자체로서 완전한 의미를 가지고 있는 단어들의 구성이다. 여기에는 8개의 품사가 있으니 : 명사, 동사, 분사, 관사, 대명사, 전치사, 부사, 접속사다.

⑫ 명사에 관하여

명사는 격변화를 하며, 사람이나 사물을 의미하는 품사다. "돌", "교육", "사람", "말(馬)", "소크라테스" 등의 예에서 같이 일반적이거나 특수한 성질을 가진다.

명사는 다섯 가지 동시적 특징(Simultaneous feature) [문법적 일치(grammatical accidents)]로 성(gender), 유형(type), 형태(form), 수(number), 그리고 격(case)을 가진다.

(1) 성에는 3가지가 있다 : 남성, 여성, 중성이고 개중에는 통성을 가진 것이 있다. 예로 *hippos*, *hē* 또는 *ho*[말 : 남성, 여성…]

(2) 유형에는 두 가지가 있으니 원형과 파생형이다. 원형은 "earth"와 같이 최초의 특성을 가진 것이고, 파생형은 "earthy"와 같이 원형에서 파생된 다른 형태다. 파생형은 7가지가 있으니 : 성씨(palronymic), 소유격(possessive), 비교급(comparative), 최상급(superlative), 지소접미사(diminutive), 명사에서 파생한 낱말(denominative), 동사류(verbal)이다.

(3) 수에는 3가지가 있으니 단수, 양수, 복수다.

(4) 명사는 5가지의 격을 가진다.

　　　　주격 [*orthē* "수직 upright"]

　　　　속격 [*genike* "기원 origin"]

　　　　여격 [*dotike* "수여 giving"]

　　　　대격 [*aitiatike* "어떤 힘이나 효력이 작용된 것을 가리키는 것 : 라틴계 영어 "accusative"는 이와 유사한 그리스어 "accuse"를 뜻하는 단어의 오역이다.]

　　　　호격 [kletike "호칭 calling"]

주격을 달리 명사형태(name form) 또는 수직격(upright case)이라 부른다. 속격은 소유격 또는 부격(father case)으로, 여격은 수신격(case of address), 대격은 수용격(effective case), 호격은 응대격(case of address)으로도 부른다.

⑬ 동사에 관하여

동사는 격변화는 없으나 시제, 인칭, 수, 능동성 그리고 그 자체의미로서 피동성 등이 민감한 품사다. 동사는 8개의 동시적 특징[문법적 일치]이 있으니 : 서법, 종류, 유형, 형태, 수, 인칭, 시제, 활용 등이다.

(1) 서법(moods)은 직서법, 명령법, 기원법, 가정법 그리고 부정법이다.

(2) 종류(kinds)는 3개가 있으니 능동태, 중립태, 피동태이다.

능동태는 "나는 때린다, I strike", 피동태는 "나는 맞았다. I am struck"이고, 중립태는 능동태와 피동태의 양자다. [영어의 경우에서 이들 형태의 의미를 찾아 볼 수 있다. 능동태는 중립/피동태와 형태상으로 분명히 구분된다.

중립/피동태는 "I wash myself", "I do it for myself"와 같은 형태에서만 형태상으로 구분이 된다.

(3) 유형(type)에는 두 가지가 있으니 원형과 파생형이다.

(4) 형태(form)는 세 가지가 있으니 단순형, 복합형, 파생형이다.

(5) 수(number)에는 단수("I strike"), 양수("We strike"), 복수("We strike")(그리스어에서는 분명히 상이한 세 개의 형태가 있는데, 이들은 영어의 통사적 구성에서 나타나는 것보다 상이한 의미를 가진 복합형이다.)

(6) 인칭(person)은 1인칭, 2인칭, 3인칭의 3개다. 1인칭은 말하는 사람이고, 2인칭은 상대편이고, 3인칭은 일컬어지는 대상(또는 사람)을 뜻한다.

(7) 시제(tense)는 현재, 과거, 미래의 세 가지가 있고, 과거는 반과거, 과거완료, 대과거, 부정과거의 네 단계가 있다. 물론 세 가지는 서로 연관되어 있다.

현재는 반과거에, 완료는 대과거에, 미래는 부정과거에 연관되었다.

[마지막 항목은 의미적인 유사성보다는 막연하나마 형식적인 데 호소하고 있다. 동사 "loose"의 규칙적인 형태는 현재 : *luo*, 반과거 : *eluon*, 부

정과거 : elusa, 미래 : *luso*, 완료 : *luluka*, 대과거 : *eleluke*다. 이는 현재와 반과거는 동일한 어간을 가졌으나 어미가 다르다. 완료와 과거완료는 동일한 중복어간을 가졌으나 어미가 다르고 접두모음으로 e-를 가진다.]

⑮ 분사에 관하여

분사는 동사와 명사의 특성을 공유하는 낱말 형태다. 이는 인칭과 서법을 제외하고는 명사와 동사같은 동일한 동시적 특성을 가지고 있다.

⑯ 관사에 관하여

관사는 명사의 앞이나 뒤에 오면서 격형성을 시키는 품사다. 선행하는 것으로는 *bo*가 있고, 후행하는 것으로는 *bos*가 있다. 관사의 동시적 특성으로는 성, 수, 격이 있다.

⑰ 대명사에 관하여

대명사는 명사를 대신하여 사용되는 품사이고, 한정된 사람을 지시하는 품사다.

동시적 특성으로 인칭, 수, 성, 격, 형태 그리고 유형이 있다.

⑱ 부사에 관하여

부사는 어형변화가 없는 품사이고 동사에 대하여 어떤 일을 말하거나 다른 품사에 연결된다.

⑲ 전치사에 관하여

구문결합이나 구어상에 있어서 다른 모든 품사 앞에 놓인다.

⑳ 접속사에 관하여

접속사는 일정한 순서에 따라 우리들의 사상을 통합적으로 연결시키고 담화의 공백을 채우는 단어의 종류다.

접속사는 계합접사(繫合接詞), 이접적접사, 조건접사, 목적접사, 의문접사, 추론접사, 부가적접사로 분류된다.

> a. 계합접사는 "그리고, and", "또한, also", "그러나, but"의 예와 같이 계속적인 담화를 연결시킨다.
> b. 이접적접사는 문장을 연결시키지만 "또는, or"의 예처럼 그들의 내용을 분리시킨다.
> c. 조건접사는 "만약에, if", "…라도, even", "…지라도, though", "만약 그렇지 않으면, otherwise"의 예와같이 비사실적인 결과를 지시한다.
> d. 원인접사는 "…하니, when", "따라서, consequently", "…고로, since", "…하기 위하여, in order that", "…의 이유로, because of"의 예와 같이 사실적 결과를 표현한다.
> e. 목접접사는 "…하도록, so that", "…하기 위하여, in order that", "… 때문에, because of"와 같이 목적을 표시하기 위하여 사용된다.
> f. 의문접사는 "…인지 어떤지, whether", "아마도, perhaps"의 예와 같이 의문스러움에 대하여 사용된다.
> g. 추론접사는 "따라서, consequently", "그러므로, therefore"의 예와 같이 결론과 증거를 대기 위한 가정에 사용된다.
> h. 부가적접사는 "이거 참, well", "물론, of course", "참으로, indeed", "당연히, natually"의 예와 같이 습관적인 일로 운율적인 편의나 언어수식을 위하여 사용된다.

[물론 트락스가 제시한 목록은 그리스어 예이고 여기에 제시한 것은 거기에 대응되는 영어의 예를 우리말로 바꿔 본 것이다. 대부분의 그리스어 형태들은 단순형이거나 복합형이었다. 이는 영어의 통사적 구조와 비교가 된다.]

(2) 트락스의 문법에 관하여

① 문법의 정의와 영역

트락스의 Grammar의 정의는 "전문적 지식(technical knowledge)"으로 번역된다. 이들 의미를 정확히 살피도록 "통시적 지식"의 뜻을 살펴보자.

트락스 시대의 그리스인 내지는 아리스토텔레스학파의 지식의 분류를

살펴보면,

- *peira* : 숙련공이 가지는 지식(skill)
- *empeira* : 직공장이 가지는 지식(artisanship)
- *technē* : 기능공이 가지는 지식(art)
- *epistēmē* : 위 세 가지 지식에 능숙한 철학자가 가지는 논증적 지식(demon-strable knowledge)이라고 분류하였다.

언어와 연관시켜 볼 때 첫 번째, 지식은 모든 정상적인 언어사용자들이면 가지는 일상적이며 실용적인 지식이다.

두 번째 지식은 기술자들이 가지는 것이지만 이들은 지식의 부족이나 그들이 다루는 사물의 복잡성 때문에 이론적인 용어로 설명할 수 없다.

세 번째는 지식의 내재적인 원리를 아는 사람들, 외관상으로 불규칙적인 것을 유추할 수 있는 사람들의 지식이다.

네 번째는 모든 내재적 원인을 알았을 때 얻어지는 지식으로 어떤 주어진 구조의 요소는 그 존재방법에 필요한 것이고 다른 것이 될 수 없음을 보이는 것 같은 것이다.

Thrax의 문법서 *Techne grammatikē*(The Art of Grammar)와 연관시켜 볼 때 문법의 지식은 세 번째의 지식과 연관됨을 알 수 있다.

그러나 그가 다룬 언어에 대한 지식 즉 대상언어는 구어가 아닌 문어 특히 Homer의 작품에서 인용되고 있음을 주목해야 한다. 이는 트락스 당시의 자연언어가 아닌 이미 오래 전의 문헌어를 연구대상으로 삼았다는데서 언어적 변천과 서술적인 문제점을 고려하여야 한다. 그러나 Thrax는 당시의 언어와 호머의 그리스어 사이의 형태와 용법의 일치가 있음을 밝히기를 원했음을 다음 문장에서 유추할 수 있다.

In situation A, Where Homer uses form X
In situation A, Modern authors use form Y

이미 트락스의 문법영역에 대하여는 살펴보았다. 그러나 그의 문법서에서 이들 6개 부문을 다 논의하지 않았다.

(1) 정확한 발음과 독법이 트락스 당시의 표준에 의하여 충분히 다루어지지 않았다. 문자들 사이의 차이점을 논의하고 있지만 다만 직접적으로 그들의 청각적 조음적 특성이 논의되었다.

(2) 시적 비유에 대한 처리가 없다.

(3) 번역 또는 신화적 예에 대한 논의가 없다.

(4) 어순에 대한 논의가 없다.

(5) 통사적이 아닌 형태론적인 유추가 고려되어 있다. *bias, biantos* 그리고 *lisias lysiou*는 비록 형태론적으로는 차이가 나더라도 유사한 통사적 작용을 가진다는 것과 같은 논의가 보인다.

(6) 시작(詩作)에 대한 논의가 없다. 그러나 이러한 결함에도 불구하고 그의 문법서는 정교한 것으로 문법과 언어학 분야에 지대한 영향을 준 것으로 평가된다.

② 단어와 문장

트락스는 "단어"는 통사론의 기초가 되며 형태상으로는 "문장의 최소"라고 정의하였다. 한편 "완전한 이상(A complete thought)"라고 정의하였다.

단어에 대한 정의로 "정상적인 말에서 의미를 갖고 독립적으로 쓰일 수 있는 부분을 자립형, 의미를 갖고 자립해서 나타나지 않는 부분은 의존형이며 더 작은 독립형으로 쪼갤 수 없는 자립형을 최소자립형 또는 단어"라고 규정한(Bloch Trager, 1942, p.54) 정의에 비추어 볼 때 서로 동일한 기준을 제시하는 것이며, 다만 자립·의존의 구분과 나아가서 형태소 분석에까지는 미치고 있지 않음을 알 수 있다(김민수, 1977, pp.99~107 / 1984, p.112).

문장에 대한 정의 "완전한 이상"은 의미적인 제시에 그쳐 형태적인 면의 추정이 불분명한데 플라톤과 아리스토텔레스의 Logos와 연관시켜 볼 수 있다. 비록 *onoma*와 *rhēma*와 같은 단위는 제시하지 않았으나 플라톤에 비하여 훨씬 문법성을 가졌을 것으로 보인다. 플라톤의 문장성립은 문법범주(grammatical category)로의 적부(適否)에 있기보다는 이론적인 진·위(眞·僞)의 문제가 우선하였던 것이다. 물론 문법성의 적용 여부는 원어민의 선험적 능력에 해당하는 것이란(Chomsky, 1957, 1965) 견해와 같이 논의로 할 수 있다. 그러나 트락스의 경우는 품사에 대한 기준제시와 동시적 특성(simulataneous feature)에 대한 제기 등으로 미루어 보아 단어가 통사론적 위치에 섰을 경우에 일어나는 공기관계(共起關係) 내지는 통사적 제약을 부분적이나마 인지하였을 것으로 인정된다. 그러므로 "완전한 이상"이란 정의자체에 형태적 조건도 갖추어진 언어단위로 생각된다.13)

③ 품사구분의 기준과 특징

Thrax의 품사분류의 기준은 형태론적인 면을 기준으로 대부분의 척도를 살고 있다. 거기에 의미적인 면이 수반되었고 부분적으로 기능적인 면도 살필 수 있다. 그러면 각 품사의 특징은 이들 기준에 따라 살펴보기로 하자.

(1) 명사 : "명사는 격변화를 하고 사람이나 사물을 의미한다"고 하였는데 "격변화"는 형태적인 특징을 밝힘이고 "사람이나 사물의 명칭"이라 함은 의미적인 기준을 제기한 것이다. 문장 속에서 명사는 어떠한 동시적 특징을 가지는가로 성, 유형, 형태, 수, 격의 5가지 문법적 일치를 들고 있는데 이는 다분히 형태론적 입장에서의 고찰이다. 그러나 하위분류에 들어가서는 의미적인 분류가 병행되고 있음을 살필 수 있다.

1) 명사의 하위 분류에서 보통명사와 고유명사의 구분은 의미적인 측면에서의 고려다. 그러나 고유명사는 관사와의 결합으로 보통명사와 형태적

---

13) 이 정의는 Priscian의 「라틴어문법」에서 "文이란 단어가 모여서 완전한 이상을 나타낸 것"이라고 보완된다. (Fries, Charles. C. *The structure of English*, New York. 1952. p.9.) 그러나 문장의 삼대 본질인 서술성, 통일성, 종결성에 비추어 볼 때 미흡함을 알 수 있다 (김민수, 1971, pp.62~63).

으로 구분이 된다.

2) 성이 3가지로 구분됨도 의미적인 면의 명칭이나 *hippos, hē, ho* 등의 예와 같이 형태적으로도 구분된다.

3) 유형(type) 구분인 원형과 파생형도 형태적인 구분이나 7가지 하위 분류는 형태적인 특성을 고려한 의미적 분류다. 비교급, 최상급, 지소사(指小辭) 등.

4) 수에 대한 구분도 위와 같다.

5) 격에 대한 5가지 하위분류는 기능적인 면의 분류가 된다. 일반적으로 문에서의 명사의 기능은 동사의 주어와 목적어, 전치사의 목적어, 독립 구성에서 이름(name)이 되는 것, 계사 뒤에서 서술적 요소가 되는 것 등으로 설명되는데(Webster, 1959) 트락스가 구분한 주격, 속격, 여격, 대격, 호격의 구분도 명사의 기능(function)을 대변하는 것이다. 그러나 주격을 명명형태(name form) 또는 수직격(upright case)으로, 속격을 소유격(possessive) 또는 부격(father case)으로, 여격을 수신격(case of address)으로, 수용격(effecive case)으로, 호격을 응대격(case of addresse)으로 달리 호칭하는 것은 의미적인 면에서의 재분류다. 이상으로 보아 비록 격어미로 형태적인 구분을 전부 할 수 없는 것이 그리스어의 실상이지만 형태적인 기준으로 바탕을 삼고 있음을 볼 수 있다.

(2) 동사 : 동사에 대한 구분도 일차적으로는 형태를 기준으로 하였다. 그는 어미를 크게 명사어미와 동사어미로 구분하고 이들에 대하여 계층의 미를 부여하고 있다. 동사의 동시적 특징(simultanious features)으로 서법, 종류, 유형, 형태, 수, 인칭, 시제, 활용의 8가지를 들고 있는데 이들은 대부분 형태적으로 구분된다. 그러나 이들은 그리스어에만 국한된 언어자료를 다루었고 또한 통사적인 면에서의 고찰은 부분적이고 형태론적인 데 주안을 두었기 때문에 타당성이 미흡한 것으로 지적된다(Dinnen, p.103).

동사의 경우는 명사의 경우보다 더욱 철저하게 형태적인 면에 분류기준을 두고 있음을 알 수 있다. 다만 술어의 명칭에서 의미적인 면을 부분적으로 고찰할 수 있다.

(3) 분사 : 분사는 명사와 동사의 특성을 공유하는 품사로 서법과 인칭을 제외한 모든 특징을 가진다고 하였다. 이 분류의 방법도 형태적인 기준에 의거한 것이고 의미적인 면에서의 고려가 없다.

관사는 명사의 수와 성에 일치하고 동사의 시제와 격지배 특성과 일치하기 때문에 그 형태적인 특성이 명백하다. 이는 현대영어에서 분사가 동사와 형용사의 특성을 공유하고 있는 것과 상이함을 알 수 있다.

(4) 관사 : 유일하게 형태적인 배경에서 분류된 품사로 형태론적으로는 ho, hos와 같이 변하여 통사론적으로는 어떤 형태의 앞이나 뒤에 위치하는 품사로 성과 수와 격이 있다고 하였다. 트락스는 관계대명사와의 혼동을 피할 수 있도록 그리스어 특성에 맞는 형태적 절차에 따라서 목록화하였다.

(5) 대명사 : 대명사는 명사를 대신한다는 통사적 기능에 따라서 형태적으로 정의되었다. 의미론적 정의로는 대명사는 단지 예정된 사람과 그리스어의 명확한 용법과는 상반되는 상황(situation)을 대신 할 수 있다는 것을 의미한다. 왜냐하면 대명사가 사람과 사물을 함께 언급하고 있기 때문이다.

(6) 전치사와 부사 : 전치사는 다른 품사의 앞에 온다는 통사적 위치에 따라 분류하였고 부사는 불변화사(不變化詞)라는 형태적 특성에 따라 분류하였다. 부사는 동사와 다른 품사에 대하여 수식기능을 가지고 있다.

(7) 접속사 : 접속사는 트락스가 유일하게 의미론적 정의만으로 분류품사라고 Dinneen은 말하였으나 "접속사는 문장에서 사상을 서로 연결시키고 담화의 공백을 메우는 구실을 한다"는 뜻은 의미적이기보다는 기능적인 면을 밝히고 있음을 알 수 있다. 8가지의 하위분류는 문장에서 담당하는 의미기능에 따라 세분화한 것이다.

(3) Thrax 문법과 방법론

트락스의 문법은 간결하고 짧은 것이기는 하나 문법학사에 있어서 중대한 영향을 미쳤다.

그가 제기했던 문제들이나 다루었던 규칙들은 20세기에 이르기까지 별로 개선되지 않았다. 트락스의 문법은 라틴어문법을 거쳐 전래문법으로 계승되었다.

트락스 문법의 내용은 그리스어의 형태론적 구분과 규칙적으로 상관되어 있는 수많은 의미범주다. 이들 의미범주는 형태적으로 다른 고대 그리스어나 현대영어, 독일어, 불어 등에도 그대로 적용 · 논의되었으니 세계적으로 문화사적으로 상호이해와 일체감을 가져오게 했다는데 큰 의의를 갖는다.

트락스 문법의 방법론은 교시적인 입장에서 출발하여 형태적인 면의 동일성과 이에 따른 의미적 상관을 해결하려 한 최초의 학자다. 그의 문법에서 품사는 중요한 의의를 가지는데 품사의 차이로 인하여 그리스어의 의미시차를 해결하는데 도움을 주기 때문이다. 품사 분류는 두 가지 기준 형태적인 것과 의미적인 기준을 두고 있는데 부분적으로 기능적인 면을 추출해 볼 수 있다.

그리스어 원어민의 입장에서 볼 때 품사에 대한 구분은 의미적인 면만으로도 충분할 것으로 본다. 그러나 의미적인 측면에서의 이해란 그 문장구조 자체를 이해했다기보다는 이른바 그리스인들이 구분했던 4종류의 지식 중 첫 번째인 "반사적인 실제적 숙달"을 얻고 있다는 데 불과하다. 그러나 이러한 "의미" 자체만의 문법을 가지고는 그 언어의 구조적 본질을 파악했다고 할 수 없으므로 결국 형태적인 면에서의 추구인 순수형식문법 즉 네 번째의 지식에 해당하는 "그 주제에 대한 명시적인 지식" 다시 말하면 언어현상으로부터 추상화된 규칙을 추출하는 것이 요구된다.

언어학에서 추구하는 사실을 각 언어의 내면구조를 나타내 보이는 것이기 때문이다.

트락스 문법은 주로 그리스어의 어형변화와 관련이 되어 있는데 이 연구의 근 결점은 통사론적 정보에 관한 부족으로 지적되고 있다. 이러한 결점은 Apollonius Dyscolus(A.D. 100)의 문법에서 부분적으로 보완되었다.

또한 그가 추구했던 형태적 차이점에 기반을 둔 언어학적 단위들은 품사였는데 이들은 그 각각의 형태에 대응하는 의미론적 단위들이었다. 이 시대에는 이미 변칙론 대 유추론의 쟁점은 죽어버린 것이었기 때문에 형태와 의미 사이의 규칙적인 대응관계는 논의되지 않았다. 그러므로 문법학자들은 형태적 차이보다 의미론적 범주에 보다 많은 관심을 기울일 수 있었다(Dinneen, pp.98~107).

3. 로마시대의 언어연구

1) 바로(Varro, B.C. 116~27)

바로는 Dyonisius Thrax와 동시대의 사람으로 그의 시대에 가장 박식했던 사람으로 알려졌으며 그는 알렉산드리아의 유추론자와 Pergamon의 변칙론자 사이의 논쟁에 가담하였다. 이 논쟁에 대한 자신의 견해와 평가 그리고 문법 일반에 대하여 다룬 것이 그의 「라틴어론(De Lingua Latin)」 25권이다. 이 중에 Ⅴ~Ⅹ권만이 남아 있다. 그 내용은 변칙-유추논쟁의 결과로 저술된 것이고 주제도 이 논쟁에 대한 것이다.

그는 중재적인 입장을 취하였지만 언어는 근본적으로 규칙적인 모형이라는 견해를 더 좋아하였고 극단적인 변칙론자에 대하여

"언어에 있어서 규칙성을 보지 못하는 사람은 언어의 본질을 보지 못할 뿐 아니라 세계의 본질도 보지 못한다"고 주석을 붙였다.

Varro는 언어가 변칙적 체계냐 규칙적 체계냐의 중간의 위치에 서는 이유에 대하여 두 가지를 들었다.

첫째, 우리는 질서와 규칙성은 가장 명백한 자연의 속성이라는 것을 받아들여야 하는 반면에 우리는 또한 인간의 환경이 무질서와 변이형적 요소를 동시에 받아들인다는 것을 알아야 한다. 그러나 언어의 질서와 한 가지 사실이 아니고 두 개의 독립형인 것이다.

둘째, 언어가 규칙적이냐 불규칙적이냐에 대한 전반적인 논의는 두 개의 같은 사물 사이의 유사성으로 다루어져야 한다. Varro는 논쟁자들이 사물들 사이의 유사성과 단어들 사이의 유사성, 또는 단어와 그 단어가 지칭하는 사물들과의 유사성에 대한 문제들의 구분을 오랫동안 무시하였다고 말했으나 이는 본질적으로 전혀 다른 것이다.

Varro는 라틴어가 규칙적이라는 것과 단어와 지칭되는 사물 사이의 불규칙성은 설명될 수 있는 것으로 믿었다. 이를 설명하기 위하여 그는 라틴어에 대한 자신의 견해를 피력하였다. ─ 단어란 무엇인가?[14] 다양한 단어형태 가운데에서 변이형과 규칙성이 발견될 수 있는가? 이들은 어떻게 설명될 수 있는가? 어떤 언어에 있어서 상이한 문체와 시조는 어떻게 이해되어야하는가? 이들 여러 가지 문제에 대하여 누구의 연구가 있는가? 이들 의문점을 해결하기 위하여 어떤 장치가 필요한가? 등의 문제에 대한 것이었다.

---

14) Varro는 단어는 더 이상 분석할 수 없는 의미를 가진 최소의 기본적 형태이고 모든 사람들은 동일한 방법으로 그 상이한 형태를 사용하는 것이라고 하였다. 단어 연구의 방법의 하나로 어원론과 연관시켰고 단어의 기원형태를 찾는 데는 네 가지의 계층이 있다고 했다. ① 일반적 의미의 계층─"Georgetown", "Goodman"과 같이 노련한 정보없이 분석가능한 것. ② 상식 이상의 지식이 요구되는 계층─분석의 초기단계로 문법학자의 연구에 기반을 둠. ③ 철학적 지식이 요청되는 계층─철학과 관련시켜 원인규명. ④ 가장 난해하고 고도의 계층─불명확한 어원을 밝히기 위하여 문법적이고 철학적인 지식이 요구됨.

(1) 어형변화(*DECLINATO*)

바로는 어원론과 현행어형(current form)을 논하는데 있어서 declinato(어형변화, 격변화 declension의 뜻)이란 용어를 사용하였다. 이는 매우 포괄적인 의미를 가진 것으로 아리스토텔레스의 ptōsis의 용법과 범위가 유사하다.

*Declinato*는 현재의 "파생적"(derivation : 예 "Romulus"에서 "Rome"), "활용(conjugation)", "굴절(inflection)"(예 : 현재 lego에서 완료시제 leg), "비교형(comparison)"(예 : *candidus, candidius, candidissimus*, "밝은", "더 밝은", "가장 밝은") 등의 의미를 포함한다. *Declinato*가 성립되기 위해서는 기본형과 여기에 형태적으로 또는 의미적으로 연관이 되어있는 다른 어형이 있어야 한다. 바로는 Pythagoras의 개념에서 모든 사물이 몸체(body)와 장소(place)와 시간(time)과 동작(action)의 4가지 영역으로 나누어지는 것과 같이 단어도 네 가지 기본적인 종류로 나누어진다고 하였다.

Varro는 또한 1930년대의 구조주의 언어학자들이 수립한 직접구성 성분분석과15) 똑같은 방법으로 양면대립을 수립하였다. 물론 그가 직소분석을 한 것은 구조주의 언어학자들의 의도와는 다른 것이다. 이는 피타고라스적인 방법의 기술에 의한 것이라기보다는 라틴어 자체의 사실에서 결과된 것으로 보고 있다. 여하튼 언어분석에서 형태의미가 아닌 형태자체에서 양면대립을 추구했다는 것은 특별한 의미를 갖는다.

그는 라틴어 단어분석을 위하여 세 가지 단계를 제시하였다.

1. 언어는 변화사(variable words)와 불변화사(invariable words)로 나눈다.
2. 변화사는 규칙적인 것과 불규칙적인 것이 있다.
3. 규칙적으로 변하는 것(Declinnato)는 4가지 타입으로 나뉜다. (a) 격만을 가지는 것. (b) 시제만을 가지는 것. (c) 격과 시제를 함께 가지는 것. (d) 격도 시제도 가지지 않는 것

---

15) 김민수(1971, pp.187~214), H.A. Gleason(1961, pp.128~131), L. Bloomfield(1933, pp.160~161).

등이다. 이들 예를 살펴보면 첫째 타입은 명사, 둘째는 동사, 셋째는 분사, 넷째는 *decle, facte*같은 부사인데 *doctius, doctissime*와 같은 어형과 비교될 수 있기 때문에 불변화사와는 다르다.

그는 또 declinato를 *declinato voluntaria*와 *declinato naturalis*로 구분하였는데 선택에 의한 변이형(*declinatio voluntaria*)은 "파생법(derivation)"과 부분적으로 일치한다. "*Rome*"가 "*Romulus*"에서 파생된 것과 같은 예로 일반 언어사회의 관용에 따른 것이다.

규칙적인 변이형(*declinatio natualis*)은 일반적으로 "굴절(inflection)"의 개념과 일치하는 것으로 *hujus Romae, hanc Roman, has Roma* 등을 말할 때 같이 그 단어의 구성이나 격변화 등의 의식이 없이 언중 모두가 자동적으로 사용하는 본질적인 것이다.

그는 또 단어들이 만들어지는 원천을 두 가지로 구분하였다. 하나는 제조(coining)이고 또 하나는 어형변화(declension)다. 대부분의 경우는 제조에 의한 것이고 몇몇 소수의 경우에만 곡용하거나 굴절된다. 이렇게 하여 만들어진 단어들은 두 가지 종류로 나누어진다고 하는 양면대립을 Varro는 발견하였으니 "생산적인 것(productive)"과 "비생산적인 것(unproductive)"이다. "생산적인 것은" *lego, legis, legam,* ("I read", "You read", "I will read")와 같이 어형변화를 하는 것이고, "비생산적인 것"은 *vix*("scarcely"), *cras*("tomorrow")와 같은 불변화사다. 유추는 생산적인 단어에서만 다루어져야 한다고 했다.

(2) 추상언어와 구상언어

Varro는 어원론의 계층과 단어들의 여러 유형을 구별하는 것 외에 이른바 Saussure의 langue-parole에 상응하는 추상언어와 구상언어를 구분하였다.16)

그는 여러 종류의 관용어법-고대인의 것, 현대인의 것, 시인의 것 등을

---

16) F. Saussure : *Course de Linguistique Générale*(Wade Baskin 譯, 1966, pp.7~17. New York City).

살피다가 언어에는 추상적인 언어와 개인에 의하여 발화된 구체적인 언어가 있다는 기초적인 차이점을 발견하였다. 그는 이 두 종류의 언어를 구분한 최초의 사람이었다. 그는 언어란 근본적으로 사람들이 살아가는데 필요한 실용적인 도구로 의상, 건축, 미술 등에서의 유행과 같이 변화되는 주체라고 하였다. 그러므로 언어적인 규범(norm)은 시대에 따라서 변하는 것이라고 하였다. 그는 사물들 사이에 명확한 차이점이 있을 때라도 그들 구분에 대한 실제적인 필요가 있어야만 언어적으로 구분되는 것이라 하였다. 예로 라틴어에서 비둘기를 뜻하는 *columba*가 있었는데 암수를 구분하여 사용하지 않았다. 그러나 가정에서 비둘기를 사육하게 되면서 *columbus*와 *columba*로 암수를 구분 상용하였다.

바로는 단어들을 변화사와 불변화사로 분류하고 변이의 형태에 따라 하위분류한 것 외에 다시 명사류를 네 가지로 하위분류하였다.

    (1) *provocabula* : *ques*와 *quea*("who")와 같이 "다른 단어들을 위한 단어"로 관계사나 의문사의 분류

    (2) *vocabula* : 방패, 칼 등과 같은 일반 명사의 "단어"

    (3) *nomina* : 로무루스, 레무스와 같은 사람들의 "이름"

    (4) *pronomina* : 그는, 그 여자는, 이것, 저것 등과 같이 "명사를 대신하는 것"이다. 이들 네 가지 구분은 한정적이냐 비한정적이냐의 구분에 따라 판별된다고 하여 *infinitum*("비한정사 indefinite"), *ut infinitum*("준한정사 determinable"), *finilum*("한정사 definite, determinate")이라는 전문적인 술어를 사용하였으나 전반적으로는 타당한 것이 아니다(Dinneen, pp.107~113).

2) 팔레몬(Remmius Palaemon)

팔레몬은 로마의 문법학자로 Thrax의 문법을 라틴어로 번역한 사람이고 다음시대의 문법의 술어와 규칙을 세운 사람이다. Thrax의 8품사에 대하여 그는 라틴어에서 관사를 제외시키고 대신 감탄사를 추가시켜 라틴어 8품사체계의 기초를 마련했다. 트락스보다 진전한 것의 하나는 전치사는 동사

만으로 또는 대격이나 탈격 명사와 구문을 이루는 형태를 포함하고 있다
는 Palaemon의 제약이다.

3) 도나투스(Donatus, A.D. 350)

도나투스는 4세기의 문법학자로 그의 짤막한 연구서는 학교문법의 기본
텍스트가 되었다. 그의 문법체계는 Palaemon의 체계, 다시 말하면 Thrax의
체계다.

전대의 연구에 비하여 독창적으로 발전시킨 것의 하나는 한정대명사와
비한정대명사에 대한 논의인데 이는 모든 인칭에 대하여 또는 3인칭에 있
어서 동사와 함께 구성되는 그들의 기능에 바탕을 두었다.

4) 프리스키안(Priscian, A.D. 512~560)

(1) 프리스키안의 문법

프리스키안은 A.D 6세기에 콘스탄티노플에서 그리스어를 가르친 사람
으로 그의 라틴어 기술은 고대로부터 현재에 이르기까지 가장 완전하고
권위 있는 것이다. 그의 문법은 Apollpnius Dyscolus의 그리스어 연구서에
기반을 둔 것으로 책의 체계도 Dyscolus의 양식에 따라 18권으로 나누었다.

처음 16장은 라틴어의 형태론을 취급한 것인데 중세인들은 이를
Priscianus major라고 불렀고 마지막 2장은 통사론을 취급하고 있는데
Priscianus minor라고 불렀다. 그는 라틴어뿐만 아니라 언어에 관한 논의에
서도 중세 언어학자중 권위자였다.

프리스키안의 연구는 두 가지 이유에서 중요한 의미를 가진다. (1) 이는
원어민에 의한 가장 완전하고 정확한 기술이라는 것이고 (2) 그의 문법이
론은 전통적 방법에 따른 언어이론 가운데 한 개의 주춧돌이기 때문이다.

프리스키안의 언어에 대한 논의는 의미론적 기준을 기본적인 준거로 삼

았고 형태적인 기준도 빈번히 사용하고 있다. 그는 품사의 기준을 의미적 인데다 기준을 두어야 한다고 명백히 진술하고 있는데 이는 현대적인 관점과는 상반되는 것이다.[17] 그는 아리스토텔레스학파의 전통에 따라 명사를 다른 품사의 우위에 두었고, 주격형을 명사의 곡용 시에 우위에 두었으나 이 두 원칙을 적용하는데 있어서는 일관성이 없었다.

프리스키안은 언어의 요소로서 '음성'(조음적 음성, 비조음적 음성, 표기가능한 음성, 표기가 불가능한 음성의 네 종류), '문자'(letter : 표기될 수 있는 가장 작은 소리), '음절'(syllable), '단어'(dictio : word), '문장'(oratio)들을 들고 있는데 이 중에서 "단어는 복합적인 표현의 최소 부분이고 전체의 의미와 연관시켜 한 부분으로 이해된다"고 하였다. 이는 통사구조 속에서 단어가 이해되어야 한다는 뜻이다.

"문장(oratio)는 한 개의 완전한 사상을 의미하는 단어들의 용인 가능한 배열"이라고 하였다. 여러 가지 타입의 *oratio*가 있는데 물음에 대한 대답으로 하는 단일한 단어도 완전하고 훌륭한 *oratio*라고 하였다. 이는 이른바 소형문도 훌륭한 문장임을 밝힌 것이다.

(2) 품사 및 통사

프리스키안은 다음과 같이 여덟 개의 품사를 정의하였다.

1. 명사는 주어나 본체 또는 일반적 특질이나 고유한 특질을 가지고 있는 사물에 해당하는 품사이다.
2. 동사는 격은 없으나 시제와 법성(mood)을 가지고 있는 품사로 행동하는 것이나 행동되어지는 것을 의미한다(하위분류는 의미에 따라서 나누어진다).
3. 분사는 명확하게 정의되지는 않으나 원칙적으로 제3의 위치에 와야만 하는 것으로 말하여진다. 왜냐하면 관사는 명사와 같은 격을 갖고 동사처럼 태와

---

17) 품사분류는 의미·형태·기능의 세 범주로 분류기준을 삼고 있는데 분류기준으로서는 단일해야하므로 바람직한 것은 기능에 반영된 형태를 전제로 한 기능상 분류이어야 한다.

시제를 가지고 있기 때문이다.

4. 대명사는 어떠한 사람의 고유한 이름을 대신할 수 있고, 한정된 사람을 지시하는 품사다(프리스키안은 quis, qualis, qui, talis 같은 형태들은 사람에 대하여 비한정적이므로 명사가 되어야 한다고 밝혔다).

5. 전치사는 다른 요소들 앞에 놓이거나 또는 다른 요소들과 합성체를 이루는 변하지 않는 품사다(우리들이 전치사와 "접두사"로 구분하는 모두를 함께 포함한다고 할 것이다).

6. 부사는 동사에 의미를 부가해 주는 품사다.

7. 감탄사는 명확하게 정의되지는 않지만 부사와 구분된다. 그리스어에서는 부사와 동일시되지만 감탄사가 보여 주는 통사적 독립성 때문에 그리고 감탄사의 감탄적 의미 때문에 부사와 구분이 된다.

8. 접속사는 다른 품사들의 의미나 관계를 밝히어서 그들을 연결시키는 역할을 하는 품사이고 그 자체로도 의미를 가지고 있는 불변화사다.

프리스키안은 "품사를 구분하는 방법은 그 개개의 특별한 의미를 참조하여 구분하는 방법보다 나은 것이 없다"고 하였다. 그러나 그는 의미 쪽에 중점을 둔 것과 마찬가지로 형태론적 통사론적 기준에도 중점을 두었다.

예를 들면 동사에 대한 논의에서도 의미적 형태적 특이성을 취하고 있다. "동사의 의미는 정확히 말하면 행동하는 것과 행동을 받는 것이다"라고 의미적인 점을 강조하였고 어미가 "-o"나 "-or"로 굴절되는 것이 동사의 형태적 특성이라고 하고 "-o"로 끝나는 곳에는 능동사와 중위동사(中位動詞)가 있고 "-or"로 끝나는 동사에는 피동사, 일반동사, 이태동사[18]의 3종류가 있다고 하며 그 의미적인 면도 거론하였다.

명사를 논한 곳에서 프리스키안은 스토아학파의 형태적 정의를 따르고 있으나 주격형을 "실질적인 격(real case)"이라고 부르는데 주저함으로 보아 아리스토텔레스의 영향이 있다고 보인다. 즉 그는 주격형은 다른 격들을 만들어 내고 또 독립성도 강하므로 "격"이라고 부르는 것을 꺼리고 있다.

---

18) 이태동사(異態動詞) : deponent verb. 그리스·라틴문법에서 수동형이면서 능동의 의미를 갖는 동사.

그는 품사들에도 "자연적인" 일정한 우선 순위가 있는 것으로 가정되듯 이 격에도 우선 순위가 있는 것으로 예상했다.

> 주격(nominative)은 성질상 첫 번째로 생성되고 첫 번째 자리를 차지하며,
> 속격(genitive)은 두 번째 자리를 차지하며 기본형에 자연스러운 연결을 갖고 있으며 이는 주격에서 나왔으며 후속격들을 생성한다.
> 여격(dative)은 세 번째로 우호관계에 있는 편에 적합하고
> 대격(accusative)은 네 번째로 적대관계에 있는 편에 더 어울린다.
> 호격(vocative)은 그리스어에서 마지막에 오는데 이는 다른 격들에 비하여 열등한 것으로 보인다. 이는 다른 격들이 모든 인칭과 결합되는데 비하여 호격은 2인칭과만 연결되기 때문이다.
> 탈격(ablative)의 경우도 3가지 인칭과 결합된다.

프리스키안은 형태론에서와 마찬가지로 통사론에서도 의미적인 것과 형태적인 기준을 사용할 것을 주장하였다. 그는 우선 먼저 표집문장(標集文章)을 택하는 뛰어난 형식적 절차부터 시작하고 다음에는 여러 품사들을 대치하거나 첨가시켜서 그들이 어떤 작용을 하는가를 시험하였다.

Idem homo lapsus heu hodie ceciit
[Same man fallen alas today has fallen (again)]

이 문장은 접속사를 제외하고는 모든 품사를 가지고 있는 예문으로 제시되었다. 그리고 이 문장을 분석하였다.

그의 저서 마지막 권에서는 동사의 법성(mood)이 연구되었고(직서법, 한정법, 기원법, 명령법), 인칭주어에 따라 구성을 네 가지로 구분하였다.

(1) 자동사 : 어떤 사람의 행위가 다른 사람에게 옮겨지지 않으므로 자동사임.
"The exalted man ran"
(2) 타동사 : 어떤 사람의 행위가 다른 사람에게 작용하므로 타동사임.
"Aristophanes taught Aristarchus"

(3) 재귀동사 : 어떤 사람의 행위가 자신에게 돌아오므로 재귀적이다.
"Ajax killed himself"

(4) 재귀적 타동사 : 어떤 사람이 다른 사람에게 작용하고 이 행위가 다시 행위자에게 재작용하므로 재귀적 타동사다.

"He ordered that you come to him"

(3) 프리스키안 문법의 비판

프리스키안의 문법은 여러 가지 이유로 언어학적인 관점에서 비판되어지는데 언어기술에 있어서 의미를 우위에 두고 있다는 것이 원리적인 면에서 비판의 여지가 있을 뿐만 아니라 그의 연구의 중심개념인 의미를 통하여 그가 이해한 내용에 대한 설명이 전혀 없다는 사실, 의미적 형식적 기준 양자를 사용하고 있지만 일관된 순위가 없다는 사실, 그가 사용한 의미론적 변형연구(semantic – transformational approach)의 결과로 기술된 라틴어가 실제적으로 잘못 되었다는 점등이 지적되고 있다.

• 형태론

프리스키안은 음운론에서와 마찬가지로 형태론에서도 오류를 범하고 있는데 큰 이유의 하나는 그가 문법연구의 기준으로 삼았던 "의미"의 개념이 단순했기 때문이다. 그의 의미개념은 아리스토텔레스의 sound – plus – image의 개념을 포함하고 있는 단순한 지시의미이론(referential – meaning theory)이었다. 이런 관점의 결과로 언어연구는 어휘 연구가 주가 되었고 어휘 명명과 같은 낭비적인 일을 하게 되었다. 또한 품사들을 형태론적 구성의 특징과 통사적 작용과 연관시켜 정의하는 대신에 전반적으로 불충분한 "의미"개념을 크게 신뢰하였으므로 동사분류에 있어서의 혼란, 부사와 대명사의 지나친 협의적인 정의, 부적당한 곡용 처리 등의 결과를 가져왔다.

격의 시제에 있어서도 주격형은 "자연이 생성한 최초의 것(The first that nature produced)"이란 주격형 우위의 아리스토텔레스적 관념에 따르고 있다. 또한 모든 격형태들이 주격형에서 나와 속격형을 거쳐 생성되었다는 입장을 취하고 있다.

구체적으로 말하여 주격형을 "기원형(original)", 또는 "기본형(basic form)"이란 입장에서 9개의 형태들이 여기에서부터 생성되고 11개는 속격에서, 또 다른 11개는 여격에서 만들어진다고 하였으나 언어의 기술적인 측면에서 보았을 때 부당한 것으로 지적된다.

첫째, 격이란 그 말이 형태론적 통사론적 대립체계 속에서 파악되는 것인데 주격형이 위에서 말한 것 같은 입장의 대립체계를 형성하지 못한다.

주격형을 기본형으로 삼아서 라틴어의 어형변화표를 만들었는데 기본형의 선택은 역사적 입장에서가 아니고 공시적인 견지에서 언어기술을 목표로 선택되어야 한다는 측면에서 볼 때 부당하게 선택된 것으로 지적된다.

형태론에서 의미적인 데 편중한 그의 편견은 동사분류에도 지적된다.

능동형과 수동형은 통사론적으로 동일시했던 스토아학파와는 달리 보편적일 수 없는 빈도와 "-o", "-or"의 동사 어미에 따라서 분류의 기반을 두었으므로 잘못된 결과를 가져왔다. 마찬가지로 단어의 마지막 문자(letter)에 대한 편견은 라틴어의 굴절어미와 파생체계를 기술하는데 있어서 방해를 가져왔다.

이러한 여러 가지 결점에도 불구하고 프리스키안의 연구는 라틴어에 대한 가치 있고 정확한 정보의 원천이 되었으며 통사문법의 바탕이 되었다 (Dinneen, pp.114~123).

4. 요약

이제껏 살펴본 내용을 요약함으로서 결론을 삼고 나아가 중세기의 문법연구의 전단계로 삼고자 한다.

고대 그리스시대 고대 그리스인의 언어연구는 물질세계(우주)의 구성에 대한 본질 탐구에서 비롯하였고 여기에 언어문제가 등장하였다. 본시 순수 사변적인 입장에서의 출발이었으나 실용적 요청에 의하여 Sopist들이 등장하였다.

소피스트(Sopist) : 경험주의적 방법을 사용하여 명확하지는 않았으나 언어 분석단위를 제시하였다. 그러나 명확한 형태적 기준이 제시되지 못하였다.

소크라테스(Socrates) : 대화편 *Craytylus*에서 자연설과 인위설에 대한 장단점을 논의하고 있고 onoma와 logos란 언어단위를 제시하고 있는데 Plato에게서 구체화된다.

플라톤(Plato) : *Craytylus*, *Theatetus*, *Sophist* 등의 저서에서 언어에 대한 견해를 찾아볼 수 있다. 사물과 단어와의 결합은 규약적인 제약과 사물 자체의 본성에 의하여 정·위(正·僞)가 결정된다고 하였다. 그는 사물과 언어와의 결합에 대한 어떤 형식논리를 발견해내려 한 최초의 시도자다. 언어학적 구성을 구별해내려는 데는 미흡하였으나 삼단논법 규칙으로 공식화시켰다. Socrates의 *onoma*, *rhēma*, *logos*의 개념을 구체화시켰고 그의 저서 *sophist*에서는 *logos*는 sentence로, *onoma*는 명사로, *rhēma*는 동사의 개념에 접근되어 있다. 그러나 그의 관심은 그리스어의 어휘체계와 논리학적 진·위(眞·僞)의 문제였고 그의 언어관은 자연설이 아닌 규약설의 입장을 취했다.

아리스토텔레스(Alistotle) : *On Interpretation*에 나타난 몇 가지 언어에 대한 견해 및 단위를 살펴보면 "단어는 영혼의 감동이나 인상을 나타낸 음성적 기호"라고 하였다. *onoma*, *rhēma*, *logos*에 대한 개념도 Plato의 개념보다는 문법적인 의미범주로 접근되고 있다. 그의 의미개념은 초보적인 지시 의미(referential meaning) 이론이며 image이론이다. 격은 명사도 동사도 다 있는 것으로 보고 명사의 주격을 "*real onoma*"로 동사의 직서법 현재를 "*real rhēma*"라고 하고 나머지는 격으로 처리하였다.

*Categories*는 8품사에 대한 견해가 최초로 보인 책인데 여기에는 *syndesmoi*와 *arthron*이란 단위가 나타난다. 그 외에 중의적 표현과 단의적 표현, 결합적 표현과 비결합적 표현 등 문법요소들이 나타난다. 그러나 아리

스토텔레스의 연구는 이론학과 문법적 기준이 구분되지 않았고 논리학이 초점이었다. 언어단위의 기준은 의미적인데 중점을 두었다.

스토아(Stoa)학파 : 소요학파와는 반대적인 입장에 섰는데 우선 이들의 공헌은 논리학적 연구와 문법적 연구를 구분하였다는 것과 명확한 전문적인 술어를 사용하였다는 것이다. 언어를 3가지 양상(aspects) *sēmainon*(symbol 또는 sign), *sēmainomenon*(reference, 또는 meaning), *tungchannon*(thing 또는 situation)으로 고찰한 것은 현대 언어 이론에서도 적용되는 탁견이라고 하겠다. 또한 이론적인 진(眞)과 문법적인 진(眞)에 대한 구분은 문법성(grammaticalness)에 대한 철저한 인식으로 보인다. 아리스토텔레스에서 혼동되었던 격의 개념을 바르게 했고 또한 의미와 형태 사이의 혼란도 정리하였다.

알렉산드리아(Alexandra)학파 : 아리스토텔레스의 견해를 그대로 계승하였고 그리스어의 풍부한 형태적 다의성을 범주화하는 결과를 가져왔고 규칙성을 설명하는 요소를 발견하게 되었다. 대표적인 저서는 Thrax의 *Grammar*다.

디오니시우스 트락스(Dionysus Thrax) : 문법이란 시인과 작가에 의하여 사용되는 전문지식으로 6개의 부문부문으로 되었다고 하였다. 문장은 자체로서 완전한 의미를 가지고 있는 단어들의 구성이다라고 하였다. 품사는 문장의 조각(parts of sentence)이라고 하여 명사, 동사, 분사, 관사, 대명사, 전치사, 부사, 접속사의 8품사체계를 확립하였다. 그리고 이들 품사의 동시적 특성으로 성, 수, 유형, 격, 서법, 인칭, 종류, 형태, 활용, 시제 등을 제안하였다. 트락스의 문법은 20세기까지도 별로 개선되지 않았으며, 그의 문법 내용은 서구의 언어에 그대로 적용되었는데 대부분 그리스어의 형태론적 구분과 그리스어의 의미범주였다.

• 로마시대

바로(Varro) : 변칙론과 유추론에 가담하여 「라틴어론」 25권을 저술하였다. "언어에 있어서 규칙성을 보지 못하는 사람은 언어의 본질을 보지 못할 뿐 아니라 세계의 본질도 보지 못하는 자다"라고 하였으나 논쟁에 있어 중간적인 위치를 견지하였다. 그는 20세기 구조주의 문법학자들의 의도와는 다르지만 최초로 직소분석을 시도한 자이며 언어분석에서 형태의미가 아닌 형태자체에서 양면대립을 추구했다는 점에서 특별한 의미를 가진다. 그는 또한 Saussure의 langue와 parole의 개념에 합치하는 추상언어와 구체언어를 발견했다는 것도 놀라운 일이다. 언어는 근본적으로 사람들이 살아가는데 필요한 실용적 도구로 유행과 같은 변화되는 주체라고 하였고 언어적 규범도 시대에 따라 변한다고 하였다.

언어분석에 있어서 변화사와 분변화사, 규칙적인 것과 분규칙적인 것등의 구분도 독창적인 것이다.

레미우스 팔레몬(Remmius Palaemon) : 그리스어의 8품사체계에서 관사를 제외시키고 감탄사를 추가하여 라틴어의 8품사체계를 확립하였다.

도나투스(Donatus) : 팔레몬 다시 말하면 트락스의 문법체계를 따른 그의 연구서는 학교 문법의 기본 텍스트가 되었다.

프리스키안(Priscian) : 18권의 문법서는 고대로부터 현재에 이르기까지 가장 완벽한 라틴어의 기술이라고 평하여지는데 이는 원어민에 의한 기술이라는 점과 전통언어이론의 바탕이 되었다는 점에서도 중요하다. 그는 "품사를 구분하는 방법은 그 개개의 의미를 참조하여 구분하는 방법보다 나은 것이 없다"고 하였으나 형태론적, 통사론적 기준에도 중점을 두어서 8품사체계로 기술하였다. 그의 문법은 의미 위주로 언어의 공시성을 고려하지 않고 통시적 입장을 추구한 점에서 약점으로 지적된다.

— 「경원대학교 논문집」 3집, 1986, 경원대학교

참고문헌

姜馥樹(1958), “國語文法硏究의 史的 動向”,「靑丘大學 論文集」1.

______(1960), “品詞의 文法上 位置”,「論文集」3, (靑丘大學) : 5-16.

______ 外 5人共著(1966),「國語學槪說」, 大邱 : 螢雪出版社.

______(1975),「國語文法史硏究」, 大邱 : 螢雪出版社.

姜信沆(1981),「國語學史」, 普成出版社.

高永根(1976), “19世紀中葉의 불란서 宣敎師들의 韓國語硏究에 대하여”,「金亨奎敎授停年退任紀念論文集」高永根(1983a) 再錄.

______(1978a), “國語文法硏究一世紀”上,「國語學報」12.

______(1978b), “國語文法硏究一世紀”中,「國語學報」13.

______(1979), “國語文法硏究一世紀”下,「國語學報」14.

______(1983),「國語文法의 硏究」, 塔出版社.

______(1987),「표준중세국어문법론」, 塔出版社.

고영근·남기심(1985),「표준국어문법론」, 塔出版社.

金根洙(1961),「國語學 新講」, 東國大 國文學科.

金敏洙(1954), “國語文法의 類型”,「국어국문학」10.

______(1955a), “用言의 基本形”,「한글」通卷 110호.

______(1955b), “理論篇”,「大學國語」, 永和出版社.

______(1955c), “國語文學法史 論考”,「中央大學校 三十週年紀念 論文集」, 229~264.

______(1957), “「大韓文典」攷”,「서울大學校 論文集」人文·社會科學 五, 127~194.

______(1960a), “國語文法論의 序說的 課題”,「亞細亞硏究」Ⅲ-1.

______(1960b),「國語文法論硏究」, 通文館.

______(1962), “중·고등학교 국어문법 지도 지침”, 문교부.

______(1969), “國語文法의 理論的 系統”,「亞細亞硏究」12권 2호(通卷 34), 高大 亞細亞問 題硏究所.

______(1971),「國語文法論」, 一潮閣.

______(1977a), “油印「高等國語文典」에 대하여”,「月巖朴晟義博士還歷紀念論叢」(「語文論集」20), 고려대 국문과.

______(1977b), “金奎植,「大韓文法」의 硏究”,「人文論集」22, 고려대 문과대.

______(1978), "初期 國語文法과 日本洋學", 「人文論集」 23. 고려대 문과대.

______(1980), "李奎榮의 文法研究", 「韓國學報」 19 여름, 一志社.

______(1981), 「新國語學史」, 一潮閣.

______(1983a), "文法論爭", 국어국문학회 編, 「國語國文學會 三十年史」, 一潮閣.

______(1983b), "學校文法論", 「徐廷範博士華甲紀念論集」, 경희대 국문과.

______(1983c), 「周時經 研究」(增補版), 塔出版社.

金芳漢 譯(1982), Milka Ivic. Trends in Linguistics, 「言語學史」, 螢雪出版社.

金錫得(1966), 「국어 형태론」—형태류어의 구성요소 분석, 「연세논총」 4, 人文科學篇.

______(1975), 「韓國語 研究史」 上·下, 연세대출판부.

______(1983), 「우리말 연구사」, 정음문화사.

金允經(1938), 「朝鮮文字及語學史」, 東國文化社.

______(1963), 「새로 지은 국어학사」, 乙酉文化社.

金亨奎(1949), 「國語學 概論」, 一成堂書店.

______(1968), "國語 品詞分類의 問題點", 「李崇寧博士頌壽紀念論集」, 乙酉文化社.

南廣祐(1974), 「國語學論文集」, 一潮閣.

______(1979), 「改訂 現代國語國文의 諸問題」, 一潮閣.

南基心(1972), "현대국어문법사", 「국어국문학」 58~60.

文教部(1964), "학교 문법의 통일에 대하여", 「편수자료」 5. 歷1 100.

朴炳采 外 2人共著(1970), 「日帝下의 文化運動史」, 民衆書館.

______(1971), 「古代國語의 研究」, 고려대출판부.

______(1976), "國語學 研究史", 「韓國文化史大系」 2, 高大 民研.

______ 共著(1985), 「新國語學 概論」, 서울 : 螢出版社.

朴榮順(1985), 「韓國語 統辭論」, 集文堂.

박창해(1964), 「한국어 구조론 연구 3」—형태소 및 형태소 배합론, 연세대 한국어학당.

徐炳國(1982), 「國語文法論攷」, 學文社.

成光秀(1974), "國語格文法試論—格設定, 主題化, 目的語 및 補語에 대하여—", 「人文論集」, 高大 31~57.

______(1975), "소위 不完全名詞에 대한 몇 가지 檢討", 「語文學」 33.

______(1976), "存在(動)詞 '있다'에 對한 再考", 「韓國語文論集又村姜馥樹博士回甲紀念論集」, 大邱 : 螢雪出版社.

______(1979), 「國語助辭의 研究」, 서울 : 螢雪出版社.

成耆徹(1985), 「現代國語 待遇法 研究」, 開文社.

安秉禧(1967), 「韓國文化史系」 V 〈言語·文學史〉, 高大 民研.

柳龜相(1968), "國語의 後置詞", 「語文論集」 11, pp.22~45.

俞昌均·姜信沆(1961), 「國語學史」, 民衆書館.

俞昌均(1969), 「新稿國語學史」, 大邱 : 螢雪出版社.

李光政(1980), "韓國語의 補語設定과 그 文型研究", 「국어교육」 37, 한국국어교육연구회.

______(1981), "現行 學校文法體系의 實態와 提言", 「金亨奎博士古稀紀念論集」, 서울師大 國文科.

──(1983a), "周時經의 構文研究", 「關東語文學」 2.

______(1983b), "15世紀國語의 副詞形語尾 「－게」, 「－이」에 대하여", 「국어교육」 44· 45合併號, 한국국어교육연구회.

______(1986), "古代그리스·로마時代의 言語研究", 「曉圓大 論文集」 4.

______(1987), "國文法 初期의 西洋人의 文法研究", 「曉圓大 論文集」 5.

李基文(1972), 「國語史 槪說」, 塔出版社.

李吉麻(1971), "국어의 형태 분석 시론", 「한글학회 50돌 기념 논문집」, 한글학회.

______(1974), 「國語文法研究」, 日新社.

李承旭(1957), "國語의 포스트포지션에 대하여", 「一石李熙昇先生頌壽紀念論集」, 一潮閣.

______(1973), 「國語文法體系의 史的 研究」, 一潮閣.

李崇寧(1953), "格의 獨立品詞 是非", 「국어국문학」 4호.

______(1955), "람스테드 博士와 그의 業績", 「思想界」 1－8.

______(1976), 「新國語學史」, 博英社.

李翊燮·任洪彬(1983), 「國語文法論」, 學研社.

李翊燮(1986), 「國語學槪說」, 學研社.

李庸周(1983), "韓國語 動詞의 意味論的 分析의 '－는다/－ㄴ다' 形의 의미에 관한 研究", 師大論集 27, 서울대.

李乙煥(1971), 「言語學槪論」, 宣明文化社.

______共著(1973), 「國語學 新講」, 開文社.

______(1981), 「國語學 槪說」, 二友出版社.

李乙煥·李喆洙(1981), 「韓國語文法論」(改訂增補), 開文社.

李乙煥 譯(1983), 「新言語學要設」, 學文社, Jean Aichison 「General Linguistics」.

李應百(1975), 「國語教育史研究」, 新丘文化社.

이응호(1974), 「미군정기의 한글 운동사」, 성청사.

______(1975), 「개화기의 한글 운동사」, 성청사.

이정민·배영남(1982), 「언어학 사전」, 한신문화사.

李珍模(1953), 「國語學 槪論」, 광주 : 昌文社.

李熙昇(1955), 「國語學 槪說」, 民衆書館.

______(1956), "存在詞 '잇다'에 대하여"－그 形態要素로의 發展에 대한 考察－, 「서울大

　　　　　論文集」 人文・社會科學 3.
張河一(1957), "낱말의 定義", 「一石李熙昇先生頌壽紀念論集」, 一潮閣.
趙成植(1985), 「英美語文學大系 7. 英文法槪論」, 乙酉文化社.
許　雄(1975), 「우리옛말본」, 샘문화사.
洪思滿(1976), "國語 postposition의 下位分類", 東洋文化硏究 9.

Alen H. Gardiner(1932), *The Theory of Speech and Language*, Oxford.

Bernard Comrie(1981), *Language Universal and Linguistic Typology*, Busil
　　　　　Black Well, Oxford.

Bloch and Trager(1942), *Outline of Linguistic Analysis*, Baltimore.

김선기 옮김, 「언어분석론」(1963), 서울대학교과서(주), 金泰漢　譯, 「言語分析槪要」,
　　　　　1965, 대구 : 형설출판사.

Carl Darling Back(1923), *Comparative Grmmar of Greek and Latin*, The
　　　　　Univ. of Chicago Press : London.

C.C. Fries(1952), *The structure of English*, New York Chapter V.

C.F. Hockett(1960), *A Course in Mordern Linuistics*, New York : The
　　　　　macmilan.

Charles J. Fillmore(1968), "*The Case of Case*", Universal in Linguistics
　　　　　Theory, ed Emmon Bach and Robert T. Harms : New York.

C.T. Onions(1904), *An advanced English Syntax*, Kegan Paul London.

Catell, N.R(1966), *The Design, MelBorne : Heineman.*

Duden(1923), "*Grammatik*", Bd. 4. Institut Manheim Dudenverlag.

Eugene A. Nida(1949), *Morphology*, 2nd ed Ann Arber : Univ. of Michigan
　　　　　Press.

Ferdinand de Saussure(1916), *course de linguistique géneralē.* Lausanne
　　　　　et Paris, Wade Baskin 英譯, Course in General Linguistic.
　　　　　New York.

Frank Palmer(1971), *Grammar,* 朴慶洙譯, 「文法論」, 서울 : 翰信文化社.

Francis p. Dinneen(1967), *An Introduction to General Linguistics*, Holt,
　　　　　Reinhart & Winstin Ine : New York.

G.J. Ramstedt(1939), *A Korean Grammar*, Helsink 歷2 18.

H. Poutsma(1928), *A Grammar of Late Modern English*, P. Noordhoff
　　　　　Groningen.

H. Sweet(1952), *A New English Grammar*, Oxford Univ. Press : London.

Henry A. Gleason(1961), *An Introduction to Descriptive Linguistics*, Holl, Reinhart & Winston Inc : New York.

Honby(1962), *A Guide to Pattern and Usage in English*, Kenkyusha : Tokyo

Thon B. Carroll(1953), *The Study of Language*, Cambridge.

J.J. Greenberg(1978), "*Typology and Cross Linguistic Generalization*".

Leonard Bloomfield(1933), *Language*, Holt, Reinhart : New York.

Mallrice Grevisse(1936, 1975[10]), *Le Bon Usage*, Edition J. Duculot S.A. Gombloux, Belgique p.69.

Noam Chomsky(1957), *Syntactic structure*, The Hague : Mouton, 李承煥, 李惠淑 譯 「變形―生成文法의 理論」(1966), 서울 : 凡韓書籍(株).

_____(1965), *Aspects of the Theory of Syntax*, MIT press.

_____(1966), *Cartesian Linguistics*, Harper & Row : New York.

_____(1981), *Lectures on Goverment and Binding*, Dordrecbt ― Holland/ Cinnaminson ― U.S.A.

Otto Jespersen(1924), *The Philosophy of Grammar*, George Allen & Uniwin 1951[6] : London.

_____(1933), *Essential of English Grammar*, George Allen & Uniwin : London.

_____(1949), A Mordern *English Grammar*, George Allen & Uniwin : London.

G.O. Curme(1931), Syntax, D.C. Health and Company : New York.

_____(1947), English Grammar, Barnes & Noble : New York.

_____(1935), Parts of speech and Accidence, D.C. Halth and Company : New York.

P.H. Matthews(1974), *Morphology*, Cambridge Textbooks in Linguistics.

R.H. Robins(1951), *Ancient and Medieval Grammatical Theory in Europe*, London.

_____(1952), "*The development of the word class system of the European grammatical tradition*", in Foudation of Language.

_____(1971), *General Linguistics*, An Introduory Survey.

Randoip Quirk(1985), *A Comprehensive Grammar of the English Language*, Longman, London.

Samual E. Martin(1954), *Korean morphophonemics Linguistics Society of American*.

Siebold. Ph. Fr. Von(1983), *Nippon*：*Archivzur Beschreibung von Japan Und desson Neborn und Schüzländern*, Leyden 歷②.

S.C. DIK and J.G. KOOIJ(1979), *Functional Grammar*, North−Holland Publishing company, Amsterdam.

Troger−Smith(1951), *An Outline of English Structure*, Norman Okla：Buttenberg press.

Zelling S. Harris(1951), *Methods in Struxtural Linguistics*, Chicago Ⅲ：Univ. of Chicago Press.

_____(1966), *Structural Linguistics*, Seventh Impression Chicago Chapter 13.

■ 研究文獻 資料年表

1. 導入・受容期

(1)	兪吉濬	(1897~1904)	01	「朝鮮文典」
(2)	兪吉濬	(1904. 6)	105	「朝鮮文典」
(3)	周時經	(1905頃)	107	「國文文法」
(4)	兪吉濬	(1905. 11. 14)	02	「朝鮮文典」
(5)	兪吉濬	(1906頃)	03	「朝鮮文典」
(6)	兪吉濬	(1907. 1~4)	106	「大韓文典」
(7)	兪吉濬	(1907頃)	04	「大韓文典」
(8)	崔光玉	(1908. 1)	05	「大韓文典」
(9)	金奎植	(1909)	14	「大韓文法」
(10)	周時經	(1908頃)	08	「말」
(11)	兪吉濬	(1909. 2. 18)	06	「大韓文典」
(12)	金熙祥	(1909. 3. 20)	16	「初等國語語典」卷一
(13)	金熙祥	(1909. 3. 20)	17	「初等國語語典」卷二
(14)	金熙祥	(1909. 3. 20)	18	「初等國語語典」卷三
(15)	周時經	(1909頃)	09	「高等國語文典」卷一
(16)	周時經	(1910. 4. 15)	11	「國語文法」
(17)	李奎榮	(1911. 9)	112	「온갖것」
(18)	金熙祥	(1911. 10. 15)	19	「朝鮮語典」

(19)　周時經　　　(1911. 12. 19)　111　「朝鮮語文法」
(20)　金奎植　　　(1912. 9)　　　15　「朝鮮文法」
(21)　周時經　　　(1913. 9. 27)　12　「朝鮮語文法」
(22)　李奎榮　　　(1913頃)　　　113　「말듬」
(23)　南宮檍　　　(1913頃)　　　24　「조선문법」
(24)　周時經　　　(1914. 4. 13)　13　「말의소리」
(25)　金熙祥　　　(1915. 12. 1)　20　「朝鮮語」(最新實用　朝鮮百科大全)
(26)　김두봉　　　(1916. 4. 13)　22　「조선말본」
(27)　安自山　　　(1917. 1. 20)　26　「朝鮮文法」(初版)
(28)　이규영　　　(1919頃)　　　114　「한글적새」ㄱ
(29)　이규영　　　(1919頃)　　　115　「한글적새」ㄷ
(30)　李奎榮　　　(1920. 7. 12)　27　「現今朝鮮文典」
(31)　安自山　　　(1922. 4. 5)　25　「朝鮮語原論」(朝鮮文學史)
(32)　金元祐　　　(1922. 4. 18)　28　「朝鮮正音文典」
(33)　李弼秀　　　(1922. 6. 30)　34　「鮮文通解」
(34)　李奎昉　　　(1922. 8. 15)　29　「新撰　朝鮮語法」
(35)　김두봉　　　(1922)　　　　23　「깁더　조선말본」
(36)　安自山　　　(1923)　　　　26　「修正朝鮮文法」(再版)
(37)　리필수　　　(1923. 8.23)　35　「졍음문젼」
(38)　姜邁·金鎭浩(1925. 5. 18)　31　「잘뽑은조선말과글의본」
(39)　李常春　　　(1925. 10. 28)　36　「朝鮮語文法」
(40)　洪起文　　　(1927. 1~6)　38　「朝鮮文典要領」
(41)　金熙祥　　　(1927. 4. 5)　21　「울이글틀」
(42)　李完應　　　(1929. 1. 23)　40　「中等敎科朝鮮語文典」
(43)　李秉岐　　　(1929.9~1930.9)　41　"朝鮮文法講話"
(44)　朝鮮語硏究會(1930. 1. 15)　32　「精選朝鮮語文法」

2. 反省·摸索期

(1)　崔鉉培　　　(1930. 12. 1)　44　"朝鮮語의　品詞分類論"
(2)　朴勝彬　　　(1931. 7. 30)　48　「朝鮮語講義要旨」
(3)　朴相埈　　　(1932. 1. 25)　51　「改正綴字準據朝鮮語法」
(4)　姜　邁　　　(1932. 4. 20)　33　「精選朝鮮語文法」

(5)	한결	(1932. 7. 13)	53	"조선말본"
(6)	張志暎	(1932頃)	56	「朝鮮語典」 抄本
(7)	申明均	(1933. 12. 30)	57	「朝鮮語文法」
(8)	최현배	(1934. 4. 5)	45	「중등조선말본」
(9)	朴勝彬	(1935. 7. 2)	50	「朝鮮語學」
(10)	沈宜麟	(1935. 12. 15)	59	「中等學校 朝鮮語文法」
(11)	최현배	(1937. 2. 20)	47	「우리말본」
(12)	朴勝彬	(1939. 8. 28)	49	「簡易朝鮮語文法」
(13)	權寧達	(1941. 8. 20)	58	「朝鮮語文正體」
(14)	朴鍾禹	(1946. 6. 1)	64	「한글의 文法과 實際」
(15)	이상춘	(1946. 9. 7)	37	「국어문법」

3. 定着·深化期

(1)	정렬모	(1946. 10. 20)	61	「신편고등국어문법」
(2)	박창해	(1946. 11. 1)	65	「쉬운조선말본」
(3)	최현배	(1946)	46	「중등조선말본 교수 참고서」
(4)	洪起文	(1947. 6. 30)	39	「朝鮮文法研究」
(5)	柳在軒	(1947. 7. 25)	66	「表解式國語文法국어풀이씨가름」
(6)	김근수	(1947. 8. 15)	71	「중학국문법책」
(7)	장하일	(1947. 12. 1)	74	「중등새말본」
(8)	이영철	(1948. 1. 13)	78	「중등국어문법」
(9)	최현배	(1948. 3. 25)	67	「중등조선말본(초급학년씀)」
(10)	김윤경	(1948. 5. 15)	54	「나라말본(고급용)」
(11)	김윤경	(1948. 7. 10)	55	「나라말본(초급용)」
(12)	박태윤	(1948. 5. 25)	73	「중등국어문법(하급용)」
(13)	정렬모	(1948. 9. 20)	62	「초급국어문법독본」
(14)	정렬모	(1948. 9. 20)	63	「고급국어문법독본」
(15)	李崇寧	(1949. 4. 1)	120	"古語의 音韻과 文法"
(16)	이인모	(1949. 8. 20)	77	「재미나고쉬운새조선말본」
(17)	장하일	(1949. 8. 25)	75	「표준말본(중학 1, 2학년)」
(18)	장하일	(1949. 8. 25)	76	「표준말본(중학 3학년)」
(19)	정인승	(1949. 9. 15)	79	「표준중등말본」

(20) 이희승   (1949. 9. 19)   85   「초급국어문법」
(21) 沈宜麟   (1949. 12. 15)   60   「改編國語文法」
(22) 鄭暻海   (1953. 11. 20)   87   「國語講義」
(23) 李崇寧   (1954. 12. 5)   88   「古典文法」
(24) 정인승   (1955. 3. 10)   80   「표준중등알본교사용참고서」
(25) 金敏洙   (1955. 4. 1)   97   "국어문법"
(26) 최현배   (1956. 2. 15)   68   「중등말본 1」
(27) 최현배   (1956. 2. 15)   69   「중등말본 2」
(28) 최현배   (1956. 2. 15)   70   「중등말본 3」
(29) 정인승   (1956. 3. 25)   82   「표준중등말본교사용지도서」
(30) 정인승   (1956. 3. 25)   84   「표준중등말본교사용지도서」
(31) 李崇寧   (1956. 3. 20)   89   「중등국어문법」
(32) 李崇寧   (1956. 3. 20)   90   「고등국어문법」
(33) 정인승   (1956. 4. 1)   81   「표준중등말본」
(34) 정인승   (1956. 4. 1)   83   「표준고등말본」
(35) 이희승   (1956. 4. 5)   86   「중등문법」
(36) 李崇寧   (1956頃)   91   「새문법체계의 태도론」
(37) 최태호   (1957. 3)   92   「중학말본 I」
(38) 최태호   (1957. 3)   93   「중학말본 II」
(39) 최태호   (1957. 3)   94   「중학말본 III」
(40) 김민수, 남광우, 유창돈, 허웅(1960. 3. 20)   95   「새중학문법」
(41) 김민수, 남광우, 유창돈, 허웅(1960. 3. 20)   96   「새고교문법」
(42) 金敏洙   (1960. 11. 10)   98   「國語文法研究」
(43) 李崇寧   (1960. 3)   121   「고등국어문법(개정판)」
(44) 李崇寧   (1961)   「中世國語文法」乙酉文化社
(45) 문교부   (1962. 11)   99   「중고등학교국어문법지도지침」

* 문헌의 번호는 탑출판사(1986)「歷代韓國文法大系」의 번호임.

[부론 I] 참고문헌

김민수(1981a), 「신국어학사」, 일조각.

김민수(1981b), 「국어의미론」, 일조각.

민현식(1999), 「국어문법연구」, 도서출판 역락 .

이광정(1987), 「국어품사분류의 역사적 발전에 관한 연구」, 한신문화사.

고영근·남기심(1985), 「표준국어문법론」, 塔出版社.

김민수(1971), 「국어문법론」, 일조각.

_____(1981), 「신국어학사」, 일조각.

문교부(1964), "학교 문법의 통일에 대하여", 「편수자료」 5, 歷□ 100.

이광정(1986), "고대그리스·로마시대의 언어연구", 「경원대 논문집」 4.

_____(1987), "국문법 초기의 서양인의 품사연구", 「경원대 논문집」 5.

이익섭·임홍빈(1983), 「국어문법론」, 학연사.

이희승(1955), 「국어학 개설」, 민중서관.

Francis p. Dinneen(1967), *An Introduction to General Linguistics*, Holt,
  Reinhart & Winston Inc : New York.

Otto Jespersen(1924), *The Philosophy of Grammar*, George Allen & Unwin
  1951^6 : London.

_____(1933), *Essential of English Grammar*, George Allen & Unwin :
  London.

R.H. Robins(1951), *Ancient and Medieval Grammatical Theory in Europe*,
  London.

Trier, J., "Deutsche Bedeutungsforschung", *Germanischephilolgie, Ergebnisse
  und Aufgaben, Festschrift fur Otto Behaghel*, 1934, 173~200
  (김민수 10 재인용).

(Dinneen : 1967, 85, Jespersen(1933) : 85, *Essential English Grammar*,
  66~77).

Wittgenstein, Ludwig(1953), *Philosophical Investigation*, Edited by G.
  Anscombe and R. Rhees, Oxford : Basil Blackwell(김민수 21).

[부론 Ⅱ] 참고문헌

김귀화(1994), 「국어의 격연구」, 한국문화사.

김귀화(1987), "국어의 격연구", 서강대학교 대학원.

김기혁(1989), "국어문법에서격의 해석", 말 14집.

김민수(1970), "국어의 격에 대하여", 「국어국문학」 49~50.

김민주(1985), "영어격연구", 고려대학교 대학원 박사학위 논문.

김상대(1969), "조사의 문법적 고찰", 「문조」 5.

김상대(1973), "문의 성분과 격에 대한 고찰", 「국어국문학」 62~63.

김승곤(1972), "조사의 직능고", 「국어국문학」 55~57.

김승곤(1980), "한국어의 격이론", 「인문과학논총」 13 건대.

김영희(1973), "한국어의 격문법 연구" 연세대학원.

김윤경(1947), "나라말본" 「한글」 100.

민현식(1982), "현대국어의 격에 대한 연구", 「국어연구」 49.

배윤덕(1973), "격조사의 분류에 대하여", 「연세어문학」 4.

배해수(1977), "격의 연구", 「어문논집」, 고대국문과.

성광수(1968), "국어 격의 변형론적 연구", 고대대학원.

성광수(1977), "국어 조사에 대한 연구", 고려대 박사학위논문.

신익성(1968), "격에 대하여", 「한글」 141.

신창순(1976), "국어조사의 연구", 「국어국문학」 67.

유구상(1966), "현대국어의 격변이 형태고" 어문논집(고대) 1.

이관규(1992), "격의 종류와 특성", 「국어학백년연구사」, 일조각.

이광정(1986), "고대 그리스·로마 시대의 언어연구", 「경원대 논문집」 4.

이광정(1987), 「국어품사분류의 역사적 발전에 관한 연구」, 한신문화사.

이기백(1965), "격의 부차기능에 대하여", 「국어국문학」 28.

이기백(1972), "국어조사의 분류에 대하여", 「이재수박사환력기념논문집」.

이숭녕(1953), "격의 독립품사 시비", 「국어국문학」 4.

이숭녕(1966), "조사 설정의 재검토", 「동양문화」 5.

최현배(1936), "토씨의 품사적 단위성에 대하여(1)", 「한글」 3.

최현배(1936), "토씨의 품사적 단위성에 대하여(2)", 「한글」 4.

허남갑(1958), "토씨의 연구", 「우리말 연구」.

홍윤표(1990), "격조사", 「국어연구 어디까지 왔나」, 동아출판사.

Charles F. Hockett(1960), *A Course in Modern Linguistics*, New York : The Macmilan.

Charles J. Fillmore(1968), *"The Case of Case"*, *Universal in Linguistics Theory*, ed Emon Bach and Robert T. Harms : New York

F. Palmer(1971), *Grammar*, Middlesex : Penguin Books Inc.

R. H. Robins(1971), *General Linguistics*, An Introductory Survey.

[부론 Ⅲ] 참고문헌

강길운(1956), "지정사는 설정되어야 할 것인가", 「한글」 120, 한글학회.

강복수(1964), "국어에 있어서의 준목립어에 대하여", 「청구대논문집」 7.

고창식・이명권・이병호(1965), 「학교문법 해설서」.

「역대문법대계」 104, 탑출판사, 김민수・고영근・하동호 이하에서는 번호만 제시하겠음.

김규식(1909), 「대한문전」, (1) 14.

______(1912), 「조선문법」, (1) 15.

김근수(1947), 「중학국문법책」, (1) 71.

김두봉(1916), 「조선말본」, (1), 22.

김민수(1945), "국어문법의 유형", 「국어국문학」 10, 국어국문학회.

______(1955), 「대학국어 이론편」, 중앙대.

______(1960), 「국어문법론 연구」, 통문관.

______(1970), "국어의 격에 대하여", 「국어국문학」 49・50, 국어국문학회

김민수・남광우・유창돈・허웅(1960a), 「새 중학문법」, (1) 95.(1969 b), 「새 고교문
　　　　법」, (1) 96.

김승곤(1992), "풀이자리토씨 '이다'에 대한 고찰", 「국어토씨 연구」, 서광출판사.

김윤경(1932), 「조선말본」, (1) 53.

______(1948), 「나라말본」(고급용), (1) 54.

김원우(1922), 「조선정음문전」, (1) 29.

김희상(1911), 「조선문전」, (1) 19.

______(1915), 「조선어」, (1) 20.

______(1927), 「울이글틀」, (1) 21.

김형규(1968), 「국어학 개론」, 일조각

권영달(1941), 「조선어문정체」, (1), 58.

남궁억(1913경), 「조선문법」, (1), 24.

남기심, 고영근(1985), 「표준국어문법론」, 탑출판사.

남기심(1986), 서정수 항목 참조.

박상준(1932), 「개정철자법준거 조선어법」, (1) 51.

박승빈(1931), 「조선어학강의요지」, (1) 48.

______(1937), 「간역조선어문법」, (1) 49.

박종우(1946), 「한글의 문법과 실제」, (1) 64.

박창해(1946), 「쉬운 조선말본」, (1) 65.

박태윤(1948), 「중등국어문법」, (1) 73.

서정수(1992), "이다"에 관한 연구, 「현대 한국어 문법의 개관」, 한국문화사.

성기철(1977), 「국어학신설」, 172~174, 개문사.

송석중(1993), "이다"논쟁의 반성, 「한국어 문법의 새조명」, 지식산업사.

신명균(1933), 「조선어 문법」, (1) 57.

심의린(1935), 「중등학교 조선어문법」, (1) 59.

______(1949), 「개편 국어문법」, (1) 60.

안 확(1923), 「수정 조선문법」(재판), (1) 26.

양정석(1986), 서정수 참조.

유길준(1909), 「대한문전」, (1) 06.

유재헌(1947), 「표해식 국어문법 국어풀이씨가름」, (1) 66.

이규영(1921), 「현금 조선문전」, (1) 27.

이길록(1969), " '이다'의 형태론적 분석", 「국어교육」 6, 한국국어교육연구회.

이광정(1980), "한국어의 보어설定과 그 문형연구", 「국어교육」 37.

______(1987), 「국어품사분류의 역사적 발전에 관한 연구」, 한신문화사.

이남덕(1963), "국어문법의 단위문제", 「국어국문학」 26, 국어국문학회.

이상춘(1925), 「조선어문법」, (1) 36.

이숭녕(1956a), 「중등국어문법」, (1) 89.

______(1956b), 「고등국어문법」, (1) 90.

______(1960), 「고등국어문법」, (개정판), (1) 121.

이영철(1948), 「중등국어문법」, (1) 78.

이인모(1949), 「재미나고 쉬운 새조선말본」, (1) 77.

이완응(1929), 「중등학과 조선어문전」,(1) 40.

이필수(1922), 「조문통해」, (1) 34.

이희승(1949), 「초등국어문법」, (1) 85.

______(1955), 「국어학개설」, 민중서관.

______(1956), 「중등문법」, (1) 86.

______(1959), "체언의 활용에 대하여", 「국어국문학」 20.

장지영(1932), 「조선어전 발췌」, (1) 56.

장하일(1949), 「표준말본」(중학 3학년), (1) 76.

______(1956), "임자자리 말끝(nominative case ending) −이", 「한글」 120.

정경해(1953), 「국어강의」, (1) 87.

정렬모(1946), 「신편고등국어문법」, (1) 61.

정인승(1949), 「표준중등말본」, (1) 79.

______(1956), 「표준중등말본」, (1) 81.

주시경(1910), 「국어문법」, (1) 11.

______(1914), 「말의 소리」, (1) 13.

최현배(1930), "조선어의 품사분류론", (1) 44.

______(1934), 「중등조선말본」, (1) 45.

______(1937), 「우리말본」, (1) 47.

______(1956), "잡음씨를 세움", 「한글」 120.

한국국어교육연구회(1964a), 「문교부 학교문법통일안에 따른 중학국문법」, (1) 102.

______(1964b), 「문교부 학교문법통일안에 따른 고등 국문법」, (1), 20.

[부론 Ⅳ] 참고문헌

고영근(1988a), "남북한 언어·문자의 이질화와 그 극복 방안(1) : 주로 동질성과 이질
성의 확인을 중심으로", 「주시경학보」 2.
고영근(1988b), "북한의 문법연구", 「국어생활」 15.
고영근(1994), "남북의 학교문법과 국어교육", 「교육월보」 10.
김동식(1990), "리근영(1985), 「조선어리론문법」(형태론) (서평)", 「주시경학보」 6.
김민수(1978a), "북한의 문법연구"(소개), 「아시아연구」 21-1, 2.
김민수(1989a), "「조선문화어문법」(1979) 서평", 「주시경학보」 3.
김민수(1991a) "「조선어문법」(1949)의 분석검토(신창순)에 대한 논평", 「북한의 한국
학 연구성과 분석」(철학, 종교, 어문편), 한국정신문화연구원 연구총서,
91-8.
김민수(1994), "'이다'처리의 논쟁사", 「주시경학보」 13, 주시경연구소.
김석득(1991), "리근영 지은 「조선어리론문법」(형태론) 평설", 「한글」 213.
김영아(1989), "북한문법 '토'에 관하여", 북한언어연구회.
김영아(1991), "북한의 품사론사", 김민수편 「북한의 조선어 연구사」 1권.
남기심(1991), "고신숙 지은 「조선어리론문법」(품사론)의 국어기술", 「한글」 213.
민현식(1993a), "북한문법에 대한 연구(1)", 「한국학연구」(숙명여대) 2.
민현식(1993b), "북한문법에 대한 연구(2)", 「국어교육」 81·82.
볼 프(1992), "북한문법에 있어서 '토'에 관한 연구", 「국어연구」 106.
성광수(1993), "남북한의 문법비교 : 실용문법의 보완을 위한 대비 검토", 「북한연구」 13.
송향근(1989), "북한의 국어문법사", 북한언어연구회.
시정곤(1991), "북한의 형태론사", 김민수 편(1991) 1권.
신창순(1986), "북한문화어 문법의 검토", 「국어학 신연구」, 서울 : 탑출판사.
신창순(1991), "「조선어문법 1949」의 분석·검토", 「북한의 한국학 연구성과 분석 : 철
학·종교·어문편」, 정신문화연구원.
신현숙(1989b), "「조선어리론문법」(형태론)을 통해 본 북한의 형태연구", 「한글」 204.
심재기(1990), "북한의 문법연구", 「국어국문학」.
안주호(1990), "「단어 만들기연구」를 통해본 북한의 조어론", 자하어문학회.

이광정(1987), 「국어품사분류의 역사적 발전에 관한 연구」, 한신문화사.
이광정(1990), "고신숙(1987), 「조선어리론문법」 서평", 「주시경학보」 6. 주시경연구소.
이광정(1994), "'이다' 연구의 사적 고찰", 「주시경학보」 13. 주시경연구소.
이미경(1992), "북한문법에서의 '토'연구", 「한국어의 토씨와 씨끝」, 서울 : 서광학술자료사.
이석주(1993), "남북한의 언어 규범비교", 「한성어문학」 12.
이영숙(1990), "「조선어리론문법」(문장론)을 통해 본 북한의 문장론", 자하어문학회.
이윤하(1991), "김동찬(1986), 「조선어리론문법」(단어조성론) 서평", 「주시경학보」 7.
이은정(1989), "남북한 문법체계의 비교검토", 「말과 글」 40.
이주행(1994), "남한과 북한의 규범문법 비교연구", 「국어학연구」(남천박갑수선생화갑 기념논문집).
임홍빈(1989), "〈조선문화어 문법규범〉을 통해 본 북한의 문법", 고영근 편 「북한의 말과 글」.
임홍빈(1992), "북한의 문법론", 「어학연구」, 서울대어학연구소, 28-3.
전수태·최호철(1989), 「남북한 언어비교」, 도서출판 〈녹진〉.
전수태(1992), "북한의 문법론", 고영근·성광수·심재기·홍종선 편 3권.
정영자(1992), "남북한의 언어규범 비교", 한국교원대 석사학위 논문.
최호철(1996), "북한어학에 대한 남한의 연구", 한국어학 3.
하치근(1991), "남북한의 품사와 문장성분 설정 비교연구", 「석당논총」, 동아대 16.
하치근(1992), "남북한 단어 형성법 비교연구 2 : 북한의 '배합법'을 중심으로", 「한글」 217.
하치근(1994), 「남북한 문법 비교연구」, 서울 : 한국문화사.

북한관계자료

「조선어문법」(1949), 조선어문연구회 : 평양 문화출판사.
「조선어 문법」(1960), 어음론, 형태론 1 : 과학원 언어문학 연구원.학우서방
「조선어 문법」(1964), 문장론 2 : 과학원 언어문학 연구원. 학우서방.
「문화어문법규범」(초고) 1972.김일성종합대학출판부.1973년 동경학우서방에서도간행.
리선익 편「단어만들기연구」(1974) : 사회과학출판사
「조선어문법사」(1980) : 김일성종합대학출판부.
렴종률 「문화어 형태론」(1980) : 김일성종합대학출판사.

김영황 「문화어 문장론」(1983) : 평양 김일성종합대학출판부.
최정후 「조선어학개론」(1983) : 과학.백과사전출판사.
김병제 「조선어학사」(1984) : 과학.백과사전출판사.
리근형 「조선어리론문법」(형태론) : 과학.백과사전출판사
고신숙 「조선어리론문법」(품사론) 1987 : 과학.백과사전출판사.
김동찬 「조선어리론문법」(단어조성론)1987 : 고등교육도서출판사
김용구 「조선어리론문법」(문장론) : 과학.백과사전출판사
차광일 「조선어토대비문법」(1981) : 심양 : 료녕인민출판사.
김용구 「조선어문법」(1989) : 사회과학출판사.
「국어문법연구 Ⅲ : 한국어 품사 연구」

[부록 Ⅴ] 참고문헌

강복수(1958), "국어문법연구의 사적 동향", 「청구대학 논문집」 I.

──(1972), 「국어문법사연구」, 형설출판사.

고영근(1976a), "서양인의 한국어문법연구", 「한국어문논총:又村姜馥樹博士回甲紀念論文集」, 형설출판사.

＿＿＿(1976b), "19세기중엽의 불란서 선교사들의 한국어연구에 대하여", 「金亨奎敎授停年退任紀念論文集」, 서울사대 국어과.

＿＿＿(1978a), "국어문법연구일세기(상)", 「한국학보」 12.

＿＿＿(1978b), "국어문법연구일세기(중)", 「한국학보」 13.

＿＿＿(1979a), "19세기 전반기의 서양의 국어연구자료", 「관악어문연구」 3(白史全光鏞博士頌壽紀念論叢).

＿＿＿(1979b), "국어문법연구일세기(하)", 「한국학보」 14.

＿＿＿(1979c), "로우니(L. de Rosny)의 국어연구", 「余泉徐炳國博士回甲紀念論文集」, 형설출판사.

＿＿＿(1983), 「국어문법의 연구」, 탑출판사.

김민수(1954), "국어문법의 유형", 「국어국문학」 10.

＿＿＿(1955), "국어문법사 논고", 「중앙대학교30주년기념논문집」.

＿＿＿(1960), "국어문법론의 서설적 과제", 「아세아연구」 Ⅲ-1.

＿＿＿(1971), 「국어문법론」, 일조각.

＿＿＿(1980), 「신국어학사」 전정판, 일조각.

이광정(1983), "15세기국어의 부사형어미 「-게」와 「-이」에 대하여, 「국어교육」 44·45 합병호, 한국국어교육연구회.

＿＿＿(1986), "고대 그리스·로마시대의 언어연구", 「경원대 논문집」 4.

이승욱(1957), "국어의 포스트포지션에 대하여", 「一石李熙昇先生頌壽紀念論叢」, 일조각.

＿＿＿(1972), 「문어문법체계의 사적 연구」, 일조각.

Aston, W. G.(1879), "A Comparative Study of the Japanese and Korean Language." JRASGBI XI [歷②05]

Dallet, Ch.(1974), "La langue.", *Histore de l'eglise de Corée*. Pari [歷②21]

Dinneen, F. P.(1967), *An Introduction to General Linguistics*.

Filmore. C. J.(1968), The Case for Case, Universals in linguistic theory.

Gleason, H.(1961), *An Introduction to Descriptive Linguistics*, New York.

Gützlaff, Ch.(1982), Remarks on the Corean Language, *Chinese Repository*
　　　　[歷②01]

MacIntyre(1880~1881), "Notes on the Corean Language", *China Review* Ⅷ
　　　　(1880), Ⅸ(1881), [歷②04]

Ramstedt, G. J.(1939), *A Korean Grammer*, Helsinki.

Ridel, F. (1881), *Grammaire Coréenne*, Yokohama. [歷②19]

Rosny, L. de(1864), "Aperçu de la Langue Coréen", *journal Asiatique* Ⅵ, [歷
　　　　②20]

Ross, J.(1877), *Corean Primer*, Shanghai [歷②02]
　　　　(1878), "The Corean Language", *China Review* Ⅳ [歷②03]
　　　　(1882), *Korean Speech*, Shanghai [歷②06]

Scott, J.(1887) En-moun mal chairk: *A Corean Manual or Phrase Book
　　　　with Introductory Grammar*, Shanghai [歷②08, 09]

Siebold, Ph. Fr. Von(1892), Nippon: *Archiv zur Beschreibung Von Japen
　　　　und dessen Neben-und Schüzländern*, Leyden.

Underwood, H. G.(1890), *An Introduction to the Korean Spoken Language*,
　　　　Yokohama. [歷②11, 12]

[부론 Ⅵ] 참고문헌

김민수(1971), 「국어문법론」, 일조각.

______(1977), 「주시경 연구」, 탑출판사.

______(1983), 「신국어학」, 일조각.

김방한 역(1982), 「언어학사」, 형설출판사.

이을환(1981), 「언어학 개론」, 이우출판사.

C.K Ogden & I. A Rechards(1923), *The Meaning of Meaning*: London.

Carl Darling Back(1923), *Comparative Grammar of Greek and Latin*. The university of chicago press: London.

Ferdinand de Sassure(1916), *Course de Linguistics Générale*, Lausanne et Paris: Wade Baskin 英譯. *Course in General Linguistics*: New York.

Francis P. Dinneen(1967), *An Introduction to General Linguistics*.

Frank Palmer(1971), *Grammar*, 박경수 역, 「문법론」, 한신문화사.

Fries, Charles(1952), *The Structure of English*, New York.

Henry A Gleason(1961), *An Introduction to Descriptive Linguistics*, New York.

Jhon B Carroll(1953), *The Study of the Language*, Cambridge.

Leonard Bloomfield(1933), *Language*, Holt Rinehart: New York.

N Chomsky(1965), *Aspects of the Theory of Syntax*: MIT Press.

N Chomsky(1966), *Cartesian Linguistics*: New York.

Stephen Ullmann(1951), *The Principle of Semantics*. Barnes & Noble: New York.

Wilfrid Hodges(1977), *Logic*, Penguin Books, Harmonds Worth Middesex, England.

Wehster's international dictionary, 2nd edition(1959).

저자 이광정

경기도 화성(華城) 출생
서울대학교 사범대학 국어과 및 동 대학원 석사
고려대학교 대학원 문학박사
관동대학교 전임강사, 조교수
경원대학교 부교수, 교수
경원대학교 인문대학장 및 대학원장 역임
1997년 CSUS(캘리포니아주립 새크라멘토대학교) 객원교수

주요논문

「국어품사분류의 역사적 발전에 관한 연구」
「周時經의 構文硏究」
「15세기 국어의 부사형어미 <-게>와 <이>에 대하여」
「ㅎ 末音考」
「魚類名稱에 대한 연구」
「한자어와 고유어의 어휘적 특성」
「근대문법의 수용과 전개」
「한문언해문장의 문체적 특성」

국어문법연구 Ⅲ—한국어 품사 연구

초판 인쇄 2008년 8월 2일
초판 발행 2008년 8월 12일

저 자 이광정
펴낸이 이대현
편 집 권분옥·이소희·김지향·정해란

펴낸곳 도서출판 역락
주소 서울 서초구 반포4동 577-25 문창빌딩 2층
전화 02-3409-2058, 2060
팩스 02-3409-2059
등록 1999년 4월 19일 제303-2002-000014호
이메일 youkrack@hanmail.net

값 35,000원
ISBN 978-89-5556-620-8 93710

* 파본은 교환해 드립니다.